한국학술진흥재단 학술명저번역총서

● 서양편 ●

한국학술진흥재단 학술명저번역총서

서양편 ● 63 ●

랑그도크의 농민들 2

에마뉘엘 르 루아 라뒤리 지음 | 김응종 · 조한경 옮김

한길사

Les paysans de Languedoc

by Emmanuel Le Roy Ladurie

• 이 책은 (재)한국연구재단의 지원으로 (주)도서출판 한길사에서 출간 · 유통을 한다.

이 도서의 국립중앙도서관 출판시도서목록(CIP)은
e-CIP 홈페이지(http://www.nl.go.kr/cip.php)에서 이용하실 수 있습니다.
(CIP제어번호: CIP2009003867)

에두아르 마네의 「에밀 졸라」

1590년경 남부 프랑스에 널리 퍼졌던 칼뱅주의는 쾌락에 대해 엄격히 제한하는 한편으로 고리대금업을 암묵적으로 승인했다. 겉으로 내세운 금욕주의의 이면에 자본주의가 도사리고 있었던 것이다. 칼뱅주의가 창조해낸 새로운 인간형은 에밀 졸라의 소설 『마들렌 페라』에 등장하는 주느비에브라는 인물에서 잘 드러난다. 그녀는 철제 장식이 달린 무시무시한 『성경』으로 무장한 세벤 지방 사람으로, 나이가 많았다.

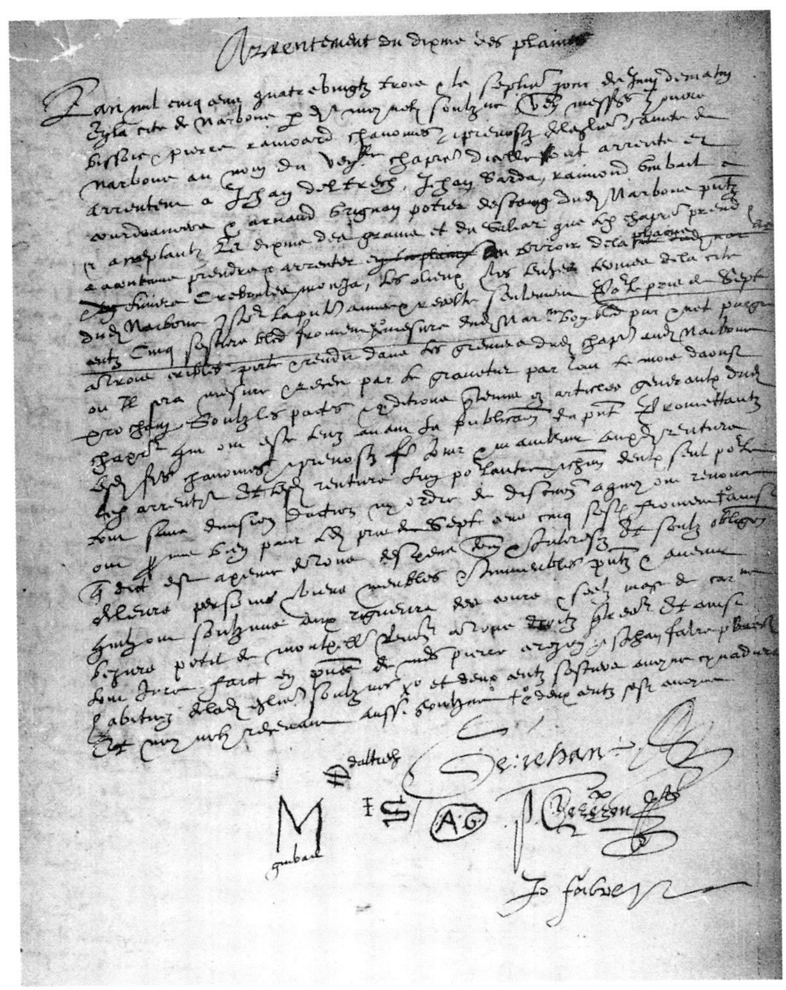

나르본에 사는 장인의 표시와 이니셜(1583)

서명 통계에 따르면 랑그도크 지방의 동쪽이 서쪽에 비해 문맹률이 낮았다. 서쪽의 나르본의 장인은 33퍼센트가 문맹인 데 반해, 동쪽의 몽펠리에의 장인은 25퍼센트만이 문맹이었다. 다수의 장인이 교육을 받았는데, 그 수준도 몽펠리에가 훨씬 높았다. 몽펠리에에서는 문맹이 아닌 장인들이 대부분 자기의 이름을 완전히 서명할 줄 알았지만, 나르본에서는 같은 부류의 장인 가운데 절반은 이니셜만으로 서명했다. (본문 24쪽 참조)

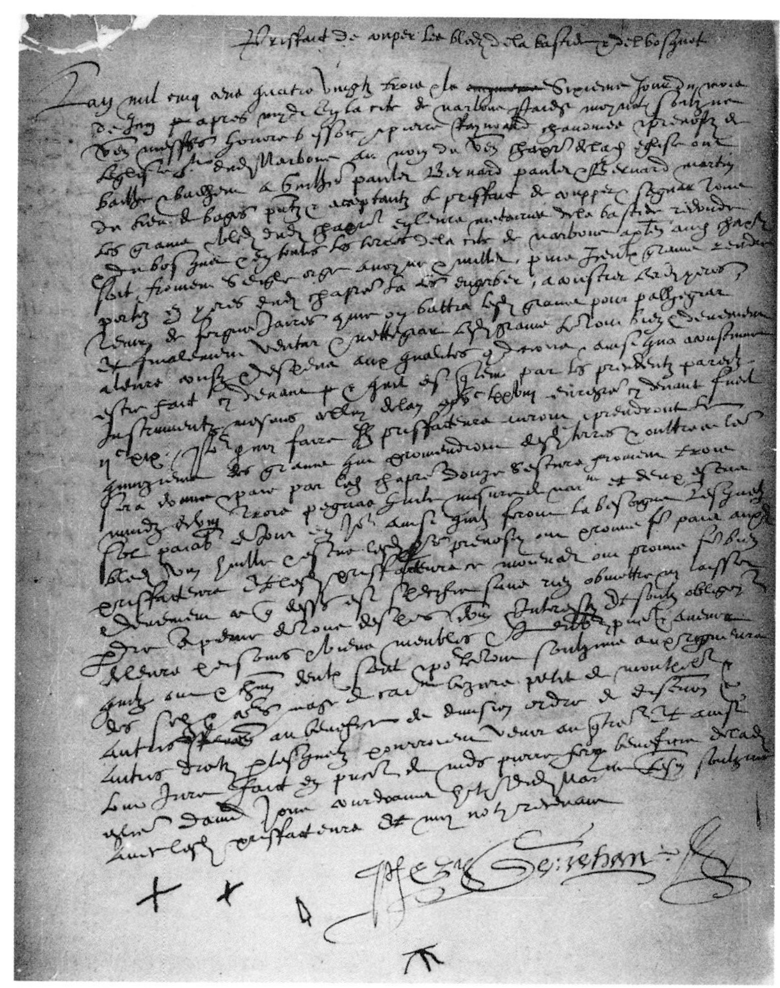

농업 노동자의 표시와 십자(1583)

1575~93년, 나르본 지방의 90.1퍼센트의 농업 노동자들은 표시를 하는 것으로 서명을 대신했다. 대부분 의미를 알 수 없는 그림이었지만, 이따금 십자가나 레유(reille: 쇠보습)가 등장하기도 했다. 그들은 글쓰기 문명의 매력을 알지 못했고, 그 혜택을 받지도 못했다. 16세기 당시 '성서 종교'로 회귀하는 움직임과 함께 새로운 사상이 전해졌지만, 농업 노동자들의 정신세계에는 침투하지 못했다. (본문 44쪽 참조)

16세기에 재건된 황야 마을의 모습. 퐁 드 자뉘크에 있는 농가와 낮은 담

가격 안정, 국내의 평화, 새로운 분위기에 힘입어 16세기 말부터 17세기까지 랑그도크 지방에는 재건축이 활발했다. 이 시기 이후에 랑그도크 지방을 여행하던 사람들은 다음과 같이 말했다. 채석장에서 공급하는 건축용 석재를 써서 "근대식으로 새롭게 세워진" "잘 건축된" 새로운 건물이 도처에 들어섰다고 말이다.

코스 뒤 라르자크에 있는 재건된 농가. 생트 윌랄리의 기사령

랑그도크 지방은 전쟁이 한창이던 1583년부터 복구되기 시작했다. 수요가 많아서 복구는 1650~60년까지 계속되었다. 콜레주 · 수도원 · 교회 · 부두 · 다리 · 성채 · 문 · 초소 · 집 · 방앗간 · 농가 · 곳간 · 양우리 · 밭과 정원을 조성하기 위한 낮은 축대 · 계단식 밭 · 굴뚝 · 비둘기장 · 나선 층계가 "근대식"으로, 또는 중세풍을 가미해서 새롭게 세워지거나 개축되었다.

아벤(에로道)의 옛 주거지의 일부

루이 14세 시대부터 농업이 침체되고 인구가 줄어들자 지중해지역 농촌 거주지는 시련을 겪었다. 1680년경과 1710~15년경과 같은 아주 혹독한 시기에는 부락과 마을의 죽은 잔해가 흩어져 있었다. 그러나 대부분의 주거지들은 14~15세기의 더욱 혹독했던 시련에 비해 위기를 잘 견뎠던 것으로 보인다. 14~15세기의 시련에는 인구의 절반이 줄었지만, 1677년부터 1741년 사이에는 18퍼센트밖에 줄지 않았다.

카미자르의 시대에 승리한 가톨릭. 아니안의 교회(에로道, 1712)

카미자르란 랑그도크에 근거지를 둔 호전적인 프로테스탄트 교도를 가리킨다. 이 명칭은 이들이 야간전투에서 서로를 쉽게 알아보기 위해 입었던 '흰색 셔츠'(랑그도크어로 camisa, 프랑스어로 chemise)에서 유래했다. 그들은 낭트 칙령(1598)이 폐지된 해인 1685년, 프로테스탄트에 대한 탄압이 심해지자 반란을 일으켰다. 카미자르 사건은 예언적 성격을 띠었고, 양심의 자유를 얻기 위한 투쟁이었던 동시에 납세자들의 반감에서 시작된 반(反)조세 투쟁이기도 했다.

이아생트 리고의 「루이 14세」

루이 14세는 부르봉 절대왕정의 전성기를 대표하는 왕이다. 에스파냐와 전쟁을 하여 나라가 피폐해지자 프롱드의 난이 일어나기도 했고, 하나의 국가에 하나의 종교를 표방하며 낭트 칙령을 폐지하여 신교도들을 탄압하기도 했다. 1643년부터 1715년에 이르는 오랜 재임기 동안 마자랭, 콜베르와 같은 사람의 보필을 받았다.

랑그도크의 농민들 2

랑그도크의 농민들 2

제3부 의식화와 사회적 투쟁

제 4 부 지대의 공세

제 5 부 역류

결론

랑그도크의 농민들 1

일러두기

1. 이 책은 Emmanuel Le Roy Ladurie, *Les Paysans de Languedoc*(Paris, Mouton, La Haye, 1966)를 번역한 것이다.

2. An., Gr. 등으로 표기된 것은 각각 '부록'과 '그래프'를 뜻한다.

3. 본문에 나오는 역사적인 사건이나 인물, 용어 등에 대해서는 *로 표시하고 옮긴이주를 붙였으며, 자주 반복되는 지명, 화폐, 도량형 등에 대해서는 책의 앞 부분에 따로 모아두었다.

제3부 의식화와 사회적 투쟁

이러한 불균등 발전은 허약했지만 변화를 만들어냈다. 그것은 의식화, 사회적 투쟁, 토지를 차지하기 위한 갈등을 초래했으며, 전쟁과 혁명을 낳았다. 또한 농민들의 의식에 폭넓고 때로는 항구적인 변화를 동반했다. 이제 그 같은 변화를 해독해보자.

제1장 글쓰기의 길

두 가지 문화의 흐름

16세기에는 두 차례의 의식 혁명, 두 가지 문화의 흐름이 프랑스의 지중해 연안 랑그도크 지방으로 스며들었다. 첫 번째 물결은 크고 작은 도시들, 커다란 마을들, 특권계급들과 부르주아지를 사로잡았으나, 농촌사회에서는 단지 상층부만을 감염시켰다. 그것은 최초의 프랑스어 보급(1450~1590)이라는 언어 혁명이었다. 그 범위는 문헌학적 연구의 틀을 훨씬 넘어선다. 왜냐하면 16세기 전반부터 이미 그것은 대조적인 문화 공간을 분명히 해주었기 때문이다.[1] 동쪽으로는 혜택받은 전파의 축, 신속한 언어적 삼투 지대를 형성했는데, 이곳은 1450~90년부터 유지들은 오일어를, 서민들은 여전히 로만어 방언을 사용하던 곳으로 일찍부터 두 언어를 병용한 지대다. 이 지대는 론 강 계곡이며, 더 넓게는 론 강—세벤 산맥—지중해, 다시 말해 발랑스—몽펠리에—아를의 삼각지대다. 론 강의 빛이 꿰뚫고 지나간 곳이요, 프랑스어가 남부로 질주한 곳이다. 문화적 개간사업에서 선구적이었던 이 지역은 1세대 또는 2세대 동안(1530~50년경까지) 프랑스어에 대해 강력히 저항했던 인근 어둠의 지대들과 대조를 이룬다. 이들 어둠의 지대로는 지중해 연안 프로방스 지방(론 강 하구, 바르) 그리고 특히 랑그도크 서부 지방과 아키텐 동부 지방 등을 꼽을 수 있다. 후진 지역들은 그후로도 오랫동안 후진성

1) Brun, 1923.

을 면치 못한다. 서명(署名) 통계에 따르면 1570년에도, 마지올로*의 지도에 따르면 1680~86년에도,[2] 바-론 지방에서 오트-가론 지방으로 갈수록 문화적 후진성이 두드러진다.

서명 통계에 의거하여 동-서(몽펠리에-나르본)를 비교해보자.[3] 1575년경의 최초 통계에 따르면, 나르본의 장인들은 33퍼센트가 문맹이었는 데 반해 몽펠리에의 장인들은 25퍼센트가 문맹이었다. 장인들은 이처럼 다수가 교육을 받았는데, 그 수준도 몽펠리에가 훨씬 높았다. 몽펠리에에서는 문맹이 아닌 장인들이 대부분 자기들의 이름을 완전히 서명할 줄 알았던 데 반해, 나르본에서는 같은 부류의 장인들 가운데 절반은 이니셜만으로 서명했다. 농민들도 마찬가지였다. 1575년경, 소수이긴 하지만 나르본보다는 몽펠리에에서 더 많은 사람들이 서명할 줄 알았다. 몽펠리에에서는 1490년부터 프랑스어를 두루 사용했다. 나르본에서는 그보다 훨씬 뒤였다.[4]

한 세기 뒤인 1686~90년, 마지올로의 지도들 역시 가르(이곳은 30퍼센트 내지 39퍼센트의 사람이 이름을 서명할 줄 알았다)에서 에로(20퍼센트~29퍼센트), 오드(10퍼센트~19퍼센트) 그리고 마지막으로 오트-가론(9퍼센트 미만)으로 갈수록 비율이 낮아지는 것을 보여준다.[5]

더욱 뚜렷한 것은 한편으로는 론 강 계곡과 바-랑그도크, 다른 한편으로는 중앙 산악 지대 사이에 나타나는 언어적 괴리다. 규토질의 고지

---

* 1877년에 학구장 루이 마지올로(Louis Maggiolo)는 1686~90, 1786~90, 1816~20, 1872~76년의 네 기간에 교구대장과 호적대장에 나와 있는 기혼 남녀의 서명률을 토대로 17~18세기 프랑스의 문맹률을 조사했다. 플뢰리와 발마리는 이 조사의 결과로 지도를 만들었는데, 그들의 지도에 따르면 생-말로(프랑스 북서부의 항구도시)와 주네브(스위스)를 잇는 선의 북부와 남부가 대조를 보인다.

2) Fleury, Valmary, 1957.

3) An. 41.

4) Brun, 1923; An. 41.

5) Fleury, Valmary, 1957.

대인 이곳*은 17세기 초까지 거의 침범당한 적이 없는 오크어의 진정한 성역이었다. 루에르그가 그렇고, 생-퐁스 산맥이 그렇다. 가난하고 낙후된 산간 마을, 오크어의 보루, 최후의 문화적 오지인 이곳은 또한——(여기에 설명이 있다)——대부분 학교도 교사도 없는 완전 문맹의 피난처였다. 1595, 1643, 1737년의 서명 통계 그리고 심지어는 구체제 시대의 교육에 대한 최초의 조사도 그 사실을 강력하게 시사해준다. 이들 오래된 산간 지방의 완강한 오크어주의는 이런 상황에서 비롯된 것이다. 왜냐하면 대부분이 글자를 몰랐다는 말은 책을 통해 전파되는 프랑스어를 거부했다는 의미이기 때문이다.[6]

16세기의 두 번째 지적 혁명인 종교개혁은 문화 공간이 뚜렷하게 대조적인 이 남부에 들어섰다. 그것은 이전의 혁명보다 더 철저했는데, 왜냐하면 일반인들과 농민들의 의식으로까지 내려갔기 때문이다. 그렇지만 그것은 앞서의 혁명과 별다른 지리적 특성을 보여주지 않는다. 1550년에 주네브에 들어온 사람들의 출신지 지도들, 이어 1560년에 다피스와 쿠아냐르 그리고 콜레가 툴루즈 고등법원의 이름으로 수행한 이단 범죄에 대한 조사, 마지막으로 내란기의 위그노파 지도 등은 지적(知的) 지리의 영속성을 강하게 보여준다.[7] 1550~60년, 최초로 프로테스탄티즘을 선택한 지역은 이미 한 세기 전부터 프랑스어의 특혜적인 침투로 개발되었고 오래전부터 모든 형태의 문화적 교류에 개방적이었던 론 강, 세벤 산맥, 바-랑그도크의 삼각지대였다. 로망, 위제스, 알레스, 님 그리고 몽펠리에가 여기에 속한다. 론 강 좌안의 뒤랑스 계곡, 루르마랭, 루시용은 발도파**가 1535년부터 성경, 교리문답서, "방패, 솥, 해부(解

---

* 중앙 산악 지대.

6) 이 책, 제2권, 272쪽 참조; An. 41; Brun, 1923, 255쪽과 여러 곳; Platter, 1892, 480, 481쪽(루에르그의 후진 상태); Gros, 1922(시대에 뒤떨어진 생-퐁스 지방).

7) Geisendorf, 1957; Loirette, 1937; 특히 Mandrou, 1959의 지도.

** Vaudois: 1170년에 프랑스 리옹의 거상인 발도(Pierre Waldo, Pierre Vaudès)가 만든 기독교 분파로 '리옹의 빈자들'로 불린다. 이들은 모든 기독교인은 성서를 알아야 하며 평신도도 복음을 설교할 권리가 있음을 주장했고, 성인 숭배와

剞) 그리고 다른 책들, 특히 각과 운을 맞추고, 괘선을 치고 금박을 입힌 [……] 작은 찬송가들"을 팔고 다니던 곳이었다.[8] 론 강 우안에서는 세벤과 세벤 아래의 계곡들이 뒤랑스 강과 대칭 구조를 이루고 있는데, 이곳은 목사들, 작은 학교, 공작소들의 거리였다. 오-에로, 비두를 그리고 무엇보다도 두 가르동(알레스의 가르동, 앙뒤즈의 가르동). 주네브에 들어온 '외국인들'의 출신지 명단은 1549년부터 농촌 프로테스탄티즘이 세벤 계곡들마다 정말 포도송이처럼 다닥다닥 형성되었으며, 계곡을 따라 올라가면서 가지 쳤음을 보여준다. 1556년부터 이곳의 목사들은 공개적으로 설교를 하고, 세례를 주고, 성찬식을 거행했다. 이곳에서 1560년에 농민과 장인들은 수도원을 공격했는가 하면, 수도자들의 제의(祭衣)로 웃저고리와 깃발을 만들었다. 그들은 교황의 조사관들을 상대로 매복을 했다. 그들의 아내들은 수도원 부속 농장 사제나 시골 사제들을 공격했는데, 재를 가득 담은 자루를 던져 그들의 눈을 멀게 하는 식이었다.

마지막으로 이곳에서 지식인(공증인, 재판관, 의사, 학사)과 장인(콩데 공의 군대를 위해 군복과 양말을 만드는 피복공, 외과의사, 목수, 철공인, 구두 제조공)로 구성된 마을 개혁교도들의 중심 세력은 칼뱅주의를 받아들였다. 그리고 그들은 인근 농촌 본당 사목구로 그것을 전파했다. 예컨대 1560년, 지나크에서 온 이 같은 사회적 카테고리에 속한 150명의 남녀 위그노는 무장을 하고 3열 종대로 대오를 갖추어 찬송가를 부르며 행진했다. 그들은 이웃 마을인 생-탕드레까지 목사를 모시고 가서 설교를 하게 했다. 이들 칼뱅파의 소(小)부르주아들은 신념에 의해서건 강제에 의해서건 농민들의 지지를 얻으려고 노력했다.[9]

미사를 거부했다. 1209년 교황 이노켄티우스 3세는 이들을 이단으로 규정한 후 이들을 대상으로 십자군을 일으켰다. 1532년에 이들은 프로테스탄트들과 연합했다. 오늘날에도 이탈리아 북부 토리노 지방에 약 2만여 명이 남아 있다.

8) Hugues, 1864, 19쪽에 인용된 Florimond de Rémond.

9) Loirette, 1937. 재 자루 투척 사건에 대해서는 AD Ardèche, Mazon 자료, 37.

그러나 에로의 바깥 지방, 랑그도크의 서부 지방 전체에서는 다른 그림이 그려진다. 동쪽에 있는 활발한 세벤 지방과는 크게 다른 시도브르, 에스피누즈, 몽타뉴 누아르, 루에르그 같은 후진적인 산간 지역에서도 그림은 다르게 나타난다. 이 지역에서 1500년부터 확인되는 문화적 무력증은 종교적 보수주의를 조장했다. 그리고 산간 지방에 있는 칼뱅파 장인들의 핵심 세력은――카스트레의 직조공과 로크쿠르브의 모자 제조공은 별도로 하고――농민 대중에게 별다른 영향을 미치지 못했다. 이 농민들은, 토마 플라터가 1595년경 루에르그에서 확인했듯이, 성경을 거부했으며, 성직자보다는 마법사를 더 좋아했다.[10] 낮은 지방에는 베지에나 나르본의 위그노파 군소 집단이 드문드문 있었다. 그리고 1568년부터 그들은 교황파로 남아 있던 다수 집단에게 문자 그대로 삼켜졌다.[11] 오드 지방에서는 1200년의 카타르교도가 1560년의 얼마 되지 않던 프로테스탄트보다 분명히 훨씬 많았으며, 훨씬 투쟁적이었다.

마지막으로 1550년경, 랑그도크의 서쪽 끝자락에 자리 잡은 대도시 툴루즈는 더 먼 곳에 있는 소도시 쿠탕스보다 주네브에 난민을 덜 보냈다. 툴루즈의 위그노파에는 법학부 학생인 조르주 미코가 이끄는 대학인과 소모공이 있었는데, 그들은 1562년의 유혈의 봄에, 그들보다 훨씬 우세한 가톨릭 세력에게 간단히 진압되었다. 고등법원, 귀족 그리고 정규군은 서점을 부수고 책을 모두 길거리로 내던져버렸다.[12]

남서부의 진정한 칼뱅주의는 툴루즈와 랑그도크 너머에 있는 몽토방에서 아쟁 지방과 베르주라크, 사를라에 이르는 가론 강 중류와 하류 지방에서만 원기를 회복했다. 명문 대가들의 지지라는 명성을 업고 있었지만 대서양 연안 항구들에서 은을 유입했지만 아키텐 서부 지방의 위

---

10) Mandrou, 1959의 지도; Geisendorf, 1957의 명단; Platter, 1892, 480, 481쪽. 카스트레 지방은 카타르교와의 직접적인 계보를 생각하는 것이 불가능하지 않다.

11) Luthard, 1911～12.

12) Mandrou, 1959; Devic, éd. 1872～92.

그노들은 1560년에서 1960년까지의 4세기 동안 세벤 지방의 프로테스탄티즘처럼 튼튼한 뿌리를 내리지 못했다. 지방에 대한 분석은 결국 필연적으로 언어 지식과 새로운 종교의 계몽이라는 16세기의 '계몽'의 특전을 입은 론 강, 세벤 산맥, 랑그도크의 삼각지로 우리의 관심을 되돌려놓는다. 바로 이곳, 이 지방의 중심 도시인 몽펠리에 주변에서, 그리고 세벤 지방의 한복판에서, 우리는 초기 칼뱅주의가 농민들에게 미친 영향을 살펴볼 수 있다. 우선 그것을 커다란 문화적 · 사회적 환경의 영향 속에 놓으면서 말이다.

종교개혁과 종교 내전을 통해 문화적 · 사회적 대조가 드러나는데, 그것은 격동의 16세기를 지나며 더욱 심해졌다. 활발한 도시 주위의 주요 인간 집단을 살펴보자. 이들이 새로운 사상을 받아들이는 수용 구조는 매우 달랐다.

종교개혁과 수용 구조: 도시와 시골

유지들, 농민들, 직조공들. 몽펠리에, 1552년 10월. 한 청년*이 자기가 발견한 도시 위로 천진난만하고 행복에 젖은 생기 있는 시선을 던졌다. 첫 번째 이미지를 보자. 흰색의 긴 웃옷을 입은 젊은 귀족들이 손에 은제 조개껍질을 들고 거리를 활보하다가 처녀들에게 당과(糖菓)를 던졌다. 이어 1553년 겨울에 사람들은 북, 심벌즈, 피리, 루트** 삼중주 그리고 당시만 해도 아주 새로운 악기인 비올라와 기타를 가지고 세레나데를 연주하며 보냈다. 사육제가 시작되기 전까지 그리피, 롱들레, 사포르타 같은 부자 부르주아의 집에서는 무도회가 열렸다. 저녁 식사 후 새벽까지 횃불 아래에서 춤을 췄다. 브랑르,*** 볼타,**** 가이아르드,***** 마

* 펠릭스 플라터.
** 16~18세기에 유행했던 일종의 비파.
*** branle: 16~17세기의 민속 무용.
**** volte: 17세기에 이탈리아에서 유행한 경쾌한 왈츠.
***** gaillarde: 16~18세기에 유행한 3박자 무용곡.

르디 그라,* 목에는 과일 부대를 매고, 손에는 버드나무 방패를 든 젊은 이들 사이에 오렌지 전쟁이 벌어졌다. 사순절에 부자들은 자기들의 그릇 일체를 깨버리고, 물고기 요리를 하는 데 필요한 새로운 세트를 마련했다. 봄에는 해수욕을 즐겼으며, 로즈마리, 히아신스 등이 자라는 시골로 소풍을 갔다. 그 무렵, 우리의 젊은 증인인 펠릭스 플라터는 카틀랑이라고 하는 약제사이자 부유한 마라노가 소유한 여러 채의 집 가운데 한곳에 거처를 정했다.[13] 2층에 있는 예쁜 방, 벽에는 그림들. 그는 금박을 입힌 안락의자에 앉아 공부를 했다. 학생인 그는 어둠의 공포를 몰아내려고 같은 바젤 출신인 훔멜을 자기의 침실로 불러 함께 밤을 보냈다. 두 젊은이는 복숭아 졸임 과자를 먹고 루트를 불다가 잠이 들었다.

4월 4일. 벌써 대학은 방학이다. 오락이 두 배로 늘어났다. 자고새 요리 저녁 식사, 사향포도주와 이포크라** 마시기, 가장무도회, 롱들레의 딸인 카트린에게 애정 어린 루트 레슨…… 의복 비용이 들었다. 성신강림 대축일,*** 펠릭스와 그의 친구들은 몸에 바짝 달라붙는 빨간색 짧은 바지를 새로 장만해 입거나, 때로는 녹색 비단으로 단을 댄 가죽 반바지를 입었다. 그리고 언제나 구두는 제화공 뷜캥이 주일마다 바꾸어주는 새 구두를 신었다![14] 그들은 귀족들이 마의를 입히고 장식 융단으로 두르고 형형색색의 깃털로 치장한 말을 타고 바그 놀이****를 하는 것을 보았다. 언제나 대성황을 이루는 박사학위 논문 발표, 멋있는 시체 해부, 젊은 여자들과 가족들 앞에서 공개리에 실시되는 범죄자 고문과 처

---

* 사순절 전의 화요일.

13) Platter, éd. 1892에 나오는 Félix Platter. 또한 몇몇 세부 사실에 대해서는 HGB 49, f° 368, 15-4-1556을 보라.

** 계피나 정향을 섞은 달콤한 포도주.

*** Pentecôte: 부활절부터 7번째 일요일.

14) A. Chéron, G. de Sarret, 1963, 42, 43쪽에 인용된 매우 흥미로운 1640년의 회계서는 근대 랑그도크의 유지들의 터무니없는 구두 소비를 확인해준다. 그것은 과시적 소비의 전형이다.

**** 기둥에 달아놓은 고리를 말을 달리며 창으로 찔러 따는 놀이.

형, 이는 당시 유행이었다.

잔잔한 즐거움, 잔인한 쾌락, 돈, 사디즘, 사치…… 펠릭스 플라터는 르네상스가 끝나갈 무렵 지중해 연안의 한 도시에서 소수의 부르주아와 귀족 유지들이 살아가던 방식을 묘사했다.

타유세 대장과 공증인들 덕분에 우리는 1555~65년경의 이 집단, 이 행복한 작은 섬의 경계를 분명히 할 수 있다. 그곳은 몽펠리에에 있는 생-피르맹의 고풍스런 구역으로, 카틀랑과 플라터 그리고 롱들레의 부자 친구들과 이웃이 사는 동네였다. 거기에는 160명의 타유세 대상자가 있었는데, 대부분 부유한 도시민이었다.[15)]

우선 시몽 상드르나 기욤 부아라르그 같은 귀족 영주들 또는 그렇게 자처하던 사람들은 40리브르 내지 120리브르의 타유세를 냈다. 그들은 도시의 여관 주인들에게는 돈을, 농민들에게는 호밀을 빌려주었으며, 갚을 때는 에퀴화로 갚게 했다. 그들의 이웃은 대체로 그 당시 말로 '시대를 안락하게' 살아가던 성당 참사회원들이었다. 그들 다음으로는 뷔셀리, 로지에, 고데트 같은 부르주아와 고액 지대 수취자가 있었는데 이들은 30리브르에서 80리브르의 타유세를 냈다. 그들 역시 돈놀이와 이자를 이용하여 농민들, 제화공들, 서민들을 갉아먹었다. 그들은 앙즐로, 에스파냐의 피스톨 금화, 레알, 테스통 등으로 그들에게 빚을 놓았다. 그들은 또한 지대 수입, 토지와 채원에서 나오는 이익, 그리고 가옥 임대료 등으로 살아갔다. 그다음은 서기, 재판관, 박사, 소송 대리인, 보조세와 염세 담당 관리인 법률가 그룹이다. 그들은 각각 20리브르에서 70리브르의 타유세를 냈다. 조세 사다리에서 그들 다음 사람들은 10리브르에서 50리브르를 내던 활동적인 그룹이다. 카트린 드 메디시스*를 치료한 적이 있는 카스텔랑 또는 롱들레 같은 의사, 약제사, 대학교수, 상인, 식료품상, 나사 상인 등이다.

---

15) 수치 그리고 조세나 공증인 참고 자료는 An. 21.

* Catherine de médicis(1519~89): 프랑스 왕 앙리 2세의 왕비.

마지막으로 이 위계의 맨 아래(5리브르에서 20리브르의 타유세)에는 공증인(별로 부유하지 않은), 부유한 장인들, 가게 주인들(유지들에게 온갖 물품을 공급하는)이 있다. 서점 주인, 재단사, 양재사, 주석 도기 제조공, 이발사, 제화공, 불에 구운 고기 장수…… 생-피르맹에는 농사 짓는 하층민들이 거의 없었다. 이들 160명의 타유세 납세자 가운데에서 나는 농민을 단 한 명 발견했을 뿐이다. 그는 1수의 타유세를 낸 장 베르디에다. 부분적으로는 땅과 농민들에게 놓은 빚으로 살아가던 여전히 농업적이었던 도시에서 1560년의 아름다운 구역들, 사회학적 고립 집단[16]은 농민들과 분명히 격리되어 있었다. 그렇지만 몽펠리에가 폐허가 되어 커다란 부락으로 변할 정도로 도시의 위기가 심각했던 1435년에 생-피르맹 구역에는 농민이 22명 있었다. 1544년부터 이들 농사 짓는 하층민들은 그 구역에서 사라지고, 그곳은 완전히 부르주아 구역이 되었다. 유지들이 평민들을 몰아낸 것이다.[17]

상층 계급의 행복한 거주지, 도시 생활의 화려한 극치를 이룬 생-피르맹을 떠나자. 도시의 나머지 지역의 모습은 전혀 다르다. 그곳에는 농촌의 삶이 배어 있다. 그곳은 도처에 널려 있는 두엄 구덩이, 돼지떼, 포도주 증류기를 실어 나르는 노새들로 복잡하여 좁은 길을 지나는 행인이 눈을 다치곤 했다.

이 구역에서는 타유세를 내는 주민 네댓 명 가운데 한 명의 직업이 '농민'(laboureur라는 말은 랑그도크 언어인 laurador를 번역한 것으로, 여기에서는 단순 날품팔이 농업 노동자나 쟁기를 소유한 진짜 농민 둘 다를 의미한다)이었다.

게다가 이 구역의 타유세 비과세자들과 비지주들 가운데에는 도시민이면서도 직업은 농업 노동자인 사람들, 그리고 새벽 두시부터 밀, 포도, 올리브 수확을 위해 일꾼으로 고용되는 '노동자들'이 매우 많았다.

---

16) Lévi-Strauss, 1958, 402쪽.

17) ACM, 1435년과 1544년의 생-피르맹의 콩푸아.

	연도	직업이 알려진 타유세 대상자 수[18)	농민들의 수	백분율 (%)
생트-안	1555	233	52	22.3
생트-크루아	1560	303	64	21.1
생-마티외	1559	167	42	25.1

이들 농촌적인 사람들에게는 특별 시행정관이 배정되었는데, 그는 명단의 여섯 번째이자 말단 행정관으로서 '농민들과 하층민들' 가운데에서 선출되었다.*[19)]

1554~56년경, 무르익은 16세기의 불가해한 모순들의 희생자인 이들 도시와 도시 주변 노동자의 상황은 밝지 못했다. 그들은 몇몇 아름다운 구역에서 밀려났다. 그러나 그 이외의 구역에 있는 서민들의 거리나 빈민굴에서는 인구 증가로 그들의 수가 불어났다. 예컨대 '몽펠리에의 생트-크루아 구역에는 1435년의 콩푸아에 따르면 26명의 농민이 있었으나, 1544년의 콩푸아에 따르면 거의 세 배로 늘어났다(66명).

그들은 가난했다. 그들의 타유세는 1리브르, 2리브르 또는 3리브르, 아니면 몇 수 정도였다. 20리브르에서 100리브르를 내는 유지들과 비교해보면 정말 아무것도 아니었다. 펠릭스 플라터는 이따금 자기와 관계가 있는 '가문들'의 행복한 테두리 너머로 눈길을 던질 때 농민들의 불안정한 상황을 언급했다. 밤, 막포도주, 검은 빵으로 이루어진 식단, 딱딱한 빵을 먹는 염소지기, 악마처럼 옷을 입은 후진적인 농민들, 기근이 든 1555년에 수많은 사람들을 죽인 열병. 사실 플라터가 증언하고 있는 1552~57년은 곡가 상승의 사이클이 시작되어 정점에 달한 시기로, 가

18) ACM, 해당 연도의 도시의 타유세 대장들(이들 타유세 대장들은 1961년에 임시로 에로 도의 고문서 보관소에 맡겨졌다).

* 시행정관 'consul'이 여섯 명이었으며, 각각의 계층에서 한 명씩 선출했다는 의미다.

19) Guiraud, 1918~19, I, 173쪽.

난한 사람들이 버티기가 힘든 시기였다. 1552~53년에만 해도 아직 밀 가격은 비교적 낮았고, 수확은 좋았으며, 반출을 허용했다. 1554년부터 수확이 아주 나빴다. 1554~55년 겨울, 부잣집 젊은이들은 무도회, 연애, 연회 등으로 분주했지만 하층 계급은 힘들었다. 4월에 곡물가는 1553년에 비해 두 배로 뛰었다. 장 피넬이나 장 델마 같은 농민은 개별적으로, 어떤 농민들은 집단적으로, 바닷가나 산에서 몰려와 생-피르맹 구역의 부자 부르주아에게 머리를 조아리며 빚을 얻었다. 여름까지 굶어 죽지 않고 살아남기 위해 어떤 사람은 50리터의 곡물을, 어떤 사람은 100리터의 곡물을 빌렸다. 굶주림은 페스트와 혹독한 기근이 돌았던 1557~58년에 절정에 달했다.[20]

도시와 도시 외곽의 모든 농민이 사회적 바리케이드의 나쁜 쪽에 있었던 것은 아니다. 노새 한 마리와 쟁기 하나를 소유한 초라한 농민 옆에는 16세기의 늘어난 이익을 거두어들이고 임금노동자들을 착취하는 데 가담한 대차지농(大借地農)들이 있었다. 그렇지만 사회적으로 볼 때는——이러한 가장 높은 수준에서도——땅으로 부자가 된 사람들과 도시의 상인이나 부르주아 같은 진정한 부자들 사이에는 여전히 도랑이 파여 있었다. 공증인들의 목록은, 애석하게도 이 목록은 늦게 나타나지만(1590년 이전에는 찾아볼 수 없다), 이 같은 문화적 격리, 지속적인 대조를 강하게 드러내준다. 전형적인 두 사례에서 그것을 이해할 수 있다.

우선 1600년에 죽은 몽펠리에의 나사 상인 소베르 텍시에의 집으로 들어가보자. 1층의 가게는 물건으로 가득 차 있다. 값싼 천들(카디, 뷔렐), 랑그도크산(産) 나사, 북부(모, 부르주)산 나사 등 총 250필과 모직물 고리짝. 나선형 계단을 따라 올라가면 7개의 방이 나온다. 또한 텍시에의 집에는 거실, 부엌, 다락, 지하실이 있다. 침대에는 모직 매트리스가 깔려 있다. 돈궤에는 에퀴화가 그득하다. 뒤카 금화, 두젠 은화, 뒤카통 은화 등 200리브르였다. 그리고 귀금속으로는 금반지, 보석, 벽옥,

20) 이 같은 '사이클'에 대해서는 An. 27 참조.

팔찌, 은주사위 18개, 은상자, 금사슬 그리고 금포도나무 등이 있다. 주인은 나사로 만든 옷, 굴(goulles), 망토로 몸을 따뜻하게 감쌌다. 바닥에는 녹색 양탄자가 깔려 있다. 의자, 등받이 없는 의자, 긴 의자 등이 10여 개 있는데, 모두 부자들이 애호하는 호두나무로 만든 것이었다. 텍시에는 녹색을 좋아하는지 옷, 양탄자, 융단 입힌 의자 등 모든 것이 녹색이다. 그는 개인 무기고도 가지고 있었는데 검, 총, 화승총, 활이 있다. 더불어 책상 한 개와 9개의 놋쇠 촛대가 있다. 그리고 물질적 안락함을 보증해주는 상징물들, 즉 12개짜리 냅킨 세트 6개, 12개짜리 침대 시트 세트 4개, 창문 커튼이 있다. 밀과 호밀[21] 그리고 염장 돼지고기가 가득한 상자도 있다. 예술품에 대한 그의 기호는 나무 액자를 한 그림, 채색 유리 수반, 금포도나무 등으로 입증된다.

그러면 소베르 텍시에는 어떤 사람이었을까? 그는 모귀오 출신 농민인 가보 농장의 앙투안 텍시에와 리루 농장의 농민의 딸인 잔 부아이에 사이에서 태어났다. 소베르 텍시에의 누이들은 마르탱과 마티외라는 농민과 결혼했다. 이 모든 사람, 즉 텍시에 집안 사람들, 부아이에 집안 사람들 그리고 마르탱 집안 사람들은 1560년도 모귀오의 토지대장에 따르면 콩푸아상의 기록으로 몇 리브르나 몇 수를 납부하던 소액 타유세 납세자였다. 그들은 말하자면 부아라르그 가문, 세젤리 가문, 아사 가문처럼 콩푸아상에 30리브르, 60리브르, 80리브르 등으로 표기된 그 지역의 대지주들이 보기에는 천한 농사꾼에 지나지 않았다. 그러나 젊은 소베르는 자수성가한 사람이었다. 진취적인 기상을 가진 그는 시골을 떠나 도시로 갔다. 그는 재산을 모아, 1590년에는 아버지에게 가보 농장을 사드렸다. 그는 갑자기 부자가 된 장사꾼의 요란스러운 태도로 부르주아의 사치 취향을 가지게 되었다. 그는 진짜 사치에 접근했다.

또 다른 농민의 아들인 피에르 살라지에는 소베르 텍시에의 고향인 모귀오에서 살았다. 그 역시 성공했다. 그러나 그는 땅에서 대규모 차지

21) 총 8헥토리터의 곡물: 반은 밀이고 반은 호밀.

농으로서 성공했다. 그는 몰타 기사단을 위해 몽펠리에에서 그리 멀지 않은 아름다운 보기에르 영지를 경작했다. 그는 농촌의 동산을 많이 가진 시골 부자였다. 죽을 때(1605), 그는 유산으로 황소 16쌍(150헥타르를 경작할 수 있는), 15마리의 종마 사육장, 암소 10마리, 양 340마리, 돼지 28마리, 노새 5마리, 쟁기 7벌, 레유 24개 그리고 4대의 수레를 남겼다. 마을 유지였던 그는 안락하게 살았으며, 결코 배고픔을 몰랐다. 그러나 그는 부유하건 가난하건 모든 농민이 그러하듯이 소박하게 살았다. 그의 가족이 생활하던 부엌과 방으로 들어가보자. 빈곤이 가슴을 아프게 한다. 침대 하나, 식탁 하나, 궤짝 두세 개, 약간의 주석 식기들, 식탁보 6개, 시트 몇 개, 수건 몇 개뿐이다. 무기도 없고, 그림도 없고, 보석도 없다. 비교적 부유한 집인데도 18세기의 부유한 농민들의 집에서 이따금 발견되는 사치품, 예술품 또는 색다른 물건 등이 하나도 없다. 그의 집에는 이 형용사*의 전통적인 의미에서의 문화적인 물품이라고 할 만한 것이 없었다.

동일한 환경 출신이지만 두 사람은 삶의 차원에서 갈라졌다. 살라지에의 모든 사치는 부의 옛 상징인 엄청난 가축들을 통해 과시되었다. 반대로 텍시에는 도회인의 삶의 방식에 다가섰다. 신흥 부자인 텍시에는——취향은 아니더라도 정성스럽게 선택한 의미 있는 물건들을 통해——자신이 돈 많고 우쭐대는 도시의 선민에 속한다는 것을 표현하려고 했다.

두 사람 뒤에는[22] 두 개의 사회, 두 가지 삶의 방식, 두 가지 외면(外面)이, 그리고 부르주아와 시골 사람, 도시와 농촌, 그리고 더 나아가 말하자면 문명과 야만을 대립시키는 모순이 놓여 있다.

---

* 문화적.

22) 살라지에의 조사 목록과 다음 구절에서 이용될 조사 목록들(Roquette, Sallendres 등)은 ADH, II E, 공증인 사무실 61(Billotte 공증인 사무실), 자료 뭉치 130에서 133, 1598년에서 1605년에서 나온 것이다; 텍시에에 대해서는, ADH, II E, 공증인 사무실 61, 기록 126, 7-9-1600 참조(사후 조사 목록), 또한 AC Mauguio, 1560~80의 콩푸아, t. I, f° 303; II, f° 688, 694, 774.

*

마지막으로 도시는 부르주아지와 농민 외에도 세 번째 힘을 지니고 있는데 산업이 바로 그것이다. 직물, 나사는 16세기에 비약적으로 성장했다. 몽펠리에의 생트-크루아 구역의 콩푸아(1435)에는 세 명의 소모공과 두 명의 직조공이 나오며, 1544년의 콩푸아에는 15명의 소모 장인과 6명의 직조공이 나온다. 한 세기 동안에 3배, 5배 늘어난 것이다. 그리고 새로운 구조들이 나타났다. 1450년경만 해도 몽펠리에에는 나사 제조 공장이 없었다. 다만 코르비에르, 세벤 또는 플랑드르산 나사를 취급하는 상인들이 있었을 뿐이다. 그러나 1493년에 카탈루냐의 나사 제조공들——실 꼬기 직공, 실 당김 직공, 소모공, 직조공, 염색공——이 가족과 함께 이 도시에 와서 정착했다. 지방 장인들은 모든 설비를 그들 뜻대로 설치해주었다. 실을 잣는 수백 개의 실패, 세캉에 2단 둑을 조성하고 나사 제조용 대형 물레방앗간을 설치하여 철제 테두리를 입힌 나무 바퀴들이 돌아가게 했다. 그후 형형색색의 꽃이 그려진 몽펠리에의 나사들은 지방 시장에서 자리를 굳혀갔다. 1519년 이후 가게들마다 직조공, 소모공, 무두질공이 다수 나타났다.[23] 농민들의 증가는 개간 가능 토지의 한계에 부딪혔지만, 이들의 증가는 한계를 몰랐다.

최초의 가구(家具) 조사 목록에 따르면 1590년경, 이들 직조 장인의 일상 생활공간은 협소했다. 방은 하나 또는 이따금 둘뿐이어서 가족들은 말로 형용하기 어려울 정도의 복잡한 공간에서 삶과 일을 동시에 했다. 두세 개의 베틀, 날틀 하나, 물레 하나가 촌스런 가구들 틈새에서 돌아갔다. 식탁, 밀짚 매트리스를 깐 간이침대 하나, 두세 개의 통, 걸상, 궤짝, 상자들, 빵 반죽 도구 하나, 야간 작업을 할 때만 쓰는 기름 램프

---

23) ACM, 해당 연도와 구역의 콩푸아; ACM, D, 기록 573, f° 41과 이하; 기록 575, f° 5와 이하; 605, f° 15; 607, f° 8과 50; 610, f° 37; 611, f° 7; 613, f° 5; 614, f° 7; 616, f° 4; 618, f° 3; 619; 621, f° 2; 622; 626, f° 7; 630, f° 15; 635, f° 15.

하나. 직조공인 피에르 로케트와 기욤 살랑드르는 이렇게 살았다. 푸르-데-플람 거리의 장 마느티 같은 소모공은 이보다는 조금 나았던 것 같다. 주거용 거실과 침실(침대, 궤짝, 통) 그리고 다락에는 베틀 네 개가 있었으며, 각각의 베틀에는 어른과 아이들이 매달려 일할 수 있는 6타스의 소모기가 달려 있었다.

최소한의 사치도 찾아볼 수 없는 가난한 환경이었다. 부르주아들의 집에서는 빠짐없이 볼 수 있는 귀금속, 그림, 양탄자, 커튼, 작은 거울들이 여기서는 전혀 눈에 띄지 않는다. 그러나 문화적 분위기만큼은 순수 농민들의 환경보다 훨씬 나았다. 왜냐하면 이는 결정적인 사실로서, 소모공은 자기의 이름으로 서명할 줄 알았기 때문이다.

요컨대 세 개의 환경, 세 개의 사회문화적 계층이 있었다. 우선 지대(地代), 상업, 관직을 지배하는 사람들, 그다음으로는 특히 직조공을 중심으로 한 장인들, 마지막으로 땅을 일궈 먹는 농민들, 농업 노동자들. 바꿔 말하면 서비스와 사회 지도(3차 산업), 가공 활동(2차 산업), 토지에서의 원료 생산(1차 산업). 프랑수아 케네 이전부터 유효했던 오래된 구분이다.

이들 다양한 환경의 사람들——특히 나머지 둘에 비해 농민들——은 칼뱅파 혁명으로 일어난 16세기의 충격에 어떻게 대응했을까?

위그노파 소모공과 교황파 농민

답변의 기초를 제공하는 훌륭한 자료가 있다. 1560년 11월, 몽펠리에의 가톨릭 당국이 세금을 부과한 '칼뱅파 집회 참석자 명단'이 그것이다.[24] 817명의 이름 중 561명의 직업이 명기되어 있다. 이것은 단순한 조사 이상의 진정한 인구조사였다. 초창기의 위그노인 561명의 명단에서 맨 먼저 나오는 사람들은 장인들이었다. 그중에서도 가장 많은 숫자

---

24) ACM, GG, 'Réf°rmés'에 보관되어 있는 특별 명부. 이 명부는 L. Guiraud, 1918~19, II, 346~378쪽에 있다.

를 차지하는 사람은 직조공이다. 이들 135명 가운데 소모공이 42명이었는데, 바로 이들이 스당이나 모에서와 마찬가지로 몽펠리에에서도 종교개혁의 효모였다. 가톨릭 연대기 작가인 레스카즈는 이들 랑그도크의 소모공이 끈적끈적하고 더러운 손을 가지고 있다고 비난했는데 이 같은 증오심에는 통찰력이 깃들어 있다. 그는 이렇게 규정했다. "칼뱅의 첫 번째 쓰레기들은 대체로 소모공들과 나사 제조공들을 서서히 신앙으로 끌어들였다. 그들은 술집에서 만나 손에 잔을 들고 베즈*와 마로**의 찬송가를 배운 다음 그 새로운 곡을 퍼뜨렸다. '가슴을 내밀어라, 귀를 열어라' 등등."[25)]

직조공 위그노 그룹에서 42명의 소모공 다음을 차지한 사람들은 41명의 재단공, 25명의 방적공, 5명의 밧줄 제조공, 5명의 양품 제조공, 9명의 나사 장식공, 4명의 염색공, 그리고 면방적공, 바느질공, 양탄자공, 대마 직조공, 모자 제조공이다.[26)]

직조공 그룹 다음으로는 피혁공 그룹이 나온다(우리는 이들이 세벤 지방의 농민 위그노들 사이에서 촉매 역할을 했음을 나중에 보게 될 것이다). 1560년의 명단에는 58명이 나타나는데, 그중 33명이 구두 제조공이고, 그 밖에 마구 제조공, 무두질공, 백무두질공, 장갑공, 망토 제조공, 안장 제조공 들이 있다. 이어 야금공, 단철공, 칼 제조공 들이 45명의 위그노를 제공했다. 전체적으로 기타 장인들을 다 합하면 조사되어

---

* Théodore de Bèze: 1519년 베즐레에서 태어나 1605년 주네브에서 죽은 칼뱅의 사도. 칼뱅이 죽자 그를 계승하여 개혁 교회의 우두머리가 되었다.

** Clément Marot(1496~1544): 프랑스의 시인. 1534년의 격문 사건에 연루되었으며 칼뱅과 가깝다는 의혹을 받았다.

25) L. de Santi, A. Vidal, 1896, 93, 94쪽에 인용된 Lescazes, *Mémorial historique*, Toulouse, 1644, 9장. 우리의 조사는 일부 수정이 불가피하기는 하지만 언제나 유용한 오제(H. Hauser, 1899)의 연구를 확인해준다.

26) 이 위그노 직물업은 자체의 순교자들이 있었다. 1554년, 몽펠리에에서 한 나사 전모공이 이단으로 처형되었다. 교살과 화형이 제대로 되지 않았다. 그의 시신을 다시 태우기 위해 사형 집행인은 신중한 위그노이며 언제나 부유한 약제사인 카틀랑의 가게에서 피넨을 구입해야 했다(Platter, éd. 1892, 67쪽).

단죄된 561명의 위그노 가운데 장인이나 가게 주인은 387명이었다. 전형적인 구조로 우리는 여기에서 전통적인 도시에 항상 존재하는 상퀼로트들을 만나게 되는데, 이들은 시대에 따라 어떤 때는 이단적이었고 어떤 때는 혁명적이었지만* 언제나 노점이나 구멍가게에서 충원되었다.

이 장인 그룹은 보병처럼 많은 사람을 공급했다. 1560년의 위그노 간부들은 부르주아 인텔리겐치아와 프티 부르주아지 출신이었으며 1560년의 집회에 많이 참석했다. 의료인 또는 법조인, 변호사, 공증인, 약사, 서기, 청원인, 정리(廷吏), 기록관 등등이다. 이들 지적인 직업의 소유자들은 1560년의 통계에 따르면 87명이었는데, 이는 직업이 알려진 위그노의 15퍼센트로서 당시 총인구에서의 백분율보다 높은 비율이었다. 생-피르맹 구역에 살던 상인(이들은 24명이다), 귀족, 부르주아도 칼뱅파 집회에 수십 명을 파견했다. 이들 부유한 위그노들 가운데에는 복잡한 영혼의 소유자, 다시 말해 여러 차례 신앙을 포기한 마라노 유지가 최소한 한 명은 들어 있었다. 1556~60년경, 카틀랑(아버지)은 유대교 할례, 성모마리아의 가톨릭 신앙, 개혁 교도들의 집회 참석을 동시에 하는 데 아무런 마음의 갈등을 느끼지 않았다![27]

장인들, 지식인들, 유지들. 이때까지는 위그노들의 사회학에서 엄밀한 의미의 도시적인 구조로만 한정했다. 그러면 몽펠리에 인구의 20퍼센트 이상을 차지했으며 도시 외곽과 서민들의 구역에 많이 살았던 농민들, 날품팔이꾼들은 어떠했나?[28]

그들의 종교적인 행동은 그들을 완전히 별도로 분류하게 하며, 그들을 도시의 사회 계층, 특히 장인들과 사실상 대립시켰다. 1560년경에

---

* 예컨대 1789년 프랑스 대혁명에서는.

27) Platter, 1892; 랑그도크의 초기 위그노 귀족들은 대체로 집안의 장남이 아니었으며 법률가이거나 학식 있는 사람들이었다. 주아외즈는 이들을 "재산이 많지 않은 귀족"(이는 대체로 옳다), "돈에 매수당한 유뇨증 환자들"(!)이라고 불렀다. 이들의 태도에 대해서는 Guiraud, 1918~19, I, 149쪽과 A. Chéron, G. de Sarret, 1963, 21쪽을 보라.

28) 이 책, 제2권, 32쪽.

장인들은 한 몸이 되어 종교개혁에 동조했지만, 그와 반대로 농민들은 종교개혁을 거부했을 뿐만 아니라 적대적이기까지 했다.

1560년 당시의 개혁파들에 대한 통계를 참조해보자. 농민들, 날품팔이꾼들이 차지한 비율은 대수롭지 않다. 만일 종교개혁이 다른 사회 집단과 마찬가지의 비율로 그들에게 스며들었다면, 그들의 수는 직업이 알려진 위그노 561명 가운데 110명이나 120명이 되어야 했다. 왜냐하면 농민들은 그 지방의 인구에서 최소 20퍼센트는 차지했기 때문이다. 그러나 이 경우는 전혀 그렇지 않아서, 내가 1560년의 명단에서 찾아낸 경작자는 27명——농민이나 날품팔이꾼——으로 전체의 4.8퍼센트였다. 그들 가운데에는 평야의 대농장들을 임차하여 경작한 사람들이 있었는데, 그들은 자본주의적 경영자들이었다. 이들은 농촌 환경에 살지만 도시적 정신과 멀리 떨어지지 않은 부유하고 활동적인, 계몽된 사람들이었다. 예컨대 프랑수아 파브르, 자크 뒤 푸르, 코뱅 형제들(?) 같은 모랭 농장의 '임차인들', 그리고 앙드레 드브뤼크 같은 생-조르디 농장의 차지농. 그러나 이들 전위적인 농민들은 대단히 보수적인 농민들의 바다에 있는 물방울과 같은 예외적인 존재에 불과했다. 농촌 프롤레타리아들은 대부분 종교개혁을 거부했다. 1560년의 위그노 817명 가운데에는 단지 두 명의 '토지 노동자'가 있을 뿐이었다.

이렇게 이데올로기의 선택, 정신적 태도의 선택은 엄청난 차이를 보여준다. 같은 도시, 같은 공동체 내에서 한편으로는 농경 그룹이, 다른 한편으로는 장인, 지식인, 부르주아 계층이 분리되어 있었던 것이다.

베지에에서도 동일한 균열이 나타났다. 1568년의 위그노 명단을 보면 142명의 이름이 나오는데 그중 직업이나 신분이 알려진 사람은 115명이다. 이들 가운데 부르주아는 두 명이고 귀족은 한 명이다. 그러나 인텔리겐치아와 법률가는 19명이다. 다양한 직업의 장인들은 모두 69명인데, 직조업 종사자들이 제일 많다. 농민은 한 명도 없다. 땅에서 일하는 사람으로는 세 명의 날품팔이꾼과 두 명의 목동뿐이다. 땅에서 먹고사는 사람들이 매우 많은 농업 도시인데도 말이다.[29)]

1560년 몽펠리에의 개혁파에 대한 전반적인 통계

직업	수	백분율(%)
장인	387	69
지적인 직업	87	15.4
상인	24	4.3
부르주아	23	4.2
귀족	13	2.3
경작자	27	4.8
직업이 알려진 위그노의 총인원	561	100
위그노의 총인원	817	

그러므로 여기서도 차별적인 구조들이 한껏 작용하고 있음을 알 수 있다. 베지에에서의 종교개혁은 도시적이고 장인적이라는 그것의 출생지에 사회적으로 한정되어 있었다. 그것은 다른 곳으로 이주하지 않았다. 또한 가톨릭 신앙에 충실히 매달려 있던 농민 대중 쪽으로 옮아가지 못했다.

이 통계는 민중의 시위라는 생생한 역사에 의해 확인된다. 1561년, 몽펠리에의 농민들은 한 몸이 되어 도시의 장인들과 부르주아지로 구성된 칼뱅파에 맞서 가톨릭 신앙을 선포했다. 1561년 5월 4일과 5월 11일, 서민 구역에서 온 이 도시의 '토지 노동자들'과 그들의 아내들이 집결했다. 행렬의 선두에는 머리를 어깨까지 늘어뜨린('맨 머리털을 내려뜨린') 그들의 딸들이 섰다. 겉으로는, 이 시골뜨기들은 축성된 빵을 나누어 주었다. 그러나 그들은 외투 속에 위그노에게 던질 돌이 가득 든 자루와 단검을 숨기고 있었다. 술주정뱅이들과 창녀들이 그들에 합세했다(칼뱅파 역사가의 기술). 그들은 모두 미사와 춤을 요구했다. 그들은

29) 1568년에 작성되었으며 Luthard, 1911~12년에 출판된 베지에의 위그노 명단에서 이 수치를 얻었다. An. 21 참조.

외쳤다. "우리는 위그노들이 뭐라 해도 춤을 출 것이다." 왜냐하면 이 농민들은 5월의 민중 축제를 즐기려 했기 때문이다. 중세 때부터 전해 내려오는 오랜 전통의 민속적인 마이아스 축제는 나귀제(祭), 익살스러운 노래, 외설스러운 몸짓, 춤, 꽃과 가장무도회 등으로 이루어졌다.

그런데 이미 청교도적인 엄격함이 몸에 뱄던 위그노들은 이 같은 축제를 금했으며 춤을 추방했다. 몽펠리에의 농민들에게 그러한 거부의 의미는 분명했다. 그것이 칼뱅을 화나게 했음은 그가 주네브에서 보낸 편지들에 나타나 있다. 그것은 막스 베버*를 기쁘게 했을 것이다. 두 세계가, 두 문화가 서로 대립했다. 한편으로는 도시 안에 마치 이물질처럼 박힌 농민들의 세계가 있다. 그들은 과거의 가톨릭 신앙을 고수했다. 그리고 그들은 가난하고 투박한 삶을 살지언정 본능의 자유로운 표현, 과거부터 전해 내려온 삶의 환희, 춤추는 재미를 누리고 싶어했다. 다른 한편으로는 벌써 세속적인 삶에서의 금욕주의를 주창하는 도시의 위그노파 장인 그룹이 있다. 본능적인 충동을 억제하고 승화시키자는 이러한 금욕주의는 칼뱅에 의해서 그리고 나중에는 퓨리턴들과 얀센주의자들**에 의해서 점차 근대의 프티 부르주아들에게 하나의 규범으로 자리 잡는다.[30]

1560년의 가야크에서도 위그노적인 도시에 대한 가톨릭적인 땅***의 투쟁, 가야크의 교황파 포도재배자들은 프로테스탄트들의 엄격함에 대

---

* Max Weber: 『프로테스탄티즘의 윤리와 자본주의 정신』을 쓴 독일의 사회학자.

** Janséniste: 네덜란드의 신학자인 얀세니우스(Jansenius, 1585~1638)의 신학 사상(jansénisme)을 따르는 사람들. 얀세니우스는 예수회가 인간의 자유의지와 선업을 강조하는 바람에 소홀히 한 은총과 예정에 대한 성 아우구스티누스의 교리를 회복하려 했다.

30) Philippy, 『랑그도크에서의 소요의 역사』(*Histoire des troubles de Languedoc*)는 16세기 말에 대한 기술인데, Guiraud, 1918~19, II, 38쪽의 '증거들'에 들어 있다; 또한 M. Weber, éd. 1958을 보라; 1595년까지 몽펠리에의 농민들이 가톨릭을 고수했음은 Platter, 1892, 185쪽을 보라.

*** 농촌.

해 불만을 토로했다. 앙부아즈 칙령*으로 자유롭게 된 그들은 기쁨에 북받쳐 소리지르며 "외설스러운 몸짓으로 죽음의 춤(macabrée)을 추었다." 1562년, 이 포도재배자들은 카브롤이라는 농민을 우두머리로 뽑았다. 그는 재판관의 번쩍거리는 옷으로 위장했다. 그리고 그들은 칼뱅파 법조인들과 상인들을 공격했다. 그들은 높은 바위 위에 올라가 그들을 타른 강으로 던져버렸다. 사순절 기간에는 물고기를 먹는다는 것을 그들에게 가르쳐주기 위함이었다(그들과 공모한 뱃사공들은 살아서 강 위로 떠오르는 사람들을 노로 쳐 죽였다). 또는 그들을 마치 푸줏간의 '작업대' 위에서 양을 죽이듯이 그렇게 도살했다.[31]

도시와 시골, 특히 농민들과 장인들 사이의 출신상의 종교적 차이는 문화적 분리를 보여주는데, 이것은 서명 통계로도 쉽게 드러난다.

방법: 16세기의 공증 서류에는 세 가지 카테고리의 서명이 있다. 우선, 이름자를 모두 쓴 실제 서명. 어떤 것은 거침없이 근대적 필치로 갈겨쓰고 당당하게 수결형식으로 서명이 되었는가 하면, 어떤 것은 글자들 사이의 연결 없이 소문자로 우물쭈물 서명이 되었다. 극단적인 경우는 대문자들이 일관성 없이 따로따로 놓여 있다. 예컨대 I. V E S I (Jean Voisin). 그러나 이 경우의 서명들은 모두 한 사람의 이름을 전부 드러내주는 완벽한 서명이다.

두 번째 카테고리의 서명은 훨씬 투박하다. 서명은 인쇄체 대문자의 이니셜로 한정되어 있다. 정상적으로 떨어져 있거나(Pierre Vidal의 경우 P V), 붙어 있거나(Anthony Bonnet의 경우 AB), 기이하게 결합되어 있거나(Loys Belshoms의 경우 BL), 한 글자로 축약되어 있다(Pierre Martin의 경우 M).

마지막으로 세 번째 카테고리는 완전한 문맹을 의미하는 '표시'다. 그

---

* 프로테스탄트들에게 특정 지역에서의 신앙의 자유를 허용하고 완전한 사면을 베풀어주기 위해 1563년에 공포된 칙령.

31) Romier, 1922, II, 232쪽에 인용된 "가야크의 복음주의자들의 진정서"; Devic, 1872~92, XI, 398쪽.

것은 기하학적이거나 직업을 나타낸다. 예컨대 장인들은 망치나 가위 그림, 농민이나 채소재배자들은 레유나 갈퀴, 십자가로 표시한 경우가 대단히 많았다. 가장 낮은 수준에서는, 괴발개발 엉성하게 그린 그림이 있다.

따라서 표시, 이니셜, 진정한 서명의 세 수준은 문맹으로부터 초보적인 교양으로의 이행을 보여준다. 몽펠리에에서는 뒤늦게 1570~75년경에야 비로소 공증인들이 증서의 하단에 마치 의미 있는 성좌처럼 서명을 하도록 하기 시작했다. 나바르 공증 사무실(1574~76)에서 작성된 오래된 문서들 가운데 하나를 보자.

사회적 환경 사이의 차이가 첫눈에 드러난다. 우선 대여를 받기 위해 또는 임대차계약서를 작성하기 위해 찾아온 농민들을 보자. 그들 가운데 72퍼센트에게 공증인은 증서의 마지막에다가 비정하게 덧붙였다. "서명할 줄 모름."

바로 그 공증인의 장인 고객들에게서는 문서상의 비율이 뒤집어진다. 63퍼센트는 완전한 서명을 했고(제1카테고리), 11퍼센트는 이니셜을 사용했다(제2카테고리). 나머지 26퍼센트는 표시를 사용했거나 "서명할 줄 모름"이라는 기재(記載) 때문에 괴로워한 문맹자들이다. 후자의 경우 공증인은 대리 서명을 하기 위해 증인을 세워야 했다.

석공들은 대개 무식한 카테고리에 속했다. 소모공들은 완전한 서명을 하는 장인들의 식자 그룹에 속하는 경우가 대부분이었다(그리고 우리는 그들이 교육의 딸인 이단의 영향을 받았음을 안다). 반대로 농민들은 종교개혁에 대해서와 마찬가지로 교양에 대해서도, 부활한 신성한 글* 에 대해서와 마찬가지로 기초적인 세속의 글에 대해서도 알레르기 반응을 보였다.

교회 문서는 이러한 일차적인 자료를 결정적으로 확인해준다. 1570년 이후의 성당 참사회원들의 임대계약서에서는 모든 사람이 서명을 했

* 성서.

거나 최소한 표시를 했다.[32] 그리고 농업 프롤레타리아들은 공증인들의 고객 명단에서보다 상대적으로 훨씬 많았다. 이 같은 조사는 서민 사회의 심층까지 내려갈 수 있도록 해준다.

우리는 서명을 기입하기 시작한 1575년과 93년 사이, 베지에 지방과 나르본 지방에 와 있다. 여기 일련의 증서가 있다. 밀이나 꼴을 베는 '일꾼들', 대농장의 차지농들, 일이 없을 때는 십일조 징수를 임차 맡은 장인들, 상인들, 수도원 부속 농장의 현금납 임차인들.

첫 번째 검사로 농촌 프롤레타리아의 엄청난 무지와 서민들의 무식함을 알 수 있다. 1575~93년, 90.1퍼센트의 농업 노동자들은 표시를 하는 것으로 서명을 대신했는데, 이따금 십자가나 레유를 그렸지만 대부분 알 수 없는 그림을 그렸다. 여기, 1575년에 들에서 꼴을 베는 품을 판 나르본의 노동자 베르나르 비외의 서명이 있다. 그의 표시는 이상할 정도로 꼬불꼬불하다.

이 표시는 형제의 것이다. 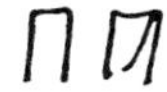 (1576년 라 바스티드에서 추수를 한 노지에르 형제).

벌레 모양의 표시도 있다.  (1576년에 성당 참사회의 꼴을 벤 일꾼, 두망주 라퐁).

이 일꾼들 가운데 몇몇의 노력은 그러기에 더더욱 칭찬할 만하다. 이 문서에 나와 있는 '노동자들' 가운데 7퍼센트는 간신히 그래도 정확하게 자기들의 이니셜로 서명했다. 예컨대 1575년에 들에서 십일조 꼴베기 작업을 한 베르트랑 테시에(Bertrand Teyssier)의 서명은 B F(sic)로 되어 있다.

나르본의 노동자 장 파제스(Jean Pagès)는 I P로 서명했다.

마지막으로 2.9퍼센트는 비록 서툴기는 하지만 그래도 진짜 서명을 했다. 예컨대 나르본의 노동자인 앙투안 레크(Antoine Rech)는 1581년에 꼴 베기 계약을 하면서 ARech라고 서명했다.

---

32) 이 시기까지의 증서들에는 오직 공증인의 서명만 있었다.

종합해서 평가해보면 나르본 도시 전체를 통해 10명 중 9명의 농업 프롤레타리아는 글쓰기 문명의 매력이나 혜택과 무관한, 또한 16세기 당시 성서 종교로의 회귀가 전해준 새로운 사상과도 무관한 정신 세계에 머물러 있었다.

농민 그룹(차지농, 반타작 소작농, 소규모 경작지주)의 문맹률은 조금 나았지만 매우 높았다. 베지에나 나르본의 성당 참사회와 사업상의 계약을 맺은 이 그룹의 농민 100명 가운데 10.4퍼센트만이 완전한 서명을 했다. 4분의 1(24.1퍼센트) 정도가 이니셜로 서명을 했는데, 대체로 서툴렀다. '잘 읽을 줄 모르는' 그들은 때로 N을 (Z)로 뉘어놓거나(1591년의 살의 차지농인 노통), I의 가운데에 작대기를 그어놓았다(Ɨ C: 1591년의 몽타댕의 차지농인 장 카빌라크). 또는 이 두 잘못을 한꺼번에 저지르기도 했다(Ɨ Z: 살렐의 반타작 소작농인 장 노지에르). 또한 그들은 1585년에 생-피에르를 임차한 앙투안 보네처럼 문자들을 붙여 쓰거나, 앙투안 보네의 동생 기욤 보네처럼 이상한 문자를 휘갈겨놓았다.

마지막으로 3명 중 2명(65.5퍼센트)의 농민은 표시를 사용했는데, 이는 완전 문맹의 증거다. 프롤레타리아들이 사용한 표시와 유일하게 다른 점은 진짜 농민은 표시를 휘갈기는 대신 기하학적으로 각지게 반듯하게 그려 넣었다는 점이다. 무식하지만 신중한 사람들이었다. 예컨대 1585년, 생-피에르의 차지농인 장 오리아크는 (┐└), 그리고 몽타댕의 끄트머리 땅을 임차한 아르노 아스티에는 (┌┘), 1587년, 비알라의 차지농인 장 사바티에는 (⊟)으로 표시했다. 그런가 하면 1587년, 비알라의 반타작 소작농인 피에르 빌뇌브 같은 사람은 시골뜨기들의 십자가(+)를 사용했다. 콜롱비에의 농민이며, 1587년에 몽타댕의 끄트머리 땅을 임차한 미셸 파제스처럼 다윗의 별을 사용한 사람도 있다. 이 그룹은 3분의 2가 문맹이기는 했지만, 그래도 나르본의 유지들이 100헥타르의 땅과 무거운 책임을 떠맡긴 엘리트, 다시 말해 도시 근교의 땅을 경작한 엘리트였다. 이들 경작 책임자들은 도시 가까이 살면서 사업상

부르주아들과 자주 접촉했으며, 글쓰기의 특전을 입은 소수 집단과 어깨를 맞댔다. 그들의 집단에 있는 소수의 식자들은 그렇게 해서 생긴 것이다. 그러나 도시에서 멀어지거나 시골이나 산간에 묻히면, 농민들은 온통 일자무식하며, 그래서 프롤레타리아의 '하층 형제들'처럼 완전 무식쟁이가 되었다. 예컨대 1579~80년, 나르본 지방과 소(Sault) 지방의 여러 농촌 본당 사목구 출신 11명의 행정관을 보자. 이들 평범한 농민들의 서명 11개 가운데 10개는 완전 문맹을 의미하는 표시였으며, 한 개는 이니셜을 사용했으나 읽기 어렵다.

이렇듯 1550년과 1600년 사이에 농촌은 글쓰기를 완강히 거부했다. 반대로 도시의 구조들은 그것의 빛을 거부하지 않았다. 1575~89년, 성당 참사회와 사업 관계가 있던 나르본이나 그 주변 마을의 장인 100명 가운데 34명은 완전하면서도 때로는 우아한 서명을 했으며, 33명은 이니셜을 썼다. 마지막 3분의 1은 문맹이었다. 그들은 표시 또는 그저 상징적인 그림을 그렸다. 바꿔 말하면 장인들 가운데 3분의 2는 농업 노동자들의 10분의 1, 농민들의 3분의 1이 도달했던 그런 문화 수준에 올라 있었다.

이들 장인들 가운데 가장 계몽된 동업조합은 푸주한 동업조합과 약제사 동업조합으로서, 이들은 부르주아지에 가장 근접했다. 그러나 여관업자, 재단사, 소모공, 직조업자도 교양인 축에 속했다. 건축업에서의 서명 지리(地理)는 도시와 시골의 대립을 재확인해준다. 나르본 지방 농촌 마을의 석공들은 사각형, 흙손 또는 하트 모양의 '서명'을 한 반면, 나르본의 석공들과 미장이들은 완전한 서명을 했거나 최소한 이니셜을 썼다. 마찬가지로 망치 모양으로 서명한 무식한 대장장이들과는 달리 주물 제작공, 망치 제작공, 칼 제작공, 주석그릇 제조공, 미늘창 제작공 등과 같은 야금공들은 아름다운 서명을 한 지적 엘리트 그룹에 속했다.

동시에 하층 장인 그룹에서는 농민들의 세계에서와는 달리 용솟음치는 개인적인 완성과 교육열을 느낄 수 있다. 1580년, 나르본의 푸주한인 폴 드 라 리외는 표시(∧)로 서명을 한 문맹이었다. 1585년 그는 발전하여 PR이라고 서명했다. 주석그릇 제조공인 아르노 그리냥도 마찬가지였다. 그는 1579년에는 이니셜을 점과 함께 A·G라고 서명했지만 1585년에는 이름, 성, 수결(手決)로 Arnaud Grignan이라고 또박또박 서명했다.

바로 이 같은 문화에 대한 개방성 내지 그것을 소유하려는 욕망이 도시 사회의 활동적인 장인들을 후진적인 농민들 위로 끌어올렸다. 바로 그것이 문자 해독률 98퍼센트에 달한 부르주아들이나 상인들 같은 가장 계몽된 집단에 그들을 접근하도록 해주었다. 마지막으로 바로 그것이 옛 도시의 한복판에서도 도시와 농촌을 구분할 수 있게 해주었다.[33)]

차이 비교 연구의 결과 시골, 농촌 세계는 적어도 초기 단계에서는 차단된 세계였다. 다수를 빈곤화로 이끈 생산물의 차단, 그리고 기초적인 교육의 결여로 인한 의식의 차단. 무엇보다도 농촌 세계에는 초등학교 교사가 매우 적었으며, 그들의 교육은 공짜가 아니었다. 소수의 농민들만이나 이보다 더 적은 수의 노동자들만이 자녀들을 제대로 학교에 보낼 수 있었다. 다른 사람들은 돈도 없고 야망도 없어서 교육을 시키지 못했다. 농촌에서 문화적 궁핍은 이렇게 물질적 빈곤과 맞물려 있었다.

반대로 도시는 유동자산을 불려나감으로써 도시에 내재한 토지 부족이라는 저주를 없애버렸다. 도시는 이익의 기회, 이득에 대한 갈망, 문화에 대한 욕망을 나누어 주었다. 그것은 무지와 농촌적인 민속에 고착되어 있는 농민들의 도시가 아니었다. 그것은 팽창해가는 도시, '경제적 번영에 힘입어 늘어나는 장인과 상인의 도시' '칼뱅주의와 그 분파들에게 자연적인 사회적 토대를 제공해주는' 도시였다.[34)]

*

33) 이 문장의 모든 것에 대해서는 An. 41과 Gr. 43을 보라.

34) Tawney, 1951, 13쪽에 인용된 E. Labrousse.

세벤에서: 촌부들의 가담

도시—농촌의 대립은 종교개혁에 결정적이고도 지속적인 장애물로 작용했다. 예컨대 베지에와 몽펠리에에서는 1560년 그리고 1590~1600년까지도 그랬다.[35] 그러나 이 같은 대립을 끝까지 극복할 수 없는 것은 아니었다. 그것은 사상의 침투의 변증법에서 첫 번째 '순간'을 대변할 뿐이었다. 그리고 몇몇 지역에서 첫 번째 단계를 결국에는 극복했다. 그러면 소도시의 위그노들, 칼뱅파 장인들은 농민 세계로의 '침투'에 성공했다. 그리하여 그들은 농민 대중을 개혁파 진영으로 끌어들였다. 세벤 지방이 그러했는데, 그것이 얼마나 극적이었던지 앙리 2세 시대에 세벤 지방에서 진행되던 전교에 대해 이야기하던 테오도르 드 베즈 본인도 놀랄 정도였다. 그는 기록했다.

"바로 그 무렵, 세벤 산맥(프랑스에서는 보기 드물게 거칠고 억센 고장, 그래서 주민들의 거친 정신으로 볼 때 복음을 받아들이기가 가장 어려워 보이는 고장)의 산간 사람들은 어쩐 일인지 아주 놀라운 열정으로 진리를 받아들였으며," 그리하여 "거의 모든 일반 주민들이" 칼뱅주의에 가담했다.[36] 사실 세벤 지방의 장인들과 농민들을 망라하는 이들 '일반 주민들'은 십자가를 쓰러뜨리고, 우상을 불지를 정도로 열정을 보여, 1561년 칼뱅 자신이 질서를 호소할 정도였다. 이들 산간 지방의 위그노들은 그가 보기에도 지나치게 혁명적이었던 것이다.[37]

무슨 일이 있었던 것일까? 1530~60년부터,[38] 칼뱅주의가 세벤 지방의 농민들 사이에 프랑스에서 가장 강력한 뿌리를 내려 그곳이 뿌리 뽑을 수 없는 보루가 된 것을 어떻게 설명할 수 있을까? 어떻게 해서 가르

---

35) 이 책, 제2권, 42쪽.

36) Hugues, 1864, 15쪽에 인용된 Théodore de Bèze, 『프랑스 개혁 교회사』(*Histoire ecclésiastique des Églises réformées en France*), Anvers, 1580, I, 218쪽; Devic, 1872~92, XI, 358쪽 참조.

37) Germain, 1952, 209쪽에 인용된, 칼뱅이 소브 교회에 보낸 편지.

38) 이 책, 제2권, 24쪽.

동 계곡이 1560년부터 목사들의 거리가 되었을까?

이 경우, 오랜 이단 전통이 새로운 이단들을 일으킨 효모라고 말할 수는 없다. 중세에 카타르파나 발도파는 세벤 계곡의 양안(兩岸)에서는 이렇다 할 역할을 하지 못했기 때문이다.[39)]

죽은 사람들의 무게보다는 산 사람들의 상황이 더 중요했다. 세벤 지방의 회심(回心)은 우선 다른 어느 곳보다도 수적으로 많았고 영향력도 컸던 장인들의 가담이었다.

그리고 사회 구조는 농민 세계로의 삼투 현상을 도왔다. 장인들, 특히 피혁공들이 시골 깊숙한 지역까지 위그노 종교개혁의 원리를 심어놓았던 것이다.

파울 가이젠도르프가 펴낸, 1549~60년경에 주네브로 망명 온 사람들의 명단을 살펴보자. 주지하다시피 거기에는 다수의 장인이 들어 있다. 그리고 이들 장인 집단 가운데 제화공들이 최초의 프랑스 망명자들 중 제일 많았다. 님, 아노네, 오브나 등 세벤 계곡 하구에 있는 도시에서 망명해온 위그노 동업조합 가운데 가장 많은 사람들도 구두 수선공이었다. 그러나 이제 계곡을 거슬러 올라가서 칼뱅파 세벤 지방의 심장부로, 후일 카미자르들*의 요새가 될 알레스와 비강 지방으로 들어가보자. 이곳에서는 피혁공들, 특히 제화공들이 수적으로 가장 많았을 뿐만 아니라 1549~60년에 주네브로 망명한 사람들의 절대다수를 차지했다. 직업이 알려진 47명 가운데 직조공, 양말 판매인, 농민, 의사, 서점 주인,

---

39) 비록 뒤랑스 강 연안의 발도파는 1530년경 종교개혁이 론 강 너머 님 지방으로, 가르동 인접 계곡으로 퍼져나가는 중심지나 중계지 역할을 할 수 있었지만 말이다: 망드루의 지도(1959)는 이러한 형태의 추세를 시사한다. 그러나 세벤 지방은 일단 '감염'된 다음에는 놀라운 에너지를 가지고 자체의 고유한 소명에 따라 변화를 계속해나갔다.

* Camisards: 랑그도크 언어 camiso(chemise, 즉 셔츠)에서 나온 말. 프로테스탄트에게 종교적 관용을 베푼 낭트 칙령(1598)의 폐지(1685) 이후 프로테스탄트들에 대한 탄압이 심해지자 반란을 일으킨 세벤 지방의 프로테스탄트들을 말한다. 이들은 야간 공격 시에 상호 식별을 가능하도록 하기 위해 백색 셔츠를 걸쳤다.

빵집 주인 외에 24명이 피혁공이었는데(그중 22명이 제화공), 이는 전체의 51퍼센트에 해당한다. 후일 카미자르들의 또 다른 보루가 될 남부의 제보당에서 전체 망명자 가운데 '피혁공 위그노'의 비율은 그렇게 압도적이지 않았다. 그렇기는 해도 몽펠리에, 님 그리고 모든 낮은 지방보다는 높았다. 사실 망드 지방과 플로라크 지방에서 직업이 표시된 34명의 망명자 가운데 내가 확인한 피혁공의 수는 13명(그중 제화공은 9명)으로 3분의 1이 조금 넘었다.[40]

이것은 망드, 알레스 그리고 강주 사이의 칼뱅파 삼각 고지대에서만 볼 수 있는 특별한 현상이었다. 우리는 이와 유사한 현상을 랑그도크, 아니 프랑스 어디에서도 찾아볼 수 없다. 몽토방에서도, 밀로에서도, 위제스에서도 그런 예가 없다. 세벤 지방에서 장인들과 제화공들은 목사들의 필요불가결한 조력자로서 개혁 종교를 외딴 마을에 뿌리는 데 기여했다. 그리고 그들의 행동은 가장 항구적인 동시에 가장 효과적이었다.

그들은 시골 또는 반(半)시골적인 장인들이 다수인 세벤 지방의 전위적인 사회-직업 구조 위에 행동의 근거를 두었다. 위그노파 장인들과 제화공들이 세벤 지방의 첫 번째 국외 이민자들인 1549~60년의 이민자들 가운데 특히 많았던 것은, 간단히 말해, 그들이 산간 지방에 뿌리내린 활동적인 다수 그룹을 형성했기 때문이다.

콩푸아가 없으니 대신 공증 서류를 손에 들고, 이미 비밀리에 칼뱅파가 되어버린 세벤 지방의 촌락인 강주와 가톨릭이 지배적이었던 평원 마을 공동체 베지에의 1555~60년경 직업 구조를 비교해보자. 차이는 뚜렷하다.

강주는 산업 도시였다. 공증인의 고객 가운데 48.6퍼센트가 가죽, 직물, 나무, 철과 관련된 주요 가공업 분야에 종사하는 장인이었다. 이 그룹에서 무두장이나 제화공 같은 가죽 관련 장인이 수위를 차지했다(23.8퍼센트). 그다음으로는 소모공, 나사 제조공, 직조공, 재단사 같은

40) 님, 세벤, 로제르 지방의 이 같은 직업과 종교의 통계에 대해서는 An. 21 참조.

직물 관련 장인이었다(19.9퍼센트). 철과 나무는 마지막 자리를 차지했다(4.9퍼센트). 밀도가 높은 장인 그룹은 무두장이 귀족의 지배를 받았다. 아브라함 부세롤, 뱅자맹 베르제 같은 멋진 성경 이름을 가진 칼뱅파 사업가들은 산간 지방에서 연안 지방까지의 가죽 시장을 서서히 점령했다. 17세기에 그들의 후계자인 앙투안 부르동, 이사크 타르테롱은 10만 리브르 이상의 재산을 가진 부유한 무두장이로서 최고의 명성의 상징인 파리로 자식들을 유학 보냈다. 어쨌든 1560년부터 강주에서 장인들의 영향력은 외곽 지대의 날품팔이꾼들과 대농장의 농민들에게(두 범주는 공증인의 고객 가운데 16.8퍼센트를 차지했다) 결정적이었던 것 같다. 1580년, 500가구가 넘은 강주의 공동체에서 가톨릭은 네 가구뿐이었다.

반대로 베지에에서는 '제2차 산업', 다시 말해 전통적인 4대 산업(가죽, 직물, 나무, 철) 부문이 별로 발전하지 않았다. 같은 시기의 공증인 고객 명단을 보면 전체의 20.6퍼센트를 차지했을 뿐이다. 이는 이곳에서 지대한 사회적 영향력을 행사한 사제, 귀족, 상인 그룹에 비해 훨씬 적은 것이다.

베지에는 전통적인 농민들과 유지들이 중심이었던 평원 지방의 촌락을 대표한다. 반대로 강주는 수적으로나 권력으로나 장인들이 지배한 세벤 지방의 구조를 상징한다. 16세기 중반 세벤 지방의 밤나무골 마을인 생-장-뒤-가르(주민 2천 명)가 있다. 1555년에 이 마을 공증인 고객의 직업별 구성을 보면 제화공과 무두질공이 23퍼센트, 소모공 · 재단공 같은 직조공이 10퍼센트, 술통을 만드는 목재공이 11.3퍼센트였고……, 성직자는 겨우 2퍼센트였다. 같은 해 베지에의 공증인 고객 가운데 참사회원, 수도원 부속 농장 사제, 부참사회원은 15.6퍼센트였다. 여기서도 역시 장인들은 거의 단독으로 인근의 농민 대중을 지배했는데, 그들은 이데올로기적 잠재력이 많은 혁명적인 장인이었다. 주네브에 망명온 사람들의 사회적 구성이 이 촌락의 사회직업적 구조를 두드러지게 보여준다고 해서 놀랄 일은 아니다. 1549~60년의 생-장-뒤-

가르는 주네브에 네 명의 망명자를 보냈는데, 그중 세 명은 피혁 관련 제조업자였고 한 명은 농민이었다.

여기 1560년부터 칼뱅파의 새로운 요새가 된 알레스가 있다. 광부들과 대장장이의 칼뱅주의? 그렇지 않다. 앙리 2세 시대에 주네브로 망명간 다섯 명 가운데 네 명은 제화공이었고 한 명은 재단사였다. 사실 알레스의 제화공들*은 오래되었지만 여전히 활발한 산업을 대표했다. 몇 세대 전부터 도시의 텐피**가 수북한 작업장에서 사람들은 염소 가죽, 양 가죽, 새끼 염소 가죽, 양질의 담홍색 가죽, 하얀색 가죽, 양피지 그리고 여자 구두를 만드는 데 쓰는 코르도바 가죽을 생산했으며, 캥탈 단위나 다스 단위로 판매했다.

농촌의 한 본당 사목구를 보자. 1550년, 앙뒤즈 자작령 내에 있는 생-브레-드-콜로냐크에는 주민 350명, 밤나무 숲, 약간의 포도나무, 방앗간 세 개, 술통의 테를 만드는 데 쓰는 버드나무 숲 등이 있었다. 이 작은 마을은 1549년에서 60년 사이에 주네브에 두 명의 망명자를 보내는데 성공했는데, 그들 기욤 비놀과 피에르 톨롱은 모두 제화공이었다!

소브(1550년, 약 1,700명의 주민)에서는 다섯 명의 망명자가 왔다. 그중 네 명이 제화공이었고, 한 명은 핀 제조공이었다. 생-이폴리트-뒤-포르(1,200명의 주민)에서 간 세 명의 망명자 모두 제화공이었다. 베다리외에서 간 망명자들 가운데 직업이 알려진 유일한 사람은 제화공이었다…….

주네브로 간 세벤의 망명자들의 구조가 그렇게 단순한 것만은 아니다. 예컨대 생사 산업의 중심지인 앙뒤즈에서는 1549~60년경, 세 명의 위그노 실장수와 신흥 귀족 상인의 후손이며 칼뱅주의의 선구자인 에르보두즈 가족 구성원 세 명이 주네브로 갔다. 그러나 앙뒤즈의 다른 망명자들은 언제나 그러하듯이 장인들이었다. 목수 한 명, 나사 직조공 한

---

* savetiers, cuiratiers, vacariés, cordoaniers.

** 무두질에 쓰이는 참나무 껍질.

명, 재단사 한 명, 그리고 언제나 끼는 제화공 세 명, 바르텔레미 르벨, 기욤 고사르그, 베르트랑 바르뷔스.[41]

*

우리는 이제 개혁 사상이 걸어간 사회적 여행의 종점에 와 있다. 개혁 사상은 목사, 학생, 성경 보부상 그리고 론 강 유역의 노새 몰이꾼에 의해 주네브에서 리옹으로, 리옹에서 랑그도크로 전파되었다. 개혁 사상은 직조공과 소모공의 안방에까지 들어왔다. 제화공이 구두를 꿰매기 위해 송곳 바늘을 잡아당기면서 성경을 읽던 세벤에서 개혁 사상은 더러운 가게에서, 오염된 무두질 작업장에서, 가게에서 움텄다. 이런 가게에서 장인들은 성체(聖體)를 든 사제가 지나가면 "저기 장 블랑" 간다고 외쳐댔다. 1561년, 세벤 산 아래 도시들에서 이 개혁 사상은 도시에 사는 농민들을 '오염시켰다'(훨씬 더 서쪽에 있던 이들의 동료는 칼뱅을 정말로 거부했다). 1560년, 님의 위그노 집회에는 이미 농민, 날품팔이꾼, 포도재배자, 야채재배자가 4분의 1을 넘었다.[42] 이들은 몽펠리에나 베지에의 교황파 농민들보다 훨씬 진취적이었다.

---

41) 베지에와 세벤을 비교한 사회-직업 구조: 통계자료와 참조 사항은 An. 21. 강주에 프로테스탄트가 압도적으로 많았음은 O. de Dainville, 1932; 강주 무두질공의 부(富)에 대해서는 Rouquette, 1904, 48쪽; 세벤의 여러 중심지에서 주네브에 온 망명자들에 대해서는 Geisendorf, 1957의 리스트; 알레스의 가죽에 대해서는 Bardon, 1896, 308쪽; 세벤 지방 마을의 인구와 산업 활동에 대해서는 AD Gard, C 1852, 인용된 지명; 에르보두즈 가족에 대해서는 Guiraud, 1918~19, I, 284쪽과 Hugues, 1864, 672, 673쪽과 829, 830쪽. 종교개혁에 있어서의 '구두 수선공들과 다른 기계 기능공들'의 역할에 대해서는 Weill, 1891, 62, 63쪽에 인용된 Cl.-H. Haton의 텍스트; 제화공들의 전통적이며 오랫동안 혁명적인 역할에 대해서는 Soboul, 1958a, 450쪽의 통계와 Porchnev, 1963, 273쪽.

42) Ménard, 1744, IV, 269쪽과 이하, 그리고 281쪽(An. 43 참조); 'Jean Blanc'에 대해서는 Lestrade, 1938, 12, 13쪽에 있는 텍스트와 참고 자료.

이제 넘어야 할 마지막 단계는 농민들에 대한 완전한 삼투 단계였다. 왜냐하면 종교개혁은 최종적으로 세벤 지방에 있는 대농장들의 문을 두드렸기 때문이다. 종교개혁은 아치형 지붕이 덮인 양 우리 옆에서 살던 커다란 농촌 가정을 부추겼다. 아주 드물긴 하지만 몇몇 텍스트가 이 최종적인 대단원을 밝혀준다.

랑시르 촌락은 세벤 지방의 가늘고 긴 융기 지형의 전초인 오르튀 산의 거친 습곡 기슭에 자리 잡고 있다. 오늘날 이곳은 작은 석회암 언덕 위에 둥지를 튼 외딴 농촌 부락, 집과 경작지가 모여 있다. 인구 증가가 막 시작되긴 했지만 아직 농가의 단위를 폭발시키지는 않았던 16세기에 랑시르 농장은 장(Jean) 씨들이 씨족이나 프레레슈 같은 확대 가족을 이루고 살던 외진 농가였다. 1563년에 이들은 '재산을 공유하는' 부부 몇 쌍을 구성했다. 이들 가운데 가족의 우두머리――가장 또는 맏형?――인 장 장은 확실하게 '집안의 통치'를 떠맡았다. 그의 아들 아니면 동생인 루이 장은 주인에게 묻지 않고는 아무것도 하려 하지 않았다.

랑시르의 장 씨들은 그 지방에 있는 수도원 부속 농장에서 거두어들이는 십일조의 '주수입원'인 커다란 영지를 경작했다. 그들의 콩푸아(1558)에는 둘레가 100미터에 달하는 커다란 농가 건물 하나, 지하 저장실 하나, 그들이 사는 고지대에 없어서는 안 될 저수조 하나, 외양간 하나, 화덕 하나, 가금장 하나, 커다란 양 우리 하나, 비둘기장 하나, 기름 방앗간 하나 그리고 돼지우리가 둘 있었다. 과수원과 채마밭 외에 이들은 커다란 토지도 소유했다. 314헥타르 중 264헥타르는 양을 치는 황량한 황야였다. 50헥타르는 경작지인데 대부분(36헥타르)은 수많은 조각 땅(140개)으로 분산되어 있는 곡물 경작지였다. 2분의 1헥타르의 땅이 '큰 밭'으로 분류되어 있다! 이들 조각 땅들 가운데에는 계단식 밭이 많았다. 포도밭은 별로 없었다(4헥타르). 올리브 재배지(8헥타르)는 농장 아래 양지바른 경사면에 계단식으로 조성되어 있거나, 인근 수도원 부속 농장 교회 아래 가까운 곳에 조성되어 있었다. 그리고 약간의 목초지(4헥타르)가 있었다.

이 가정은 경제적으로 여유 있고 교육받은 농민 가정이었으며 구성원 수가 늘어나고 있었다. 가장인 장 장 드 랑시르는 1555년에 이웃한 6개 마을의 종합 콩푸아를 작성하는 책임을 맡은 '조정위원' 명단에서 첫 번째 자리를 차지했다. 장 장의 가족은 농민들 가운데 지적인 귀족에 속했다. 1590년에도 그들은 소송을 주도했다. 그리고 그들은 가족의 노동력으로 그리고 아마 농장에서 얻은 수입으로 투자를 했다. 1558년, 그들은 새로운 양 우리, 또 다른 초가 곳간, 돼지우리를 세웠다.

그런데 1560년경, 이 계몽된 부자 집안은 루이 장에 따르면 "하나님의 말씀을 따르는 개혁 종교에, 신성한 복음에" 집단적으로 가담했다. 그리고 그 프레레슈는 십일조라는 결정적인 문제에 대항했다. 1563년, 수도원 부속 농장 사제가 랑시르의 십일조를 요구하러 왔으나 거절당했다. 그는 장의 가족에게 쫓겨났다. 같은 해 5월, 십일조 징수인이 다시 세금을 부과하려 했다. 그는 "가축 십일조, 양모, 목장, 곡물 십일조 및 기타 부과금을 징수하기 위해" 랑시르로 향했다. 또 쫓겨났다. 장 드 랑시르는 "교리를 가르쳐준 적도 없고, 가르쳐주지도 않은" 수도원 부속 농장 사제에게가 아니라 신성한 복음을 따르는 사람들에게 지불할 것이다. 십일조 징수인은 고소했다…….

처음에는 도시의 장인 대중이 전파하기 시작한 종교개혁은 최종적으로 세벤과 세벤 아래 지방의 초입에 살던 권위주의적이고 가부장적인 구조 속으로 스며들었다. 15세기 말의 유물인 확대가족은 1560년경에 이르러 역사적 사명을 다했다. 세벤 지방에서 그것은 황야와 산간의 벽촌 마을에 종교개혁을 단단히 심어놓은 후 완전히 물러갔다.[43]

---

43) 랑시르의 사건: ADH, 성직자들의 공증인 자료, 기욤 투랑크의 원본, 기록 38, 15-6-1563, f° 44 v°; 장 집안의 토지 재산과 그들의 사업에 대해서는 AC Les Matelles, 발 드 몽페랑의 콩푸아, vol. II, f°s 1047 v°, 1091; 그들의 소송에 대해서는 ADH, G 1289, 기록의 마지막 부분. 1550년경 바스-세벤에 확대가족이 그래도 어느 정도는 남아 있다는 점에 대해서는 Hilaire, 1957에 인용된 텍스트와 Gard, E 371, 14-12-1561; ADH, II E, 34, 기록 16, f° 51 v°, 26-5-1554; 같은 자료, 36, 기록 421, 1552년, f° 100과 f° 191 v°(27-11-1552): 프

더 이상 가부장적이 아니라 자본주의적으로 관리되던 산간의 커다란 영지 한복판에서도 비슷한 방향의 변화가 있었다. 1550~60년부터(주교들의 고소)[44] 농장 안의 개종한 관리자들은 하인들에게 압력을 가해 그들을 개혁 종교에 집어넣었다. 이렇게 해서 그들의 사업은 가장 순수한 칼뱅주의적인 정신이 각인된 인간적인(또는 비인간적인) 새로운 관계로 맺어졌다. 이 새로운 관계를, 위그노 관리자인 세르는 자기가 쓴 『농업 무대』의 한 장(章)을 특별히 할애하여 훌륭하게 묘사했다.[45] 여기에서 그는 자기의 개인적 체험과 자기가 직접 주네브에서 들은 칼뱅의 강의를 토대로, 1560~90년 무렵 랑그도크의 세벤(더 정확히 말하자면 비바레) 지방의 경작 지주, '집안의 가장'의 사나운 모습을 그렸다. 가장은 하인들을 거칠게 다루었다. 왜냐하면 그는 예정설에 의해, 그들의 "타락하고 사악한 기질" "그들을 어리석고, 무식하고, 의식 없고, 후안무치하고, 비우호적으로 만든 야만스러움"을 알고 있기 때문이다. 그는 "변덕스럽고 신의 없는 고용인들의 야만적이고 타락한 본성," 그들의 "전반적인 불성실성" "봉사하는 사람으로서의 부족함" "그들의 반란과 불복종 전력" "그들의 나쁜 성격 때문에 일어난 재난"을 알고 있다. 칼뱅의 예정설은 세 차례에 걸쳐 명백하게 언급되었으며,[46] 그것의 숨은 개념은 도식적으로 해석되어 텍스트의 거의 줄마다 나타났다.

바로 이 예정설의 이름으로, 세벤의 지주는 자기가 고용한 농촌 프롤레타리아들에게 가장 준엄한 논고를 펼쳤다. "아무런 가치가 없는 인간

레레슈, 상호(ad media bona) 증여, "같은 빵, 같은 포도주, 같은 피탕스를 나누어 먹는" 부모와 자식들의 커플의 공동체.

44) PV, Carcassonne 신분회, 1555.

45) 제1권, 제6장 「가장의 하인들에 대한 직무」.

46) "섭리는 어떤 사람에게는 명령하는 것을, 어떤 사람에게는 순종하는 것을 가르쳐주었다. 이렇게 해서 각자는 자기의 의무를 지키는데 그것이 인류를 보존할 수 있는 방법이다"(Serres, 같은 책); "하나님의 뜻에 따라 예속되었음을 알지 못한 채 반란을 일으키는" 노예들에 대해서도, 그리고 "하나님의 은총 덕분에 자유롭게 태어났음을 인정하려 하지 않은 채" 항거하는 16세기의 "고용인들"에 대해서도 마찬가지(같은 책).

들 〔……〕 몸은 강철 같지만 정신은 납 같은 인간들" "황소 같은 힘 외에는 아무 쓸모가 없는 인간들" "극도로 비열한 인간들" "아이들처럼 걱정도 생각도 없이 사는 인간들" 그리고 (솔로몬을 인용하면서) 그는 그들을 "두엄처럼, 오물 묻은 더러운 돌처럼 게으른" 사람들이라고 불렀는가 하면, 간단히 "매춘부, 도둑," 고난에 고난을 당해도 싼 "인간 찌꺼기들"이라고 불렀다. 언제나 그렇듯이 살아가면서 세르는 이들 버림받은 사람들 가운데에서도 몇몇 특별한 사람을 만났다. "이 가난한 사람들 중에도 양심적인 사람이 있다. 그러나 그 수는 극히 적다." 그러나 그들조차 믿어서는 안 된다. "괜찮은 하인들도 결국에는 무례해지고 〔……〕 그러다가 당신의 선의를 악용한다."

이러한 비관적 평가는 고용주에게 공격적이고 불신적인 행동을 할 것을 강요했다. 고용주는 자신의 영지에서 '부랑자들, 익살광대, 천민들'을 몰아냈다. 매년 또는 2년마다 고용주는 불필요한 하인을 해고하고 교체했다. 하인이 잘못을 범하면, 고용주는 어른 하인은 해고하고 어린 하인은 매질했다. 그는 자기 하인들에게 순결을 요구했으며 악 중의 악인 방탕에 대해서 엄벌을 가했다. 하인들이 식사할 때면 그는 일꾼들과 하녀들의 '지나친 방종'과 소란스러운 장난이 벌어지는 부엌 곁방을 통제했다. 반대로 자기 자신은 선민의 계열에 놓았다. 양심에 거리낌없이 그는 '신이 자기에게 준' 자기의 재산과 자기의 아내를 거리낌없이 누렸다. 그는 자신의 내부에서 어떤 거부할 수 없는 부름, 현세의 소명(Beruf)을 느꼈다. 세르는 자기는 신이 부과한 '의무'와 '책임' 속에서 살고 있으며, 그럴 만한 자격이 있다고 말했다. 농업이야말로 "하나님이 말씀으로 명한 인간의 가장 성스럽고 자연스러운 일"이 아니던가. 다른 사람들이 성직에 들어가듯이 우리의 주인공은 농사의 길로 들어선 것이다. 이미 1600년부터, 그러니까 청교도들보다 먼저, 그리고 백스터*와

---

* Richard Baxter(1615~91): 17세기 잉글랜드의 프로테스탄티즘에 큰 영향을 미친 퓨리턴(청교도) 목사.

웨슬리*보다 먼저 세르는, 후일 베버가 말한 바로 그 정신 속에서, 칼뱅의 암시적인 사상을 발전시켰으며 기업 이익을 신의 선택의 현세적 기준이라고 정의했다. "당신의 집이 하나님의 집으로 인정받은 이상, 하나님은 거기에 거주하시며 외경심을 불러일으키신다. 성경 말씀에 약속하셨듯이 하나님은 그 집을 세상의 모든 복으로 채워주실 것이며, 당신에게 이 세상에서의 번영을 가져다주실 것이다." 진정한 프로테스탄트로서 그는 구약성서를 참조했다. "너희가 주 하나님의 말씀을 순종하면, 너희 집 암소들이 난 새끼들이 복을 받을 것이며, 너희 집 바구니와 반죽 그릇이 복을 받으리라."[47] 이 농학자와 그의 동료들의 '엄청난 도덕적 건강함'은 바로 거기서 나왔다. 하나님이 원하는 바대로 이익을 증대시키기 위해 그는 "곡물 가격이 떨어지면 제값을 받을 때를 기다리며 곳간 문을 잠가두었다가" 크리스마스가 지나 봄이 오면 높은 가격에 팔았다.[48] 그는 또한 일꾼들에게 품삯을 줄 때는 양심의 가책도 염치도 없이, 그의 말대로 "가능한 한 가장 적게" 주었다.

심지어 그는 그들이 자기에게 계속 봉사하게 하려고 그들의 임금 중 일부를 담보로 잡아두었다. 사업적인 차원에서의 칼뱅주의의 양심은 1590~1600년경의 임금의 빈곤화라는 현실과 조우했다. 그것은 때맞추어 와서 그것을 정당화시켜준 것이다.

임금을 제대로 주는 대신 가장은 정말로 하인들의 구원에 사로잡혔다. 손에 성경을 들고 그는 그들에게 설교했다. "하나님을 두려워하고, 덕을 따르고, 악은 피하라." 그는 권고와 딱딱한 빵으로 부르주아의 검약과 세속적인 금욕을 가르쳤는데, 이것이 사회적 신분 상승을 가능케 해줄 것이었다.[49]

---

* John Wesley(1703~91): 영국의 종교개혁가로, 감리교의 창시자. 회심 이후 주로 산업 현장에서 설교했으며, 칼뱅의 예정설에 반대하여 인간의 자유의지를 강조했다.

47) 『신명기』, 28장, 2, 3. 세르가 참고로 인용했다.

48) Serres, II, 7.

피에르 드 크레상스, 에티엔, 리에보, 아우구스티누스 수도회 수도자인 미구엘 같은 파리, 이탈리아 또는 카탈루냐의 농학자들에게서는 이 같은 계율과 행동을 찾아볼 수 없다. 세르는 그들에 비해 매우 혁신적이었다. 왜냐하면 그는 인간적이고 사회적이며 종교적인 체험을 일반화시킨 것인데, 이는 라틴 세계에는 전례 없는 일이었기 때문이다. 그리고 세벤 지방과 비바레 지방에서 위그노의 윤리에 따라 초기 자본주의 정신에 입문한 이 농업 경영자의 놀라운 '모델'은 1600년과 74년 사이에 이루어진 『농업 무대』의 열아홉 번에 걸친 출판을 통해 프랑스 전역으로 전파되었다.

*

마을의 장인들, 도시 외곽 지역의 포도재배자들과 경작민들, 외딴 농장의 농민적 또는 자본주의적 과두층, 프롤레타리아 계층의 하인들. 세벤 지방에서 칼뱅 사상의 파급은 자발적으로건 강제적으로건 비교적 이른 시기인 1570~90년경에 완성되었다. 16세기 말, 많은 본당 사목구에는 하나나 둘 정도의 가톨릭 가족이 있었을 뿐이다.[50] 그리고 농민들의 성격 자체도 이 같은 대대적인 개종의 영향을 받았다. 로제 목사가 지배하던 앙뒤즈(1561), 강주(1570~1600) 등과 같은 공동체에서 성직자들과 원로들은 가혹한 방식으로 (주네브를 모방하여) 교화적 밀고 제도를 만들어 과세, 소환, 고백, 모욕적인 공개 사죄 등을 시행했다. '기계를 만져서 손이 더러운' 장인들이 대종을 이룬 당회는 성채 위에 염탐꾼을 세워 과수원, 농장, 안방에까지 감시의 눈길을 보냈다. 침대에도 귀가 있지 않나 싶을 정도였다. 당회의 심의안건으로 계속 올라온 것은 어떤 사람이 어떤 여자와 '음란한 짓을 했다느니, 동침을 했다느니' 하는

---

49) 그는 "가난한 사람들이 근면하고 검소한 생활을 한 덕분에 훌륭한 가정을 일구었음을 하인들에게 보여주며" 모범으로 삼도록 했다(Serres, I, 6).

50) Cantaloube, 1951; Dainville, 1932; Hugues, 1864; Germain, 1952.

천편일률적인 고발이었다. 성적인 금기는 심해져만 갔다. 죄인은 공개적으로 상당한 벌금을 물었다. '마을의 창녀들'은 추적의 대상이 되었다. 미사, 춤, 웃음, 볼링놀이, 카드놀이, 지나치게 길고 지나치게 정다운 약혼 기간, 하녀들의 방탕, 낙태, 여자들의 허영과 남자들의 다툼, 혼전 임신 그리고 집시들의 마술은 무차별적으로 금지되었다. 귀족에게는 온건했어도 농촌 사람들에게는 가혹했다. 오직 고리대금과 인간에 의한 인간의 착취——16세기 말 세벤 지방에서 흔했던——만이 당회의 벼락을 완전히 면제받았다. 강주의 당회는 채무자들이나 노동자들에게 지나치게 탐욕스러웠던 고리대금업자, 피혁 제조 공장 주인이나 관리인을 15년 동안 한 번도 비난하지 않았다.[51)]

우리는 칼뱅주의의 사회 이론에 대해 끝없이 논할 수 있다. 1590년경 남부 프랑스에서 그것이 역사적으로 시행되었음은 의심할 여지가 없다. 칼뱅주의는 쾌락에 대한 엄격한 제한이며 고리대금업에 대한 암묵적인 승인이었다. 그것이 선포한 것은 금욕주의였으나 은연중에 의미한 것은 자본주의였다. 또한 개조된 성격을 가진 새로운 유형의 인간을 창조했다.

쾌활한 호색가이고, 광적인 춤꾼이며, 교황파이고, 미신적이며 마술적인 1500년의 세벤인은 망각의 어둠과 잠재의식의 심층 속으로 빠져들었다. 그리고 위그노들이 형성한 새로운 인간이 태어났다. 마술적인 의식(儀式)이 벗겨진 종교, 제재받은 리비도, 부르주아적인 절약, 기독교인의 자유. 이 사람은 침울하긴 해도 자유로웠다. 이 사람은, 그 모습 그대로, 카미자르를 넘어 앙드레 샹송*의 작품 속의 농민들의 몸짓에까지, 졸라의 소설에까지 살아남았다. 이 점에 관해 소설 『마들렌 페라』에 등장하는 즈느비에브라는 등장인물을 생각할 수 있는데, 그녀는 철제

---

51) Hugues, 1864, 특히 O. de Dainville, 1932.

* André Chamson: 1900년 세벤 지방의 프로테스탄트 집안에서 출생한 작가.

장식이 달린 무시무시한 성경으로 무장한 세벤의 나이 많은 여인이다.[52] 그뿐만 아니라 이보다 훨씬 더 비슷하고 더 거창한 이야기도 있다. 메리 올드 잉글랜드*에서 청교도적인 영국으로 나아가는 이야기.[53]

52) Zola, éd. 1913, 42쪽 이하와 여러 곳.

* Merrie Old England: 즐거운 옛날의 영국.

53) Weber, éd. 1958.

제2장 위그노들의 공세와 사제들의 땅

이단은 커져갔고 빈번히 승리했다. 이단은 문화 영역의 역선(力線)들을 따라갔다. 이단은 지식인들과 장인층의 지지를 받았다. 1550~60년부터 이단은 도처에서 농촌 부르주아지, 가부장들, 농민에게 도달했다. 기원과 원칙에서는 순수하게 종교적이었던 위그노의 사상은 길을 가는 중에 '일반 대중 속으로 침투함으로써' 물질적인 힘과 감정적이고도 혁명적인 잠재력을 충전했다. 그것들은 격동의 16세기 동안 심각해진 농업 문제, 사회 문제에 대해 행동을 취하고, 방향을 제시할 것인가?

교회 재산에 굶주린 자들

1560년 3월~4월, 이단에 감염된 세벤 산맥 아래의 님과 아노네에서 개혁파의 최초 봉기가 일어났다. 앞으로 40년간 지속될 종교전쟁의 불길이 점화된 것이다. 그리고 이와 아울러 헥타르당 수확량을 늘릴 수 없었던 토지 통합자들, 토지 개간자들, 식구 많은 가족들이 이미 60년 전부터 새로운 밭고랑 최후의 조각 땅으로 몰려들고 있었던, 토지에 굶주린 세속 사회에서 교회 재산에 대한 문제가 제기되었다. 누가 성직자의 '재산'을 차지할 것인가?

전통적인 사회에서 항상 그렇듯이, 여기서도 땅의 문제는 혁명의 과정에서 중요했다. 사제들의 경작지는 조세 요구 대상이 되었으며 땅 없는 자들의 원성의 특별 표적이 되었다. 왜냐하면 1500년 이래 교회의 수입은 지대와 십일조 등이 인플레이션에 연동해 있어서 안정적이었기 때문이다. 교회는 저축을 하고, 자본을 축적하고, 그것을 토지 재산으로 전환했다. 교회 재산은 양도불가재산*이기 때문에 토지 분할에서 보호를 받은 교회는 서서히 토지 확장 계획을 세워나갔다. 예컨대 1500년 이후 베지에의 성당 참사회가 취득한 토지 목록은 그 규모 면에서는 아닐지라도 계속성 면에서만큼은 인상적이었다. 1500, 1512, 1519, 1522, 1523, 1524, 1526년의 취득. 평민의 포도밭, 올리브나무 재배지, 땅 또는 영주들의 직영지 등 총 수십 헥타르에 이르는 땅으로, 모두 도시에 있었다. 아메리카에서 최초로 은이 '홍수'처럼 밀려 들어오던 1540년 이후 새로운 구매 열기가 참사회원들을 사로잡았다. 올리브나무 재배지, '영지', 땅, '상속지', 기와공장, 밀 방앗간 심지어 영주 '타유세'. 그들은 장소를 가리지 않고 사들였다. 도시 가까이에서, 평야 지대에서, 심지어 거주지에서 100킬로미터 이상 떨어진 카르카손 교구에서까지.

님에서도 마찬가지였다. 1540년, 부르주아들은 가장 좋은 반타작 소작지를 집어삼킨 참사회원들의 탐욕에 불만을 토로했다. 그들은 '민중의 감정'을 들먹이며 참사회원들을 위협했다.[1)]

이로부터, 그리고 칼뱅주의의 유혹과 함께 사제에게서 땅과 숲을 되찾자는 생각이 발아했다. 이 같은 구상은 이따금 거칠게 표현되기도 했다. 즉 1561년의 위그노파의 시위에서, 모귀오 기사령의 숲은 땅바닥이 드러날 정도로 벌목되었으며, 통나무들은 폭도들이 실어나갔다. 그 같

---

* mainmorte: main(손, 소유, 권한)과 morte(죽은)의 합성어로서, 봉건시대에는 농노의 사후에 영주가 재산을 처분할 수 있는 권한을 뜻했다. 여기에서는 교회나 양로원 등이 소유한 양도할 수 없는 재산을 뜻한다.

1) ADH, G 882; 1545년 이전에 베지에의 성당 참사회가 획득해서 콩푸아에 기재된 땅 목록. 참사회가 획득한 또 다른 땅에 대해서는 ADH, G 138, 6-6-1543과 13-8-1547; G 139, f° 46, 11-11-1555; G 194, f° 267, 11-5-1544; f° 297, 2-10-1546; f° 318 v°, 5-11-1548; f° 319 v°, 28-11-1548; f° 321 v°, 10-4-1549; f° 324 v°, 26-2-1550; G 195, f° 185 v°, 3-7-1551. 이들 텍스트에는 토지 구입이 언급되어 있거나 참사회가 이전에 구입한 내용이 암시되어 있다; 예를 들면 "전에 베르트랑 알키에가 소유했던 밭에서 올리브 따기." 님의 문제에 대해서는 Gard, G 179.

은 생각은 부르주아들의 욕망, 법학자들의 냉정한 견해와도 일치했다. 왜냐하면 리옹에 있던 강력한 집단*의 추락과 파산은 왕실 재정을 무너뜨렸기 때문이다.[2] 재정 회복 비용을 교회에 부담시키지 못할 이유가 어디 있나? 가장 많은 돈을 내겠다고 하는 사람, 가장 부유한 사람들에게 성직자들의 재산을 팔 것이다. 판매 수입은 국고에 귀속시킬 것이다. 수도원 재산을 몰수한 헨리 8세**의 행동을 프랑스에서도 되풀이할 것이다.

이 문제는 1561년 3월 몽펠리에에 소집된 랑그도크의 신분회에서 제기되었다.[3] 쟁점은 교회 재산이었다. 물론 국왕 파견 위임관들은 이 점에 대해 망설였다. 그들의 제안은 미지근했다. 수도원 재산을 몰수해야 하는가? 좋다. 그렇더라도 모조리 몰수하는 것은 안 된다. 위임관들은 말했다. 국고가 바닥나는 바람에 재정가들에게 저당 잡힌 보조세와 염세 징수권 그리고 왕령지를 회복하는 데 필요한 만큼이면 된다. 그리고 신분회가 국왕의 제안을 받아들이면, 일반인들도 성직자들과 마찬가지로, 프랑스에서의 전형적인 방식인 소비세에 의해 국가의 재정 적자 가운데 일부를 떠맡게 될 것이다. 왜냐하면 소금 가격이 오르고 포도주에 세금이 부과될 것이기 때문이다. 말하자면 오른쪽에서 한 방, 왼쪽에서 한 방 먹이는 식으로 성직자들과 일반인들에게 세금을 물리자는 것이었다.

왕실의 이러한 계획은 1561년의 지방의회에 균열이 가게 했다. 성직자들은 수용했다.[4] 그들은 손실을 최소화하려 했던 것이다. 그들은——

---

* 앙리 2세 치세 말에 파산한 왕실 재정가들의 콘소르시움.

2) Doucet, 1933. 모귀오의 숲 사건에 대해서는, Villemagne, 1913에 있는 '몽펠리에의 구호소 기사단'에 대한 연구를 보라.

** 잉글랜드 왕. 1491~1547.

3) 이하의 기술은 ADH, C, 미분류 기록, PV États, 1560년 3월(옛 스타일), f°s 136~140쪽과 여러 곳.

4) 몽펠리에 신분회에서 성직자들(22명의 고위 성직자)은 "순수 기부금의 형태로" "단지 몽펠리에 지방에 한하여" "국왕이 계약하고 넘긴 국왕 영지, 보조세, 염세 등의 회복 비용을 부담할 것"을 받아들였다(같은 자료, f° 138 v°, 139).

자기들의 땅의 일부를 국가 재정을 보충하기 위해 강제 매각함으로써—보조세, 염세, 영지들의 되사기를 원했다. 그러나 부르주아들의 열기는 그들을 넘어섰다.

국왕의 칙서와 제안에 대한 청취가 끝나자마자, 종교개혁에 막연하나마 공감을 보이던 툴루즈의 유명한 변호사이자 랑그도크의 제3신분의 리더인 클로드 테를롱이 발언권을 얻었다. 그는 제3신분이 자유로운 토론을 하려면 다른 두 신분이 없는 자리에서 별도로 회합을 가질 필요가 있다고 주장했다. 지방 제3신분의 이 같은 별도 회의에서 혁명적인 발의들이 분출되었다. 그리고 성직자들의 미지근한 양보 앞에서 부르주아들의 완강함이 폭발했다. 테를롱의 제안에 따라, 제3신분은 "국왕은 교회 재산을 팔도록 시켜야 한다고 결의했다." 고위 성직자들이나 다른 성직자들의 '주거주지'만을 제외하고 말이다. 그것은 별로 의미가 없는 예외였는데 왜냐하면 교회 수입의 대부분은 십일조에서, 그리고 '본부'에서 멀리 떨어진 반타작 소작지에서 나왔기 때문이다.

테를롱의 계획이 본질적으로 부르주아적이고 혁명적이었음은 그의 두 번째 제안에서 분명하게 나타났다. 그리고 제3신분은 그것 역시 받아들였다. "교회 재산을 매각하여 나온 돈 가운데 우선 국왕의 빚을 갚고 남은 돈은 도시 행정관의 수중에 들어가야 한다. 도시의 주민이며 부유한 상인인 이들은 거기에서 나오는 임대 수입을 (성직자들에게) 주어야 한다."

이렇게—적어도 이 계획에서는—좋은 도시들*의 상인들과 부르주아들은 프랑스 교회의 진정한 주인이자 재정 담당자로 승격했다. 테를롱은 시의 종교 예산 수립을 고려했다. 그러면 성직자들은 시에서 봉급을 받는 공무원으로 신분이 변할 것이었다. 그는 일종의 '성직자에 대한 코뮌의 기본법'**을 구상한 것이다

* bonne ville: 코뮌과 사법관들이 있으며, 타유세 면제라는 부르주아지의 권리를 법적으로 보장받은 특권 도시.

** 약 230년 후에 일어난 1789년의 프랑스 대혁명에서도 성직자들의 재산을 몰수

테를롱의 교회 재산 처분 계획은 다양한 사회 세력들에 의지했다. 우선 그는 제3신분 내의 위그노들에게 의지했는데, 1561년 랑그도크 신분회의 대변인인 님 출신 변호사 샤보가 여기에 속했다. 샤보는 테를롱을 지지했다. 그는 신분회에서 사제들의 무지와 부패를 공격했다. 그는 서민들이 '성직자들의 악(惡) 때문에 받은' 피해를 보상해주기 위해 그들에게 과세할 것을 요구했다. 그의 뒤에서는 그를 대표로 뽑아 보낸 님의 서민들이 들끓고 있었다. 이미 1561년의 진정서에서부터 그 도시의 소모공, 제화공, 직조공, 막일꾼은 교회 재산의 일부를 몰수할 것을 요구했다. 샤보는 또한 거리의 압력도 이용했다. 그가 몽펠리에의 신분회에서 발언하는 동안, 군중들은 조용히 밖에서 그를 기다리다가 언제라도 그를 위해 나설 태세였다. 말을 마치고 그가 회의장을 떠나면, "이들 서민들은 조용히 물러났다."[5)]

일부 귀족도 그를 지지했다. 왜냐하면 그들 역시 교회 재산의 분배에서 자기들의 몫을 원했기 때문이다. 그리고 자기의 계획에 특권층의 지지를 끌어들이려 했던 테를롱은 그들의 몫을 분명히 남겨놓았다.[6)] 이미 오를레앙의 신분회(1560)에서도 귀족들의 지지를 얻은 적이 있는데, 당시 제3신분은 귀족들과 함께 교회 재산에 대해 공동전선을 폈다.[7)] 그리고 1561년, 몽펠리에의 지방신분회*에서, 위제스의 공작 크뤼솔은 테

했고, '성직자 민사 기본법'을 제정하여 성직자들을 일종의 공무원 신분으로 만들어버렸다.

5) PV, 같은 자료; Gamon, *Mémoires*, éd. 1823, 304쪽; Ménard, 1744, IV, 269쪽 이하.

6) 테를롱의 제안은 사실상 귀족들의 우선권을 인정했다. 왜냐하면 과거 그들의 집안이 교회에 재산을 넘겨주었기 때문이다. "귀족 영주들이나 그 밖의 설립자들은 땅을 교회에 양도했고 그 땅을 교회가 소유해온 것이므로 그들은 그것의 회복에 있어서 다른 사람들보다 우선권을 가진다"(PV, 같은 자료, f° 138 v°, 139 r°).

7) Weill, 1891, 49, 50쪽.

* Etats provinciaux: Etats généraux란 세 신분(성직자, 귀족, 제3신분)의 대표자 또는 이들로 구성된 신분회를 말한다. 신분회는 전국신분회와 지방신분회로

를롱과 샤보를 도우러 나섰다. 그는 성직자의 토지 매각과 이단에 대한 관용으로 요약되는 신분회의 최종 결의사항을 궁정과 왕비에게 전달하는 책임을 맡았다. 위제스 공작은 이 일에 걸린 자기의 이해관계를 잊지 않았다. 몇 년 뒤, 헐값에 매입한 훌륭한 교회 장원은 그의 영지를 불려주었고, 신참 위그노인 그의 열정을 보상해주었다.[8)]

샤보, 테를롱, 크뤼솔, 위그노들, 법률가들, 귀족들 사이에는 이제 교회 재산을 빼앗기 위한 연대가 맺어졌다. 그들은 왕이 돈을 필요로 한다는 것에 편승했으며, 민중들의 감정에 기댔다. 이들의 연대는 프랑스의 어떤 지역보다 랑그도크에서 더 힘차고 급진적이었다. 파리의 부르주아들이나 피카르디의 제3신분들은 아무런 두려움 없이 하나님의 땅을 공격해대는 이들 랑그도크의 유지들보다 훨씬 소심했다. 물론 1560~61년, 아브빌이나 파리에서도 제3신분은 성직 재산의 일부를 떼어낼 것을

구분되는데, Etats provinciaux는 지방 차원의 신분회(지방신분회 역시 Etats généraux이다. 즉 généraux란 전국적이라는 뜻이 아니라 모든 신분이 모였다는 의미다)를 말한다. 신분회는 프랑스 국왕이 신민들의 동의를 얻으려고 소집한 의회를 말하는 것으로, 대체로 14세기 초부터 국왕은 더욱 빈번하게 성직자, 귀족, 도시의 대표들을 어떤 때는 한꺼번에, 어떤 때는 나눠서 지방이나 공작령별로(이 경우는 개별신분회Etats particuliers라고 부른다) 또는 언어권별로(남부는 Etats de Languedoc, 북부는 Etats de Languedoïl이라고 부른다) 소집해서 국사를 논의했다. 국왕이 이렇게 신민들과 대화를 하게 된 것은 점증하는 국가의 재정적인 요구를 해결하려는 데 목적이 있었다. 사실 국왕은 세금을 징수하기 위해 로마법적인 원칙("모든 사람에 관계된 것은 모든 사람의 동의를 얻어야 한다")에 따라 신민들의 동의를 얻어야 했던 것이다. 14세기의 백년전쟁은 바로 이 같은 조세 징수 필요를 유발시켰고 이는 신분회의 빈번한 소집으로 이어졌다. 그러나 15세기 중반 이후 국왕이 신분회의 소집을 꺼려함에 따라 신분회의 재정적인 기능은 지방(province)적인 차원에서만 유지되었다. 이런 상황에서 전국신분회는 예외적인 기구가 되어갔다. 전국신분회는 정치적인 문제가 발생했을 때(예를 들어 1484년 루이 11세가 부르주 조칙Pragmatique sanction de Bourges을 위해 투르에서 소집), 종교적인 위기가 발생했을 때(예컨대 1560년 오를레앙, 1576년과 1588년 블루아에서 소집) 그리고 앙리 4세의 죽음으로 야기된 문제를 해결하기 위해 1614년에 소집되었다. 그후 전국신분회는 소집되지 않다가 프랑스 혁명이 발발한 1789년에 소집되었다.

8) Devic, 1872~92, XI, 348쪽과 주 1).

요구했다. 그러나 그들은 교회의 전재산을 요구하지는 못했다. 오직 노르망디의 코(Caux)와 루앙의 개혁 교도들만이 님이나 몽펠리에 사람들만큼 과격했다. 1562년, 이 서부 사람들은 남부의 형제들이 그랬듯이 교회 재산을 완전히 청산할 것을 요구했다.[9)]

퐁투아즈*의 신분회에서(1561년 8월), 랑그도크의 격정이 파리의 신중함을 눌렀다. 몽펠리에에서 3월에 작성된 테를롱의 계획은 프랑스의 모든 제3신분이 거의 완전하게 채택했다. 퐁투아즈에서 '교회 재산을 손에 쥔다는 즐거움'에 들뜬 순진한 제3신분의 대표들은 성직자들의 재산을 양도할 것과, 테를롱이 그랬던 것처럼 자치도시별 종교 예산 수립을 제안했다. 그 재원은 성직자들의 재산을 판매한 대금에서 국가의 부채를 갚고 남은 돈으로 마련될 것이었다. 아울러 그 돈은 적정한 이율로 부르주아들에게 빌려줄 것이었다. 두 가지로 유용했다. 이자로는 사제들의 임금을 감당할 것이며, 빌려준 원금은 경제에 투입되어 "왕국 내의 상품 교역을 증대시킬 것이다."[10)]

양도불가재산으로 잠자던 땅을 이렇게 해서 동산화시킨다. 저축을 유통시킴으로써 이자율을 합리적인 수준으로 낮춘다. 최종적으로 상업을 활성화시킨다. 이것이 테를롱이라는 남부 프랑스의 한 변호사가 구상하고 국가 차원에서 제3신분이 기꺼이 떠맡은 계획, 부르주아적이고 혁명적인 경제의 핵심이었다.

그러나 군주정은 그러한 계획을 그대로 수용할 정도로 과감하지 못했다. 1563년, 푸아시 신분회 직후 군주정은 왕국의 커다란 교회 재산 가운데 4분의 1만을 국고를 위해 매각할 것을 명령하는 정도로 그쳤다. 1568, 1574, 1576, 1586년에도 부분적이긴 하지만 재산 양도가 이어졌

---

9) Laferrière, 1905, 88, 89쪽; Prentout, 1925, I, 285쪽. 노르망디 지방의 개혁 교도들의 단호함과 규모에 대해서는 Mandrou, 1959의 지도 참조; Hauser, 1899, 31쪽.

* Pontoise: 파리 부근에 있는 도시.

10) Laferrière, 1905, 114~124쪽에 인용된 텍스트.

다. 토지의 사회사라는 관점에서 이것을 연구해보자.

구매자들의 유형

1563년부터 실시된 교회 재산 매각은,[11] 적어도 프랑스 남부에서는, 사회 세력의 판도를 바꾸어놓았다. 이제 장인 집단, 도시의 위그노파 민주주의는 이차적인 위치로 떨어졌다. 그들은 '위그노파 교회의 정치 위원회'에서 쫓겨났듯이 경매에서도 밀려났다.[12] 가톨릭 교회의 토지 매각은 부자 계급을 전면으로 부상시켰다. 땅의 유혹을 받은 이들 상인, 법관, 귀족 가운데 일부는 가톨릭이었으나 대체로 칼뱅파였다. 영웅적인 이단(異端)과 사업적인 칼뱅주의가 함께한 것이다.

종교개혁의 아성이라 할 수 있는 님과 위제스에서 토지 문제를 자기들에게 유리하게 해결한 이들 유지 그룹이 떠올랐다. 이곳에서는 장인들과 땅 없는 막일꾼들까지도 1561년의 집회에서[13] 교회 재산의 양도를 요구했는데, 그들의 감정에는 원한과 희망이 섞여 있었다. 사실 부지불식간에 그들은 자기들보다 더 부유한 사람들을 위해 앞잡이 노릇을 한 셈이었다.

1563년 10월, 위제스 교구에서 교회 땅을 헐값으로 매각하기 시작했을 때 높은 입찰 가격을 제시한 사람들은 누구인가? 세부적으로 연구에 들어가 구매자들의 사회 계층을 알아보자. 명단의 맨 처음에 오는 사람은 기욤 칼비에르다. 그는 헐값(145리브르)으로 생-질 수도원 부속 농장 사제의 방앗간과 영지를 샀다. 그는 부르주아였으며 종교개혁의 강경한 투사였다. 님의 하급재판소 소장이자 생-세제르의 영주인 그는 1567년에 미슐라드*에 가담했다. 이 학살 사건에서 님의 가톨릭교도 가

---

11) 교회 재산의 구매와 구매자에 대해서는(보충적인 참고 문헌을 제외하고) AN, G 8, 기록 1336에서 나온 것이다.

12) Guiraud, 1918~19, I, 223쪽과 II, 263쪽에는 1561년 12월에 장인들이 쫓겨나고 그에 수반되어 상인들과 법관들이 상승한 것이 기록되어 있다.

13) An. 43(Nîmes).

운데 일부는 참살되고 일부는 산 채로 우물에 던져졌다. 그해(1567), 칼비에르는 님을 '공화정' 방식으로 통치하고 교회 재산의 나머지를 몰수할 21인위원회(법원관리 13명, 군관 8명)를 주도했다. 1569년, 칼비에르는 미슐라드 사건 때문에 툴루즈 고등법원에서 사형선고를 받았다. 그는 독일 프로테스탄트들과 교섭을 가진 후 론 강을 건너 돌아오던 중에 가톨릭교도들에게 잡혔다. 그러나 그는 휴전 중에 실시된 포로 교환 때 '석방되었다.'[14]

1563년 구매자 명단에서 두 번째로 나오는 사람은 여인숙의 일부를 사들인 가이아르 드 파르주다. 그는 한 곱사등이 약제사의 후손으로 영주이자 신흥 귀족이었다. 공격적인 집안이었다. 또 다른 파르주는 약탈이 벌어졌을 때 몽펠리에에 있는 생-피에르 성당의 성수반을 가져다가 자기 집 정원에 물을 주는 데 사용할 정도였다.[15]

위제스 교구의 세 번째 구매자 역시 프로테스탄트 귀족으로서 로슈귀드의 영주인 장 드 바르자크였다. 그는 825리브르를 주고 마을의 두 장원을 취득했다. 12년 뒤, 그의 아들 샤를은 프로테스탄트 도당(600명의 남자들과 200기의 말)의 우두머리가 되어 비바레의 보캉스를 점령했으며, 그곳뿐만 아니라 이웃 마을을 약탈하고 불질렀다.[16]

16세기에 '국유 재산'**을 구입한 부르주아와 귀족들은 열성분자요 군인이 많았다. 발랑탱 그리유는 프로방스 지방 출신 군관이요 프로테스탄트였다. 그는 1563년에 '성, 임대료, 토지세, 토지, 포도밭, 기름방

---

* Michelade: 1567년 성 미카엘 축일(9월 29일) 밤에 벌어진 위그노들의 가톨릭교도 학살 사건. 교회와 수도원이 파괴되고, 약 20명의 가톨릭교도들이 죽은 것으로 추정된다.

14) 칼비에르의 생애에 대해서는 AN, 인용된 기록; Devic, 1872~92, XI, 487, 492, 572쪽; Guiraud, 1918~19, 395쪽; Guiraud, 같은 책, II, 161쪽에 있는 Philippi, *Mémoires*.

15) 같은 자료, II, 388쪽.

16) Devic, 1872~92, XI, 605쪽.

** 1789년 프랑스 혁명기의 국유 재산 판매를 빗댄 말.

앗간'이 딸린 생-모리스의 땅을 1,537리브르 주고 샀다. 전투적이었던 그리유는 자기의 신앙과 땅을 필사적으로 수호했다. 1563년과 68년 사이에 그는 모든 포위 공략, 모든 전투에 가담하여 어떤 때는 주아외즈에게 패했는가 하면, 어떤 때는 가톨릭교도들을 격파하고 농민들을 죽였다. 그도 1567년의 님 학살에 참여한 뒤 보케르의 세네샬로 생을 마감했다.[17)]

군인들과 마찬가지로, 위그노 법조인들도 교회 땅을 차지했다. 변호사였다가 영주가 된 브뤼에스 가문의 앙투안과 드니는 1550년부터 땅을 긁어 모았다. 1563년에 그들은 교회의 장원들, 성, 땅, 반타작 소작지 등을 사들였다. 앙투안은 7,810리브르, 드니는 2,325리브르를 투자했다. 앙투안과 드니는 당연히 1569년의 사형선고자 명단에 들어갔다. 그리고 둘은 칼뱅파 귀족의 시조가 되었다.[18)]

그 밖에 성직자들의 땅과 장원을 구매한 사람으로는 장 드 랑글라드, 시몽 브뤼노 등이 있는데, 이들은 가톨릭교도들이 알아준 유명한 칼뱅파 투사였다.[19)]

님 교구에서 토지에 대한 칼뱅파 유지들의 공세는 더욱 눈부셨다. 여기에서도 오래전부터 알던 사람들, 1569년에 사형선고를 받은 사람들을 찾아볼 수 있는데, 이들은 모두 후일 '국유 재산'이라 부르던 것을 소유했다.

1546년부터 님의 하급 법조인인 바리에르 집안은 땅과 장원에 눈독을 들이기 시작했다. 그해에 변호사 장 바리에르는 올리브 재배지를 집중적으로 사들였다. 1553년, 장은 영주(심지어는 자기가 구입한 기름

---

17) 앞의 책, 414~418, 418~421, 474, 485, 510쪽.

18) 같은 책, 487쪽; 브뤼에스 가문에 대해서는 Gard, E 733(1550년), E 739(1557년), E 775(9-8-1585), E 799(19-10-1601) 참조; Guiraud, 1918~19, I, 598쪽과 II, 518쪽.

19) 장 드 랑글라드는 1564년 보케르 삼신분회에 칼뱅파 대표로 참석했다가 쫓겨났다; 브뤼노는 1573년 님에서 열린 칼뱅파 회의에 대표로 참석했다(PV, 1564; Devic, 1872~92, 해당 연도, 찾아보기 참조).

방앗간의 영주)가 되었다. 1561년 이 가족은 칼뱅파였다. 그해 프랑수아 바리에르는 교회 재산의 양도를 요구하는 님 주민들의 명단 맨 위에 'escuyer'*라고 서명했다. 그는 이론에 실천을 결합시켜 1563년에 교회의 성당 전속 신부 땅을 사들였다. 소송대리인이자 베스트리크의 영주이고, 교회 관리인이자 님 개혁 교회의 대표인 그는 수도원 부속 농장 하나를 헐값에 매입했다.[20)]

위그노파 구매자들 중에는 대장간과 탄광을 소유한 영주들이 있었는데, 알레스의 드 캉비 집안이 그러했다. 수스텔의 영주인 장 드 캉비는 소규모 군대를 거느리고 1567년에 님의 미슐라드 사건을 도모했다. 4년 전에 그는 '부주교'의 땅과 목초지 그리고 탄광 마을 한복판에 있는 상드라의 교회 장원을 1천 리브르에 샀다.[21)]

라 루비에르의 영주인 로베르 르 블랑은 법률가이고 위그노이자 전사이며 토지 구매자였다. 1562년, 그는 크뤼솔과 함께 300명을 이끌고 부르그-생-앙데올을 공격했다. 1563년에 그는 2,157리브르를 주고 님 교구의 교회 땅과 장원을 매입했다. 1569년, 그는 미슐라드 사건 재판에서 사형선고를 받았다.[22)]

학식 있는 사업가인 자크 폴도 달브나는 돈을 벌어보겠다는 굳은 결심을 하고 1530년경 자기의 산에서 내려왔다. 학사학위 소지자인 그는 군수품 납품업자가 되었다. 1543년 1월, 그는 마르세유의 갤리선에 밀을 납품하기 위해 님 사람들에게 돈을 빌려주었다. 그는 프로방스 지방에서 향신료 사업을 크게 하고 있던 베르나르댕 드 퇼과 사업적인 관계를 맺었다. 폴도는 사업에서 얻은 이익으로 포도밭(1543), 관직(1545) 그리고 장원(1557)을 구입했다. 그는 신흥 귀족으로 죽었는데, 돈, 땅,

---

* 새로 귀족이 된 하급 귀족.

20) Gard, E 731, 6-4-1546; 같은 자료, 23-6-1546; E 736(1553년); Ménard, 1744, IV, 281쪽; Gard, E 745, 4-12-1565.

21) Bardon, 1898, 39, 40쪽; Devic, 1872~92, XI, 484쪽.

22) Bernardy, 1961, 135쪽; Devic, 1872~92, XI, 487쪽.

법관, 귀족이라는 전형적인 '명예로운 관직 코스'(cursus honorum)를 밟아온 것이다. 프로테스탄트였던 아들 비달 달브나는 1563년에 토지를 많이 구입한 님 사람들 가운데 한 명이었다. 그는 4,250리브르를 주고 주교의 땅과 장원을 사들였다. 그 역시 1569년에 미슐라드 관련 사형선고자 속에 포함되었다.[23)]

위그노 귀족으로 로슈모르 가문이 있었다. 생-미셸의 영주인 자크 드 로슈모르는 1563년에 교회 재산인 카마르그의 충적토, 집 한 채, 비두를 강가의 방앗간, 모라드에 있는 커다란 반타작 소작지(2,500리브르)를 사들였다. 그가 지불한 총액은 2,965리브르였다. 그의 동생인 에그르몽의 남작 토마 드 로슈모르는 전에 소브의 수도원장 소유였던 땅, 성, 감옥, 장원을 손에 넣었다. 에그르몽의 남작 역시 1569년에 미슐라드 사건 때문에 툴루즈 고등법원에서 사형선고를 받았다.[24)]

변호사이자 학사학위 소지자인 피에르 로젤의 외가(外家)는 실 장수, 의사, 성당 참사회원 가문으로, 후일 부제와 사제들을 배출한다. 피에르 로젤 자신은 처음에는 에그모르트의 '소금 건조인'이었다. '두 밭'에 매어 있는 네 척의 배가 그를 위해 운하 위를 떠다녔다. 배에는 뱃사공들이 론 강가에 있는 그의 집에 와서 실은 소금으로 가득했다. 피에르 로젤의 누이는 클로드 바뒤엘과 결혼했는데, 그는 소모공의 아들이자, 위그노 목사이고, 마르그리트 드 나바르*의 피보호인이자, 칼뱅과 멜란히톤**의 친구였다. 그 역시 위그노였던 피에르 로젤은 프로테스탄트 집

---

23) 달브나 집안 사람들에 대해서는 Gard, E 729, 29-1-1543과 6-2-1543; H.C.M., III, 196, 206, 207, 217, 523쪽; E 764, 1645년(폴도 달브나의 포도밭 구입); E 772, 19-7-1552; E 746, 1566년; E 775와 E 777, 7-7-1587; E 780, 7-4-1590.

24) Devic, 같은 책; Gard, E 737(1554): 에그르몽의 남작의 올리브 재배지 구입.

* Marguerite de Navarre(1492~1549): 프랑스 국왕 프랑수아 1세의 누이이자 나바르의 왕비. 당시 가장 지적인 여성 가운데 한 명으로 자기의 나바르 궁정에서 인문주의자들과 프로테스탄트들을 보호했다.

** Philipp Schwarzerd Melanchthon(1497~1560): 비텐베르크 대학의 그리스

안의 베르나르딘 바리에르와 결혼했다. 1560년부터 그는 관직을 보유하고, 토지를 사 모으고, 농장과 방앗간을 소유하는 등 전형적인 개혁파 부르주아의 모습을 보여주었다. 그에게 교회의 땅은 사회적으로 상승할 수 있는 결정적인 계기이며 단계였다. 1563년, 님의 교회 재산 경매장에서 피에르 로젤은 자기의 염전 가까이 있는 카마르그의 땅과 장원을 사들였다(875리브르). 그는 그런 식으로 자기의 가족 재산을 불려나갈 생각을 한 것이다. 1590년경, 부자 아버지를 둔 자식들(로젤)은 모두 전도가 양양했다. 누구는 고등법원에서, 누구는 보조세 자문회의나 전쟁 파견 위원회에서 활동했으며, 귀족과 결혼하기도 하고, 중요한 임무를 맡기도 했다.[25)]

세벤의 개혁파 귀족 투사인 데르보두즈 가문 사람들도 1563년의 대(大)구매자들 속에 끼어 있다. 장 데르보두즈는 벨가르드에 있는 생-장 농가와 '예루살렘의 성 요한 기사단 관할 하에 있는 농가에 딸린 경작지, 목초지, 포도밭, 밀 방앗간, 목장'을 사들였다. 앙뒤즈의 남작인 프랑수아는 300리브르를 주고 소브 수도원장의 여인숙을 다시 사들였다. 남작의 동생인 목사 피에르 데르보두즈도 1569년에 미슐라드 사건으로 사형선고를 받았다.[26)]

장 드 퐁스와 피에르 드 퐁스는 님의 위그노파 법조인이었다.[27)] 1563년, 장은 전에 교회 땅이었던 경작지를 사들였다(93리브르). 피에르는

어 교수였다가 루터를 만나 그의 사도가 된 독일의 종교개혁가. 루터 사후 루터파 교회의 지도자가 되어 프로테스탄트들 사이의, 그리고 프로테스탄트와 가톨릭 사이의 분쟁을 해결하기 위해 노력했다.

25) Guiraud, 1918~19, I, 62, 129, 455, 457쪽과 여러 곳; Gard, E 728, 17-4-1542와 6-7-1542; E 769, 11-6-1549와 11-1-1550; E 773, 20-8-1582, 15-11-1582와 24-12-1582, 7-2-1583과 29-9-1583; E 778, 4-7-1588; E 782, 12-6-1592; E 783, 30-9-1599, 17-10-1592; E 789, 5-1-1596.

26) 이 책, 제2권, 53쪽을 보라; Guiraud, 1918~19, I, 284쪽과 여러 곳; Devic, 1872~92, XI, 487쪽; Gard, E 786, 23-6-1594.

27) Devic, 1872~92, XI, 575쪽, 주 1).

반타작 소작지, '정방형 탑'인 주교의 시골집, '타유세가 면제된 귀족의 땅'을 대거 구입했다(3,811리브르).

또 다른 법률가, 또 다른 칼뱅파: 에티엔 로베르는 교회 장원을 구입했다.

님의 명단 마지막에는 가장 부유한 구매자가 있다. 세라의 영주인 프랑수아 드 파베가 바로 그 사람이다. 그는 집요한 사람이었다. 1561년에 그는 님의 주민들과 함께 성직자들의 재산, 특히 장원의 양도를 요구하는 데에 서명했다. 그에 따르면 그런 재산을 신부들의 관리 하에 두는 것은 당치 않은 일이었다. 그의 탄원은 말로만 그치지 않았다. 1563년, 그는 과거 님의 성당 참사회 소유였던 두 군데 장원, 커다란 토지, 캉페뉴의 수도원 부속 농장 등을 싹쓸이했다. 낙찰가 1만 5,125리브르에! 드 파베 역시 미슐라드 사건에 연루되어 1569년에 사형선고를 받았다. 그러나 궐석재판이었기 때문에 그냥 그것으로 끝났다.

1563년의 님의 구매자들은 전체적으로 파벌이나 클럽처럼 경계가 분명한 그룹을 형성했다. 그들은 귀족으로 발돋움하고 있던 부르주아 아니면 법조인이었다. 많은 사람이 진짜 아니면 자칭 신흥 귀족이었다. 요컨대 1563년 님 교구에서 36명의 구입자 가운데 3분의 2(정확히 24명)는 '귀족' 아니면 어떤 땅의 '영주'로 기재되었다. 위제스 교구에서는 이 비율이 4분의 3(18명 중 14명)으로 올라갔다. 이미 귀족이 되었거나 아직 부르주아였던——이 경계선을 넘기는 쉬웠다——이 사람들은 칼뱅파 신앙과 가족 유대에 의해 상호 연결되어 있었다. 돈, 관계, 영향력 등을 통해 그들은 일체의 가톨릭교도뿐만 아니라 제화공이나 직조공 같은 위그노 서민들을 교회 재산에서 배제하는 등 경매를 지배했다. 독실한 프로테스탄트였지만, 그들은 기도 중에도 자기들의 이해관계를 잊지 않았다. 이따금 학식 있는 사람이었고,[28] 사업가가 많았지만 필요하면 그들은 칼을 든 전사요 전우였다. 그들은 사회적 상승과 토지 구매에 목말

---

28) 예컨대 폴도 달브나는 『님의 역사』(*Histoire de Nîmes*)의 저자였다.

라 있었다. 그래서 4년 뒤 그들은 미슐라드에서 혈맹의 협정을 맺었다.

그들 그룹 중에는 지위 높은 유지들이 있었는가 하면 사기꾼들 같은 '악한 무리'도 있었다. 장 보당은 시골의 대차지농 겸 상인이었다. 1545년부터 그는 '매일같이 땅과 재물을 사들였으며', 가격을 깎기 위해 '거짓말이나 접대'를 망설이지 않았다. 이 토지 투기꾼은 교회의 약탈자가 될 것인가? 1563년 우리는 보당과 그의 아들, 그의 하인들을 생-소뵈르 수도원에서 다시 만난다. 구매하는 대신 그는 집어갔다. 그들은 문, 경첩, 대들보를 넘어뜨리고, 부수고, 뜯어낸 다음 시행정관들의 가호를 받으며 가까이에 있는 보당 방앗간으로 모든 것을 실어갔다. 이러한 행동은 차후 일상적인 일이 되었다. 1592년에도 랑그도크의 귀족들은 '자기네 집과 건물을 짓기 위해, 기초까지 파괴된 교회에서 뽑아온 석재'를 집에 쌓아놓았다. 성직자들의 재산에 대한 공세는 종종 파괴 행위로 변했던 것이다.[29)]

*

1563년 몽펠리에 교구의 교회 재산 경매에서 한 구매자가 매물의 절반을 쓸어갔다. 그는 총 낙찰가액 2만 6천 리브르 가운데 1만 2,500리브르어치를 사들인 것이다. 1563년 9월 16일, 이 1만 2,500리브르를 가지고, 전에는 몽펠리에 주교의 소유지였던 소브의 남작령을 구매한 사람은 국왕의 자문위원이자 재무관이었던 시몽 피즈였다. 이 피즈라는 사람은 특이한 인물이었다. 교회 재산에서 막 잘려나온 남작령이 그의 비천한 출신 성분을 감출 수는 없었다. 1576년의 한 익명의 텍스트에 따르면 "피즈라는 사람은 자기를 소브의 나으리(Monsieur de Sauves)라고 부르게 했다. 몇몇 사람들은 그가 젊었을 때는 하인이었을 정도로 아주 형편없는 집안에서 태어났다고 말했다." 정말로 피즈는 매우 가난

---

29) Gard, E 731, 16-12-1545; Ménard, 1744, IV, 307, 308쪽; PV, 1592년 4월.

하고 무식한 농민 집안에서 태어났다. 그는 자신의 재능과 동향인의 높은 관직 덕분에 '출세'한 사람이었다. 당시 법무대신이었던 랑그도크 출신 베르트랑은 그를 하인으로, 그후에는 개인 비서로 고용했다. 기즈 가문 사람들이 그를 후원했으며…… 그를 왕비의 시녀인 샤를로트 드 본과 결혼——어떤 목적으로?——시켰다. 피즈는 입이 무거운 사람, 아니 차라리 이름뿐인 남편이었다. 왜냐하면 가는 입술과 오똑한 코를 가진 야심 많은 샤를로트는 샤를 9세, 앙리 드 나바르,* 알랑송 공작의 정부였기 때문이다. 그리고 기즈 공은 마지막 밤을 그녀와 함께 지냈다고 한다.

농민으로 태어나 대신(大臣)으로 죽은, 옛날의 하인 피즈는 능란한 사람이었다. 그는 아내의 부정을 모른 체하고 살았다. 신분 상승 과정에서 그가 1563년에 구입한 교회 재산인 소브 남작령은 하나의 푯말이 되었다. 이후 피즈와 아름다운 샤를로트는 소브의 나으리와 마님이 되었다. 1564년, 그들은 몽펠리에에 있는 자기들 소유의 자크 쾨르 저택에서 샤를 9세를 영접했다. 1570년, 소브의 나으리는 랑그도크의 신분회에 진출했으며, 3년 뒤에는 파리에서 계속하여 활동하면서 동시에 몽펠리에 관구 사령관으로 임명받았다. 가난하게 태어난 그의 누이들은 이 도시의 제일가는 부인들이 되었으며, 칼뱅파 지도자들과 결혼했다. 그녀들 또한 프로테스탄트였다. 그가 사는 파리에서, 기즈 가문의 피호인인 피즈는 조심스럽게 자기 고향의 위그노들을 보호했다. 그는 그들에게 생-바르텔르미 학살 사건을 제때에 알려주었던 것이다.[30)]

장 드 부크는 1563년에 몽펠리에에서 땅을 구입한 또 다른 인물이다. 그는 상인의 아들로 태어나 나중에 법관(하급 재판소장)이 된, 열성 신

---

* 앙리 4세.

30) Guiraud, 1918~19, 383쪽, 주 6)에 인용된 1576년의 텍스트; 같은 책, 384, 385쪽 참조; Saurel, 1898, 13쪽; Niel, 1856, vol. II에 있는 샤를로트 드 본의 초상화; Devic, 1872~92, XI, 454, 539, 544쪽. 가난하고 무식한 농민들만 보이는 피즈 가문에 대해서는 ADH, II E 56, 기록 30, f° 443, 18-9-1567.

도 위그노였다. 그는 1563년의 경매에서 땅(230리브르)과 '사용권'(155리브르)을 사들였다. 그해부터 칼뱅파의 폭동에 가담하여, 1568년에는 일종의 공안위원회를 이끌었으며, 주아외즈의 집과 몽펠리에 성당을 약탈했다고 고발당한 그는 권력을 되찾은 가톨릭교도들에 의해 법관직에서 쫓겨났다. 체포되어 고등법원에서 사형선고를 받은 다음(1568), 목이 교수형 밧줄에 걸리고 사립짝 위에 실려 말꼬리에 매달린 채 툴루즈의 거리거리를 끌려 다녔다. 그러고 나서 목이 잘린 채 네 구역에 공시되었다. 그의 머리는 몽펠리에로 보내져 "저주받은 분파의 집회가 열리는 집의 꼭대기에" 세워진 "나무 기둥 위에 매달렸다."[31)]

아그드 교구에서는 기사요 영주며 국왕 자문위원인 프랑수아 로베르가 총 9,525리브르의 매각 재산 가운데 거의 절반을 쓸어갔다. 그는 4천리브르로 성, 땅, 네지냥의 장원을 구입했다. 이상한 우연…… 로베르 경은 국왕 위임관인 프랑수아 미롱에게서 바-랑그도크에 있는 모든 교회 재산 매각의 감독 책임을 부여받았던 것이다! 그는 가장 좋은 몫을 차지하기에 적합한 자리에 있었던 셈이며, 그 기회를 놓치지 않았다. 게다가 그는 거기에 재미를 붙였다. 1569년의 경매에서도 그는 주교 소유지였던 바양의 장원, 숲 그리고 '거기에서 사냥의 즐거움을 얻을 허가권'(2,496리브르), 거기에다가 페즈나의 제분소에 있는 밀 방앗간들, 40스테레의 밭, 포도밭 등등을 사들였다(2,450리브르). 6년 동안 총 9천리브르의 교회 땅을 구매했다.

베지에 교구에서 1563년의 경매는 노련한 사람들 손에서 놀아났다. 상인 가문 출신으로 하급법원 자문위원이었으며 유명한 위그노였던 프랑수아 뒤 수스트르는 경매 담당관이었다. 그는 후안무치하게도 그 자리를 이용하여 장원이나 포도밭 등을 낙찰받거나 자동낙찰시켰다. 그와 함께 수는 그다지 많지 않지만 매우 활동적인 베지에의 위그노파 부르주아들이 경매에 뛰어들었다. 그들 중 피에르 드 마수브냉(땅 한 필지를

31) Guiraud, 1918~19, I, 330~351쪽과 II, 401쪽.

45리브르에 구입), 외과의사인 기욤 로미외(밭 하나, 포도밭 하나, 목장 하나를 56리브르에 구입), 상인 장 카스티양(커다란 밭 하나를 590리브르에 구입), 상인 장 보나푸(집과 축사 매입), 그리고 단 한 번에 생-마르셀의 반타작 소작지(2,500리브르), 그리퐁의 탑, 땅, 포도밭, 반타작 소작지(3,200리브르), 집 한 채, 정원, 땅(1,350리브르) 같은 세 개의 대형 매물을 쓸어간 상인 피에르 베네딕트 등은 1563년 베지에에서 나온 전체 매각 재산의 4분의 1인 7천 리브르어치를 사들였다.

진짜 대검(帶劍) 귀족이고 프로테스탄트 군관인 클로드 드 나르본을 보자. 15년 뒤에* 가톨릭으로 남은 그의 어머니는 그를 암살자들에게 넘겼다. 1563년, 그는 인근 대여섯 마을의 '사용권'을 싼값(178리브르)에 사들여 포제르에 있는 장원을 늘렸다. 또 다른 전사(?)로는 로세라고 불리던 장 마르탱이 있다. 1562년, 그의 신앙 동료들은 한때나마 베지에를 장악하여 십자가를 부수고, 제단을 말 걸이대로 바꿔버렸다. 그는 '손에 총을 들고' 거리를 배회했다. 이 사람은 돈이 많았다. 1563년의 경매에서 그는 성, 광장, 장원, 밭, 목초지, 올리브 재배지 그리고 방드르에 있는 교회의 다른 땅들을 1,920리브르에 샀다. 마지막으로 모레양의 영주이자 부르주아로서 새롭게 귀족이 된 장 보네는 베지에에서 가장 큰 매물인 70헥타르의 레지냥 농장을 통째로 6,250리브르에 사들였다.[32]

*

---

* 1578년.

32) 이 모든 내용은 AN, G[8], 1336; Luthard, 1911~12에 나온 베지에의 위그노 리스트를 통해 사실 확인; Baret, 1934와 Hilaire, 1952는 내가 국립 고문서 보관소에서 발견한 텍스트의 일부 잘못된 사본을 이용했다; 클로드 드 나르본에 대해서는 Segui, 1934; 장 보나푸에 대해서는 ADH, G 194, f° 347 v°, 25-8-1553; 루세에 대해서는 La Pijardière, 1875, I, 86, 87쪽.

6년 뒤인 1569년에 매각된 '이차적 기원'의 재산을 매입한 사람들의 특징은 거의 변함이 없다. 그렇지만 약간의 차이는 있다. '이름만 빌려준 사람들' 또는 '공모자들'——참사회원들이나 수도원 부속 농장 사제들——이 늘어난 것이다. 이들은 자기네 참사회 소유의 땅을 매입함으로써 원래의 소유주들이 그것을 더 잘 보존하도록 했다. 또 더 많은 가톨릭 구매자들이 종교적 양심이나 고려 때문이 아니라 자기들의 재산을 불려나갈 욕심으로 그렇게 했다. 예컨대 잘 알려진 몽펠리에의 교황파인 장 드 로즐레르그는 전에는 주교 소유였던 캉디야르그의 장원을 구입하여, 이곳에 자기 재산임을 표시하는 첫 번째 푯말을 세웠다. 17세기에 그의 후손들은 그것을 크게 불려놓는다.

또한 1569년의 구매자들 가운데에는 시골 사람들, 농민들, 특히 시골 마을 출신의 프티부르주아들이 늘어났다. 이번에는 주요 도시들의 독식이 아니었다. 몽펠리에 교구를 보자. 1563년에는 모든 구매자가 중심 도시의 거주민들, 도시의 유지들이었다. 그러나 반대로 1569년에는 8명만이 몽펠리에 시민이고 나머지 6명은 시골 사람이었으며, 게다가 작위도 없는 사람이었다. 그러나 시장에 새롭게 나타난 돈이 별로 없는 시골 또는 반(半)시골 구매자들은 불행하게도 거의 '볼품없는 땅'을 차지할 뿐이었다. 소미에르에 사는 앙투안 오리올이 그러했다. 그는 100리브르를 주고 "40카르테라드 크기의 길렘 농장이라 부르는 교회 소유의 폐농장과 개간지 한 필지"[33]를 샀다. 불쌍한 오리올! 그는 에로 지방의 가장 초라한 황야 가운데 있는 불모지를 사들인 것이다![34]

위그노 유지들의 파당이 이제 경매의 유일한 주인은 아니었지만, 그래도 그들은 지배권을 잃지 않았다. 그들은 계속해서 교회 땅에 대한 무자비한 식욕을 드러냈다. 몽펠리에에서, 마라노-칼뱅파 의사인 앙투안 사포르타는 크레스에 있는 봉토, 드베스,* 목장을 374리브르에 샀다

33) 13헥타르.

34) 텍스트상의 농장이 있는 부아세롱.

(1569). 그리고 변호사 기욤 보르니에는 교황파 군관의 목을 자른 죄로 1568년 12월 툴루즈 고등법원에서 구속영장이 발부되었지만 유유히 3개월 후에 교회의 땅을 140리브르에 손에 넣었다.

님과 위제스에서 귀족으로 발돋움하고 있던 부르주아 프로테스탄트 집안들——랑사르 집안, 라주레 집안, 데디에 집안, 투르니에 집안——은 1569년에 가능하면 타유세가 면제된 땅으로 골라 주교의 땅과 황야를 사들였다. 위제스 교구에서 공작인 앙투안 크뤼솔은 자기의 숙적인 위제스 주교의 작은 장원들을 헐값에 사들여 그를 완전히 거덜냈다. 이렇게 해서 그는 생-보네의 '간음 사건은 상급', 중급, 하급 재판권(31리브르), 카놀의 재판권(400리브르), 방(Vans)의 재판권(31리브르), 그 밖에도 5~6개 마을의 재판권을 손에 넣었다. 크뤼솔은 난폭한 위그노인 보디네의 동생이었으며, 랑그도크와 도피네 지역 칼뱅파의 우두머리였다. 심지어 1565년, 그에게서 불안을 느끼던 샤를 9세는 그를 달랠 목적으로 크뤼솔 자작령을 공작령으로 바꾸어줄 정도였다. 지방의 세력가였던 크뤼솔은 교회의 재산을 매입함으로써 한층 더 강력해졌다.[35]

*

1563년과 1569년처럼 왕명으로 합법적인 재산 양도가 있었는가 하면, 개인들이 나서서 교회 사람들을 압박하여 '회복'시킨 경우도 있었다. 1561년 이후 빌라의 영주나 트리스탕 드 브뤼에스 같은 몇몇 님 사

---

* devés: 울타리 쳐진 황야.

35) 1569년의 매각에 대해서는 AN, G^8, 1336을 보라; 로즐레르그, 사포르타, 보르니에 집안에 대해서는, Guiraud, 1918~19, I, 151, 354쪽과 II, 229, 370쪽 참조. 님의 위그노 구매자 집안(투르니에, 데디에, 라주레, 랑사르)에 대해서는 Gard, E 788, 10-8-1595, 11-9-1595, 18-12-1595; E 805, 12-6-1606; E 727, 14-5-1537; Ménard, 1744, IV, 287쪽(라주레와 랑사르는 1561년의 프로테스탄트 청원자였다); E 702, 19-8-1614와 19-11-1615 참조. 그뤼솔과 그의 집안에 대해서는 Devic, 1872~92, XI, 407쪽.

람들은 국왕 대리인들에게 허가도 신청하지 않은 채, 목사들의 동의 하에 교회의 땅, 포도밭, 목초지를 헐값에 양도받든지 아니면 그들이 하는 말로 '환수'시켰다. 1568년, 세벤의 위그노파로서 비강에서 목수 노릇을 하던 장 위나유는 이전까지 뤼미네르 드 노트르-담 소유였던 밤나무밭 1헥타르를 취득했다. 그는 콩푸아상의 원소유주 이름을 '교묘히' 지워버렸다. 다른 많은 사람들도 그를 모방했다.[36)]

*

이후의 매각(1574, 1576, 1586)에 대해서는 자료가 그리 많지 않다. 그렇지만 교회 재산에 대한 마지막 경매 가운데 하나였던 1591년의 경매에서,[37)] 토지를 획득한 그룹은 1569년의 경우와 유사한 사회적 기준을 보여준다. 예컨대 1591년 몽펠리에의 구매자 41명 가운데 4분의 3인 31명이 유지였다. 상인, 공증인, 염전 소유자, 자문위원, 영주, 신흥 귀족 또는 이따금 대가문(몽모랑시), 그리고 내전 당시 비약적으로 성장한 군인 부르주아 그룹 출신 군관들이 그들이다. 마을의 서민들은 4분의 1 정도에 불과했다. 그리고 그들 가운데 뷔지냐르그의 피에르 마라젤 한 명만이 공식적으로 경작자로 분류되었다. 이 '비율'은 정말 미미한 것이었다. 왜냐하면 대경작자 계급이 훨씬 많았던 일-드-프랑스에서 그 비율은 1560~70년의 교회 재산 구매자들 가운데 10퍼센트 내지 15퍼센트를 차지했기 때문이다.[38)]

*

36) Gard, E 741, 5-12-1561; E 742, 18-9-1562; AC Le Vigan, CCI, 1563년의 콩푸아; 장 위나유의 콩푸아(Casties, 1568년 8월)상에 '교묘하게' 올라간 뤼미네르 드 노트르-담의 밤나무밭.

37) ADH, G 1289.

38) Carrière, 1936, III, 424, 425쪽.

교회 재산을 처분하려는 랑그도크의 시도는 독일, 영국, 프랑스 그리고 심지어 에스파냐에서도 있었던 보편적인 현상이었다(비첸스 비베스는 위그노파들, 지주 영주들 그리고 산적들이 연합하여 카탈루냐의 피레네 산맥에 있던 위르젤 주교의 재산을 빼앗으려 했음을 지적했다[39]).

남부 프랑스에서 공세의 결과는 당장에는 크지 않았다. 아그드 교구와 몽펠리에 교구에서 1563년의 전체 매각 액수는 3만 6천 리브르에 불과했다. 이는 시골에 있는 대형 수도원 부속 농장 서너 개에 해당하는 것이었는데,[40] 당시 그 지방에는 이러한 것이 100개가 넘었다. 그것은 토지 재산의 소유권을 뒤집어놓았던 1790년의 교회 재산 매각과는 거리가 멀었다.

그럼에도 1563년에서 91년 사이에 있었던 교회 재산 매각의 의미는 크다. 그것은 어떤 한 사회 집단, 즉 앞에서 일련의 전기적인 사실들을 통해 살펴본 구매자들의 토지욕을 밝혀주기 때문이다.

유지들로 구성되어 있으며, 1790년보다 장인들, 경작자들, 서민들을 더 배제했던 이 집단에는 자칭 귀족들만 가득할 뿐 진짜 귀족은 없었다. 또한 그들은 전통적 의미의 부르주아지도 아니었다. 그들은, 칼뱅파를 제외하면, 야콥 부르크하르트가 이탈리아의 역사를 기술하면서 말한 르네상스기의 도시 엘리트들——이탈리아의 도시 귀족들은 신흥 부자들과 어깨를 나란히 했으며, 신흥 부자들은 옛 하인들의 인도를 받았다——과 유사했다.[41] 이 그룹에 속하는 사람들은 상업이나 소송 같은 부르주아적인 활동을 했다. 그러나 그렇다고 해서 귀족의 가치, 특히 전쟁의 가치가 그들과 동떨어졌던 것은 아니었다. 교회 땅은——관직과 법복처럼——이들에게는 부를 늘리는 수단이었고, 사회적 신분 상승의 기

39) Vicens Vives, 1958, 28쪽.

40) 이 계산은 AN, G[8], 1336에 의거한 것이다. 1560년경 십일조를 징수하던 커다란 수도원 부속 농장은 1년에 약 500리브르의 수입을 올렸다. 따라서 그것의 재산 가치는 최소 1만 리브르에 달한다.

41) Burckhardt, 1885, II, 94~105쪽.

회였다. 궁극적인 이상은 귀족적인 삶, 영주의 허영에 도달하는 것이었다. 결국 17세기와 18세기에 이르면 랑그도크의 도시 유지들은 평원 지방의 일부를 독식하게 되는데, 1563년의 행위는 그러한 과정에 방아쇠를 당긴 셈이었다.[42]

42) 이 책, 제2권, 392~397쪽을 보라; Dugrand, 1963.

제3장 십일조는 개혁인가, 혁명인가

교회 땅 다음으로 살펴볼 것은 농산물 십일조다. 이 농산물 십일조는 1560년에 반란을 일으킨 사람들과 농촌의 모든 사람에게 문제가 되었다. 혁명으로 십일조를 폐지해야 할까? 아니면 성직자들에게서 그것을 빼앗아 다른 계급, 다른 교회에 주어야 할까? 이 문제는 사회적 논쟁의 중심에 자리 잡고 있었다. 결국, 진정한 성장이 불가능하고 총생산을 '최대화하기' 어려운 경제에서 분배의 문제가 전면으로 부상하여 여론을 사로잡은 것이다.

개혁교도들이 십일조를 빼앗다

첫 번째 해결책은 십일조 수입을 이전시키는 것이었다. 위그노 지도자들은 이를 지지했다. 1562년 12월, 님에서 열린 프로테스탄트 신분회에서 이 문제를 제기했다.[1] 귀족들도 참석했으나 부르주아지는 한편으로는 도시 행정관들 덕분에, 다른 한편으로는 이전의 성직자 '신분'을 대체한 프로테스탄트 당회에서 파견한 사람들(이들 대부분은 평민이었다) 덕분에 이중으로 대표된 셈이었다. 이렇게 현실적으로 제3신분의 대표성이 배가됨으로써 부르주아들의 해결책이 무게를 얻었다. 베지에에서 위제스와 마르브졸에 이르는, 거의 전 바-랑그도크 지방을 통제하는 님 신분회는 재산의 대부분이 십일조인(랑그도크에서는) 교회 재산

1) D'Aigrefeuille, 1885, I, 450, 451쪽.

의 완전 양도(군주정이 원했던 부분 양도가 아니라)를 결정했다. 위그노——성직자, 군인, 지도부, 당회——가 십일조 수입을 차지한다. 교황파들의 시대와 마찬가지로, 십일조 징수 임차인들이 경매를 통해 징수권을 딴 다음 징수할 것이며, 약간의 이익을 제한 나머지, 그러니까 '임대료'를 개혁 교회에 낸다.

곧바로 입찰을 시작했다. 1562년 12월 몽펠리에.[2] 이번에는 규모가 컸다. 단 하나의 교구에서(몽펠리에) 프로테스탄트들이 십일조 징수를 '강탈한' 수도원 부속 농장들의 자산 가치는, 1562년의 경우, 줄잡아도 백만 리브르에 달했다(3만 리브르의 십일조 수입). 1560년까지 교회는 수십 개의 성직영지로 구성된 재산에 대한 십일조 징수를 가까운 징수인들에게, 많은 경우 사제들에게 임대해주었다. 1550년과 59년 사이, 몽펠리에의 십일조 징수 임차인 50명 가운데에서 나는 15명의 성직자를 찾아냈다.[3] 몽펠리에의 참사회원들, 에그모르트의 사제들 또는 마을의 수도원 부속 농장 사제들 그리고 심지어 그 가운데에는 십일조 시장을 조사하기 위해 바-랑그도크까지 사람들을 보낸 '존귀하신 카르카손 주교'도 있었다. 1558년 베지에 근처에서도 마찬가지였다. 참사회의 21개 성직영지 가운데 6개에 대한 징수가 도시의 수도원 부속 농장 사제이건 농촌의 참사회원이건 사제들에게 임대되었다. 이렇게 함으로써 교회는 십일조 징수액 전액을 지킬 수 있었다. 성당 참사회가 단체 이름으로 징수하는 임대료와 사제-징수인이 차지하는 이익. 이러한 이유로, 우리는 십일조 징수 임대차계약에서 많은 사제들이 계약자가 된 것을 볼 수 있다(이들 그룹은 트렌토 공의회 이후에도 살아남으며, 베지에 지방에서는 17세기 말에야 비로소 사라진다).

그렇지만 몽펠리에 지방이나 다른 많은 프로테스탄트 지역에서는 이

2) 경매에 대한 상세한 정보는 ADH, G 1288; 또한 Villemagne, 1912~14 참조.

3) 그리고 4명의 법원 서기 또는 공증인, 10명의 상인, 3명의 농민, 한 명의 장인, 한 명의 귀족, 한 명의 부르주아 등: ADH, G 1766.

이중 지배 체계를 폐지했다. 아니 더 정확히 말하면 권리 소지자가 바뀌었다. 한편으로는, 집단으로서의 프로테스탄티즘이 교황주의자들 대신 십일조를 징수하려는 의지를 보였다. 그런가 하면 다른 한편으로는 위그노 부르주아지가 십일조 징수 임대차계약에서 특권을 행사했다. 그들은 임대차계약에 다수의 징수인들을 참가시켰다. 책략으로건 강제적으로건, 위그노 부르주아지는 경매에서 가톨릭 부르주아지를 떨어뜨렸다. 그들은 또한 경매의 마지막 '라운드'에서 위그노 장인들의 무리를 물리쳤다. 이 초기의 개혁파 투사들은 너무 가난하여 자본주의적인 동료 위그노들을 경매에서 이길 수 없었던 것이다.

1562년 몽펠리에 교구 소속 수도원 부속 농장의 십일조 징수에서 위그노들의 임차 건수 통계를 보면,[4] 최종 낙찰을 받은 85명의 징수인들 가운데 상인은 25퍼센트(21명)였다. 그들 가운데 몽펠리에의 상인이며 한 성직 영지의 임차인인 장 메그레는 부차적으로 위그노들을 위해 몽펠리에에 있는 수녀들의 양 162마리를 임차계약했다. 메그레는 부유한 상인이요 위그노였다. 1561년, 그는 칼뱅파 집회에 참석했다는 이유로 '어려움'을 겪은 적이 있다. 소모공이나 직조공 같은 가난한 참석자들은 5리브르나 20수 정도의 벌금을 문 반면 그는 75리브르의 벌금을 물었던 것이다. 마찬가지로 피에르 세르, 소베르 들롱, 피르맹 샹동, 피에르 펜, 장 퐁스 같은 상인들도 1561년에 어떤 사람은 50리브르, 어떤 사람은 25리브르……의 세금을 물었다. 1562년에 그들은 복수했다. 우리는 그들 다섯 명이 모두 수도원 부속 농장의 십일조 징수인으로서 자기들의 이익과 '새로운 종교'의 이익을 위해 일하는 것을 본다.

그들 그룹 안에 군인 부르주아의 전형적인 유형이 나타난다. 앙투안 베르상이 그중 한 명인데, 부유한 도매상인인 그는 내전기에 군관이 되었고, 1560년에는 몽펠리에 농성군의 임시 사령관인 아드레 남작의 부

4) ADH, G 1288; 임차인들의 전기적이고 종교적인 세부 사실에 대해서는 Guiraud, 1918~19, I, II.

관을 지냈다. 라트에서 그는 남작과 함께 가톨릭 군대의 암양 400마리를 포획했으며, 이들을 지키는 군인들을 죽였거나, 그들을 이웃 연못으로 몰아 '귀까지 물에 잠겨' 죽게 했다. 포위 공격이 풀리자, 군인 베르상은 십일조 징수인이 되었다. 그는 옛 교회의 십일조와 재산을 1년에 527리브르를 지불하는 조건으로 임차했다. 그는 1569년 몽펠리에의 소요에 연루된 혐의로 툴루즈 고등법원에서 사형선고(궐석재판)를 받았다. 그러나 그는 1579년에 페스트로 죽었는데, 당시 몽펠리에의 시행정관이었다.

위그노 상인으로서 자기들 종교의 십일조 징수인이 된 사람들 가운데에는 장 퐁스와 프랑수아 메그레처럼 1562년 당시 몽펠리에의 시행정관이었던 지방 정치인들도 있었다. 그 밖에도 그 그룹에는 적극적인 개혁파 투사들이 있었다. 가톨릭교도들을 가혹하게 다루었다는 이유로, 세속화된 성직 영지의 십일조 징수인이요 상인인 프랑수아 오지에르에게 1567년 구속영장이 발부되었다. 1562년 말에 아레스키에의 성직 영지의 십일조 징수를 임차한 상인 피에르 레몽은 같은 해의 몽펠리에의 실력자 다섯 명 가운데 한 명이었다. 교황파를 상대로 도시를 방어했으며 시 외곽을 초토화시킨 혁명 5인방(상인 2명, 사법관 1명, 외과의사 1명[5]) 가운데 한 명이었다.

투사이자 상인인 이들은 세속화된 십일조 징수 임차계약을 체결하는데 망설이지 않았다. 왜냐하면 그들은 사업을 통해 이미 땅과 관련된 것들을 잘 알고 있었기 때문이다. 1552~62년, 몽펠리에의 도매상들은 거의 농촌 상인이었다. 그들은 목동이나 마을의 푸주한이 가져오는 자연 그대로의 양모나, 소모공이 손질한 백색 양모를 매집했다. 그들은 구릉지방의 본당 사목구에서는 기름을, 황야의 공동체 마을에서는 목재를 구매했다. 그들은 지방 장인들에게서 거친 나사를 사들였으며, 녹청(綠靑)을 제조하는 여자들에게 구리를 팔았고, 세벤의 농민들에게 오드 지

5) 직업이 알려진 '5인방'의 경우.

방의 나사를 내다 팔았다. 그들은 추수 직전에 먹을 것이 없는 시골 사람들에게는 밀을, 나사 직조공들에게는 에퀴화를 빌려주었다. 따라서 이들 시골 상인들이 십일조를 징수하는 것은 자연스러운 일이었다. 그들 가운데 가이아르 베르샹 같은 사람은 이미 교황파의 시대에도 그것을 임차받았다. 그들은 더욱 열심히 일하게 되었으니, 그것은 그 일이 그들의 양심에 위배되지 않으면서도 개혁파 조직을 위한 일이었기 때문이다. 그들 중 몇몇 사람에게 십일조 징수는 이전에 해오던 상업 활동의 직접적인 연장(延長)이었다. 따라서 위그노인 앙드레 라피네스크가 프로테스탄트 노회(老會)를 위해 몽펠리에 인근 지방에서 양고기 십일조 징수 계약을 맺은 것은 아주 자연스러운 일이었다. 왜냐하면 직업상 라피네스크는 양모 상인이었기 때문이다.[6]

상인들만이 아니었다. 교회 땅 매각에 나타났던 법조인들, 지대 수익자들, 부유한 부르주아들이 여기서도 보인다. 이 그룹 역시 상당수의 십일조 징수인을 공급했다. 그들 가운데에는 마라노였다가 칼뱅파가 된 사람들이 있었다. 그들의 집안은 상업 분야에서 법조계로 상승했지만 십일조에서 나오는 이익을 무시하지 않았다. 도미니크 드 라 바디가 그 경우였는데, 그는 1563년 생-드레즈리의 십일조 징수를 186리브르에 계약했다. 우리는 또한 거기서 어느 정도 재산을 가진, 그래서 포도밭 십일조와 곡물 십일조 같은 평야의 푸짐한 십일조 징수 임차계약을 맺은 위그노파 서기와 공증인들을 본다. 앙투안 샹귀에, 다르드 코스트 그리고 특히 종교개혁의 불굴의 투사인 부유한 니콜라 탈라르 같은 공증인이 그들이다. 1560년 탈라르는 한 소심한 목사를 데려오기 위해 대표단을 이끌고 주네브에 갔다.[7] 1562년, 그는 몽텔의 수도원 부속 농장을

---

6) 내전 초기, 몽펠리에 상인들의 거래에 대해서는 ADH, II E, 56, 기록 27, f°s 56 v°, 62, 75 v°, 85 v°(1564년); 같은 대장에 있는 1564년 7월 5일과 7일자 가보당과 랑크의 계약서 참조; 그리고 같은 자료, 기록 28, f°s 27, 53 v°, 191 v°; 농촌 상인들에 대해서는 Jeannin, 1957, 40쪽; 라피네스크에 대해서는 ADH, II E, 56-27, f° 15 v°, 8-4-1564.

포함한 여러 개의 수도원 부속 농장의 십일조 징수를 1년에 1,150리브르에 계약했다. 1567년, 툴루즈 고등법원은 그에게 사형을 선고했다.

1562년의 위그노 십일조 징수 임차인들 가운데에는 재정이나 법률 관계 종사자들도 있다. 수납관이었던 기욤 클로젤은 혼자서 네 개의 수도원 부속 농장을 계약했다. 보조세 대소(代訴)인이었던 장 퐁봉은 프로테스탄트들과 공모하여 몽모랑시에게 대항했으며, 그들을 위해 아우구스티누스 수도회 수도자들의 수입을 임차했다. 루이 르콜랭, 프랑수아 로셀리 같은 변호사들, 일명 '주네브의 신봉자들'은 황야에 있는 수도원 부속 농장들을 계약했다. 끝으로 칼뱅파이자 십일조 징수 임차인인 이들 부르주아 그룹에서 나는 '~씨'(Monsieur)나 '님'(Maître)의 호칭으로 불렸지만 직업을 알 수 없는 유지 여덟 명을 발견했다. 부유했던 그들은 1561년의 칼뱅파 집회에서 많은 세금을 부과받았다. 그들의 직업은 지대 수입자나 지주였지만, 종종 십일조 징수 임차인으로도 일을 했다.

1562년에 십일조 징수권을 따낸 위그노들 가운데에는 상인이 다수였으며, 법관과 기타 부르주아들도 많았지만, 사업적인 취미나 프로테스탄트의 열정으로 십일조 징수에 뛰어든 귀족 또는 자칭 귀족도 몇 명 있었다. 신흥 귀족인 이탈리아 상인의 아들로서 농민을 상대로 곡물 대부업을 하던 뱅상 마니,[8] 한 세벤 전사의 동생이자 부유한 영주인 시몽 드 상드르, 그 역시 아드레 남작의 동료이자 가톨릭 목동들에 대한 격렬한 비판자이고 파브레그에 있는 커다란 성직 영지의 임차인(450리브르)인 베르트랑 드 소베이라, 변호사 · 자물쇠공 · 공증인 그리고 프로테스탄트 군관 가문 출신으로 두 군데의 수도원 부속 농장을 임차한 신흥 귀족 앙투안 베르나르, 마지막으로 평야에 있기 때문에 높은 십일조 수입을 올리던 푸상(1,105리브르)을 포함한 네 군데의 성직 영지를 계약한 귀

7) 탈라르에 대해서는 앞에서 인용한 자료들 외에 d'Aigrefeuille, éd. 1885, I, 431쪽.

8) ADH, II E, 56, 기록 27, f° 69 v°(1564년).

족 오베르 바리에르.

위그노파 징수 임차인들 가운데에는 가톨릭 성직자 출신도 몇 명 있었다. 황야 지대의 한 거대한 수도원 부속 농장의 십일조를 1년에 500리브르에 계약한 장 튈레는 성당 참사회원을 역임했던 유명한 환속(還俗)자였다. 장 르바도 마찬가지였다. 여류 역사가인 루이즈 기로는 성당 참사회원이었던 그가 자신의 교회에 끝까지 충실했다고 고집스럽게 주장하지만 나는 그렇게 확신하지 못한다. 도대체 그가 1562년에 프로테스탄트 십일조 징수 임차인이 된 이유가 무엇일까?

유지들의 이 같은 공세에 직면하여, 선전과 행동의 차원에서는 결정적이었던 위그노 장인들의 역할이 십일조 경매에서는 약했던 것 같다. 그들과 경쟁하려면 돈이 필요했던 것이다. 개혁파 집단 내에서 다수를 이룬 그룹은 그들이었다. 그러나 1562년의 85명의 십일조 징수 임차인 가운데 8명만 그들에게서 나왔을 뿐이다. 그나마도 그들 대부분은 금은세공인, 여관업자, 재단사, 생선장수 같은 부유한 장인들이었다. 진정한 장인들의 민주주의는 없었다. 85명의 프로테스탄트 십일조 징수 임차계약자 가운데 제화공이나 직조공은 한 사람도 없었던 것이다.

따라서 몽펠리에에서나 님에서나, 교회에 대한 투쟁으로 갑자기 무주공산이 된 땅의 이익을 차지하려고 달려든 사람은 유지들이었다. 신흥귀족과 법조인 부르주아지는 사제들의 땅에 눈독을 들였다. 농업 경영에 능숙한 상인들은 십일조 징수권 임차계약 쪽으로 특화되었다. 법과 상업이 연대하여 땅과 십일조를 독차지한 것이다. 1562~63년부터 그들은 칼뱅파 장인들의 사심 없는 열정, 1561년만 해도 그렇게 강하게 타올랐던 열정을 이용하여 자기들의 토지욕을 채웠다.

세벤의 뜨거운 지대에서도 사회학적으로 동일한 현상을 확인할 수 있다. 이곳에서도 장인들은 산(山)에 '새로운 종교'를 심는 데는 성공했지만, 승리를 획득한 다음에 물질적인 이익을 취하는 데는 실패했다. 세벤의 종교개혁에서도 십일조 문제는 상인과 법조인으로 구성된 부유한 부르주아지에게 사회적 영향력이 이전되는 데 결정적이었다. 이 지역에서 끔찍한 방법으로 종교개혁을 성공하게 한 미슐라드 학살(1567)은 교황주의자들을 궤멸시켰으며 십일조를 위그노들에게 돌아가게 만들었다. 1570년, 최초의 총체적 자료를 보자. 53개의 성직 영지——다시 말해 대부분 세벤의 밤나무 산지에 있는 53개 본당 사목구 전부나 일부의 십일조——를 새로운 종교에 속한 사람들이 경매에 부쳤다. 39명의 징수 임차인들이 낙찰을 받았는데, 그중에는 여러 곳의 성직 영지를 차지한 사람이 적지 않았다. 그들 가운데 귀족은 한 명이었는데, 신흥 귀족이었다. 반면 상인은 전체 숫자의 4분의 1(이 비율은 몽펠리에의 비율과 비슷하다)인 10명이었다. 앙뒤즈 상인 4명, 알레스 상인 4명 그리고 님 상인 1명…… 그들의 주요 관심사는 나사, 생사, 십일조였다. 법조인은 9명이었는데, 거의 모두가 공증인이었다. 그리고 구체적인 직업이 알려지지 않은 부르주아가 2명 있었다. 나머지 징수 임차인들의 직업이나 신분은 알 수 없다. 그러나 증서의 하단에 있는 그들의 서명은 대체로 완벽해서, 표시나 이니셜로 서명하던 장인들의 서툶이나 농민들의 무지를 드러내지 않는다. 사실, 39명의 징수인 가운데 장인이 한 명 있다. 앙뒤즈의 석공으로 생-베느제의 작은 성직 영지를 150리브르에 계약한 레몽 퓌에쉬다. 전체적으로 장인 한 명, 귀족 한 명, 부르주아 다수, 그중 반은 상인이고 반은 법조인이었다. 십일조를 징수하던 세벤의 위그노들은 부르주아지를 중심으로 모서리가 분명한 사회 그룹을 형성했다.[9)]

그 지배는 지속적이고도 전반적이었다. 1575년에도 마찬가지로,[10)] 프로테스탄트가 지배하던 로제르——물줄기가 갈라지는 산등성이 지역

9) 세벤 지방의 임대차계약에 대한 핵심 자료는 ADH, II E, 56, 기록 27(1570년)에 있다. "앙뒤즈와 알레스 자작령의 성직 영지에 대한 임대차계약서" ; 미슐라드의 무시무시한 영향에 대해서는 Gard, G 63 참조. "님 교구의 성직자들에게 십일조를 내는 것은 불가능하다. 1567년 성 미셸 축일*부터 님 교구에 속하는 도시와 마을의 대부분은 새로운 종교에 속하는 사람들이 장악했기 때문이다."

* 9월 29일.

10) ADH, B 22347.

——에서 바스-제보당 지방의 교회 재산 일체를 1년에 7,700리브르로 임차계약한 베르나르 카플리에도 바르-데-세벤의 부유한 부르주아였다. 그 땅의 크기와 십일조는 오늘날 도(道)의 절반에 해당한다. 상당한 액수여서 이익을 남겨주었을 것이 분명하다. 그렇지만 카플리에는 프랑스에 용병으로 온 독일 기병들에게 양보하지 않을 수 없었다. 그는 플로라크 교회의 수입을 '플로라크 성의 군관'인 앙투안 팔게롤에게 넘기고 말았다.

1577, 1586, 1588년에도 알비 교구와 라보르 교구에서는, 위그노들이 이곳을 점령한 후에 십일조와 교회의 토지가 모두 위그노에게 임대되었다. 그것만으로도 프로테스탄트들과 그들의 '정치적' 동맹자들은 3,514에퀴의 수입을 올렸는데, 그것은 이들 교구의 타유세 4천 에퀴에 육박하는 액수였다.[11] 대단한 수입이었다. 그것은 위그노들의 금고를 채워주었고, 징수인들을 기분 좋게 해주었다. 그래서 세기말에 자기의 재산을 되찾으려 했던 교회들은 시 당국과 결탁하여 교회의 '성직 영지'를 계속 독차지하려던 프로테스탄트 사업가들과 충돌하지 않을 수 없었다. 1589년, 고위 성직자들은 베지에에서 열린 지방 신분회에서 불만을 토로했다. "종교 같지 않은 종교를 믿는 사람들이 장악한 도시의 행정관들은 관습을 구실로 〔……〕 자기들의 관할 구역 내에 있는 성직 영지의 임대차계약에서 우선권이 있다고 주장한다. 그리하여 성직 영지는 적정 가격으로 임대되지 못하고 있다. 〔……〕 그뿐만 아니라 그들은 교회의 산물과 수입을 차지한 후 자기들의 목사들과 그것을 나누어 가진다."[12]

그뿐만 아니라 프로테스탄트 지도자들은 가톨릭 교회가 십일조의 자진 양도를 거부하면 무력으로 그것을 차지했다. 예컨대 몽펠리에에서 1595년의 수확이 한창 진행 중일 때, 복면을 한 위그노들이 말을 타고

---

11) 앞의 자료, B 22362, 22404.

12) ADH, PV 신분회, 미분류 기록, 1589~94년, f° 1500(베지에 신분회, 1589년); 1600년의 신분회에서도 비슷한 항의(HG, C 2290).

농민들을 습격해서 밀 단을 실은 마차를 강탈해갔다. 십일조를 곳간에 넣을 준비를 하던 참사회원들은 분노했다. 사제들은 소송을 제기했다. 그러나 헛일이었다. 모두 입을 다물었던 것이다. 도시에서는 범인을 아는 사람이 없었다.[13] 마찬가지로 툴루즈(1568)나 가야크 근처(1580)에서도 위그노의 십일조 '강탈' 내지는 음모가 있었다.[14]

십일조 납세자들이 납세 거부 투쟁을 벌이다

위그노 부르주아지는 합의에 의해서 또는 강제에 의해서 십일조를 차지했다. 그러나 농민들이 옛 주인과 탐욕스럽기는 마찬가지였던 새로운 주인들에게 곡물의 10분의 1을 자발적으로 바친 것은 아니었다. 그들은 십일조 수취인을 바꾸는 정도가 아니라 아예 폐지하기를 원했다. 왜냐하면 마을 사람들은 대체로 빈곤에 짓눌려 있었기 때문이다. 그리고 그들은 '종교의 위그노'이기 이전에 '십일조의 위그노'였다.[15] 그들은 종교개혁에서 혁명적인 결과를 끌어냈다. 다시 말해 그들은 영주 부과조보다 훨씬 중압적이었고 심지어 국왕 타유세보다 무거웠던, 그들에게 주된 부담이었던 십일조를 없애버리려 했다. 그래서 십일조 징수인들은, 옛날의 징수인들이건 미래의 징수인들이건, 교황파건 위그노건, 모두 농촌의 말없는 또는 완강한 반대에 부딪혔다.

16세기 초부터 있었던 반(反)십일조 반란 사상이 남부로 전파된 경로는 꽤 분명히 알려졌다. 발생지는 스위스와 알자스의 라인 강 유역 지방으로서, 이곳의 분트슈*는 1502~15년부터 이미 교회 재산에 대한 혐오감과 십일조에 대한 거부감을 농민들에게 주입시키고 있었다. 그 같은 사상의 불길은 농민전쟁 초기(1515)에 독일의 튀링겐 지방까지 퍼져나

13) Platter, 1892, 207쪽.

14) 1580년 7월 13일, 자칭 개혁 종교를 믿는 사람들이 부아셀과 생-제르마의 십일조 곡물 다발 강탈(Tarn, G 477, f°s 42 v° 이하); Lestrade, 1938, 65, 66쪽.

15) Carrière, 1936, vol. III.

* Bundschuh: 가죽끈으로 매는 큰 농민화로 농민 봉기를 뜻함.

갔다. 알레마니아 지방*에서 출발한 그 같은 사상은 프랑스의 남부로, 손 강과 론 강 지방으로 향했다. 1524년부터 프랑수아 1세는 리옹 지방에서 루터파가 급증하자 괴로워했다. 이곳에서는 "신성한 교회에서 이탈한 자들이 만성절의 종이 울리자, 이제 더 이상 어떠한 십일조도 내지 않기로 작당을 했기" 때문이다.

1529년, 리옹의 르벤** 봉기자들은 "어떤 것도 내지 않겠다는 자기들의 의지에 따르지 않고는 일체의 십일조를 내지 않기로 하고 폭동을 일으켰다." 십일조 납세 거부의 중심 사상은 론 강을 따라 남부 프랑스의 님과 베지에까지 퍼져나갔다. 1540년, 님의 시행정관들은 성당 참사회원들에게 우려의 편지를 썼다. "님에는 이성을 따르지 않는 시골뜨기들이 많이 있습니다. 이들은 쉽게 폭동에 끼어들며 〔……〕 매우 과격합니다." 만일 기름 십일조와 양모 십일조를 강요받는다면 그렇다는 말이다. 바로 그 무렵, 십일조 계약 곡선상에 수상쩍은 하락이 나타났다. 벌써부터 농민들이 인도하기를 사보타주한 것인가?[16)]

세벤 지방에서는 1550년부터 소요 징후들이 포착되었다. 그해에 생-마르탱-드-리귀자크의 주민 장 가리농은 수도원 부속 농장 사제에게 초과십일조나 만물 공여를 거부했다. 그는 그것을 위그노파의 일상적인 선전 논리로 정당화했다. 사제는 여기에 거주하지 않는다, 따라서 그는 야생동물처럼 죽어나가는 환자들에게 성사를 베풀 수 없다, 그는 또한 여기에 없기 때문에 태풍이 몰아쳐도 종을 쳐서 그것을 알려주지 못한다 등등.[17)]

---

* 스위스의 독일어 사용 지역.

** Rebeine: 리옹 지방 사투리로 rebeine은 봉기를 뜻한다. 밀 가격 앙등과 과중한 세금에 짓눌린 빈민들이 1529년 4월 17일 도시의 곡물 창고와 부잣집을 약탈한 사건.

16) Engels, éd. 1951, 58쪽; Hauser, 1896, 298쪽; Gard, G 179, 15-4-1540; Gr. 17에서 Gr. 27까지.

17) Gard, E 770, 8-7-1550. Carrière, 1936, III, 287쪽; Appolis, 1951, 125, 126쪽을 보라.

1560년, 반(反)십일조 전염병은 론 강에서 대서양까지의 남부 프랑스 전역을 휩쓸었다. 두 가지 유형의 납세 거부가 있었는데 하나는 순수하게 종교적인 것으로서, 농민들이 개혁파에 가담하기는 했어도 새로운 종교의 목사들에게만은 열 번째 곡식단을 내는 온건한 납세 거부 투쟁이다. 랑시르 농장의 루이 장이 취한 태도가 그러했다.[18] 또한 1561년에 님 인근 농촌 공동체들이 취한 태도도 그러했다. "멘 본당 사목구의 신도들은 참사회의 성직 수입자들이 자기들에게 주네브의 목사를 보내주지 않으면 어떤 십일조도 내지 않겠다고 위협했다. (……) 성직 수입자들은 성직 영지를 포기하는 쪽을 택했다. (……) 교회와 교회 부속 재산을 누리지 못할 바에야."[19]

그러나 모든 사람이 이렇게 온건했던 것은 아니다. 개혁파든 심지어는 가톨릭이든 대부분의 농민들에게 십일조 거부는 별 차이가 없었다. 누구에게든 아무것도 내지 않겠다는 거친 형태의 납세 거부가 일반화되었다. 농촌 사람들은 '대(大)부르주아들과 상인들'이 많은 랑그도크 사람들을 종교개혁에 끌어들이기 위해 "십일조를 내지 않아도 된다"고 했던 약속을 진지하게 받아들였던 것이다. 1560년 여름, 그들은 증서와 장부들을 불태웠다(coq rouge).* 님에서는 방화자들이 "우리는 이제 더 이상 십일조든 토지세든 어떤 세금도 내지 않을 것이다"라고 환희에 차서 소리 질렀다. 어떤 신앙을 가졌든 그들의 바람은 분명했으니, 로마에든 주네브에든 이제 더 이상 세금을 내지 말자는 것이었다.[20]

납세 거부 움직임은 서쪽으로 전염되어갔다. 아쟁 지방에서는 "내전

18) 이 책, 제2권, 54쪽을 보라.

19) ADH, G 1336, f° 998.

* 여기에서 르 루아 라뒤리는 이것을 coq rouge에 비유하고 있다. coq rouge(붉은 수탉)이란 러시아의 농민 반란에서 나타난 장원과 장원문서의 소각을 말한다.

20) Carrière, 1936, III, 308쪽; Gard, G 178, 1598년의 조사를 인용한 1767년의 보고서; Cantaloube, 1951, 54쪽: 1562년 비레 목사는 님 사람들에게 그들은 이제 더 이상 십일조, 타유세, 토지세를 내지 않을 것이라고 말했다.

이전부터 이미 십일조를 내지 않았다." 기엔 지방과 페리고르 지방에서는, 라 보에시의 기록에 따르면, 가톨릭 농민들 스스로 납세를 중단했다. 칼뱅파 지방에서 납세 거부 투쟁은 경우에 따라 사제들이나[21] 목사들의 희생 하에 진행되었다.

위그노파 십일조 징수 임차인인 피에르 라피네스크는 그러한 일을 겪었다. 1564년 4월, 몽펠리에 부근 생-장-드-베다에서 그는 노회(老會)를 위해 양고기 십일조를 징수하려 했다. 농민들은 여자들을 시켜 그의 요구를 회피하든지, 거절의 뜻을 전했다. 앙투아네트 도나드는 그에게 나쁜 거래를 제안했다. 클로드 프뤼네는 "그가 통풍으로 무척 아파요," 그래서 지금은 낼 수 없다고 말했다. 장 외제는 "여기 없어요." 그의 아내와 조카는 라피네스크를 문밖으로 내몰았다.[22]

그뿐만 아니라 1559년 이후의 수많은 소송 사건은 끈질긴 '거절'을 증명한다. 같은 시기, 파리 고등법원은 북부의 진흙 고원에서 일어난 십일조 납세 거부 투쟁의 거대한 물결들(1563—1565—1567)을 기록했는데, 툴루즈 고등법원도 그에 뒤지지 않았다. 툴루즈 고등법원의 1년(1559~60) 기록부에만 해도 세벤 산맥과 피레네 산맥 사이에 있는 사제들과 농민들을 싸움에 말려들게 한 십일조 사건이 다섯 건 확인된다. 그리고 동시에 랑그도크 신분회는 비난 성명을 냈다. "십일조는 과거의 관습대로 충실히 납부해야 한다"(1564), "성직자들에게 십일조 내기를 거부하는 사람들에게"(1571). 가톨릭 지역이며 곧 신성동맹 지역이 되는 곳에 거주하던 나르본의 성당 참사회원들도 농민들의 술책과 사보타주에 불만을 터뜨렸다. 성직 영지를 받은 앙드레 나스프로는 1567년에 평원 지방의 십일조 곡물을 '징수하는' 책임을 맡았는데, "농민들이 밀이나 그 밖의 곡물을 짚단 속에 숨기지 못하도록 조치를 취했다." 1568년에도 동일한 예방조치들을 취했다.[23]

---

21) Carrière, 1936, III에 있는 텍스트; Tarn, G 285, 1585년 카스트레 지방에서 일어난 포도주 십일조 납세 거부 투쟁; La Boétie, éd. 1922, 176쪽.

22) ADH, II E 56, 기록 27, 4-4-1564, f° 10.

*

문제는 십일조 납세 거부 투쟁 자체를 기술하기보다 그것들의 경제적 · 사회적 파장을 가늠하는 것이다. 20세기에 노동자들의 투쟁은 사용자들에게 매년 수백만 일(日)에 달하는 노동 일수의 손실을 입혔다. 마찬가지로 1560년 이후의 십일조 납세 거부 투쟁은 농민들의 부담을 덜어준 반면 성직자들에게는 비싼 값을 지불케 했다. 대략적이라도 파업으로 초래된 재정적 손실을 가늠해볼 수 있을까?

이 점에서 산발적인 텍스트들은 별 도움이 안 된다. 농촌 세계는 전체적으로 문자 밖의 세계였다. 그리고 그들의 납세 거부 투쟁은 일부 특별한 사건을 제외하면 이 시기의 고문서들에 크게 기록되지도 않았다. 그것들은 대부분 음험한 음모이거나, 은밀한 사보타주이거나, 부분적인 납세 거부 투쟁이기에 더욱 그러했다. 이처럼 역사의 큰 줄기에서 밀려난 소리 없는 사건이었지만, 그럼에도 성직자들의 재정에는 크게 해로운 것이었다. 성당 참사회가 작성한 십일조 관련 회계장부들을 보면 여파를 제대로 확인할 수 있다. 곡물 십일조와 현금 십일조의 두 경우가 있다.[24]

곡물 십일조

살리에스, 크레상에서 1560~1600년, 더 정확히 말해 1572~93년에 납부된 십일조는 270년(1480~1750) 동안에 기록된 액수 가운데 가장 적었다. 퀴자크와 나르본에서 1580년대는 십일조 곡물 곳간이 파탄을

---

23) HGB 53(1559~60년), f°s 463, 465, 511, 513, 586, 745; 카스트레, 1936, III, 289, 290, 294쪽; PV, 1564년 10월, 1571년 10월; Aude, G 33, 밀 징수 임대차계약서, 24-5-1567, 2-6-1568. 나르본 지방에서의 신성동맹의 경향에 대해서는 AC Narbonne, BB 5, 2-3-1589.

24) 이하의 기술은 인용된 십일조와 관계된 도표와 그림 참조, 특히 Gr. 17에서 Gr. 31까지.

겪은 시기였다. 르네상스에서 18세기에 이르는 동안 십일조 수입이 이렇게 낮게 떨어진 적이 없었다. 내전 전 그리고 루이 13세나 루이 14세 치하의 퀴자크는 해마다 평균 500스티에를 거둬들였다. 그러나 내전 중에는 5분의 2, 즉 40퍼센트가 줄어든 300스티에가 고작이었다. 우베얀, 무상에서도 마찬가지여서, 전쟁 중에 십일조 수입은 최저를 기록했다. 위그노파가 소수에 불과했던 아그드 교구와 베지에 교구에서도 동일한 추세였다. 마지막으로 나르본처럼 신성동맹군이 지배한 가야크를 보자. 농민들의 십일조 납부 열기는 그다지 강하지 않았다. 1580년경, 곡물 십일조는 그 고장에서 가장 낮았다.

현금 십일조

현금 십일조는 일부 지역에만 국한된 현물 십일조 이야기를 수백 개의 본당 사목구로 일반화시킬 수 있도록 해준다. 나르본(가톨릭 지역)과 에그모르트(반半프로테스탄트 지역)에서는 성당 참사회의 '수입'에 의존하는 본당 사목구——또는 수도원 부속 농장(당시 나르본과 에그모르트에는 각각 21개, 24개의 수도원 부속 농장이 있었다)——의 십일조를 3년간 또는 5년간 현금으로 받는 징수 임대계약을 맺었다. 두 개의 중앙값 곡선은 각각의 참사회에 속한 10여 개의 본당 사목구 곡선을 총합한 것이다.

베지에(가톨릭 지역)의 자료는 징수인들이 임대계약 당시에 따져본 이론적인[25] '예상' 임대료가 아니라 참사회가 징수인들에게서 실제로 수령한 총액이다. 님과 몽펠리에(프로테스탄트 지역 또는 반프로테스탄트 지역)의 자료도 실제 수령액이다.

자료 면에서나 지역적으로 상황에 차이가 있었지만, 이론적인 임대액 또는 실제 수령 총액의 중앙값에서 도출된 5개의 십일조 수입 곡선들은

25) 이론적인 임차료라고 부르는 이유는, 징수인들이 계약 당시 예상된 액수를 항상 이행한 것은 아니었기 때문이다. 그들은 '재난'을 구실로 약정액 가운데 일부만 지불했다.

이상할 정도로 일치한다. '정상적인' 시기의 경우(1560년 이전 또는 1600년 이후), 명목 가치로 표시된 이 곡선들은 밀 가격의 세기적 변화에 따라 상승(또는 하강)했다. 이는 아마도 농업 생산의 안정을 의미할 것이며, 분명히 실질 십일조 수입의 안정을 의미한다. 그러나 1560년과 1600년에는 곡선들이 비정상적으로 움직인다. 명목 가치상으로, 십일조 곡선들은 가격의 변동에서 떨어져나온다. 다시 말해 명목 가격은 수직 상승하는 반면 명목 십일조 수입은 거의 진전이 없다. 물가는 엘리베이터를 타고 올라가는 데 반해 현금 십일조는 에스컬레이터를 타고 올라가는 셈이다.[26]

이러한 사실은 여기서 살펴본 두 세기에는 예외적인 현상이다. 그것은 종교전쟁 시기에 고유한 현상이다. 그리고 가격과 비교하여 십일조 수입의 이 같은 갑작스러운 이탈은 간단히 말해 실질 십일조 수입(온갖 곡물, 포도주, 기름, 양모 등)의 붕괴를 의미하는 것이다. 현금 십일조 곡선에서 얻은 결과들은 결국 현물 십일조상의 자료들과 동일한 양상을 보여준다.

이러한 이탈 현상을 성당 참사회원들의 소홀이나 지적 태만 탓으로 돌릴 수 있을까? 말하자면 그들은 임대차계약을 갱신하는 시점에서 그들의 수입을 인플레이션에 연동시킬 것을 '잊었던 것'일까? 결코 그렇지 않다. 이 사제들은 그렇게 바보는 아니었다. 물론 인플레이션이 항구적이고 고정적인 현금 토지세를 갉아먹은 것은 사실이다. 그러나 단기적이고 언제나 가변적이었던 십일조는 그렇지 않았다. 게다가 1560년까지——그리고 다시 1620년에서 50년까지——참사회원들은 소속 수도원 부속 농장들의 임대계약을 3년마다 또는 5년마다 갱신하면서 임대료를 가격 상승에 맞게 조정하려고 애썼다. 그리고 그들의 이 같은 본능적인 가격 따라잡기는 성공을 거두었다. 왜냐하면 십일조는 가격의 리듬에 따라 움직였으며, 때로는 앞서기도 했으니 말이다(에그모르트).

---

26) Gr. 25.

사실, 이탈 현상은 개혁파들의 봉기와 더불어 비로소 시작되었다. 그것은 정확하게 내전(1560)과 일치한다. 또한 경제적 국면에 대한 무지에서가 아니라 세력 관계의 변화에서 비롯된 것이다. 그러한 상황에서 십일조 징수 임차인들의 갑자기 늘어난 '탐욕'이 이탈 현상의 원인이라고 비난해야 할까? 이 같은 가정에서라면 징수 임차인들은 1560년 이후 더욱 오만해졌을 것이다. 그들은 계속 농민들에게서 정상적으로 십일조를 거두어들였을 것이며, 이익의 형태로 가장 커다란 몫을 차지했을 것이다. 그리고 그들은 자기들의 임대인들——주교, 참사회원 또는 수도원장——에게는 형편없는 양만을 남겨주었을 것이다.

물론 이러한 가정이 터무니없는 것은 아니다. 그러나 어떠한 텍스트도 그것을 지지해주지 않으며,[27] 그 가정은 사실 앞에서 무너질 수밖에 없다. 왜냐하면 징수인들의 이익은, 몇몇 증서를 통해 우리가 알고 있다시피, 미미한 것이었기 때문이다(그리고 그것은 경작 비용이 없이 단지 약간의 관리 비용, 탈곡 비용, 운반 비용 정도가 고작인 십일조 징수 임대계약에서는 당연한 것이었다). 예컨대 십일조 위기가 최악의 상황에 달했을 때인 1579년, 가야크 근처의 한 징수인은 생-제르마의 십일조, '말하자면 모든 곡물 단'에 대한 십일조를 징수하기로 계약을 맺었다. 그는 십일조 징수권자인 성당 참사회원들에게 모든 곡물을 바치기로 약속했다. 그가 챙기는 자기의 이익으로는 단지 밀짚뿐이었다. 모든 곡물은 그들에게, 밀짚은 자기에게 말이다. 징수 임차인의 이익은 대단히 낮은 것으로, 지나친 구석이 하나도 없었다. 그래서 가야크의 성당 참사회원들이 1580년경의 나르본이나 베지에의 불쌍한 동료들처럼 십일조 곡물을 거의 손에 쥐지 못한 것은 밀짚을 보수로 받았을 뿐인 징수 임차인들의 잘못 때문이 결코 아니었다.

사실, 내전기의 빈약한 십일조에 대한 설명은 원천에서 찾아야 한다.

27) 정반대로 십일조 징수인들은 종교전쟁 시기에 큰 어려움을 겪었으며, 항상 그 때문에 빚을 지고 있었던 것 같다.

원천, 즉 십일조의 발생 측면, 십일조 과세 대상인 농민의 측면에서 말이다.

십일조가 감소한 이유가 전쟁으로 농업 생산이 퇴조해서일까? 부분적으로는 그렇다. 불안, 역축의 압류, 파괴, 연대기 작가들의 과장이 없는 것은 아니지만 '창검에 난도질당한' 마을들, 이러한 모든 재난은 평화 시의 정성스런 수확과 생산의 정상적인 진행을 어렵게 했음이 틀림없다.

그렇기는 해도 전쟁만으로 십일조를 죽일 수는 없을 것이다. 우선 전쟁의 갈등은 여러 차례의 휴전으로 중단되었다. 예컨대 랑그도크에서 1563년 6월(이때부터 3월의 평화칙령이 충실하게 적용되기 시작한다)과 콩데가 파견한 밀사들의 신호에 따라 비비에에서 카스트르에 이르는 중앙 산악 지대 남부 가장자리 지역이 온통 화염에 휩싸였던 1567년 9월 사이는 거의 완전한 평화기였다. 평화로웠던 이 5년 동안(1563~67) 이 지방의 수확은 양호했다. 그리고 샤를 9세는 환호 속에 잼과 당과(糖菓) 세례를 받으면서 남부 프랑스 땅을 편안하게 방문했다. 농경, 수확, 탈곡은 아무 어려움 없이, 군인들의 아무 방해도 받지 않고 진행되었다.[28)]

그런데도 십일조 수입은 좋지 않았다. 베지에에서, 1563~67년의 평화스런 5년보다 참사회원들의 십일조 곡물 수입이 나빴던 적이 없었다. 살리에스, 크레상 같은 작은 마을에서도 1563~67년부터는 십일조 수입이 감소하기 시작하여 1581~85년에 이르면 최저점에 다다랐다.

따라서 5년 연속 부족했던 것은 수확이 아니었다. 그것은 십일조 그 자체였다. 생산이 없었던 것이 아니라 생산자들이 도피한 것이다. 그리고 지방 신분회의 반(反)납세 거부 투쟁 선언(1564~71)은 성직자들의 공증인들의 선언(1567, 1568)[29)]과 마찬가지로, 십일조 징수 임대액의

28) Devic, éd. 1872~92, XI, 482쪽.
29) 이 책, 제2권, 100쪽.

하강 곡선들에 의해 그 정당성이 확증된다. 사보타주건 공개적인 투쟁이건 십일조 납세 거부 운동은 1563~67년 랑그도크에서 만연했으며, 같은 시기에 브리, 보스 또는 노르망디에서도 맹위를 떨쳐 파리 고등법원을 공포에 빠뜨렸던 것이다.

반증: 만약 이 같은 십일조 감소를 오로지 전쟁이나 흉년에 따른 생산 감소로만 설명할 수 있다면, 십일조가 유일한 희생자일 수는 없을 것이다. 곡물 임금, 지대, 반타작 소작농들의 현물 소작료 등 모든 것이 동시에 감소했을 것이다.

그런데 지대는 좋은 상태를 유지했다. 1560년 이후에도 영지는 지주들에게 전과 다름없는 양의 곡물을 가져다주었다. 생산은, 혼란스러운 와중에도, '잘 버텨냈음'을 보여주는 분명한 지표였다. 살, 생-피에르, 아밀라크, 빌마주르, 쿠르상 등지에서 내전기의 곡물 지대는 내전 전에 비해 심지어 상승하기도 했다. 모랭, 몽타댕, 비알라에서는 현상 유지 수준이었다. 단지 두 경우에만 줄어들었는데, 십일조에 비하면 그 정도가 훨씬 미미했다. 반타작 소작 곡선들은 더욱 설득력이 있다. 왜냐하면 지주와 소작농이 수확량에 따라 수익을 절반씩 나누는 것은 할당액에서는 아니더라도 그 원칙에서만큼은 십일조와 아주 비슷하기 때문이다.

만일 생산 감소가 십일조 감소의 주요인이라면, 반타작 소작농이 내는 곡물의 절대 가치도 감소할 것이다. 그러나 그렇지 않았다. 르네 베렐이 연구했던 아를 지방의 갈리냥 농장과 코로나드 농장을 보자. 이들 농장은 현물 수확을 반분하기로 임대차계약을 맺었다. 그런데 그들이 1560년과 1600년 사이에 아를의 성당 참사회원들에게 낸 곡물의 양은 평화 시의 수준을 거의 그대로 유지했다. 거기에서(에그모르트) 불과 몇 리 떨어진 카마르그에서 십일조 실질수입이 평화 시의 절반으로 떨어진 것과 분명한 대조를 보인다. 따라서 절대 가치로 볼 때, '현물 수확 반분'은 잘 유지된 반면, 십일조만 폭락한 것이다. 이것은 카마르그에서의 밀 생산은 내전기에는 (거의) 감소하지 않았다는 증거다. 실제로 기운 것은 십일조를 내는 농민들의 의지였다. 위그노든 아니면 심지어 가톨릭이든, 농민들은 이제 더 이상 자기들의 밀을 사제들에게 십일조로 거저 주고 싶지 않았던 것이다. 그들은 밀을 소비하거나 아를산(産) 밀의 고객인 제노바인이나 마르세유인들에게 판매하는 쪽을 더 좋아했다.[30)]

이러한 지표들은 십일조의 수축이 갖는 독특하고 특별한 성격을 보여준다. 십일조의 폭락(1560~1600)은 총생산의 수축'만으로는' 설명할 수 없다. 그 같은 일원론적 설명은 당시의 무수한 조건들을 충족시킬 수 없다. 가장 결정적인 원인——'바꿔치기를 가장 적게 허용하는 선행 사건'——은 아주 간단하게도 십일조의 거부, 사보타주, 부분적인 납세 거부 또는 공개적인 반란 등이었다. 남부 프랑스 '농민들의 교활함'이 40년간의 소요 기간에 성직자들에게 강요한 것은 다름 아니라 농민들의 가장 오래된 요구사항들——십일조의 자진 납부 또는 곡물 다발의 20분의 1——이었던 것이다.

가톨릭 농민들은 이 점에서 위그노 농민들 못지않게 '교활'했다. 예컨대 1570년경 산간 지방의 농민들은 '현장에서의' 십일조 과세를 피하기 위해 갖은 꾀를 다 썼다. 다음과 같은 핑계들을 댔다. 사제들에게 미리 알릴 수 없었다, 그의 집이 너무 멀고, 가파른 오솔길이 아니면 갈 수 없다, 마을에 시계가 없어서 수도원장에게 추수 시간을 알릴 수 없었다. 십일조가 선취되기 전에 곳간에 곡물을 가져다 놓고 일부를 감추기 위해 온갖 술책을 동원했던 것이다.[31)]

*

30) Baehrel, 1961, 지도, 5쪽: "두 농장"; 이 자료를 아를 시의 지도에 나오는 십일조와 비교하라. 두 농장과 이웃한 이곳의 십일조는 훨씬 더 감소했다; 그리고 마찬가지로 폭락했던 에그모르트의 현금 십일조(Gr. 22와 Gr. 25)와도 비교하라.

31) AD Haute-Savoie, 10 G 280~290: 샤모니의 수도원 부속 농장 사제와 소속 산간 지방의 십일조 납세자들 사이의 오랜 소송.

어느 정도는 은밀하면서도 그러나 집요하게 진행된 십일조 납세 거부 투쟁은 사제들의 재정에 피해를 주었으며, 심지어는 교회 약탈이나 성배(聖杯) 탈취 같은 요란한 공격보다 더 무서운 것이었다. 이와 관련된 전형적인 경우가 베지에 성당 참사회의 사례다. 회계장부를 검토해보면 십일조의 위기로 재정 손실이 매우 컸으며 결국에는 파멸했음을 알 수 있다.

1558년, 이 참사회의 화폐 재산은 최고 상태에 있었다.[32] 다섯 군데의 부속 농장(총 350헥타르)에서 나오는 상당한 양의 곡물 수입과 베지에의 땅에서 나오는 '대(大)십일조'는 제쳐놓고, 직접 현금으로 징수된 수입만을 살펴보자. 이것은 전적으로 농촌적인 수입으로서 기본적으로 20개의 본당 사목구 또는 '수도원 부속 농장'의 십일조 임대료다. 이들 20개의 수도원 부속 농장은 수확이 좋은 해든 나쁜 해든 성당 참사회에 8천 리브르를 가져다주었다(7,923리브르). 주요 수입원인 십일조에 비해 다른 화폐 수입 항목들은 무시할 만한 정도였다. 영주권('타유와 연보금': 320리브르), 목초지와 토지에서 나오는 화폐 수입 340리브르(대부분의 땅은 현금이 아니라 곡물로 임대되었다), 나무, 곡물, 기름 판매 수입 820리브르.

대파국을 불과 2년 앞둔 1558년만 해도 십일조는 참으로 양호했다. 60년 전부터 십일조 수입은 가격을 선도하는 밀 가격의 리듬을 따라 '급상승해왔다.' 베지에에 있는 20개 십일조 징수지의 십일조 징수액은 1525~30년에는 4,800리브르였다가 1555~60년에는 8천 리브르로 올라갔다.[33] 같은 시기, 밀 가격은 그만큼 오르지 못했다. 그러므로 실질 십일조 수입은 안정적이었거나 약간 늘어난 셈이었다. 가격에 대한 연동이 보장되었던 것이다. 참사회원들은 불만이 없었다. 그들의 1558년도 회계는 건강이 넘쳤다. 대부를 받을 일도 없었다. '특별 수입' 항목의

32) 이어지는 기술은 ADH, G 883에 의거함.

33) 1525~30년의 수치는 ADH, G 194에 근거하여 재구성한 것이다.

대부 난은 1558년에 75리브르였다! 참사회원들을 동정할 이유가 없었다. 오히려 그들을 부러워했고, 질시했고, 나아가 그들이 죽기를 바랄 정도였다.

그러다가 1560~63년의 '사건들'이 닥쳤다. 베지에에 경계경보가 내려졌다. 그러나 화약과 화승총으로 완전무장한 성당 참사회원들은 학살을 면했다.[34] 곧이어 베지에 지방에서는 칼뱅주의의 흔적——여기에서는 일시적이었던——이 사라졌다. 안정이 되살아났다. 그 악귀 같은 십일조 문제만 없다면 이 지방의 성직자들에게는 아무 일도 일어나지 않을 것이었다.

한때 위그노의 선전에 노출되긴 했지만 베지에 지방의 농민들은 독실한 가톨릭으로 남았다. 그러나 슬프게도 그들은 불성실한 십일조 납세자로 변했다. 임대계약이 자동적으로 물가에 연동되던 황금시대가 끝났다. 한번 계산해보자. 1558년과 90년 사이, 십일조를 징수하던 수도원 부속 농장의 연간 임대료 수입은 7,923리브르에서 1만 550리브르로 올랐다. 그러나 같은 기간에 밀의 스티에당 가격은 두 배 이상 올랐다. 따라서 참사회원들의 실질 십일조 수입은 한 세대 동안에 엄청나게 줄어든 것이다.

게다가 이 수치는 실제 수입이 아니라 총임대료의 이론적 수치였다. 십일조 징수 임차인들은 자주 혼란을 핑계 삼아 그나마 낮아진 임대료조차 온전하게 납부하지 않았다. 그래서 '수입' 항목에는 이 같은 이론적인 수입을 허구적으로 기재했지만, 지출 회계에는 지난해에 받지 못해 '잔금' 또는 '잔금 가운데 남은 것'이라고 부기된 십일조 연체금이 쌓여갔다.[35] 1575년에 잔금 5,270리브르, 1574년의 잔금 가운데 남은 것

---

34) ADH, G 835: 성직 수입에 비례하여 참사회원들에게 화승총 화약 분배. 따라서 가장 지대 수입이 좋은 참사회원들은 그 같은 안락에 대한 보상으로 위그노의 공격에 대해 총을 더 많이 쏠 권리와 의무를 가진 것이다.

35) 이하의 기술은 베지에 성당 참사회의 해당 연도 회계장부에 의거한 것이다. 기본적인 자료와 참조 사항은 An. 31.

1,591리브르, 1576년의 십일조 징수액 잔금 6,840리브르 그리고 '일반 수입' 1만 550리브르 가운데 1590년에도 받지 못한 '1586년과 1587년치 미수령액' 8,019리브르. 황금알을 낳는 거위와도 같던 십일조가 이제 중병이 든 것이다.

십일조의 상처가 치명적인 것은 아니었다. 그러나 적어도 성직자들에게는 궁핍의 시대가 다가오고 있었다. 돈이 없으니 사제들과 참사회원들은 성직록, 교회 수리비, 성가대 아이들 의복비 또는 소송 비용 등을 줄여야 했다. 제식들이 덜 화려해졌고, 소송은 줄어들었으며, 성직록 수령자들의 기름기도 줄어들었다. 그럼에도 소비 습관은 버릴 수 없었으니 성당 참사회는 끊임없이 대부를 받아야 했다.

베지에에서 전전(戰前)의 회계에서는 대수롭지 않았던 '차입'액(1558년에 75리브르)이 난리 중에 갑자기 불어났다. 이미 1575년에 9천 리브르에 달한 일반 수입(십일조)은 베지에의 상인인 베르나르 드 라 쿠르타드에게서 빌린 3천 리브르로 보충되었다. 1579년에 8,203리브르의 일반 수입에다가 이자율 10퍼센트로 빌린 1,600리브르의 차입금이 보태졌다. 첫 번째 이자는 선공제되었기 때문에 참사회원들은 사실상 1,440리브르만을 수령했다. 1580년부터 십일조는 시들해지고 재무관리는 공전(空轉)했다. 매년 차입금이 일반 수입금과 거의 맞먹었다.[36] 1590년, 일반 수입금은 1만 550리브르였던 데 반해, 새로운 차입금은 2만 2,534리브르였다. 이 가운데 1만 5,626리브르는 독촉이 심한 빚을 갚는 데 사용되었으니, 나머지 액수만이 새로 들어온 자금이었다.

이렇듯 농민들의 십일조 납세 거부 운동은 빚이 목까지 찬 가난해진 성당 참사회의 채권자들에게 이롭게 작용했다. 채권자들로는 베르나르 드 라 쿠르타드, 장 브라시 같은 상인, 기욤 폴키에 같은 변호사, 안 드 테민이나 모레양의 영주나 로크브륑의 영주 같은 영주, 레몽 드 로콜 같은

36) 1580년, 통상 수입 1만 600리브르; 차입금 7,174리브르. 이 가운데 5천 리브르는 모레양 씨에게서 빌린 것이다.

공증인이 있었다. 특히 레몽 드 로콜은 25년 동안의 노고 끝에(1579~1604) 성당 참사회에 대한 5건의 대규모 채권을 하나로 '꿰매는 데' 성공했다. 총액은 4,201리브르에 달했다. 대부(貸付)자들 가운데에는 내전기의 용병들도 있었다. 예컨대 군관인 장 파브리나 퐁페 실바니가 그러했는데, 퐁페 실바니는 1587년에 800에퀴를 성당 참사회에 빌려준 '로마 귀족'이었다. 이자율은 1년에 10퍼센트 내지 11퍼센트로 올랐다. 그리고 인플레이션은 이 채무액을 거의 잠식하지 못했다. 왜냐하면 랑그도크에서는 생통주나 도피네에서와 마찬가지로, 가격의 수직 상승이 1580년부터 끝나기 때문이다. 그러므로 부채는 1600년까지 교회 예산을 무겁게 짓눌렀다. 교회는 채권자들이 선호한 먹이였던 것이다. 결국 참사회원들은 무한정 돈을 빌릴 수도, 돈을 낭비할 수도 없었다.

그들은 토지 재산의 일부를 매각하지 않을 수 없었다. 예상 밖이지만 논리적인 결과였다. 교회 재산 양도 이후 농촌 세계의 밑바닥에서 솟아 올라온 십일조 납세 거부 운동은 마침내 성직자들이 추가로 밭의 일부를 처분하게 만들었던 것이다.

1570년 여름, 베지에의 참사회원들은 빚을 갚기 위해 토지 매각을 알리는 벽보를 붙였다. "빌뇌브와 세리냥에 벽보를 붙일 것입니다. 참사회의 빚을 갚으려고 이곳에 있는 참사회 소유의 땅을 팔겠으니 사기를 원하는 사람들에게 알리기 위해서 말입니다." 그리고 푸른 목장과 귀족의 봉토(2,500리브르)를 부사그의 상인인 미셸 스갱에게 팔았다. 그러나 그것으로 충분하지 않았다. 1571년 가을, 새로운 부채를 갚기 위해 또 매각해야 했다. 참사회원들은 '참사회가 이자를 물고 있는 4천 리브르의 부채를 갚기 위해 불필요한 땅을 팔기 위한 방법'을 강구했다. 그리고 그들은 밭, 한 개의 커다란 올리브 재배지 그리고 성당 참사회가 6개의 본당 사목구에서 징수하던 영주권을 헐값에 팔아치웠다. 1576년, 팔레의 장원인 남작령 전체를 전과 마찬가지로 부채를 갚기 위해 경매에 부쳤다. 교회 재산을 차지하기 위해 항시 길목을 지키고 있던 모레양의 영주가 6,500리브르를 주고 그것을 샀다. 그의 후손들은 토지에 대한 성직자들의 반발이 드높던 1643년에 가서야 그것을 참사회에 되판다.

이렇듯 국왕을 위해 강제 매각된 교회 재산 외에 또 다른 카테고리의 매각이 있었다. 내란기에 십일조의 위기로 초래된 빚을 갚기 위해 성직자들의 동의 하에 실시된 교회 토지 매각이 바로 그것이다. 이 경우 역시 토지의 이전은 부르주아지나 부유한 계급에게 이로웠다. 베지에에서 이 두 번째 범주의 재산을 취득한 사람들 가운데, 내가 확인한 바로는, 역시 장인은 단 한 명(목수로서 2분의 1헥타르 매입)에 불과한 반면, 사제는 세 명이었고 영주, 상인, 공증인은 각각 한 명이었다. 참사회원들의 오랜 채권자였던 공증인 베르나르 크뤼지는 1591년 성당 참사회의 땅을 매입함으로써 바상의 영주가 되었다. 양도 재산의 두 범주를 모두 합하면, 베지에의 참사회가 1557년에서 89년 사이에 부르주아들과 귀족들에게 계속 팔아넘긴 땅, 농장, '사용권', 가옥 등 38개 품목의 가치는 총 2만 6천 리브르가 넘었다. 그런 대가를 지불하고 나서야 참사회는 파산을 면할 수 있었으며 프로테스탄트들의 공격, 세무관청의 세속화 강요, 마지막으로 교회 재정을 위협하는 십일조의 붕괴 등에 대항하여 지속적으로 싸울 수 있었다.[37)]

토지 재산의 이러한 대규모 이전에 관해 우리는 어느 지방, 어느 마을에서도 유사한 것을 찾아볼 수 있다. 예컨대 몽펠리에의 성당 참사회는 1579~80년에 십일조가 부족하자 빚을 낸 다음 토지를 매각했다. 십일조 '감소'로 파산지경이 되었으면서도 '여유 있게 사느라' 빚더미에 오른 주교 앙투안 쉬브제는 자기의 성, 땅, 뮈르비엘의 장원을 2천 에퀴를 받고 자문위원인 그리피에게 넘겼다. 그 고위 성직자에게 그나마 위안이 되었던 것은 그가 여전히 성에 드나들 수 있다는 것, 그리고 자신의

37) 이 같은 매각에 대해서는 이미 인용된 회계장부 외에도 ADH, G 140, 21-6-1570, 1-2-1571, 8-8-1571, 10-11-1571, 12-11-1571, 17-12-1572, 24-2-1573, 4-7-1573 등을 보라. 그리고 특히 같은 자료, G 55, f° 171 : 1557년과 89년 사이에 실현된 매각(마지막 되사기 시기인 1640년과 50년 사이에 작성된)에 대한 완벽한 표.

하인들을 탑 위에 올려보내 "우리 주교님 만세"를 세 번 목청껏 소리지를 수 있는 허락을 받아낸 것이었다. 그 외에도 쉬브제 주교는 1년에 한 번 그리피에게서 벨벳 끈으로 장식된 황금 박차(拍車) 한 쌍을 선물 받을 것이었다.[38)]

38) Saurel, 1898, 25, 79쪽.

제4장 '하층 계급'의 투쟁과 행동

농민들의 행동은 십일조를 고갈시키면서 성직자들을 망하게 만들었다. 그리고 그것은 최종적으로 영주나 부르주아 같은 유지들을 부유하게 만들었다. 왜냐하면 이들은 빚더미에 오른 교회가 헐값에 내놓은 땅을 그만큼 쉽게 사모을 수 있었기 때문이다.

그러나 농민들과 유지들은 처음에는 행동의 통일을 보였지만——분업의 차원에서——이후에는 항상 그렇게 단일 연합체처럼 행동했던 것은 아니다. 아주 일찍부터 분열이 나타났다. 왜냐하면 서로의 목표가 달랐기 때문이다. 위그노 지도부는 자기들의 노회(老會), 즉 '콜로크'*를 위해 십일조를 차지했으며, 농민들은 십일조 자체를 폐지하려고 했던 것이다. 나아가 그들 가운데 일부는 국왕에게 바치는 세금과 영주 부과조까지도 폐지하거나 줄이려 했다. 의식적이었건 그렇지 않았건, 반란을 일으킨 사람들의 최종 목표는 세금 부담을 줄이고 수입을 증대시키고, 자기들의 존엄성을 확립하는 것이었다.

위그노 부르주아지는 그러한 주장을 용납할 수 없었다. 왜냐하면 위그노 부르주아지는 하층민들이 날뛰는 것을 두려워했으며, 귀족의 지위, 관직, 합법성 등을 지키는 데 열중했기 때문이다. 이들은 자기들이 평민 출신임을 부정하면서 귀족 진영에 가담하려고 했다. 그들은 자기들의 영지 내에서 농민들을 예속시키는 것이 물질적으로 이익이었다.

---

* colloque: 종교회의.

마지막으로 그들은 자기들의 군대를 결성하는 데 도와주거나[1] 성직자들의 재산 장악을 지원해줄 대귀족들——예컨대 그들의 '메시아'였던 크뤼솔——과의 정치적이지만 의심스러운 결탁을 원했다. 그래서 그들은 위그노 귀족과 타협했으며, 더 나중인 1574년에는 몽모랑시를 위시한 '정치파'*의 가톨릭 귀족들과도 타협했다. 궁극적으로는 농민들의 요구 사항을 희생시키고 시골뜨기들을 짓누르는 타협이었다.

부르주아지는 귀족들과 연합하여 농촌 마을에 대항했다. 1561년, 부르주아지는 아쟁 지방의 자크리**에 대해, 그리고 퓌멜 남작이 자기의 농민들에게 참살된 것에 겁을 먹었다. 부르주아지는 성이 불타자 툴루즈로 도피한 아쟁의 영주들과 마찬가지로 불안했다. 1562년, 님에 모인 도시와 당회(堂會)의 위그노 대표들은 '귀족 나리들의 불만'을 받아들였다. 그리고 그들은 성서에 사회적 해방의 원칙이 담겨 있다고 믿고 반란을 일으킨 농민들을 질타했다. 님의 대표들은 분노했다. "몇몇 지역의 악한 사람들과 종교를 피상적으로 잘못 알고 있는 사람들은 자기들이 토지의 자유를 얻고 해방되는 것이 복음서의 뜻이라고 생각한다."

그들은 경고했다. "하인들은 영주에게 복종하고 자기가 받은 토지에 대해 토지세를 내야 하는데도 토지와 장원에 대한 일체의 의무도 이행하지 않는데, 그 같은 방종의 역병을 정당한 정의의 심판을 통해 사전에 치료하지 않는다면 그것은 더욱 심각해질 것이다." 그리고 그들은 위협했다. "이를 위해 의회는 법관, 관리, 행정관이 그러한 사람들을 꼼꼼히 조사하고 그들을 공공질서를 어지럽히는 폭도로 처벌할 것을 강력히 촉구한다. 왜냐하면 그들은 파렴치한 주장을 펼치며 의무 이행을 거부하

---

1) Segui, 1933, 182쪽에 인용된 베지에의 공증인인 필리프 콜레르의 기록부.

* politiques: 앙리 3세 시대에 프로테스탄트와 가톨릭으로 구성된 온건파를 지칭한다. 이들은 신성동맹의 극단성과 그들의 친에스파냐 정책을 거부하고, 국왕을 중심으로 국가적 통일성을 회복시키려 했다. 미셸 드 로피탈의 사상적 영향을 받았으며 앙주 공, 몽모랑시 등이 중심 인물이었다. 말콩탕(Malcontents, 불평당)이라고도 한다.

** 농민 반란.

기 때문이다. 차제에 법의 강제력을 동원하여 그들이 토지세나 지대 같은 영주 부과조를 납부하도록, 그리고 성직자들을 대신해 십일조 징수인들이 십일조를 징수할 수 있도록 사법권을 적절하고 신속하게 집행해야 한다."[2)]

이렇게 해서 토지의 해방을 저지하기 위한 유지들의 전선이 1562년부터 결성되었다. 동시에 농촌 세계에서는 자주적인 투쟁 의지가 확고해졌다. 극히 복잡한 현상인 이러한 의식화는 16세기 후반기의 사회적 정신 상태의 특징들 가운데 하나였다.

실제로 1550년 이전까지만 해도 남부 프랑스에서의 농민 반란은 대체로 조세 저항이라는 제한적 성격을 띠었다. 1548년 기옌과 앙구무아의 페토*들이 공격한 것은 오직 염세와 타유세뿐이었다. 그들의 지도자는 사제인 경우가 많았는데, 예컨대 모랑은 짧은 청색 바지를 입고 깃털 달린 녹색 모자를 쓰고 양손으로 칼을 휘두르며 자기 본당의 선두에 서서 공격에 나섰다. 이들 용감한 지도자들은 목표가 제한되어 있었다. 그들은 십일조나 영주권은 공격하지 않았다.[3)]

세기 중반 이후 이러한 금기들은 사라졌다. 이미 앞에서 보았듯이, 십일조 문제가 투쟁의 결정적인 쟁점이 되었다. 아쟁 지방에서 농민 반란이 발발했을 때(1560~61), 기옌과 랑그도크의 경계 지역의 농민들은 "여기저기서 십일조 납부를 거부하기 시작했으며, 타유세(왕에게 내는)도 영주 부과조도 내지 않겠다고 호언했다."[4)] 이후 시골뜨기들은 결정적인 문제를 정면으로 건드렸으며, 실질적인 반(反)십일조 투쟁은 반(反)조세적이고 반(反)영주적인 계획으로 강화되었다. 동시에 반란은

---

2) Loutchisky, 1873, 555쪽에 인용된 텍스트.

* Pétault: 라블레의 소설에 나오는 권위 없는 왕. 페토(Pétaud) 왕의 궁정은 모든 사람이 주인인 혼란스러운 곳을 말한다. 따라서 페토(Pétault)란 권위에 반항하여 반란을 일으킨 농민들을 가리키는 것으로 보인다.

3) Gigon, 1906, 230~234쪽과 여러 곳.

4) Walter, 1963, 188쪽에 인용된 몽뤼크(Monluc)의 텍스트 참조.

극히 풍부한 상징적이고 정(情)적인 의미로 채워져 있어서, 이전 어느 때보다도 심층적인 분석을 가능하게 해준다.

로망의 사육제

1580년경에 론 강 양안, 즉 랑그도크 연안과 도피네 연안(이 경우에 지방 경계선은 별 의미가 없다)에서는 요란하고 격정적인 농민 봉기의 불길이 타올랐다.[5] 그것은 가난과 밀 가격 때문에 지펴졌다. "같은 해인 1580년 그리고 1579년부터, 비바레 지방에서 〔……〕 4천 명이 넘는 빈민들이 몰려들었다. 이들 남자와 여자 그리고 어린아이들은 굶주림에 지쳐 울부짖으면서 죽어갔다."[6] 그들은 배가 너무 고픈 나머지 설익은 잠두콩을 따 먹을 정도였다. 배고픔과 반란의 징후는 봉기의 진원지인 랑그도크 지방의 비바레부터 도피네 지방의 로망에 이르는 론 강 연안 전역에서 싹트고 있었다. 봉기가 절정에 달한 로망 지역은 위그노의 오랜 아성이었다.

론 강 중류에 있는 이 지방——20년 전부터 당국은 스위스 연맹으로부터의 전염뿐만 아니라 심지어는 혁명적인 재세례파의 침투를 고발했다——에서 봉기의 기본 세포는 민중 축제를 주관하는 본당 사목구의 청년 단체(레나주)였다.

봉기는 우선 몇 안 되는 프로테스탄트 농촌 마을들에서 '맹세'로 시작되었다. 그들의 당초 목표는 대단치 않았다. 군인들과 용병들이 평화를 준수하도록 하자는 것, 그리고 타유세 납세자들에게 '바위와 점토'밖에 남기지 않는 세금을 줄이자는 것이었다. 그러나 곧 운동의 하부조직과 계획이 확대되었다. 농민들('농촌파')과 로망의 장인들('수많은 소모공

---

5) 1579~80년의 론 강 유역의 봉기에 대해서는 Mours, 1949; Devic, éd. 1872~92; 특히 E. 피에몽의 『회고록』, 1885, 88쪽 이하; J. 로망이 1877년에 펴낸 필자 미상의 당대인의 기술(재판관 게랭의 글?). 또한 Brun-Durand, 1901, II 항목 'Serve.'

6) Burel, 『회고록』, 1875, 63쪽.

들과 기타 공인들') 사이에 사실상의 연합이 이루어졌다. 장인들의 리더는 '거칠고 기벽 있는 인간' '사악한 나사 제조공' 장 세르브, 일명 포미에였다. 그는 동시에 그 지방의 스포츠맨으로서 화승총의 왕이었다. 세르브는 어찌나 '거만했던지' 1579년 카트린 드 메디시스가 로망을 방문했을 때 그녀 앞에서 무릎 꿇기를 거절할 정도였다. '코뮌'에서 들고일어선 농민들은 도시 장인 계급의 지원에 힘입어 요구 사항을 더욱 확대시켜나가는 동시에 "이제 더 이상 아무것도 내지 않을 것임"을 선언했다. 또 1579년에 "그들은 타유세와 십일조의 일부 면제를 얻어냈으며, 이듬해에는 십일조의 나머지뿐만 아니라 개별 영주에게 내야 하는 토지세 등과 같은 부과조의 면제를 쟁취할 것이다"라고 선언했다.

이렇듯 전통적인 사회 질서의 세 기둥인 십일조, 토지세(cens), 타유세를 문제삼은 것이다. 농민들은 더 과감해졌다. 그들은 라프라드 도당의 소굴인 샤토두블을 점령했다. 이제 "영광에 도취된" 그들은 "욕지거리와 상스러운 말"로 "귀족들의 집을 뒤집어엎겠다고 위협했다." 성, 봉건적인 인정 증서들이 불태워졌다. "이제 아무리 형편없는 사람이라도 자기도 자기 영주만큼 대단한 영주라고 생각하지 않는 사람이 없었다." 이렇게 해서 1562년 님에서 위그노 지도자들이 비난했던 토지의 해방이라는 프로그램이 행동에 옮겨진 것이다. 이와 동시에 사회 전복의 계획이 가동되기 시작했는데, 이것은 론 강 유역에서의 반란에 최종적인 성격을 부여할 것이었다.

사건은 민중 혁명으로 시작되어, 르네상스의 화려한 색조가 가미된 엘리자베스 시대의 비극으로 끝났다. 1580년 겨울, 모든 운동의 거점이 된 로망에서 사람들의 정신이 뜨겁게 타올랐다. 사육제가 다가오자 흥분한 장인들과 농민들은 도시의 거리에서 반란의 춤을 추었다. "그들은 음식을 푸짐하게 차려 먹고, 춤을 추고 가장행렬을 벌였다. 이렇게 일주일 내내 춤을 추면서 그들은 도시의 부자들은 가난한 사람들 덕분에 부자가 되었다고 말했다."[7] 이 민중의 춤은 어떤 긴 연설보다도 반란자들의 숨은 동기를 잘 말해준다. 어떤 사람들은 스위스인의 북을 들고, 발에 방울을 달고 칼을 휘두르며 춤을 추었으며, 어떤 사람들은 갈퀴, 빗자루, 도리깨 그리고 수의를 휘둘러댔다(도리깨질로 부자들을 학살하는 것——이는 단순한 환상일 수도 있고 실제 학살일 수도 있다——은 에스파냐 전쟁까지 이어지며, 헤밍웨이의 소설에도 나타나는 농민 반란의 주요 테마 가운데 하나였다[8]).

도리깨를 든 사람들은 아주 큰 소리로 외쳤다. "3일 안으로 기독교인들의 살은 파운드당 6드니에에 팔릴 것이오." 이 말은 엄청난 공포를 불러일으켰다. 이 이야기를 기술한 것으로 생각되는 재판관 게랭조차 제대로 옮기지 못할 정도로 말이다. 포미에는 부르주아들을 겁나게 하는 곰 가죽 옷을 스파르타쿠스처럼 차려입고 시행정관의 자리에 강압적으로 앉았다. 그는 지도적인 계급들의 대표들을 거기에서 축출했다. 그것은 전도(顚倒)된 세계였다. '선량한 사람들'이 작성한 황당하고 사육제적인 길다란 '물가표'에 따르면 썩은 참치 1파운드, 악취 나는 포도주 값은 각각 20수와 25수, '오렌지를 곁들인 자고새, 도요새 고기와 구운 빵' 그리고 아주 맛좋은 음식(그리고 기독교인의 살)은 4 내지 5드니에였다. 이 물가표는 포미에를 조롱할 목적으로 작성된 것이었다. 그리고 '선량한 사람들' 또한 이 사육제를 이용하여 요란하게 차려입었다. 이것은 질서, 힘, 과시, 위협의 의지를 상징하였을 뿐만 아니라 스키티아인들 같은 야만적인 반란자들에 맞서 터키인들처럼 무자비하게 진압할 강력한 세력들과 연합하려는 의지를 상징하는 것이었다. 그래서 질서파 사람들은 왕, 대법관, 대주교, 재판관, 화승총수, 스위스인, 터반을 쓴 터키인으로 분장했다. 미사를 마치고 나오던 그들의 장엄한 행렬과 민중의 행렬이 조우했다. 민중들은 자기들을 억압하는 사람들로 지목된

---

7) Piémond, éd. 1885, 88쪽. 문제의 그 춤에 대해 우리에게 가장 상세한 기록을 남긴 익명의 그 사람 역시 분명히 말한다. "그들이 그렇게 춤을 춘 목적은 그들(민중들)은 모든 것을 손에 넣으려 한다는 것을 알려주려는 것이었다" (Roman, 1877, 152쪽에 나와 있는 텍스트).

8) Hemingway, éd. 1949.

사람들의 죽음을 상징하는 상복을 입고 있었다. 포미에 측의 사자(使者)는 붉은색과 푸른색(장례식 색깔) 옷을 입은 매장 고함꾼으로 분장했으며 나귀를 타고 있었다. 그리고 그를 뒤따르는 사람들은 줄기차게 외쳐댔다. "기독교인의 살을 6(또는 4)드니에에!"[9] 부자들은 이 끔찍한 슬로건을 그들에 대한 식인(食人) 의지의 표현이라고 해석했다. 그들 귀족, 법관, 부르주아, 상인은 마르디 그라*에 장인과 농민 무리들이 자기들의 아내들과 결혼하기 위해——그리고 재산을 나누어 갖기 위해——자기들을 먹지는 않는다 해도 자기들 모두를 죽이려는 무시무시한 계획을 가지고 있다고 간주했다. 이것은 다양한 형태의 반란들에 나타나는 흐릿한 동기였다.[10] 마르디 그라(Gradimars)[11]의 잔인한 음모, 미친 사람들의 축제,** 유혈적인 익살, 그러나 그것은 세상을 정말로 전도시키고 말과 사물의 의미를 혼란스럽게 할지도 모를 일이었다.

정당하건 그렇지 않건, 이제 로망에 살던 선량한 사람들의 머릿속에서 떠나지 않은 이 공포는 그들에게 처벌적인 반발 의지를 부추겼다. 그들은 라로슈를 우두머리로 삼았는데, 그는 장 세르브의 가까운 친구이자 군대 동료였지만, 종종 그러하듯이, 그의 철천지원수가 된 사람이었다. 도시는 부유한 구역 가난한 구역 등에 따라 상호 적대적인 파(派)로 나뉘었다. 그리고 각각의 파는 자기들이 벌이는 민속 축제의 상(賞)을 동물 토템으로 삼았다. 양의 파, 산토끼파, 거세된 수탉파(장 세르브가 이끄는 농민들과 장인들의 파당들), 수탉파, 독수리파, 자고새파(선량한 사람들의 파당들). 라로슈는 자고새를 '지켜달라'는 은유적 요청을 받았다.[12]

---

9) 이 기이한 장례식—카니발리즘의 이항식에 대해서는 프로이트의 멋진 분석(1936b)을 보라.

* Mardi gras: 기름진 화요일이라는 뜻으로 사순절 직전에 진탕 먹고 노는 날이다.

10) 이 책, 제2권, 277, 432쪽 참조.

11) Rabelais, IV, 41.

** 크리스마스와 공현절 때 행해진 열광적인 축제.

가난한 사람들이 선택한 동물은——부자들이 선택한, 때로는 부드럽고 귀한 동물(자고새), 종종 남성적인 동물(수탉, 독수리)과는 반대로——약하고 거세된 동물이었다. 공증인인 외스타슈 피에몽은 그 동물들을 '나쁜 징조'의 동물들이라고 보았는데, 그는 반도들에게 호의적이었던 사람이었다. 반도들이 기필코 승리해야겠다고 결의를 다진 것 같지는 않다. 그들이 사용한 장례 의식(이 장례 의식의 심리적 의미는 상당히 모호하다)을 보면, 그들은 만일 그들의 주인들이 죽는다면 어떤 회한(물론 증오가 섞인)을 느꼈을 것임을 알려준다. 그런데 사실, 학살의 날에 포미에가 사라진 상태에서 패배를 당한 쪽은 바로 그들이었다. 귀족들은 무기력한 그들을 '돼지처럼' 도륙했다.[13]

어쨌든 사육제는 열렸다(최후의 도살은 얼마 후에 어린아이들이 흔들어대는 마르디 그라의 양초 불빛 속에서 일어난다). 사육제는 양쪽 모두에게 극적인 효과를 높일 수 있는 이상적인 수단이었다. 여기저기서 시합, 고리던지기 놀이, 무도회 또는 놀라울 정도로 질서 잡힌 연회가 열렸다. 여기에서 상호간의 결투와 도전이 시작되었다. 축제는 피 튀기는 싸움의 전주였으며, 음악과 함께 학살이 진행되었다.

학살의 기회는 마르디 그라 전날 밤 자고새파 사람들의 마지막 행진 때 찾아왔다. 즉흥적인 무도회, 가장무도회 그리고 '모든 것을 비출 듯' 화려하게 차려 입은 한 명의 왕비와 네 명의 왕*의 행렬이 지나갔다. 거세된 수탉파 사람들은 왕비를 공격하고 행렬을 쓸어버리려 하지 않았을까? 어쨌든 자고새파의 가장무도회에 참석한 선량한 사람들의 부인들은 두려움에 떨었다. 성난 부자들이 고용한 마르디 그라의 자객들이 무장을 한 채 무리를 지어 그 무도회에서 빠져나왔다. 그날 새벽(1588년 2월 15일) 그들은 기습적으로 포미에의 얼굴을 창으로 찔렀다. 그러자 다른 민중의 지도자들은 줄을 타고 성벽을 뛰어넘거나 얼어붙은 이제르

---

12) Roman, 1877, 161쪽에 있는 텍스트.

13) 이 표현은 Piémond, éd. 1885에서 인용한 것임.

* 사육제에서 뽑은 왕과 왕비.

강을 헤엄쳐 도망쳤다. 종소리를 듣고 놀란 인근 마을의 농민 1,500명이 장인들을 구하러 달려왔다. 그러나 너무 늦었다. 성벽으로 둘러싸인 로망에서는 학살이 3일간 계속되었다. 드디어 선량한 사람들은 "농민들과 신성동맹원들*의 압제에서 벗어났다." 푸주한인 라 플뢰르를 비롯한 여덟 명의 지도자가 교수형에 처해졌다. 목을 매달기에는 '너무 썩어 악취가 심한' 포미에의 시신은 쓰레기장에 버려졌다. 귀족들은 반도들을 '마치 돼지 죽이듯이 도살'하여 마침내 복수를 한 것이다. 이렇게 사회 전복이 실패로 돌아간 채 로망의 사육제는 막을 내렸다. 모든 것이 다시 제자리를 잡았다. 잠시 쓰러졌던 지배 계급들은 다시 굳건히 일어섰다. 그리고 회복된 질서를 더욱 확고히 다지기 위해 재판관들은 반도들의 우두머리인 장 세르브의 허수아비 인형을 다리는 하늘로, 머리는 아래로 해서 거꾸로 매달았다.

일련의 상징적인 사건으로 점철된 로망의 피비린내 나는 사육제는, 배우들이 선언문을 통해 반란을 발표한 것이 아니라 반란극을 연기하고 모반의 춤을 춘 비극적인 발레, 일종의 사이코드라마였다. 그것은 무의식을 자연스럽게 표출한 하나의 예술작품이었다. 변형시키고 정제시키는 이데올로기 필터가 개입되지 않음으로 해서 사육제는 보통의 반란, 즉 덜 표현적인 반란이었더라면 그냥 묻혀버릴 수도 있는 잠재적인 내용들과 말로 표현되지 않는 그 어떤 충동들을 폭동과 진압의 과정 속에서, 그리고 칼처럼 교차되는 서로의 공포 속에서 드러내주었다.

동시에 론 강 유역의 반란은 극단적인 풍부함과 주제들의 치밀한 조직 때문에 랑그도크 지방, 프로방스 지방 또는 프랑코-프로방스 지방

---

* ligueux: 이 단어는 ligueur을 의미하는 것으로 생각된다. ligueur은 동맹원, 구체적으로는 가톨릭 신성동맹원을 뜻한다. 여기서는 이 단어를 '신성동맹원'으로 번역했지만 '로망의 사육제'가 종교적인 성격을 강하게 지닌 것은 아니었다. 실제로 1572년 성 바르텔르미 학살 사건 이후 이 지역에서도 위그노의 세력은 크게 약해졌다. 기본적으로 '로망의 사육제'에서 가해자와 피해자는 모두 가톨릭인 가톨릭 내부의 사건이었다(Le Roy Ladurie, *Le Carnaval de Romans*, Gallimard, 1979, 297쪽).

에서 일어난 중세나 근대의 반란들과 주제별 비교 연구를 가능하게 해준다. 예컨대 기독교인의 살을 경매에 부친 것, 식인(食人) 의지에 대한 부인할 수 없는 환상, 여자들의 교환과 관련된 주제 등 우리가 로망에서, 분명히 부자들의 불안감 속에서 그리고 아마도 가난한 사람들의 위협 속에서 만날 수 있었던 주제들은, 이미 튀생*의 시대인 1379~81년에 랑그도크 지방에서 일어난 반란들에서 볼 수 있듯이, 동일한 구조적 질서 속에서 그리고 거의 동일한 신성모독적인 용어로 표현되었다.

한 텍스트는 말하기를, "반도들은 국왕 관리들의 몸을 쇠꼬챙이로 열었고, '세례받은 살'을 마치 맹수처럼 달려들어 먹었으며, 짐승들에게 먹이로 던져주었다."[14] 남편들의 살을 먹는 것으로 만족하지 못한 이 중세 랑그도크의 반도들은, 그들 역시도, 부인들의 살을 차지하려 했다는 비난을 받았다. 1381년, 랑그도크 지방의 한 연대기 작가에 따르면, 베지에의 빈민들은 부자들의 아름다운 동반자들을 아내로 삼기 위해 자기들의 아내를 죽이려 했다.[15]

과장된 비난이라고 할지 모른다. 이 경우에도, 그 비난들은 여전히 반란에 대한 이야기들의 구조, 따라서 그 시대의 증인인 화자(話者)의 강박관념을 반영해준다. 사실 빈민들이 부잣집 부인들과 귀족 가문의 딸들을 납치해간다는 주제는 옛날의 민중 반란에서부터 1589년과 1675년의 바-브르타뉴 지방의 폭동에 이르기까지 하나의 주요 맥락으로 이

---

* Tuchins: 1360년경 오베르뉴 지방과 랑그도크 지방에서 시작된 반란에 참여한 농민들. 백년전쟁 초기 잉글랜드군의 포로가 된 프랑스 왕 장 르 봉은 잉글랜드 왕 에드워드 3세에게 오베르뉴 지방과 랑그도크 지방의 대부분을 양도했다. 이렇게 해서 시작된 잉글랜드 군인들의 약탈이 심해지자 농민들은 귀족과 성직자뿐만 아니라 부유한 농민들도 공격했다.

14) d'Aigrefeuille, éd. 1885, I, 265쪽에 인용된, 몽펠리에에서 막 일어난 반란에 대한 1380년의 텍스트. 주목할 만한 유사성을 발견할 수 있을 것이다. 그리고 그것은 다음의 두 표현이 심리적인 공시태(共時態)임을 밝혀준다. 즉 몽펠리에에서의 표현인 "세례받은 살"과 두 세기 후인 로망에서의 "기독교인의 살."

15) Devic, éd. 1847, t. VII, 제33권 부록, 104쪽, 몽펠리에의 *Thalamus*에서 발췌.

어졌다.[16] 젊은 마르크스는 거기서 당시에는 시대에 뒤진 원시 공산주의의 흔적을 볼 정도였다.[17]

인간에 의한 그리고 동물에 의한 신성모독적인 식인과 인접한 주제——이 주제는 이따금 거세 히스테리와 관련되어 있다——는, 이미 앞에서 보았듯이, 로망이나 몽펠리에에서 확인될 뿐만 아니라 로데브의 위그노 봉기(1573), 아쟁의 뱃사공들의 반란(1635) 그리고 민중의 본능을 해소시키는 일종의 사투르누스제*인 1610년의 라바야크** 능지처참 사건 등에서도 확인된다.[18]

후일, 역사적 정신분석은 하층민들과 농민들의 봉기에 수반된 위협, 불안, 그리고 때로는 실제 사건들 속에 나타나는 '동일시'[19]의 다양한 징후를 밝혀줄 것이다. 우리에게 중요한 것은 매혹적인 로망의 예를 통해 16세기 후반 남부 지방에서 일어난 반란들에 투사된 거대한 감정적인 무게를 밝혀내는 것이었다. 이 반란들은 아주 대담한 것이었다. 앞으로도 계속해서 보겠지만, 이 반란들은 이전의 봉기들이 건들지 않았던

---

16) Drouot, 1937; Walter, 1963; Lavisse, 1911, VII-I, 343쪽.

17) Marx, éd. 1937; Rougerie, 1964, 197쪽 참조.

* 고대 로마에서 농경신 사투르누스를 기념하여 거행된 축제. 여기에서는 방종과 무질서의 시간이라는 의미로 쓰였다.

** 교황에 적대적인 '전제군주'인 앙리 4세로부터 프로테스탄트를 보호하고 프랑스를 구한다는 명분으로 국왕을 살해한 인물.

18) Segui, 1933, 184~186쪽에 이와 관련된 상세한 텍스트와 분석이 있다. 수세기 동안 기적적으로 보존되어온 성 풀크랑의 몸이 1573년 위그노들의 명령에 따라 총살된 다음 먹힌다. Porchnev, 1963, 170쪽(1635년 아쟁 지방에 대한 기술. 많은 세부 사실은 1379년의 몽펠리에에 대한 기술과 비슷하다); 또한 이 책, 제2권, 279쪽 참조. 라바야크에 대해서는 Mousnier, 1964, 34쪽.

19) 이러한 징후들 가운데 하나인, 유럽 사회의 역사에서의 식인의 환상과 공포에 대한 심리적인 분석을 Devereux, 1953에서 찾아볼 수 있다(여기에서는 이 현상을 유아기에 기인하는 퇴행이나 매우 구체적인 불안과 결부시키고 있다). 일반적으로 전도(顚倒)와 동일시의 가장 분명한 징후는 제1차 십자군 원정에 참가한 지복천년설을 신봉하는 반도들(Tafurs)에게서 찾아볼 수 있다. 타푸르 왕이 이끄는 이들은 터키인을 먹고, 터키인의 화려한 옷을 입으며, 터키인의 부인을 강간한다(Alphandéry, Dupront, 1954).

제도들을 문제삼았다. 그러나 이 반란들이 사회적으로는 더욱 대담했지만, 반란 면에서나 진압 면에서는 좀더 야만적이었던 것 같다. 반란들은 더욱 폭넓은 정치적인 목표를 겨냥했던 동시에 인간 심리의 밑바닥에 있는 충동을 움직였던 것이다.*

랑그도크와 중부 지방의 크로캉**

사실, 1580년의 피비린내 나는 마르디 그라 이후에도 농민 운동은 죽지 않았다. 그것은 론 강 지역에서 괴멸된 후 얼마 안 있어 중앙 산악 지대의 산간 지방과 랑그도크, 오베르뉴, 리무쟁의 산간 지방에서 더욱 활발하게 타올랐다. 1560년 이후 이들 지역은 전쟁, 산적[20]과 게릴라에게 참해를 입었다. 이곳은 평원 지대보다 훨씬 더 1586년의 경우와 같은 기근의 피해를 입었다. 이 점에 대해 랑그도크 지방의 아노네에 살던 부르주아인 아쉴 가몽은, 앞에서도 이미 인용한 바 있지만, 썩은 고기와 고사리 빵으로 연명하던 한 불쌍한 로제르 지방 여인의 증언을 확인해준다. 그의 기술에 따르면 비바레 지방은 1585~86년 수확기에 '유례가 없는 빈궁'을 겪었다. 밀은 부르는 게 값이었다. 시골 사람들은 "도토리와 야생 나무뿌리, 고사리, 과일 찌꺼기, 화덕에 말린 포도씨 등을 빻아 빵으로 만들어 먹고, 소나무 등의 나무껍질, 호두와 아몬드 껍질을 먹든지, 오래된 기왓장과 벽돌을 보리, 귀리, 밀기울에 섞어 먹지 않으면 안 되었는데, 이런 일은 이 지방에서는 전에 없던 일이었다."[21] 블레 지방

---

* 후일 에마뉘엘 르 루아 라뒤리는 이 부분을 단행본으로 발표했다. *Le Carnaval de Romans*, Gallimard, 1979.

** Croquant: 1594년 국왕의 조세에 반발하여 반란을 일으킨 남서부의 가난한 농민들. 16세기, 특히 17세기에 일어난 모든 민중 봉기를 지칭하기도 한다. croquant이라는 단어는 croc(괭이)나 croquer(씹다, 부수다)에서 나온 것으로 추정된다.

20) PV, 1566년 11월, 1572년 9월, 1579년 12월, 1580년 11월, 1581년 12월, 1585년 7월, 1587년 10월, 1591년 11월, 1593년 4월(중앙 산악 지대뿐만 아니라 코르비에르와 랑그도크 피레네 산맥 기슭 지방에서).

의 무두장이며 신성동맹원이었던 뷔렐에 따르면 산간 마을 사람들은 1585~86년 사이에 "눈 속에서 엄청나게 죽어갔다." 왜냐하면 그들에게 먹을 것이라고는 '귀리, 고사리, 나무껍질 등으로 만든 빵'밖에 없었기 때문이다. 그리고 그는 유명한 기아 증후군을 적었는데 후일 보방이 17세기에, 그리고 1945년에는 자크 드루몽 경이 부헨발트에서 기술한 것도 바로 기아 증후군이었다. 자비심을 가진 사람들이 1586년의 굶주린 사람들에게 빵과 수프를 주었다. "그러나 그들은 먹자마자 창자가 막혀 죽고 말았다." 도시의 성문에서는 가난한 사람들이 소리를 지르고 헛소리를 하며 미친개처럼 사람들을 물었다. 대개 그렇듯이 기아 위로는 페스트가 창궐했다. 1586년의 페스트는 론 강 양안의 산간 지방에 사는 사람들의 일지에 참담하게 기록되었다. 장 뷔렐은 페스트 환자들이 유언하는 모습을 지켜보았다. 공증인을 전염시키지 않기 위해 어떤 사람은 사다리에 올라앉아, 어떤 사람은 밭에서, 어떤 사람은 창가나 정원에서 유언을 했다. 외스타슈 피에몽은 고향인 생-탕투안에서 죽은 사람을 800명으로 헤아렸다. 그리고 그는 1586년 자기의 하녀, 장성한 두 딸, 동생, 제수(弟嫂)와 그들의 네 아이가 페스트로 죽어가는 모습을 지켜보았다. 병이 들어 헛간에 피신해서 살던 그는 하나님의 도움으로 나머지 네 아이와 함께 살아남았다. "그러나 그가 치른 희생은 엄청났다."[22]

세기말의 대규모 농민 반란은 중앙 산악 지대의 랑그도크 지방에서 발생한 그러한 재앙, 그리고 많은 경우 이에 동반된 유혈적인 전쟁의 맥락에서 일어난 것이다. 1582년부터 10년 동안, 납세 거부 투쟁이 오트-위제스주에서 벌어졌다. 주민들은 수납관들이 보낸 경찰들을 때려 죽였다.[23] 1587년, 애구알과 에스페루에서는 숲속에 숨어 있던 화승총 사수

---

21) Gamon, éd. 1823, 337쪽; 이 책, 제1권, 192쪽.

22) Piémond, éd. 1885; Burel, éd. 1875, VII쪽, 주 3), 5, 98, 99쪽. 1595년, 망드, 생-퐁스, 비비에 같은 랑그도크의 교구는 "가장 피해가 큰 지역"으로 보였다(PV, 1595년 2월).

23) PV, 1591년 3월, 1592년 4월, 1593년 4월.

가 타유세 징수 보조원의 귀를 잘라버리겠다고 위협했다.[24)]

1590년대, 총생산의 하락과 가격 상승의 사이클이 돌아오면서 농민들의 불만과 납세 거부 투쟁이 재개되었다. 1593~95년, 그것은 중앙 고원의 남부 지역 전역으로 확산되었고 격렬해졌다. 신성동맹군이 우세를 확보하지 못한 제보당, 비바레, 오트-위제스주 지방은 몽모랑시와 왕당파들에게 타유세 납부를 거부했다. 수납관들은 그들에게 기마병과 군관을 투입하기도 하고, 완강히 거절하는 사람들에게는 군대를 보내 '파괴, 구금, 가축 약탈' 등으로 위협을 하기도 하고, 끔찍한 일을 저지르기도 하고, 기와 · 문 · 창문 · 역축 · 옷을 압류하기도 했다.[25)]

랑그도크의 최북단(블레)에 있는 신성동맹군 지역에서도 상황은 똑같았다. 농민들, 타유세 납세자들 역시, 남쪽에 있는 그들의 이웃이 몽모랑시나 앙리 4세에게 그러했듯이, 주아외즈*나 마이엔**에게 세금을 내는 데 열의를 보이지 않았다. 퓌의 장 뷔렐은 앙리 4세에게 굴복하느니 차라리 '아내와 자식들을 잡아먹는' 편을 택했을 것이지만, 빈곤과 가난한 서민 대중의 폭력적인 반발에 무관심하지 않았다. 그의 기록에 따르면 1593년, 퓌에서는 과중한 세금이 부과된 이후 타유세 대장이 찢어진 채 진흙탕에 버려졌다. 여자들은 징수 장부를 들고 다니는 사람들을 구타했으며, 제1행정관의 수염을 뽑아버리겠다고 위협했다. 남부 프랑스를 휩쓴 불량 은화인 피나텔은 나르본, 툴루즈, 몽펠리에에서와 마찬가지로 블레에서도 민중들의 분노를 자아냈다. 1592년, 퓌의 시장에서 시 당국은 농민들이 생산물 판매 대금을 그 화폐로 받도록 강요했다. 그러자 시골 사람들은 피나텔 주조자들을 잡아 죽이려고 했다.[26)]

---

24) ADH, B 22425, 1587년.

25) Gr. 12; PV, 1595년 2월~3월; 같은 자료, 1593년 4월, 1594년 5월 참조.

* Antoine Scipion de Joyeuse(1565~92): 랑그도크 지방의 총사령관.

** Charles de Lorraine(1554~1611): 마이엔의 공작. 형인 기즈 공작 앙리가 죽자 신성동맹의 우두머리가 되었다.

26) Burel, éd. 1875: 1593년의 기록. 저질 피나텔과 소액 화폐의 인플레이션에 대한 자료는 많다. PV, 1589년 7월, 1590년 4월, 1591년 2월~3월(왕당파 신

이러한 사건들은 생필품 위기나 가격 앙등과 복잡하게 얽혀 있다.[27] 예컨대 기근의 해였던 1595년, 농촌 사람들은 뷔의 성채에 일하러 왔으며, 시행정관들에게 빵을 구걸했으나 헛수고였다. "제발! 우리 불쌍한 아이들에게 먹일 빵 한 조각만이라도, 아니면 밀 반 봉지라도 갖고 가게 해주시오. 우리는 당신네 외호에 일하러 왔습니다. 빵 한 조각도 안 준단 말이오?"

이러한 불행에다가 군인들의 폭력이 보태졌다. 직접 현장을 목격한 뷔렐은 분노했다. "그들이 가난한 농민들에게 가한 행위는 유대인들이 예수님께 가한 행위보다 더하다. 얼마나 잔인하고 야만적이고 비인간적인가! 그들은 농민들을 포로로 끌고 가서 그들을 묶고, 팔과 다리를 쭉 펼치고 못을 박았다. 다른 사람들은 입에 창을 찌르고 죽을 때까지 쑤신 다음 발을 묶어 거꾸로 매달았다. 오, 불쌍한 농민들이여! 불행 속에 있지만 기운을 내시오. 우리가 주님의 십자가를 지는 것을 도와주시오."[28]

뷔렐이 권장한 이 같은 체념적 태도만이 유일하게 가능한 태도는 아니었다. 1595년, 크로캉 무리가 북부 랑그도크에 출몰했다. 노르망디의 고티에, 프랑-뮈조, 샤토베르 그리고 페르슈의 리팡들[29]과 같은 부류에 속하는 이 사람들은 특히 1594년에 리무쟁, 케르시 그리고 페리고르 지방에서 일어난 크로캉들의 전우였다. 사를라의 신학교수이며 성당 참사회원이었던 장 타르드는 다른 몇몇 증인과 함께 그들의 목표와 방법에 대해 기술했다.[30] 시골 사람들을 노예처럼 다루고 지대를 두 배, 세 배

분회), 1592년 2월(신성동맹 신분회), 1592년 4월(왕당파), 1592년 11월(신성동맹), 1593년 4월(왕당파), 1594년 1월~2월, 1595년 2월~3월(왕당파), 1595년 11월, 1596년 12월; AC, Narbonne, 6-1-1951; Spooner, 1956, 177~179쪽.

27) Gr. 12.

28) Burel, éd. 1875: 1595년의 기록, 429쪽과 여러 곳.

29) Livet, 1962.

30) Tarde, éd. 1887, 325, 327, 401쪽과 여러 곳; 또한 Nouaillac, 1912, 321쪽 이하.

요구하던 귀족들에 대한 투쟁, 지상명령은 1548년의 페토들처럼 '자유,' 종교를 초월한 모든 농촌 제3신분의 연대, 가능하면 십일조, 타유세, 지대 거부, "우리의 소들을 빼앗아가고 여자애들을 추행한" 왕당파들과 신성동맹파 악당들 진압, 물건을 비싸게 팔고, 땅과 반타작 소작지를 헐값에 사들인 다음 비싸게 소작을 놓는 도시의 부르주아들에 대한 농촌의 저항, 농촌의 이익을 강탈해가는 세무 관리들에 대한 투쟁, 그리고 마지막으로 제4신분의 특별한 행동인 귀족들의 포도밭에서의 파업과 파업 현장 감시반 조직. 크로캉들의 이 같은 다양한 시도는 어떤 체계적인 '계획성'을 보여주지 못했다. 그것은 산만하고 엉성한 편이었으며 농민들의 자발성에서 분출될 수 있었다. 또 어떤 때에는 마을의 지식인들, 예컨대 공증인 라 사뉴, 변호사 포르크리, 작은 키에 지저분한 옷을 입고 다니던 세무 대소인 포이야크(일명 파푸스) 같은 사람들의 영향을 받았던 것으로 보인다.

1595년, 랑그도크의 크로캉들도 단호한 행동을 취했다. 그러나 그들의 프로그램은 그리 대담하지 못했다. 뷔렐은 그들이 퓌의 성채 아래로 지나가는 것을 보았다. 우선 "큰눈이 오고 서리가 내린" 성금요일, 500명이 "타유세 납부를 거부했다." 이어 또다시, 수확철 직전에 1,200명의 크로캉들이 "타유세 납부를 거부하면서, 마을 사람들이 자기들 편에 가담하기를 촉구하고, 동조하지 않는 사람들을 약탈했다." 조세에 대한 강박관념이 이들 랑그도크의 반도들을 지배했다. 그들은 세금을 제외하면 기존 질서를 문제삼는 일에는 별로 관심이 없었다. 게다가 그들은 곧바로 왕당파 귀족에게 복종하고 말았다. 그리고 왕당파 귀족은 그들을 신성동맹군에 대항하는 보충병으로 이용했다. 그러다가 어느 날, 앙리 4세를 위해 블레 지방을 통치하던 슈브리에르는 이 귀찮은 동맹군들에게 싫증이 났다. 그는 무력을 동원하여 그들을 학살하거나 해산시켜버렸다.[31]

---

31) Burel, éd. 1875, 424쪽 이하; Arnaud, 1888, II, 42쪽 이하.

'시골뜨기' 투사들

1590년대, 랑그도크의 남서부 지역에서 일어난 농민 운동은 유사한 특징을 보여준다. 행동은 가열찼지만, 투쟁의 목표는 평화 요구와 조세 투쟁으로 국한되어 있었다. 예컨대 1591년부터 코맹주에서 조직된 '시골뜨기들'*의 동맹이나 회의의 프로그램이 그러했다.[32] 이 동맹의 기원에는 타유세 거부라는 조세 거부 투쟁이 있었다. 그리고 그러한 조세 저항은 뮈레 신분회에서 이들 시골뜨기 투사들에 대한 유지들의 적개심을 결집시켰다. 더 나아가 코맹주의 농촌 동맹은 경찰의 기능을 수행하여 산적들을 굴복시키려 했다. 1592년, 그들은 푸아 지방의 위그노들과 경작을 위한 휴전 협상을 벌여, 전쟁의 참화 앞에서 신음하던 그 지방 산골 사람들의 고통을 덜어주려고 애썼다.

이 점에 관한 한, 랑그도크 지방의 피레네는 사실상 중앙 산악 지대보다 나은 것이 없었다. 중부든 남부든 모든 산간 지방은 동일한 상황 아래 놓여 있었다. 그만큼 게릴라와 무질서가 용이했으며 만연했던 것이다. 몽펠리에의 보조세 재판소는 1590년대의 조사에서 내전 이후 피레네 관할 구역에서만 수십 개 마을이 불타거나 파괴되었다고 기록했다. 본당 사목구들은 '과부들과 미경작지들'로 가득했고 인구는 줄어들었다("먹을 것이 없어서 어떤 사람들은 에스파냐로 가고 어떤 사람들은 죽었다"). "매일같이 몰려오고, 숲속에 숨어 있다가 주민들을 학살하거나 몸값을 요구하고 가축들을 잡아가는" 적들(어디에서는 신성동맹군들, 어디에서는 신교도들)의 끝없는 매복 공격. 1586년 이후, 특히 1590년 이후 랑그도크에서 시작된 경작을 위한 휴전은 농민들의 의지와 군인들의 파렴치한 계산이 맞아떨어진 결과였다. 군인들은 그런 식으로 경작자들에게 경작과 겨울 파종을 허용해야만 수확철에 더 많이 약탈할 수 있음을 알고 있었기 때문이다.[33]

---

* campanère : campagnard(시골뜨기)를 당시 이 지방에서 이렇게 불렀던 것으로 추정된다.

32) Lestrade, 1900, 205쪽과 주 1), 251~253, 256, 260, 261, 369쪽.

타유세, 산적질, 전쟁에 대항하여 랑그도크 지방의 피레네 산맥 지역에서 결성된 시골뜨기들의 연맹은 중서부 지방의 크로캉 운동을 주도한 하급 법조인들보다는 아마도 덜 '계몽'되었을 농민 투사들의 독특한(그러나 제한적인) 창조물이었다. 사실, 연맹 회의에 참석한 코맹주인들의 명단에는 귀족이나 법조인이 한 명도 없었다. 그들은 모두 농촌마을의 대표나 행정관들이었는데, 대체로 문맹이었다. 경작자가 아닌 사람이 있기는 했다. 농촌 상인으로서 세아두 마을의 대표이자 온건파의 지도자였던 장 데지라가 그 사람이다.

시골뜨기들의 운동에는 두 가지 흐름이 있었다. 하나는 농민적인 기반을 가진 강경파로서, 1594년 봄까지 타유세 거부 운동을 계속했다. 이 과격한 파당은 암암리에 위그노들과 합세했던 듯하다. 1593년 11월, "(시골뜨기) 동맹 소속 크로캉이라고 하는 300~400명의 무장 농민들이" 프로테스탄트들과 뒤섞여 코맹주의 교회를 점령하고 성직자들의 재산을 약탈했다.

한편, 화해적인 또 하나의 파당이 있었다. 그들은 농촌 동맹을 신성동맹의 깃발 아래, 가장 가톨릭적인 파당의 질서 아래 정렬시키려 했다. 이 파당의 지도자가 바로 상인인 데지라였다. 그의 영향 아래 있던 시골뜨기 동맹은 1593년, 뮈레의 신분회에 들어갔다. 과거 오랫동안 이들을 무시했던 신분회는 이들을 환영했다. 데지라의 압력을 받은 연맹군은 교회와 영주 재판권 존중을 약속했다. 그리고 그들은 세금을 충실히 납부할 것도 약속했다. 마지막으로 '연합한 시골 마을들'은 비고르의 신성동맹군 사령관인 빌라르 후작에게 보병을 지원했다. 이후 시골뜨기 동맹은 신성동맹의 통솔을 받았다. 다른 곳에서 크로캉들이 왕당파들의 지휘를 받게 된 것처럼 말이다. 그것은 원래 농민들의 주도로 일어났으나 귀족, 도시 그리고 지방 성직자들의 지배 하에 들어가고 말았다.

---

33) PV, Haut-Languedoc, 1586년 8월~9월(산적들); 특히 ADH, B 22363; Devic, 1827~92, XI, 745쪽 이하.

그렇지만 1593년 이후에 데지라와 그의 '시골뜨기' 동료들이 요구 사항을 제시하고 이의를 제기하는 자기들의 역할을 완전히 포기한 것은 아니었다. 그들은 뮈레의 유지들에게 타유세 인하, 위그노와의 휴전 조인(1594년 3월) 등을 계속 요구했다. 그리고 후자의 요구가 이루어지지 않으면, 필요불가결해질 군인들에게 지급할 급료를 마련하기 위해 교회 재산을 몰수할 것을 요구했다.

이 같은 성격들――농민들의 자율적인 운동, 조세에 대한 투쟁만을 내다본 프로그램의 제한――은 랑그도크의 한복판에서 1593~95년에 일어난 조세 거부 투쟁 당시 농민들의 '노동조합'이 평화적으로 기능한 것에서도 재확인된다.[34] 우리는, 많은 자료 덕분에, 몽타뉴 누아르의 절벽을 끼고 흐르는 오르브 강과 조르 강의 상류 계곡으로 가볼 수 있다. 이곳에는 전쟁, 산적, 유랑자 때문에 흉흉해진 마을 20여 개――일부는 개혁파고 일부는 가톨릭인――가 매달려 있다. 포제르, 부사그, 베다리외…… 1593년 이후, 타유세 수납관인 자크 드 시스테르네는 이들 본당 사목구에 '특별세'를 부과할 것이라고 공언했다. 농민들은 거부했다.

20개의 공동체는 '조합'을 결성해서 가구별로 투쟁 분담금을 거두는가 하면 코뮌간(間) 회의를 소집했다. 포제르의 조세프 마스나 루장의 마을 대표인 세르기에르와 카상 같은 문맹의 농민들, 마을 행정관들이 저항의 핵심이었다. 이들은 끊임없이 돌아다녔으며, 소환장을 지참하고서 총회에 참석했다. 이 연합체에서 귀족들, 부르주아들, 유지들의 행동은 눈에 띄지 않는다. 신성동맹도 정치파도 그들을 이용하려고 하지 않았다. 그렇지만 한 공증인이 이따금 조합 회의에 나타났다. 그는 노새를 타고 왔으며, 그를 맞으러 온 농민 지도자들은 그의 옆에서 공손히 걸어갔다. 그러나 그 공증인은 증서를 옮겨 적기 위해 온 것이지 반란의 수괴 역할을 하러 온 것이 아니었다.

---

34) Segui, 1933, 56쪽, 그리고 특히 140쪽과 여러 곳; AC Roujan, 기록 BB(16세기의 시청 회의록, f°s 63 v°, 83 r°, 87 r°).

이렇듯 이 운동에 외부 개입은 없었으며, 원래의 농민적인 단순성이 유지되고 있었다. 또한 종교적인 투쟁도 없었다. 16세기 말의 농촌 사람들은 오늘날 '정치'에 짜증이 나 있는 사람들처럼 종교 분쟁에 싫증을 느끼고 있었다. 그리하여 1595년의 '조합'에서 가톨릭 마을인 코(Caux)는 프로테스탄트 공동체인 포제르와 거리낌없이 연합했던 것이다. 조세에 대한 투쟁이 그 무엇보다도 우선했기 때문이다.

*

16세기에 랑그도크 지방의 내지와 변경, 더 넓게는 남부 프랑스에서의 농민 운동은 이렇게 전개되었다. 왜냐하면 전반적인 경향은 기옌, 페리고르, 랑그도크 또는 도피네 등 남부 지방에 공통적이었기 때문이다. 반도들은 지방간의 경계를 무시했던 것이다.

1525~60년의 농촌 소요는 조세에 대한 불만에서, 그리고 십일조에 대한 투쟁에서 발생했다. 그것은 개혁파의 선전(宣傳) 속에서 자체의 정당성과 명예를 찾았다. 그런 다음 1560~94년의 혁명적인 실천 속에서 만개했다. 그 무렵에 기존 사회 질서를 차츰차츰 더 공격하기 시작했으며, 반조세적이며, 반십일조적이며, 반영주적이고 심지어는 반부르주아적인 성격을 동시에——비록 체계적으로 고착된 것이 아니라 강도가 가변적이었지만——지니게 되었다. 그것은 도시의 장인들과 연대를 맺었다. 1580년 론 강 유역 지방에서 일어난 운동과 1594년 크로캉들의 활동은 농촌 소요의 진정한 절정이었다. 이따금 로망의 코뮈나르* 들은 하늘에 대한 공격에도 나섰던 것 같다. 크로캉들은 89년**을 예고했다.

그러나 18세기의 '계몽사상'은 아직 빛을 발하지 않았던 만큼 이 투

---

* communard: 1871년 파리 코뮌에 가담한 사람들을 빗댄 말.

** 1789년의 프랑스 대혁명.

박한 운동들은 어떤 합리적인 의미가 없었다. 그리고 반란자들의 의식 깊은 곳에는 원시적인 야만성이 남아 있었다. 예컨대 로망에서는 남편들을 학살한 후에 먹지는 않는다 하더라도 부유한 여자들을 재분배한다는 환상이 없지 않았다.

야만성의 폭발은 의식의 상승을 동반했다. 그러나 의식의 상승은 지속적이지 않았다. 매우 일찍 추락과 퇴조가 나타났다. 투쟁은 계속되었지만 점차 옹색한 프로그램 속에 매몰되었다. 1595년 이후 특히 1600년 이후, 프롱드 난 이전의 유명한 민중 반란은 십일조, 구체제의 특권층과 사회 질서에 대한 일체의 행동을 포기했다. 유일하게, 그래도 강력하게 문제가 되었던 것은 국왕 조세였다. 1560~95년의 커다란 목표들은 버려졌다. 그리고 혁명적 열정은 조세 투쟁의 상습적인 수레바퀴 속으로 추락했다. 조레스*에서 푸자드**로 전락한 것이다.

---

* Jean Jaurès: 20세기 초 프랑스의 사회주의자.

** Poujade: 1953년에 '프랑스 상인 장인 수호 동맹'을 만들어 국가의 경제적·조세적 통제 정책에 저항한 정치가.

제5장 사바트와 반란

농민들의 의식은 최종적으로는 실패로 끝난 처참한 민중 봉기로 구체적으로 표현되었다. 그러나 그 의식은 상상적이고 환상적인 반란 속에서 신화적인 방식으로 노출되기도 했다. 악마적인 도피의 시도인 사바트*가 바로 그것이다.[1] 사실 16세기 말에 남부 프랑스 전역으로 악마의 물결이 퍼져나갔다. 피레네, 오크 지역과 루에르그 지역의 중앙산악 지대 그리고 더 나아가서는 알프스와 쥐라에 이르기까지. 산간 지역, 특히 비바레와 랑그도크의 피레네에서 사바트는 민중 반란과 동시에 일어났다. 1580년과 1595년의 민중 반란은 대규모 사회적 사바트였다.

마법사들은 크로캉의 자식들이었다. 예컨대 루-가루**요 탐식가(croqueur)인 장 그르니에는, 쿠트라 지방의 한 농민 크로캉의 아들이었으며, 1603년 보르도 고등법원의 '붉은 법복의 판결'로 유죄선고를 받았다.[2] 재판소와 고등법원 같은 권력 기관은 질서를 유지하기 위해 마녀 사냥과 민중 봉기 진압에 동일한 힘을 기울였다. 결국, 1600년의 악마학자들의 양심적이고 가학적인 열거를 통해 알 수 있듯이,[3] 사실상 마

* sabbat: 유대교의 안식일을 의미하기도 하나, 여기에서는 마녀와 마법사의 야간 집회를 말함.

1) 이 모든 문제에 대해서는 Mandrou, 1961.

** loup-garou: 밤에 늑대로 둔갑해 시골에 출몰하면서 악행을 저지르는 사람.

2) P. de Lancre, 1612, 258~260쪽; Palou, 1957, 20쪽.

3) Boguet, 1608에 인용된 마법사의 이름을 보라. 이들은 거의 농촌 사람들이다.

법만큼 농민들의 심성을 잘 드러내주는 것은 없다. 그것은 전형적인 농촌 운동이었다. 보게가 작성한 마법사들의 리스트는 거의 전적으로 농촌 사람들로만 구성되어 있다. 그리고 그들 가운데 대다수는 여자, 소녀, 과부, 소를 치는 여자들로서 이들은 태생적으로 시골의 신화를 지켜온 사람들이었다.

남부 프랑스에서 악마의 역사와 악마의 지리(地理)를 가장 잘 시사해주는 사건을 살펴보자. 맨 처음 사건은 15세기 말에 나왔다.

1490년경, 세벤 지방은 그다지 멀리 떨어져 있지 않은 비바레나 케라스 같은 산악 지방과 마찬가지로, 마(魔)의 산으로 알려져 있었다. 알레스를 굽어보는 산골 마을에 수십 명의 마녀가 들끓었는데, 이들은 대체로 특정 씨족 출신이었다. 그들 가운데 가장 잘 알려진 사람은 부쿠아랑 출신의 마르시알로서 그녀는 아이들을 독살하고, 포도주를 훔치고, 사람들을 호리는 사람으로 통했다. 그녀는 악마에게 '세금'을 바치기로 서약했다.

이 모든 여자는 '냄새 나는 더러운 짐승'인 악마—염소의 숭배 의식을 거행했다는 죄를 뒤집어썼다.[4] 이 의식은 으레 다음과 같은 행위를 동반했다. 엉덩이에 키스하기, 차가운 포옹, 춤, 검은 초 봉헌, 십자가 짓밟기, 루스라는 이름이 붙은 성모마리아 모독하기. 마녀들은 고문을 당했으며, 화형 집행자들은 마녀들을 불태워 없애버렸다(1493).

그후 전염병은 잠잠해졌다. 그리고 국지적으로나마 평화가 오랫동안 지속되었다. 왜냐하면 세벤 지방은 종교개혁의 영향으로 사탄을 포기했기 때문이다. 적어도 이곳에서는 위그노들이——스위스에서 츠빙글리의 제자들이 그랬듯이——악마적 미신의 망을 해체하고, 농민들의 의식을 장악했다. 1590년경, 이곳에서는 사바트의 시대가 끝났다. 다만 경미한 사건들——유대교적인 신비스러운 표시가 새겨진 빵들, 보헤미아

---

4) Bardon, 1896, 263~272쪽과 cxxxviii~cxli쪽에 있는 텍스트; 랑그도크 지방 마법사들의 가족적인 성격에 대해서는 Seignolle, 1960, 210쪽에 인용된 Appolis 참조.

인들과의 악마적 거래——만이 세벤 지역 당회의 제재를 받았을 뿐이다. 종교개혁은 좀더 선명하고, 인간적이며, 따뜻한 종교의 담지자였다. 그리고 그것은 고뇌를 효과적으로 치료해주었다(또는 대체했다). 뤼시앵 페브르는 종교개혁의 본질적인 기능들 가운데 하나가 거기에 있다고 보았다.[5)]

그러나 이 승리는 부분적이고 일시적이었다. 부분적인 승리인 것은 세벤에서 추방된 악마가 더 북쪽인 비바레에 가서 보루를 쌓았기 때문이다. 1490년, 이곳에서 루이즈 퀴마라는 생-제르맹의 농민 여인이 성체(聖體)를 짓밟았고, 자신의 몸을 팔았으며, 남편을 죽였고, 사바트에 참석했다는 죄목으로 교수형에 처해졌다. 그녀의 재판을 담당했던 로슈콜롱브의 영주인 바르자크에게는 좋은 일이었는데, 그는 그녀의 재산을 손에 넣었던 것이다. 한 세대 뒤에는 루의 소 치는 여인인 카트린 페르톤, 카트린 라스 에르메스를 위시한 몇몇 여자가 화형을 당했다(1519~30). 죄목은 부부간의 불화 조장, 성체 내뱉기, 돼지들에게 마술 걸기, 염소를 가운데 두고 지그 댄스* 추기였다.[6)]

일시적 승리였다. 왜냐하면 한동안 진정되었던 마법은 1550년 이후 다시 기승을 부리기 시작하여, 1580~1600년 대대적인 화형이 벌어질 무렵에는 이미 남부 전역을 휩쓸고 있었기 때문이다. 이 주제에 대해서는 펠릭스 플라터와 토마 플라터 형제가 40년간의 시차를 두고(1556년과 1596년) 기술한 것을 비교해보는 것보다 더 뚜렷한 것이 없다.[7)] 몽펠리에 지방에서 사탄의 병은 1556년만 해도 아직 미미했다. 그러다가

---

5) O. de Dainville, 1932; 츠빙글리 추종자들의 행동에 대해서는 Le Loyer, 1608, 563쪽; 종교개혁에 대해서는 Febvre, 1957.

* gigue: 선원들이 추는 빠른 템포의 춤.

6) Regné, 1913.

7) Platter, éd. 1892. 이 같은 재발은 잘 알고 있다시피 꽤 일반적이었다(R. Mandrou, 1961, 384쪽의 참고 문헌에 나와 있는 연대가 집중되어 있음을 보라). 브로델(F. Braudel)이 나에게 전해준 텍스트가 증언하듯이 에스파냐에서도 마찬가지였다(A.S. Ven., Senato, Dispacci Spagna, Madrid, 1611년 6월 6일).

1596년에 이르면 병은 중증으로 발전한다.

앙리 2세 치세 기간의 일이었다. 어쨌든 미신적이고 겁이 많은 형 펠릭스 플라터는 한 마법사에 대해 잠깐 언급하는 정도였다. 그가 말하는 마법사는 사제들을 무서움에 떨게 하고, 불을 뿜어내고, 개에게 사지가 찢겨 죽은 어떤 농민이었다. 펠릭스는 이 이야기에 별다른 중요한 의미를 부여하지 않았다. 1550년대의 도시에서 마법은 종종 있는 사건이었으며, 송장 파먹는 행위처럼 개인적인 도착(倒錯)과 관련된 것으로 여겨지고 있었다. 롱들레에 따르면 몽펠리에의 어느 마법사는 묘지들을 파헤쳐 간밤에 장사 지낸 여자의 엉덩이를 뜯어먹었다.[8)]

드문 사례였다. 대체로 펠릭스 플라터는 무엇보다도 부드러운 삶을 증언해주었다. 40년 뒤, 그의 어린 동생 토마는 사탄에 대한 공포로 엄청나게 커진 두려움에 접하게 되었다. 우선, 토마는 실,* 즉 악마의 거세(去勢)에 대해 널리 퍼진 강박관념을 세밀하게 묘사했다. 사제가 결혼을 축성하는 순간 한 마녀가 신랑 뒤로 슬그머니 와서 실을 맨 다음 악마를 부르며 동전을 땅에 던진다.[9)] 만일 동전이 사라지면 그 부부는 불행해지며, 아기를 낳지 못하고, 간음을 하게 된다. "악마가 그 동전을 집어가서 최후의 심판 날까지 가지고 있을 것임은 의심할 여지가 없다." 1595년경, 플라터는 실에 대한 강박관념에 빠졌다. 그의 과장된 이야기는 마법사들이 일으킨 두려움을 잘 설명해준다. "랑그도크에서 100쌍 중 10

---

8) Bodin, 1580; Platter, éd. 1892, 107쪽.

* aiguillette: 마치 구두끈처럼 양쪽 끝을 철로 단단히 조인 실. 남자들의 바지 앞부분을 매는 데 쓰였다.

9) 돼지를 거세하는 사람의 기술을 흉내 낸 상징적인 거세. 그가 단단한 실이나 줄로 고환을 동여매면 고환이 땅에 떨어지고 음낭이 텅 빈다. 동전의 인유(引喩)는 여기에서 나온 것이다(G. Maugard). 게다가 악마적인 실은 1609년 랑그도크 교회의 라틴어에서는 ligatura(동여매기)로 불렸다. 이 책, 제2권, 147쪽을 보라. 실 의식과 거세 의식에 대해서는 Albertus Magnus, De Animalibus, liv-22-2-1(éd. Münster, 1920, 1411쪽); de Lancre, 1622, 314, 320~323쪽; Le Brun, éd. 1750, vol. I 참조. 거세 불안에 대해서는 프로이트의 책 모두를 언급해야 할 것이다.

쌍은 교회에서 공개적으로 결혼하지 않았다. 신혼부부는 일가친척들과 함께 몰래 이웃 마을로 가서 결혼 축성을 받았다." 그렇게 하고서야 불안에서 벗어난 신혼부부는 자기 집으로 돌아와 결혼 피로연에 참석하고, 잠자리에 들고, 하객들의 입에 키스한 후 그들을 돌려보낼 수 있었다. 진지한 의사였던 플라터는 고개를 끄떡끄떡 크게 흔들며 결론을 내렸다. 실에 대한 공포가 워낙 컸고, 결혼하는 숫자가 줄어드는 바람에 국지적으로 인구 감소의 위험이 없지 않았다![10]

사실 랑그도크에서의 이 같은 드라마는 예외적인 경우가 아니었다. 16세기 후반부터는 블레주아에서 툴루즈에 이르는 중부와 남부 프랑스 전역에서 마녀들, 처녀들, 하녀들 심지어는 어린아이들까지 결혼한 사람들에게 마술 거는 놀이를 했다. 실을 가지고든 아니면 50여 가지 다른 방법을 사용해서든.[11]

실을 가지고 하는 거세에 대한 불안은 남자에게 있는 성불능 강박관념과 분리할 수 없으며, 그리고 어떤 의미에서는 부인에게 있을 불감증과도 분리할 수 없다. 1600년경, 랑그도크의 농민들은 이 '불감증'을 이상하게도 불임과 연결시켰다.[12] 이 주제에서 주술적인 의미가 벗겨지는 데는 많은 시간이 걸렸다. 랑그도크에서 사라진 그 주제는 루시용과 카탈루냐의 민속에 오랫동안 살아남았다. 유럽에서 가장 낙후된 지역들(시칠리아, 남부 이탈리아)에서는 오늘날까지도 신혼부부는 거세에 대해 신의 자비를 구하는 의식(儀式)을 행한다.[13] 방법은 다르지만 원초적 불안은 16세기 말 랑그도크 사람들이 지니고 있던 그것과 다르지 않다.

이들 가운데 가장 정신이 깨인 사람들, 가장 지위가 높은 사람들——유명한 의사인 주베르, 국왕 재판관인 오지에——도 마법을 믿었으며,

---

10) Platter, 1892, 377쪽과 여러 곳.

11) Bodin, 1580, 제2권, 제1장; Boguet, 1608, 212쪽; Lancre, 1622, 766쪽 이하.

12) Olivier de Serres, viii, 5(stérilité 구절).

13) 신혼부부는 벌려놓은 가위, 낫 또는 줄을 신혼 침대 아래 슬그머니 놓는다. 거세의 도구가 해독제의 역할을 하는 것이다(E. de Martino, 1963).

때로는 그들 자신이 무서운 마법사이기도 했다. 오지에는 가족의 영령이 깃들어 있는 금반지를 사용하여 아름다운 부인들을 독살했다.[14] 그리고 세기말 두 명의 유명한 악마학자 보댕과 레미가 자란 곳도 랑그도크의 툴루즈 지방이었다.

1580년 이후 유명한 악마의 유행병(500명 이상이 화형당한 프랑슈-콩테와 바스크 지방에서 잘 알려진)이 퍼지면서 마(魔)의 산들이 서서히 깨어났다. 정신착란을 생산하는 공장의 굴뚝에서 연기가 다시 솟아오르게 된 것이다. 그리고 악마의 영향은 피레네 산맥에서 중앙 산악 지대의 랑그도크 고지대를 거쳐 쥐라 산맥에까지 퍼져갔다. 지독히 심한 신성모독적인 말이 떠돌던 랑그도크 지방의 피레네 산맥에서는, 그 지방 역사가들에 따르면, 프롱드 난 직전까지도 "짐승들을 저주하고, 요람에 있는 아이를 죽이고, 과수나무에 피해를 입혔다"는 죄목으로 마녀들을 재판했다. 그리고 그 결과는 교수형, 화형, 태형 또는 추방이었다.[15] 더 북쪽에 있는 루에르그 지방도 심하게 감염되었다.[16]

1595년경, 그곳의 천하고 무식하며 거친데다가 신앙심조차 없던 주민들을 지배한 사람은 마법사들이었다. 왜냐하면 이 루에르그인들은 성서를 알지 못했으며, 교회에서 아주 멀리 떨어진 벽촌에서 살았기 때문에 미사에도 참석하지 않았고, 그래서 악마에 대한 온갖 종류의 망상에 노출되었기 때문이다. 거기에서 멀지 않은 생-퐁스 지방은 점성술사와 미신이 우글거리던 곳으로, 이곳에도 악마가 정착했다. 악마는 사제인 카브롤과 공증인인 앙블라르에게 달라붙었는데, 그들이 1590~1600년에 작성한 일지들에는 불안감이 가득했다. 그 악마는 창틀에 목을 매달아 죽은 쉬잔 레세귀에르의 시신을 발로 끌어당겼는데, 그 힘은 여섯 사람의 힘과 맞먹는 것이었다. 그리고 1605년경 유령들은 그들 앞에 쌓인 눈을 치우면서 몽타뉴 누아르의 고갯길을 통해 루에르그와 생-퐁스를

---

14) Platter, éd. 1892, 325쪽과 여러 곳.

15) Adher, 1909.

16) Platter, éd. 1892, 481쪽.

오갔다고 알려졌다.[17)]

더 동쪽에 있는 위그노들의 세벤 지방은, 우리가 이미 보았듯이, 약하게 감염되었을 뿐이다. 이제 사탄의 길은 북쪽으로 방향을 잡았다. 사탄은 루에르그를 떠나 칼뱅주의자들의 제보당을 건너뛴 채 비바레에 도착했다. 이곳에서 50년간 잠잠했던 화형대의 불길이 1581년에 다시 타오르기 시작했다. 1581년, 아노네의 시행정관들, 의사들, 약사들은 산간 지방의 사바트에 대항하기 위해 마귀 쫓기와 고문을 했는데, 도시의 본당 교회에서 행해졌다. 소송 기록 가운데 생-생포리앵-드-마욍의 쉰 살 먹은 농민 카트린 부아야론의 경우를 보자. 명망 높은 아노네의 유지들은 그녀가 자기 딸을 사바트에 데리고 갔다는 자백을 끌어내려고 그녀의 귀와 신체의 다른 부분들에 끓는 돼지비계 기름을 부어 산채로 "돼지처럼 익혀버렸다."[18)]

마지막으로 악마의 사슬은 비바레 지방에서 (리옹을 거쳐) 사부아 지방과 쥐라 지방으로 이어졌는데, 재판관 보게*가 활동하던 시대에 이곳의 생-클로드에는 마법사들이 우글거렸다.[19)]

*

몽매주의의 분출, 세기말의 마법의 비등, 농촌 특히 산간 지방의 악마주의를 관찰할 수 있다. 종교개혁이 계몽의 광도를 높여주는 것 같던 바로 그 시기에 나타난 이러한 사실들을 어떻게 설명할 것인가?

토마 플라터는 1595년에 지리적 설명을 제안했다. 그는 프랑스 남부

---

17) 보좌신부 카브롤(Cabrol)의 『일지』(*Livre de notes*), éd. 1910~11; 『일지』, Amblard, éd. 1911~12; Sahuc, 1910~11, 461쪽; Taillepied, 1609, 126, 127쪽.

18) Regné, 1913; Caron, 1581; Poncer, 1835, I, 275~278쪽.

* Boguet: 16세기 말 부르고뉴 지방에서 악명 높았던 마녀 재판관.

19) Taillepied, 1609, 297쪽; Boguet, 1608.

를 여행한 다음, 마법사들의 마을이 어디에 있나 궁금해했다.[20] 그러면 악마는 어디서 더욱 강력했나? 거주지가 드문드문 산재되어 있거나, 산악 지역이어서 농민들이 미사나 신교 예배에 참석하기 힘든 곳, 사목활동이 어려운 곳, 무지한 시골뜨기여서 성서를 가까이하지 못하는 곳이라고 그는 대답했다. 그들은 악마의 가장 이상적인 먹이였다. 그들은 외딴 마을에 묻혀 살면서 전형적인 농촌의 이데올로기를 분비했으니 그것이 바로 마법이었다는 것이다. 정신적으로 방기(放棄)된 생-퐁스의 산간 지방인 루에르그는, 말하자면 마법사들의 온상이었던 것이다. 그것은 사각지대의 마법이었다.

우리는 지나치게 정(靜)적인 이 같은 설명을 16세기의 살아 움직이는 흐름 속에 넣음으로써 역동성을 부여할 수 있다. 왜냐하면 마법 현상의 부상(浮上)이 부동(不動)적인 지리적 조건들에만 부응한 것은 아니기 때문이다. 그것은 시간적으로도 정확하게 자리매김된다. 또한 정신적인 틀의 결핍과 위기가 커져갔음을 분명히 드러내준다. 이런 관점에서 보면 전혀 다른 맥락에서 행해진 사회학적 분석들은, 필요한 수정만 가하면, 유용하고 시사적인 아이디어를 제공해줄 수 있다.[21] 16세기의 인구 급증으로 사람들이 옛날의 본당 사목구, 도시의 외곽, 개간된 산기슭에 모여들었다. 그런데 지방의 성직자는 일반 행정기관과 마찬가지로 이러한 급증 현상을 예상하지도, 이해하지도 못했으며, 심지어는 유의하지도 않았다. 그들은 이 문제에 대처하려고 전혀 노력하지 않았다. 교구를 순시하는 주교들이, 교회에서 멀리 떨어진 곳에 막 조성된 벽촌에서 교회의 어떠한 정신적 도움도 받지 못한 채 쓸쓸히 죽어가던 병자들에게 관심을 가진 것은 겨우 17세기에 이르러서였다.

---

20) Platter, éd. 1892, 481쪽; Lempereur, 1906, 6~8쪽과 여러 곳에서 플라터는 많은 벽촌의 주민들이 종교 의식에 참석하기 어려웠으며, 이렇게 참석하지 못함으로써 "수많은 범죄, 이성간의 만남" 같은 도덕적인 결과가 생겨났다고 말한다.

21) Balandier, 1957, 제6장.

그리고 1560년 이후 내전 때문에 이 같은 방기 상황은 더욱 악화되었다. 사제들이 학살되었거나 불안을 피해 도망쳤던 것이다. 많은 성직자들이 신도들을 떠나 화승총을 잡고 신성동맹의 군인이 되었다.[22] 따라서 사제들의 보호막이 약해진 것이다. 정신적인 유기(遺棄)의 고통이 특히 컸던 곳은 산적, 강도, 테러의 온상인 산간 지방이었다. 사제들에게서 멀리 떨어져 있던 농민들은 자기들의 불안, 그리고 조상 전래의 공포 앞에서 고립무원이었다. 그들은 악마에게 몸을 맡긴다.

전도(顚倒) 의지

그러나 악마의 전염병을 단순히 영혼의 결핍, 저급한 의식, 더 나아가 종교적 보호막의 부재 탓으로 돌리는 것은 분석을 빈약하게 만드는 것이 아닌가? 이 같은 '부정성'(否定性)을 넘어서 마법의 성격을 제대로 파악해야 한다. 다시 말해 오랜 세월의 바닥과 영혼의 바닥에서 솟아오른, 진정으로 농촌적인 이데올로기적 수액을 회복시켜주어야 한다. 그러면 마법은 단지 정신적 공허(空虛)의 표현으로서만이 아니라 농민 의식의 생생한 반응으로도 나타날 것이다. 도시적 기원을 가지는 이데올로기는 농민들을 실망시켰다. 1560년 이후 농민들의 의식은 전쟁에 유린당했으며, 가난과 죽음 그리고 또 많은 경우 성적 실패에 대한 강박관념(실, 거세 불안)에 사로잡혔다. 그 결과, 농민들의 의식은 도피하여 오래된 망상(妄想)의 먹이가 되었다. 농민들은 어떤 악마에게든 자기들의 의식을 내주었다. 진정한 해방이 불가능해지자, 농민들의 의식은 악마적 반란의 모험을 시도한 것이다.

이 같은 몽상적인 봉기와 역시 동일한 산간 지대에서 1580~1600년경에 절정에 달한 진정한 민중 봉기 사이에는 지리적 · 연대적 그리고 때로는 가족적 일치가 나타난다. 특히 사바트와 반란 사이에는 정신 구조와 무의식 심리 현상 차원에서 근본적인 유사성이 있다. 우리는 이미

---

22) Carrière, 1936, vol. III.

실에 대한 언급에서 나름대로의 특징적인 불안들에 대해 말했다. 그러나 줄거리 구성의 메커니즘 자체가 주목할 만한 공통적인 특징들을 드러내준다. 봉기와 마법이라는 두 현상에서, 우리는 때때로 전도(顚倒)라고 하는 도식을 발견한다. 전도는 꿈의 연장(延長)이다. 신화적 성찰과 '원시적 사고'[23]에서 흔히 발견되는 현실 세계의 허구적 뒤집기다. 이 같은 전도가 공상적이거나 실제적인 그리고 많은 경우 절망적인 반란들과 관계가 있다 해도 전혀 놀라울 것이 없다. 왜냐하면 세상을 전도시키는 것, 위아래를 뒤집는 것은 세상을 혁명하는 것이 아니며, 세상을 진정으로 변화시키는 것도 아니기 때문이다. 그것은 초보적인 방식으로 세상에 대해 이의를 제기하는 것이고, 세상을 부정하는 것이며, 세상과의 불화를 선언하는 것이다. 그런데 1600년대의 마법은 반란이나 민중 축제와 마찬가지로 그러한 성향의 도식적인 흔적이 있다.

이같이 집요한 치환(置換) 의지는 남부의 한 어린 마법사의 증언에 잘 나타나 있다. 생 장 드 뤼즈에 사는 열다섯 살 소년은 1609년 코앙디아(라부르 지방)라는 곳에서 자기가 보았다고 주장하면서 장 수아르디벨 신부가 '예닐곱 차례'에 걸쳐 집전한 검은 미사에 대해 기술했다. "그 미사에서 수아르디벨은 악마 앞에서 다리를 하늘로 하고 머리를 아래로 한 채 검은 성체(聖體)를 거양했다. 그리고 그는 성체를 거양하는 동안이나 '사도신경'을 외우는 동안 그 자세로 있었다. 그 증인*은 어떻게 진행되었는지를 우리에게 잘 보여주기 위해 똑같은 자세로 우리 앞에 앉았다(왜냐하면 사탄은 사람들이 이제껏 본 적이 없는 무시무시한 일들을 그들에게 가르치기 때문이다).

그리고 그**는 자기가 어떻게 표현할 수 없었었던 것을 우리에게 말했다. 사제의 몸은 여전히 머리는 아래로 하고 다리는 위로 한 채 공중으

23) Lévi-Strauss, 1961, 1110, 1120, 1122, 1123쪽과 여러 곳; 프로이트, 『꿈의 과학』(*Science des Rêves*), 제6장.

* 소년.

** 소년.

로 떠올랐다는 것이다. 그럼에도 성체 거양을 할 때 사제의 몸과 팔은 우리의 사제들이 하나님의 교회에서 진정한 성체 거양을 할 때의 몸과 팔과 같은 모습이라고 그는 말했다. 왜냐하면(증인은 덧붙이기를) 악마는 사바트에서 모든 것을 거꾸로 나타나게 할 수 있기 때문이다. 인간에게는 완전히 불가능한 것이 그에게는 그렇지 않다."[24]

매우 진귀한 증언이다. 왜냐하면 아주 터무니없는 묘사——머리는 땅에 박고 다리는 하늘로 뻗은 채 미사를 집전하는 사제——이기는 하지만, 그것은 제도들을 교체하고 세상의 위아래를 광신적으로 뒤집으려는 신화적인 사고의 고집스러운 표현을 분명히 보여주기 때문이다. 2년 뒤(1611), 다른 한 증인도 다른 형태로 그리고 중력의 법칙에 덜 거스르지만, 동일한 생각을 보여주었다. 그는 '라부르의 신부들'은 정상적인 의식대로가 아니라 '완전히 반대로' 검은 미사를 드린다고 선언했다. 예를 들어 신부들은 진짜 미사에서처럼 제단을 바라보는 것이 아니라 회중을 바라보면서 제식을 집행했다.[25] 마찬가지로 그들은 하얀 성체 대신 검은 무를 축성했다. 사소한 도착(倒錯)이고 언제나처럼 정상적인 관계들의 전도다.

'거꾸로 된 세상'이라는 주제가 마법사들의 음침한 고장인 바스크 지방의 산간 지대에만 있었던 것은 아니다. 그것들은 카탈루냐의 마법에서도 여러 형태로 나타났다. 라틴어 기도를 거꾸로 암송하기, 악마의 얼굴을 배 아래 부분에 놓는 식으로 악마의 몸을 거꾸로 하기(페르피냥 박물관에 소장된 카탈루냐 화파의 악마 그림들).[26] 그뿐만 아니라 그것은 나르본에서 앙티브에 이르는 지중해 연안 남부 프랑스 전역에서, 이제

---

24) P. de Lancre, 1612, 464, 465쪽.

25) 같은 책, 465쪽.

26) Baldung, éd. 1961에 있는 데생을 보라, 전재(轉載), n°. 8, (drei Hexen), 같은 책, 16쪽에 있는 하트라우브(G. F. Hartlaub)의 코멘트: 한 젊은 마녀가 자기의 양발 사이로 세상을 거꾸로 바라본다. "오랜 Hexen 관습에 따라"; 이 데생의 다른 모티프들은 마술적인 전도의 주제를 성적인 전도 및 도착과 연관시킨다.

는 사바트와 검은 미사에서가 아니라 미친 사람들의 축제,* 교회의 사투르날리아제,** '코 없는 다윗의 기억'을 흥얼거리는 사육제의 수도원장이 집전하는 미사-소극(笑劇) 등의 황당무계한 외양 속에서 나타났다. 교구를 사목 순시하던 로데브의 주교나 나르본의 지방 공의회(1609)는 이 같은 익살을 실(ligatura)이나 악마와의 계약과 마찬가지로 단호하게 처벌했다.[27)]

교회의 미사와 위계(位階)를 흉내 내던 사람들의 전도 의지는 여기에서 멈추지 않았다. 그 얼마 후에 노데는 앙티브의 코르들리에 수도원에서 벌어진 지중해 지역의 민속적인 '제식'들 가운데 하나를 기술했다. '미친 사람들의 축제'가 열리는 동안, 부엌일을 하고 채원을 가꾸는 채소밭 관리 수도자들은 사제들을 대신하여 성가대석의 성직자석에 앉는다. 성직자들의 장식품들을 찢고 거꾸로 매단다. 책들을 뒤집어놓고, 막힌 안경, 안경알이 없는 안경, 오렌지 껍질로 막은 안경으로 거꾸로 읽는다. 미사와 찬송은 알아들을 수 없는 작은 소리로 진행된다.[28)]

그런데 이렇게 세밀하게 묘사된 전도라는 주제가 사바트와 '미친 사람들의 축제'의 무질서(saturnales)에만 나타난 것은 아니다. 그것은 옛날의 민중 반란과 같은 대규모 사회적 무질서에서도 나타났다. 이 같은 민중 반란들은 현실적 실현 가능성이 없었기 때문에 사회를 혁명적으로 변화시키기 위한 실제적인 계획을 세우는 데 어려움을 겪었다. 그래서

---

* fête de fous: 중세 때 크게 유행했던 익살극. 헤롯 왕의 명령으로 죽은 무고한 어린이들을 기념하는 축일인 12월 28일, 성가대 어린이들과 하급 성직자들은 자기들 가운데에서 주교나 교황을 뽑았다. 이렇게 뽑힌 고위 성직자들은 함부로 닥치는 대로 축성을 베풀었다. 이들은 향로 속에 신발을 넣고 태웠으며, 제단 위에서 주사위놀이를 하거나 순대를 먹었으며, 그들이 뽑은 주교를 당나귀에 거꾸로 태워 마을을 행진했다. 또는 직접 당나귀에 주교관을 씌우기도 했다.

** 고대 로마의 축제로, 노예가 주인의 자리를 차지했다.

27) Devic, 1872~92, XI, 903, 904쪽; 나르본의 지방 공의회에 대해서는 Ph. Labbé, 1672, vol. XV. 1578년 총서와 1614~15년 총서; Martin, 1900, I, 302쪽 참조.

28) Mandrou, 1961, 188, 189쪽에 인용된 텍스트.

그것이 직접적인 요구 이상으로 나아갈 때, 거기에는 계급, 현실, 의식(儀式)의 치환이라는 원시적인——때로는 지복천년적인——기획이 스며들었다. "첫째가 꼴찌가 될 것이다."

뒤집힌 책을 거꾸로 읽기, 그것은 앙티브의 채소밭 관리 수도자들의 그로테스크한 소극(笑劇)이었다. 그러나 그것은 또한 거기서 백 리 떨어진 작센 지방의 재세례파들이 그와는 완전히 독립적인 상태에서 벌인 사회적 도전의 진지한 몸짓과 같은 것이었다. 그들은 그렇게 해서 가난하고 무식한 민중을 영광되게 하고 싶었던 것이다.[29)]

그렇게 멀리 가지 않더라도, 남부 프랑스의 론 강 유역에 있는 로망에서 사육제 날에 벌어진 유혈 가장무도회에서 절정에 달한 노동자와 농민들의 반란은, 대중과 부르주아의 심리 속에서는, 전도라는 의미로 해석되었다. 부자와 가난한 사람들 사이의 치환, 계급, 신분, 재산, 배우자, 심지어는 모든 곡물 가격 등의 터무니없기까지 한 치환이었다.

*

이렇듯 16세기 말의 의식화(意識化)는 때때로 목표를 포기함으로써 짧게 끝나거나 비합리적인 것을 향해 맹렬히 빠져나갔다. 이는 말하자면 합리적인 항의들——십일조, 지대, 장원, 특권, 토지의 잘못된 분할, 기존의 무질서 등을 문제삼는——을 '계몽사상'과 근대적인 인간관의 담지자인 개명된 엘리트들이 아직 주도하지 못했음을 의미한다. 그리고 여전히 원시적인 투쟁은 몽매주의에 붙잡혀 있었다. 농민들의 싸움은 암흑 속을 더듬을 뿐이었다. 그리고 그 암흑은 세기말에 더욱 두터워졌다.

인구의 팽창은, 이미 살펴보았듯이, 부(富)의 조화로운 성장을 동반하지 못했다. 그리고 이 같은 사회적 실패는 의식화, 농민 투쟁 그리고 무

29) Léonard, 1961, I.

의식적인 저항의 차원에 그 흔적을 남겼다. 왜냐하면 농촌의 자유는 승리하지 못했기 때문이다. 불안은 옛날의 망상을 등에 업고 강화되어 되돌아왔고, 서민 대중의 행동 속에는 '원시적 사고'가 다시 나타났다.

제4부 지대의 공세

1592년 9월, 툴루즈의 신성동맹군 사령관인 스키피옹 드 주아외즈는 빌뮈르 근처에서 패전했다. 패주하던 도중 그는 다리 난간에 부딪혀 타른 강에 빠져 죽었다. 그를 무찌른 후, 왕당파들은 "타른 강은 그의 오물을 씻었다"라고 노래하면서 그를 모욕했다. 전쟁은 끝나갔다. 남부 프랑스에서 스키피옹의 죽음은 1595년의 휴전, 1596년의 평화, 1598년의 칙령*의 전주곡이었다.

1592~93년. 남부 프랑스의 시장에서 밀 가격과 포도주 가격은 세기 중 가장 비쌌다. 1592~93년의 사이클상의 정점은 1480년에서 1643년까지에는 다시 찾아볼 수 없다.[1]

이 시기 이후, 수확 연도 1595~97년의 조금 덜 높은 정점 이후에 20년의 완화기, 안정기가 찾아든다. 그러다가 다시 1615년경부터 시작하여 1655년까지 지속적으로 상승하는데, 그 각도는 16세기 후반기의 급경사에 비해 완만하다.

가격 안정, 국내의 평화, 새로운 분위기는 전후의 재건을 의미한다. 이 시기 이후에 랑그도크 지방을 여행하던 사람들은 재건된 베르코르** 나 노르망디를 방문하던 1960년의 여행자들과 같은 어조로 말했다. 채석장에서 공급하는 건축용 석재를 써서 '근대식으로 새롭게 세워진'

---

* 낭트 칙령.

1) Devic, 1872~92, 해당 시기; Gr. 12.

** Vercors: 프랑스 북부에 있는 석회암 산악 지대.

'잘 건축된' 새로운 건물이 도처에 들어섰다고 말이다. 건축은 호황이었다. 복구도 활발했다. 복구는 전쟁이 한창이던 1583년부터 이미 시작되었는데, 수요가 많았던 만큼 1650~60년까지 계속되었다. 수요를 맞추기 위해서 채석장, 석회 제조 화덕, 기와 공장 들이 여기저기 생겨났다. 콜레주,* 수도원, 교회, 부두, 다리, 성채, 문, 초소, 집, 방앗간, 농가, 곳간, 양 우리, 밭과 정원을 조성하기 위한 낮은 축대, 계단식 밭, 굴뚝, 비둘기장, 나선 층계 들이 '근대식'으로 또는 중세풍을 가미해서 새롭게 세워졌거나 개축되었다. 복분자나무가 무성하게 자라고 쥐와 까마귀가 득실거리던 폐가가 없어지고 새로운 건물이 들어선 것이다.[2)]

1600년 이후 랑그도크를 뒤덮은 교회와 농가의 '하얀 외투'와도 같은 건축의 물결은 무엇과 일치하는가? 전후의 단순한 국면 변동, 표면적인 활기인가? 아니면 새로운 양식이나 스타일로서 지속된 세기적 발전, 넘실거리는 큰 파도인가? 한 번 더, 인구, 생산, 수입 등 구체적인 것에서 추상적인 것으로, 질적 인상(印象)에서 양적 지표로 나아갈 필요가 있다.

---

* collège: 1257년 신학자인 로베르 드 소르봉이 파리에 세운 기숙사(자신의 이름을 딴 콜레주)가 효시다. 그후 콜레주는 급격히 늘어나 1300년에는 14개, 1450년에는 60개를 헤아렸다. 콜레주는 원래 기숙사였으나 이곳에서 강의를 했기 때문에 15세기부터는 교육기관이 되었으며, 대학의 교양학부를 가리키게 되었다. 당시 대학의 교양 과정에 들어가는 연령은 12세부터였기 때문에 실질적으로 교양학부 또는 콜레주는 오늘날의 중등 교육과정으로 보아야 한다. 16세기부터 콜레주는 중세적 전통과는 다른 인문주의를 교육하는 교육기관으로 자리잡았으며, 프랑스에서는 예수회가 콜레주 설립을 주도했다. 1560년에는 47개, 1560년과 1650년 사이에 153개가 있었으나 1650년 이후에는 55개로 줄어들었다. 1762년 예수회의 추방으로 국가가 교육을 단일화하고 관장하려는 개혁안이 나왔는데, 프랑스 혁명기에 콜레주는 공식적으로 사라지고 리세(lycée)로 대체되었다. 오늘날 콜레주는 중학교를 가리킨다.

2) Davity, 1643; 전후의 재건축에 대한 기록은 An. 48을 보라.

제1장 인구

완만한 증가(1600~70)

1600년 이후 인구 통계는 밝아진다. 16세기의 간접적이고 불완전한 자료인 조세 목록보다 양적으로나 질적으로 더 좋은 것이 있다. 16세기의 그 같은 자료를 넘어서고 확인해주는 자료가 제공되니, 가톨릭의 증서인 호적대장이 바로 그것이다.

어쩌면 불완전한 자료일 수도 있다. 예컨대 주교의 독촉을 받은 사제는 마침내 1658년에 세례, 결혼, 장례와 관련된 대장을 작성하기로 결정한다. 고위 성직자에 대한 두려움이 싹싹함의 시작이었다. 그러나 주교의 순시가 뜸해지자 다시 태만한 사제는 미사를 대충 해치우고, 종부성사를 빠뜨리고, 대장 작성을 중단한다. 호적수를 왜곡하는 것은 그것만이 아니다. 프로테스탄트들이 그러했는데, 왜냐하면 이들이 개종하면서 가톨릭 호적대장의 '고객' 수를 점차 증가시켰지만, 이 같은 유입은 인구 증가와는 무관한 것이기 때문이다.[1)]

그러나 수도원 부속 농장 사제가 성실했거나 본당 사목구 신도가 모두 가톨릭이었다면 쓸 만한 연속 자료를 재구성해낼 수 있는데, 그중 몇몇은 다음과 같다.[2)] 어떤 것은 연안 평야(랑사르그)에 대한 자료이고, 어떤 것은 산기슭이나 황야(몽페루)에 대한 자료이며, 세 번째 자료는

---

1) ADH, G 1147, 1658년, 생-장-드-베다의 사목 순시와 G 1149와 여러 곳; Gr. 4(Montagnac).

2) 이하 모든 것에 대해서는 Gr. 4.

몽타뉴 누아르의 앞자락(세스농)에 대한 자료이고, 마지막 자료는 미네르부아의 석회질 지방(올롱자크)에 대한 자료다. 이 마을들은 모두, 몇몇 사람이나 작은 부락들의 불규칙적인 변동에 영향을 받지 않을 정도로 꽤 큰 마을이었다. 그러면서도 본당 사목구들은 산업의 영향을 거의 받지 않은 전형적인 농촌 마을이었다. 이 마을들은 밀과 포도를 생산했으며, 주민은 천 명 안팎이었다(1년에 30명 내지 50명의 세례자).

자료들은 잘 일치한다. 지방적인 차원에서 자료들은 어느 정도의 인구 증가를 드러내준다. 쉴리,* 콘치니** 또는 륀*** 시대의 세스농에서는 매년 약 40명이 세례를 받았다. 그리고 그 수는 매년 55명의 세례자라는 최대치를 보인 콜베르 시대까지 천천히 늘어났다. 약간의 차이는 있지만 몽페루에서도 마찬가지였다. 자료가 불연속적이긴 하지만, 올롱자크에서는 같은 기간에 출생자가 25명에서 35명으로 늘어났다. 랑사르그(더 짧은 연속 자료)에서는 세례자가 1635년에는 24명이던 것이 1670년경에는 30명 정도로 늘어났다. 55년(1615~70) 동안에 세례곡선 네 개의 평균 상승은 +38퍼센트로 나타난다.

16세기의 호시절에 비하면 그리 활발하지 못한 리듬이다. 그렇다고 무시할 만한 정도의 증가는 아니다. 인구 증가는 문제를 제기했으며, 관찰자들도 그 문제를 알고 있었다. 예컨대 나르본의 시행정관들이 그러했다. 그들 이상으로, 경제학자인 몽크레티엥은 우려를 표현했다. "평화가 찾아온 후 왕국의 인구는 크게 불어났다. 서로가 서로를 숨막히게 할 정도다."[3)]

조세 자료들에서도 일치된 결론을 도출한다. 조세 자료들은 우선 위의 네 본당 사목구에 대한 연구 결과를 확인해준다. 세 군데 본당 사목

* Sully(1560~1641).
** Concini(1575~1617).
*** Luynes(1578~1621).

3) AC Narbonne, BB 14, 23-3-1628; AC Le Vigan, BB 4, 15-11-1612; Montchrestien, éd. 1889, 315쪽.

구는 호적대장 외에도 콩푸아 자료들을 가지고 있는데, 이들 콩푸아 자료는 쉴리에서 콜베르에 이르는 17세기 초의 인구 상황이 건강했음을 확인해준다. 주민이 늘어나면 자연스럽게 납세자도 그만큼 늘어난 것이다.

마을	연도	타유세 납세자 수	10년 단위 증가율 (%)
몽페루	1586	368(토착 주민은 349)	
	1652	489(토착 주민은 474)	+5%(토착 주민)
랑사르그	1602	363	
	1653	411	+2.5%(1602년에서 53년까지)
	1704	580	
세스농	1560	277	
	1634	386	+5%

이 같은 최초의 확증은 호적대장이 보존되어 있지 않아도 콩푸아가 있는 마을을 모두 조사해보면 양적으로 확대된다. 예컨대 35개의 본당 사목구는 1590~1600년과 1660~70년 사이의 인구 증가를 명확하게 말해준다.

아고네: 1558년, 28 타유세 납세자; 1644년, 68 타유세 납세자.

알리냥(토착 주민): 1591년, 157; 1656년, 283; 1680년, 275.

아니안(토착 주민): 1608년, 362; 1644년, 410; 1724년, 515.– T.A.D.*: 3.7%(1608~44년).

아르젤리에: 1531년, 30; 1664년, 60.

바상: 1580년 이전, 60; 1636년, 92; 1670년, 95.

베다리외: 1632년, 333; 1646년, 310; 1664년, 378; 1685년, 452.

* 10년 단위 증가율.

베상: 1567년, 272; 1567년에서 1596년은 280~290에서 정체; 1610~11년, 326; 1680년~90년경, 400.

페브레그: 1600년, 215; 1698년, 248.

포제르: 1589년, 104; 1722년, 166.

프롱티냥: 1570년, 501; 1622년, 695.

가리그: 1627년, 40(그중 13명은 토착 주민); 1683년, 78(토착 주민은 26).

지냐크: 1596년, 631; 1715년, 832.

종셀: 1537년, 164; 1651년, 199; 1675년, 213.

레스피냥: 1607년, 174; 1653년, 262.

로데브: 1589년, 702; 1626년, 748; 1655년, 731; 1672년, 857.

뤼넬(토착 주민): 1594년, 597; 1602년, 609; 1607년, 657; 1627년, 713; 1634년, 732; 1682년, 827.

마로상: 16세기 말, 74?; 1645년, 145; 1655년, 144; 1685년, 177.

마르시아르그: 1658년, 800; 1681년, 848.

모귀오: 1595년, 646; 1653년, 714.

몽펠리에: 17세기 타유세 납세자 수 증가(cf. Gr. 8).

무레즈: 1611년, 48(토착 주민은 29명); 1631년, 50(토착 주민은 33); 1642, 56(토착 주민은 34); 1659년, 51(토착 주민은 35); 1670년, 56 또는 62.

네지냥-레베크: 1610년, 178; 1620년, 178; 1624년, 175; 1625년, 172; 1628년, 157; 1629년, 173; 1630년, 171; 1641년, 157 내지 160; 1646년, 169; 1655년, 172?; 1658년, 176; 1667년, 191; 1675년, 187.

페롤: 1574년, 88; 1638년, 185.

피냥: 1594년, 341(토착 주민은 279); 1655년, 435(토착 주민은 328).

포르티라뉴: 1600년, 125; 1601년, 124; 1604년, 130; 1605년, 132; 1608년, 132; 1609년, 131; 1618년, 140; 1620년, 158; 1632년, 186; 1641년, 190; 1648년, 186; 1670년, 215; 1680년, 226; 1686년,

224.

퓌에샤봉(토착 주민): 1638~43년, 156~160(토착 주민); 1644~58년, 160~170; 1684년, 175(토착 주민).

생-탕드레-드-상고니: 1636년, 820; 1665년, 811; 1690년, 893.

생-타폴리네르-드-리아: 1574년, 51; 1618년, 83.

생-조르주-도르크: 1593년, 131(토착 주민은 111); 1635년, 160(토착 주민은 142); 1688년, 167(토착 주민은 114).

생-폴-에-발말: 1613년, 36; 1672년, 43.

세리냥: 1603년, 428(토착 주민은 325); 1654년, 350(토착 주민); 1670년, 503(토착 주민은 378).

트레비에: 1558년, 32; 1637년, 94.

발로스: 1636년, 73(토착 주민)과 40(외지인), 합계 113; 1664년, 81(토착 주민)과 39(외지인), 합계 120; 1674년, 122(합계); 1675년, 129; 1676년, 132; 1678년, 144; 1679년, 138; 1686년, 106(토착 주민)과 45(외지인), 합계 151.

빌마뉴-라르장티에르: 1601년, 158; 1607년, 168; 1610년, 170; 1620년, 179; 1678년, 188.

빌뇌브-레-베지에: 1644년, 507; 1692~95년, 946.

이 같은 인구 증가는 계속되어 1675~80년경까지 여세를 몰아갔다. 시기적으로 그것은 프롱드 난과 국왕 즉위 무렵의 기근으로 1650~61년부터 인구 증가가 저지된 북부의 몇몇 지역에서보다 더 늦게까지 계속된 것이다.

이러한 추가적인 연장에도 불구하고, 랑그도크나 프로방스[4]의 인구 증가조차 16세기의 넘쳐흐를 듯한 증가와는 거리가 멀었다. 10년 단위로 본 타유세 납세자 수의 증가율은 대부분 2 내지 3퍼센트였던 데 반

4) 이 주제에 대해서는 Baratier, 1961과 Baehrel, 1961을 비교하라.

해, 1560년 이전의 16세기에는 10 내지 11퍼센트였던 것이다. 우리가 앞의 표에 모아놓은 마을(대부분이다)은 어쨌든 인구 증가를 경험한 마을들이다. 그러나 도표상에는 어두운 부분이 없지 않다.

죽음의 마을들과 1629년의 위기

17세기의 새로운 사실——프랑수아 1세와 앙리 2세의 호시절에는 생각할 수 없었던——은 평화가 한창이던 루이 13세 시대부터 빈곤과 기아와 질병의 주머니인 죽음의 마을들이 존재했다는 점이다. 이 마을들의 인구는 1630년부터 붕괴되었다. 바로 이것이 17세기의 까다롭고 차별적인 성격이다. 인구 증가는 대부분의 본당 사목구에서 완만했다. 그러나 적지만 무시할 수 없는 몇몇 마을에서는 소름끼치는 인구 감소 현상이 나타났다.

이들 죽음의 마을은 로데브의 가난한 지방 주변에 모여 있다. 이 마을들은 대체로 18세기의 한 텍스트가 말하듯이 주민들이 딱딱한 빵과 치즈 부스러기를 먹을 정도로 가난한 코스와 라르자크의 일부를 끼고 있다. 1620~30년 무렵까지 이들 로데브와 코스의 마을은 꽤 많은 인구를 유지하고 있었다. 완만한 상승을 했거나, 적어도 현상 유지는 하고 있었다. 그러다가 갑자기 1629~32년에 이르러 모든 것이 끊어졌다. 즉 곡선들이 무너지는데, 이런 형태의 재난은 좀더 부유하고 조용한 낮은 지대의 고장에서는 예를 찾아볼 수 없는 것이다. 10년(1625~35) 사이에 로루와 레 플랑은 타유세 납세자들의 40퍼센트를 상실했다. 수베스는 거의 3분의 1을, 좀더 나중이지만 생-기로도 거의 3분의 1을 상실했다. 다른 마을의 자료에서는 재난의 연대가 덜 정확하게 나타난다. 그러나 거기에서도 쉴리에서 콜베르에 이르는 동안 인구가 정체되었거나 뚜렷하게 감소한 것을 확인할 수 있다.[5] 이 마을들 역시 대부분 황야와 산 앞자락의 비옥하지 못한 지대에 있는 것이 특징이다.

---

5) 이 마을들에 대해서는 Gr. 7.

나머지 지역의 건강함과 대조를 이루는 이 같은 1630년대의 국지적 단절, 부분적인 재난 그리고 죽음이 깃든 이들 산간 지대를 어떻게 설명할 것인가? 모든 곡선에 나타나는 1628~35년의 높은 사망률에 혐의를 두어야 함은 의심할 여지가 없다. 그러나 이 마을들은 피에르 구베르가 발 드 루아르 지방에 대한 연구[6]에서 인정했던 '끔찍한 출혈'의 성격을 보여준다. 연구자들에게는 불행하게도, 황야와 코스 지방에 있는 오지 마을에서는 호적대장의 작성이 1650년경에야 겨우 시작되었다. 그렇지만 한 마을에서만은 '일어나고 있는 현상'을 추적해볼 수 있다. 바로, 아주 조그만 본당 사목구——토지가 척박한 보스크의 광대한 공동체에 포함된——루아라에서는 1년에 평균 5명 내지 6명의 사망자가 발생했다.[7] 그러나 1631년에는 8개월 동안 44명의 사망자가 발생했는데 이는 평년의 10배 이상이었다. 1632년과 1633년에는 7개월 만에 12명의 사망자가 발생함으로써 사망률이 평년의 4배에 달했다. 10배의 사망률! 낮은 지대의 행복한 곡선에서는 생각할 수 없는 비극이었지만 이 재난은 손쓸 방도가 없는 것이었다. 이 사망률에 이어 대탈출 현상이 있었는가? 어쨌든 결혼이 뜸해지면서, 루아라의 인구는 더 줄어든 후 1789년까지 그 자리에서 맴돌았다.

루아라는 1628~32년에 심한 고난을 겪은 라르자크와 로데브 지방의 마을들 가운데 잘 알려진 한 예일 뿐이다. 로데브의 주교이자 대단한 행정가인 장 플랑타비 드 라 포즈를 한번 따라가보자. 그는 1631년 8월 30일과 9월 1일 라르자크의 코스 지방으로 사목 순시를 떠났다. 아주 가난한 마을인 소르브에서 그는 다음과 같이 기록했다. "페스트가 대부분의 주민들을 쓸어가버려서 성체배령자가 40명 내지 50명밖에 되지 않았다." 켈라르에서도 페스트로 인구 감소가 뚜렷했다. 그리고 크로 마을에서는 수적인 정확성이 더해진다. "성체배령자의 수가 전에는 200명을

6) Goubert, 1955; 1960, 『지도』의 표 17.

7) Gr. 4(Loiras).

헤아렸는데 전염병 때문에 이제는 60 내지 80밖에 되지 않는다."[8)]

*

이렇게 수난을 당한 한 지방의 사례를 부각시킴으로써 구체제 시기에 루아르 강 이남에서의 가장 혹독한 사례 가운데 하나였던 1628~32년의 사망 사이클에 대한 문제가 제기되었다. 이 대량 살육을 어떻게 설명할 것인가? 일차적인 분석에 따르면 기근과 비싼 빵 때문이었다. 1628~32년은 남부 전체에 식량 위기가 닥친 해였다. 가격 상승(밀, 호밀)은 1626년에 시작되었다. 그후, 1628년의 수확 이후, 그리고 다시 1630년의 수확 이후 정점에 다다랐다. 그런 후 곡선은 1632년부터 꺾이기 시작하여 1634년에 바닥을 쳤다.[9)]

베지에의 호밀 가격을 일시적이나마 두 배로 올려놓은 이 사이클의 원인으로 우리는 몇 차례의 흉작을 들 수 있다. 그것은 십일조 연속 자료나 현물세 입고(入庫) 곡선들에서 확인할 수 있다.[10)] 게다가 수확에서의 이러한 사건들은 공포를 불러일으키고, 으레 그렇듯이 교역의 제한을 야기했다. 이것은 점진적으로 시행되었다. 1627년과 1628년 봄에도, 바다는 자유로웠다. 곡물을 실은 선박들은 나르본을 떠나 몰타로 향했다. 그러나 1628년의 형편없는 수확은 두려움을 퍼뜨렸다. 8월에 몽모랑시는 곡물의 반출을 금했으며 어기는 경우 사형에 처하겠다고 선포했다. '사람들은 소리 지르면서' 출항 전 밀을 배에서 내렸다.

1629년의 수확 이후 툴루즈 고등법원은 '기근'을 공식으로 선언했으며, 매점매석자들의 곳간을 열도록 명했다. 1629~30년 겨울은 온통 압

8) 에밀 아폴리스가 이 텍스트를 나에게 건네주었다. 그는 이 텍스트를 로데브의 주교인 장 플랑타비 드 라 포즈가 1631년에 사목 순시한 기록에서 얻었다. 이 기록은 몽펠리에 교구 도서관에 보관되어 있다.

9) Gr. 12.

10) Gr. 30; Baehrel, 1961, 『지도』의 표 5(세 차례의 흉작).

류와 수색으로 어수선했다.

진짜 재난은 너무 덥고 건조하고 '메말라서,' '모든 곡물이 해를 입은' 1630년의 수확이었다. 지대가 낮은 지방은 바다로 밀을 들여오고, 발렌시아나 롬바르디아에서 쌀을 사들임으로써 그나마 피해를 줄일 수 있었다. 그러나 코르비에르 지방의 농촌 사람들은 일찍부터 귀리 빵을 먹지 않으면 안 되었다. 그리고 서쪽에 있는 기옌 지방 쪽에서 1630~31년 겨울에 '기아'가 발생했다. 거지들이 득실거렸다. 몽펠리에의 르누아르, 나르본의 마트 같은 밀 담당 카시크*들은 자기네 땅에 파종해야 한다는 핑계로 도시에서 밀을 빼내가려 했다. 군중들은 그들의 수레가 지나가는 길목에서 폭동을 일으켰다.

마침내 긴장이 완화되었다. 1632년 이미 밀은 공식적인 축복을 받으며 바다를 향해했다. 그리고 1633~34년의 풍년은 다시 한 번 곳간을 무너뜨릴 정도였다. 풍부한 밀, 부족한 돈, 가격 폭락이라고 한 공증인은 기록했다. 1634년, 기근이 마침내 사라졌다.[11]

죽음에 대해 일차적인 책임이 있는 이러한 품귀 사이클에 전염병 사이클이 선명하게 겹친다. 바로 페스트를 말함인데, 당시 그것은 오랜 쇠퇴 기간 이후 마지막이자 거친 발악을 했다. 1627년에만 해도 페스트는 단지 왕국의 북부(노르망디, 일-드-프랑스 그리고 피카르디)만을 강타했다. 그것은 거기에서 보베 지방과 북해 시장에서 특히 두드러졌던 1626~27년의 가격 앙등, 빈곤과 조우했다. 그러나 1628년, 이 '사이클'의 프랑스 지도상에 대조적인 양상이 나타났다. 북부에서는 수확이 좋았고 가격이 낮았지만 반대로 같은 해 남부 프랑스에서는 곡물 가격이 오르기 시작했다. 그런데 가난과 마찬가지로 질병도 지방의 변덕스런 수확을 따르게 된다. 실제로 그해에 루에르그 사람들은 페스트가 일상적인 행정과는 반대로, 가격 앙등과 마찬가지로, 기수를 남쪽으로 돌

* cacique: 원래는 중앙아메리카의 인디언 추장을 가리키는 말이나, 여기에서는 정치적 · 행정적 중요 역할을 하는 인물을 말함.

11) 이 모든 곡물 사이클에 대해서는 An. 27에 있는 텍스트와 참고 자료.

렀음을 확인했다. 1628년 봄, 생활수준이 극히 낮고 특히 불결한 지역이어서 전염병의 중계지 역할을 했던 케르시와 황량한 루에르그에서 페스트가 '극성을 부린' 것으로 확인되었다. 재앙은 거기에서 오래 머물지 않았다. 피자크와 빌프랑슈-드-루에르그에서 계곡을 따라 무아사크에 이르러 1628년 8월에 기승을 부리다가 툴루즈로 갔다(9월). 툴루즈에서는 겨울이 되기도 전에 이미 400명이 고해도 하지 못하고 죽었다. 페스트에 감염된 집에는 하얀 십자가 표시를 그렸고, 문에는 철막대로 빗장을 걸었다. 질병은 툴루즈를 떠나 나르본으로 갔다. 이곳에서는 페스트가 1628년 11월 16일(정오에) 발생한 것으로 공식 확인되었다(재난을 예견한 시행정관들은 이미 포도수확을 마쳤으며, 에퀴화를 챙겨놓았고, 빈민들을 추방했다). 며칠 뒤 페스트는 세르다뉴, 페르피냥까지 날아가서 4천 명의 희생자를 냈다. 카탈루냐 전역이 순식간에 전염되었다.

1628년 12월, 잠시 소강상태에 빠졌다. 페스트는 고등법원이 믿은 것처럼 '모든 지역에서 끝난 것인가?' 그렇지 않았다. 페스트는 여전히(1629년 1월~4월) 무아사크, 카오르, 나르본 같은 이전의 발생 지역에서 징후를 보였다. 후일 이곳에서는 쟁기질을 할 때면 땅속에 묻히지도 않은 채 거의 땅 표면에 널려 있던 시체들이 걸려 나오곤 했다. 일시적인 후퇴(1629년 5월~6월) 이후 페스트는 여름에 다시 공략에 나서 동쪽의 새로운 땅들을 점령했다. 1629년 7월, 몽펠리에(3천 명의 사망자)와 퓌에 페스트가 돌았다. 9월에는 가히 폭발적이라 할 정도로 널리 퍼졌다. 님, 베지에, 카르카손, 코르드, 몽토방 등이 전염되었다. 전염병은 기근의 지원을 받았다. 더 나아가 도시에 이어 시골이 이 같은 혹병, 즉 서혜 선종의 공격을 받았다. 그런대로 농민들을 치료하기 위해 전갈 기름, 사슴 뿔, 페스트에 좋다는 식초, 축성받은 엉겅퀴 액을 구입하느라 코뮌의 재정이 바닥났다.

1630년 재앙은 알프스를 넘어 밀라노, 토스카나, 특히 롬바르디아 지방에 죽음을 뿌렸다. 몇 차례의 소강상태 이후 새로운 불길이 그해 가을 블레와 오-랑그도크에 번졌다. 1631년 봄, 균형을 잡아주기라도 하려는 듯이, 이번에는 이미 기근으로 심각한 타격을 입은 바-랑그도크가 페스트에 새로운 은신처를 제공했다. 예컨대 나르본에서 한 하녀의 허벅지에 난 혹은 도시를 공포에 빠뜨렸다. 그 끔찍한 봄 동안, 로데브 사람들은 페스트에 감염되어 절반이 죽어나갔다.[12] 1631년 9월, 진정 기미를 보이자 사람들은 나르본 성벽 바깥에 있던 페스트 감염자들의 '오두막'을 헐어버렸다. 1631년 10월~1632년 5월, 크게 약해진 질병의 마지막 발악이 있은 후 끝이 났다.[13] 건강이 회복되었고, 수확도 좋았으며, 가격도 낮아졌다. 사람들은 면역이 되었을 뿐만 아니라 식생활도 좋아졌다. 간단히 말해 사람들은 이제 페스트에 걸리지 않았다. 페스트는 이제 전쟁의 불행으로 전염병 발생에 좋은 조건이 형성된 동부의 부르고뉴 지방으로 희생자를 찾아 이동할 뿐이었다.

배고픔과 페스트. 땅의 거부, 세균의 독성. 이러한 것들이 1629년과 그 이후에 닥친 죽음의 원인인데, 이 원인들은 짝을 이루어 나타났으며 상호 상승적이었다. 그러나 자연만이 이 같은 재앙에 책임이 있을 뿐, 인간은 아무 죄가 없는 것일까? 그렇지 않다. 사람들이 이들 불행한 사람들을 돕기 위해 항상 최선을 다한 것은 아니었다. 물론 헌신적으로 봉사한 의사들이 있기는 있었다…… 그리고 그들은 자기들의 회고록에서 그 사실을 세상에 알렸다. 몽펠리에의 랑생이 바로 그러한 사람이었다. 그러나 일부 '유복한 사람들'의 파렴치함도 있었다. 1629년, 카르카손 부근의 부르주아들은 불행한 사람들에게 돈과 식량 제공을 거부했다. 그러고는 구원을 위한 종교 행렬 정도를 주교에게 간청하는 것이 고작이었다.[14]

특히 리슐리외를 수뇌로 하는 당국은 이 같은 '관리' 문제를 등한히 했다. 그 대신(大臣)은 믿기지 않을 정도의 조세 '쥐어짜기'로 위기를

12) 이 책, 제2권, 160쪽.

13) 남부에서의 이 같은 페스트 사이클(1628~32)에 대해서는 An. 17에 있는 텍스트와 참고 자료.

14) Bouges, 1741, 434쪽.

가중시켰다. 우선 그는 국왕과 염세리에게 이익을 가져다주는 국가 전매 사업인 소금에 손을 댔다. 소금 가격은 1599년에서 1626년 사이에는 1캥탈에 7리브르로 안정적이었다. 그러나 일련의 강제적인 가격 인상이 주로 1627년과 34년 사이에 갑작스럽게 단행되었다. 그래서 소금은 17리브르로 올랐는데, 이 가격은 1635년부터 세기말까지 계속된다.[15)] 1620년에는 밀 1스티에(베지에의 단위로)를 가지면 거의 소금 1캥탈을 살 수 있었다. 그러나 1635년에는 3스티에가 필요했다! 서민의 생활수준에 가해진 타격이 어떠했는지 상상이 간다. 왜냐하면 어떤 작가들에 따르면, 17세기의 노동자는 가계 예산의 10분의 1 이상을 소금 구매에 썼기 때문이다.[16)] 1632년, 신분회는 항의했다. 소금 가격이 세 배로 올라가면 그것의 소비를 줄이지 않을 수 없다, 그것은 건강을 해치는 것이다, 그것은 삶이 아니라 죽음을 돕는 것이다, 또한 마찬가지로 소금을 소비하는 축산을 위태롭게 하는 것이다, 그렇게 해서 땅에 거름을 주지 못하면 땅은 결국 황무지로 변하고 만다는 것이었다.[17)]

조세 부담이 늘어난 것이 소금뿐이었을까! 아니다. 직접세들도 가만히 있지 않았다. '타이용세,* 보조세,** 상품반입세***의 증가'는 1628년에서 32년 사이에 총 130만 1,536리브르가 늘어났다. 마지막으로, 또 다른 징수로서 1633년에 국가는 1594년 이후 처음으로 관세를 재조정했다. 상품에 따라 세율이 20, 30, 50, 100 또는 200퍼센트가 올랐다. 그래서 갑자기 '국내외 교역'(세관)을 담당하는 징수청부사무소는 15만 리브르의 추가 징수를 통고했다. 전체적으로 랑그도크 지방에서 염세,

---

15) Gr. 11.

16) Vauban, éd. 1933.

17) PV, 1629년 4월~8월; AN, H 748[108](1633, 1637, 1642년, 랑그도크의 진정서).

* taillon: 요새 도시의 주민들이 부담해야 했던 군대 주둔 비용을 대체하기 위해 앙리 2세가 1549년에 신설한 세금으로, 기존의 타유세에 추가한 것.

** aide: 흔히 포도주 같은 상품에 부과한 간접세.

*** équivalent: 주류 등에 부과한 거래세.

타유세 그리고 그 밖의 세금(교역세 등) 등 연간 조세 부담액은 1627년에서 33년 사이에 줄잡아도 250만 리브르가 늘어났다. 납세자들은 추기경*이 '쥐어짜기' 전인 1628년 이전이 '좋은 시절이었다'고 회고했다.[18)]

1628~32년은 가혹했다. 농사는 망쳤고 페스트는 극성을 부렸는데, 엎친 데 덮친 격으로, 최악의 순간에 잔인한 방식으로 조세 부담이 가중되었던 것이다. 이런 여러 요인들이, 특히 처음 두 요인이 서로 맞물려 움직이면서 4년 동안 높은 사망률이 이어졌다.

*

1630년경의 불안과 죽음은 심각한 결과를 초래했다. 우선 민중의 불만을 고조시켰다. 종교 분쟁은 뒷전으로 물러났다. 로앙은 자기가 지휘하던 세벤 지방의 마키자르**들의 요구에 굴복했다. 그는 페스트와 기아가 극성을 부린 1629년에 무기를 내려놓았다. 그리고 루이 13세는 그에게 '알레스의 사면'***을 베풀었다. 이제 사람들의 관심은 사회 문제와 조세 문제에 집중되었다. 1632년은 한계를 넘어선 해였다. 농민들과 도시의 프티부르주아들은 4년 동안의 불행으로 녹초가 되었다. 그리고 1631년 12월부터, 신분회가 폭동을 선포할 때 분명한 근거로 삼은 것은 높은 조세 부담과 높은 사망률이었다. 그들은 자신들의 행위를 정당화시키기 위해 '새로운 관직, 과중한 세금의 홍수'와 '무시무시한 기근을

---

* 리슐리외.

18) 같은 자료.

** maquisard: 2차 대전 중에, 특히 코르시카의 관목 지대에서 항독 저항 활동을 하던 사람들.

*** Grâce d'Alais: 1629년 루이 13세는 랑그도크의 프로테스탄트들의 반란을 진압한 후 알레스(Alais, Alès)에서 사면 칙령에 서명했다. 이 칙령으로 프로테스탄트들은 낭트 칙령이 보장한 종교적 · 시민적 · 사법적 특권은 여전히 인정받았으나 정치적 · 군사적 특권은 박탈당했다.

동반한 페스트가 휩쓴 지방'을 언급했다. 반(反)조세적인 비난에다가 인구학적인 이야기가 더해진 것이다.[19]

이렇게 볼 때 몽모랑시 공작이 주도한 반란(1632)을 재평가해야 한다는 것은 의문의 여지가 없다. 물론 주도자 자신을 보나, 왕모,* 몽모랑시 공작 부인, 엘벤 수도원장 그리고 괴상한 가스통 같은 피렌체인들의 음모라는 점에서 보나, 이 반란은 귀족들의 모반이라는 유치한 모습을 띤다. 그러나 반란은 지방 의회의 중재로 도시와 농촌의 제3신분의 가입을 얻어냈다. 그래서 그 움직임은 독특한 성격을 유지하면서, 1630년경 디종-보르도 선 이남 도처에서 고물가와 조세에 반대하여 불붙은 민중 반란의 커다란 사이클 속에 포함된다. 1630년 디종 지방의 포도재배자들(Lanturlus)이 일으킨 폭동, 1632년과 1634년, 소금과 빵의 가격 앙등에 대한 엑스-앙-프로방스의 폭동, 1632년 리옹에서 마직물 직조공들과 벨벳 제조공들이 일으킨 폭동, 기엔에서의 봉기, 이것은 3년 후 아쟁에서의 학살로 정점에 도달한다. 1629년의 공포는 1632~35년의 분노를 낳았던 것이다.

더 직접적으로 우리의 관심을 끄는 인구통계적 차원에서 보면, 1628년에 시작된 위기의 영향이 동일하지는 않았다. 물론 위기가 안겨준 상처는 언제나 심각했다. 그러나 많은 지방에서 그 상처는 회복 불가능한 것이 아니었다. 사실 상처는 금방 치유되었다. 세스농의 경우가 전형적인 예다. 앙리 4세와 루이 13세 기간에는 연평균 25명이 죽었다. 그러나 1626년에서 31년 사이에는 1년에 46명이 죽었다. 따라서 그 지방의 인구는 심한 타격을 입었다. 그렇지만 인구 상황은 잘 견뎌냈으며, 얼마 안 돼 증가세를 회복했다. 그것은 완만하게나마 콜베르 시대까지 이어진다. 이것이 그래프상에 가장 빈번히 나타나는 경우인 것 같다. 1632년에서 50년 사이——지역에 따라서는 1655년이나 1665년——높은 출

---

19) PV, 1631년 12월~1632년 7월.

* 앙리 4세의 부인이며 국왕 루이 13세의 어머니인 마리 드 메디시스. 토스카나 대공의 딸이다.

생률은 1630년의 손실을 만회했으며, 그 세기 후반부까지 인구를 증가세로 올려놓았다. 최후의 페스트(1653)를 동반한 높은 사망률의 행렬은 1650년대, 특히 1655년에나 되돌아올 뿐이다. 프롱드 난과 동일한 시대 또는 직후에 발생한 이 새로운 사건은 때로는 혹독했고(몽타냐크, 세스농) 때로는 가벼웠지만(올롱자크),[20] 예컨대 보베 같은 북부 지방에서 볼 수 있었던 재앙의 성격을 띠지는 않았다. 적어도 여기에서는 인구 증가를 '깨뜨리지' 못했다. 이곳에서의 인구 증가는 1670~80년부터야 비로소 확실한 감소로 돌아선다.

그렇지만 이 같은 일반적인 도식에는 예외가 많다. 석회질 지역, 황야지대, 로데브의 (그리고 아마도 피레네의)[21] 산간 지역에서 1630년의 재난은 돌이킬 수 없는 상황을 만들어냈다. 그것은 인구상에 회복 불가능한 상처를 남겼는데, 그 여파는 한 세기가 넘도록 가시지 않았다. 이런 국지적 재앙은 어떻게 된 것일까? 죽음에 대한 차별적인 지도는 어떻게 해서 그려진 것일까? 이 마을들에 퍼진 페스트균이 특별히 독했기 때문, 즉 '박테리아의 변덕' 때문인가? 아니면——두 번째 설명이 첫 번째 설명을 배제하는 것은 아니다——그 지방의 너무 낮은 생활수준이 생리적인 가난을 야기시키고 인체의 저항력을 약화시켰기 때문인가? 어쨌든 사실은 그러했고, 다양한 연속 자료들로 확인할 수 있다.

1630년경에 페스트는, 그것이 14세기에 거의 모든 지역에서 달성한 위업을 남부의 몇몇 외진 지역에서 다시 한 번 이룩했다. 사람들의 3분의 1 또는 절반이 죽었고, 그뒤로는 공동묘지만 빽빽이 들어섰으며, 마을은 텅 비었고, 경작지는 이후 3세대 동안 버려졌다. 페스트는 이들 예정된 본당 사목구들을 골라 강타함으로써 인구 감소를 일으킨 것인데, 이는 다른 지방에서보다 40년 앞선 것이었다.

결론을 내리면, 이처럼 17세기 초반의 인구는 증가하고 있었지만, 이

20) 이 구절에 대해서는 Gr. 4.

21) HGB 516, 1631년 10월~12월, 푸아 지방의 악스에서는 페스트로 죽은 사람들 때문에 새로운 선거가 있었다; 성인들이 많이 죽었던 것 같다.

미 병색이 감돌았다. 그것은 16세기의 활기, 루이 12세에서부터 앙리 2세 때까지의 놀라운 역동성을 상실했다. 카탈루냐에서도[22] 속도와 외양의 변화, 격한 상승(16세기 말)에서 완만한 상승(17세기)으로 이행되는 것이 감지된다. 기울기의 변화, 감속, 저(低)상승은 '플러스'에서 '마이너스'로, 강한 상승에서 확실한 하락으로 가는 기호(記號)상의 급격한 변화와 같은 의미를 갖는 것이다.

이 같은 감속의 주요 원인이 어디에 있을까? 혐의를 둘 수 있는 세 가지 요인, 세 용의자——출생률, 사망률, 혼인율——가운데 어디에 책임이 있을까? 출생률은 해당 사항이 없는 것 같다. 1600년경에 결혼한 가임 여성은 보베 지방에서처럼 님 지방에서도 평균 2년마다 아이를 낳았으며,[23] 수유를 하지 않을 때에는 더 많이 낳았다. 이 같은 2년마다의 출산은 최대 수준에서 유지된 자연적인 출산의 확실한 지표다. 그러면 너무 많은 사망 또는 너무 적은 결혼 때문이었을까? 두 번째 설명——만혼(晩婚), 줄어든 임신——은 토마 플라터가 1595년부터 몽펠리에를 여행하면서 시도한 설명이다. 다른 연구자들도 그러한 설명을 받아들였다.[24]

그러나 죽음에 의한 인과관계가 강하게 작용했다. 루이 13세 시대부터 죽음이 주도적인 역할을 했음은 로데브 지방의 버려진 마을들의 예에서 분명히 알 수 있다. 이들 황야와 석회질 지대에서 결혼의 감소, 가정을 꾸리는 일에 대한 두려움, 독신으로 남으려는 성향 또는 결혼이나 아이 갖는 일을 미루는 것 등은 1630년 이후의 인적 붕괴를 설명하지 못한다. 로데브 지방에서 인적 희생이 컸던 이들 공동체에서는 재앙이 닥친 1630년대만큼 결혼을 많이 한 시기도 없었다. 그리고 사목 순시에 나선 주교들이 한탄한 것은 노처녀가 지나치게 많았기 때문이 아니라 전염병으로 성체배령자의 수가 절반 이상 잘려나갔기 때문이었다.

---

22) Nadal, Giralt, 1960.

23) Puech, 1884, 469, 470쪽.

24) Platter, éd. 1892, 375~380쪽; Cantillon, éd. 1952; Baehrel, 1961.

정확히 이 경우, 바로 죽음이 인구 감소를 불러왔다는 것은 의심할 여지가 없다. 바로 죽음이, 전염병을 증폭시키는 기근의 일반적인 결과들과 덧붙여진 것이다. 아마도 랑그도크의 다른 지역에서는, 그러니까 이 재난 발생 구역 밖에서는, 적어도 1670~80년경까지는 죽음의 힘이 삶의 힘을 이기지 못했다. 그러나 16세기의 호시절에 비하면 죽음의 힘과 삶의 힘 사이의 차이는 줄어들었으며, 위험스러울 정도로 좁혀졌다. 인구 증가는 계속되었지만, 아주 완만한 속도로 진행된 것이다.[25)]

25) Gr. 6.

제2장 생산

이러한 인구의 변화 앞에서 부(富)의 발전은 어떠했을까? 수입과 생활수준을 진단하는 데 중요한 질문이다.

포도와 생사(生絲), 첨단 분야

부의 총생산에서는 포도나무 재배라는 '첨단 분야'가 부각된다. 16세기에 포도나무 재배는, 앞에서 보았듯이, 주춤거렸고 무기력했다. 그러나 17세기에는, 적어도 앙리 4세, 루이 13세, 마자랭의 시대에는 힘찬 정복자가 되었다. 콩푸아, 공증인, 십일조 등은 입을 모아 그 사실을 확인해준다.

토지대장이 바뀔 때마다 혼성재배* 면적이 늘어났다. 1611년, 나르본에서는 불과 8년 전에 작성된 콩푸아를 다시 만들어야 했는데, 그 이유는 새로운 건축과 '〔포도나무를—옮긴이〕 심은 마이욀[1]' 때문이었다. 생-조르주-도르크의 경우, 1593년에는 밭 100개에 포도밭이 27개였으나, 1635년에는 38개였다. 생-기로의 경우, 1600년에는 나무 없는 밭 100개에 포도밭이 73개였으나, 1665년에는 105개였다. 포르티라뉴의 경우, 1577년에는 전체 필지의 9.5퍼센트가 포도밭이었으나, 1619년에는 27퍼센트였다.[2]

---

* complant: 한 토지에 포도와 다른 작물을 함께 심는 것을 의미하는데, 이 과정에서 주인은 포도나무를 심은 일꾼에게 임금으로 토지를 주었다.

1) Mailleul: 신흥 도시; AC, Narbonne, BB 9, 27-3-1611 참조.

십일조 자료는 이러한 토지대장 기록을 확인해줌과 동시에 도표상의 연속성과 연대상의 안정성을 가져다준다.[3)]

예컨대 베지에에서 1560년 이래 포도밭은 인근 도시 아그드에서와 마찬가지로 정체 상태에 있었다. 그러다 평화가 찾아온 후 비약적으로 늘어났다. 베지에의 포도주 십일조 수입은 1600년과 20년 사이에 두 배로 증가했다. 그런 다음, 그 리듬이 숨가빠진다. 리슐리외 시대에는 생산이 정체 상태에 머물다가 콜베르 시대에는 떨어졌다. 아그드에서는 상승 리듬이 훨씬 완만했지만, 훨씬 지속적이었다. 상승은 1650년까지 이어졌다. 그 시기에 포도주 생산은 16세기에 비해 두 배로 늘어났다. 좀더 서쪽에 있는, 과거의 곡창 지대 나르본 지방을 보자. 여기에서는 앙리 4세와 루이 13세 시대에 포도밭으로의 근대적인 전환이 시작되었다. 퀴자크의 경우, 1600년은 포도주가 넘쳐난 해였지만, 이 지방의 십일조는 1뮈에 불과했다. 포도밭이 매우 작았던 것이다. 그런데 60년 뒤 지속적으로 확장된 결과, 이 수치는 20배로 불어난다.

마지막으로 랑그도크의 서쪽 극단에 있는 아키텐 지방으로 가보자. 대서양을 통해 네덜란드와 활발히 교역이 이루어졌던 이 지방에서도 1600년 이후 포도 재배가 크게 늘어났다. 가야크의 십일조는 1600년과 10년 사이에 50피프에서 100피프로 늘어났다. 그후에도 1650년경까지 양은 계속 늘어났는데 전처럼 속도가 빠르지는 않았다.

1620~50년의 증산에 기여했을지도 모르는, 30년의 포도재배 주기가 존재할까?[4)] 적어도 우리의 지역에 관한 한 이는 분명치 않다. 사실 포도주의 생산 증가는 일부 지역에서는 1590년경에 시작되었지만, 전반적으로는 1600년경 평화와 함께 시작되었다. 십일조 자료에 따르면 그것은 장소, 시장, 가용지 등에 따라 어느 곳에서는 1625년까지, 어느 곳에서는 1650년까지, 늦어도 1655년이나 1665년까지 계속되었다. 그것

---

2) 이 마을들의 해당 연도 콩푸아.

3) Gr. 31.

4) Baehrel, 1961.

은 왕국 내에서 전반적으로 확인되는 수요의 증가에 부응하는 것이었다. 로제 디옹에 따르면, 신성동맹과 프롱드 난 사이에 대중의 음주가 늘어났으며, 파리 성문 주위에 술집이 번창했고, 적포도주를 생산하는 근교가 조성되었으며, 처음으로 보졸레가 선보였다. 남부 프랑스에서는 가죽 부대에 담긴 포도주를 마시던 목동들부터 은제 술병에 담긴 신선한 포도주를 마시던 귀족들까지, 많은 사람이 17세기의 늘어나는 술마시기에 참여했다. 이러한 소비 증가는 주막에서의 음주, 술집, 판매된 술의 거래세액을 보여주는 『랑그도크의 등가표』상에 나타난다. 이 세금의 징수는 1600년에는 17만 리브르에 임대되었으나, 그후 급격히 늘어나 1650년에는 30만 리브르가 되었다.[5)]

17세기의 술 마시는 프랑스에서 수요는 모든 포도밭을 자극했다. 지중해 지역뿐만 아니라 프랑슈-콩테 지방, 브레스 지방, 특히 대서양 지역은 그중에서도 가장 활기찼다.[6)] 랑그도크의 항구들은[7)] 아직 네덜란드 상인들을 확보할 기회를 얻지 못했다. 리슐리외 시대에 네덜란드의 포도주 도매상들은 낭트에 자리 잡아 엄청난 재산을 모았다. 그들은 리옹 만의 프랑스산 포도주에 별로 관심이 없었다. 이곳에서는 제노바인들이 점차 시장 점유를 넓혀갔다.

1585년, 랑그도크의 작은 항구들 가운데 프롱티냥만이 소형 화물선을 이용하여 리구리아 해안*으로 정기적으로 포도주를 실어 보냈다. 그 배의 선주들은 소베르 몽탈리외, 토마 파스칼, 프랑수아 트뤼비, 뱅상 뷔르귀에르 등이었는데, 이들 모두 문맹이었다. 아그드 같은 랑그도크의 또 다른 '항구들'을 통해서는 동쪽으로의 보잘것없는 연안항해만이 가능할 뿐이었다. 생-트로페로 구리를, 제노바로 기름을 날랐다.

---

5) Gr. 42; Dion, 1959.

6) 같은 자료; AD Doubs, G 202, 23-2-1628.

7) 랑그도크의 항구에서 특히 포도나무 교역에 대한 이하의 연구는 프롱티냥, 아그드 등지의 공증인 자료에 따른 것이다. 상세한 텍스트와 참고 자료는 An. 10.

* 이탈리아.

그후 1593~94년부터 17세기 초반까지 십일조 자료에서 알 수 있듯이 포도 생산의 증가와 함께 포도주의 해상 교역이 활발해졌다. 1600년의 님 사람들은 이탈리아로 포도주를 '판매'한다는 분명한 목적을 가지고 포도나무를 심었다. 1596년 이후 에로 지방의 포도밭과 연결되어 있는 복잡한 판매망은 제노바 시장으로 포도주를 내보내는 장 리브, 질 그라티아니 같은 마르세유나 루카의 도매상인들을 끌어들였다. 그러나 포도주는 아직은 여러 교역 품목 가운데 하나에 불과했다. 화물선에는 포도주통이 수송나물, 산호(珊瑚) 닦는 흰 돌, 밤, 기름, 목재, 에스파냐의 탄환, 명반(明礬), 특히 밀 등과 함께 선적되어 있었다. 왜냐하면 1600년과 27년 사이에 포도주는 아직 많지 않았기 때문이다. 바다의 짐꾼인 아그드의 선주들, 그리고 그들과 더불어 마르티그, 라 시오타, 툴롱의 선주들은 랑그도크의 밀을 싣고 마르세유, 제노바, 사보나 또는 '에스파냐 구역들'을 향해 배를 몰았다.

1627년과 35년 사이에 이러한 곡물의 우위는 사라졌다. 그리고 급부상한 포도주가 모든 것을 침몰시켜버렸다. 밀을 가득 실은 배가 두 척이면 술통을 가득 실은 배 열 척이 아그드를 떠나 제노바나 갈증에 시달리던 카탈루냐의 프랑스 군대에게 갔다고 공증인들은 증언했다.

한 세대 후 대사업가들이 이 판에 끼어들었다. 신흥 귀족인 장 마르티농은 1659년부터 아그드에서 제노바나 카딕스, 살레로 가는 포도주(그리고 밀) 수출권을 거의 독점했다. 그는 문맹 선주들의 배 수십 척을 빌렸으며, 그들에게 두 달 또는 세 달에 10 또는 12퍼센트의 이율로, 그러니까 연 40 내지 60퍼센트의 이율로 돈을 빌려주었다. 포도주와 바다에서 재산을 모은 후 마르티농은 그것을 좀더 확실한 곳에 재투자했다. 그는 관세 징수를 임차받은 재정가가 되었다. 처음에는 리옹에서, 그런 다음에는 파리에서 총괄 징수 임차인이 되었다. 한편 그의 장인 피에르 고디는 아그드에 남아 사위의 땅, 가축 임대, 채권 등을 관리했다.

이들 주위에는 경력이 덜 화려한 다른 사람들이 있었다. 푸르탈레스 집안은 아그드에서 포도주 교역에 뛰어들어 서서히 대(大)가문으로 상승했다. 마르세유, 라 시오타, 제노바 그리고 산 레모 등지로 포도주를 실어 나른 프랑수아 에스토르는 때때로 십일조 징수 임차인으로도 일을 했다. 그는 자기 배에 십일조 포도주를 가득 실어 날랐다. 에스토르의 아들은 아버지가 번 돈 덕분에 카탈루냐 전쟁 파견관이 되며, 거기서 많은 돈을 벌었다. 그후 그는 고향인 아그드에서 가구 판매상이 되었다.

17세기 초의 번영기에 리옹 만의 모든 연안에서 여러 상인 집단이 포도주 교역에 나섰으며, 이를 통해 재산을 모으고 가문을 세우려 했다. 뤼넬, 프롱티냥에는 리보르노*로 포도주를 실어 나르던 소규모 상인들(이들 가운데 일부는 문맹이었다)뿐만 아니라 대규모 도매상인들도 있었다. 아르줄리에 같은 대규모 도매상의 회계장부는 어떤 점에서 포도주 교역이 커다란 사업이 되었는지를 보여준다. 아르줄리에는 1645년경 산지에서 760리브르에 구매한 42뮈의 포도주를 이탈리아로 보냈는데, 700리브르의 선박 비용과 500리브르의 부대 비용(통, 마차, 세관)을 지출했다. 게다가 아르줄리에는 판매할 때 자기의 이익을 미리 제했다. 그러므로 운송인이건 상인이건 '중개인들'의 '마진'은 매우 컸는데 생산자들이 챙긴 액수의 거의 두 배에 달했다. 그렇다고 포도재배자들의 불만이 많았던 것은 아니었다. 그들의 수입은 생산량과 가격에 따라 올라갔다. 1600년에서 50년까지——아마 상당한 변동이 있었겠지만——베지에 시장에서의 포도주 시세는 1뮈당 20리브르에서 50리브르로 올랐다. 이는 같은 기간에 스티에당 3리브르에서 4리브르로 오른 호밀의 시세보다 훨씬 뚜렷한 상승이다.[8]

*

콩푸아에 의해 그 존재가 나타나고, 십일조와 해상 '용선'에 의해 그

---

* 이탈리아의 도시.

8) Géraud-Parracha, 1957에 있는 아르줄리에의 회계서; 가격 비(比)는 Gr. 13.

윤곽이 드러난 포도재배 열기는 식목 증서로 구체화된다.[9] 1597년 이후 공증인의 업무에서 이 증서를 작성하는 일이 늘어났다. 그 수는 1640년경 매우 많았다가 1656년 이후 거의 완전히 사라진 후, 1700년 이후에야 대량으로 다시 나타난다. 그리하여 포도나무 재배 붐이 불었던 처음 반세기 기간이 다시금 분명히 드러난다.

대부분의 증서는 적어도 포도나무를 심을 일꾼에게 땅을 내줄 것(complant)을 예상한다. 예컨대 1636년 6월 7일, 아그드의 성당 참사회원인 필리프 게르생은 그 도시의 '노동자'이고 문맹인 소비니올과 합의를 보았다. 소비니올은 포도묘목(테레, 푸이랄, 피크풀)과 어린 올리브나무를 참사회원 소유의 밭에다 심을 것이다. 그 대신 참사회원은 그에게 돈이 아니라 5스티에의 밀, 저고리 한 벌을 만들 만큼의 나사, 그리고 '큰 샘 가에 있는' 땅을 줄 것이다. 지명을 보면 그 땅은 황야의 질 나쁜 자투리 땅이긴 하지만…… 그러나 상관없다. 각자는 거기에서 이익을 챙길 수 있다고 생각했다. 참사회원은 돈주머니를 풀지 않은 채 재산을 불렸고, 일꾼은 자신의 노동으로 작지만 재산을 늘린 것이다.

1638년, 게르생은 다시 한 건 했다. 그는 문맹의 일꾼인 즐리와 플루를 시켜 2헥타르의 땅에 포도나무를 심었다. 계약에 따르면 5년 뒤 계약자들은 어린 포도나무들을 정확히 둘로 나누어 하나는 참사회원에게, 다른 하나는 두 명의 일꾼에게 영원히 완전한 소유권을 넘기도록 되어 있다. 카트린 페손 마나님도 그렇게 했는데, 그녀는 포도나무를 심은 땅을 둘로 나누되 그녀가 마음에 드는 부분을 선택할 것임을 분명히 했다. 이 기간에 씌어진 유사한 증서들을 우리는 얼마든지 찾아볼 수 있다. 가르, 코트 뒤 론, 코스 등 남부 지역 도처에 나타나는 포도나무 함께 심기 계약은 17세기에 포도재배가 비약적으로 늘어날 수 있었던 법적 기반을 제공해주었다. 그리고 그것은 이들 지역 어디에서든 두 인물을 대면시킨 동일한 사회 관계가 존재했음을 의미한다. 한편으로는 자신의

---

9) 텍스트와 참고 자료는 An. 10.

재산을 불려나가려고 애쓰던 마을의 유지, 우아한 서명을 하던 부르주아, 다른 한편으로는 땀 흘린 대가로 토지소유권에 접근하려던 문맹의 일꾼이 있었다. 이 '포도나무 함께 심기'는 적어도 가격이 좋고 경기 국면이 양호하던 시기(1655년까지)에는 수익성이 있었던 것으로 보인다. 그 결과, 포도나무로 땅에 옷을 입히는 것은 땅의 가치를 두 배 늘리는 것이어서, 나무 심는 일꾼에게 절반을 떼어준다 해도 땅주인에게는 손해가 없었다.

이렇게 이익이 있었지만 포도나무 함께 심기를 한 부르주아지는 화폐 기근에 시달렸던 것으로 보인다. 왜냐하면 그는 자기의 일꾼들에게 토지로 보수를 주었고, 포도나무를 얻은 대신 땅을 양도해야 했기 때문이다. 그 시대에는 진짜 부자만이 포도나무 일꾼에게 현금으로 품삯을 지불할 수 있었으며, 그렇게 해서 땅과 포도나무를 온전히 소유할 수 있었다. 예컨대 1604년과 1644년, 베지에의 참사회원들이 그랬다. 또는 1593년, 님의 몇몇 부르주아도 나무 심는 일꾼에게 한 에민당 16프랑을 지불했다.

17세기에 지중해 지역에서 진행된 포도나무 함께 심기는 사회 구조를 개방시켜 토지 분할을 일으켰다. 다시 말해 그것은 일꾼들을 토지 소유자로 전환시키는 완만한 사회적 신분 상승을 가능케 했다. 그 구조는 자본력이 풍부한 자본가들이 토지의 절반에 대한 권리를 갖지 못하는 임금노동자들을 시켜 포도나무를 심게 한 18세기보다 더 개방적이었다. 특히 그것은 인근 카탈루냐에서보다 더 개방적이었다. 프랑스에서의 포도나무 함께 심기는 일꾼들이 토지소유권에 접근할 수 있는 민주적인 포도밭을 창출한 반면, 카탈루냐에서의 계약(라바사 모르타)은 포도나무를 심는 프롤레타리아에게 수확물의 일부나 50년 만기의 한시적인 보유권을 줄 뿐이었다. 대단히 오래된 근본적인 사회적 차이다. 바르셀로나나 바뉼스의 제도와 상당히 유사한 제도를 랑그도크에서도 시행했던 것 같다……. 그러나 그것은 10세기 님의 기록에서나 볼 수 있다. 카탈루냐에서는 오랫동안 지속될 라바사 모르타가 1040년부터 랑그도크에서는 완전히 사라졌으며, 포도나무 심기를 통해 토지 소유자 수가 늘어나는 더 공정하고 더 인간적인 제도가 들어섰다.[10] 천 년 묵은 이러한 차이는 20세기에도 지속되어, 피레네 산맥 너머의 무정부주의적인 프롤레타리아(라바세르)는 자기 땅의 주인이며 만족한 공화주의자인 남부 프랑스의 포도재배자들의 중간 계급과 대조를 이룬다.

아캅트와 콩플랑

그러나 포도나무 함께 심기를 이상화시키지는 말자. 16세기 초──빈 땅이 많고 일손은 부족했던──개간, 나무심기, 소유권에의 접근 등은 대부분 영구 토지세 지불 조건부 임대(아캅트)로 이루어졌다. 이 제도는 외양은 영주적이었지만 매우 민주적인 제도였다. 그것은 진입세*와 상징적인 액수의 토지세를 내는 조건으로 거의 완전한 소유권을 식수자(植樹者)에게 주었다.[11] 그러던 것이 100년 뒤에는 콩플랑이 우세해졌다. 이것은 아캅트보다 훨씬 부담이 가는 것이었다. 그것은 취득자가 소유권에 접근하기 이전에도 그에게 무거운 노역을 강요했다. 여기에서 그는 자기가 애써 심은 땅의 절반밖에 차지하지 못했다. 16세기에는 아캅트가 지배적이었고, 17세기에는 콩플랑이 지배적이었다는 것은 의미심장하다. 이제 서서히, 특히 인구압이 증가하면서 토지 시장은 일꾼들에게 불리해진 반면 지주들에게는 유리하게 돌아가, 이들은 땅을 원하는 일꾼들에게 자기들의 규칙을 강요할 수 있었던 것이다. 17세기 초 60년 동안은 토지 임대인들이 성공을 거둔 시기였다. 우리는 이에 대해 다시 언급할 것이다.

---

10) Germer-Durand, 1874, 121, 145, 207, 210쪽에 인용된 978년과 994년 님의 텍스트(라바세르 제도)와 1043~60년의 텍스트(함께 심기 제도가 나타남); P. Vilar, 1953, 133쪽 이하와 비교하라.

* droit d'entrée: 물품이 세관 등을 통과할 때 내는 세금으로 입시세(入市稅)나 수입세로 번역되기도 하나, 여기에서는 토지 개간 등의 작업이 완료된 후 한 차례 내는 세금이라는 뜻이기 때문에 진입세로 번역했다.

11) 이 책, 제1권, 351, 363쪽.

*

그래도 한 가지 사실만큼은 확실하다. 포도나무는 17세기의 좋았던 시절에 소유권의 분배자 역할을 했을 뿐만 아니라 '높은' 임금, 다시 말해 대개의 경우 남자 임금의 분배자 역할을 했다. 우리는 다른 사례를 통해서도 이 점을 살펴본 적이 있다. 루이 13세 시대의 포도재배는 이 통칙을 다시 한 번 확인시켜준다.

다음 표는 다른 연구자의 결론(위대한 세기의 포도재배지였던 브리에 대한)과 일치한다. 여자들이 다수 참여했던 포도수확(포도 따는 여자들)의 경우를 제외하면 포도밭 작업은 곡물 작업과는 달리 비교적 높은 임금을 받는 남자들과 가장들이 다수 참여한 작업이었다. 남자들은 포도나무 휘묻이를 하는가 하면, 겨울이면 전지가위나 낫을 들고 가지치기를 했다. 그들은 구덩이를 파고, 포도나무 밑둥을 노출시켰으며, 두벌 김매기를 했다. 한편 주인은 허리춤에 권총을 차고 일을 감독했다. 이 수많은 포도나무 일꾼들은 툭하면 싸우고 폭동을 일으키는 프롤레타리아였던 것이다.

1640년부터 랑그도크는 둘로 갈려 사회적 대립을 보여준다. 아키텐의 랑그도크에서는 옥수수 재배가 퍼져가면서 저임금이 조성되었다. 반면 지중해 지역 랑그도크에서는 적어도 포도재배가 한창이었던 소수의 몇몇 마을에서는, 포도재배로 인해 더욱 많은 수의 가장들이 일자리를 보장받음으로써 임금 구조가 훨씬 건강해졌다.[12)]

그러나 이러한 포도밭의 확장은 비록 수확은 좋았더라도 금방 한계에 부딪혔다. 우선 당시의 토지대장에 나타났듯이 경작지의 25퍼센트 내지 30퍼센트를 결코 넘지 못한 것으로 봐서 포도밭은 단종 재배로서 정점에 달하지는 못했다. 그리고 포도밭의 확장은 부수적인 확장이어서 나

12) Mireaux, 1958, 196, 197쪽에 있는 브리 지방과의 비교; Locke, éd. 1953에 나오는 포도밭 노동에 대한 기술; 옥수수밭에서의, 특히 여성 임금에 대해서는 An. 8.

포도재배 노동 임금

(출처: ADH, 계열 G, 베지에 참사회)

연도	노동	남자 노동 일수	여자 노동 일수	소년 노동 일수	ADH 참고 자료
1634	덩굴 휘묻이	116×10수	58×5수	25×5수	G 910
1636	햇가지치기	143	64		G 912
1637	돋음질	126×9수	56×4수		G 914
	도랑 파기	212×12수	없음		
1639	햇가지	12×9수 (자르기)	7×4수 (모으기)	2×5수	
1640	두벌 김매기	52×14수			G 916
1641	가지치기	10×8수			G 917
1643	돋음질	10×10수			G 919
1644	두벌 김매기	180×9수			G 920
	구덩이 파기	212×10수			
1648	덩굴 휘묻이 햇가지치기 햇가지 올리기 나무 바로잡기 구덩이 파기	539×10수	58×5수		G 925

* 이 표에 나오는 수치에서 첫 번째 것은 노동 일수를 나타내는 것이고, 뒤의 것은 수(sou)로 계산된 하루 임금이다. 즉 노동 일수에 하루 임금을 곱한 것이다.

쁜 땅, 수확이 좋지 못한 지역으로 지대를 넓혀갔으며, 곡물을 생산하기에는 부적절하나 포도묘목을 심기에는 적합한 마른 땅, 황야 그리고 자갈밭을 덧붙여나갔다.

포도밭이 구릉에서 평야로, 표토가 얇은 땅에서 깊은 땅으로, 수확이 좋지 않은 땅에서 풍성한 수확을 보장하는 땅으로…… 그리고 질 좋은 지방 특산주에서 '하급 적포도주'로 내려가던 19세기와는 거리가 멀었다. 17세기에는 그와 반대였다. 포도밭이 올라갔다! 포도나무는 좋은 땅을 곡물에게 내주었다. 포도나무는 털사시나무나 떡갈나무와 자리를 다투었다. 우리는 앙리 3세부터 루이 14세 시대까지의 부아시에르(가르 지방)에서 이 같은 상승을 콩푸아상에서 추적할 수 있다. 곡물들은 평야에서 포도밭을 문자 그대로 추방했다(왜냐하면 어떤 값을 치르고라도 빵을 만들어야 했기 때문이다). 그리고 그렇게 쫓겨난 포도나무는 황야의 공격에 나섰다. 그러한 경제, 즉 토지가 최대한의 적지(適地) 이용도까지, 수익성의 한계까지 경작되던 경제는 취약성을 드러냈다. 그것은 포도주의 공황, 시장의 변덕에 따라 좌우되었기 때문이다. 사실, 1682년 부아시에르에서는 황무지의 레프라가 또다시 황야의 신생 포도밭을 침입했다. 말하자면 물가 하락 이후 신생 포도밭은 수익성을 상실한 것이다.[13)]

그것은 전반적인 변화였다. 다른 곳, 예컨대 갈라르그에서도 마찬가지여서, 밀은 비두를의 기름진 충적토에서 포도나무를 몰아냈다. 낮은 지대에서 쫓겨난 포도나무들은 메마른 황야로 도피했다.[14)] 보나주 지방의 다른 두 본당 사목구에서도 포도밭은 언덕으로 올라갔다. 1600년에서 50년 사이에 포도나무는 평야를 버리고 가파른 산기슭과 메마른 골짜기, 돼지 방목지, 계단식으로 힘들여 조성된 저주받은 산봉우리를 점령하러 나섰다.[15)] 경기를 타고 한껏 확장되긴 했지만 위태로운 확장이었다. 경기가 약해지면 포기될 운명이었다.

17세기 초반에 포도밭이 성장했음은 분명한 사실이다. 그러나 그것은 역시 부분적이었고 불안정했다.

*

13) Barry, 1952.

14) 황야 지대에서는 포도밭이 늘어났으나 라스콩브의 충적토에서는 사라졌다. Jourdan, 1942.

15) Barry, Le Roy Ladurie, 1962. 또한 AC Lunel, BB 6, 25-4-1649, ADH, B 39, 8-7-1665, f° 1059 v°(황야에 포도나무 심기)를 보라.

또 다른 성장 인자로는 생사(生絲)가 있다. 16세기 말, 세벤의 작은 뽕나무 단지(앙뒤즈, 생-테티엔-드-발프랑세스크)는 아직 밤나무 숲에 에워싸인 고독한 전진 기지였다. 거의 무에 가까웠던 15세기에 비하면 약간 나아지긴 했지만 여전히 절대 생산 가치에서는 미미한 편이었다. 게다가 1600년까지 리옹의 비단 생산에서 세벤은 부차적인 원료 공급지였다. 1580~85년경, 르네 로랑생, 클로드 가파용, 바디외 같은 리옹의 대규모 견직업자는 필요한 생사의 거의 전부를 이탈리아의 밀라노, 바사노, 비첸차, 메시나 등지에서 들여왔다. 반면 콩타와 세벤의 생사 시장인 아비뇽은 아주 작은 양을 그들에게 납품할 뿐이었다.[16)]

그렇지만 바로 1580~90년대에 랑그도크의 양잠업은 새로운 팽창을 시작했다. 님에 자리 잡은 페라라 출신 벨벳 제조인인 봉파 집안의 영향으로 그것은 로데브 지방, 위제스주 지방으로 퍼져나가 그곳에 새로운 뽕나무 단지를 조성했다.[17)] 세벤에서도, 투기가 한창이었음을 말해주는 사회 관계가 나타났다. 14세기와 15세기에 남부 지방의 양잠업에서는 반타작 계약이 없었으나 1577년에 처음 선을 보인 후 1590년부터는 매우 자주 나타났다. 그것은 거의 언제나 동일한 시나리오를 내포했다. 한쪽으로는 님이나 콩타 출신——대개 영주나 부르주아——뽕나무밭 지주, 예컨대 1590년에는 공증인 리베랄 드 라 포레스티에르, 1602년에는 파르그 부인. 상대편에는 미셸 피크 같은 세벤의 방적공이나 세자르 드 람베르티스 같은 이탈리아의 전문가. 주인은 뽕나무 잎, 도구 그리고 부화에 필요한 숯(농민들은 아내의 블라우스를 사용했다.

그러나 올리비에 드 세르는 그것이 누에에게 해롭다는 이유로 사용하지 말 것을 권했다)을 제공했다. '누에 알'(나방의 알)의 절반은 동업자들이 부담했다. 4년마다 에스파냐에서 수입된 한 움큼의 고급 '누에 알'이 퇴화된 지방 양잠을 쇄신했다[18)](그렇지만 세르는 1600년경, 뽕잎에

16) Doucet, 1946.
17) Puech, 1885, 303쪽.

젖먹이 송아지의 허벅지 살을 섞어놓으면 자연발생적으로 누에 알을 얻을 수 있다고 주장했다).

양잠철 내내, 누에의 '관리자'인 반타작 소작농은 양잠장에 갇혀 지내야 했다. 도시에 나가는 일이 금지되었다. 가서 팔든지 아니면 상품을 망치든지 둘 중의 하나였다. 그는 냄새 나는 양잠장에서 누에들과 함께 자야 했다. 그리고 누에 사육자들(여자들이나 젊은 처녀들)이 그와 함께 기거하면서 그를 도왔다.

사람들이 수군거린 이 같은 철저한 칩거는 누에들을 질식사시킴으로써 끝났다. 그것은 당국에서 금지하는데도 종종 빵 굽는 화덕에서 이루어졌다. 생사의 '수확'은 주인과 반타작 소작농이 반씩 나누었다. 마지막으로 산간 지방을 오가는 중개인들은 그렇게 수확한 생사를 사서 아비뇽의 시장으로 가져갔다. 상인과 생산자 각각은 상대에게 바가지를 씌우려고 했다. 1586년에 '자기의 생사를 뽑아 판매한' 기스크 부인은 구매자에게서 좋은 가격을 받아낸 것을 몹시 자랑스러워했다. "나는 용케도 이익을 보았어요"라고 그녀는 썼다.

중개인, 뽕나무밭 영주, 반타작 소작농. 1590~1610년부터 세벤에서 생생하게 확인되는 이러한 구조는 1858년 대규모 농민 반란이 있기 전 레바논의 산간 지방에 있는 케스루안의 양잠단지에서 발견된 19세기의 구조와 많이 다른가? 세벤에서도 양잠가, 즉 생사 반타작 소작농의 상황은 대체로 불안정했다. 계약은 언제나 1년 단위였으며, 갱신에 대한 어떠한 보장도 없었다. 생사의 절반 외에도, 그는 종종 주인에게 누에씨용도로 12파운드의 누에고치를 '거저' 줘야 했다. 1604년 4월 5일, 생-테티엔-앙-세벤의 장 가비니앙이 에스트브네트 드 가르딘의 파르그 부인에게 한 약속이 바로 그러한 것이었다.[19)]

반타작 소작 계약은 남동부 지방에서 양잠업이 발전할 수 있는 법률적

---

18) 이 모든 자료는 쇼보 자료집, 5900에 인용된 공증인의 증서에 의거한 것임.
19) 같은 자료; ADH, 1 F 14, f° 267; Chevalier, 1959; Beauquis, 1910.

기반을 제공해주었다. 그것은 1590년경 지중해 지방에서 있었던 양잠업의 전반적인 발전 속에 포함된다.[20] 그것은 또한 세르의 선전(1598)이나 라프마스의 중상주의적 침입과도 일치한다. 진짜 뽕나무 편집광이었던 라프마스는 뽕나무에서 온갖 것을 다 얻어내려고 했다. 누에를 위한 '고기'뿐 아니라 나사, 바구니, 식초, 벌레가 끓지 않는 침대 제작용 목재, 사람들의 양식, 위염에 대한 탕약, 이를 없애는 약, 이 아플 때 먹는 약까지…… 그는 누에를 일-드-프랑스와 노르망디에 이식하려는 생각도 했다.[21] 이 같은 공상은 몇몇 좋은 사업을 낳기도 했다.

1606년, 님 출신 군관인 프리바 갈티에는 파리의 캥캉푸아 거리에 사는 장 방 데르 뇌엔에게 뽕나무 80만 내지 1백만 그루를 1천 그루당 3리브르의 가격에 공급하기로 공증인 앞에서 계약했다. 당시 국왕은 작업장에 사람들을 파견하여 북부 지방으로 이식될 뽕나무를 구매하는 데 재정을 지원하도록 했는데, 뇌엔은 바로 그 위임관들의 대리인이었다.[22] 세르 역시 비슷한 생각을 했다. 1601년, 그는 랑그도크에 있는 자기의 모판에서 재배했을 듯싶은 2만 그루의 묘목을 앙리 4세에게 팔았다. 그것들은 튈르리궁의 정원에 심을 것이었다. 그리고 1601년 10월 14일과 12월 3일, 그는 파리 납세구와 오를레앙 납세구에 뽕나무 묘목과 종자를 공급하기로 상인들과 계약을 체결했다.[23]

창의적인 남부의 인물인 세르와 라프마스는 과연 누에와 뽕나무들이 북프랑스의 안개, 더 나아가 '독일 지방의 찬 기후'와도 잘 어울릴 것으로 생각했을까? 그들의 망상은 예측된 실패였고 그 피해는 납세자들의 몫이었다.

17세기에 진정한 양잠의 역사는 기후 조건이 생사에 적합한 남부에서 조용히 이루어졌다.

---

20) Braudel, 1949, 444, 549쪽.

21) Cole, 1939, vol. I에 인용된 라프마스의 소책자.

22) Gard, E 804, 4-4-1606.

23) Serres, V, 15.

그것은 님의 고고학자이자 묘목업자인 트로카의 집 정원에서 시작되었다. 그는 뽕나무 묘목 수천 그루를 바뇰과 카르팡트라로 보냈다(그가 자기의 사업을 포기하고 투르 마뉴 아래를 발굴하여 황금 송아지 두상을 발견할 때까지). 그러나 그의 친구——그도 정원사였다——인 장 부르게가 사업을 이어받았으며, 1603년에는 몽펠리에의 자크 고베르와 손을 잡았다. 그들의 목표는 도시 주위에 심을 뽕나무를 판매하는 것이었다. 1600년경, 비바레 지방에 있는 프리바의 구도심 주변에도 '황금나무'가 늘어났다.[24] 1604~1608년, 베지에에서는 장 비기에, 기로 사바티에 같은 정원사가 참사회원들을 위해 도시의 정원과 수도원 경내에 나무를 심고 가꾸었다. 베지에 지방에서는 나무 심기가 계속되는데, 귀족들이 보석과 비단으로 화려한 치장을 하던 토지의 부와 사치의 전성기였던 1560년경에 특히 그러했다.[25] 콩타 지방에서는 새로운 양잠 단지들이 나타났다. 1580년 이후에는 마장, 1589년 이후에는 오비냥에 나타난 것이다. 1580년 카바용에서, 시(市)의회는 누에나방을 도입하는 것이 가능한지 알아보기로 했다. 시험재배에 성공하자, 40년 후인 1620년에는 많은 사람이 시내에서 '누에'를 쳤다. 얼마나 많은 사람이 누에치기에 나섰던지, 그 심한 악취 때문에 이동 중인 군인들을 숙박시킬 수 없을 정도였다.[26]

앙리 4세의 치세 말부터 주로 남동부(콩타, 세벤)에 집중되어 있던 프랑스의 양잠업이 올린 수입은 백만 리브르 투르누아로 추산된다. 그러나 비단 양말에 대한 애호는 국가의 생산량보다 훨씬 빠른 속도로 늘어났다. 1615년부터는 외국산 생사를 수입하는 데 매년 백만 에퀴가 왕국 밖으로 유출되었다.[27] 뽕나무 재배는 의심할 여지가 없을 정도로 늘어

---

24) Puech, 1884, 315~321쪽; Bozon, 1961, 132쪽.

25) ADH, G 841, 1604년도 회계장부, 125쪽; 1605년도 회계장부, 40쪽; G 892, 1608년도 임대차 회계장부; G 940, 1659년도 회계장부; Baehrel, 1961.

26) Chobaut, 1940. 또한 AD Vaucluse, B 560(1604년), B 1518(1593~95년), B 1542(1614년), B 1578(1635년)을 보라.

났음에도 라프마스의 희망에는 미치지 못했다. 소비는 생산보다 더 많이 늘어나 프랑스는 자급자족에 도달하지 못했던 것이다.

1620년대에도 이 도식은 여전히 유효하다. 생산은 발전 기조를 유지했다. 1623년, 가르 지방의 시골은 뽕나무로 가득 찼다. 한 공증인은 기록하기를, 아비뇽 근처에서는 생사 수확이 한 해에 4만 에퀴에 달한 적도 있는데, 이는 '밀의 수확을 웃도는' 양이었다.[28] 그럼에도 수요가 얼마나 많았던지——활발하기는 했지만 절대가치로 보면 대단치 않은 공급에 비해——수입은 더욱 늘어났다. 이 시기에 마르세유의 선박들은 향신료 대신 지중해 동부 연안 지방의 생사를 들여왔는데, 이는 "선장들에게 다른 어떤 것보다도 좋은 돈벌이가 되었다."[29] 그리고 그들은 나폴리와 메시나의 유행 지난 생사를 그것들로 대체했다. 분명히 생사 시장은 루이 13세 시대에 널리 확대되었다. 앙뒤즈, 아비뇽의 생산자들은 지중해 동부 연안 지방의 생산자들과 마찬가지로 편안히 시장에 자리 잡을 수 있었다. 시장에는 누구에게나 자리가 있었던 것이다.

급부상하는 시장, 역동적인 분야 그리고 바로 그 때문에 위기를 피할 수 있었다. 빠른 속도로 시장을 넓혀가던 또 다른 상품인 브라질의 설탕처럼, 지중해의 생사는 17세기(1660년 이후)의 디플레이션의 난관을 별 어려움 없이 넘겼다.

베지에의 성당 참사회의 땅에서 생산된 뽕나무의 수입을 육안으로 확인할 수 있게 해주는 도표를 참조해보자.[30] 곡선은 루이 13세 시대의 매우 낮은 수준에서 출발한다. 그런 다음 그것은 1655년까지 아주 가파르게 올라간다. 말하자면 생사는 잘 팔렸고, 뽕나무밭은 아주 빠르게 확대되어갔다. 1655년에 시작된 위기는 다른 분야(포도주)에도 그랬듯이

---

27) Cole, 1939, vol. I에 인용된, 몽크레티앵을 위시한 동시대인들이 추산한 수치.
28) Malavialle, 1908~1909에 인용된 Gölnitz; 이 책, 제1권, 132쪽.
29) 1623년 7월 14일 국왕에게 바친 『보고서』(마르세유 상업청 고문서, HHI); H.C.M., IV, 149쪽과 여러 곳.
30) Gr. 28.

더 이상 팽창하는 것을 막을 것인가? 일시적으로는 아마 그럴 것이다. 곡선은 몇 해 동안 상한점에서 그대로 머문다. 그러나 이 같은 주춤거림은 일시적인 현상일 뿐이다. 곡선은 갑자기 다시 출발하더니 1680년까지 쏜살같이 날아오른다.[31] 포도재배자보다 수입이 더 나았던 생사 생산자는 시장의 탄력성 덕분에 콜베르 시대에도 여전히 행복했다. 생사에 위기가 닥친 것은 포도주보다 20년 늦은 1680년대였다.

일차 원료가 이같이 지속적으로 성장함으로써 견직물 산업이라고 하는 '하류(下流)의' 산업이 랑그도크 지방에도 '무(無)에서부터' 발전하게 되었다. 이 분야에서 투르와 리옹의 독점은 이제부터 도전에 부딪혔다. 1630년부터 북랑그도크(블레)에서는 장식끈 제조업이 굳건히 뿌리를 내렸다. 얼마 후인 1670년경에 이르면, 명주실 꼬는 사업이 본거지인 리옹과 생테티엔에서부터 비바레 지방의 오브나와 프리바 주변까지 공장을 늘려갔다.[32]

특히 님에서는 아비뇽에 있던 과거의 공장들을 토대로 해서 독자적인 견직물 생산 센터가 발전하기 시작했다. 1592년과 1610년 사이, 견직물 산업에 종사하는 님의 장인 수가 두 배로 늘어났다. 1592년에는 리본 제조공, 벨벳 직조공, 누에치기 등 16명의 선구자가 있었다. 이들 가운데 선두 주자는 봉파 집안 사람들과 앙투안 쉬드르였는데, 이들은 콩타 지방에서 이주해온 사람들이었다. 앙리 4세가 죽었을 때*에는 장인들의 수가 160명이었으며, 이들은 세벤 지방의 누에고치로 타프타나 벨벳을 짰다. 동시에 최초의 벨벳 직조공이 몽펠리에에 나타났다. 그리고 루이 13세와 젊은 루이 14세 시대에는 명주실 꼬는 사업이 빠르게 성장했다. 님의 경우, 1610년에는 하나뿐이던 물레바퀴가 1644년에는 14개, 1681

---

31) 다게소의 보고서(툴루즈 시립도서관, 필사본 603)는 랑그도크의 세 교구(22개 가운데)에는 누에가 많았음을 말해준다. 님 교구(많음), 위제스 교구(연평균 50만 리브르 생산), 비비에 교구(15만 리브르).

32) Boissonnade, 1909; Cole, 1939, vol. I.

* 1610.

년에는 132개로 늘어났다. 이 마지막 시기는 절정기로서 위그노 견직물 생산자들이 대탈출을 감행하는 위기 직전 시기다. 님의 센터에는 당시에 타프타 베틀이 1,100개 있었으며, 4천 명의 노동자가 생사(生絲)에 매달려 생계를 꾸려갔다.[33] 얼마 안 돼(1698), 이 지방의 수출 품목 가운데[34] 생사는——실이건 직물이건——곡물, 포도주, 증류주 그리고 올리브유를 훨씬 앞질러 수위를 차지했다. 이 같은 생사와 견직물의 수출 덕분에 그 지방은 중앙 산악 지대에서 들여오는 가축 구매 때문에 압박을 받던 교역상의 균형을 바로잡을 수 있을 정도였다. 생사가 고기값을 지불한 셈이었다. 그리고 신생 타프타 산업과 벨벳 산업은 수출에서 중세 이래의 오랜 나사 산업을 멀찌감치 따돌렸다. 주목할 만한 가치가 있는 위업인 나사 산업은 가톨릭 지방(오드 지방과 로데브 지방)에 자리 잡았다. 국가는 지나치게 세벤적이고 프로테스탄트적으로 여겨진 생사 산업에는 호의적이지 않았지만 나사 산업은 적극 지원했던 것이다.

왜냐하면 생사 산업이 발전한 것은 궁극적으로는 프로테스탄트 사회집단이 승리한 것과도 같았기 때문이다. 그들은 뽕나무를 심은 위그노 선구자들——라프마스, 트로카, 세르는 모두 칼뱅파였다——에서부터 '못된 가톨릭교도이지만 훌륭한 상인'인 1690년대 님의 대규모 견직물 상인들에 이르기까지 모두 프로테스탄트였다.[35] 그리고 이들 주요 인물들 뒤에는 생사 기술의 온갖 비밀을 손에 쥐고 있는 세벤의 위그노파 평민들이 있었다. 1611년, 한 특별 칙령은 가톨릭이자 교황파 지역인 콩타 지방에서 주민들이 누에치기를 배우기 위해 위그노들의 도움을 받는 것을 허락했다. 이들 전문가는——17세기와 18세기에 콩타 지방에서 있었던 헛간의 임대차계약을 통해 이들의 고용을 예상할 수 있다——공증인 서류상에서는 언제나 세브노, 세브놀, 세브누아, 세벤 등으로 불렸다. 교황의 신민들조차 자기들이 많은 비용을 들여 산에서 내려오게 만

---

33) Boissonnade, 1909; Puech, 1884, 1885; Duthil, 1908.

34) Basville, 1734, 300쪽의 표.

35) Puech, 1884, 1885; Basville, 1734.

든 이 이단들이 최고의 양잠 기술자라는 사실을 인정했다.[36] 로앙*과 클로드 목사**의 시대 이후 세벤의 개혁교도들의 사회 집단은 양잠업에서 나오는 수익에서 물질적인 힘의 일부를 끌어냈다.

*

이렇게 성장의 첫 번째 극(極)인 포도는 1660년경에 약해졌다. 그리고 또 다른 성장의 극은 1680년경까지 부상했는데, 생사가 바로 그것이었다. 고무적인 두 징후…… 그러나 이들에 대한 투자는 아직 대단치 않았다. 생산물의 다수는 그 자리에서 소비되는 곡물이 대종을 이루었다. 그리고 양, 기름 같은 전통적인 생산 품목도 여전히 주요한 자리를 차지했다. 이 같은 광범위한 분야에서――더 넓게는 농업 경제라는 하나의 블록에서――라프마스의 시대***와 콜베르의 시대**** 사이에 성장이 이루어졌는가? 여기서 내가 말하는 성장이란 인구 증가에 비례하거나 그것을 능가하는 성장, 대중들의 생활수준을 유지하거나 향상시킬 수 있는 성장을 말한다.

완만한 확장, 제로 성장

첫 번째 시험은 개량 사업이다.[37] 17세기 랑그도크에서 밀밭은 소택지로, 기름지지만 진흙투성이인 연안의 가장자리로 확장되어나갔다. 카탈루냐의 땅은 한 예를 보여준다. 이곳에는 '암탉의 발처럼' 수로가 퍼져 있었는데, 세르는 '건조시킨 연못에서 좋은 밀'을 수확하기 위해 이것을

---

36) 쇼보 자료집, 5900에 인용된 텍스트.

* Rohan Henri(1579~1638): 프로테스탄트파의 우두머리.

** Jean Claude(1619~87): 보쉬에, 니콜, 아르노 등과 논쟁을 벌인 샤랑통 그룹의 주도적인 칼뱅파 목사.

***1545~1612.

****1619~83.

37) An. 12.

권장했다. 에스파냐와 인접한 나르본에서는 이미 1558년과 85년 사이에 소금 연못인 비나상 같은 인근 연못에서 물을 빼내려는 시도를 했다.

그러나 기술적인 예와 모델은 프로방스에서 왔다. 아당 드 크라폰과 그의 제자들은 마르세유와 크로 수로의 중간 지대에서 수력 전문가들의 진정한 학파를 형성했다. 그리고 이들은 자기들의 지식을 랑그도크에 팔았다. 1592년, 살롱 출신 엔지니어인 클로드 라벨은 로나크 연못(가르 도)을 건조시키기 위해 소(Sault)의 영주인 베르나르 드 라발, 그리고 라발의 사위이자 변호사인 장 뒤물랭과 손을 잡았다. 영주와 법조인은 이렇게 자본을 투자한 것이다. 베르나르는 1천 에퀴와 으레 그렇듯이 약간의 '추가 비용'을 부담했다. 그들의 일꾼은 질퍽거리는 진흙 속에서 일하거나, 광산 기법으로 물을 배수하기 위해 돌을 깨고 터널을 뚫었다. 경계와 중간 수로 문제 때문에 위제스 공작 부인이 사보타주를 했지만 사업은 성공적이었다. 라발은 자신이 투자한 자본을 회수했다. 앞으로 8년 동안, 그는 회복된 경작지에서 거두어들인 수확량의 4분의 1을 차지할 것이다.

욕심이 발동한 라발-라벨 그룹은 나르본 근처의 타라양, 페리냥 같은 연못도 공략했다. 그들은 최소 4,200리브르를 거기에 투자했다. 완전한 성공이었다. 1615년, 지주들——귀족 2명, 부르주아 13명——은 전에는 늪지였던 타라양을 나눠 가졌다. 이제 그들은 그곳 마른땅에서 밀을 생산할 수 있게 된 것이다.

라벨(Ravel) 또는 르보(Reveau)라는 이름을 가진 그도 크로 지방의 살롱 출신 피에르도 '배수 기술자'였다. 그는 1600년 나르본 부근에 있는 리비에르 늪지를 공략했다. 밀의 수도인 이 도시 주변에서는 소택지 회복 운동이 1600년대의 주요 사업이었다. 적극적인 성격에 돈을 가지고 있던 영주들, 법원 서기들, 공증인들은 '물을 빼내고, 말리고, 개량했다.' 그리고 그들은 도살업자들이 새롭게 개간된 땅에 가축떼를 보내면 그들과 싸웠다.

이렇게 시작된 사적인 사업은 공공 기관의 경쟁을 자극했다. 이제 이들은 대규모 배수 사업가들인 플랑드르인, 네덜란드인들(이들에 비하면 프로방스인들은 아마추어에 불과했다)에게 도움을 청했다. 이 문제에 관해 1599년의 칙령은 브라방*의 험프리 브래들리 회사에 15년간의 특권을 부여했다. 1607년, 건조 개간 지역의 주민들은 국왕의 포고로 쌀, 설탕, 염료, 이탄(泥炭), 밀라노 치즈 독점 생산권을 얻었다. 푸아투와 방데 지방에서 계속된 건조 개간사업은 잘 알려져 있다. 그러나 이렇게 고무된 플랑드르 사람들이 남부의 소택지에까지 영향력을 넓혀갔다는 사실은 그다지 잘 알려지지 않은 것 같다. 이들은 이곳에서 프로방스의 엔지니어들과 경쟁하여 승리를 거두었다. '플랑드르의 귀족들'이 파견한 제롬 드 코망은 1607년 나르본 사람들에게 '고인 물을 배수시켜' 소택지를 경작지로 전환시키자고 제안했다. 이 제롬과 1607년에 고블랭 공장을 일으킨 플랑드르의 융단 직조공 마르크 드 코망은 친척관계인가? 어쨌든 1600년대에는 나르본에도 파리에도 플랑드르의 '비지니스맨'들이 대거 진출했는데, 이는 얼마 후 경제학자 몽크레티앵의 국수주의적 비난을 샀다. 그들의 공세는 더 남쪽으로 내려갔다. 1598년부터 네덜란드의 기술자들은 로마의 폼프티나 늪지에서 작업을 했던 것이다.

1613년, 코망의 작업팀은 나르본과 베지에 사이에서 가시적인 결과를 얻어냈다. 카페스탕 연못의 물이 빠지고 땅이 드러나자, 사람들은 토지 소유를 표시하는 말뚝을 박기 시작했다. 동시에 카마르그의 경계 지역에서는 칼비송 남작이 상당한 넓이의 땅을 개간한 다음, 유명한 한 '개간자'를 위해 수도원을 세웠다. 에그모르트 항구를 건설한 성 루이가 바로 그였다.

플랑드르인과 대영주의 예를 따라 이번에는 다른 부류의 자본가——이전에는 십일조, 소금 또는 징세 등으로 부를 증식시켜나가던——가 거기에 뛰어들었다. 1622년, 아그드의 주교인 루이 드 발루아, 전쟁 재무관인 노엘 위로, 염세 감독관인 장 드 미라망(돈이 많은 염세리들, 심

* 벨기에의 주.

지어는 리케까지도 수로에 관심을 가졌다)이 손을 잡았다. 발루아-위로-미라망 이 세 사람은 해수면 높이에 있는 아그드와 마르세유의 연못들을 건조시키기로 결정했다. 사업은 수익성이 있었다. 그러나 그것은——오늘날에도 비슷한 상황에서는 그렇듯이——고등법원에서 아그드의 행정관들의 지원을 받은 어부들의 오랜 이익과 충돌했다.

동시다발적인 공세 속에는 성공과 실패가 기록되어 있다. 1604년부터 아그드의 프랑수아 기발 같은 평범한 농민은 주교의 축복을 받은 후, '소금기 있는' 땅을 '개량'하러 나섰다. 1609, 1620, 1643년, 프로방스에서도 아를과 프레쥐스의 습지들을 암스테르담 출신 장 반 엔스 같은 네덜란드 기술자들의 도움을 받아 개량했다. 남부의 대서양 연안 지방에서는 보르도, 앙베스, 블레, 바-메도크 등의 늪지들이 17세기 초에 인위적으로 배수되었으며, 그 결과 엄청난 잉여가치를 올렸다. 1600년에서 60년 사이, 네덜란드에서 펜스(영국 남동부의 습지)에 이르는, 그리고 샤랑트에서 이탈리아의 연안 연못에 이르는 서구 유럽의 모든 연안지방에서 건조 개간사업이 벌어졌다.

물리적인 조건은 그들의 사업에 유리했다. 근대(1590~1645)에 최대치에 도달한 빙하는 바닷물의 수위를 변화시켜 대략 10센티미터 내지 20센티미터 정도 해수면 수위를 낮추어놓았다. 당시의 배수 사업가들이 이러한 진행을 알았던 것은 물론 아니다. 어쨌든 그들은 그 같은 분야에서 '걱정'할 필요가 없었다. 반면에 정반대의 상황에서, 네덜란드의 전문가들의 작업은 다음과 같은 사실을 알려준다. 최근 빙하의 퇴각 현상과 관계된 오늘날의 해수면 상승(1세기에 10센티미터 내지 20센티미터)은, 그것이 지역적인 침강 효과와 함께 일어난 지역에서는 약간의 침수를 일으켜, 폴데르*를 만든 사람들의 노력을 방해한다.

17세기에 장애물은 자연이 아니라 사람들에게서 왔다. 사실, 건조 작업은 온갖 종류의 맬서스 효과들**과 충돌했다. 그리고 맬서스 효과들

* polder: 네덜란드의 매립지.

은 1645~60년에 이르면 마비작용을 일으킬 정도였다. 이때부터 배수로 개설과 내륙 항해에 대한 안티-수로(水路)적인 반발이 거세게 일어났다. 오늘날에도 바-론 회사의 관개망에 반대하는 이 지역의 일부 유지들은 그러한 반응을 보인다. 1960년, 님의 담벼락에는 "수로를 부숴라"라는 구호가 나붙었다. "수로를 부숴라"라는 구호는 1620년의 십일조 징수자나 지주 같은 유지들이 외친 구호였는데, 그들은 수로가 자기네 땅을 훼손하지 않을까 또는 밀 공급이 늘어남으로써 자기네 밀의 판매 가격이 떨어지지 않을까 염려했던 것이다. 1618년, 베지에의 참사회원들은 흥분했다. 왜냐하면 시행정관들이 평야에, 그것도 자기들의 땅을 가로질러 수로를 파려 들었기 때문이다. "이제 우리의 땅은 황폐해졌고, 우리의 반타작 소작지는 척박해졌고, 우리의 방앗간은 메말라버렸다." 뜻밖의 이타심이 성당 참사회를 사로잡았다. 그들은 나룻배의 경쟁으로 망하게 될 짐수레꾼들을, 공사 비용을 부담하느라 '2세기 동안' 빚더미에 올라앉은 납세자들을, 파헤쳐놓은 흙에서 생겨난 썩은 물과 오염된 공기로 위협받고 있던 사람들의 건강을 웅변적으로 옹호했다.

지대 취득자들의 분노로 모레양 같은 수로 사업가의 계획은 실패로 끝났다. 그는 많은 수입을 올리던 베지에 염세서(鹽稅署)와 관계하던 염전 주인이었는데, 피에르 폴 리케는 바로 이곳 출신이었다.

1644년, 수로 개설을 찬성하는 사람들과 반대하는 사람들이 다시 한번 카마르그의 서부에서 대립했다. 분쟁의 대상은 오늘날처럼 연안 지방에 물을 대는 것이 아니라 아그드에서 론 강까지의 연안 늪지에서 물을 빼는 수로 건설 계획이었다. 논쟁에는 예의 주창자들이 나타났다. 한쪽은 프로방스 지방의 기술자, 사업가이자 '비전'을 가진 사람인 브리뇰 출신 자크 브룅이 있었다. 그는 언제나 그랬듯이 염전업자들과 염세 징수 청부인들의 지지를 받았다. 이들의 말을 믿자면, 새로운 수로는 페케

**인구 과잉에 대한 공포에서 유래한 것으로, '많은 것'에 대한 공포를 맬서스 효과라고 부른다.

의 소금을 훨씬 더 용이하게 서부로 운송할 수 있게 해줄 것이었다. 그리고 그것은 배 한 척이면 충분할 일을 열다섯 척으로 해야 할 정도로 진흙이 가득한 론 강을 대체할 수 있게 해줄 것이었다. 마지막으로 브룅 수로가 생기면 연못의 배수가 가능할 것이고, 밀이 거기서 자랄 것이고, 병들은 물러갈 것이고, 공기는 더 깨끗해질 것이고, 더 '맑아질' 것이었다. 미래의 수로를 따라 커다란 나무 뗏목들이 오드 강과 론 강을 타고 피레네 산맥이나 알프스 산맥에서 내려올 것이며 포도, 방앗간용 맷돌, 기와, 지중해 동부 지방의 향신료와 피혁 등을 실은 선박들이 떠다닐 것이었다. 브룅은 수고의 대가로 건조 개간된 땅에서 소출되는 곡물의 50분의 1을 받는 것으로 만족할 것이었다.

기술자의 아름다운 꿈이 지방 유지들을 놀라게 만들었다. 자기들의 이익이 위협받고 있다고 생각한 이들은 브룅 수로에 대해 전쟁을 선포했다. 신분회나 툴루즈 고등법원 같은 육중한 기계들이 움직이기 시작했다. 그들은 브룅이 도랑을 파도록 내버려두는 것은 "교회의 권리를 뒤집는 것이고, 귀족의 명예를 훼손하는 것이며, 개인의 재산을 빼앗는 것이다"라고 썼다. 목축업자들, 푸주한들, 나무꾼들, 어부들 또는 양모업자들—야생식물 채취, 목축, 어업을 통해 조금이라도 연안 늪지에서 이익을 얻는 사람들—은 이 계획에 반대했다. 수로가 건설되면 땅의 수입이 10배는 늘어날 것인데도 말이다. 명령과 취소 명령이 이어졌고, 선물을 지참한 대표단이 파견된 다음, 1656년 마침내 첫 삽이 떠졌다. 브룅은 매일같이 400명 또는 500명의 인부와 함께 작업장에 나와 일을 했다. 그런데 갑자기 신분회의 믿을 수 없는 결정이 내려졌고, 곧이어 실행 명령이 떨어졌다. 이미 판 구덩이를 해당 지방의 비용으로 메우라는 것이었다! 이 결정을 집행할 책임을 맡은 님의 기업가들은 브룅이 판긴 구덩이를 열심히 메웠다. 그들은 심지어 실수였긴 했지만 오베 후작이 자기 땅에 판 수로까지 메워버렸다. 후작의 분노, 지사의 가벼운 항의…….

그보다 더한 어리석음을 저지른 집단은 좀처럼 찾기 힘들다. 있다면 아마도 20년 후 리케 계획이나 3세기 후 '바-론-랑그도크' 계획에 반대했던 경우가 고작일 것이다. 그렇지만 1660년에 브링 계획은 파리의 재정가인 마르크 폴레 덕분에 망각에서 벗어났다. 폴레는 한 징세청부인 그리고 그의 딸과 인척관계에 있었다. 한때 앙리 4세의 정부였던 재치 있고 세련된 귀부인 앙젤리크가 바로 그녀였다. 폴레는 강가 주민들, 특히 목축업자들의 환심을 사기 위해 여러 가지 약속을 했다. 그는 땅의 3분의 1만 건조시켜 밀을 경작할 것이며, 나머지는 목초지로 남겨둘 것이라고 썼다. 그러나 그의 계획은 실현되지 못했다.

브링과 폴레의 실패는 한 시대를 마감한다. 신성동맹 말기에 대규모로 행해진 건조 사업의 물결은 리슐리외 시대에 이미 잠잠해졌으며, 프롱드 난 이후에 최후의 순간을 맞이했다. 지롱드 지방에서도, 프로방스 지방에서도 건조 사업의 마지막 노력은 1660년경, 늦어도 1679년경에는 끝이 났다. 늪지를 상대로 한 투쟁은 중단되었다. 그것은 경제적 분위기가 호전되는 18세기가 되면 되살아난다.

*

늪지 개간에 이어 황무지 개간. 이 둘의 연대가 아주 다르지는 않다. 이 두 사업은 17세기 초반에 빈번했다가 1670년 이후 사실상 끝났기 때문이다.

1600~12년경, 나르본에서 콩푸아 작성 책임을 맡은 측량사들은 황야와 석회질 언덕을 공략하던 선구자들의 뒤를 헐떡거리며 따라갔다. 루이 13세와 마자랭 시대에는 미개간지를 쓸모 있는 땅으로 만드는 '개간사업,' '영지화 사업' 등이 랑그도크의 거의 전역에서 진행되었다.[38] 세트 산이 전형적인 예다. 1596년 토마 플라터가 그 산을 오르내릴 때

38) AC Narbonne, BB 6, 24-2-1603; BB 9, 13-5-1612, 18-6-1612, 11-6-1613; BB 10, 9-11-1614; AC Aniane, BB 12, 12-9-1669.

만 해도 라벤더, 로즈마리, 딸기처럼 보이는 열매가 열리는 서양소귀나무, 세트 산의 포도나무의 푸른 꽃떨기가 뒤덮인, 아직은 사람 손이 닿지 않은 지역이었다. 반세기 뒤인 1642년, 아그드의 주교는 이 산을 개간자들에게 임대해주었다.[39)]

얼마 후 프롱드 난이 한창일 때, 랑그도크 지방의 피레네 산맥 지역을 개간하던 사람들은 카프베른 공유지를 공략하여 400아르팡을 일궈냈다. 그러나 1650년 목축업자들과 전통의 수호자인 툴루즈 고등법원은 그들에게 과거의 황야와 목초지들을 원상 복귀시키라는 명령을 내렸다.[40)]

따라서 가치 있는 노력이었던 황무지 개간사업은 많은 장애를 겪었다. 그것은 비용이 많이 드는데도 일등급의 땅을 제공해주었던 늪지 개간과는 달리, 16세기보다도 더 가장자리 땅에서 진행되었다. 이는 누구나 인정하는 사실이어서, 예컨대 1618년 생-드레즈리의 새로운 토지대장 작성자들은 분명히 내다보았다. 미래의 개간지는 토지대장에 '하등급 땅'으로 분류될 것이라고 그들은 썼다.[41)] 최초의 경계경보(수익률의 감소, 인구압의 감소)에 이 허약한 정복을 포기했다. 그것은 '가치 없는 작업'이었다. 선구자들의 16세기에는 매우 드물던 이 같은 표현이, 정반대로, 1631년 이후부터 남부의 텍스트상에 자주 나타나며, 1643~44년경에는 더욱 빈번해졌다. 이 무렵, 수확 부족과 동시에 님과 몽펠리에 주변 땅이 포기되는 현상이 목격되었다. 이 현상에 뒤이어 빈곤 때문에 이민 바람이 불었다. 이제 처음으로 랑그도크의 노동자들이 파리로 떠나간 것이다.[42)]

---

39) Platter, éd. 1892, 211쪽; Boissonnade, 1934, 115쪽.

40) HG, B 719, 1650년 7월; 또한 AC Gignac, BB 23, 3-10-1612(도시의 숲을 개간); AC Chusclan, BB I(황야의 땅을 영지로 만들어서 여러 사람에게 나누어 주다); HGB 816(1660년 1월); HGB 837(1661년 11월~12월); ADH, B 39, f°s 875 r°, v°(7-3-1664): 나르본, 베지에, 몽펠리에 주변에서도 동일한 일이 벌어짐.

41) ADH, B 31, 12-2-1618, f° 925.

42) ACM, VII, 기록 390, 8-3-1631, 10-6-1634; PV, 1642년 9월 "님 교구의 제네

*

전체적으로 늪지 개간과 황무지 개간은 1650~60년까지 밀의 생산 증대가 어려웠음을 알려준다. 그것이 어느 정도였는지를 측정해보고, 통계적인 판단을 내려보는 것이 중요하다. 우선 곡물 십일조 수입으로 판단해보자.[43] 가장 장기적인 연속 자료들(살리에스, 크레상)은 앙리 4세와 루이 13세 그리고 젊은 루이 14세 시대, 즉 1660년까지 그것이 늘어났음을 보여준다. 그것은 다음 두 가지 현상의 복합 결과인데, 그중 어느 것이 더 중요한 역할을 했는지를 짚어내기는 힘들다. 한편으로는 십일조 납세 거부 투쟁이 끝났으며, 다른 한편으로는 평화, 확장, 개간 사업 등으로 수확량이 늘어났다. 그렇기는 해도 생산 증대의 한계를 지적하지 않을 수 없다. 곡선을 간단히 살펴보기만 해도, 1660년의 '천장'은 르네상스 시대의 첫 번째 성장이 끝난 1520년부터 같은 지역에서 올라간 천장 수준보다 높지 않았음을 알 수 있다. 성적은 별로 좋지 않았다. 지난 세기의 수준에 겨우 도달한 정도라면, 그런데도 그 사이에 인구가 증가했다면, 이를 어떻게 성장이라고 말할 수 있겠는가?

16세기와 비교하기가 더욱 어렵거나 더욱 단편적인 여타 지역에서 쉴리–마자랭 시대의 곡물 생산 역시 그리 고무적이지 못하다. 베지에——사실 이곳은 포도단지다——에서의 곡물 십일조 수입은 1605년부터 천장에 닿았다. 이어 그것은 그 세기 내내 조금씩 줄어들었다. 나르본 평야에서는 매우 완만하게 상승했기 때문에 1660년경의 입고량이 1515~20년의 최대치에 다다랐다. 나르본 지방의 이웃 마을(퀴자크)에서는 십

라크 마을은 높은 부담 때문에 완전히 버려졌다. 교구별로 버려진 마을 상태를 파악할 것"; (제네라크에는 그후 다시 사람들이 들어왔다). Devic, 1872~92, XIII, 164쪽(포기와 이주); ADH, B 36, 8-3-1644, f° 812 v°; AN, H, 748[108], f° 82, 1645년과 1647년의 진정서; AC Narbonne, BB, 21-4-1644, 10-6-1646, 24-6-1646, 23-8-1648, 31-5-1650(토지를 경작하지 않고 버려둠).

43) Gr. 30.

일조 인도량이 루이 13세와 안 도트리슈 시대에 비로소 1555~60년의 수준을 회복하는 정도로 그쳤다. 아그드에서는 16세기와 비교하기가 어렵다. 왜냐하면 자료상의 빈틈이 지나치게 많기 때문이다. 밀 생산은 조금 늘어난 것 같지만, 그래도 포도주의 움직임에 비해서는 저조했다. 서부 랑그도크(가야크)에서도 마찬가지 사실을 확인할 수 있다. 1600년 이후 이 도시 주변에서는 포도주 생산이 뛈박질했다. 15년 사이에 두 배 늘어났으며 그후에도 생산은 계속 증가했다. 반대로 밀의 생산은 가야크의 일곱 마을에서 약간 상승하는 데 그쳤다.

마지막으로 나르본 지방의 두 마을(무상, 우베양)에 대한 시험을 보자. 1630~35년경까지 생산량은 크게 증가했다. 그러나 16세기에 시작된 연속 자료상의 부족으로, 그것이 프랑수아 1세나 앙리 2세 시대에 이미 도달한 수준의 회복인지, 아니면 르네상스 시대에 전례가 없는 진정한 증가인지 판단하기 어렵다.

전체적으로 크게 줄어들었던 밀의 생산은 다소 오랜 기간에 걸쳐 증가하여 1650~60년경에는 1520~30년의 최고 기록을 회복했다. 그런데 그 기간, 즉 1525~1655년에 인구는 1560~70년경까지 지속적으로 증가한 후, 1600년 이후 다시 서서히 증가 기조를 회복했다. 따라서 어림 계산이긴 하지만, 그 지방에서의 생산량을 주민 수로 나눈 이론상의 일인당 할당량은 어떠한 탄력성도 보이지 않는다. 오히려 그것은 줄어들었다고 보아야 옳을 것이다. 불확실했던 황야 개간도, 비용이 많이 들고 논란이 많았던 늪지 개간도 인구 증가를 뒤따라가지 못했다.

이 같은 불일치 현상은 오랫동안 잠복해 있었다. 그러다가 1630년부터,[44] 그리고 생계를 위협하는 커다란 곡물 위기가 닥친 1640~53년경에 다시 한 번 도처에서 분명히 드러난다.

그때까지 유지들, 지주들, 지대 취득자들, 십일조 징수자들, 소맥 상인들은 생산의 완만한 증가와 그들이 거둬들이는 현물 수입——지대와

44) 이 책, 제2권, 159쪽; An. 27.

십일조——의 비례적으로 더욱 빠른 증가에 편승하여 이득을 챙겼다. 1600년 이후 그들은 규제적이었던 16세기의 신중한 태도를 버리고, 곡물 수출을 체계적으로 늘려갔다. 기근의 해였던 1631년을 제외하고, 이 같은 자유무역 정책은 랑그도크 신분회의 연례 투표로 인준되었다. 그것은 성공적이었다.

그러나 1640년대의 10년 동안은 밀의 가격이 높았다. 최근의 증가에도 불구하고 마자랭 시대에 프랑수아 1세 시대의 수준을 넘어서지 못한 곡물 생산과 계속 늘어나는 인구 사이의 모순이 폭발했다. 1640년대의 10년 동안 서구의 거의 모든 곡물 시세 곡선상에는 곡물 시세의 고원(高原)이 형성되었다. 아마 그것은, 다른 요인들도 있지만, 수확이 나빴다는 '불행의 연속'과 관계가 있을 것이다. 베지에나 몽펠리에 같은 남부의 시장들도 타격을 입었다.

그렇지만 유지들에게는 자유무역이 여전히 하나의 법으로 남아 있었다. 물가가 오른다면 지방의 서민들은 곡물 부족에 시달릴 것이다. 설사 그럴지라도 유지들은 높은 가격에 팔고 수출함으로써 이익을 취했다. 이렇게 해서 신분회——귀족이든, 부르주아든, 십일조를 거두어들이는 성직자든, 밀의 주인들의 보루인——는 1641, 1642, 1643, 1645, 1646, 1647, 1649년에 곡물 수출 허가를 요구했다. 특히 1643년에 그들이 취한 행동은 빈축을 살 만했다. 왜냐하면 '기근'이 심하고, 수확은 부족하고(십일조), 곡물 가격은 너무 비싼데도(베지에에서 사이클의 정점) 수출 허가를 요구했기 때문이다. 신분회와는 달리 사회적이고 정치적인 현실에 민감했던 툴루즈 고등법원은 지방 외부로 반출하는 것을 단호히 반대했다.

1645년에도 가난한 사람들은 나르본의 거리에서 굶어 죽었다. 그들의 시체는 짐마차에 실려갔다. 그런데 거기서 그리 멀지 않은 곳에서는 밀가루 부대를 실은 선박들이 출항을 기다리고 있었다. 기아에도 불구하고, 신분회의 나리들은 곡물 '교역'을 허가한 것이다. 동일한 사실과 모순이 1649년, 특히 1651년에도 확인된다. 1651년, 베지에에서 밀은 세기의 기록을 깼다(스티에당 8리브르). 사람들은 지방 경계선에서 수출을 막으려 했으며, 가난한 사람들은 도시의 곳간——툴루즈, 나르본——으로 몰려갔다. 그러나 그곳은 비어 있었다. 같은 시기에 매점매석자들이나 수출업자들은 분주했다.

몽펠리에의 이사크 플로제르그와 피에르 플로제르그, 나르본의 레스트는 카마르그의 곡물을 독점해서 비싼 값에 카탈루냐로 넘겼다. 염세 징수 임차인들은 소금을 주고 산간 지방의 밀을 사들인 다음 그들 역시 카탈루냐에 팔아 넘겼다. 이중으로 수지 맞는 사업이었다. 왜냐하면 염세리들은 그렇게 해서 자기들의 소금을 팔아치운 것 외에도 비싼 밀에서 또다시 이득을 보았기 때문이다. 마지막으로 랑그도크 지방의 국왕 대관(代官)인 비욀 백작도 1651년 봄 기근이 심할 때 곡물 투기에 관심을 가졌다. 그해 4월에 곡물을 실은 12대의 마차가 그의 영지를 떠났다. 그의 차지농들은 마차를 끌고 세리냥 수로에 간 다음, 카탈루냐인 두 선주의 배에 실었다. 기아에 허덕이던 지방의 농업노동자들과 그들의 아낙네들이 수송 선단을 습격했다. 분노한 비욀은 경계를 강화했고, 그래서 선적이 마무리되었다.

반란을 일으킨 '노동자들'은 거기에 굴하지 않고 칼과 철봉으로 무장했다. 그들은 두 척의 어선 또는 '예선'(曳船)에 올라 카탈루냐 선단을 공격했다. 곡물 봉기는 이렇게 해서 수로 입구에서 해상 전투(1651년 4월 25일)로 변했다. 그들은 질서의 수호자인 세리냥의 시행정관들이 원군으로 타고 있던 카탈루냐의 선박들 중 한 척에 접근했다. 그 배의 선원들은 얻어맞고 바다에 던져져 '파도의 처분에 맡겨졌다.' 마침내 반도들은 밀을 빼앗았다.

1640년 이래의 만성적인 곡물 위기는 밀 가격이 곤두박질치는 1656년에야 실질적으로 끝났다. 높은 가격, 잠복성의 기근, 이따금 극심한 기아로 점철된 15년간의 긴 기간은 남부 프랑스만의 현상이 아니라 프롱드 난 이전과 프롱드 난 기간에 있었던 전국적인 식량 위기의 지방적인 국면을 보여주는 것이었다. 그렇더라도 지방적인 차이를 짚어보기로 하자. '프롱드 난 시대의' 위기는 북부에서는 비극적이었지만 리옹 만 연안에서는 그저 심각한 정도였다. 가격 지표들은 이러한 지리적 차별성을 분명히 보여준다. 밀 시세는 1600년과 1650~51년(고물가가 정점에 이른 해) 사이 보베에서 두 배 올랐다. 그런데 베지에와 엑스에서는 같은 기간에 50퍼센트 내지 60퍼센트 올랐을 뿐이다. 이 같은 낮은 상승은 남부의 인구가 북부의 인구보다 '프롱드' 징후군의 영향을 덜 받은 이유 가운데 하나일 것이다.[45)]

남부의 물가가 이렇게 낮아진 데에는 아마도 경기 국면적인 이유가 있을 것이다. 프롱드 난 시대의 고물가는 특히 여름에 비가 많이 와서 생긴 '다우(多雨)성 기근'으로 빚어진 것이었다. 그런데 파리 지방에서 심했던 이러한 현상들은 무엇보다도 건조 기후에 취약했던 남부 지방의 곡물 생태학에서는 덜 위험한 것이었다. 구조적인 이유도 있다. 내해* 연안의 밀 시장은 비교적 잘 조직되어 있고, 주기적인 고물가에 대해 예방접종이 되어 있었다. 이곳에서는 수확이 좋은 지역과 나쁜 지역 사이에, 연안에서 연안으로 작은 만에서 작은 수로 또는 리비에라 해안으로, 보정(補整) 기능이 잘 이루어졌다. 게다가 곡물 부족 현상이 발생하면 발트 해의 밀을 실은 북부의 배들이 들어와 도움을 주었다. 예컨대 1649년, 그 지방 소맥 상인들이 벌인 강력한 로비의 대변자였던 나르본의 대주교는 '단치히의 칼뱅교도들과 함부르크의 재세례파'를 비난했다. 이들은 랑그도크 소맥 상인들의 주무대였던 연안 구역에까지 와서 경쟁을 벌였기 때문이다.

이렇게 이따금 밀 시장의 지나친 격차를 수정해주는 '지중해의 온난함'[46)] 같은 것이 나타났다. 이 같은 온난함은 특히 연안에서 나타났고, 산자락을 오르면서부터 사라졌다. 길도 없고 돈도 없이 고립된 산간 지방에서 1640~50년의 10년간의 주기적인 고물가는 프랑스 북부처럼

45) Gr. 12; Baehrel, 1961과 Goubert, 1960의 밀 가격 곡선을 보라.

* 지중해.

46) E. Labrousse; Dermigny, 1955, 세트에서의 밀 교역에 대해.

힘들고 치명적이었다. 1643년 아베롱 고지의 경우가 그러했다. 이곳에서는 곡물의 주기적인 고물가가 랑그도크 해안 평야보다 두 배나 큰 피해를 주었다.[47] 1643년, 루에르그인들은 이민을 가거나 반란을 일으키는 것 말고는 다른 선택이 없었다.

남부 프랑스 연안 지방의 온난함은 프롱드 난 기간의 식량 위기를 완화시켜주었으며, 그에 수반된 사망률을 떨어뜨렸다. 물론 님과 나르본 사이 지역에서의 사망률이 무시할 수 있는 수치는 아니었다. 그러나 그것은 단기적인 비교뿐 아니라 장기적 결과로 볼 때도, 보베*에서의 끔찍한 인간 타작에 비하면 나은 편이었다.[48]

그렇기는 하지만 이러한 유보, 이 같은 차이에도 불구하고 전반적으로 확인되는 사실의 중요성이 줄어들지는 않는다. 북부에서나 남부에서나 '프롱드 난'은 여러 측면 가운데에서도 밀의 비극이었다. 그것은 더 뚜렷한 적도 있었고 덜 뚜렷한 적도 있었지만 나타나지 않았던 적이 없었다. 곡물 수확상의 가변적인 사건과 1640년대의 높은 가격 '천장' 너머에는 남부의 곡물 경제상의 세기적인 무력함이 놓여 있었다. 십일조는 경제가 1650년까지 몇몇 성공이 있긴 했지만, 16세기의 낡은 기록을 넘어설 수 없었음을, 진정으로 성장하기에 부적합했음을 보여준다.

*

올리브나무들은 더 빛나는 성공을 거두었을까? 여기서도 십일조 연속 자료를 살펴보는 정도로 충분하다. 물론 매년 십일조로 내기로 계약

---

47) 이 책, 제2권, 272쪽; Cabrol, 1860.

* 프랑스 북부의 지방.

48) 남부 지방의 사망률은 특히 프롱드 난 이후인 1655년에 높아졌다(높은 물가와 페스트). 예컨대 세스농과 몽타냐크에서(Gr. 4) 그러나 몇몇 지역은 피해갔다. 예컨대 올롱자크(같은 자료). Goubert, 1960(인구 도표들), Jacquart, 1960(일-드-프랑스의 경우)와 비교하라. 대규모 군사 작전의 부재 역시 프롱드 난이 랑그도크에 해를 끼치지 못한 분명한 이유들 가운데 하나다.

한 기름의 양은 1600년 이후, 즉 내란으로 파괴된 후와 납세 거부 투쟁이 있었던 이후에 장기적으로 증가했다. 그러나 두 지역(아그드, 그뤼상)에서 1560년 이전의 평화롭던 16세기의 기록적인 수준은 100년 뒤인 1650~60년경까지도 회복되지 못했다. 나르본, 무상, 퀴자크에서는 이 수준이 가까스로 회복되었다. 곡선 자료를 제공한 여섯 지방 가운데 오직 한 지방(베지에)에서만, 17세기의 기름 생산은 1660년에 가서야 비로소 앙리 2세* 치세, 대전(大戰) 이전에 도달했던 수준을 겨우 넘어설 뿐이었다.[49]

요컨대 결산의 결과는 빈약하다. 회복은 되었지만 성장하지는 않았다. 16세기의 올리브 재배의 성장은 17세기에도 종종 되풀이되었지만 넘어서지는 못했다. 이런 상황에서 수출하거나 소비할 수 있는 양은 몇 세기가 지나도록 늘지 않았다. 주민 일인당으로 환산해보면 인구가 증가하여 오히려 줄어드는 경향이었다.

*

그러면 축산은? 가축 십일조 연속 자료는 분명히 말해준다. 다섯 지방의 도표에 근거한 가축 십일조 자료에 따르면,[50] 랑그도크에서의 가축의 실질수입은 여전히 낮았다. 그것은 사람은 아직 적었고 가축은 많았던 1500~20년의 한창때보다 훨씬 못했다. 밀의 가격과 전반적인 농업 명목 수입은 1480년에서 1650년 사이에 10배 증가한 반면, 축산의 명목 수입은 5배 늘어났을 뿐이다. 이는 부정할 수 없는 지수다.

---

* 재위 1519~59년. 아버지 프랑수아 1세를 이어받아 황제 카를 5세와 전쟁을 계속했으며, 1559년 카토-캉브레지 평화조약을 체결했다.

49) Gr. 29.

50) 베지에, 나르본, 무상, 크레상, 페피외: 가축 십일조의 명목 수입이나 실질수입 모두 17세기 전반기에 서서히 상승했던 가야크의 경우, 전쟁 전 16세기와의 비교는 고문서 자료가 없기 때문에 불가능하다. 이 모든 것에 대해서는 Gr. 26; Gr. 27을 보라.

17세기 초반 가축 십일조 곡선상에 그려지는 회복 현상을 보고 착각해서는 안 된다. 이것은 1560년과 1600년 사이에 전쟁과 납세 거부 투쟁으로 야기된 심각한 하락 이후의 단순 회복——다른 부문에서도 이미 확인이 된——에 불과하다. 게다가 회복은 그나마도 불완전한 것이었다. 1530년 이후에 있었던 축산의 급격한 쇠퇴는 1650년에는 절반 정도밖에 회복되지 않았다. 동물 생산은 지방 경제의 정체 부문, 미성장 부문으로 남아 있었다. 그래서 푸줏간에는 줄이 길게 늘어섰다.[51]

*

결산해보면 생사와 포도주는 역동적이었지만 일부분에 불과했다. 그리고 밀, 기름, 고기 같은 '중량급'은 매우 오랫동안 성장이 미미하거나 제로 수준에 머물러 있었다.

이처럼 상이한 곡선들을 합하여 전반적인 경향을 평가하는 일이 가능할까? 물론 그러하다. 이러한 유형의 총합은 가능하다. 그리고 그 방법은 이미 제시된 바 있다. 그것은 개별적인 십일조(밀, 포도주, 기름 등)가 아니라 한 지역에서 생산된 모든 생산물에 대한 현금 십일조를 살펴보는 것이다.[52] 이렇게 해서 작성된 17세기의 도표들은 16세기의 도표들을 곧바로 연장한다. 우리는 이미 이 도표들이 농업 수입의 장기적인 경향을 얼마나 잘 보여주는지 확인한 적이 있다.

이 곡선들을 읽어볼 필요가 있다. 1600년과 50년 사이에 명목 수입이 증가했음이 첫눈에 들어온다. 네 군데 성당 참사회——이곳의 고문서들은 수백 개 마을들에 대한 조사를 가능하게 해준다——의 경우, 전체 수입은 반세기 동안에 평균 3배 늘었다.[53] 평균 3배라는 명목 수입 상승률

---

51) 몽펠리에의 푸줏간에서는 "고기를 사기 위해 서너 시간을 기다려야 했다." ACM, 기록 FF, 15-7-1615, 20-7-1615.

52) 이 책, 제1권, 397쪽 이하.

53) Gr. 17에서 Gr. 23까지; Gr. 25.

은 1600년과 50년 사이에 겨우 60퍼센트에 그친 밀 가격 상승률을 훨씬 뒤로 따돌린 것이었다. 따라서 이렇게 현금 십일조 수입을 거두어들인 참사회원들은 당연히 반세기 동안에 크게 부유해졌다고 생각했다.

그러나 판단을 제대로 하려면 일정한 거리를 두고 바라볼 필요가 있다. 실제로 이 같은 부유화(富裕化)는 내란기의 폐허, 파산, 십일조 납세 거부 투쟁 이후의 시기에만 해당된다. 한 세기 반(1500~1650)에 걸친 곡선들을 한번 훑어보기만 해도 전망이 완전히 바뀐다.[54] 현금 십일조 곡선은 1560년까지는 가격을 뒤따라가지만 1560년과 1600년 사이에는 전쟁과 십일조 납세 거부 투쟁 때문에 더 이상 가격을 뒤따라가지 못하고 폭락한다. 마지막으로 1600년 이후에는 활발한 회복세를 보이다가 1650년경에 이르면 마침내 가격 곡선을 따라잡는다. 신성동맹과 프롱드 난 사이의 이 같은 활발한 증가는 그러므로 사실상 되따라잡기에 지나지 않는 것이다. 대단한 에피소드지만, 회복기에는 으레 그런 법이다.

달리 말하면 이따금 급격한 변동이 있지만 불변 가격으로 계산된 실질 십일조 수입은 루이 12세의 시대에서 루이 14세 시대 초까지 최종적으로는 안정적이었거나 약간 늘어났을 뿐이다. 그것은 실질 농업 수입의 지속적인 정체(停滯), 느린 움직임을 말해준다. 실질 농업 수입은 매우 미미한 정도로만 늘어났을 뿐이다. 명목 현금 십일조를 가격 곡선 위로 항구적으로 끌어올리지는 못했던 것이다. 진정한 성장을 의미하는, 마침내 '이륙'이 이루어졌음을 의미하는 그러한 활기는 18세기만의 특권이다.

17세기에는 부유화의 집적 과정이 아직 시작되지 않았다. 오히려 정반대로 몇몇 빈곤화 경향들이 지속되었다. 1500년 이래 전체적인 실질 농업 수입은 정지되었거나 약간 상승한 데 반해, 인구는 16세기의 상당 기간에 급속히 증가했다. 그런 다음, 그것은 느리기는 하지만 1600년 이후 다시 증가했다. 그리고 콜베르 시대까지 이어졌다. 따라서 지난 세

54) 같은 자료.

기의 저주는 1650~55년까지 영향력을 상실하지 않았던 것이다. 경제적인 피제수(被除數)는 늘어나지 않았는데 인구적인 제수(除數)가 늘어났다면 개인당 몫이 늘어나기는 어려운 일이었다…….

제3장 분배(제1악장)

이처럼 17세기 초반의 성장은 회복 수준에 머물렀다. 발전은 이전 세기의 수준에 머문 옹색한 것이었다. 농업 수입의 개인적인 몫——사회의 각 구성원이 이론적으로 주장할 수 있는——은 장기적으로는 늘어나지 않았다. 이러한 상황에서는 분배 문제가 심각해진다. 그리고 서민들의 생활수준이 향상되었는지에 대한 예측은 부정적이다.

르 냉*의 세기의 외양, 장식

구체적인 것에서 출발하자. 우선 외양을 평가해보자. 그리고 르 냉 시대의 농민들과 날품팔이농들의 집 내부에 시선을 던져보자. 1600년 이후 시골 가정은 공증인들이 작성한 재산 목록 덕분에 잘 알려져 있다. 이들 자료의 수는 더 많아졌으며 커다란 가구(家具)에 대한 정보를 상세히 전해준다.[1)]

---

* Le Nain(Antoine, Louis, Mathieu): 17세기 프랑스의 화가 형제.

1) 농민과 날품팔이농과 관련해서 사용된 재산 목록: ADH, 빌로트 공증인 사무실(n° 61), 문서 묶음 131, 31-8-1598(R. Vallier); 같은 자료, 25-3-1600(E. Victou); 같은 자료, 7-5-1601(D. Bedosse); 같은 자료, 문서 묶음 132, 3-9-1601(P. Gleizes); 같은 자료, 문서 묶음 133, 18-5-1605(A. Galabert); 같은 자료, 1607(A. Raynaud); 같은 자료, 5-10-1606(J. Lamouroux); 같은 자료, 1604(G. Leques, Castelnau 출신); 같은 자료, 에브라라르 드 클레르몽-에로의 공증인 사무실, 기록 17, 20-12-1613(E. Bousquet); 또한, 앞에서 인용한 빌로트 공증인 사무실의 문서 묶음 131에 있는 로랑 자크와 로랑 르게의 재산 목록;

몽펠리에의 농민인 레몽 발리에는 농촌의 무식한 직조공 출신이었다. 1598년 그는 방 두 개짜리 집에서 살았다(그리고 죽었다). '거실'에는 궤짝 두 개, 걸상 하나, 상자 하나, 식기장 하나가 있었다. 발리에의 침실에 있는 야전 침대에는 지푸라기 매트리스가 깔려 있었다. 곡물 자루와 도구들은 이 같은 초라한 가구들과 함께 여기저기 흩어져 있었다.

몽펠리에의 농민인 에티엔 빅투는 두 아이의 아버지였다. 1600년에 그가 소유한 가구라고는 상자 두 개, 테이블 두 개, 침대 하나가 전부였다. 그런데 그가 파종지(播種地) 4스테레, 암양 다섯 마리, 당나귀 한 마리, 돼지 한 마리 그리고 작은 은제 숫가락 하나를 남긴 것을 보면 그는 자기 본당 사목구에서 가장 가난한 사람은 아니었다.

도핀 브도스는 1601년에 죽었다. 그녀는 땅을 경작했다(그녀는 쟁기 하나, 암양 다섯 마리를 소유했다). 그녀의 가구로는 궤짝 두 개, 침대 하나가 전부였다.

몽펠리에의 농민인 피에르 글레즈는 하녀를 거느렸던 것으로 보아 돈이 없지 않았다. 그렇지만 1601년 당시 그는 단칸방에서 생활했다. 가구라고는 테이블 하나, 침대 하나, 상자 세 개뿐이었다.

농민인 앙투안 갈라베르(1605년 사망)는 몇몇 '겉치레' 요소들을 가지고 있었다. 그는 포도밭과 올리브밭을 샀고 돈을 모았다(금반지 하나, 은반지 6개). 그러나 그의 가구는 보잘것없었다. 거실에는 궤짝 하나, 걸상 하나뿐이었다. 방에는 매트리스도 없는 침대 하나와 종이 상자 하나가 전부였다. 포도밭 주인인 앙투안 레노(1607년 사망)의 집도 거의 마찬가지였다. 재산은 약간 있었다. 포도밭 하나, 곡괭이 6개, 그리고 몇 개의 금반지와 은반지. 그러나 집 안으로 들어가보면 검소하기 그지없다. 침대, 테이블, 상자, 궤짝이 전부였다. 농민이자 포도밭 지주인 장 라무루(1606년 사망)의 집에는 상자 세 개, 침대 하나가 있었다. 마을

그리고 에브라르 공증인 사무실(인용한 기록)에 있는 블루리, 랄르그, 베르디넬의 재산 목록.

의 농민이자 땅 15필지, 암노새 한 마리, 짚가리가 잘 갖춰진 농가 하나를 소유한 기욤 레크(1604년 사망)의 집에는 걸상 세 개, 침대 하나, 테이블 하나가 전부였다. 에티엔 부스케(1613년 사망)는 꽤 넓은 땅을 경작했다(양 130마리, 쟁기 두 대, 소 한 쌍). 그런데 그의 가정생활을 편안하게 해주는 것으로는 테이블 하나, 궤짝 하나, 침대 두 개가 고작이었다. 로랑 자크(1606년 사망)는 커다란 토지를 경작한 반타작 소작농이었다. 그는 죽을 때 곡물 자루들 속에 파묻혀 죽었다. 그러나 생전에는 거지처럼 살았다. 상자 하나, 궤짝 하나, 침대 하나, 질그릇 공기 7개. 농민들의 가구는 이렇게 초라했으며 대단한 사치품이었던 의자를 갖춰놓고 사는 경우는 극히 드물었다. 나는 1610~20년경에 두 경우밖에 보지 못했다.

'노동자들'(쟁기를 소유하지 않은 막일꾼들)의 '방'으로 가보자. 장식은 여전히 매우 초라했다. 강주의 노동자인 장 마티외 뱅상(1623년 사망)의 집에서 나는 궤짝 하나, 침대 하나 그리고 '두 개의 작은 걸상'을 보았다. '경매장에서' 그것들은 냄비나 통들과 함께 모두 21리브르에 팔렸다.[2)]

시골집의 내부는 모두 비슷하다. 침대, 하얀 나무 상자, 호롱불 하나 그리고 다양한 취사도구들(프라이팬, 접시, 구리 솥, 공기들)……. 이런 것들을 기입한 재산 목록을 보노라면 20세기 아프리카 어느 저개발국가의 전형적인 가계(家計)가 금방 떠오른다. "3분의 1 램프불 덮개유리, 5분의 1 취사도구, 5분의 2 걸상, 3분의 2 대야, 3분의 2 냄비, 5분의 3 모포와 칼, 5분의 1 테이블."[3)] 그리고 그것은 침대, 테이블, 걸상, 궤짝 같은 중세의 가구와 얼마나 잘 일치하는가. 18세기 랑그도크의 농민들은 2세기 전에 툴루즈, 로데즈, 님 등의 유지들이 만족했던 낡고 투박한 장식을 사용했다.[4)] 이러한 시골 사람들의 보수주의, 퇴영주의는

2) ADH(강주의 공증인들, 울레 공증인 사무실), 34, 206, 17-9-1623.

3) Balandier, 1957, 206쪽.

4) Puech, 1893; Martin, 1900, I, 281쪽; Wolff, 1954, 600쪽.

그들의 유별난 후진성과 전형적인 빈곤을 말해준다.

이제 농민들의 집에서 나와 앙리 4세나 루이 13세 시대의 부르주아 집으로 가보자. 비록 작은 집이라 할지라도 장식의 변화가 뚜렷하다. 안락한 삶을 추구한 이들 여유 있는 사람들은 루이 11세 시대 자기 조상들의 유일한 동산이었다고 할 수 있는 철이나 소가죽을 입힌 '옛날의' 궤짝들을 더 이상 사용하지 않았다.[5] 그들은 북부 프랑스가 맨 먼저 유행시킨 편안한 가구를 도입했다. 몽펠리에의 공증인 장 튀파니(1611년 사망), 생-길렘의 기욤 카마스(1612년 사망), 세스농의 과부 라캉(1634년 사망) 그리고 그 밖의 다른 부르주아들의 가구를 볼 때 그들은 잘 갖추고 살았던 것 같다.[6] 붉은 구리로 장식한 호두나무 의자와 삼단 옷장; 터키산 양탄자; 놋쇠 촛대, 나무로 테두리를 한 큰 거울, 하얀 손잡이 면도기, 양모 매트리스, 책들; 앙리 4세, 성 카트린, 십자가를 진 예수의 그림들; 그들의 궤짝에는 돼지 삼겹살이 가득했다. 물론 그들 집에는 프랑스의 에퀴나 에스파냐의 두블롱 같은 주조 화폐도 많았다. 그리고 채권도 있었는데, 이것은 채무자이지 결코 채권자가 될 수는 없었던 농민들에게서는 볼 수 없는 것이었다.

비교하여 묘사하면, 1620년의 농민은 현금이나 채권을 가지고 있지 못했다. 그는 앉을 의자도, 거울도, 면도기도 없었다. 책도 없었다. '성인(聖人)들의 시대'*였지만 그의 집에는 자신의 신앙을 위한 경건한 그림 하나 없었다! 우리의 농민은 문화의 부재 속에서 살았던 것이다. 그런 점에서 그는 중세의 조상과 닮았다. 반대로 그는 18세기의 후손들과는 완전히 달랐다. 포도밭을 일구면서 넉넉하게 살아간 18세기의 그의

5) Puech, 1893.

6) 이 재산 목록은 ADH, II E, 61, 문서 묶음 133; 56, 문서 묶음 608; 28, 기록 89, 1634년(라캉의 재산 목록); 또한 같은 자료, 생-길렘-르-데제르의 공증인 사무실, 기록 337, 28-11-1612(길렘 카마스의 동산과 부동산 분할).

* Le siècle des saints: Henri Bremond, *La fin des guerre de religion jusqu'à nos jours*, Paris, 1916~36, 전12권 중 제2권의 제목이 바로 '성인들의 세기'다. 17세기에는 유난히 성인품에 오른 사람이 많아서 붙여진 말이다.

후손들은 거의 프티부르주아의 모습(17세기의 더럽고 면도도 안 한 시골뜨기에 비하면)이었다. 그는 1760~80년경에는 경우에 따라 또는 재산 목록에 따라 다르지만 장롱, 빨간 양모로 장식된 속이 잘 다져진 안락의자, 쿠션 그리고 날염 옥양목을 안에 댄 베개 등을 갖게 된다. 또한 그는 안락의자 겸용 침대, 금박 틀과 호두나무 테두리 거울, 크리스털 물병, 술병과 술잔들, 흰색 파란색 자기 접시 세트, 은제 버클이 달린 신발, 은 단추가 달린 옷 그리고 다리미 등을 가지고 있었다. 마지막으로 채권과 주조 화폐 그리고──계몽주의 시대 새로운 부의 상징인──십자가상! 전체적으로 루이 13세 시대의 투박하고 볼품없는 시골 가정과 극단적인 대조를 보여준다. 집 안이 텅 비어 있었음은 수적인 비교로도 나타난다. 1620년경, 농업노동자의 가구는 공증인 재산 목록에 20리브르로 기록되었다. 그러나 튀르고 시대*에 이르면 10배(200리브르 내지 300리브르)로 뛴다. 그런데 그 기간에 물가는 오르락내리락하면서 겨우 3배 정도 뛰었다. 그러므로 루이 13세에서 루이 16세 시대로 가면서 실질적으로 상당히 부유해진 것이다. 농촌의 부유함은 이 지방에서는 18세기부터 확산되기 시작한다.[7)]

반대로 앙리 4세와 루이 13세 시대에는 몇몇 부분(포도주, 생사)에 한정된 약간의 '팽창'이 있었지만 우리 지방의 농민 세계는 빈곤을 벗어나기 시작한 도시 계급들과 달리 고졸(古拙)적인 빈곤에 여전히 매몰돼 있었다. 이 같은 차별적인 빈곤은 어디에 기인하는 것일까? 토지에 대한 회계가 이를 설명해줄 것인가?

---

* 1727~81.

7) 루이 15세 시대 말이나 루이 16세 시대, 랑그도크의 재산 목록에 대해서는 ADH, II E, 38(랑사르그에 있는 불리오의 공증인 사무실), 문서 묶음 128: 1768~85년, 장 카사크(토지노동자), 마리 라잘레트(노동자의 과부), 프랑수아 카바니(반타작 소작농), P. 르노아르, A. 크루제, M. 라퐁, S. 앙드레(자영농들)의 재산 목록; 같은 자료, 2(아그드의 공증인), 기록 310, 3-11-1763: 잔 푸르니에(노동자의 과부)의 재산 목록.

토지의 분할, 세분화의 지속

우선 분할의 문제를 살펴보자. 1650년경, 토지의 실질수입은 전후에 경기가 회복되었는데도 정지 상태였다. 반복하면 그것은 16세기의 수준을 약간 상회하는 수준이었다. 그런데 인구는 지속적으로 증가했다. 그와 동시에 소유지들의 평균 크기는 1600년과 1670~80년 사이에 점점 더 작아졌다. 이것이 바로 콩푸아가 전해주는 중요한 사실이다. 아마 분할의 리듬은 16세기보다 덜 격렬했던 것 같다. 그럼에도 그 현상은 아르데슈에서 몽타뉴 누아르까지, 나르본 지방에서 바-론 지방까지 넓게 산재해 있는 열다섯 군데 본당 사목구가 증명해주듯이, 지속적이었다. 자료가 허용하는 대로 이들 가운데 어떤 것들은 헥타르로 연구되었고, 어떤 것들은 토지대장상의 가치로 연구되었다. 접근 방식의 상이성은 결론의 전반적인 동일성을 더 잘 보여줄 뿐이다.[8)]

페롤의 경우를 보자. 소유지 도수분포도는 1574년의 콩푸아에서 1637년의 콩푸아로 가면서 가운데가 약해졌다. 이것은 중간 크기 토지 소유자들의 범주(개인당 14스테레에서 100스테레 소유)가 그 수에 있어서나 부에 있어서 줄어들었음을 의미한다. 그들의 수는 1574년에는 25명이었다. 그런데 63년 뒤에는 18명밖에 안 된다. 앙리 3세 시대의 25명이 소유한 땅의 전체 넓이는 868스테레였다. 반면 1637년의 동료들이 소유한 땅의 전체 넓이는 576스테레에 불과하다. 말하자면, 가족 수의 증가로 이들 '중간 계층 사람들'의 유산 상속자들 가운데 일부가 소지주의 범주(14스테레 이하)로 떨어진 것이다. 동시에 중간 크기 토지들이 조각나면서 영세 타유세 납세자들의 수가 늘어났다. 그들은 1574년에는 62명이었다가 1637년에는 165명이었다. 한 사람당 평균 3분의 2 헥타르의 땅에서 근근이 살아간 것이다.

가야크에서는 보존된 자료들의 연대적인 우연성 때문에 이 현상을 초장기적으로밖에 연구할 수 없다(1596년의 도수분포도와 18세기 초의

8) 세세한 자료가 제시될 이 모든 마을에 대해서는 An. 23의 해당 지명과 연대 참조.

도수분포도). 이 경우에서도 16세기에 큰 손상을 입은 중간 크기 소유지는 꾸준히 쇠퇴의 길을 걸었다. 16스테레와 250스테레 사이의 토지 범주는 17세기가 지나는 동안 49개의 단위 토지를 잃었다. 이 토지들의 파편 속에서 '16스테레 이하'의 카테고리에 속하는 221명의 영세 타유세 납세자들이 추가로 생겨났다. 이들은 16세기 말부터 이미 쇠퇴의 기미를 보이기 시작했던 '요먼리'의 가난한 상속자들이거나 후계자들이다. 토지대장상의 가치에 근거하여 수행된 이 마을에 대한 연구 역시 동일한 결론에 도달한다.

마로상에서도 같았다. 소규모 토지(10스테레 미만의 범주)의 놀라운 역동성을 볼 수 있는데, 1580년과 1645년 사이 그들의 수는 두 배로 늘어났다. 그리고 1645년과 85년 사이 또다시 3분의 1가량 불어났다. 이렇게 늘어난 것은 모두 중간 크기 토지를 갉아먹거나 나눠 먹은 결과였다. 심지어 초기 국면(1580~1645)에서는 대토지마저도 그 대상이었다.

가리그(1627년의 토지대장 자료와 1683년의 토지대장 자료의 비교), 생-타폴리네르-드-리아(1574~1618), 발로스(1636~64), 포르티라뉴(1606~80)에서도 유사한 분할 현상이 나타났다. 특히 포르티라뉴에서는 소토지로 변신하는 과정에서 중간 토지뿐만 아니라 대토지도 잠식되었다.

세리냥에서는 토지대장상의 가치 백분율을 통한 비교가 가능하다. 미세 토지를 소유한 사람들(마을 토지의 0.2퍼센트 이하를 소유한 사람들)은 1603년에서 70년까지 16세기의 증가를 계속했다. 그러나 중간 크기 토지(마을 토지의 0.2퍼센트에서 1퍼센트를 소유한 사람들의 범주)를 소유한 사람의 수는 분할의 결과 줄어들었다. 마지막으로 대토지 소유자들(마을 토지의 1퍼센트 이상을 소유한 사람들)은 현상 유지를 했다.

빌마뉴-라르장티에르에서도 1601년에서 78년 사이에 영세 타유세 납세자들(개인의 몫이 마을 토지의 0.6퍼센트 미만인 사람들)의 수가 늘어났다. 중간 크기의 지주들은 그에 따라 줄어들었다.

우리는 이 같은 열거를 계속할 수 있을 것이다.[9] 사실 이러한 움직임은 인구가 증가하고 농민들의 유산 분할이 가속화되었던 1500년경에 시작된 움직임을 연장하는 것이었다. 작은 조각 땅들은 늘어난 반면 중간 크기 토지는 잠식당하는 현상이 역시 계속된 것이다. 생활수준에 나쁜 결과를 가져다준 이 같은 세분화의 효과를 없애려면, 토지 분할 속도에 맞추어 헥타르당 수입이 증가해야 했다. 그러나 사실은 그렇지 않았다. 포도재배와 양잠업은 예외였지만, 전체적으로 이러한 보상은 이루어지지 않았다. 그리고 통계적으로 자식 세대는 조각 땅들이 그나마 더 작아졌기 때문에 아버지 시대보다 더 가난해질 수밖에 없었다. 이것은 16세기 이래 누적된 또 하나의 가슴 아픈 요소다. 강도의 차이는 있지만 르네상스 이래 지속되어온 이 같은 토지 분할 사이클에 제동을 걸 수 있었던 것은 1670~80년 이후의 대불황 외에 아무것도 없었다.

16세기 때처럼 중간 크기 토지의 잠식은 대체로——항상은 아니었지만——양끝에서 진행되었다. 이 경우, 중간 크기 토지들은 아주 불편한 처지였다. 분할로 이루어진 해체를 모면했다 해도 대자본가들에게 먹힐 위험에 처했던 것이다. 그 같은 경우는 1590년과 1670년 사이에 토지를 찾는 자본이 많았던 몽펠리에 같은 대도시 가까이에서 뚜렷이 확인된다. 도시 근교의 코뮌들은 밭을 합치려는 사람들의 끈질긴 활동에 굴복하고 말았다(반대로 멀리 떨어진 마을들은 아직 이런 과정에서 벗어났다). 모귀오에서는, 1580년에서 1653년 사이에 소토지의 수가 늘어남과 동시에 몽펠리에의 유지들이 소유한 대단위 토지들(100헥타르 이상)의 수도 늘어났다. 라트에서, 한 세기 전부터 공세를 취해온 법조인들과 귀족들은 1670년과 77년 사이에 마침내 농민 거주 지대를 완전히 파괴했다. 남은 것은 폐허뿐이었다. '사라진 마을'의 토지대장에 있던 공간에는 이제 토지 통합자들 소유의 위풍당당한 건물, 커다란 농장, 외딴 농가들이 세워졌다.[10]

9) An. 23.

*

이 같은 자본주의적 현상들(사실 이것은 이미 16세기에도 진행 중이었다) 이상으로 몇몇 징후는 1630년부터 1500년 이후 지배적이었던 분할의 물결이 여기저기서 숨을 헐떡이고 있음을, 말기에 이르렀음을, 이제 정반대의 현상이 빚어지고 있음을 보여준다(하기야 단위당 실질수입의 뚜렷한 증가 없이 조상의 토지 재산을 절반으로, 그것을 또 4분의 1로, 다시 그것을 둘로 쪼개는 일이 계속될 수는 없는 일이었다).

이미 보았듯이, 코스와 로데브의 황야에 있는 모든 마을에서는,[11] 1630년부터 17세기의 인구 증가가 페스트 때문에 꺾이기 시작했다. 랑그도크의 다른 지방에 비해 30년 내지 40년 일찍 인구 증가가 정지된 것이다. 그런데 16세기 이래 몰아닥친 토지 분할의 세찬 바람 역시 이때 멈추었다. 다른 곳에서는 분할 과정이 강력하게 지속되었던 반면, 이곳에서는 재통합이 시작되었던 것이다.

로데브 지방의 수베스에 보존되어 있는 타유세 대장의 훌륭한 연속 자료는 전형적인 사례를 보여준다. 이곳의 타유세 납세자의 수는 1604년 185명에서 1626년 236명으로 늘어났다. 그런 다음 1630년부터 급격히 줄어들기 시작하여 1667년에는 최소치인 132명으로 내려갔다. 그 후 세기말까지 140명 정도를 유지하다가 1750년에는 다시 119명으로 떨어졌다. 인구 감소는 일찍 시작되어 늦게까지 계속된 것이다.

인구 증가 기간(1604~26)은 분할을 자극했다. 토지대장상의 가치가 적은 토지에서 큰 토지순으로 정리된 토지평가액의 도수분포도에서, 토지대장상의 평가액이 제로에서 15수 사이인 하급 카테고리에 속하는 소액 타유세 납세자의 수는 크게 늘어났다. 그들의 수는 1604년에는 136명이었으나 1626년에는 200명이었다. 이들은 납세자 일인당 평균 5수

10) Le Roy Ladurie, 1957.

11) An. 23, 인용된 마을들.

내지 6수에 해당하는 토지를 소유한, 그러나 최대 15수를 넘지 않은 서민들이었다. 다시 말해 이들은 콩푸아의 토지 평가 '표'에 따르면 형편없는 땅 3헥타르 내지 4헥타르를 근근이 부쳐먹고 사는 사람들이었다.

이들 소토지들(microfundia)이 많아진 것은 1604년과 26년 사이에 수적 차원에서든 소유 재산 규모의 차원에서든 쇠퇴한 중간 크기 토지들 덕분이었다. 콩푸아상의 15수에서 3리브르, 다시 말해 대략 10헥타르에서 40헥타르에 속하는 땅을 소유한 지주들이 1604년에는 49명이었으나 1626년에는 36명으로 줄어들었다.

여유 있는 농민들이 줄어들고 가난한 농민들이 증가한 원인으로는 상속 분할이라는 매우 단순한 현상을 들 수 있다. 수베스의 열여섯 가정에 대한 조사는 그들의 총재산이 1604년에서 26년 사이에 변하지 않았음을 보여준다. 1604년에는 39리브르 10수였으며, 1626년에는 39리브르 15수였다. 그러나 이들 가족들 가운데 타유세를 낸 사람은 1604년에는 27명이었으나 1626년에는 48명으로 늘어났다. 타유세 납세자들의 몫은 절반가량 줄어들었다. 상속 분할은 빈곤화, 진정한 계급 하락을 일으킨 것이다.

이 '영세-지주들'은 한 세대를 희생시킨 1630년의 페스트 재난의 먹이가 되었다. 1626년과 1667년의 타유세 대장을 비교해보면 이 재난과 그 결과에 대한 장기적인 결론을 내리는 것이 가능하다. 그것은 1604~26년의 변화에 비해 완전한 전복을 보여준다. 123명의 소지주(15수 이하)가 사라지는데, 이는 이전 세기에 크게 늘어났던 가난한 농민들의 절반이 넘는 수치다. 그리고 반대로 15수에서 3리브르 사이의 여유 있는 지주들에게 유리한 방향으로 재통합되었다. 이들은 1604년과 26년 사이에 잃어버린 땅을, 그 이상을 되찾은 것이다.

이렇듯 소토지는 다른 곳에서는 아직 활발했지만 이곳에서는 페스트의 공격을 받았으며, 1630년 이후 괴멸되고 말았다. 같은 지방의 라루에서도 1626년에는 매우 많았던 소지주들과 그들의 조각 땅이 1630년의 페스트 재난으로 1663년에는 극히 드물어졌다. 반면 그 결과, 토지 통합이 끼어들면서 중간 또는 고액 타유세 납세자들이 유리해졌다. 로데브에 인접해 있는 플랑 마을에서 1630년의 위기는 작은 토지들을 소유자들과 함께 잘라버렸다. 이 위기 전후의 두 조세 자료 가운데 1604년 자료에는 토지대장상의 가치로 전체 토지의 0.5퍼센트 이하의 땅을 소유한 영세 타유세 납세자의 수가 116명이었던 반면, 1644년에는 같은 범주에 속하는 사람이 84명이었다. 문제의 32개 영세 토지는 그 기간에 사라져버렸다. 그리고 그것들의 유해는 상위 범주의 토지들을 살찌웠다.

반복하면, 여기 나오는 마을은 참혹한 타격을 입었으며, 그들의 운명은 랑그도크 지방의 다른 마을의 운명을 40년 정도 앞서간 경우다. 거친 황야의 소토지는 이미 1630년부터 심한 상처를 입은 것이다. 토지의 혼잡을 완화시키는 작업은 뜨겁게, 잔인하면서도 일찍, 진행되었다.[12] 다른 곳에서는, 한 세대나 그 이상 더, 영세 토지가 수그러들지 않았다. 그리고 그것은 배고픈 자, 소지주들, 가난한 악마들의 무리를 계속해서 토지 시장으로 내몰았다.

*

약간 수정했고 생기 있는 색채가 덜하지만, 17세기 초의 이 그림은 16세기의 그림과 이제까지는 크게 다르지 않다. 총수입의 정체 또는 아주 미미한 상승이라는 공통의 특징이 분명하게 드러난다. 상승이라 해보았자 그것은 종교전쟁의 손실을 회복하는 정도였을 뿐 16세기의 혼수상태를 크게 벗어나지 못했다. 이러한 부의 정체에 비해 인구는 르네상스 시대만큼 활발하지는 못했지만 대부분의 경우 증가했다. 이러한 이유로 토지 분할은 계속되었으며, 그것은 다시 정체 상태의 수입을 조각냈다.

---

12) 페스트 이후 인근 마을에서 유리 제조업을 하는 귀족들이 토지 집중을 한 생-기로의 유사한 사례에 대해서는 An. 23(Saint-Guiraud).

요컨대 빈곤화의 단골 요인은 '수평적' 복잡성의 분야에서, 다시 말해 농업 수입의 토지대장상의 분배와 토지상의 분배에서 여전히 영향력을 미치고 있었던 것이다.

토지 수입의 사회적 분배에 대해 검토할 경우, 이러한 연속성은 수직적이고 위계적인 복잡성에도 여전히 지속될 것인가? 16세기에 대한 수직적 분석에 따르면 실질임금은 하락했고, 실질지대는 변하지 않았으며, 실질이익은 늘어났다. 이 결론은 1590년까지 유효하다. 그러나 그 후는?

제4장 징수

지대의 승리, 임금의 안정, 이익의 하락

새로운 시대를 유별나게 만든 첫 번째 사건은 지대가 당당히 상승한 것이었다.

16세기에 지대는 일종의 무기력 상태에 빠져 있었다. 물론 그것은 물가에 연동되어 있었다. 그러나 그것의 내용물인 곡물, 그것의 실질가치는 오르지 않았다. 그런데 갑자기 1600년 이후 또는 경우에 따라서는 1580년 이후 모든 것이 변했다. 그렇게 오랫동안 묶여 있던 실질지대가 비상을 시작한 것이다. 그것의 도표가 튀어오르며, 16세기의 초라한 기록들을 박살내버렸다. 우리가 차지농에 대한 임대계약서를 꼼꼼히 추적해본 대영지는 루이 13세 시대에는, 특히 마자랭 시대에는 지주에게는 곡물이나 에퀴화의 보고가 되었다. 크레상, 비알라, 생-피에르, 몽타댕(두 영지), 살, 샹 델 쥐츠, 빌마주르, 무랑, 메르비앙(두 영지)의 땅에 대한 지대 도표를 살펴보자.[1] 1600년의 차지인은 지주에게 곡물 10자루를 넘겨준 반면, 1650년의 차지농은 15자루 때로는 20자루를 넘겨주었다. 어디서나 거의 50퍼센트 또는 두 배가량 상승한 것이다.

르네상스 시대에 절정에 달한 차지농의 시대가 끝나고 그다음 시대는 지주의 황금시대가 된 것이다. 지주들은 한편으로는 밀 가격의 명목적인 상승으로, 다른 한편으로는 곡물로 수취한 지대의 상승으로 이중의

1) 지대에 대한 구절은 Gr. 38을 보라.

혜택을 입었다. 예컨대 한 농지의 경우, 1년 지대가 1600년에는 밀 50스티에였던 반면 1650년에는 80스티에였다. 그사이 1스티에의 시세는 4리브르 10수에서 7리브르로 올랐다.[2] 그러므로 명목 지대는 시장가격으로 계산해볼 때 1600년에는 225리브르였다가 1650년에는 560리브르가 된 것이다. 반세기 만에 명목 가격은 58퍼센트 늘어났다. 그러나 명목 지대는 149퍼센트 늘어났다. 이제 지대는 16세기의 경우처럼 물가에 연동된 정도가 아니라 인상된 것이다.

일반적으로 이 같은 지대 상승은 양적으로도 컸을 뿐만 아니라 직접적이었다. 그것은 곡물로 수취하는 임대계약 속에 곧바로 표현되었다. 예컨대 1605년 8월 6일, 베르트랑 질레와 피에르 위글라르는 생-피에르 농장을 5년간 임차했다. 그들은 지주에게 매년 지대로 밀 400스티에, 호밀 200스티에, 귀리 50스티에를 내기로 했다. 반세기가 흐르자 임대계약이 점점 무거워졌다. 1654년, 프랑수아 랑드는 동일한 넓이의 생-피에르 농장을 매년 밀 505스티에, 호밀 505스티에, 귀리 125스티에를 내는 조건으로 임차했다. 그러므로 지대는 5년 만에 두 배 올랐다. 이러한 새로운 부담은 돈 없고 무식한 프랑수아 랑드 같은 농민에게는 무거운 것이었다.

어떤 경우 상승은 한층 교활하게 이루어졌다. 메르비앙과 무랑에 농장을 가지고 있던 아그드의 참사회원들은 교묘했다. 1602년, 자영농*이었던 앙투안 바리에는 메르비앙을 시에스 밀[3] 600스티에, 귀리 25스티에 그리고 20에퀴를 내는 조건으로 임차했다. 그후 이 비율은 외견상 거의 고정되었거나 약간 오른 듯 보인다. 1650년, 바르텔레미는 메르비앙을 시에스 700스티에에 임차했던 것이다. 행복한 차지농, 왜냐하면 그의 임대계약은 48년 후에도 거의 무거워지지 않았기 때문이다.

이웃 농장인 무랑도 같은 인상을 준다. 1597년, 피에르 에스테브는

---

2) Gr. 12(베지에의 곡물시세표).

* ménager: 랑그도크 지방의 부유한 독립 자영농.

3) Sieisse: 양질의 밀의 일종으로, 질적인 측면에서 투젤 다음으로 친다.

시에스 500스티에를 냈다. 1645년, 장 뒤랑은 608스티에를 냈다. 1652년에도 루이 모랭은 608스티에를 냈을 뿐이다.

참사회원-지주들은 온건하고 합리적이었던 것처럼 보인다…… 그러나 이 지주들이 자기들의 차지농에게서 어떤 교묘한 방식으로 지대를 올려 받았는지를 알려면 임대계약을 자세히 살펴보아야 한다.

1625년까지 아그드 지방에서 임차인들은 계약서상에 약정된 지대만 내면 그만이었다. 1627년부터(무랑) 그리고 1630년부터(메르비앙) 이 지역에서는 '되풀이,' '출구가 없는,' '테이블 아래' 같은 관행이 나타났다.[4] 그 당시 이러한 웃돈 관행은 인구 밀집 지역(코탕탱, 브르타뉴)의 농업 경작자들에게 잘 알려져 있었다.[5] 합법적이든 암묵적이든 이러한 관행은 수요가 포화 상태에 달했으며, 땅의 공급이 불충분했음을 말해주는 지표다.

1630년 최초의 '되풀이'가 메르비앙의 임대계약에 나타났다. 이에 따르면, 차지농은 매년 내는 지대 외에도, '단 한 번 그리고 순수한 손실로서' 일종의 개시료, 축하 선물을 바쳐야 했다. 참사회원-임대인들은 이 부담금을 경매에 부쳐서, 가장 많은 돈을 내겠다는 사람에게 농장을 임대해주었다. 1630년, 상인, 구두 제조인, 재단사 같은 차지농 후보들 사이에 벌어진 '귀머거리들'의 전투(경매)에서 승리한 사람은 제4의 인물이었다. 그는 1,500리브르의 개시료를 한 번에 지불하기로 했다. 이외에 매년 지대로 600스티에를 내기로 했다. 지대가 최고점에 달한 1652년, 이 '되풀이'는 5년간의 임대계약의 경우 3,300리브르로 올랐다. 이는 매년 660리브르로서 밀 100스티에에 해당한다. 결국 매년 700스티에의 정상적인 지대에다가 이만큼을 추가로 지급한 셈이다.[6]

---

4) ADH, II E, 2-108, f° 66; 2-109, f° 292 v°.

5) Dumont, 1951, 112쪽.

6) 같은 책, 2-122, f° 173 v°, f° 295(어떤 농장은 3천 리브르 추가, 어떤 농장은 3,300리브르 추가). 스티에는 아그드의 단위다(G. Fort, 혁명력 XIII; Guibal, 혁명력 VII).

또한 지대의 인상을 말해주는 자그마한 성의들이 있다. 예컨대 마차 부역은 차지 경작에다가 농노제의 고졸적인 모습을 얹어주었다. 농장에서 '거세된 수탉과 암탉'을 공물로 바치기도 했는데, 그 액수는 베지에 성당 참사회의 임대계약서에 따르면 1587년과 1660년 사이에 거의 두 배로 올랐다.[7] 절대 수치로 환산하면 1650년경, 랑그도크의 차지농은 지주에게 대체로 1헥타르당 2캥탈 이상의 곡물을 바쳤다. 이는 자기가 수확한 곡물(2년 휴경을 감안하면 헥타르당 4캥탈)의 절반에 해당하는 양이었다. 이 차지농은 다른 추가적인 생계 수단(목축, 포도밭, 채원, 겨울에 마차 운반하기, 여름 타작)이 없으면 살 수 없었다. 진상을 파악하려면 오늘날 휴경 없이 경작하면서 매년 헥타르당 40캥탈의 수확량 가운데 헥타르당 1.5캥탈 그러니까 총생산의 4퍼센트(17세기 랑그도크의 농민들처럼 50퍼센트가 아니라)를 지불하는 아르투아나 수아소네 지방의 차지농들의 운명과 이들의 운명을 비교하는 정도로 충분하다.[8]

16세기의 팽창은 농업 경영자들에게 유리했다. 17세기의 팽창은 16세기의 팽창을 연장했다. 그러나 이제 그것은 지대를 지니고 있었다. 그리고 거기에 배어 있던 잉여가치는 지주를 살찌게 했다. 지대를 받는 즐거움이 얼마나 좋았던지——16세기의 앙상한 미끼와 비교해서——귀족적으로 살아가는 지주 임대인의 생활은 하나의 이상(理想)이 되기에 이르렀다.[9] 사회적 가치의 사다리에서 임대인의 지위는 경작 지주, 젠틀맨-파머, '자영농'——이들의 명성은 세르가 자기의 책을 출판한 1600년에만 해도 대단했다——의 지위보다 높았다(장 뫼브레에 따르면, 17세기 프랑스에서는 농업 관련 서적이 완전히 사라졌다).[10] 많은 대규모

7) An. 35.

8) Dumont, 1951, 25쪽.

9) '토지 임대인'(rentier du sol)이라는 표현은 여기에서는 지주를 말한다(마르크 블로크가 12세기에 대해 쓰면서 사용한 장원의 의미가 아니다. Bloch, 1931, 81쪽).

10) Meuvret, 1955.

농업 경작자는 루이 13세 시대부터는 직접 경작하는 것을 포기하고 자기들의 땅을 차지농에게 내주었다. 왜냐하면 그것이 더 이익이었기 때문이다. 그리고 그들은 원예, 튤립, 오렌지나무 화분 등 농원 가꾸는 일에 전념했다. 지대는 1610년부터 상승하기 시작하여 1650년경 최고점에 도달했다. 지주들은 이제까지는 자기들이 직접 경작하거나 반타작 소작 계약을 하여 가까이에서 감독하던 대규모 농장들——예컨대 베딜랑, 라 바스티드, 모랭——을 단기 고정 지대라는 순수 소작제 형태로 임대해주었다.[11)]

행복한 지대 취득자! 새로 임대계약을 하고 나면 더 많은 곡물 마차들이 그의 곳간 앞에 줄을 섰다. 그렇다고 그의 책임이 더 늘어난 것은 아니었다. 그의 책임은 16세기와 마찬가지로 거의 제로였다. 경작 관리 계획, 농사 계획, 작업 계획 등 모든 책임은 차지농에게 돌아갔다. 그뿐만 아니라 땅을 갈아엎고, 곳간 지붕에 기와를 얹거나 대들보를 다시 세우는 비용, 나아가 강의 범람을 막기 위해 버드나무나 포플러나무를 심는 비용도 그의 몫이었다.[12)] 정상적인 상황이었다면 이 모든 일은 토지를 책임지는 지주에게 돌아갔어야 하는데 말이다.

1640~50년경에 지대가 승리를 거둔 것은 지주의 이익이 되는 토지 생산성이 높아졌기 때문인가, 주인이 차지농의 이익을 잘라내어 더 많이 선취했기 때문인가? 인간적으로는 덜 다행스러운 경우지만, 두 번째 가정이 더 그럴듯하다. 물론 임대계약서를 읽다보면, 앙리 2세 시대 이후 농경 기술이 조금 발달했음을 확인할 수 있다. 개자리 속(屬), '무스' 쟁기, 소를 대체한 노새. 그렇지만 대단치는 않았다. 개자리 속은 몇몇 조각 땅으로 한정되었고, '무스'는 대충 조립해서 만든 쟁기였으며, 노새를 사용하여 끄는 힘이 좋아져 생산성은 높아졌으나 토지의 생산성은 변함이 없었다. 어쨌든 2년 윤작제라고 하는 빈곤의 주요 요인은 여전

11) Gr. 38의 해당 농장.
12) ADH, G 931, 19-6-1651, 21-6-1651.

히 건재했다. 마찬가지로 포도재배의 활성화(헥타르당 포도밭 수입이 더 높았다)라는 것도 지대 상승을 설명해주지 못했다. 우리의 연속 자료상에 나와 있는 농장들은 거의 모두 곡물만을 생산했던 것이다.

세금이 올랐기(리슐리외 시대에는 엄청나게) 때문에 지대가 올랐다고 말하는 것은 옳다. 물적 타유세를 징수하던 지역에서 세금 부담은 지주의 몫이었다. 따라서 지주는 자기에게 부과된 세금의 무게를 자기의 차지농에게 간접적으로 전가시키기 위해 더욱 높은 지대를 요구하려 했다(이는 당연한 일이어서, 루이 13세 시대와 마자랭 시대에 인적 타유세가 징수되던 일-드-프랑스 지방에서는 타유세가 땅주인이 아니라 차지농에게 직접 떨어졌기 때문에 지대가 오르지 않았다).[13)]

이 설명은 유효하다. 그러나 충분하지는 않다. 왜냐하면 내가 지대 상승을 확인한 11개의 농장은 교회 소유지이므로 기본적으로는 타유세를 내지 않았기 때문이다.

사실 지대 상승은 '한계'의 극복과 분리될 수 없다. 16세기에는 아직 한계에 도달하지 않았다. 인구가 증가했지만 비어 있는 땅은 경작 후보의 수요를 충족시킬 수 있을 정도로 많았다. 지주들은 아직 자신들의 법을 강요할 처지가 아니었다. 그러나 150년 동안의 인구 증가와 개간이 있은 후인 17세기에 '임차인'의 처지는 악화되었다. 이제 임대인들은 그들의 오랜 고행을 보상받기에 이른 것이다. 빈 땅은 드물었다. 나오는 땅은——석회질 고원이든 황야이든——얼마나 척박했던지 개간자들이 개간을 망설이거나 흥미를 갖지 않았으며, 시도했다가도 얼마 못 가 개간을 포기하고 말았다. 늪지의 건조 개간에 대해서는 신분회의 지배자들인 대지주들이 제동을 걸었다. 모든 개간지는 어느 정도 다 봉쇄되었다. 그런데 경작 가능 인구는 인구 증가로 계속 늘어났다. 빈 땅이 없게 되자, 이 경작 후보들은 땅을 얻으려고 결국 땅주인이 내거는 조건들을 감수하고, 지대——그렇게 오랫동안 안정적이었고 무겁지 않았던——상

13) 장 자카르가 제공한 정보.

승에 동의해야 했다.

농민 반란으로 점철된 프롱드 난 이전부터 상황은 어려웠다. 물론 토지 생산성이 향상되면, 새로운 경작지의 정복이나 지대의 인상이 없더라도 젊은 사람들에게 자리를 내주고 농민들의 지나치게 많은 자식에게 일자리를 줄 수 있었을 것이다. 그러나 이것은 19세기의 해결책이었다. 루이 13세 시대에는 일부 포도밭을 제외하고는 그렇지 못했다. 당시 수요와 공급의 시장 법칙은 주인들의 탐욕을 부추겼다. 그것은 차지농들이 자기들의 몫을 잘라내어 지주들의 몫에 덧붙이도록 강요했다. 1660년 이후 볼 수 있듯이 이 같은 체제는 위기로 가득 찼다. 지대 상승은 성장에 제동을 걸었다.[14]

*

경작자의 수입은 지대에 따라 좌우되었다. 그것은 또한 임금과도 관계가 있다. 이 새로운 시대에 임금노동자들은 어떻게 되었을까?

그들의 삶은 성직자들의 회계장부 속에 뚜렷이 나타난다. 가난한 장인들과 뒤섞여, 거의 언제나 문맹이었던 이들 농업노동자들은 포도밭에서 일을 했다. 그들은 '돋움질'을 하고, 김을 매고, 구덩이를 파고, 전지를 했다. 그들의 아낙들은 땔감을 마련하기 위해 덩굴치기를 했다. 예컨대 1620년에 부데와 그의 아내 부드타(또는 부드토)가 한 일이 바로 그런 일이었다. 그는 하루에 8수를 받았으며, 그의 아내는 4수를 받았다. 그들은 또한 가족 단위로 위성류(渭城柳)를 베러 가기도 했다. 1월의 추위에도 아랑곳하지 않고 남자는 가지를 치고, 여자는 나뭇단을 묶었다. 1608년, 생-피에르의 방앗간 둑에서 남자들(부스케, 베송)은 제방에 말뚝 박는 일을 하고 일당으로 10수를 받았다. 그들의 아낙들과 딸들은 일당 4수에 돌을 날랐다. 이들 노동자 가족이 유순하기만 했던 것은 아니

14) Dumont, 1951.

다. 그들의 주인이었던 베지에의 참사회원들이 비 때문에 일하지 못한 것을 핑계 삼아 돈을 지불하지 않자, 그들은 부주교에게 달려가 항의했으며, 부주교는 그들의 주장이 옳다고 인정했다. 이 갈등은 극심한 기근으로 서민들의 불만이 고조되었던 1643년 1월에 발생했다.

이 같은 계층 속에서도 이따금 미미하나마 사회적 신분 상승이 이루어졌다. 상승에 성공한 사람들은 땅을 임차하거나 토지세 납부 조건으로 아예 척박한 땅이나마 작은 땅을 손에 넣었다. 한 예로 바라유 집안이 그랬는데, 이들은 1609~11년에는 포도밭 일꾼에 지나지 않았다. 그 가운데 앙투안 바라유는 일종의 작업반장이 되어 성직록 수령자들을 위해 곡물을 헤아리고, 포도 압착기를 관리하고, 포도나무 김매기 일꾼들을 감독했다. 그는 미숙하나마 이니셜로 서명을 했다. 1662년, 그는 어떤 토지를 임차했는데, 빚이 많았다. 그의 야망이 그의 능력을 넘어선 것일까?[15] 자크 리갈을 보자. 역시 막일꾼이었던 그는 성당의 그늘 아래서 서서히 상승하여, 포도수확 일꾼들을 감독하고, 곡물을 헤아렸다. 그러나 그는 완전 문맹에서 벗어나지 못했다. 1617년, 그는 자신의 꿈을 실현시켰다. 노트르-담 동업조합의 땅(3헥타르)을 토지세 납부 조건으로 손에 넣은 것이다.[16] 끈질긴 야심을 가진 노동자였던 리갈과 바라유는 나름대로 부르주아 토지 통합자들의 작은 형제들이었다. 그들도 당시 사회가 땅에 집착했음을 증언해준다. 그러나 그 계층에서 그들은 예외적인 인물이었다. 그리고 여기에서 나의 관심은 농촌 노동자 세계의 집단적인 역사에 있다.

신성동맹과 프롱드 난 사이의 역사를 간단히 표현하면 안정과 강화다. 그것은 3세대의 생활수준이 무너져내린 추락의 16세기가 더 이상 아니었다. 노동시장을 와해시킨 대표적인 요인이었던 인구 폭발과 급속 인플레이션은 종료되었다. 물론 인구는 여전히 증가했지만 이제 그 속

15) ADH, G 850, 913.
16) ADH, G 892, 896, 897, 900.

도는 훨씬 줄어들었다. 그리고 물가도 오르긴 했지만 경사각은 심하지 않았다. 이제 임금은 밀의 가격을 따라갈 수 있게 되었다. 사실 17세기 전반기에 농업노동자들(날품팔이: 곡괭이질하는 사람, 포도나무 전지하는 사람, 나뭇단을 묶는 사람, 벌목꾼)의 현금 임금은 느리지만 지속적으로 상승하여, 곡물 가격 상승 곡선을 거의 그대로 복제한 듯했다. 남자들의 임금은 약간 처진 반면 여자들의 임금은 약간 올랐다. 따라서 가족 임금은 가격과 보조를 맞추었다. 이것은 노동자들의 생활수준이 안정되었음을 말해주는 것이다.[17)]

물론 그렇다고 이상적으로 생각할 만한 것은 아니었다. 최저생계비는 여전히 매우 낮은 수준이었다. 루이 13세 시대에 남자의 하루 임금(8수)은 말의 하루 임금(16수)의 절반이었다. 여자 일꾼(4수)은 말의 4분의 1을 받을 뿐이었다. 정말 초라한 임금이었다. 20세기의 가난한 브르타뉴 지방일지라도, 그것은 터무니없는 수준이었을 것이다. 왜냐하면 1900년경 아르코아 지방에서 남자의 하루 임금은 말의 하루 임금과 바꿀 수 있었기 때문이다.[18)]

사실 루이 13세나 마자랭 시대에, 한 세기 반 전의 양호했던 루이 12세 시대의 도표가 보여주는 그 상대적인 풍요로움, 좀더 여유로운 노동자들의 생활을 찾아본다는 것은 불가능하다. 17세기의 안정은 천장이 아니라 바닥에서 이루어졌다. 다시 말해 그것은 매우 낮은 수준에서 이루어졌다. 심지어 그 수준은 16세기의 빈곤화가 1590년경에 도달했던 바로 그 비참한 바닥과 크게 다르지 않았다. 마자랭 시대까지 밀로 환산한 현금 임금은 중세 말기의 기록과 비교해서 최소 40퍼센트가 잘려나갔다.

혼합 임금이나 현물 임금(밀베기 일꾼, 타작 일꾼)에 대해서도 같은 인상을 받는다. 그것은 16세기의 붕괴 이후 가장 낮은 수준에서 안정되

---

17) Gr. 34.
18) Dumont, 1951, 427쪽.

었다. 수확 일꾼의 임금은 1600년 이전과 마찬가지로 총수확량의 6퍼센트 내지 7퍼센트 또는 그 이하로 묶여 있었다. 15세기의 최고 기록은 10퍼센트였다. 타작 일꾼의 임금은 계속 내려가서 루이 13세 시대에는 프랑수아 1세 시대의 5.5퍼센트가 아니라 3퍼센트로 떨어졌다. 숙식을 제공받은 하인은 16세기의 빈곤화로 크게 홀대받았는데, 이들의 급료와 식량은 1600년 이후에 안정되었다. 고기의 이론적 배급량은 루이 13세 시대에는 오름세를 보이기도 했다. 그러나 프롱드 난 시기의 물가 상승과 위기는 하인들의 구매력을 다시 떨어뜨렸으며, 그리하여 고기의 소비량과 밀의 소비량을 감소시켰다(점차 밀은 같은 양의 호밀로 대체되었다[19]).

전체적으로 남부 프랑스의 '토지노동자들'은 에스파냐의 동료들에 비해 불운했다. 에스파냐의 토지노동자들은 발전 과정이 판이했던 노동시장 덕을 보았다. 이들은 1600~20년부터 1500년의 구매력을 회복했다. 반면 프랑스의 토지노동자들은 1650년까지도 1580~1600년의 낮은 생활수준에서 근근이 살아갔다. 16세기의 빈곤화는, 우리 고장에서는, 프롱드 난 시기까지 하나의 기정사실로 남아 있었다. 왜냐하면 1590년에서 1650년까지 진행된 실질임금의 불변은 그것을 종료시키는 대신 굳건하게 만들었기 때문이다.

적어도 이 같은 빈곤화가 더 심해지지는 않았다. 1600년 이후의 임금은 아주 낮은 수준으로 동결되었지만, 더 이상 내려가지는 않았다. 그것은 '노동자들'에게는 논란의 여지가 없는 확실한 사실이었다.

그 같은 안정화는 고용주들, 경작 경영자들, 농장 차지농들에게 유리했는가? 이것은 또 다른 문제다.

---

19) Gr. 32, Gr. 33.

*

16세기에 이들이 부유해진 것은 간단한 상황에서 비롯된 것이다. 그들이 땅주인에게 내는 지대는 실질적인 내용(곡물)에서는 늘어나지 않았다. 반대로 그들이 농장의 하인들에게 주는 실질임금은 언제나 낮았다. 그들은 그 차액, 즉 임금 하락에서 발생한 수입 증가분을 고스란히 챙겼다.

17세기(세기 전반기)에는 이 같은 부유화의 메커니즘이 고장났다. 왜냐하면 지주들이 공세를 취했기 때문이다. 그리고 임금생활자는 스스로 방어했다. 마침내 토지시장의 혜택을 입은 지주들은 차지농들에게 무거운, 언제나 더 무거운 지대를 요구했다. 이전의 임금생활자들에 비해 덜 불운했던 이 시기의 임금생활자들은 그럭저럭 실질임금 수준을 유지해 나갔다. 이러한 조건에서 차지농들이 지주 측의 늘어난 요구를 임금생활자들에게 떠넘기기는 불가능했다. 하인들이나 날품팔이꾼들을 희생시켜 자기 몫을 불린다는 것은 더더욱 불가능한 일이었다. 이제 농민들은 지대에 짓눌려 빈곤해질 위험에 처했다. 이러한 운명에서 벗어나려면 생산, 총수입을 늘려야 했으며, 또 이를 위해서는 초기 자본을 활용하여 투자를 늘려야 했다. 과연 얼마나 많은 사람이 그렇게 할 수 있었을까?

*

몇 사람은 그렇게 할 수 있었다. 판로 개척이 손쉬운 바다 근처에서는 경작 책임자들, 농업 경영 자본가들의 움직임을 볼 수 있었는데, 이들은 창의력을 발휘하여 늘어난 지대 부담에 대처했다. 그러나 사실 그들은 농민이 아니라 사업가였다.

예컨대 아그드 근처에서 그러했다.[20] 다니엘 라이아크는 '장시간의 입찰'에서 그들 역시 차지농 후보였던 한 상인과 한 참사회원을 상대로 경합을 벌인 끝에 단독으로 무랑과 메르비앙의 커다란 농지를 1627년과 1630년에 매년 1,200스티에의 밀을 납부하는 조건으로 임차했다. 아그드의 부르주아인 니콜라 모랭은 1637년 무랑 농장을 매년 밀 600스티에를 내는 조건으로 임차했다. 모랭의 우아한 서명은 그가 중등교육을 받았음을 말해준다. 손이 고운 이 사람은 농민이면서 상인이었다. 1632년, 그는 자기의 밀을 마르티그의 선주인 바르텔르미 샤베르의 배에 실어 아그드에서 제노바로 보냈다. 차지농이며 상인인 모랭 씨는 또한 장원 재판관이기도 했다. 그는 의사, 부르주아, 시행정관 같은 명문 가족에게 돈을 빌려주었다. 좋은 투자처는 그에게 비밀이 없었다. 그는 자기의 딸 잔을 염세리이자 소금 창고 관리인인 장 바이유와 결혼시켰다. 잔의 지참금은 6,500리브르였는데, 이는 보통 농민의 딸이 가져가는 지참금의 20배 내지 30배 정도 되었으며, 수공업자의 딸이 가져가는 지참금의 10배 내지 15배였고, 공증인이나 상인의 딸이 가져가는 평균 지참금의 4배에 달하는 액수였다.[21] 아그드에서 잔 모랭만큼 지참금을 많이 가져갈 수 있었던 사람은 토지 재산이 많은 귀족의 딸뿐이었다. 아버지 모랭은 비록 '차지농'일지라도 그의 도시에서는 유력 인사로 통했다.

그러나 차지농이라고 해서 어디에서나 모두 그러한 수준에 올라갔던 것은 아니다. 거기서 몇 리 떨어진 땅으로 들어가면, 농업 투자가 쉽게 이루어졌던 해안 지방을 떠나면, 차지농들의 평균적인 상황은 가라앉는다. 가축과 마차와 쟁기만 있을 뿐 문맹에다가 돈이 없는 시골의 전형적인 농민층을 그들 가운데에서 만날 수 있다. 늘어난 지대와 줄일 수 없는 임금 사이에서 죄어 있던 그들은 수확이 나쁜 해를 견디기 어려웠다.

20) ADH, II E, 2-108, f° 66, 2-109, f° 292 v°; 같은 자료, 2-153, f° 91.

21) 같은 자료, 2-115, f° 106 v°; 2-110, f° 64, 28-4-1631; 2-111, f° 64, 16-4-1632; 또한 1641년 5월 22일 몽펠리에 성당 참사회 회의록: 피에르 모랭은 모랭 대농장의 차지인 후보였다. 그는 또한 사레의 영지에도 관심을 가졌다(A. Chéron, G. de Sarret, 1963).

1623년, 비알라의 임차인인 장 퐁송아유는 빈털터리가 되어 자기 땅도 경작하지 못할 정도였는데, 그래도 집달관들은 그의 곡물을 차압하러 왔다.[22] 1638년, 오리아크의 차지농인 달마스는 지대인 밀을 납부하지 못했다. 그러자 그의 주인들은 그를 문밖으로 쫓아냈으며, 소송은 툴루즈 고등법원에까지 갔다.[23] 그다음 차지농인 노엘 탱델은 어린아이 같은 '서명'을 한 베상의 농민이었다. 그는 16세기의 두 배나 되는 비싼 지대를 내는 조건으로 계약을 했다. 이는 재난이 없을 것으로 가정하고 자기 힘을 과신한 결과였다. 왜냐하면 1643년에는 그의 농지에 "물이 들었고, 농사를 망쳤고, 씨앗마저 쓸어갔고, 땅은 황폐화"되었기 때문이다. 1644년에 또다시 그의 밭에 물이 들었다. 참사회원들은 그가 내야 하는 지대 가운데 40스티에를 깎아주었다. 그래도 마찬가지였다. 그는 곤경에서 벗어나지 못했다. 1647년, 그는 오늘날 같으면 '질소 도둑질'(농가 밖으로 거름을 유출하는 행위[24])이라 할 행위로 현장에서 체포되었다.

1616년 살(Salles) 농장의 차지농인 루이 베나크는 지대를 낼 길이 없었다. 그는 80스티에를 유예받았다. 1632년, 베나크는 파종할 곡물조차 없었다. 참사회원들은 100스티에를 빌려주었다. 1633년, 그는 여전히 지대를 낼 능력이 없었다. 1635년, 그는 지주의 나무를 벤 죄로 투옥되었다.[25]

근근이 살아가는 이들 차지농에게 장마가 겹친 1643년과 1644년은 치명적이었다. 1643년, 살의 차지농인 에스키외는 주인들에게 지대 91스티에를 내지 못해서 노새와 짐수레를 차압당했다. 그의 후임 차지농

22) ADH, G 201, f° 138 v°, 6-6-1618: 퐁송아유 임대계약; 같은 자료, G 70, 8-10-1622, 9-9-1623, 5-1-1624.

23) 같은 자료, G 74, 27-3, 28-4, 5-4-1638.

24) 같은 자료, G 202, f° 275 v°, 24-8-1638; G 204, 24-4-1644; G 75, 19-8-1643, 1643년 10월, 10-9-1644; G 77, 13-7-1647.

25) 같은 자료, G 69, 17-9-1616; G 73, 1-10-1632, 7-9-1633, 5월 20~29일, 2-7-1635.

인 브와송도 나을 것이 없었다.[26] 1643년 8월, 거기서 멀지 않은 몽타댕의 차지농인 쥘리앵은 60스티에의 지대를 면제해줄 것을 요청했다. 그는 8스티에를 유예받았다.[27] 생-피에르의 차지농인 다니엘 랑테리크는 그해 홍수로 경작물과 종자를 모두 잃어버렸다. "나쁜 수확과 현금 부족이 내게 불행을 가져다주었다"라고 그는 지주인 베지에의 참사회원들에게 말했다. 부농인 그의 장인 마스의 죽음은 랑테리크를 파산시켰다. 마스는 사위의 보증인이었던 것이다. 갑자기 재난을 당한 그 차지농은 지불 능력이 없는 사람으로 판정되었다. 아내와 장모가 애원했지만 그는 가축과 쟁기를 차압당했다.[28] 1645년부터 랑테리크의 뒤를 이은 라퐁의 상황도 낫지 않았다. '흉작으로' 언제나 지대 납부가 늦었던 그는 농장의 거름을 몰래 빼돌렸다. 그는 탈곡을 소홀히 했으며, 일을 엉성하게 해서 포도밭을 망쳐놓았다. 참사회원들은 이 무능력자를 비난했다.[29]

차지농이 겪은 이 같은 어려움은 어디에 연유한 것일까? 이를 좀더 잘 이해하려면 16세기에 초점이 맞추어진 '모델'을 가동시켜보아야 한다.[30] 1590년경의 전형적인 농장에서 지대(240헥토리터)와 임금(155헥토리터)을 제외한 경작자의 수입은 245헥토리터였다. 1650~60년경, 더 이상 줄일 수 없는 실질임금은 동일했다(155헥토리터). 그러나 지대는 올랐다. 그것의 상승률은 +67퍼센트(+162헥토리터)였는데, 이 67퍼센트라는 비율은 실제 임대계약 자료에서 확인되는 것과 일치한다. 농장의 총실질수입은 거의 늘어나지 않았다고 가정하자(대다수의 경우). 예컨대 그것은 포도나무와 올리브나무를 심은 덕분에 5퍼센트

26) 앞의 자료, G 75, 13-6-1643; G 76, 1월 4일, 25-11-1645, 8월 21일, 7-9-1647, 17-9-1650.

27) 같은 자료, G 75, 29-8-1643; G 77, 14-11-1646, 17-8-1647.

28) 같은 자료, G 75, 29-8-1643, 31-8-1644; G 76, 9월 9일과 13일, 11월 11일, 20-12-1645; G 78, 9-12-1648.

29) 같은 자료, G 76, 4월 26일, 17-5-1645; G 77, 9월 1일, 28-11-1646, 7-9-1647; G 78, 27-10-1648.

30) 이 책, 제1권, 497쪽; Gr. 37.

정도 늘어났다. 그래서 그것은 840헥토리터에서 882헥토리터가 되었다 (+42헥토리터). 이런 조건에서 지대 상승의 가장 커다란 몫(162헥토리터−42헥토리터=120헥토리터)을 부담한 것은 바로 차지농의 순수입이었다. 차지농의 순수입은 이렇게 해서 120헥토리터가 줄어들어 125헥토리터가 되었다(245헥토리터−120헥토리터). 따라서 그는 마자랭 시대에 루이 11세 시대의 낮은 수준으로 돌아간 것이다. 농민들의 잠재 저축은 실질적으로 제로가 되었으며, 그들의 안전성도 폭이 좁아졌다. 이제 이 모델을 참조해서 말해보자. 1640~60년경, 정상적인 해라면 125헥토리터를 버는 농민은 부유해지지는 못하더라도 수입과 지출을 맞추고, 자신과 가족을 먹여 살리며, 가축과 도구를 개선하지는 못해도 그냥 교체할 수는 있었다. 사실, 17세기 초반의 여러 가지 임대계약은 사고 없이 종료되었으며, 차지농 가족은 불편 없이 그 기간을 견딜 수 있었다.

그렇기는 해도 줄어든 순수입은 위태위태했다. 예컨대 1643년, 지대가 최고점에 있던 상황에서 흉년이 들어, 밀의 수확이 절반(350÷2=175헥토리터)이나 줄어들었다. 또한 그것은 곡물 총수확의 3분의 1(560÷3=187헥토리터)을 떨어뜨렸다. 단번에 차지농의 순수입(125헥토리터)이 없어져버린 것이다. 그에게 남은 일은 농장을 떠나거나 주인의 짚가리나 거름을 도둑질하는 일이었다. 또한 가능한 길은 주인에게 지대 인하를 부탁하는 것이었다. 반대로 지대가 낮은 시기였던 16세기에, 120헥토리터의 추가 수입이 있었던 차지농은 이러한 기상 불순을 씩씩하게 견딜 수 있었다. 정상적인 시기에는 저축까지 가능할 정도였다.

추상적인 모델을 떠나 뼈와 살을 가진 농민에게로 가보면, 수확이 좋지 못한 해에 그들이 진 지대 부채(60, 80, 100스티에)는 16세기의 낮은 지대에 비해 늘어난 부분과 대체로 일치함을 알 수 있다. 따라서 루이 13세 시대와 마자랭 시대에 경작자들의 회계를 불균형하게 만든 것은 바로 지대의 빠른 상승이었다. 그리고 그들의 저축을 영원히 박탈해 간 것, 그리하여 어려운 해에 농민들을 파산과 채무의 늪에 떨어뜨린 것도 그것이었다.

*

전체적으로 '장기지속'의 역사가들은 틀리지 않았다. 16세기의 상대적인 팽창은 1600년 이후에도 지속되었다. 그리고 그것은, 적어도 여기에서는, 1655년의 가격 전환기 이후까지 연장되었다. 바로 이 시기부터 장기적인 B국면*이 시작되는데, 그것의 지역적인 복잡성에 대해서는 다음에 살펴볼 것이다. 단지 여기에서 말하고 싶은 것은 이렇게 연장된 팽창 때문에 그것**의 내부 구조가 서서히 변했다는 점이다. 르네상스 시대 이후에 팽창은 '이익'에 유리하게 작용했으며, 농업 경영 정신을 자극했다. 그것은 앙리 4세 시대부터 서서히, 점점 더 지대에게, 다시 말해 기득권층인 지주에게 유리하게 작용했다.

*

십일조의 재상승

한참 늘어나던 지대 외에도 선취되는 것은 많았다. 전통적인 사회에서는 차지농이나 순수 경작자들뿐만 아니라, 직접적으로건 간접적으로건, 지주에서 프롤레타리아에 이르는 생산자 농민 전부——'국가의 노새들'——에게 부과되는 '공제'가 많이 있었다. 공제의 예를 들어보면 십일조, 채권 이자, 세금, 타유세와 염세, 영주 토지세 등이 있다. 이러한 선취액을 모두 더하면, 프랑수아 케네가 시사했듯이,[31] 전통 사회에서 지배계급의 기본 생계비, 사치 비용, 행정 비용에 사용되는 일종의 총징수액이 된다. 『경제표』의 회로에서 총선취액을 순수입 또는 그저

* 가격 하락 국면.

** 팽창.

31) Quesnay, éd. 1958, vol. I, 102, 135쪽; II, 794쪽.

단순히 수입 또는 넓은 의미의 임대료(rente)라고 불렀다. 그것은 '생산자' 농민들이 노동을 함으로써 마치 잉여가치처럼 땅에서 얻어지는 것이었다. 그리고 그것은 '군주와 지주 그리고 십일조 부과자를 포함하는' '지주 계급에게' 돌아가는데, 이들은 '높은 단계에 있는 회로의 중심에' 자리 잡고 있었다.

농경이 지배하던 옛날 사회에서의 일종의 잉여가치 또는 과잉생산이라 할 수 있는 순수입에 대한 이 기발하고 통일적인 개념을 받아들이자. 온갖 종류의 선취액이 어떻게 변화했는지를 기술하면, 우리는 17세기 초반 60년간 농민들이 거둔 잉여가치에 대한 역사와 그것의 수혜자에 대한 역사를 다시 볼 수 있는데, 이 두 역사는 최종적으로는 하나가 된다.

*

우선 십일조를 보자. 지대와 마찬가지로 십일조도 점진적으로 상승했다. 왜냐하면 십일조 납부 거부 운동은 1600년 이후 종결되었기 때문이다. 십일조 납부 거부 운동은 1560년 이후의 십일조 징수 임대료 곡선의 하락에 상당 부분 책임이 있었다. 부분적인 파업이긴 했지만 그것으로 성직자들의 경제는 빈혈을 앓게 되었다. 평화가 오자 상황은 완전히 바뀌었다. 십일조 거부는 문헌에서 사라졌다. 십일조 곡선은 다시 오름세를 타며 잃어버렸던 연동성을 회복하여, 거의 반세기 전부터 별도의 길을 가던 물가표를 따라잡았다. 성직자들의 예산에서 1600년을 기점으로 이전의 만성적인 적자는 흑자로 전환되었다.

십일조라고 하는 것을 기본적으로 부인하는 사람은 이제 없었다. 프롱드 난 이전의 민중 반란에서 폭력이 난무하고 염세리들이 린치를 당하고 매점매석자들의 곳간이 무너졌지만, 성직자들의 징수만큼은 존중받았다. 교회의 세금이 반도의 주요 표적이었던 이전 시기와는 단절을 보여주는 것이다.

세벤 전쟁(1621~29)이 거부 움직임을 일으킨 것은 사실이지만, 그

힘은 1560년보다 미미했으며, 지역적으로도 프로테스탄트 지역인 카스트르 지방과 세벤 지방으로 제한되었다. 샤를 9세와 앙리 3세 시대에는 가톨릭 농민들마저 십일조 곡물 양도를 거부했는데 말이다.

1620년대 10년의 곡선들을 읽어보자. 칼뱅파 세벤 지방의 십일조를 부분적으로밖에 거두어들이지 못했던 님에서, 1625~30년은 교회에 어려운 시기였다. 십일조 곡선들은 일시적으로 내려갔다.[32] 그러나 이러한 현상이 정말 위그노파 농민들의 거부 때문이었을까? 사실 십일조는 계속 납부되었다. 십일조가 성직자들에게 도달하지 못한 것은 프로테스탄트들이 지배하는 지역의 경우, 그것을 프로테스탄트 지도자들이 징발해갔기 때문이었다. 예컨대 1628년 세벤에서 솔프리에르, 아피앙, 생-테티엔-드-발프랑세스크 등지의 프로테스탄트 영주는 자기들이 임차 경작했고 그 지대를 로앙에게 바쳤던 수도원 부속 농장들의 십일조를 가로챘다. 더 서쪽에 있는 '마자메와 오풀루아 계곡'을 보자. 모이즈 갈리비에는 1621년부터 10여 개 마을의 십일조를 거두어 개혁교도들에게 냈다.[33] 이 경우는 십일조 납부 거부가 아니라 한 교회에서 다른 교회로의 이전이다. 이 운동은 밑에서부터 농민들의 요구가 올라온 1560년의 운동과는 달리 위에서부터, 즉 영주와 프로테스탄트 수뇌부가 주도했다. 십일조 반대 운동은 숨을 헐떡이다가 1600년 이후 사망했다.

1625년의 십일조 위기가 위그노의 보루 지역에 한정된 국지적 특성을 지닌 것은 바로 이러한 이유 때문이다. 님에서는 뚜렷했던 십일조 위기는 몽펠리에의 곡선상에서는 이미 약해졌다. 베지에와 나르본에서는 이제 더 이상 아무것도 없었다. 1620년과 30년 사이, 나르본의 십일조는 거침없이 거듭하여 승승장구했다. 농민들은 싫은 표정 하나 없이 십일조를 납부했다. 1580년의 사보타주는 기억에서 사라진 지 오래였다.

루이 13세 시대에 십일조가 상승한 것은 생산 증가(물론 대단한 것은

32) 이 모든 문제에 대해서는 Gr. 18부터 Gr. 25까지를 보라.
33) ADH, B 22165(1621년), 22762, 22763(1628년).

아니었지만)와 십일조 납부 대상자의 납부 자세가 회복된 것으로 설명할 수 있다. 후자의 현상이 얼마나 뚜렷했던지 이제는 권리를 회복한 십일조 부과자들이 공세를 취하기 시작했다. 그들은 더 높은 비율의 십일조를 거두려고 했을 뿐만 아니라 이제까지는 십일조를 내지 않던 부문까지도 십일조를 부과하려 했다. 예컨대 1640년 마르세양의 어부들은 아그드의 주교에게 '열한 마리당 두 마리의 비율'로 생선 십일조를 바치도록 강요당했다. 1660년, 이제까지는 시행정관들 때문에 제동이 걸렸던 님의 참사회원들은 마침내 잠두에도 십일조를 부과할 수 있게 되었다. 1640~44년, 베지에의 올리브 재배자들은 십일조를 방앗간에서가 아니라 밭에서 바치도록 강요당했다. 밭에서는 속이기가 훨씬 어렵기 때문이었다.[34)]

이러한 작은 몸짓들은 교회의 회복이라는 전반적인 계획과 분리할 수 없다. 1603년 아그드의 성당 참사회는 혼란기에 장 부자크에게 양도되었던 어떤 밭의 십일조 징수권을 공증인 입회 하에 다시 사들였다. 그리고 이 법률 행위는 교회의 전반적이고도 계획적인 토지 재력 상승을 보여주는 것이다. 1600년부터 세르는 이전의 교회 재산, 다시 말해 근대(近代)의 '국유 재산'을 취득한 사람들에게 경고했다. "조심하시오, 더 이상 사지 마시오, 모든 것을 잃을 수 있습니다." 사실 1606년, 앙리 4세는 샤를 10세라면 결코 하지 못했을 조치를 취했다. 그는 성직자들이 44년 전부터 양도했던 재산을 되찾을 수 있도록 허가했다. 그들은 취득자의 상속자에게 명목상의 구매가격만을 지불하면 그만이었다. 성직자들에게는 아주 좋은 일이었다. 왜냐하면 1560년 이후 시세가 많이 올랐기 때문이다. 이렇게 교회 땅의 옛 주인들은 시장가격보다 훨씬 낮은 가격으로 그 땅을 다시 사들였다.

1606년의 칙령으로 성직자들의 재정복이 시작되었다. 1609년부터 베지에의 사제들은 1564년에 넘어간 자기들의 올리브밭을 회수하려 했

34) Segondy, 1949; HGB 614, 1640년 11월~12월; ADH, G 916, 17-11-1640.

다. 폴 쿨롱, 장 르누아르 등 고집 센 주인은 양보하지 않았다. 소송, 강압, 소환, 청구 등 재판의 밀림에서 끝없이 방랑했다. 1645년, 전쟁 기간(1557~1600)에 넘어간 베지에의 37개 재산 항목(땅이나 집) 가운데 가장 덩치가 큰 것이 포함되어 있는 13개가 참사회에 되돌아왔거나 보상되었다. 둘은 계쟁 중이었으며, 나머지는 죽기살기로 재산을 지키는 취득자들 손에 남아 있었다.[35)]

*

땅이 회수되었다. 십일조는 인상되었으며 다시 가격에 연동되었다. 1600년 이전에 완전히 난파당했던 교회 재산은 세금이 거의 면제된 엄청난 잉여가치(토지에서 나오는) 덕분에 이제 서서히 불어났다. 회복된 밭들은 대체로 타유세를 내지 않는 '귀족적인' 땅이었던 것이다. 십일조는 직접적인 과세원이 아니었다. 랑그도크의 수도원들은 세금 징수원들에게 저항했다. 프롱드 난 직전, 카푸친 수도회의 수도자들, 예수회 수도자들, 수녀들은 자기들의 땅에 대한 타유세를 납부하는 데 가장 완강하게 저항한 사람들이었다.[36)]

*

1600년 이후의 교회에서 토지 재정복, 십일조 상승, 십일조 납부 거부 운동 종식 같은 사건들, 특히 마지막 두 사건은 사회 심리, 특히 농민

---

35) Serres, I, 2. 1606년의 칙령은 1607년 5월 5일 툴루즈 고등법원에서 확인되었다(ADH, G 892, 3-4-1609); 교회의 재정복과 되사기: 같은 자료, 3월 6, 10, 20일과 3-4-1609, 23-4-1609; G 69, 19-9-1615, 26-2-1619; G 75, 12-9-1643; 특히 G 55, f° 171(1640년과 50년 사이에 작성된 보고서).

36) 성직자들의 조세 저항에 대해서는 PV, 1637년 11월, 1647년 4월, 1656년 11월, 1658년 10월, 1659년 3월; HGB 728, 1651년 5월(카푸친 수도회 수도자들에 대한 조세 면제).

들의 망탈리테의 변화와 분리될 수 없다. 촌사람들이 십일조를 잘 납부하게 된 것은 억압에 대한 두려움, 곤봉과 치안군에 대한 공포, 권력을 다시 잡은 가톨릭 당파에 대한 마지못한 고려 때문일까? 그렇지만은 않다. 상당수의 농민들은 자기들의 조상보다 십일조를 더 잘 냈으며, 종교적인 양심과 가톨릭적인 가치에 대한 헌신은 16세기보다 더욱 뚜렷했다. 1650년경에 있었던 주교의 랑그도크 교구 사목 순시 기록을 보면 어디에서나——도시 외곽 지역을 제외하고——마을 사람들은 미사와 성사에 잘 참여했다. 평범한 차지농마저 많은 비용을 지불하고라도 본당 교회 포장길 아래에 묻히려 했다. 이 경건한 교구민들은 훌륭한 십일조 납부자였다.[37]

*

두려움에서 온 것이건 신앙심에서 온 것이건 십일조의 재상승은 교회에 강력한 수단을 제공해주었다.[38] 십일조에서 거의 나오는 몽펠리에 성당 참사회의 현금 수입은 1584년 1만 7천 리브르에서 1657~58년에는 10만 5천 리브르로 불어났다. 님(자료에 빈틈이 있긴 하지만)은 1602년 1만 8천 리브르에서 1649년 6만 리브르로, 베지에는 1587년 9,800리브르에서 1658년 3만 3,500리브르로 늘어났다. 성당 참사회 전체 수입이 기록되지 않은 나르본의 경우, 수도원 부속 농장들의 십일조 징수 임대계약액의 명목 중앙 지수(1610~40년의 평균 지수를 100으로 볼 때)는 1590~95년에는 60이던 것이 1655~57년에는 175로 올라갔다. 등가의 곡물로 환산하면, 1655년의 절정기에 십일조를 징수하던 성직자들은 내전기의 극심한 빈곤화 단계 이후 르네상스기의 높은 구매력을 회복한 것이다. 직접 현물로 납부된 수입을 고려하면 성직자들은

37) G 179, f° 7(경건한 차지인들); An. 45.
38) 이 구절에 대해서는 Gr. 17에서 Gr. 25까지를 보라.

더 많이 벌어들였다. 왜냐하면 농가에서 곡물로 납부하는 지대는 대체로 16세기에 비해 두 배 불어나서, 해마다 참사회의 곳간에는 추가로 수백 헥토리터의 곡물이 들어왔기 때문이다.

부가 늘어나면 성직록은 그만큼 두툼해진다. 밀, 현금, 포도주, 기름, 귀리(말의 먹이), 땔감, 치즈 배급——성직록을 받는 사제들은 더 많이 차지하려고 심하게 다투었으며 심지어 어떤 때는 십일조 곳간 앞에서 얼굴에 주먹질까지 하곤 했다[39]——은 1600년에서 60년 사이에 크게 늘어났다. 왜냐하면 배급 받는 사람들의 숫자가 세기 내내 고정되어 있었기 때문이다. 베지에의 생-나제르의 참사회원 수는 성당 성가대석 주위에 있는 성직자석보다 많지 않았다. 그런데 성직자석은 1650년에도 1590년과 마찬가지로 성가대석 오른쪽에 32석, 왼쪽에 40석뿐이었다.[40] 이 경우, 농민들의 상황과는 정반대로, 빵은 커졌는데 나눠 먹을 사람 수, 나눌 몫의 수는 변함이 없었던 것이다. 1660년경에는 얼마나 배급이 좋았던가! 곡물만을 보아도, 가장 많은 성직록을 받는 여섯 명은 각자 매년 밀 40스티에, 호밀 30스티에, 귀리 16스티에를 받았는데, 이는 중간 크기 농장의 수확량에 해당하는 양이었다.[41] 가상디가 디뉴에서 참사회원을 지낼 때나 또는 더 늦게 젊은 라신이 위제스에서 성직록을 받을 때 남부 프랑스에서 성직록 수입자가 되는 것은 기분 좋은 일이었다.

그러나 성직록이 전부가 아니었다. 십일조로 형태가 바뀐 농업의 잉여가치는 또한 건축과 투자를 가능하게 했다. 그것은 바로크식 교회가 수백 개씩 땅 위에 솟아오르게 했다. 사실 루이 13세 시대와 마자랭 시대에 시작된 교회 재건의 엄청난 노력을 부담한 사람들은 누구였나?[42] 운반, 부역 같은 노동 공역을 농민들에게 요구했으며 고기와 소금에 소

39) ADH, G 926, 28-9-1648.

40) 1590년, 1628년 그리고 그다음 해들의 수치와 비교하라(같은 자료, G 838, G 945 등).

41) ADH, G 956.

42) 이 모든 문제(교회 재건, 사업 신부 등)에 대해서는 An. 47.

비세를 부과했다. 그렇지만 참사회의 회계장부가 말해주듯이 성직자들의 예산도 이 비용의 매우 큰 부분을 부담했다. 불어난 십일조와 지대 덕분에 쌓인 에퀴 자루들이 교회로 탈바꿈한 것이다. 그뿐만 아니라 그것은 금박 입힌 나무 제단, 조각, 성배, 제의, 오르간 케이스, 거대한 무덤, 바로크식 장식 벽과 천개(天蓋), 벽옥 박힌 대리석 성수반, 잘 조각된 설교단, 오베르뉴나 플랑드르산(産) 돗자리, 융단 등을 사는 데 쓰였다. 또한 성직자들은 제단 뒤의 장식 벽화를 주문함으로써 지역의 화가들을 지원할 수 있었다. 예컨대 베지에의 장 솔레유, 피에르 바랄, 나르본의 장 마르샹뎅이 바로 그들이었는데, 그중에서 가장 유명한 사람은 몽펠리에의 세바스티앵 부르동이었다. 툴루즈에서도 풍족한 십일조 수입은 메세나*를 가능하게 했으며, 교회화(畵)의 발전을 지원했다. 예컨대 1610년에서 50년 사이에 빛을 발한 장 샬레트, 니콜라 투르니에, 앙브루아즈 프레도 등을 중심으로 한 그 지역의 카라바조 화파(畵派).** 자샤리 베네트, 장 카잘부 등 거의 일자무식인 마을의 조각가들은 베지에와 나르본 지역의 교회가 발전하는 데 한몫 거들었다. 그들은 제단 뒤의 장식 벽을 조각하거나, 오르간 케이스에 나무로 사티로스***를 조각했다. 1640년경 마침내 교회의 사치는 극에 달했다. 새로운 종이 주조되었고, 시골에서조차 주석 성배가 은제 성배로 대체되었다. 장식, 화려한 의식(儀式), 바로크적인 호화로움에 부응하여 성직자들의 수가 늘어났다. 1660년경, 아니안(1천 명의 주민이 사는 마을)에서는 사제 세 명과 성직자 한 명이 매일같이 만과(晩課)를 드렸다. 베지에의 생-나제르 성당과 나르본의 생-쥐스트 성당에서는 안에 모피를 댄 복장을 한 성가대 아이들의 수가 풍부한 십일조와 더불어 늘어났다. 1620년부터는 한

---

* 문예 옹호.

** Caravaggio(1571~1610): 기교가 많은 매너리즘을 거부하고 자연스러운 그림을 그린 이탈리아의 화가. 그의 그림의 특징은 사실주의적 표현과 명암의 대조에 있다.

*** 반인반수의 숲의 신.

외과의사가 그들을 돌보았다. 아이들의 선생은 노래와 글을 가르쳤다. 그리고 일요일이면 아이들을 강에 데리고 나가 수영을 가르쳤다. 그들 가운데 재능이 뛰어난 아이들——평범한 농민의 아이인 경우가 태반이었지만——은 사제가 되었으며 심지어는 참사회 비용으로 파리에 유학을 가기도 했다. 종교 의식(儀式)에 투자한 것은 이렇게 해서 최종적으로는 사회적 신분 상승을 자극한 것이다.

이렇듯 성인들의 세기에 진행되었던 강력한 종교적인 발전의 기저에도 농민들에게서 거둬들인 징수액이 늘어났다는 경제적인 현실이 놓여 있었던 것이다. 작품의 아름다움과 축제의 화려함은 농민들의 고통에서 나온 것이다.

교회의 번창에 화답이라도 하듯이 랑그도크에서는 수도자들이 늘어났다. 불완전한 자료이긴 하지만, 나의 계산에 따르면 1607년에서 60년 사이에 새로 인가된 수도원이 마흔 곳이 넘었는데, 그중 카푸친회, 교의회(Doctrinaires), 예수회가 압도적으로 많았다. 여기에다가 1640년 이후에 많이 세워진 신학교와 1632년부터 시작된 반위그노 공세의 일환으로 세워진 '새로 개종한 사람들을 위한 집'을 보태야 한다. 이들 시설 가운데 일부는 예수회나 오라토리오회의 학교처럼 실제적인 목적에 부응했으나, 다른 일부는 수도자들이 지나치게 많아져서 생긴 기생적인 것이었다. 이 두 경우 모두 비용이 많이 들었으며, 그래서 땅이나 십일조를 거두는 수도원 부속 농장 등을 받았고, 거기에서 나오는 최근의 잉여가치는 관계자들의 필요를 충족시켜주었다. 나는 1639년 님, 1645년 몽펠리에 부근에서 이러한 사례를 찾을 수 있었다.

성직록, 종교 기관 설립 또는 교육 등이 성직자들의 새로운 부를 모두 흡수해간 것은 아니었다. 교회는 내부적으로 자기네 땅, 자기네 농가에도 건축을 시작했다. 십일조 잉여가치, 수확량에서 징수한 유동 재산 등은 이제 영지 내에 시설물을 세우는 데 사용했다. 베지에 성당 참사회의 불어난 수입은 앙리 4세와 루이 13세 시대에 반타작 소작지 내에 화덕을 건설한다든지, 석제 포도주 보관통을 만든다든지, 기름 방앗간과 참사회 소유 농장의 기둥을 장식하는 데 사용했다. 1625~30년경, 생-피에르나 아밀라크에서 사람들은 많은 돈을 들여 농장 부속 교회나 예배당을 보수하거나 장식했으며, 복음서나 제식 도구 등을 갖추어놓았다. 도시의 사제들은 수당과 훌륭한 저녁 식사 대접을 받는 조건으로 이곳에 와서 정기적으로 미사를 드렸다. 그리고 수확철에는 이곳에 와서 수많은 수확꾼들을 축성해주었다.

*

이렇게 많은 일에 재정 지원을 한 십일조의 증가는 저절로 이루어진 것이 아니다. 그 기원에는 농촌 세계와 부단히 접촉해왔던 사업가 기질의 성직자들이 있었는데, 이들은 농민의 책략을 지니고 있었고 생활방식이 농민과 같은 경우가 많았다. 사제인 자크 베르네트도 그런 사람이었다.[43] 그는 베지에의 상인 가문 출신으로, 그 가문에는 노새 몰이꾼, 재단사, 참사회원이 있었으며, 일부는 이미 십일조 징수업으로 전문화되어 있었다. 생-나제르 성당 참사회의 젊은 성직록 수입자인 베르네트는 1610년경에 성기(聖器) 관리실에서 일을 시작했다. 그는 촛대를 닦고, 포도주병을 채우고, 미사포를 빨고, 로데즈산(産) 토끼가죽 쿠션을 수선하는 일을 했다. 그의 모습은 모범적인 참사회원의 모습이 아니었다. 그는 성가대석에 앉아 미사를 드리는 대신 수다를 떨거나, 몸을 가만두지 못하거나, 신자석에 앉아 있는 아가씨들에게 추파를 던지거나, 자기가 좋아하는 책을 읽는 사람이었다. 그리고 또한 그는 시내에 가서는 거리를 배회하거나 술집을 전전하는 사람이었다. 그의 차림새는 충격적이었다. 턱수염에, 지나치게 긴 머리카락에, 지나치게 짧은 망토까지. 게다가 그는 구제 불능의 음치였다.

그러나 마치 삼총사처럼 콧수염을 기른 이 성직록 수입자의 진정한

43) An. 47.

능력은 사업가적인 수완이었다. 그는 트렌토 공의회의 규정을 무시했다. 사실, 1622년 그의 성당 참사회는 성직자들이 '십일조나 지대 징수 임대'를 하지 못하도록 한 규정에 대해 이렇다 할 주의를 기울이지 않았다. 나는 그가 1620년과 36년 사이에 포도주, 사향포도주, 올리브, 밀, 사냥, 가축, 사용권(토지세 부과 대상 토지) 및 시골의 몇몇 커다란 수도원 부속 농장의 십일조 징수를 여러 차례 임차 맡았음을 확인할 수 있었다. 그는 참사회의 일과 자기의 사업을 동시에 한 것이다. 그는 이득을 취하고, 임대료를 납부했다. 그는 이 일을 해온 지 40여 년이 지난 1651년에 마지막으로 80뮈에 이르는 베지에의 포도주 십일조 징수를 임차했다. 베르네트는 농민들이 후하게 납부하는 바람에 늘어난 십일조를 그런 식으로 평생 동안 이용했다. 또한 그는 십일조 징수 임대계약 외에 다른 일도 했다. 그는 참사회를 위해 곡괭이질을 하게 해서 포도나무를 심게 한 다음 이듬해에는 다른 포도나무를 뽑아버렸다. 그는 자기가 세들어 사는 집의 담벼락에 구멍을 내기도 할 정도로 마구잡이였다. 1623년, 곡물 십일조 징수 임대 경매에서 그는 다른 후보자들과 결탁하여 낙찰을 받았다. 그런 사실이 발각되고서도 베르네트는 처음에는 부인했으나 난처한 지경에 빠지자 결국 벌금을 물겠다고 약속했다. 그는 한 달 동안 포도주 배급을 못 받으며, 차후로는 징수 임차 일을 하지 말라는 처벌을 받았다. 그러나 4년 뒤에 모든 것이 잊혀졌다. 그의 능력이 얼마나 컸던지 참사회의 형제들은 포도주 십일조의 부정을 막기 위해 그에게 문의할 정도였다. "왜냐하면 부당한 행위를 해본 사람이 그것을 고치는 방법을 알기 때문이다." 밀렵을 해본 사람보다 더 나은 밀렵 감시인은 없었던 것이다.

베르네트의 사례는 많은 사례 가운데 잘 알려진 경우일 뿐이다. 그가 속한 참사회에는 그보다 교활하지는 못하지만 경쟁자는 있었다. 1626년, 참사회의 모든 일을 도맡고 '계약 일'을 담당했던 참사회원 구지는 포도나무 사업에 정통했다. 그러나 그는 반복해서 독촉했지만 미사를 드릴 줄 몰랐다. 그와 같은 형제회에 있던 재무관 아스티에는 종교에 대해서는 아는 것이 없었다…… 가장 높은 지위에 있던 봉지의 경우를 보자. 베지에의 주교였다가 추기경에까지 오른 그는 간교하고, 비곗살이 올랐으며, 여자들에 둘러싸여 있었고, 투기를 하며, 조카들 취직이나 시켜주던 인물이었다.[44] 그는 붉은색 법의를 입고 추기경 모자를 쓰고 높은 지위에 올랐지만 베르네트와 다르지 않은 인물이었다.

마지막으로 세속인들도 교회의 토지 이익 가운데 일부를 차지했다. 로데브의 소(小)상인이었던 플뢰리 집안 사람들은 1608년부터 십일조 징수업에서 시작하여 타유세와 10분의 1세(稅)에서 가족의 고속 상승을 시작했다. 이렇게 부를 축적한 다음, 그들의 자손인 에르퀼 드 플뢰리는 7만 7천 리브르를 주고 국왕 보시 분배 사제직을 샀다. 후일 그는 루이 15세의 가정교사와 총리대신이 된다.[45]

*

이렇게 십일조가 증가하고 땅에 대한 과세가 증가한 덕분에, 새로운 에너지가 베륄과 성(聖) 프랑수아 레지 시대의 프랑스 교회 안으로 흘러 들어왔다. 이 새로운 부가 없었다면, 이러한 하부구조의 견고함이 없었다면 성인들의 세기의 그 모든 표시는 나타나지 않았을 것이다. 1600년 이후 가톨릭의 부흥은 총체적 현상으로서, 그 정신적인 규모는 우리를 놀라게 한다. 그러나 그것은 물질적인 차원도 있었다. 모든 승리는 땀, 고통 때로는 인간의 비참함이라는 대가를 지불했다. 르 냉이 그렸고 뱅상*이 구원한 농민들은 십일조 납부자가 아니었던가?

---

44) HGB 764, 1655년 4월; Monin, 1884, 11쪽; 봉지의 초상화는 몽펠리에의 파브르 박물관에 보관되어 있다; 또한 Locke, éd. 1953, 30, 136쪽.

45) Vitalis, 1906.

* Vincent de Paul(saint)(1576~1660): 프랑스의 사제. 자선 형제회(confrérie de la Charité), 선교 사제회(Congrégation des Prêtres de la Mission) 등과 같은 기구를 조직하여 농촌의 빈민들을 대상으로 사목 활동과 자선 구제 사업을 벌였다.

세금 '짜내기'

케네는 순이익의 주인인 지주 계급을 먹여 살린 대규모 선취액에 해당하는 것으로 지주에게 돌아가는 지대, 십일조 부과자에게 돌아가는 십일조, 군주에게 돌아가는 세금을 꼽았다. 1600년과 69년 사이에 세 번째 선취액인 세금 수입은 어땠을까?

앞에서 우리는 1630년의 위기와 관련해서 1628~35년의 세금 '짜내기'에 대해 언급했다. 이제 거기로 다시 돌아가서, 이 삽화(揷話)를 더 장기적인 변화 속에 놓아보자. 제2부에서 처음 사용된 직접세 곡선을 마자랭 시대까지 그어보자.[46] 연속성과 동질성을 확보한 몽펠리에의 자료는 이 같은 연장을 허용해준다.

연장된 도표는, 언뜻 보기에도, 1615~20년경부터 시작된 조세 징수상의 진정한 혁명을 드러내준다. 이전, 즉 루이 12세에서 앙리 4세까지 명목 세금은 분명히 늘어났다. 그러나 물가 상승 이상은 아니었다. 실질가치로 환산해보면 조세 부담은 늘어나지 않았다. 그런데 루이 13세 즉위 직후, 특히 리슐리외 시대부터는 갑작스럽게 상승한다. 물가는 세기 중반까지 50퍼센트 내지 60퍼센트 오른 데 반해 명목 직접세는 세 배 이상 올랐다. 그래서 밀 가격으로 물가를 고정시켜놓고 보면, 실질세금은 이 경우 륀**과 마자랭*** 사이에 두 배 이상 오른 셈이다. 징세관은 1580~90년경에는 땅의 총수입 가운데 6.2퍼센트를 거두었으나, 1650년경에는 13퍼센트를 거두었다.

이것은 혁명이었다. 16세기에 타유세는 십일조보다 많지 않았지만 17세기에는 십일조보다 더 무거워졌다.[47] 왜냐하면 그것이 실물 총생산의

---

46) 이 책, 제1권, 494쪽; Gr. 41.

** Charles Luynes(1578~1621): 루이 13세의 총신으로 프랑스의 원수(元帥)를 지냈다.

*** 1602~61.

47) 이것은 반란이 새로운 방향성을 잡은(이전처럼 반反십일조가 아니라 반反조세) 이유 가운데 하나다.

이었다. 라 카펠의 무식쟁이 장 코스트, 베스의 무식쟁이 '노동자' 장 부스는 증언했다.[18] "웬만한 재산을 소유한 사람들의 대부분은 세금 때문에 침대까지도 팔아야 했다." 자진해서 가구를 팔지 않은 경우에는 압류당하거나 도주해야 했다. "재산 차압 때문에 감옥 신세를 지지 않으려면 도망치는 수밖에 없었다"라고 베스의 직조공인 베르나르 몰리는 증언했다. 이 문제에 대해서는, 매일같이 세금 미납자들의 '집을 수색하던' 경매 담당관이나 집달관보다 더 나은 증인이 없다. 겨우 서명이나 할 정도였던 살의 '보통 머슴' 장 레그가 그런 사람이었는데, 그에 따르면 "차압이 집행되는 집에서 내가 보는 것이라고는 가구가 텅 빈 벽뿐이었다. 차압을 당한 사람들의 말로는 빵을 사기 위해 모두 팔았거나 저당잡혔다는 것이다." 일체의 가구가 없는 사면의 벽들…….

공증인 투르나미르는 정확하게 이 사실을 확인해준다. "본당 신도들이 어찌나 처참하게 망했던지 그가 차압자가 되어 압류를 집행하러 가보면 가구가 하나도 없었고, 외양간과 목장에는 크고 작은 짐승이 한 마리도 없었으며, 채무자들에게서는 아무 대답도 들을 수 없었다. 단지 시대의 불행과 무거운 세금이 그들을 굶주리게 하고, 본의 아니게 세금도 내지 못하게 했을 뿐이다."

시대의 불행, 무거운 세금 그리고 서민들의 가계를 빈털터리로 만들어버린 구리 화폐의 평가절하.[19] 이러한 재난에 대해, 모든 사람이 언급한 절망적인 상황에 대해, 이 증인들은——이들은 동시에 행위자였다——상호 배타적이지 않은 세 가지 해결책을 심각하게 제시했다. 그 해결책이란 죽는 것, 거지가 되는 것, 떠나는 것이다.[20] 그곳에서 거지가 되든지, 아니면 '재산, 아내, 아이들을 더 이상 생각하지 않고' 그 고장을 떠나서 군대에 들어가든지, 남쪽의 평원 지방으로 가서 일을 하는 것이었

---

18) "부유한 본당 신도들의 대부분은 빵을 구하기 위해 가구를 팔지 않을 수 없었다"(앞의 자료).

19) 마르시엘 수도원 부속 농장 사제인 메줄의 증언(같은 자료).

20) 앙투안 에스티발, 프랑수아 푸르나크, 장 라발 등의 증언(같은 자료).

10분의 1을 훨씬 초과했기 때문이다. 이 책의 제2부에서 사용한 유형의 회계를 참조하면, 이렇게 무거워진 타유세는 자작 영농에서 나오는 화폐 수입(토지의 생산량 가운데 상업화된 부분)에서 매우 큰 부분을 가져갔음을 알 수 있다. 바로 리슐리외의 방식이 자리를 잡아, 농민들이 '국가의 노새'가 되어버린 것이다. 심지어 어떤 경우에는, 예컨대 1634~35년처럼 화폐가 고갈되었던 때에는, 당시 사람들은 엄청난 타유세 때문에 지방에서 돈이 '마르지 않았나' 생각할 정도였다.[48)]

간접세도 마찬가지였다. 1600년까지 랑그도크의 '등가'(포도주와 고기 소비세)는 가격 곡선에 비해 불쌍할 정도로 질질 기어가고 있었다. 그런데 1603년과 1641년에는 그와 반대로 간접세가 천장을 뚫으면서 징수액이 17만 리브르에서 40만 리브르로 두 배 이상 올랐다. 이제는 물가가 뒤에 처진 것이다.[49)]

소금 가격이 앙등했다. 1599년에서 1624년까지는 캥탈당 6~7리브르로 안정되어 있었다. 그러던 것이 리슐리외 시대에 오르기 시작하여, 1639년에서 80년 사이에 17리브르로 올랐다. 이것은 180퍼센트의 독재적인 상승으로서, 같은 기간 밀 가격 상승보다 세 배나 높았다. 구체제 시대에 가장 큰 저주의 대상이었던 염세리들의 징수는 리슐리외 시대에는 가히 압살적이었다.[50)]

전체적으로 17세기 초반은 타유세나 염세에서 엄청난 세금 쥐어짜기가 행해진 시대로, 이는 직접세나 간접세의 부담이 크지 않았던 이전 세기와 대조를 이룬다.

이 같은 조세상의 급변에 대한 그럴듯한 이유는 권력의 강화, 지배자들의 심리, 경기 국면의 유혹 등에서 찾을 수 있다. 권력이 강화되어 납세자들이 세금을 내도록 하는 데 과거보다 잘 무장되었다. 권력은 이제 그들에게 더 많이 요구할 수 있었다. 지배자들의 심리란 야심, 대외정

---

48) Amblard의 일지, éd. 1911~12.

49) Gr. 42.

50) 카스텔노다리의 랑그도크 곡물시세표에 의거; Gr. 11 참조.

책, 전쟁 등 추기경*의 계획을 실현시키는 데 비용이 많이 들었다는 것이다. 경기 국면의 유혹을 보면, 세기 전반기에 가격은 상승했으나 속도는 1500년과 1600년 사이보다 훨씬 느렸다. 명목 세금이 그것을 따라잡고 나아가 추월하기가 훨씬 쉬운 상황이었다.

*

조세 혁명은 농민들을 빈곤하게 만들었다. 왜냐하면 세금은 토지 총생산보다 장기적으로는 훨씬 빠르게 늘어났기 때문이다. 반대로 혁명은 농민들의 착취에서 큰 몫을 취하던 사회 계층을 부유하게 만들었다. 우선, 염세(鹽稅) 자본주의가 비대해졌는데, 이것은 앙리 4세에서 프롱드 난에 이르는 기간에 남부 프랑스에서 소금 가격의 상승이라는 독재적인 리듬에 따라 빠르게 성장했다.

세기초만 해도, 카마르그의 페케 염전들에 토대를 둔 남동부 지방에서의[51] 염세 징수는 소규모로 임대되었다. 8만 리브르, 20만 리브르, 50만 리브르, 최대 1백만 리브르. '랑그도크의 염세' 징수 임대계약서를 들여다보자.

랑그도크의 염세 징수 임대계약

임대 계약일	소금 양	임대액	참조
1600년 12월 20일	6만 8천 캥탈	?	ADH, B 29, f° 71 v°
1611년 2월 3일	7만 8천 캥탈	국왕에게 57만 2천 리브르 지방에 5만 3천 리브르	ADH, B 30, f° 326
1617년 2월 1일	7만 9천 캥탈	94만 8천 리브르	ADH, B 31, f° 532 v°
1623년 2월 11일	8만 5천 캥탈	102만 리브르	ADH, B 32, f° 199

* 리슐리외.

51) 스위스와 사부아 등지에 소금을 공급하던 리오네, 도피네, 랑그도크, 프로방스.

소금 소비의 증가(23년 사이에 +25퍼센트)는 부분적으로는 인구 증가와 일치하는 것 같다. 그러나 임대액은 1백만 리브르를 별로 초과하지 않았다. 징수인들은 간혹 파리 사람들도 있었지만 대부분 그 지방 사람들로서 리옹이나 로안의 사업가들이었다.

세기 중반에 이르면 이 같은 지방적인 지평이 사라진다. 소금 가격이 거의 세 배나 올랐다. 모두 페케 염전과 관계 있는 랑그도크와 리오네 지방의 염세, 도피네와 프로방스의 염세 그리고 '사부아와 스위스의 공급' 등이 점차 한 사람의 징수 청부인 수중에 통합되었다. 임대액은 1644년 285만 4천 리브르에서 1654년 310만 리브르로, 다시 1661년 557만 리브르로 급상승했다. 루이 무아상 같은 파리의 재정가들은 이익이 클 거라는 냄새를 맡고 이 임대계약을 독차지했다. 이렇게 해서 그들은 소금의 독점가격으로 농민들의 잉여가치와 지방의 부의 일부를 빨아들였다.

이러한 중앙 집중이 염세에만 국한되었던 것은 아니다. 그것은 세관과 교역에도 나타나, 랑그도크의 지방 경계에서 이루어진 밀, 흰 밤, 포도주와 가축 등의 거래에도 세금을 물렸다. 1600년경만 해도 이러한 '교역세'는 랑그도크의 시장, 리옹의 세관, '강', '고개 통과지' 등 소규모 독립 기관으로 나뉘어 징수되었다. 그리고 저렴한 임대료를 받는 조건으로(1만 또는 1만 5천 에퀴) 베지에의 가브리엘 랑베르, 나르본의 장 쥘리앵, 몽펠리에의 피에르 고스랑과 피에르 그레퓌엘 같은 지방의 부르주아들에게 맡겨졌는데, 이들은 전혀 규모를 갖추지 못한 자본가들이었다. 그러나 1650년경이 되면 이들 지방의 소규모 '임차인들'은 파리의 자본가들에게 밀려난다.

이렇게 파리는 17세기 전반기의 조세 이익의 일부를 점차 가로채갔다.[52] 이같이 반(半)기생적인 조세 자본주의의 규모는 루이 13세 시대

52) '파리인들-파당들'(Parisien-partisan)에 대한 점증하는 증오심(단어들의 혼동이 특징적이다)에 대해서는 Mousnier, *Paris*..., vol. I, 47쪽에 인용된 텍스트를 보라.

에 계속 늘어났는데, 지방의 부르주아들이 자기들의 몫을 모두 빼앗긴 것은 아니었다. 염세리 부대(이들은 랑그도크의 농촌 마을에서 수색과 검색을 하고, 아이들과 가축들을 조사하고, 무장을 한 채 떼를 지어 돌아다니고, 탈세자들과 총싸움을 벌였다)는 사업가 양성소이기도 했다. 1630년대에 피에르-폴 리케는 바로 이러한 랑그도크의 염세리들의 탐욕스러운 분위기에서 조용히 성장했다. 이어, 지방 부르주아들에게 있어서, 염세는 염전 소유자들을 살찌게 해주었는데 이들은 징수 청부인들에게서 임대료를 받았던 것이다. 사실 염전 소유자들은 님과 몽펠리에의 가톨릭이나 프로테스탄트 부르주아, 즉 지방 부르주아였다. 루이 13세 시대, 10개 지방 가문이 남동부 전역에 소금을 공급하는 페케 염전의 소유권과 로열티를 독차지했다. 염세 징수인들이 낸 소금 공납은 금이나 다이아몬드로 바뀌어 이들 집안의 금고에 보관되었다.

그뿐만 아니라 지방의 부르주아지는 포도주와 고기에 세금을 물리는 소위 랑그도크의 '등가'라고 하는 대규모 조세 징수 청부업도 완전히 통제하고 있었다. '등가'(1617)의 임차업과 관계된 사람들 중에는 파리 사람이 한 명도 없다. 귀족인 레몽 드 부르부자——이름으로 볼 때 남부 프랑스 출신이 분명하다——의 주변에는 세벤의 프로테스탄트 부르주아들, 몽펠리에의 보조세 자문관들, 마을의 유지들이 모여 있었는데, 이들은 모두 약간의 토지를 가진 부유한 평민이건 영주이건 지방의 지주였다.[53]

*

세무 당국이 초과 잉여가치를 추출한 것은 여러 결과를 낳았다. 그것은 대규모 정책에 대한 국가적인 재정 지원을 가능하게 해주었다. 파리의 재정가들과 '징세 청부업자들' 사이에 사치가 늘어났다. 이는 지방의

---

53) 랑그도크의 조세 자본주의(염세, 관세, '등가')에 대해서는 An. 37을 보라.

경우도 마찬가지여서, 소수의 사회 집단에 국한된 것이긴 하지만 사치, 쾌락, 과시적 투자가 늘어났다. 또한 지방의 재정가, 관리, 대영주 카스트의 차별적 부유화——농민과 서민들의 빈곤과 비교하여——가 이루어졌다. 지대와 조세가 합쳐져 증가했으나 때로는 결합된 이익이 바로 이들에게 집중되었다. 왜냐하면 지방에서의 국세 징수에서 자기들의 몫을 챙긴 이 재정가들은 대지주이기도 했기 때문이다.

많은 증인은 지대와 조세의 첫 번째 절정기였던 1640~50년에 이 부자들과 재정가들의 사치가 늘어났음을 한목소리로 말한다. 그 세기 중반에 아를의 귀족들은 '금과 보석으로 치장'하기 시작했다.[54] 다이아몬드가 처음으로 재산 목록에 나타났다. 1639년 보조세 자문위원이자 대토지 소유자인 사레 가문이 그 예다. 나는 프랑스의 재무관인 클로젤(1661년 사망)의 집에서 대리석 테이블, 오베르뉴산 양탄자와 베르가모산 양탄자를 수십 개 발견했다.[55] 1630~50년경, 몽펠리에의 재정가인 미르망과 뒤 모즈는 몽펠리에에서 가장 아름다운 저택을 지었는데, 후기 르네상스의 영향이 바로크적 모티프와 각축을 벌이는 듯한 인상을 주는 건물이었다. 1560년 이래 신분회의 재무관을 지냈으며, 왕실 재정과 고리대금업으로 부를 축적한 페노티에의 영주인 레히 가문은 17세기 중반에 가문의 영예를 과시했다. 레히는 화려한 4륜 포장마차를 타고 다니는가 하면 페노티에에 있는 자기의 성에서 연극을 상연하기도 했다. 1656년에 그는 샤펠, 바쇼몽 등과 함께 '모든 귀족 부인'을 그곳으로 초청했다. 페노티에 성에서 멀지 않은 봉르포에서는 염세리 리케가 이미 1650년부터 신흥 재산을 축적했으며 두 바다를 연결하는 수로 개설을 꿈꾸었다.[56]

---

54) R. Baehrel, 1961에 인용된 텍스트.

55) ADH, II E 57(코르니에 공증인 사무실), 문서 뭉치 453, 1639년 7월(사레의 재산 목록); 같은 자료, 나바르 공증인 사무실, 기록 608(클로젤의 재산 목록).

56) Pierre Reich, 1560년부터 랑그도크 지방의 총괄 수납관: ADH, C, PV, 1560년 3월의 기록, f° 140 v°; PV, 1574년 12월(레히가 고리대금을 했다는 비

'이탈리아'풍으로 최근에 건설된 이 성들은 지대, 십일조 또는 재정 상여금으로 어렵지 않게 돈을 모은 부자들의 과시욕을 충족시켜주었다. 클레르몽의 추기경, 테민의 원수(元帥)는 각각 앙리 4세와 루이 13세 시대에 카네와 세라에 성을 지었다. 1639년에는 샤를 드 펜과 같은 평범한 귀족들도 그들을 모방하여 생-시니앙에 성을 지었다.[57]

이 모든 사치의 첨단: 토지에서 무자비하게 거두어들인 넘쳐나는 세금 재원은 마침내 지방에서도 궁정생활을 할 수 있게 해주었다. 전보다 풍부해진 신분회의 돈상자 덕분에 지방 관구 사령관들은 더 많은 지원금을 할당받았으며, 이것을 통해 '자기들의 지위를 유지'하고 주위에 궁신들을 기생시킬 수 있었다. 1610~30년경, 몽모랑시는 매년 신분회에서 3만 리브르를 받았다. 그러나 1645~47년부터 그의 후임자들은 동일한 상황에서 매년 6만 리브르, 나아가 8만 리브르를 받았다.[58] 관구 사령관에 대한 이러한 대우는 리슐리외-마자랭 시대의 높아진 타유세와 어느 정도 연동되어 있었다. 타유세와 마찬가지로, 배 이상 올랐으며 밀의 가격에 비해 크게 늘어났다. 1650년에 관구 사령관이 된 아르망 드 콩티는 17세기 중엽의 이 같은 강력한 '임대 수입자들'의 전형적인 인물이었다. 그의 수입원은 국세, 십일조, 지대였다. 다시 말해 그는 자기의 연금, 자기의 땅, 자기의 수도원에서 나오는 세 가지 수입으로 살아갔다. 우선 그는 그랑주 데 프레의 성주였다. 그리고 그는 세스농과 카브리에르의 성주령, 몽타냐크, 세르비앙, 생-티베르 같은 '도시'를 포함하는 페즈나 백작령의 소유주였는데, 이곳은 7만 1,640리브르의 지대 수입을 올리는 것으로 평가되었다. 관구 사령관 대우(8만 리브르) 외에도 그는 국왕에게서 10만 리브르의 연금을 받았다.

난). 재무관이었던 그의 자손 페노티에에 대해서는 Monin, 1884; Chapelle, Bachaumont, éd. 1861, 431, 432쪽; Boissonnade, 1902, 37쪽.

57) D'Aguesseau, 툴루즈 시립도서관 필사본 603, f° 334 v°, 361; Davity, 1643, 579쪽; Segondy, 1949, 111쪽.

58) 이 수치는 PV, 1613년 11월, 1628년 3월, 1645년 1월, 1647년 4월.

마지막으로 그에게는 '그가 태어났을 때 콩데 공이 그의 몫으로 정해 놓은' 수도원에서 나오는 지대 4만 에퀴의 수입이 있었다. 줄잡아도 콩티는 매년 30만 리브르에서 40만 리브르의 수입이 있었던 것으로 추정된다. 이것은 콩티가 아무런 노력을 하지 않더라도 총농업 수입에서 조세, 십일조, 지대로 들어오는 거의 순수한 '임대 수입'이었다. 이 '선취액'은 페즈나에 있는 대공의 궁신들에게 은총의 비처럼 떨어졌다. 궁정 전체가 아르망 드 콩티와 그의 정부인 칼비몽 부인을 중심으로 둘러앉아 몰리에르의 연극을 보았으며, 이 극단은 많은 돈을 받았다. 가상디의 추종자인 사라쟁, 『포르투갈 수녀의 편지』를 쓴 가브리엘 드 기유라그, 니농의 옛 애인이자 국왕대관인 오비주의 백작, 무신론자이자 식도락가인 라바르댕("라바르댕 사람들은 창자를 꽉 채웠다"), 다수시와 그의 귀여운 시동(侍童) 페로탱, 사드의 작품에 등장하는 강주의 후작 등 이들은 모두 1655년, 몰리에르와 기유라그의 공동 작품이라고 전해지는 『함께할 수 없는 사람들의 발레』를 추었다. 재정 조달 방식이 꽤 유사했지만 성인들의 세기에 많은 물의를 일으켰던 이 같은 자유분방하고 교양 있는 생활에 대한 증언은 오늘날에도 남아 있다. "지나치게 빨리 핀 꽃",[59] 페즈나는 1657년 콩티의 개종과 함께 거의 버려졌지만, 고색창연한 17세기의 아름다운 저택들은 오늘날까지도 남아 있다.[60]

*

더 무거워진 채무

십일조, 지대, 조세는 실질적으로 늘어났다. 이제 네 번째 공제(控除)인 이자——고리대든 허용된 이자든——에 대해 알아볼 차례다. 이것은 농촌의 총생산에 대한 선취액 가운데 큰 부분을 차지했다. 1610, 1620,

---

59) M. Blanchard, 1960.
60) 콩티와 그의 궁정에 대해서는 Bellaud-Dessalles, 1917; Anatole, 1962.

1640년경 농촌의 어떤 공증인의 장부를 참조해도 결과는 마찬가지다. 증서의 4분의 1, 3분의 1은 '부채'로 표기되어 있다. 채무자인 농민이나 장인은 채권자인 부르주아나 귀족과 계약을 통해 돈이나 밀을 빌렸다. 예컨대 몽타냐크의 무식한 농군 좀 라봄은 아그드의 부르주아인 앙투안 프로망에게 50리브르를 빌렸으며 무식한 목수 베르나르 발뤼는 75리브르를 빌렸다(1609~12).[61] 16세기 이래 이 공증인 사무실에서는 본질적으로는 아무 변화도 일어나지 않았다.

그러나 우리의 문제는 '본질'이 아니라 역사다. 그것은 다음과 같은 질문을 제기할 수 있다. 농민들에게 부채의 무게(이자와 원금)는 샤를 9세와 신성동맹 시대보다 루이 13세와 마자랭 시대에 더 무거웠을까 아니면 가벼웠을까?

두 가지 변수가 있다. 하나는 이자율이고 다른 하나는 인플레이션율이다.[62] 이자가 오르느냐 내리느냐에 따라 채무자의 부담이 무거워지거나 가벼워진다. 또한 인플레이션의 정도에 따라 상환해야 할 원금(할부상환금)과 지불 이자의 실질가치가 달라진다.

농민들에게 인플레이션은 귀금속과의 관계가 아니라 실질 재산과의 비교로 계산된다. 그러므로 그것은 물가를 선도하는 곡선(밀)에서 추론할 수 있다. 한편 이자율은 '합의된 이자율'이 아니면 공증인들이 특별히 기록하지 않았다. 반대로 교회의 회계장부나 몇몇 개인의 출납부에는 이자율이 꼼꼼하게 기록되어 있다.

16세기에 인플레이션은 채무자(농민)들에게 유리하게, 채권자(부르주아)들에게는 불리하게 작용했다. 따라서 위험을 감지한 대여자는 자기의 원금에 대해 곡물이자[63]를 요구하거나 아니면 높은 이자(10퍼센

61) ADH, II E, 52-31, f° 198과 여러 곳. 앙투안 프로망은 이러한 형태로 돈을 많이 빌려주었다. 같은 자료, 52-34, f° 250 v°, 29-4-1612 등등.

62) 여기에서 기술된 내용의 토대가 된 이자율과 인플레이션율의 변화에 대해서는 Gr. 12와 Gr. 39를 보라.

63) 이것이 바로 마장크스와 같은 사람들의 전술이었다. 이 책, 제1권, 508쪽.

트)를 요구했다. 그렇게 함으로써 그는 인플레이션의 피해를 줄일 수 있었던 것이다. 그러나 그 피해는, 비록 10퍼센트의 이자를 받더라도, 상당한 것이었다. 예컨대 부르주아 B가 있다고 하자. 1550년에 그는 한 농촌 공동체에 1천 리브르를 10퍼센트의 이자율로 빌려주었다. 30년 또는 40년 후 곡물가는 3.2배 올랐다(보통의 해). 이 경우, 실질가치(밀)로 계산된 B의 채권액은 한 세대 사이에 70퍼센트의 가치를 상실했다. 명목이자 10퍼센트는 1590년경에 이르면 실질원금에 비해 3퍼센트의 이자밖에 되지 못한다. 장기적으로 보면 대여자는 장사를 잘 못한 것이다. 대부분의 경우, 인플레이션 덕을 본 채무자는 부담없는 액수가 된 빚을 쉽게 청산했다. 1590~1600년경, 잘 유지 관리된 참사회 회계장부에서 30년 이상 된 빚은 거의 없었다.

앙리 4세에서 마자랭에 이르는 17세기에는 상황이 전혀 달랐다. 인플레이션이 억제되지는 않았지만 어느 정도 완화는 되었다. 1600년에서 40년 사이에 밀 가격은 약간 올랐다(10퍼센트에서 20퍼센트). 그리고 사이클상의 극점들을 제외하면 1600~10년에서 1640~50년 사이, 반세기 동안의 장기적인 상승률은 50퍼센트 내지 60퍼센트를 넘지 않았다. 1600년경에 대여된 원금은 1640년까지 사실상 손실을 입지 않았다. 마자랭 시대에도, 그것은, 곡물 가격이 50퍼센트 올랐다고 보면, 밀을 기준으로 한 원래 구매력의 3분의 2를 유지했다.

이처럼 비교적 안정적인 상황에서 채권자들은 이자율 인하에 동의할 준비가 되어 있었다. 그리고 국왕의 칙령은 완강히 반대하는 자들을 굴복시켰다.[64] 1604년에 통상적인 이자율은 10퍼센트(10드니에당 1드니에)에서 6.25퍼센트(16드니에당 1드니에)로 떨어졌다. 1604년에서 50년 사이에 6.25퍼센트의 이자율은 안정적으로 일관되게 지켜졌다. 밀에 대한 리브르 투르누아의 가치가 3분의 1이 평가절하된 것을 감안하면,

64) 장기적으로 유사한 인하를 잉글랜드에서도 17세기 전반부터 확인할 수 있다. Weulersse, 1910, 400쪽.

이 명목이자율 6.25퍼센트는 1640~50년경 곡물 구매력으로 따져볼 때 실질원금에 대한 4.1퍼센트의 실질이자율에 해당한다.

도표를 통해 상황을 비교해보자.

채무액 100리브르의 실질 구매력 저하(밀)	실질 원금의 저하(1)	실질 이자의 저하 (%)
16세기 중엽 10퍼센트로 계약 16세기 말의 저하	100리브르에서 30리브르로	10에서 3으로
17세기 초 6.25퍼센트로 계약 17세기 중엽의 저하	100리브르에서 66리브르로	6.25에서 4.1로

(1) 대여 당시의 리브르 투르누아로 평가된 원금

이 도표상으로 볼 때, 발루아 왕조 말기에 낙담했던 대여자는 1600년 이후에는 정반대로 매우 편안한 상황을 맞이했다. 언제나 세금이 면제되었던 현금 대여는 마침내 안정되어 루이 13세 시대에는 매력적인 투자처가 되었다. 1639년, 지방 신분회는 "랑그도크의 대다수 주민들이 가진 돈이라고는 그들*에게 갚아야 할 이자뿐"이라고 선언했다. 임대수입자의 보호자였던 지방 신분회는 이자에 대한 일체의 세금에 반대했다. 채권자는 행복했다. 루이 13세 시대에 채권자들은 채무자들과 돈독한 관계를 유지했으며, 채무자들에게 채무를 변제하지 말아달라고 간곡히 요구했다. 1626년, 베지에에서 자크 드 모사크라는 법조인은 25년이나 지난 우량 채권을 언급하면서 순박하게도 이렇게 썼다. "위의 대여자(모사크)는 성당 참사회(채무자)가 이자 지급을 계속하는 한 원금 상환을 종용하거나 강요할 의사가 전혀 없다."[65]

반대로 채무자들은 세월이 가도 가벼워지지 않는 채무의 짐을 수세대 동안 길게 끌고 다녔다. 이자보다 그들에게 짐이 되었던 것은 채무액의

---

* 랑그도크의 주민들.

65) PV, 1639년 11월; ADH, G 902, 22-4-1626.

할부 상환이었다. 16세기에는 원금의 연간 할부 상환액이 10년이 지나면 점점 줄어들었다. 17세기에는 할부액의 부담이 세월이 가도 거의 변함이 없어서 한 가족을 서서히 파멸시킬 정도였다. 이렇게 착취를 당하던 채무자들은 구세주 같은 인플레이션을 학수고대했을까? 그러나 그들에게 닥친 것은 반대 상황이었다. 1650년대, 특히 1660~70년에는 콜베르의 디플레이션 정책과 함께 채무 원금이 또다시 한껏 불어난다.

17세기 전반부터 부채의 압박이 높아졌음은 농민 공동체라는 항구적인 집단의 사례를 통해 잘 나타난다. 16세기에 이들 집단은 나쁜 습관에 젖어 있었다. 그들은 소송을 벌이기 위해, 종탑을 개수하기 위해 빚을 졌다. 그리고 돈은 시행정관들의 여행 경비와 공동체의 '술값'으로 빠져나갔다. 30년 뒤, 인플레이션은 부채를 말소시켰고, 그러면 그들은 다시 시작했던 것이다.[66]

그러나 1615년 이후에는 이야기가 달라졌다. 공동체들은 계속 빚을 졌지만 시련의 시대가 도래했다.[67] 1617~20년부터 첫 번째 위기가 왔다. 이 시기에 인플레이션은 완전히 끝났다. 밀에 비해 화폐는 더 이상 주조되지 않았다. 그리고 가격은 심지어 일시적이나마 1590년대보다 더 낮아졌다. 이제 매년 부채 만기일은 농민들과 빚을 진 공동체에 하나의 시련이었다. 그들은 최악의 조건에서 빚을 갚아야 했다. 1617년 4월——나의 텍스트에 기록된 최초의 사례——1만 리브르의 빚에 허덕이던 농촌 마을인 도마장의 주민들은 빚에서 벗어나려고 마을에서 생산되는 농산물의 5분의 1을 7년 동안 최고가 제안자에게 팔기로 결정했다. 빚을 갚으려고 추가로 십일조의 두 배를 처분하는 것이다! 하지만 슬프게도 '다른 방법은 없었다'. 그들은 4주 동안 일요일마다 경매를 열고, 열두 차례 '촛불 끄기'를 한 끝에 한 구매자를 발견했다. '농산물의 5분의 1'에 그들에게 필요한 1만 리브르를 제공하기로 한 발라디에가 바로 그

66) Segui, 1933, 117쪽과 여러 곳; PV, 1614년 11월.
67) 루이 13세 시대의 이 같은 부채 문제에 대해서는 An. 38을 보라.

사람이었다.

같은 해인 1618~20년, 님 지방 전체가 천문학적인 부채에 허덕였다. 생-질은 이자율 16분의 1로 빌린 5만 2,960리브르를 빚지고 있었다. 어처구니없는 소송에 휘말려 행정관들을 툴루즈까지, 파리까지 파견한 작은 마을 퀴조는 샤르트뢰 가문, 이사드 마님, 로슈모르의 타베르니에 등 모든 사람에게 빚을 졌다. 빚에서 벗어나려고 퀴조 마을은 주민들이 최근에 건조시켜 경작지로 만든 연못을 님의 부르주아인 브룅 카스타네에게 팔았다. 10년 동안의 투자와 '개간'의 결실이 악성 채무 때문에 날아간 것이다.

1633년과 그 이후, 두 번째 채무 위기가 시작되었다. 원인은 페스트로 인한 공동체의 대규모 차입과 1634년과 39년 사이에 매우 두드러졌던 가격 디플레이션이었다. 빚에 시달리던 본당 사목구들은 빚을 얻었고, 특히 독촉이 심한 빚을 갚으려고 양, 소, 밀가루, 기름, 포도수확 등에 세금을 부과했다. 그러나 1630년대에는 돈이 귀했기 때문에 고리대금의 사례가 늘어났다. 채권자들은 불법적으로 이자율을 6.25퍼센트에서 9퍼센트로 인상했다. 그리고 그들은 불법성을 은폐하기 위해 대출원금의 액수를 지워버렸다. 예컨대 1638년 로크브륑에서 몇몇 대규모 채권자들이 취한 행동이 그러했는데, 그들 가운데에는 그 지역의 사제인 장 사바티에도 끼어 있었다.

1645년에 공동체 사회는 채무를 변제하기 위해 마침내 땅을 처분했다. 이제 최악의 채무 위기가 멀지 않았다. 그것은 1655년의 가격 붕괴와 더불어 찾아오는데, 이 때문에 일체의 채무가 늘어나게 된다.

*

'순이익'의 승리

1600~50년에는 농민들에게서 선취하는 커다란 징수원이 네 가지였다. 중농주의자들은 이것을 '순이익' 또는 총 '임대료'(rente)라고 불렀

는데 지대, 십일조, 세금, 채권이 바로 그것이다. 오랫동안 박대를 받아온 십일조는 마침내 1560년 이전의 통상적인 수준을 회복했다. 나머지 세 징수원은 이전 세기의 성과 이상으로 급상승했다. 전체적으로 네 가지는 절대적으로 상승했을 뿐만 아니라 마비 상태에 빠진 생산에 비해서도 상대적으로 상승했다는 사실이 더욱 심각했다. 지주계급을 부양하는 데 바쳐지는 순이익이 총생산보다 훨씬 빠르게 늘어난 것이다. 지배층이 생산자들을 이긴 것이다.

이런 상황을 놓고, 17세기 전반에 영주의 반동이 있었다고 말할 수 있을까? 이 용어는 시사적이긴 하지만 부적절하다. 왜냐하면 영주의 전형적인 수입은 이 기간에 전혀 늘지 않았기 때문이다.[68] 그것은 언제나 형편없었다. 베지에 참사회원들의 3만 리브르가 넘는 수입 회계 가운데, 내 계산으로는 1퍼센트 정도(수백 리브르)만이 현금과 현물로 지급되는 사용권, 영내 재산취득세(모든 것이 참사회에 지대를 내는 차지인에게 임대되었기 때문에)에서 나왔다. 그것은 정말 미미한 것이었다. 그리고 '사용권'은 진정한 수입원이라기보다는 거의 민속적인 성격을 지닌 과거의 유물이었다. 토지에 만족하지 못한 부르주아들은 이 시기에도 영주권을 사들임으로써 구시대적인 위세욕에 굴복하고 말았다. 그들은 이런 점에서 '자기들의 역사와 동시대적이지' 않았다.[69]

앙리 4세 시대부터 증가하기 시작한 농민들의 부담은, 심리적으로는 살아 있었지만 경제적으로는 빈사 상태에 빠져 있던 영주권이라는 제도와는 관계가 없었다. 그리고 그것은 귀족이나 영주 특권층 같은 특정 카스트의 행동과도 관계가 없었다. 그것은 좀더 광범위하고, 복잡하고, 총

---

68) 이 주제에 대해서는 An. 39를 보라. 또한 지적할 것은 랑그도크의 신분회는 영주들의 주장에 맞서, 특히 왕령지의 주장에 맞서 토지의 자유토지화와 "작위 없는 영주는 없다"(PV, 1567년 11월, 1579년 12월, 1631년 12월, 1638년 11월, 1645년 1월: '자유토지'franc-alleu권을 지지하는 신분회의 심의)라는 원칙을 강력하게 수호했다는 점이다.

69) R. Aron.

체적인 현상이었다. 그것은 토지시장(지대)과 현금시장(이자)이 관련된 경제적인 기원, 정치적인 기원(권력의 조세 탐욕증), 심지어는 정신적인 기원(십일조를 납부하려는 더욱 강한 성향)을 가지고 있다. 게다가 그 같은 선취는 토지세 납부자이든 자유토지 보유자——랑그도크에서 이들의 수는 매우 많았다——이든 가리지 않고 농민들을 짓눌렀다. 그리고 귀족들이 이 같은 추가 잉여 가치의 큰 부분을 차지한 것은 그들이 영주였기 때문이기도 하지만 그것은 매우 부차적이었다. 그것은 무엇보다도 그들이 지주였기 때문이며, 그리하여 지대의 기쁨을 맛보았기 때문이다. 또는 그들이 교회, 국가 또는 궁정의 자리로 진출하여 십일조나 세금의 일부를 나누어 받았기 때문이다.

농촌에서 징수한 것들의 주인은 귀족이나 영주 카스트로 국한되지 않았다. 그들은 토지 재산을 소유한 사람, 현금 자본을 가지고 있는 사람, 국가의 관직 · 조세 징수권 · 연금 등을 받는 사람, 교회의 여러 가지 성직록을 받는 사람이었다. 이들은 케네가 말한 지주계급인데, 더 나은 용어가 없으니, 임대 수입자 계급이라고 부를 수 있을 것이다. 이 '계급'에 속한 사람들이 모두 기생적이었던 것은 아니다. 결코 그렇지 않다. 그들 가운데 많은 사람은 '관직 보유자들,' 성직자들, 식자(識者)들로서 사회에 유익한 기능과 일을 하는 사람들이었다. 그들이 없으면 행정도, 재판도, 지적 문화도 가능하지 않았을 것이다. 그러나 여러 가지 징수권을 누리고 있던 그들은 모두 생계를 '버는' 모종의 방식을 공유하고 있었다.

물론 그들은 자신들이 직접 노동을 하여 살아가지 않았으며, 엄격한 의미의 임금으로 살아가지 않았다. 또한 그들은 농경 수입의 형태이건 산업이나 상업 이익의 형태이건, 경영 수입을 올리는 사람이 아니었다. 그들은 임대료(이 단어의 정확한 의미, 즉 토지를 빌려주거나 현금을 빌려주고 받는 임대료)나 권력형 징수(십일조나 세금처럼 생산에 대한 '경제 외적' 징수)로 살아갔다. 그리고 이러한 모든 형태의 수입——자본 임대료나 권력 임대료——은 그 세기의 첫 번째 경기 국면에서 푸짐한 혜택을 보았다. 이렇게 온갖 종류의 임대료, 즉 '순이익'이 늘어난 것은 총생산이 혼수상태에 빠진 것, 임금이 제자리걸음을 하고 있던 것, 농업 경영 이익이 하락한 것 등과 대조를 이룬다.

농민들의 시련

전체적인 도표의 윤곽은 상당히 뚜렷하다. 우선, 어떤 의미에서 16세기는 —1650년 내지 1660년까지— 생산은 한계에 도달했고, 그런 상황에서 인구 증가와 상속지 분할은 빈곤화로 떨어지는 오랜 추세를 가속시켰다. 16세기에 이 같은 빈곤화의 가장 큰 희생자는 날품팔이농이었다. 이들의 조그만 경작지와 임금은 동시에 사라져버렸다. 그러면 이들 날품팔이농들은 물질적으로 더 낮아질 수 있었을까? 어쨌든 17세기부터 그들의 실질임금은 더 이상 쪼개지지 않고 안정되었다. 그리고 1600년 이후에는 농촌 사회의 또 다른 계급이 늘어난 징수의 부담을 짊어졌는데, 이제까지는 여기에서 면제되어 있던 농민들이 바로 그들이다. 물론 부르주아에 가까운 대규모 경작농들이 있었으며, 이들은 불쌍한 사람들이 아니었다. 이 '대농'들은 지주-경작자로서 지대를 받았을 뿐만 아니라 이익도 올렸다. 한쪽의 증가는 다른 한쪽의 퇴조를 보상해주었다. 그리고 세금 공제 이후에도 그들에게는 상당한 양의 순수입이 남아 있었다.

그러나 다수의 소농들이 처한 상황은 위태로웠다. 비록 지주라 하더라도, 한 가족의 독립적이고 완전한 생계가 겨우 가능할 정도의 조그만 땅을 소유하고 있을 뿐인 사람들은 모두 그러했다. 루이 13세나 마자랭 시대에 이 서민들은 '최소한의 독립'을 보장해주는 임계점 아래로 내려갔다.[70] 왜냐하면 그들의 생산성은 거의 또는 전혀 향상되지 않았기 때문이다. 토지 분할은 그들을 갉아먹었다. 그리고 새로 끼어든 요소로서, 각종 부담들(십일조, 타유세, 염세, 채무 할부 변제)이 과다하게 늘어났

---

70) Baehrel, 1961.

다. 농민들의 회계장부가 없기 때문에 이 현상을 계량화하기는 어렵다. 그렇지만 합리적으로 추산해보면 이러한 부담이 계속하여 증가해 1650년경에는 16세기 말에 비해 12퍼센트에 달했다(총수입을 100으로 볼 때). 타유세는 총생산의 6.2퍼센트에서 13퍼센트로, 즉 6.8퍼센트 늘어났다. 이제는 충실하게 납부된 십일조는 3.5퍼센트에서 관습적인 비율인 7퍼센트로 올랐으니 3.5퍼센트 늘어난 셈이다. 염세의 상승과 채무의 무거워진 할부 변제로 몇 '퍼센트' 정도의 추가 상승이 발생했다. 마자랭 시대에 이같이 늘어난 부담의 총계는 총생산의 25퍼센트 이상을 차지했다.

이러한 상황에서 1500년과 1600년 사이에는 한 가족을 부양하는 데 충분했을 수많은 조각 땅들이 1650년경에는 더 이상 그렇지 못했다. 왜냐하면 그들의 총생산에는 과거보다 더 많은 부담이 있었고, 잘려나갔기 때문이다. 이들 조각 땅에 대한 권리 소지자들이 모두 비참한 나락으로 떨어진 것은 아니지만, 그러나 그들은 독립을 보장해주는 최저 수준 아래로 떨어졌다. 그래서 그들은 자기들의 원래 재산 외에 추가 수입원을 찾아나서야 했다.

그러나 이렇게 말하는 사람도 있을 것이다. 농민은, 비록 위기에 처한 경작자 집단에 있다고는 해도, 쟁기와 역축을 가지고 있다, 따라서 그는 자기의 작은 땅을 경작하면서도 차지농으로서 다른 사람의 대농장을 경작할 수 있다(실제로 루이 13세 시대의 많은 대규모 차지농은 동시에 소지주였다), 성문법과 물적 타유세가 시행되던 이 공평한 지방에서 차지농은 법적으로는(실제로는 늘 그렇지는 않았더라도) 지주가 부담해야 했던 무거워진 타유세와 십일조를 면제받았을 것이다라고 말이다.

이것은 카리브디스에게서 벗어나 스킬라에게 붙들리는 셈이다. 왜냐하면 새로운 차지농은 세금과 십일조 징수를 면제받은 대신 많은 경우 두 배 이상 늘어난 지대를 물어야 했기 때문이다. 17세기에 순수 경작자는 소유권이 탐욕스럽다는 사실을, 전에는 농업 경영자들의 왕도였고 사회적 상승의 왕도였던 차지 경영이 이제는 어느 쪽으로건 모두 고생스러운 길이라는 사실을 알아차렸다. 이 같은 인식이 그들에게 두렵지 않은 것은 아니었다.

루이 13세 시대의 농민들의 처지는 힘들었다. 자기의 땅을 가진 사람들은 세금과 십일조 징수인들에게 시달렸으며, 그렇지 않은 사람들은 토지 주인, 특히 채권자들에게 시달렸다. 이렇게 늘어난 부담 때문에 그들은 운신의 폭이 좁아졌다. 조금만 삐끗해도 넘어질 판이었다.

16세기의 노동자들의 빈곤화 이후, 그다음 세기는 농민들의 시련기였다. 그들 가운데 많은 사람은 체념했다. 어떤 사람들은 들고일어나 저항했다. 그들의 반란은 더 광범위한 움직임으로 통합되었다. 의식화(意識化)의 문제가 또다시 제기된다.

제5장 봉기

17세기 초의 반란에 대한 연구는, 다시 한 번, 오크어를 말하는 넓은 지역의 경계, 즉 원래의 랑그도크 지방과 필요하다면 주위의, 특히 북부와 서부의 인접 지역의 경계를 분명히 해준다. 사실 반란 지역을 지방 경계선 안으로 엄격히 국한하는 것은 불가능하다. 염세에 대한 투쟁이 다양하게 전개되는 동안(1630~60) 아쟁, 툴루즈, 카르카손, 몽펠리에가 취한 반응은 서로 증명해준다. 그리고 1640년대의 사회 불안은 루에르그의 크로캉들과 랑그도크의 도시 민주주의를 동시에 움직이게 했다.

민중의 행동은 1560~80년대의 대대적인 움직임 이후 변했다. 당시 정면 공격 끝에 문제가 되었던 것은──세금뿐 아니라──십일조, 이따금은 지대, 더 자주는 영주제였다. 몇몇 단편적인 사실은 '계몽 사상'이 결여되어 있기는 하지만, 89년*을 미리 보여주는 것이었다. 통합 이데올로기인 종교개혁은 칼뱅파 장인과 식자층 농민──장 드 랑시르 같은 사람──이 함께 십일조에 대항해서 투쟁하도록 했다. 1600년 이후에는 더 이상 그런 일이 없었다. 귀족과 성직자의 신분 사회, 땅주인과 채권자의 지배, 다양한 형태의 지대, 십일조, 토지세 등은 존중되었다. 이 경우, 가톨릭의 부활은 사회적 지혜를 배달하는 기능을 했다. 이제는 농민들의 네 가지 부담 가운데 오직 한 가지만 심한 반발에 부딪혔다. 그것은 타유세와 염세 같은 조세였다.

* 프랑스 혁명이 일어난 1789년.

민중들의 투쟁이 이같이 하나의 방향성을 잡은 것은 우선, 리슐리외 시대부터 세금이 일방적으로, 총생산에 비해 매우 빠른 속도로 늘어난 것으로 설명할 수 있다. 이에 덧붙여 가스통 도를레앙*에서 피에르 푸자드**에 이르기까지 지속되는 몇 가지 상수(常數)가 있다. 세금에 대한 투쟁은 예나 지금이나 정치적인 성찰의 과장된 노력이 없이도 귀족에서 민중에 이르는 사회 집단이, 때로는 혼란 속에서 하나가 될 수 있도록 해주었다. 프롱드 난 이전의 봉기에서 세금에 대한 강박관념의 상승은 전략적 간소화와 보조를 맞추어 진행되었다. 이 문제에 관해서는 같은 지역(케르시-페리고르)에서 일어난 두 사건, 즉 1594년의 크로캉들의 목표와 1624~41년의 '신(新)크로캉들'의 목표를 비교하는 것보다 더 교훈적인 것이 없다. 1594년의 크로캉들은 신성동맹, 십일조, 지대, 토지세, 타유세, 고리대금업, 높은 상업 이익, 포도재배농들의 낮은 임금 등 모든 전선에서 경험에만 의존하여 싸움을 벌였으며, 행동은 유연하고 완만했다.[1] 그러나 30년 뒤 그들의 후계자들은 군사적으로는 공격적이었지만 정치적으로는 제한적인 전투를 벌였다. 그것은 "타유세도 없고 염세도 거두지 않는 국왕 만세!"라는 순진한 외침으로 요약된다.[2] 이를 두고 정치의식의 후퇴 또는 둔화라고 말할 수 있을까?

30년간 지속된 사회적 평화의 막간(幕間)이 지난 후, 반(反)조세 반란이 랑그도크에서는 1632년에 대영주들과 주교들의 지휘 하에 시작되었

---

* Gaston d'Orléans(1608~60): 앙리 4세의 아들이요 루이 13세의 동생으로, 리슐리외와 마자랭을 상대로 끝없이 음모를 꾸몄으나 성공하지 못했다.

** Pierre Poujade(1920~): 1953년, '프랑스 상인과 수공업자 수호 동맹'을 결성하여 정부의 경제적·조세적 통제에 저항하는 운동(일명 푸자디스트 운동)을 벌였다. 푸자디스트 운동은 경제 구조의 변화로 위협을 느낀 중소 상인들과 수공업자들의 두려움을 반영한다.

1) 이 책, 제2권, 127쪽.

2) 그렇지만 1636년, 생통주의 크로캉들의 몇몇 판결과 결정은 십일조와 영주권을 공격했다(Porchnev, 1963, 68, 69쪽에 인용된 텍스트). 일반적으로 남서부에서 일어난 새로운 반란의 근본 성격이 반조세적이라는 사실에 대해서는 베르세(Bercé)의 책(근간)을 보라.

다. 조세에 대해 분격했던 시골 귀족들이 이 운동을 지지했다. 왜냐하면 물적 타유세 제도가 시행되던 이 지방의 귀족들은 한창 늘어나고 있는 지대의 일부를 징세관들이 토지대장에 근거하여 회수해감으로써 자기들의 이익이 줄어드는 것에 불만이 많았기 때문이다. 많은 귀족은 자기들의 농촌 재산에 대한 세금을 내지 않으려 했다. 그들은 법대로 집행하려는 타유세 집달관들을 구타하거나 학살했다. 그들은 자기들의 세금을 마을의 농민들에게 전가시켰다. 많은 경우 재판권을 가진 영주들이었던 이 귀족들을 상대할 만한 힘이 없었던 징세관들은 그들 대신 감옥에 가기도 했다. 게다가 이 '강력한 인사'들은 지방 신분회에서, 세금을 할당하는 교구의 조세위원회에서 영향력 있는 사람들이었다. 의회 기구는 유력자들의 조세 사기를 종종 눈감아주었다.[3)]

그런데 1629년, 리슐리외는 랑그도크 신분회와 조세위원회, 즉 지방 유지들에게서 할당권을 빼앗아 그것을 엘뤼*라는 특별 공무원들에게 부여했다. 귀족들과 유지들은 망연자실했다. 특히 교구 조세위원회 의장인 주교들, 그리고 그들과 함께 교구 내 세금 할당 과정에서 항상 고위 성직자들의 특혜를 받아온 주교 도시들의 놀라움은 더욱 컸다. 유지들, 주교들, 도시들은――또한 세금은 증오하지만 자기의 제후는 사랑하는 서민들도―― '엘뤼' 칙령에 공식적으로 저항했던 몽모랑시와 가스통의 행동에 동조했다. 몽모랑시가 실패해서 참수(斬首)됐지만 유지들의 로비가 최종적으로는 상당히 유리하게 작용했음을 사람들은 알았을까? 1632년 타유세는 두 배로 올랐으나 엘뤼 제도는 폐지되었다. 어느 정도 만족한 지방 귀족들은 조세 사기는 아닐지라도 적어도 공개적인 반조세 반란만큼은 포기했다.[4)]

---

3) 귀족들이나 성직자들의 이 같은 조세 거부에 대해서는 PV, 1591년 2월, 1607년 11월, 1637년 11월; ADH, B 36, 3-9-1638, f° 598 v°; PV, 1638년 11월, 1645년 1월, 1647년 4월, 1654년 12월; HGB, 1881, 13-4-1655, f° 296; PV, 1655년 11월. '강력한 인사들'에 대해서는 PV, 1669년 11월과 1680년 11월.

* élu: 조세 징수를 위해 선출된(élu) 사람, 즉 징세관을 말함.

이 운동은 재개되지만 귀족들은 동참하지 않았다. 그것은 농민들의 지지와 특히 도시 장인들과 소매상들의 주도 하에 전개되었지만 도시민들은 1560년대처럼 칼뱅주의의 물결에 휩쓸리지 않았다. 그들은 권력기관의 관리들을 대상으로 한 동업조합의 투쟁에 익숙해 있었다. 그리고 그들은 루이 13세 시대부터 '노동조합'을 결성하고, 파업을 하고, 필요한 경우에는 포도재배자들과 평원 지방의 농민들에게 호소했다.[5] 이 장인들은 문맹이 아니었다. 이미 1635년부터 몽펠리에의 장인들은 소렐, 가르니에, 테오필 같은 사람의 책뿐만 아니라 연애소설과 신앙 서적을 읽었다. 그들은 잘 무장되어 있었다. 1630년대에 그들의 방에는 다른 것은 없어도 창, 칼 그리고 화승총은 가득했다. 다니엘 보시에라는 재단사는 1645년 몽펠리에의 민중 봉기에서 활약한 가난하지만 교양있고 전투적인 장인의 전형이었다.[6]

1645년의 반란은 농촌 사람들의 적극적인 지지 하에 도시에서 일어난 반란이었다. 그것의 기원에는 빵이 귀하던 1640년대의 잠재적인 불만, 토지 포기(1643), 그리고 님, 바-랑그도크, 세벤 지방[7]에서 감지되기 시작한 모직물 산업의 침체와 위기가 깔려 있었다. 마지막으로 서민들은 화폐 문제로 괴로움을 겪었다(피카르디와 아미앵 지역에서도 그

---

4) Devic, éd. 1872~92; 특히 Gachon, 1887, 제2권, 제2장.

5) 장인들과 그들의 '장색'(匠色)들이 조직을 하고 때로는 폭동을 일으키는 성향에 대해서는 ACM, Montpellier, Joffre, 기록 421, 22-5-1634(나사 무두질 장색들이 임금 문제로 파업); 같은 자료, 기록 390(『인쇄된 재산 목록』의 제7권에 언급), 푸주한들(5-12-1622)과 빵집 주인들(21-2-1637)의 '독점'과 파업; AC Narbonne, BB, 10-7-1640, 12-9-1641, 동산 콩푸아에 대한 장인들의 노동조합; ACM, VII, 390(인용된 기록), 12-8-1650, '최하층민들,' 농민들의 노동조합, 그리고 포도주가 몽펠리에로 자유롭게 반입되도록 하기 위한 술집 주인들의 노동조합; 같은 자료, 28-4-1651, 생선장수들의 폭동.

6) ADH, II E, 57(코르니에 공증인 사무실, 문서뭉치 453, 23-5-1638, 보시에 재산 목록).

7) 이 산업에 대해서는 Boissonnade, 1909; 위기에 대해서는 Porchnev, 1963, 248쪽에 인용된 세기에의 편지; Deyon, 1963(피카르디의 도표)과 비교하라.

랬듯이). 1643년, 두불화가 동화(銅貨)로 평가절하됨으로써 가난한 납세자들은 저축의 절반을 상실했고, 그리하여 세금을 낼 수 없게 되자[8] 그만큼 더 징세관이나 염세리에게 알레르기 반응을 보였던 것이다.

몽펠리에에서 국왕 즉위세 징수 임무를 맡은 징세관과 '징세 청부인들'의 무례한 요구는 그 여파로 1645년 6월, 아이들 또는 청소년들의 싸움을 불렀고, 그들의 어머니들, 주부들, 하녀들도 이들의 뒤를 따랐다. 키가 크고 표정이 단호한 여인 브랑라이르처럼 흥분한 이들 호랑이 같은 여자들은 자기 아이의 입에서 빵을 앗아가는 징세 청부인들을 없애버리거나 죽여버려야 한다고 선언했다. 거짓 소문과 격정적인 공포에 마비되어 이들은 감정을 통제하지 못했다. 1645년 몽펠리에에서도 어린아이 유괴에 대한 공포와 관련된 것으로 여겨지는 '유언비어'(이러한 '유언비어'는 1627년의 루에르그 폭동과 1670년 비바레 폭동에 불을 붙였다)가 나돌았다. "징세관들은 아이들에게도 세금을 매기려 한다", 보조적으로 징세관은 "하인들과 하녀들의 급료"에도 세금을 매기려 한다.[9]

여자들의 행동은 장인들, 재단사들, 기와공들의 지지를 받았다. 그후 일제 사격을 받고 피투성이가 된 채 죽은 한 노인의 모습에 충격을 받은 민중이 무대에 등장했다. 길거리를 행진한 노인의 시체는 행인들에게 '카이사르의 셔츠만큼이나 큰 효과'를 냈다. 폭도들에게 또한 자극제가 되었던 것은 유지와 지방 행정기구——지사를 제외하고——가 중립을 지킨 것이었다. 이들은 민중을 두려워했고, 군대도 없었지만, 무엇보다도 마자랭과 징세 청부인들을 싫어했던 것이다. 국왕 대관(代官)이었던 숑베르는 반란에 가담한 여자들의 비위를 맞추었다(그러나 힘있는 자리에 올라가서는 여자들을 교수형에 처한다).

1645년 몽펠리에의 봉기가 완전 진압될 때까지 한동안이나마 성공을

8) Spooner, 1956, 204쪽; Degarne, 1962; Porchnev, 1963, 247쪽; AD Aveyron, ET 64, "파리, 즉 오랑주 공이 새겨진 두불화의 저하"에 대한 수많은 불만.

9) 이 주제에 대해서는 Coquelle, 1908에 나온 문헌들을 보라.

거둔 것은 농민들의 따뜻한 지원을 사방에서 받았기 때문이 아닐까? 반란이 한창 진행 중일 때 신중을 기하기 위해 복면을 한 신원 미상의 사람들이 인접 마을에서 몰려와, 반란을 일으킨 장인들에게 무장병력 지원을 제안했다. 그리고 연대기 작가는 덧붙였다. "유랑민들과 이웃 마을의 농민들이 민중 속으로 스며들었다." 7월 14일, 인근 마을에서 온 사람들이 반도들에게 정보를 제공해주었다. "조심하시오, 노르망디 부대가 오고 있습니다." 평원 지방 어디에서나 연대가 이루어진 것이다.[10]

사실 이 반란은 기다란 사슬을 이어주는 하나의 고리에 불과하다. 1645년 몽펠리에 주부들 또는 성질 나쁜 여자들은 발랑스의 동료들을 보고 자극을 받았다. 1644년 깃털 모자를 쓴 발랑스의 여인들은 한 여자 대장을 앞세우고 징세 청부업자인 모네에게 반대하는 시위를 벌였다. 모네는 남편들이 재산세를 납부하지 않으면 부인들이 풀을 뜯어먹게 하겠다고 협박했던 사람이었다. 거기에 노한 여자들은 그를 '이제르 강에서 허우적거리게' 만들기로 결심했다. 그런데 사실 죽어서 발가벗겨진 채 강물에 떠내려간 것은 모네가 아니라 다른 의원의 시체였다.

몽펠리에인들만 그런 것이 아니었다. 1645년, 망드의 여인들은 '등가'의 징수 청부인들을 상대로 들고일어섰다. 1646년의 베지에 폭동, 특히 도시의 위기(1645~51)는 랑그도크 전역을 반란의 소용돌이 속으로 몰아넣었다. 농민들, 포도재배자들 또는 직조공들이 밀집한 마을(클레르몽, 지냐크)에서는 더 큰 도시(나르본, 베지에)를 본받아 '장인들 또는 기능공들'이 주도하는 일종의 민중당이 권력을 장악하려고 했다. '민중의 수뇌들'은 도시 유지들의 '정치위원회'를 '전체 인민 의회'로 대체하려 했다. 유지들의 권력기관인 시의회는 야유를 당했다. 나르본의 시

10) 몽펠리에의 반란에 대해서는 d'Aigrefeuille, éd. 1885, II, 129~138쪽(그 지역 연대기 작가들의 18세기에 대한 기술); Mousnier, 1958, 105쪽; Porchnev, 1963, 242~260쪽(레닌그라드와 파리에 보관된 세기에의 편지 덕분에 중요한 사실이 확인되었다); Coquelle, 1908에 나온 문헌들; Pégat, 1870; Germain, 1859; Devic, 1872~92, XIII, 235쪽.

민들은 그들을 '걸레' 취급했다. 그들은 그들*이 "욕을 볼 것"이라고 말했으며, 조롱할 목적으로 시청 회의실에 있는 "계산대에다가 오줌을 쌌다." 지냐크——이 책에서 종종 언급된 발 데로의 커다란 농촌 마을——에서 있었던 1645~46년의 선거는 그때까지 마을을 평화롭게 이끌어오던 그 지방의 소규모 과두집단인 '18인 부르주아 위원회'를 위험에 빠뜨렸다.

도시의 갈등과 병행해서, 정부의 소금 가격 인상으로 야기된 반(反)염세 투쟁은 1635년에서 53년 사이에 남부 프랑스에서 절정에 달했다. 1635년, 아쟁의 여인들은 염세리들을 학살했다. 1636년, 포르테의 농민들은 미늘창, 칼, 곤봉 등으로 무장한 다음 툴루즈로 달려가 염세서 직원들을 공격했다. 1648, 1650, 1651년, 나르본 주변에서는 새로운 폭동이 일어나 소금 수송 마차를 습격하고 염세리들을 살해했다. 마지막으로 카르카손 교구에서도 타유세와 염세가 오랫동안 연속적으로 거센 반발에 부딪힌다. 1640년대에 반타유세 노동조합이 교구 조세위원회 의장인 주교를 상대로 결성되었다. 반도들은 성직자 옷을 입힌 그의 허수아비를 참수시켰다. 10년 뒤(1658), 바로 이 교구에서는 소금 밀거래를 조사하기 위해 방문한 국왕 자문위원 레냐크에 대한 폭동이 일어났다. 반도들은 외쳤다. "순시도 하지 않고 염세도 걷지 않는 국왕 만세!" 그들은 염세리들이 인구조사를 통해 은근히 인두세를 도입했다고 비난했다.[11)]

빵과 세금

이 같은 반란 이상으로 우리의 관심을 끄는 것은 반란자들 자신이다. 이들은 관목 지대와 도시 외곽의 익명성 그리고 누구에 관한 것인지 모르는 형집행 조서에 묻힌 채 거의 그 모습을 드러내지 않는다. 그러나

---

* 유지들.

11) 1635년에서 56년 사이에 랑그도크 지방에서, 더 넓게는 오크언어권에서 일어난 일련의 반란에 대해서는 An. 46을 보라.

이제까지 거의 알려지지 않은 한 중요 자료가 그들의 비참함, 그들의 좌절, 그들의 동기 등을 보여준다.[12)]

크로캉의 해였던 1643년 4월. 랑그도크의 경계에 위치한 루에르그 산간 지역에서 국왕 자문위원인 피에르 드 몰리느리가 조사에 착수했다. 그는 10여 개의 본당 사목구를 다니면서 날품팔이꾼, 농민들, 직조공들, 행정관들에게 질문을 던졌다. 이 증인들은 모두 문맹이었다. 몰리느리는 우연히 루에르그 지방의 완전 문맹에 접한 것인데, 이는 그 시기에도 놀라운 사실로서 이 지방에는 학교 시설이 전혀 갖추어지지 않았음을 고발하는 것이었다. 오직 사제들과 공증인들만 서명할 줄 알았다.

최초의 증언은 한결같았다. 3~4년 전부터 홍수, 소나기, '물난리', 특히 우박이 계속되는 바람에 수확을 망쳤다. 1642년에도 "주민들은 우박 피해로 아무것도 수확하지 못했다." 사비냐크의 공증인 장 가리베르, 특히 마르시엘의 공증인 앙투안 투르나미르는 훨씬 구체적이었다. 그들은 1640, 1641, 1642(세 차례), 1643년('이틀 동안')의 우박 피해를 기록해두었다. 어쨌든 1642년에는 파종할 종자도 거두지 못했다. 이는 마르시엘의 부르주아인 가스파르 이살라가 네 쌍의 소를 가지고 경작한 자신의 반타작 소작지를 언급하면서 한 말인데, 다른 사람들의 말도 같았다.[13)] 우박 문제는 차치하더라도, 우리가 여기서 알 수 있는 것은 루에르그의 척박함이다. 사실 이곳은 구체제 시대에 저주받은 땅 가운데 한 곳이었다.

빵이 부족했다. 돈, 항구, 도로 사정이 좋아 어려움이 덜했던 평원 지

---

12) AD Aveyron, ET 64(Trézières 자료집), 20-4-1643과 이후의 자료들: 국왕 자문위원이며, 라 테리에르 몬시뇰의 대리인이며, 기옌의 지사인 피에르 드 몰리느리의 조사. 내가 이 텍스트를 알고 열람할 수 있었던 것은 자크 부스케 덕분이다(Bousquet, 1961, 25~96쪽에도 몇몇 발췌문이 있다). 루에르그의 반란에 대해서는 Cabrol, 1860, vol. II의 자료를 보라; Degarne, 1962; Mousnier, 1958; Porchnev, 1963.

13) "1642년에는 파종할 종자도 충분히 거두지 못한"(AD Aveyron, ET 64) 반타작 소작지에서.

방에서는 밀 가격이 두 배 오른 데 반해, 이곳에서는 밀 가격이 평년에 비해 4~5배 올랐다. 사비냐크의 신부에 따르면 밀 가격은 3년 만에 스티에당 50수에서 8리브르*로 올랐다. 이는 곡물시세표도 확인해주는 사실이다.[14)]

주민들은 "배가 고팠다." 그들은 몇몇 귀족이나 '부유한 사람들'이 자선을 베풀지 않으면 일주일에 두세 번만 빵을 먹을 수 있을 정도였다. 라 카펠 본당 사목구의 생-조르주 부락에서는 "일부 주민들이 아무것도 먹지 못한 채 2주일을 지냈다." 라 바스티드-카프드나크의 농민인 앙투안 카를은 간단하게 말했다. "대부분의 주민들은 배가 고프다. 그들은 절망적이다. 그들은 땅을 경작할 수 없어서 버렸으며, 가족을 부양할 수 없어서 가족이 죽어가는 모습을 지켜봐야만 했다."

그러면? 빵을 사려고 가축을 판다? 그것은 불가능한 일이었다고, 생-드니의 사제인 기베르그는 조사관에게 대답했다. "본당 신도들은 빵을 사려고 가축을 파는 수밖에 다른 방법이 없었지만, 불행하게도 그해(1642)에 전염병이 돌아 본당 사목구 내의 크고 작은 가축들을 모두 휩쓸어갔다. 이에 주민들은 살아남기 위해 가구들을 내다 팔아야 할 지경이었으니, 세금을 낸다는 것은 생각할 수도 없었다." 그리고 마르시엘의 사제인 메줄은 이 문제에 대해 자기의 영지를 예로 들어 이야기했다.[15)] 모든 증인은 '시장을 황폐하고 쓸모없게 만든 가축들의 죽음'을 고발했다.[16)]

---

* 160수.

14) 앞의 자료; 낮은 지방(랑그도크)의 상인들이 1643년 12월에 앙구무아와 생통주에서 밀을 대량으로 구매한 것에 대해서는 Porchnev, 1963, 67쪽.

15) "그는 세 쌍의 소가 경작하는 반타작 소작지를 가지고 있다. 〔……〕 그는 3년 전부터 우박 때문에 거의 수확을 하지 못했다. 그는 그 땅을 파종하는 데 필요한 밀을 사려고 자기 재산을 저당잡히지 않을 수 없었다. 〔……〕 게다가 가축들이 죽는 바람에 그는 두 마리의 유각(有角)동물과 많은 암양을 잃었다"(같은 자료).

16) 사비냐크 신부의 증언(같은 자료).

또 다른 상처로, 라 바스티드-카프드나크의 행정관인 라카사뉴는 과도한 조세 부담을 고발했다. "세금과 연체에 짓눌린 주민들은 모든 재산을 팔았으며, [……] 오늘날에는 일주일에 두세 번 빵을 먹는 정도로 만족한다." 생-이제의 무식쟁이 농민 롤랑 쿠데르도 같은 말을 했다. "주민들은 집 안에 있는 가장 좋은 가구, 심지어는 침대까지도 팔아서 세금을 내야 할 형편이었다." 무식쟁이 농민 앙투안 카를에 따르면 "연체된 세금을 납부하지도 못하고, 굶주린 배를 이겨내지도 못한 본당 신도들은 땅을 버리고 경작을 포기한 채 부끄럽게 빵을 구걸하기 위해 다른 고장으로 떠나지 않을 수 없었다."[17] 그러므로 빵이 없는 식생활, 침대를 포함한 모든 가구의 매각, 땅과 고향 등지기…… 이는 과도한 타유세가 초래한 결과였다. 그리고 세금 뒤에는, '매우 높은 세금'을 내야 했던 메줄 신부가 말하듯이 '징세 청부인과 징세관'이 있었다. 사람들은 이들을 비난했던 것이다.

타유세와 더불어 지대 또한 지나치게 무거웠는데, 이는 재해(災害)가 닥쳤을 때 잘 드러난다. 10여 개의 텍스트 가운데 하나를 인용해보자. 한 공증인에 따르면 라 카펠에서는 "반타작 소작지의 3분의 2가 임대료를 내렸다." 대규모 차지농조차 무거운 지대를 감당하기 어려웠다. "캘뤼스의 부르주아인 샤르통은 가스파르 반타작 소작지의 임대료를 완전히 면제받았다."

그 때문에 늘어난 것은 빚과 저당뿐이었다. 재해로 망한 메줄 신부는 "파종할 밀을 사기 위해 자기 재산을 저당잡히지 않을 수 없었다." 연쇄 도산과 실업. 라 카펠의 무식한 교구 재산 관리인 피에르 마유비옹에 따르면 "빵 살 돈이 없거나 경작할 게 없는 사람들은 집을 버려둔 채 빵을 구걸하러 다녀야 했다." 1643년의 이 굶주린 산간 지대 사람들에게 가장 비극적인 일은 문자 그대로 빵 한 조각을 사기 위해 가구를 파는 것

17) 라 카펠의 교구 재산 관리인(문맹)인 피에르 코스트는 "지나치게 무거운 세금"이라고 말했다; "주민들은 자기들의 정직한 재산을 포기했다. 지나치게 무거운 세금 때문에 수익성이 없었기 때문이다"(사비냐크 신부의 증언, 앞의 자료).

다. 이것은 많은 사람이 채택한 루에르그의 전통적인 해결 방안이었다.

네 번째 해결책이 있었다. 그것은 몰리느리를 불러들인 것으로, 반란을 일으키는 것, 다시 말해 크로캉이 되는 것이었다.

*

몰리느리의 조사 목적은 분명했다. 몰리느리는 루에르그의 크로캉들을 진압하고 교수형에 처할 목적으로 라 테리에르 지사가 '파견'한 사람이었다. 그는 농민들에게 호의적이지 않은 사람이었다. 그는 농민들의 비참함을 굳이 슬프게 묘사해서 동정심을 유발하려 하지 않았다. 단지 정확한 상황을 라 테리에르에게 전하려 했을 뿐이다.

상황은 심각했다. 왜냐하면 1643년부터 절망의 나락으로 떨어진 루에르그 마을들의 크로캉들이 시위를 벌였기 때문이다. 1643년 6월, 횃불을 들고 북을 쳐대면서 그들 1,300명이 떼를 지어 빌프랑슈-드-루에르그로 들어갔다. 그들의 우두머리는 장인이었다. 외과의사인 프티, 벽돌공 겸 술집 주인인 브라(일명 라파유), 마구 제조인 라푸르크.

어떤 예언적인 '영기'가 그들의 이름에서 느껴진다. 왜냐하면 사람들은 1643년에 그들에 대해 노스트라다무스풍의 시구를 지어냈기 때문이다.

작은 자(프티)가 큰 자를 올라타리
금 지푸라기(라파유)와 날카로운 포크(라푸르크)는
흡혈귀를 말려 죽이리.

본능적으로 크로캉들은 타유세를 1618년 수준으로 되돌릴 것과 리슐리외의 '세금 쥐어짜기'를 폐지할 것을 요구했다. 그러니까 세금 도표가 물가 곡선을 뒤따를 뿐 결코 추월하지 않던 과거의 세제로 돌아가자는 것이었다. 이 같은 '온건한' 제안 뒤에는 한층 '전복적인' 열망이 도사리고 있었다. 빌프랑슈-드-루에르그에서는 이미 1627년의 반란(소금 소매상인들에 대한) 때부터 "천민들과 폭도들은 재산의 주인이 바뀌어야 한다고 떠들어댔다."[21] 그러나 1643년에 프티, 라파유, 라푸르크는 시위 도중 세금 이외의 다른 것은 비판하지 않았다. 그들은 다른 형태의 농민 부담──지대, 십일조, 고리대금, 토지세 등──에 대해서는 문제 삼지 않도록 조심했다.

이같이 순수하게 반조세적인 목표를 설정하자, 세금 때문에 어려움을 겪기는 마찬가지였던 유지들도 처음에는 호의적이거나 최소한 중립적인 태도를 취했다. 젊은 귀족 가운데에는 크로캉이라는 농민들의 무리에 가담하는 사람들도 있었다. 그리고 당국은 빌프랑슈의 '관리들'이 크로캉들을 은밀히 돕고 있다고 비난했다.

그러나 패배하자, 크로캉들은 상류계급의 적개심 속에서 홀로 죽어갔다. 프티와 라파유를 체포한 다음 사형 집행자에게 넘겨서 산 채로 찢어 죽이게 만든 사람들은 노아유 백작이 동원한 루에르그의 귀족들이었다. 1643년 10월, 결정적으로 타격을 준 사람들은 마을 재판관과 성당 참사회원 같은 빌프랑슈의 부르주아들과 '선량한 주민들'이었다. "그들은 퓌에크 드 프나베르의 포도밭에서 계란 오믈렛을 먹고 있던 한 무리의 비참한 크로캉들을 덮쳤다." 그들이 이 반도들을 패퇴시킴으로써 반란은 대단원의 막을 내렸다. 1643년 10월, 교수형을 당한 크로캉들의 명단을 보면 그들은 날품팔이꾼, 직조공, 제화공, 마구 제조공, 소모직공 등 모두 서민 출신의 주동자들이었다. 교수형을 당한 사람들 가운데 귀족이나 부르주아는 한 사람도 없었다.

*

루에르그의 크로캉들이 겪은 비극은 리슐리외와 마자랭 시대에 남부

---

21) Cabrol, 1860, vol. II, 1627년의 주.

프랑스에서 일어난 민중 봉기를 이해하는 데 중요한 사례를 제공한다. 루에르그의 농민들은 그들의 이웃인 랑그도크의 농민들과 동일한 운명이었다. 그들도 17세기 중엽의 모순 속에서 살았다. 그들은 아직도 역동적인 인구 증가와 맬서스적인 경제 사이의 차이 때문에 발생한 빈곤을 견뎌야 했다. 그들은 지대의 황금시대에 온갖 종류의 과다한 세금에 시달렸다. 십일조를 잘 내던 아베롱의 선량한 가톨릭교도들에게 굶주림이 조세에 대한 일방적인 반감으로 변형되는 것은 어려운 일이 아니었다.

*

그러나 프롱드 난 이전에 남부에서 일어난 반란들을 단순히 곡물과 조세 사건으로만 축소시키는 것은 그것의 의미를 빈약하게 만드는 것이 아닐까? 인간은 빵의 부족 또는 징세관의 징수로만 고통당하는 것이 아니다. 전혀 다른 차원의 좌절과 격정이 있으며, 민중의 폭력에 있어서 이것의 역할은 때로는 무서울 정도의 구속력을 지닌 것처럼 보인다. 때때로 이 숨은 용수철들은 가시적으로 드러난다. 나는 이 문제와 관련해서, 론 강 유역의 자크리와 로망의 사육제(1580)에 풍부하게 나타난 상징적 의미를 보여주려고 시도한 적이 있다. 반세기 후, 오크어 문화권에서 일어난 아쟁의 봉기(1635)는 이 같은 생각을 뒷받침해주는 일련의 특징적인 사례들을 제공해주기 때문에 특별히 연구해볼 가치가 있다.

의식(儀式)적인 절단

1635년 6월 17일 아쟁에서 반(反)염세리 폭동이 일어났다(보르도에서 봉기를 일으킨 사람들과 연대하여). 이 지방의 봉기는 시작부터 격정적이었는데, 이는 무언가를 드러내준다. 이에 대한 확실하고 일관된 텍스트들은 세밀한 분석을 가능하게 해준다.[22]

---

22) 중요 텍스트: "1635년 염세 때문에 아쟁에서 일어난 민중 봉기", 아쟁의 부르

아쟁의 폭동으로 희생된 첫 번째 사람은 경찰력을 대표하는 상벨 부대의 사수(射手)인 티샨이었다. 흥분한 아쟁의 아낙네들은 그가 뱃사공들을 죽이려고 했다(뱃사공들이 국왕 군대를 보르도로 수송하기를 거절했다는 이유로)고 비난했다. 티샨은 단칼에 죽임을 당했다. "사람들은 그의 손을 자른 다음, 밤이 되자 그의 발을 끈에 매달아 길거리로 끌고 다니다가 가론 강에 던져버렸다."

포도주 배달부가 주도한 '민중의 봉기'는 거기서 그치지 않았다. 그들은 장거리 행군을 하던 중에 '미늘창'으로 에스팔을 가격했는데, 그는 '심하게 괴로워하다가' 죽어 넘어졌다. 그리고 그들은 "별것도 아닌 것이 거드름 피운다"는 이유로 코두앵이라는 거만한 사람을 때려 죽였다. 그들은 그의 주머니에서 200피스톨을 빼앗은 다음, 양말 대님으로 그의 다리를 묶어 시체를 끌고 다니다가, 역시 가론 강에 내던졌다. "사람들이 그를 길거리로 끌고 다닐 때 그에게 몽둥이질, 발길질을 하지 않는 아낙이 한 사람도 없었다." 같은 날이나 다음날, 평원 지방의 농민들은 에스팔의 반타작 소작지 한곳과 코두앵의 반타작 소작지 세 곳을 불태웠다. 그런 다음 그들은 "지면에 닿을 정도로 나지막한 담을 세웠다."

성당 참사회원인 기욤 뒤 페리에도 "염세리를 죽여라!" 하고 외치면서 달려드는 아낙네들에게 쫓겨다녔다. 그는 담을 타고 성밖으로 뛰어내리다가 엉덩이뼈가 부러지기도 했다. 거기서 그는 수많은 농민들에게서 낫도끼질과 매질을 당한 뒤 죽었다. 마다양의 두 농민은 각각 그의 손 하나와 발 하나를 떼어내 '장대 양쪽 끝에'(갈퀴 끝에) 매달았다. "그의 몸 가운데 축성하는 오른쪽(오른팔)만을 제외하고 나머지는 개의 먹이로 주었다"(요컨대 반半신성모독적인 이 반도들은 '세례를 받은 살'[23]

주아인 말베스가 작성한 필사본은 마쟁(A. Magen)이 1854~55년에 출판했다. 말베스의 텍스트는 정부나 일반 여론에 알리려는 목적으로 작성되지 않은, 일지에서 나온 것이다. 이 텍스트의 내용은 『행정관들의 일기』에서도 확인되는데 마쟁은 이 자료도 많이 인용하고 있다. 말베스와 아쟁의 반란에 대해서는 Porchnev, 1963, 166쪽 이하 참조.

은 먹이로 주었지만 '축복을 베푸는 살'만은 예외로 했던 것이다). 기욤의 뼈는 3일 동안 매장되지 못한 채 그냥 버려져 있었다. 그런 다음, 사람들은 참사회원이 죽은 바로 그 장소에 그의 뼈를 묻었다.

뒤 페리에의 불행은, 말베스에 따르면, 그의 '장난과 조롱'에서 비롯된 것이었다. "지난 3월, 그는 자기의 땅을 갈기 위해 날품팔이꾼을 몇 고용했다. 그는 그들에게 하루 6수씩 지급했다. 그들이 일을 끝내자 그는 그들을 놀리며 말했다. 친구들이여, 여러분이 하루에 버는 6수 가운데 여러분 각자의 염세로 1수씩 떼겠소 하고 말이다. 그들 각각에게 임금으로 얼마를 지급했든 조롱의 대가는 그보다 컸다."[24]

같은 날(1636년 6월 17일), 어떤 집 지붕으로 도망갔던 변호사 기욤 뒤 모르와 그의 아들도 '반도들'에게 죽임을 당했다. 프티라는 이름의 한 여관 주인의 아내는 "얼마나 비인간적이었던지 그들의 죽음에 만족하지 못하고, 뒤 모르의 아들의 눈을 파서 수건에 싼 다음 집에 가져갔다." 후일 여론은 뒤 모르의 딸들이 범한 나쁜 행실을 아버지의 비극적인 죽음이 불러일으킨 충격 때문으로 설명했다.

같은 날인 6월 17일, 부(副)세네샬의 보좌관인 믈로가 클레르몽 마을의 농민들에게 죽임을 당했다. 그의 돈을 갈취했고, 그의 몸은 "완전히 발가벗겨져 도랑에 버려졌다." 통 제조업자인 토마와 소브베르도 살해당했는데, 한 사람은 염세리였고, 다른 한 사람은 세금 징수인이었다.

또 다른 유지인 라세르를 죽이는 것이 불가능해지자, 반도들은 그의 곳간에 불을 지르고 그의 마차와 수레를 아쟁의 광장으로 끌어내 불태웠다. 그들은 사륜마차의 말들을 산 채로 불태우려고까지 했다! 그러나 수비대들이 반대했다. 그래도 반도들은 말 한 마리를 죽였으며, 다른 한 마리에도 큰 상처를 입혔다.[25]

---

23) 1379년 몽펠리에 반도들의 표현(이 책, 제1권, 123쪽).

24) 말베스의 텍스트는 포르슈네프(Porchnev, 1963, 170쪽)의 인용과 일치하지 않는다. 성당 참사회원의 일꾼들이 처벌한 것, 그것은 실제적인 도둑질이 아니라 그들이 보기에 모욕적이고 악의적인 말〔言〕이었다.

이 같은 기이한 행동들은 또 다른 화재와 약탈을 동반했는데, 그것들은 매우 교묘하게 진행되었고, 정도가 점점 심해졌다. 어떤 염세리의 집은 약탈당했지만 "공공연하게 이루어지지도 않았고 불에 타지도 않았다." 어떤 집은 "공공연하게 약탈이 이루어졌지만 불에 타지는 않았다", 어떤 집은 불에 탔다. 1629년의 페스트 이후 아주 유명해진 카푸친회 수도원 인근의 집들은 모두 '조용히 약탈당했다.' 같은 무렵, 이웃 마을의 농민 120명 내지 140명이 아쟁으로 몰려왔다.

중대한 순간이 찾아왔다. 1635년 6월 18일, 일단의 반도들이 간밤에 살해된 참사회원의 동생인 니콜라 뒤 페리에의 집을 약탈했다. 니콜라도 칼과 화승총에 맞아 죽었다. "한 남자와 두 여자가 그의 목에 끈을 묶어 가론 강에 내던졌다. 그중 한 여자는 얼마나 야만적인지 그의 ……[26]를 잘라 그것을 개에게 먹이로 던져줬다."[27] 뒤 페리에의 잘린 몸은 가론 강에서 다른 희생자들의 몸과 만났다.

6월 18일 오전 9시에서 10시경의 상황은 말로 표현할 수 없을 정도로 끔찍했다. 무언가를 해야 했다. 사람들의 정신과 마음을 진정시키고 가라앉히기 위해 유지들과 부주교들이 나서서 종교 행렬을 조직했다. 거기에다가 카푸친회 수도자들과 존경받는 은자(隱者)들의 성체 현시와 설교가 이어졌다. 봉기자들은 한술 더 떴다. 그들은 질서, 경건한 정의

25) 나는 다른 곳에서도 '압제자'의 말[馬]에 대한 반도들의 상징적인 공격의 사례를 발견했다. "앙브르에서 십일조 징수인이 어떤 사람의 곡식단을 가져가려 하자 가혹행위를 당했다; 밤에 십일조를 수송하는 말의 꼬리와 귀가 잘려나갔다"(AD Tarn, G 267, 8-8-1669). 일반적으로 모욕을 주는 역할이건 모욕을 받는 역할이건, 무시무시한 학대와 반도들의 상징적인 시위에 참여한 동물들은 우연히 선택된 것이 아니다. 그들은 가축들(소, 양)이 아니라 인간과 가장 가까운 동물인 개와 말이다. 이 동물들은 인간의 사랑을 받는 동물들이다(이는, 우리가 대상으로 삼고 있는 시대에서, 정상적인 시기라면 식용에 대한 엄격한 터부로 나타난다).

26) 빅토리아식의 말없음표는 말베스가 사용한 지나치게 노골적인 단어에 질겁한 1855년의 편집자 마쟁이 넣은 것으로 보인다.

27) Magen, 1854~55, 217쪽과 논문의 마지막에 인용된 말베스.

(앞으로 보겠지만, 이것은 그들이 벌인 죽음의 의식에서 한가운데에 위치한다)에 대한 의지를 보여주기 위해 칼, 현수포(懸垂布), 현장(懸章), 지휘봉을 가진 아쟁의 늙은 행정관을 우두머리로 삼았다(그의 뜻과는 상관없이). 그리고 그들은 생-테티엔의 지성소 앞에 경건하게 무릎 꿇었다. 그들은 죽은 염세리들은 거세했지만, 가톨릭 교회는 경배했던 것이다.

두 번 더 그들은 의식(儀式)적이고 본능적인 보복을 했다. 그들은 집달관 한 명과 공증인 한 명을 죽였다. 둘의 시체는 일부가 절단된 채 다리가 묶여 길거리로 끌려다닌 다음, 성벽 위에서 내던져졌다. 언제나처럼 도랑 주변에 몰려 있던 농민들이 이어서 시체를 강에 내던졌다.

어쩔 수 없이 진압이 시작될 것이었다. 진압이 반란보다 더 유혈적이지는 않았다(한 번만으로는 관례가 될 수 없다).[28] 가장 끔찍한 살인과 절단에 대해서는 최종적이고 가장 무거운 형벌이 내려졌다. 니콜라 뒤 페리에의 시체를 거세한 뒤 성기를 개에게 던져준 앙투아네트 아르페유, 일명 '라 누아르'*는 자기 아들과 함께 교수형에 처해졌다. 비록 이 소년은 약탈에 가담하는 정도였고, 아쟁의 반란에서 약탈에 가담한 다른 사람들은 벌을 받지 않았는데도 말이다. 그러므로 이 소년이 형벌을 받은 것은 잔인한 어머니의 아들이었기 때문이다. 가족 살해(뒤 페리에 형제의 살해와 그들의 시체에 대한 모독)에 대한 보복으로 어머니와 아들에 대한 가족 형벌이 가해진 것이다. 이는 구체제 시대의 방데타**였다.

*

로망의 사육제가 그랬듯이, 아쟁의 반란도 경제적이라는 전형적인 동

---

28) 6명이 교수형에 처해졌는데 농민 1명, 뱃사공 2명, 포도주 배달부 1명, 여자 1명 그리고 그녀의 아들.

* 검은 여자라는 의미.

** 특히 코르시카에서 행해진 집안간의 복수.

기를 넘어섰다. 그것은 무시무시한 학대의 상징적인 언어 속에 어렴풋이 표현되어 있는 더욱 은밀하고 모호한 동기를 품고 있었다. 문제의 인물은 장인, 날품팔이꾼, 농민같이 광분한 사람들이나, 거세 취향을 가진 드센 여자들이었는데, 사실 이러한 여자들은 민중 봉기 시에 자주 나타났다(아쟁의 '라 누아르' 외에도 몽펠리에의 '라 브랑라이르', 발랑스의 '여자 대장'이 있다).

아쟁은 로망을 능가한 듯하다. 1580년의 로망 사람들은 재앙의 춤을 추는 데 그쳤지만, 아쟁 사람들은 염세리들에게 온갖 매질과 미늘창질을 해댔던 것이다.

이 반도들은 살해자였다. 더 정확히 말하면 복수하는 사람 또는 응징하는 사람이었다. 그들이 체계적으로 고문을 가한 것은 아니었다. 그들의 가장 가혹한 폭력은 시체에 대한 것이었다. 바로 이 점에서 그들의 폭력은 마치 로망에서의 퍼레이드처럼 상징적인 성격을 지녔다. 그리고 그것이 역사인류학적 해석의 대상이 된 것도 그런 이유에서다.

아쟁에서의 이러한 복수는 의식(儀式)적인 것이었다고, 절단 행위들은 제의적인 것이었다고, 그리고 그것들은 진정한 코드에 따라 전개되었다고 말하면 사람들은 놀랄지도 모른다. 그러나 그것은 사실이었다. 그리고 몇몇 오래된 텍스트는 우리에게 그 코드의 열쇠를 제공해준다. 중요한 것이기 때문에 나중에도 인용하겠지만, 그중 하나를 보자. 그 텍스트는 1635년에 일어난 아쟁의 사건과 많은 점에서 아주 닮은 1379년의 몽펠리에 폭동과 관련된 것이다. 텍스트에 따르면[29] "반도들은 국왕 관리들을 죽여서 〔……〕 그들의 시체를 끈으로 묶어 거리를 끌고 다녔다. 마치 그들이 재판관의 판결을 받기나 한 것처럼 말이다. 이보다 가증스럽고 믿을 수 없는 사실은 이들이 철침으로 시체를 연 다음, 마치 잔인한 짐승들처럼 세례받은 살을 먹었거나 그것을 짐승들의 먹이로 던

29) 앙주 공작이 몽펠리에에서 내린 판결(d'Aigrefeuille, éd. 1885, I, 265쪽에 인용).

져주었다는 점이다."

반도들이 시체를 끈에 매달아 거리로 끌고 다닌 것은 헛된 조롱의 몸짓이 아니었다. 그것은 자기들이 바로 정의라는 사실을 분명히 밝혀두기 위함이었다. 그것은 그 장면과 그후에 이어진 신성모독적인 식인 행위가 옳은 일임을 보증하기 위함이었다. 게다가 우리가 알기에, 랑그도크에서 처벌받은 사람들을 길거리로 끌고 다니는——얼굴을 길바닥으로 향하게 해서——관습은 17세기 말까지 계속되었다.[30)]

이러한 패러디가 사법적인 패러디임은 분명하다. 그러나 그렇다고 해서 문제의 그 행동이 내포하고 있는 비정상적인 이탈적 성격이 설명되는 것은 아니다. 앞에서 보았듯이, 이러한 행동은 몇몇 주제를 중심으로 조직되는데, 주제들은 의미심장한 방식으로 조합되며, 매우 오랜 역사를 통해서 흥미롭게도 규칙적으로 나타난다.

주제들의 첫 번째 조합은 적을 죽이기, 째기, 끈에 매달아 길거리로 끌고 다니기 그리고 마지막으로 시체의 전부 또는 일부를 개의 먹이로 주기다. 1635년 아쟁 사람들의 행동, 1379년 몽펠리에 사람들의 행동이 바로 그러했다. 또한 그것은, 간단히 말해, 헥토르의 시신에 대해 아킬레우스와 동료들이 가한 행동이었다. 죽인 다음, 째고, 발에 끈을 묶어 평원으로 끌고 다니다가, 마지막에는——『일리아스』의 22, 23, 24편에 끊임없이 반복되는 무수히 많은 시구들——개의 먹이로 던진다. "포식한 개들은 벗은 너의 몸을 모조리 먹어치우리."[31)] 이렇게 개의 먹이가

30) 다시 이교에 빠진 프로테스탄트들에 대해서는 Lavisse, 1911, VIII, I, 370쪽에 인용된 텍스트를 보라.

31) 특히 『일리아스』, XXII, 시구 335, 336, 338~343, 345~354, 371, 395~400, 508~510; XXIII, 시구 20~22, 182~184; XXIV, 시구 15~18, 209~215, 406~409, 411, 415~420. 적의 시체를 발에 끈을 묶어 끄는 관습에 대해서는 호메로스의 텍스트들(G. Devereux가 나에게 처음으로 이에 대해 알려주었다) 외에도 마종(Mazon)의 『일리아스』 번역판, IV, 89쪽, 주 1)에 있는 칼리마코스*와 아리스토텔레스의 텍스트를 보라.

* 기원전 5세기 말 아테네의 조각가.

된 헥토르의 시신을 신이라고 해서 쉽게 지켜줄 수 있는 것은 아니었다.

아쟁의 반도들이 신성모독적인 행위와 더불어 연출한 짐승들의 식인 의식에 담겨 있는 의미——"분노와 가슴"[32]에서 태어나 무의식에서 솟아오른——는 무엇일까? 아쟁의 자료들은 순전히 기술적인 것이지 해석적인 것이 아니다. 그러나 1380년 몽펠리에에 관한 텍스트는 좀더 명시적이다. 그것은 분명한 동치(同値)와 치환을 제시한다. 그 텍스트에 따르면 사람은 짐승에게 사람을 먹게 하거나, 이는 결국 같은 것이지만, 사람 자신이 짐승처럼, 인간에 대해 늑대처럼 행동할 수 있다. "그들은 세례받은 살을 야생동물처럼 먹거나 그것을 짐승들에게 주었다." 죽어가는 헥토르에게 아킬레우스가 아주 노골적으로 확인해준 고래(古來)의 동치요 고래의 치환이다. "네가 내게 한 짓을 생각하면, 내 분노와 내 가슴이 이끄는 대로 너를 산 채로 먹어치울 것이노라. 마찬가지로 어느 누구도 개가 너의 머리를 뜯어먹는 것을 막지 못할 것이노라. 〔……〕 개들이, 새들이 너를 모조리 먹어치우리."[33] 헤카베*는 자기의 슬픔을 달리 표현하지 않았다. "운명(헥토르의)이 그러했으니 〔……〕 그의 부모에게서 멀리 떨어져 있는 한 영웅의 집에서 재빠른 개들로 하여금 실컷 먹도록 할 것이다. 나는 아름다운 이빨로 그의 간을 먹어치우리."[34] 17세기의 랑그도크에서도 방법은 다르지만 그 같은 치환의 가능성이 느껴진다. 1672년, 몽펠리에에서 레냐크라는 귀족이 자기 하녀의 네 살배기 아들을 사탄에게 제물로 바쳤다. 그는 방금 목졸려 죽은 아이의 간과 함께 개의 간을 악마에게 바쳤다.[35]

이제 아쟁의 반란에서 확인된 또 다른 폭력적인 주제인 거세의 주제

---

32) 『일리아스』, XXII, 시구 345~354.

33) 같은 책.

* 헥토르의 어머니.

34) 『일리아스』, XXIV, 시구 209~215.

35) Bost, 1912, I, 60쪽에 인용된 캉볼리브(Cambolive), 『여러 사건들의 ……역사』(*Histoire de plusieurs événements*…); Locke, éd. 1953, 58쪽.

로 넘어가자. 이것은 앞에서 분석한 주제와 여러 면에서 분명히 관계가 있다.[36] 거세——대체로 분노한 여자가 저지르는——는 전형적인 주제다. 이브 마리 베르세는 17세기 이탈리아에서 일어난 반조세 반란에서도 그와 동일한 형태를 발견했다고 나에게 말해주었다. 그리고 졸라도 그의 소설 『제르미날』에서 실제 사건을 근거로 하여 그 주제를 전개시켰다.[37]

그렇지만 아쟁에서 한 염세리의 시체에 가해진 상징적인 거세 행위도 마치 의식(儀式)적인 질서 속에 굳어버린 것 같은 먼 옛날의 행동을 살펴보게 만든다. 묶인 몸, 잘려서 개에게 던져진 성기, 그것을 먹어치우는 개, 마지막으로 몸을 깨끗이 씻는 정화 의식. 이것은 1635년에 말베스가 기록한 것이다. 그러나 이것은 또한 『오디세이아』 22편의 목동 멜란티오스의 죽음과 똑같다.[38] 아쟁의 분노한 여인들, 억센 여인들이 호메로스의 작품을 읽었을 리 없다. 그러나 그녀들이 시간의 장벽을 없애고, 사라진 영웅들의 무훈을 되찾는 데는 자기들의 본능이 이끄는 대로 행동하는 것으로 충분했다.

프롱드 난 이전에 오크어 사용 지방에서 일어난 반란들은 이 같은 주제의 반복과 깊은 의미 때문에 매력적이다. 반란은 실제 결과에서는 결정적이지 못했다. 반란은 그들이 내건 목표를 달성하지 못했고 그들이 조직한 연합은 와해되었다. 진압, 교수형, 사기 저하 등이 반란자들을 해체시켰다. 한때 주춤했던 조세 기구는 재가동되었다. 이자, 십일조, 지대 같은 여타의 징수들도 잠시 흔들렸으나 곧바로 평화로운 행진을 재개했다. 지대의 황금시대는 계속되었다.

---

36) 가장 두드러진 절단과 식인의 희생자는 뒤 페리에 형제였다. 그리고 앙투아네트 아르페유가 니콜라 뒤 페리에에게 가한 거세는 정확히 개의 식인 장면으로 끝난다.

37) Zola, *Germinal*, V, 6. 일반적인 거세 환각(남자들에게는 거세 공포, 여자들에게는 '페니스 질투')에 대해서는 Freud, éd. 1936a, 170~173쪽.

38) 『오디세이아』, XXII, 시구 182~207, 474~485.

거기에 종지부를 찍으려면 반란이나 일련의 반란들이 아닌 다른 것이 필요했다. 루이 14세 시대에 시작된 대규모 디플레이션이 필요했던 것이다.

제 5 부 역류

가격과 연대(年代)

1653~54년, 베지에의 곡물시세표에 따르면 수확 당해연도의 밀 가격은 스티에당 10리브르 6수로서 그 세기 중 최고가를 기록했다. 그후 그것은 콜베르주의의 최저점까지, 폐지*의 늪까지 회복될 수 없을 정도로 추락했다.

이렇게 1654년에서 90년까지 나타나는 명목 가격의 B국면**은 이탈리아에서와 마찬가지로, 프랑스 북부나 유럽의 북부에서보다 일찍 나타났다. 정확을 기하기 위해 물가가 알려진 몇몇 시장을 인용해보면, 실제로 밀라노는 엑스와 베지에보다, 베지에는 파리보다, 파리는 단치히보다 일찍 디플레이션을 겪었던 것으로 보인다. 남부에서 북부로, 지중해에 있는 통화의 진앙지에서 멀리 발트 해 지역으로 파급된 것인가? 연대가 말해준다. 가격의 하락은 밀라노에서는 1637년부터, 베지에에서는 1654년에, 파리와 보베에서는 1662년에, 단치히에서는 1663년에 시작되었다.[1)]

수확의 대조도 이러한 연대상의 차이를 설명해줄 수 있을 것이다. B국면이 파리에서 나타나기 시작한 것은 1650년대부터였던 듯하다. 그

---

* Révocation: 1685년 낭트 칙령의 폐지.

** 가격 하락 국면. 가격 상승 국면은 A국면이라고 한다.

1) Meuvret, 1953; Baehrel, 1961; Gr. 12; Baulant, Meuvret, 1962; Goubert, 1960; Pelc, 1937, 13, 14쪽, 도표.

러나 그 현상은 곧바로 사라져버렸다. 왜냐하면 1661~62년의 기근으로 곡선들은 다시 올라가기 시작하여,[2] 1년 동안 밀의 가격은 세기 최고가라는 절망적인 수준을 유지했기 때문이다. 루이 14세는 수도에서 로마인, 페르시아인, 터키인, 아메리카인 등으로 분장하고 카루젤 광장에 모인 궁신들 속에서 화려한 즉위식을 거행할 수 있었다. 그러나 노르망디에서 블레주아, 불로네에서 아르덴에 이르는 모든 적색 지대에서는 가난한 사람들, 막일꾼들, 직조공들이 굶주린 배를 움켜쥔 채 대구 삶은 물에 적신 배추 속을 밀기울과 함께 먹었으며, "마르고, 쇠약하고, 의식을 잃은 채" 살아가거나 죽었다.[3]

남부 프랑스에서는 딴판이었다. 북부에서와는 달리, 이 메마른 지방에서는 비 피해도 깜부깃병 피해도 즉위식이 열리던 해의 수확을 망쳐놓지 않았다. 심지어 기근의 해인 1662년에 랑그도크와 가스코뉴 같은 남부 프랑스가 보르도를 거쳐 노르망디인과 파리인에게 밀을 팔았다는 사실은 역설적이기조차 하다.[4] 베지에와 엑스의 시장에서는 1661~62년에 곡물 가격의 미미한 상승을 기록했을 뿐인데, 이는 프롱드 난이 일어났을 때 시장을 뒤흔들었던 상승과는 대조적이다.[5] 그리고 1660년대 초기의 이 사건은 베지에의 도표상에 나타난 경사를 (보베에서 꺾은 것처럼) 꺾지 못했다.

이어 랑그도크의 물가는 1664~65년에 약간 오름세를 보인다. 또한 비바레 지방에서 반란이 일어난 1669~70년에도 "수없이 많은 빈민들이 굶주렸다." 그러나 이렇게 약하게 솟아오르기는 했지만, 곡물 가격 곡선은 대체로 1673년까지 낮은 상태에 머물러 있었다.

바로 이것이 콜베르주의의 B국면이다. 그것의 원형은 다음과 같다.

---

2) Baulant, Meuvret, 1962.

3) Bondois, 1924; Meuvret, 1946.

4) 『보르도의 쥐라드의 고문서』(*Inventaire des archives de la Jurade de Bordeaux*), 제6권, 634, 635쪽.

5) Gr. 12; Baehrel, 1961.

물가는 낮고 '화폐의 기근'이 지배적이다. 수확은 대체로 좋지만(경제 활동 지수들은 그것을 보여준다) '판매'가 부실하니 썩고 상한다. 교역은 '이상하리만큼 단절'되어 있다. 땅은 세금과 경작 비용을 부담하기에도 역부족이다……. 1655년에서 74년까지 랑그도크 신분회는 줄기차게 이 주제에 대해 푸념했다. 10개의 텍스트 가운데, 나는 1673년 11월에 열린 지방의회의 의장 위제스 주교의 텍스트를 골랐다. "먹을 것은 풍부한데 〔……〕 어디를 가도 현금을 찾을 수 없다. 〔……〕 정말 가슴 아프도록 부족한 상황이다. 모든 식품이 상하는 것을 지켜보고만 있든지, 경작 비용을 상환하거나 버거운 세금을 내는 데에도 못 미치는 헐값에 팔아치우든지 해야 할 형편이다." 이렇게 위제스 주교만이 탄식한 것은 아니었다. "밀이 쌓여 있지만 나는 굶주림을 호소했다"라고 부르고뉴에서 세비녜 부인도 1673년에 기록했다. 그리고 같은 해 영국의 윌리엄 템플 경도 말했다. "밀 가격이 최근 몇 년 동안 얼마나 떨어졌는지 과거처럼 폴란드, 프로이센 그리고 북부 지역에서 곡물을 대량으로 수입하는 것이 어려워졌다."[6)]

그러므로 이것은 유럽의 비극이었다. 랑그도크나 부르고뉴 지방의 밀이 잘 팔리지 않은 것처럼 발트 해 지방의 곡물도 잘 팔리지 않았다. 그 세기 중반 이후에는 200년 전에 폴란드, 프로이센 공국, 무장 교단 기사들*의 리보니아에서 시작되었던 북유럽 곡물 수출의 대(大)사이클이 진

---

6) 랑그도크에서의 판매 부진에 대해서는 PV, 1655년 11월(현금 기근), 1656년 11월(식료품 소매 부족), 1662년 1월(현금 기근, 곡물 소매 부진, 이상하리만큼 단절된 교역), 1664년 12월(팔아서 현금화할 수 없기 때문에 지난번에 수확한 것이 상하고 있다; 또한 Devic, 1872~92, XIII, 462쪽 참조); PV, 1667년 12월(현금 기근), AC Marsillargues, BB 7, 29-7-1668("밀이 판매되지 않는다"); PV, 1669년 2월(교역 중단; 어떠한 식품도 판매되지 않는다); PV, 1669년 11월, 1673년 11월, 1675년 11월; 또한 Meuvret, 1964 참조; Sir W. Temple, éd. 1932, 149쪽.

* Chevaliers porte-glaive: 1202년 리보니아의 주교인 알버트 폰 북스회덴(Albert von Buxhövden)이 주변 지역의 이교도들의 위협에서 기독교인들을 보호하기 위해 만든 종교적 · 군사적 기사단. 리보니아를 정복했기 때문에 리보

정되며 일시적으로 떨어졌다.[7)]

국제적인 운명에는 국제적인 인과관계가 있다. 신분회에서 랑그도크의 주교들은 밀이나 포도주의 판매 부진을 바르바리아인들의 약탈로, 관세 징수 청부업자들이 상인들을 뜯어먹기 위해 론 강에 띄워놓은 범선 탓으로, 또는 랑그도크 지방이 보르도를 통해 북해 지역으로 수출하는 것을 불가능하게 만든 잉글랜드와 네덜란드 사이의 전쟁으로 설명했다. 이러한 이유들은 실제적이기는 하지만 우연적인 것이며, 일시적인 유발에 불과했다. 사실 1660년대의 가격 디플레이션은 한 지방이나 심지어는 한 국가의 테두리를 크게 넘어서는 근본적인 원인들이 있었다. 그중 하나가 수요의 감소인데, 이것은 아마도 인구 격감 때문인 것 같다. 에스파냐, 이탈리아, 프롱드 난 이후의 프랑스 북부의 인구 감소와 독일과 폴란드의 인구 감소(스웨덴과 그들의 연합군은 1635년과 65년 사이에 독일과 폴란드를 문자 그대로 죽여버렸음을 잊지 말자). 같은 맥락에서, 특히 잘 알려진 '화폐 기근' 때문에 지불 능력이 있는 수요가 줄어들었다. 이 같은 돈 가뭄 현상은 몇몇 의미심장한 사실에서 잘 나타났다. 예컨대 내가 확인한 바에 따르면 1674년, 생-나제르 성당 건축 공사장에서 일하던 베지에의 석공들은 지난 한 세기 이래 처음으로 더 이상 화폐가 아니라 밀, 호밀, 귀리로 임금을 받았다.[8)]

마지막으로 덜 알려졌지만 많은 연구에서 밝혀지기 시작한 사실로서, 수요는 위축되었지만 공급은 적어도 한동안은 유지되었으며 비탄력적이었음을 지적할 필요가 있다. 북부에는 잉글랜드와 브르타뉴의 밀이 공급되었는데, 그것은 풍년 햇볕 주기와 개간을 하여 경작지를 확보하려는 노력 때문에 촉진되었던 것 같다. 남부에는 이탈리아와 아키텐의 옥수수가 공급되었다. 그리고 우리 지역에는 1670년경까지 곡물과 십일조 납부 대상 생산물——포도주 제외——의 공급이 유지되었으며 심

니아 기사단이라고도 한다. 1237년에 튜턴 기사단에 합병되었다.

7) J. A. Faber, 1963의 도표; Jeannin, 1964와 Malowist, 1955, 138, 139쪽 참조.

8) ADH, G 178, f° 146, 26-4-1674.

지어는 증가하기도 했다.[9)]

국제적인 수요의 감소, 비탄력적인(심지어는 늘어나기도 한) 공급, 이것이 바로 가격 하락의 비밀이었을까? 이러한 것이 작용해서 콜베르 시대의 B국면이 일어난 것일까?

애초에 북부보다 일찍 시작되었던 남부 프랑스의 명목 가격의 B국면은 파리 분지보다 또다시 일찍 약해지면서 사라졌다. 이미 1678년과 1684년의 주기적인 물가 상승은 파리나 보베에서보다 베지에나 엑스에서 더 뚜렷하게 나타났다. 북부보다 경제 침체의 영향을 덜 받은 남부의 면역? 그럴듯한 가정이다. 그러나 거기에도 순전히 '주기적'이고 국지적인 이유들이 개입했다. 랑그도크와 프로방스에서 확인된 1680년대의 오름세는 건조성 기후에서 비롯된 곡물 부족이 원인이다. 더 습하고 신선한 북부의 수확은 햇볕 피해를 덜 받았던 것이다.

1690년부터는 도처에서 일대 전환이 일어났다. 베지에에서는 곡물의 명목 가격이 급상승하기 시작하여 1690~1700년부터는 프롱드 난 시기의 기록과 같아졌다. 그런 다음 1709~15년경과 1718년 이후에는 그것을 넘어섰다. 이것은 1944년에 장 뫼브레가 모든 '대서양 연안 지방'의 물가 자료에서 진단해낸 이래 널리 알려진 물가 상승이다. 나는 세기말에 가격이 급등한 곡물, 포도주, 올리브 기름 같은 남부 프랑스의 농업 생산에서도 그 같은 물가 상승이 뚜렷했음을 확인할 수 있었다.[10)]

유럽 전체의 물가 상승은 여러 가지 의미가 있다. 1690년대 10년 동안의 물가 상승은 혹한의 겨울, 춥고 비가 많이 내린 여름, 북유럽의 흉작 등에 기인한 것이다. 그러나 그것은 또한 '인플레이션의 자극을 받은' 것이었다. 프랑스와 잉글랜드에서는 전쟁이 일어났다. 정부는 재정과 물품을 비축 관리하고, 세금을 인상했으며, 그 결과 납세자들은 조세 부담을 맞추기 위해 판매 가격을 인상하지 않을 수 없었다. 특히 큰 나

9) 이 책, 제2권, 299~333쪽; Meuvret, 1964에 있는 모리노의 발언.
10) Meuvret, 1944.

라들은 재정 적자를 메우기 위해 돈을 빌리기도 했으나 최종적으로는 평가절하를 단행했다. 1690~1700년경 명목 가격표를 끌어올리는 데 기여했던 것은——아직은 그 효과가 크지 않았던 '브라질 금'의 유입보다는——바로 이 같은 인플레이션이었다.[11]

그러므로 그것은 건전치 못한 상승, 빈곤, 품귀 현상, 검은 시장의 상승이었다. 프랑스에서, 그것들은 치세 말기의 농경 재난과 동시에 나타났다. 그렇지만 이 같은 상승은, 일부 소수 분야에서는 '생산과 이익의 회로'에 다시 활기를 불어넣을 수 있었다. 이리하여 마치 '가위가 벌어지듯이' 차이가 두드러지거나 새로운 상쇄 현상이 나타났는데, 바로 이러한 점을 부각시킬 필요가 있다. 예컨대 1700년경 랑그도크에서 농업은 붕괴했지만, 나사 산업은 발전했다. 그리고 경작지는 황무지로 버려졌던 반면, 직물을 싣고 마르세유를 떠나 지중해 동부로 향하는 선박은 점점 더 많아졌다.[12]

명목 가격 곡선들은 세기말에 이르러 경사에 굴절이 생기는 등 다양한 양상을 지니며 아주 대조적인 모습을 보여준다. 그러나 금속 가격*으로 본 양상은 전혀 딴판이다. 그것은 거의 세기적인 한 단위를 이루며 우울한 침체의 모습을 띤다. 만일 베지에 곡물 시장의 명목 가격을 금 가격이나 은 가격으로 환산하면, 1650년에서 1730년까지 완만하게 내려가는 곡선, 평평하거나 경사진 곡선을 얻는다. 1690년과 1710년의 급상승으로 주름이 잡히기는 하지만, 꺾이지 않는 곡선이다.[13] 이것은 80년이라는 장기적인 하락으로, 화폐의 기근이나 경제의 수축 또는 두 현상의 결합을 의미할 것이다.

따라서 연대상의 차이가 있다. 명목 가격의 B국면은 비교적 짧아서 거의 재상 콜베르의 시대와 일치한다. 반대로 금속 가격의 B국면은 더

---

11) Meuvret, 1964.

12) 이 책, 제2권, 490~493쪽.

* prix métalliques: 순은의 중량(g)으로 계산된 가격.

13) Gr. 12.

늦게까지 지속된다. 그것은 푸케*에서 플뢰리**에 이르는 기간을 모두 포함한다. 명목 가격과 금속 가격이라는 두 표시 체계는 서로 일치하지 않는다. 후자의 이름으로 전자를 거부해야 할까? 명목주의에 의거하여 실제주의를 거부해야 할까?

사실 이러한 대립은 극복해야 한다. 그러나 진정한 극복은 은의 무게를 리브르 투르누아로 끝없이 환산하거나 절대적인 계량화의 단조로움을 비(非)화폐경제의 역설로 환원시키는 비생산적인 논쟁이 아니라, 구체적인 것을 향해 나아감으로써 이루어져야 한다. 가격 도표의 모호한 풍경을 넘어서, 이제 십일조에서 출발하여 지배적인 곡선들, 무엇인가를 밝혀주는 곡선들을 살펴보아야 한다. 생산 곡선; 총수입 곡선, 처음에는 명목 수입 곡선, 그다음에는 (밀로 환산된) 실질 수입 곡선.

우리는 이러한 경제활동 지수들에서 인구 상황으로, 그다음에는 분배 스펙트럼 분석으로 건너갈 것이다.

따라서 우리는 명목 가격이든 금속 가격이든 그것들의 곡선 너머를 보게 될 것이다. 이렇게 함으로써 우리는 그것들을 더 잘 이해할 수 있을 것이고, 그것들을 경제적 · 사회적 맥락 속에 놓을 수 있을 것이다. 그리고 우리는 그것들을, 말하자면, 투명하게 관찰할 수 있을 것이다.

---

* Nicolas Fouquet(1615~80): 프롱드 난 이후의 재정 정책을 총괄했던 인물.

** André Hercule de Fleury(1653~1743): 균형 예산과 화폐 안정, 콜베르주의를 추구했던 정치인.

제1장 총생산의 부침

포도주

생산. 최초의 징후들: 포도밭.

1670년경 다게소 지사는 자기가 관할하고 있는 랑그도크의 포도재배 상황을 점검해보았다.[1] 그는 몇몇 자본주의적 실현에 찬사를 보냈다(직물 상인 집안 출신의 베지에의 포도재배자인 에스파냐크 집안 사람들의 집에는 1만 헥토리터를 저장할 수 있는 대형 지하 저장고가 있었다). 그는 멀리 떨어져 있는——그렇게 먼 것은 아니지만——시장들에 대해 기술했다. 바-랑그도크의 포도주는 바다를 통해 이탈리아(로마와 제노바)로 수출되었다. 프랑스 남동부로는 론 강을 통해 마르세유, 그르노블, 주네브, 리옹으로 수출되었다. 술을 많이 마시는 중앙 산악 지대의 가장자리, 즉 비바레, 제보당, 특히 망드(술꾼들의 도시)로는 노새몰이꾼들이 술을 운반했다. 이 같은 교역은 잉글랜드, 네덜란드, 발트해 등으로 수출되던 대서양 연안의 프랑스 포도주와 비교해보면 전체적으로 지방성을 벗어나지 못했던 것 같다. 당시 국경 너머까지 알려진 남부의 유일한 포도주는 프롱티냥의 사향포도주였다. 다게소는 "그것의 명성은 유럽 전역으로 퍼졌다"고 썼다.

다게소에 따르면 제한된 지평, 나의 연구에 따르면 비관적인 포도주

1) 툴루즈 시립도서관, 필사본 603, f°s 110-220과 여러 곳; 에스파냐크에 대해서는 같은 자료, f° 203 r°, 그리고 ADH, G 899, 6-12-1623; G 69, 8-1-1620. 망드에 대해서는 L'Ouvreleul, éd. 1825.

십일조. 베지에, 아그드에서, 해상 수출을 하기에 적당한 위치였던 대규모 포도밭들은 생산이 1645~50년부터 떨어지기 시작하여, 콜베르 시대에 이르면 프롱드 난 이전에 비해 절반 수준으로 무너졌다. 이후 포도 생산은 1710년경까지(곡선과 자료가 중단되는) 이러한 '바닥 상태'에서 머무른다.[2)]

가야크에서는 1700년경에 포도주 십일조가 루이 13세 시대보다 현저하게 떨어지며, 프롱드 난 시기보다 절반으로 격감했다.[3)] 1725~30년부터 희미하나마 회복 기운이 느껴지지만 시세가 폭락하여 제동이 걸렸으며, 1730년에는 포도나무 심기가 금지됨으로써 저지되었다. 가야크에서 포도재배가 다시 활발해지는 것은 1734년 이후, 특히 포도나무 심기 금지령이 폐지된 1740년부터다. 프롱드 난 시기의 기록들에 도달하는 시기는 1751~52년 이후이며, 그 기록들이 실제로 깨지는 것은 튀르고 시대 이후인 1779년이 돼서다. 이러한 사실들은 17세기 초에 있었던 포도밭의 성공에 대해, 그리고 그 이후 콜베르와 루이 14세 시대에 닥친 엄청난 규모의 쇠퇴에 대해 생각해볼 수 있도록 해준다.[4)]

퀴자크(곡물 지방에 있는 아주 작은 포도밭)의 자료는 확실한 지표를 제공하기에는 좀 허약하다. 그것은 제로(1600년 1뮈의 십일조)에서 출발하여 활발한 상승을 한 끝에 1664년에는 대단한 기록은 아니지만 20뮈에 이른다. 이어 1680년과 1740년 사이에는 다시 무기력해지고 쇠퇴한다.

우베양의 십일조는 17세기 전반기와 비교할 만한 자료를 제공하지 않는다. 그러나 그것의 수준은 1740~50년경보다 1670~80년경에 훨

---

2) Gr. 31.

3) 가야크에서 프롱드 난 시대의 포도수확으로 알려진 것은 1651년의 수확이 유일하다. 그러나 베지에의 십일조 곡선은 연속적인데, 이것은 1651년 남부 지방의 포도수확이 중간 수준이었음을 알려준다. 이 같은 중간 수준은 프롱드-마자랭 시대의 일반적인 수준이었다.

4) Gr. 31; 금지에 대해서는 Duthil, 1911; Appolis, 1951, 419쪽.

씬 낮았다. 언제나 그러하듯이 루이 14세 시대에는 층계참 또는 '바닥'이다.[5)]

포도주 십일조가 흥미로운 것은 우선, 훌륭한 역사가들에게 퍼져 있는 수로의 신화를 반박한다는 점이다.[6)] 이들에 따르면 리케, 두 바다를 잇는 수로, 세트 등의 수로를 통해 남부 지방에서 대규모 포도 생산이 시작되었을 것이다.

그러나 사실은 그와 다르다. 아그드와 베지에는 새로운 운하 위에 자리 잡고 있었다. 그러나 이 고장의 포도수확은 리케의 대규모 공사가 끝난 후에 최저 수준으로 떨어졌다(1680년과 이후 반세기 동안). 운하는 18세기 중반의 경제 회복과 더불어 비로소 열매를, 만추의 열매를 거둔다.

또 다른 사실로, 1698년에 바빌 지사는 랑그도크 지방의 포도밭 면적이 1580년 이후 '6배'나 늘어났다고 말했다.[7)] 지사는 그 영광을 자기에게 돌리고 싶었을까? 그러나 어쨌든 십일조 자료들에 따르면 포도재배가 활성화된 것은 지사 재임(1684~1715) 이전, 심지어는 1660년 이전의 일이었다. 바빌은 쇠퇴기의 사람이었으며, 베르사유에 그 사실을 숨겼던 것이다.

가야크에서 루이 14세 시대에 이르면 십일조가 무너지는데, 이는 엄청난 재난이 아키텐의 모든 포도주에 타격을 입혔음을 의미한다. 콜베르 시대에 프랑스 남서부의 포도재배자들은 빈궁을 호소했다. 1678년 존 로크는 그들 가운데 한 명에게 간단히 질문했다. 식구? 그에게는 자신과 아내 그리고 세 아이가 있다. 먹을 양식? 호밀빵과 물. 고기는 없

---

5) 이 같은 여러 가지 십일조에 대해서는 Gr. 31.

6) Tudez, 1934; Appolis, 1951, 418쪽. 사실 보르도인들은 랑그도크의 포도주가 가론 강과 이어진 수로를 타고 들어오는 것을 방해했다. 『쥐라드 고문서 대장』(*Inv. arch. Jurade*), I, 503; PV, 1687년 10월; AC Frontignan, FF I, 15-10-1679.

7) Basville, éd. 1734.

다. 축제날은 예외로 가축의 내장을 먹었다. 부수입으로 벌어들이는 것은 얼마 되지 않았다. 남자 임금은 하루에 7수, 여자 임금은 하루에 3수였다. 포도밭은 너무 작아 수익성이 없었다. 경작 비용, 통 값, 지나치게 무거운 토지 임대료 그리고 타유세가 모든 수입을 먹어치웠다. 가족은 창문도 없는 지붕 아래 방에서 잤다. 징세관들은 이들의 재산을 털어갔다. 타유세를 납부하지 못하자 그들은 접시, 냄비 등을 빼앗아가버렸다.[8)]

1650~60년경의 포도밭이 이처럼 곤경에 처하고 십일조가 격감한 것은 어찌 된 일일까? 그것은 가격, 더 정확하게는 가격 관계가 이때부터는 더 이상 이익을 가져다주지 못했기 때문이다.[9)] 봄 서리(1659, 1665)조차 가격을 회복시켜주지 못했다.[10)] 1655년에서 90년까지 베지에에서 햇포도주는 1뮈에 40리브르에서 20리브르로 떨어졌다. 이것은 50퍼센트의 하락으로 밀에 비해(-25퍼센트) 훨씬 심한 것이었다. 모든 주요 생산 품목 가운데 포도주가 디플레이션의 해를 가장 심하게 입었다. 베지에-나르본에서는 올리브 기름이나 양고기보다, 임금보다, 세금보다 훨씬 많이 하락했다.[11)] 그러므로 세금 압박은 포도밭으로서는 감당하기 힘든 것이었다. 번창 일로에 있던 포도재배는 적자에 허덕이게 되었다. 그러자 포도재배자들은 포도나무 심기를 그치고, 포도나무를 뽑아버리는가 하면, 포도재배를 포기했다.[12)] 그들은 콜베르주의의 최대 희생자였다.

정확하게 이야기하면 남부 프랑스의 포도재배자들——엄밀히 말해 중부 지방, 부르고뉴 또는 앙주의 포도재배자들——이 그러했다. 왜냐하면 특기할 만한 사실로서, 1660년 이후 프랑스 북단의 변두리 포도재

---

8) Locke, éd. 1953, 236, 237쪽.

9) Gr. 13.

10) AD Gironde, G 1028, 5-5-1659; G 1029, 1665년 5월.

11) Gr. 12에서 Gr. 16까지; Gr. 34, Gr. 41.

12) 이 책, 제2권, 330쪽; Saint-Jacob, 1960, 154쪽과 비교하라.

배자들은 이 같은 위기의 고통을 몰랐거나 알았어도 미미한 정도로 겪었기 때문이다.[13] 누아용과 아미앵에서 판매되던 그 지방 포도주나 프랑스(일-드-프랑스)의 포도주는 명목 가격이건 수정된 가격이건, 베지에에서 남부 포도주에 타격을 가한 물가 하락에 잘 저항했다. 그리고 북부의 하급 포도주는 콜베르 시대에도 밀 가격에 비해 가치가 전혀 하락하지 않았다.

기이한 지리적 불균형 현상은 대규모 상인에게 몇 가지 좋은 혜택을 주었음이 틀림없다. 또한 국가적인 차원의 시장 통합이 불완전했음을 보여준다.

1655년과 90년 사이에 있었던 남부의 포도주 위기는 포도재배의 위기로 유명한 1778년과 85년 사이의 위기보다 더 장기적이고 더 심각했다. 더 장기적인 위기라고 말할 수 있는 것은 그것이 한 세대 동안 지속되었기 때문이다. 심각한 위기라고 말할 수 있는 것은, 생산량 감소로 가격 폭락 효과를 배가시켰고, 그리하여 총매상고를 엄청나게 줄여버렸기 때문이다.

많은 자료가 증명하고 있듯이, 포도를 재배하는 모든 마을과 모든 부락은 동일하게 반응했다. 1666년에 네그르플리스의 주민들이 말했듯이, '가격이 오를 때를 제외하고' 그들은 자기 마을에 틀어박혀, 이웃 마을의 포도와 포도주가 들어오는 것을 막고, 집이나 술집에서 자기 마을 산(產) 막포도주를 퍼마시며 분을 삭였다.[14] 포도밭이 조각났다. 이리

13) Goubert, 1960; '지도'의 도표, 100~103쪽.

14) 외부 포도주의 반입 금지령은 1648년(HGB 701, 1648년 11월: 몽퀴크 마을), 1653년(HGB 1880, f° 352, 3-7-1653: 툴루즈 마을), 1654년(HGB 752, 1654년 3월: 카스텔사라생)에 공포되었다. 그것은 포도주 가격이 폭락한 1655년 이후 크게 늘어났다. HGB 779, 1656년 8월(알레 마을); 790, 1657년 8월(소브); 802, 1658년 9월과 805, 1659년 1월(아그드); 816, 1660년 1월(아그드); ADH, B 39, f° 767 v°, 26-12-1660(투르농); HGB 875, 1665년 5월(라보르); 891, 1666년 10월(네그르플리스); AC Chusclan, BB I, 19-9-1666(쉬스클랑); HGB 925, 1669년 10월(생-지롱); 936, 1670년 11월(오리

하여 문도 창도 없이, 완고하게 폐쇄된 작은 단자들*이 생겨났다. 각각의 집단을 위기에서 지켜낸다는 것이 모두에게 위기를 배가시켰다.

불경기는 자체의 고유한 논리가 있다. 랑그도크의 포도재배자들은 안으로는 보호무역주의자이면서 밖으로는 자유무역주의자였다. 그들은 자기네 포도주가 밖으로 나갈 때는 무관세를 요구했다. 그들은 1665년에는 교황에게 또는 그의 대리인에게 탄원했으며, 1682년에는 관세 징수 청부업자들을 누그러뜨리기 위해 국왕에게 탄원했다.[15)]

1690년 이후 밀 가격에 재연동된 포도주 가격의 앙등은 궁극적으로 포도재배를 활성화시켰을까? 그렇지 않다. 포도주 십일조는 루이 14세 말기 내내 그리고 심지어는 섭정 시대 동안에도 낮은 상태, 무기력한 상태를 면하지 못했다. 물가는 생산을 재발진시키기에는 역부족이었다. 이러한 역부족에는 여러 가지 구조적인 이유들이 있을 것이다. 지나치게 무거운 세금, 지나치게 협소한 시장 말이다. 예컨대 1690년과 1715년 사이에 포도주 고객의 수와 구매력이 줄어들었다. 일반적으로 말해, 루이 14세 치세 말기의 포도재배자들은 보방 시대의 농민들처럼 의욕을 상실했다. 그들은 포도나무를 심을 마음이 아니었다. 경제적이고 심리적인 환경이 변하기 위해서는 1720, 1735, 1740년을 기다려야 했다. 그때 포도주 십일조가 '이륙'하여 새로운 절정을 향해 용솟음칠 것이다.

1700~15년에는 포기하고 싶은 마음이 아직 우세했다. 버려진 재산에 대해 해당 지방에서 행한 조사(1714)는, 콩푸아와 마찬가지로, 많은 포도밭이 세금을 낼 수 없고 생산자에게 이익을 가져다줄 수 없었기 때문에 파산했거나 황무지 상태로 되돌아갔음을 보여준다.[16)]

이러한 재난들은 적어도 B국면의 이따금 언급된 결과들을 가져왔을

아크); 1024, 1678년 11월(캘뤼스); AC Le Vigan, BB 9, 1682(르 비강); AC Frontignan, FF 1, 18-10-1687.

* monades: 라이프니츠 철학에서 말하는 만물의 소인(素因).

15) PV, 1665년 11월과 1682년 11월.

16) 이 책, 제2권, 330쪽과 An. 14; Barry, Le Roy Ladurie, 1962.

까? 생산자는 원가 절감을 통해 판매가 인하를 보상하고, 생산성을 높이고, 합리화하고, 방법을 근대화할 필요가 있다고 느꼈을까? 전체적으로 보면 별로 그렇지 않았다. 1660년과 1730년 사이에 포도재배자들은 인습, 자본 부족, 창의성 결핍 등으로 인해 여전히 마비 상태에 빠져 있었다. 한 조사관에 따르면 18세기 초반에도 바-랑그도크의 포도밭들은 (대부분) 경작되지 않은 채 삽질만 어지럽게 되어 있었는데, 왜냐하면 포도나무들이 줄도 없이 서로 너무 가까이 무질서하게 무더기로 심어졌기 때문이었다. 1734년에는 포도밭을 발견할 수 있었다. 그렇지만 그것은 소를 이용한 재배였기 때문에 나무껍질이 벗겨지고 그루가 파손되는 경우가 아주 많았다. 포도재배자들은 대체로 너무 가난해서 노새를 살 수 없었던 것이다. 남부의 포도밭에 양질의 경작 기술이 대량으로 도입되는 것은 그다음 시기, 확장과 풍요의 단계, 정확하게는 1730년과 80년 사이였다. 그때에야 비로소, 덜 가난하고 더 노련한 포도재배자들은 간격을 넓혀 포도나무를 심으며, 노새를 동원하여 포도밭을 경작한다.[17)]

그렇다고 해서 이전 시기(1660~1720)에 완전한 정체에 빠져 있었던 것은 아니다. 물론 농업 기술은 제자리걸음을 했다. 그러나 포도 산업과 상업은 이미 콜베르 시대부터 어려운 상황에 적응하면서 새로운 시장을 탐색했다. 증류주*가 바로 그것이다. 이것은 과잉 생산된 부분을 흡수하는 전형적인 해결 방법이었다. 증류가 시작되었다. 포도주를 불길에 맡긴 것이다.

1660년까지 남부 프랑스에서는 증류주를 거의 생산하지 않았다. 그것은 네덜란드 선원들, 브르타뉴 술꾼들,[18)] 지롱드 지방의 포도재배자

---

17) 비교하라: AC Montpellier, HH 18, 1730년 2월 7일의 보고서; Rozier, 1785, 'abondance' 항목. 두 연대 사이에 바-랑그도크에서는 포도 생산성의 혁명이 일어났다.

* l'eau-de-vie: 화주(火酒)라고도 함.

18) Clamagéran, 1857~76, II, 577쪽.

들, 바스크 지방의 어부들이 마시던, 말하자면 대서양 지방의 술이었다. 바스크 지방의 어부들은 술 냄새와 담배 냄새를 심하게 풍겨서, 미슐레에 따르면, 아내들에게서 키스를 거부당할 정도였다. 그러나 1615년경 마르세유의 선박들은 증류주 상자들을 카나리아 군도로 실어 날랐다. 그리고 몇 년 뒤에는 생-말로*로 실어 날랐다. 바다는 새로운 기술의 배달자였다.[19] 그러나 몽펠리에에서 증류주는 루이 13세 시대까지도 여전히 약품이었다.

그러다가 1663~64년경——포도 위기가 마치 영구 정착되는 것 같던 시기——에 갑자기 새로운 조짐이 보이기 시작했다. 1663년, 베지에에서 포도수확꾼들의 식탁에 증류주가 나왔음이 최초로 언급되었다. 이듬해인 1664년의 포도수확 시기에 뤼넬에서는 그때까지만 해도 그 지방에 알려지지 않았던 새로운 유형의 사업가인 증류주 제조인들에 대한 불만이 터져나왔다. 그들의 화로 때문에 목재 가격이 올랐다, 그들은 외지의 포도주를 샀다, 그들의 작업장에서는 썩은 물이 흘러나왔다……[20]

그러나 소용없는 불평이었다. 흐름을 멈출 수는 없었다. 1664년, 베지에의 곡물시세표(아주 세밀한 기록표)에는 '증류주 만드는 데 쓸 상한 포도주'가 언급되었다. 때는 1664년 4월 10일로서 17세기 최초의 기록이다. 이후 시세표에는 정기적으로 가격이 언급된다. 1664년 4월 10일이라는 날짜를 주목하자. 이날은 포도재배가 극심한 침체 상태에 빠져 있던 상황에서 경제사의 새로운 장을 연 날이다. 남부 프랑스의 증류주. 1660년 이후 교황의 궁정에서(콩타 지방), 이어 툴루즈에서는 고등법원 법관들이 악취 때문에 화를 내는 가운데 또 다른 증류주 제조인들,

---

* 프랑스 북서부 브르타뉴 지방의 항구.

19) 17세기 전반부터 증류주는 보르도에서 매우 중요했다. 『쥐라드 고문서 대장』(*Inv. arch. Jurade*), t. V, 1쪽, VII, 628쪽, VIII, 55쪽; Enjalbert, 1950: 1646년에 보르도는 증류주 8천 통을 수출했다. 몽토방 지역에서 화주(vin à brûler)는 앙리 4세 시대부터(PV, 1605); 1615년부터 마르세유는 증류주 항구가 되었다(H.C.M., IV, 99, 114, 117, 120, 121쪽).

20) ADH, G 963, 1663년; AC Lunel, BB 10, 2-9-1664, 18-9-1664.

예컨대 시몽 샹봉이나 자크 브룅 같은 사람들이 장작에 불을 지폈다.[21)]

매우 느린 출발이었다. 1670년, 많은 정보를 담고 있는 다게소의 회고록에는 랑그도크의 증류주가 수출된 것에 대해 전혀 언급이 없다. 그러나 1698년 바빌은 그 중요한 위상에 대해 언급했다.[22)]

이렇듯 포도재배 위기와 포도주 판매 부진은 루이 14세 시대에——그리고 프랑스의 넓은 지역에서——증류주 마시기를 자극했다. 증류주 열풍은 이렇게 해서 루이 13세 시대의 포도주 열풍에 덧붙여졌다. 증류주, 포도주, 담배는 후추, 향신료 같은 중세의 한물간 흥분제들을 폭넓게 대체했다. 루이 14세 시대부터 프랑스 서부의 술꾼들은 배나 사과로 만든 술을 퍼마셨다. 아주 독한 칼바도스의 전신인 이런 술 때문에 몇 세대에 걸쳐 농민들의 건강이 크게 상했다. 그리고 도시에서 증류주는 이제 더 이상 부자들의 독점물이 아니었다. 1675년부터는 노동자들도 증류주, 술에 절인 호두 등을 적은 양이기는 하지만 맛보기 시작했다. 행상인들은 길거리 포장마차에서 술을 주석잔에 담아 팔았다. 술을 거의 마시지 않던 남부에서조차도, 1680년부터 주교들은 마을을 망치는 술집을 상대로 비난을 퍼부을 정도였다.[23)]

이 무렵 세트는 주류 수출항으로 부상했다. 1676~84년에 재정가들——국왕의 세금으로 부자가 된 프랑스 재무관들, 염세와 타유세 수납관들——은 일시적이기는 했지만 세트에 레반트 회사를 세워서 증류주를 암스테르담에까지 수출했다. 얼마 후인 1699년에는 엄청난 포도수확이 가격을 위협했다. 즉각적인 반격은 증류주를 만드는 것이었다. 4만 5천 헥토리터의 포도주가 세트 항구를 떠났다. 그러나 다른 한편으로 4만 5천 헥토리터는 증류기로 들어가 1만 헥토리터의 증류주가 되어 수출 길에 올랐다.[24)]

---

21) AC Béziers, 곡물시세표, 1664년 4월 10일과 그후 열린 시장들에서의 가격; AD Vaucluse, B 1234, 1709; HGB 1129.

22) 툴루즈 시립도서관의 필사본 603; Basville, éd. 1734.

23) ADH, B 10, f° 444, 24-1-1713과 몽펠리에 주교들의 사목 순시.

세기말에 증류주는 루이 14세 시대의 극심한 위기에 처했던 포도주 재배자들을 구해주었다. 1690~93년부터 증류주는 (몇 번 수확이 나빴던 덕에) 포도주 가격을 밀 가격(30년 전부터 떨어져나왔던)에 재연동시키는 데 기여했다. 그러나 이러한 구조가 치유는 아니었다. 포도 십일조는 시장이 잠을 깨는 1735~40년에 이르러서야 비로소 새롭게 도약한다. 그때에야 랑그도크에서 생산된 최고의 포도주들은 세트에서 선적되어 마침내 '영국, 네덜란드, 최종적으로는 러시아까지' 진출한다.[25]

밀

포도주 다음에는 밀이다. 아키텐에서 카마르그 사이에 있는 십여 마을을 조사했다. 도표를 참조하면서 자료들을 간단히 살펴보자.[26]

세 마을(아그드, 베지에, 무상)에서의 곡물 생산은 1635년부터 '떨어졌다.' 곡물 입고 곡선의 하락은 처음에는 완만했으나 1675년 이후에는 우려할 만한 정도가 되었다. 이 무렵, 하향 곡선은 역시 퇴조하던 이 마을들의 기름 십일조와 포도주 십일조 곡선들과 한데 뒤섞여 있다. 이렇게 해서 그 세기의 마지막 4분기에 이르러 식물 생산이 전반적으로 후퇴했음을 입증해준다.

퀴자크(나르보네 지방)에서도 1630~35년대부터는 미미하나마 불안이 감지된다. 그러나 이 마을들은 콜베르 시대에 이르면 상황이 회복된다(더 나아진 것은 아니지만). 진짜 쇠퇴는 1682년부터다. 이때부터 기울기 시작한 곡선은 1740년까지(자료가 없는 관계로 곡선은 거기서 끝난다) 바닥을 헤어나지 못한다.

마지막으로 콜베르 시대에 네 마을(살리에스, 크레상, 우베양, 가야크)에서 밀 생산은 전혀 헐떡거리지 않았다. 이 기간에 생산은 탄탄하면

---

24) Dermigny, 1955, 13, 30쪽; Géraud-Parracha, 1957, 307쪽(수치에 대한 논의); PV, 1701년 8월과 1703년 11월 참조; 『쥐라드 고문서 대장』, t. V, 11쪽.
25) AC Saint-Georges-d'Orques, 회의록, 30-8-1738.
26) Gr. 30.

서도 이따금 빛나는 위치를 견지했다. 급작스러운 하락은 1675~85년에 가서야 시작되었다. 그때부터 반세기 동안 포도주와 동반 하락했다. 사실 (1700~1705년에 조금은 활기찼지만) 이 같은 밀의 십일조는 1730년 이후에야 비로소 떠오르면서 '18세기'의 성장을 맞이한다.

이 마지막 경우들은 가장 특징적인 변화의 모습을 보여준다. 적어도 론 강에서 가론 강에 이르는 남부 프랑스에서는 말이다. 1675~80년의 쇠락과 1680~1720년의 '바닥' 그리고 침체, 일체의 개간과 개척 정신의 완전 소멸. 마을의 포기로 이어지는 전반적인 경향. 이것은 르네 바렐이 연구한 카마르그의 많은 십일조——아를에서 적재되었다——에서도 발견되는 변화다. 아를에서 십일조 징수량은 1613~16년에서 1661~65년 사이에 한 해 평균 2,160스티에에서 2,500스티에로 늘어났다. 그러다가 1687~91년 기간에는 1,640스티에로, 1711~15년에는 1,370스티에로 떨어졌다. 17세기의 마지막 4분기에 꺾인 이후 지속적으로 떨어진 것이다.

이 도식은 어느 곳에서든 검증되지만 예외가 둘 있다. 하나는 스레랑의 십일조로, 이것도 쇠퇴하기는 했지만 연대적으로는 상궤를 벗어난다. 이곳에서 징수된 십일조의 양은 너무 적어서 굳이 밝힐 필요가 있을까 싶다. 15명의 주민이 사는 마을의 역사로 국가의 인구를 가늠해보려는 것과 같은 경우다.

또 다른 예외는 나르본의 교외 마을인 '라 플랜 에 리비에르'다. 이곳에서는, 불행하게도 자료상에 공백이 있기는 하지만, 십일조 수입이 아무런 위기도 겪지 않았던 것 같다. 앙리 4세에서 그 세기말에 이르기까지 십일조 수입은 즐거운 오르막길을 탔다. 기껏해야 1700~15년경에 피로의 기색을 보였을 뿐이다.

나르본의 이 같은 행복한 일탈을 설명할 수 있을까? 가능하다. 그곳은 남부 프랑스에서 가장 중요한 항구요 소맥 시장 가운데 하나라는 점을 기억한다면 말이다. 나르본의 반듯한 토지를 경작하던 농민들은 나름대로는 경제적인 특권층에 속했을지도 모른다. 판매가 용이했던 그들의 밀은 농촌 마을의 밀보다 잘 견뎌냈기 때문이다. 그들의 유일한 예외는 열 번에 걸쳐 공언된 통칙을 확인해주는 셈이다.

더욱 간단한 설명도 있다. 앞으로 보겠지만, 루이 14세 시대의 나르본에서는 양의 사육이 크게 늘어났다. 그러므로 그 도시 주변에는 항상 양이 많았고, 따라서 거름이 많았으며, 당연한 결과로 밀 생산이 늘어났다.

이제 1675~80년부터 도처에서 확인되는(나르본을 제외하고) 밀 위기의 성격을 짚어볼 필요가 있다.

이 위기는 실제 위기였다. 그것은 100년 전 십일조 납세 거부 투쟁으로 십일조가 떨어졌을 때와 같은, 절반은 허구적인 위기가 아니었다. 폐지가 있었던 1680년대, 십일조는 충실히 징수되었다. 그래서 십일조의 양이 감소했다면, 그것은 생산 부진 때문이지 생산자들의 사보타주 때문이 아니었다.

그것은 심각한 위기였다. 때때로 십일조는 16세기, 더 나아가 15세기 수준에도 못 미쳤다.

그것은 복합적인 위기였다. 1680년경, 처음으로 하락을 불러온 것은 흉작이라는 연속적인 불운이었다. 1680년과 그 이후 몇 해 동안의 혹독한 한발은 곡선에 주름을 지우더니 급기야는 깊은 구멍을 냈다.[27] 그후 한발은 지나갔지만 곡물 생산 곡선상의 침체는 사라지지 않았다. 따라서 기후적인 사건은, 종종 그러하듯이, 촉발적인 요소에 불과했다. 그것은 근본적인 요인들, 인간적인 요인들, 그리하여 자기보다 더 지속적인 요인들을 작동시켰던 것이다.

마지막으로 그것은 뒤늦은 위기였다. 포도주 생산은 1650~60년경부터 무너졌다. 반면 밀 생산은 우리에게 알려진 절반 이상의 마을에서 20년 가까이 버텼다. 그것은 1675년 이후에야 전반적으로 꺾인다. 분명히 이러한 차이는 가격 관계의 불균형을 반영한다. 포도수확량이 곡물수확량보다 먼저 무너졌다는 사실은 포도주 가격이 먼저 떨어졌음을, 특히

---

27) Gr. 30.

포도주 가격이 밀의 가격보다 더 많이 떨어졌음을 의미한다. 콜베르 시대의 디플레이션이 내동댕이친 포도재배자 앞에서, 물가 하락에 따른 피해를 덜 입은 밀 생산 농민들이 잠시나마 편한 얼굴을 했던 것은 당연하다.

그러나 문제를 보여주는 것은 곡물시세표들만이 아니었다. 우리 지역에서 포도주와 밀은 두 개의 가격 체계뿐만 아니라 두 개의 상이한 구성, 경제의 두 층위에 속했다. 17세기의 포도주는 이미 상당한 정도로 시장경제에 진입한 상태였다. 그러므로 포도주는 오늘날의 생산물처럼 일체의 경제적 기상 변화에서 영향을 받았다. 그래서 가격 하락은 포도재배를 재난으로 이끌었던 것이다.

반대로 척박하고 메마른 지역(이따금 수출을 했지만 대부분은 수입을 했던)인 지중해 연안 남부 지방의 밀은 대체로 자연 경제, 전통적인 가내 소비, 지역 소비에 머물러 있었다. 이곳은 브리*나 폴란드와는 달랐던 것이다. 다게소의 글을 읽어보자.[28] 1670년, 랑그도크의 밀과 호밀은 거의 움직이지 않고 산지에 남아 "그 자리에서 소비되었다." 산에서 산으로(블레에서 비바레로, 제보당에서 세벤으로), 평원에서 산으로(툴루즈에서 르벨로) 내적 선회만이 확인될 뿐이다. 북부 프랑스가 기아에 허덕일 때(1662)는 보르도를 통해 약간의 곡물을 반출하기도 했다. 그리고 수확이 좋을 때 아그드는 이탈리아나 에스파냐로 수출하기도 했다. 밀은 오-랑그도크에서 바-랑그도크로 쏟아져 내려왔다. 그렇지만 지사에 따르면, 각 교구의 경계 안에서 국지적으로 소비되는 것이 일반적이었다. 수출의 대규모 회로(툴루즈—보르도—앙티유, 툴루즈—나르본—바르셀로나)는 18세기에 가서야 비로소 자리 잡는다.

이러한 상황에서 17세기의 밀 십일조를 연구한다는 것은 경제의 기층에, 다시 말해 겨우 먹고사는 정도여서 판매할 것이라고는 거의 없는 농

* 파리 분지의 동부 지방.

28) 툴루즈 시립도서관 필사본 603, 각각의 교구에 대한 세부 기록.

업 경제의 조용한 물 속에 측정기를 던지는 것이다. 이 경제는 콜베르 시대의 가격 하락에도 불구하고 오랫동안 살아남았다. 생산물의 대부분이 시장으로 나가지 않았기 때문에 당연한 것이다. 이같이 유리한 무력증은 20년 또는 그 이상 지속될 수 있었다. 그러나 최종적으로 수익성의 지속적인 부재, 세금 부담과 경작비의 무게 그리고 그 충격으로 발생한 인구 감소 등은 가족 경제, 밀 경제를 무너뜨렸다.

포도주의 쇠락은 매우 일찍 시장의 쇠약을 반영했다. 1680년부터의 밀의 쇠락은 훨씬 심각한 새로운 현상인 인구 감소 추세보다 아주 조금 앞서 일어났다.

기름

올리브 기름 가격은 1660년 이후의 가격 하락에 강력히 저항했다. 그것은 밀보다 더, 포도주보다 훨씬 더 잘 견뎌냈다.[29] 콜베르 시대의 올리브 재배자는 빵, 포도주, 고기에 대한 구매력을 회복했다.

다른 한편으로 생산 현장에서 많이 소비된 올리브 기름은 안정적인 시장을 확보하고 있었다. 기름은 포도주보다 더 많이 이동하여 1670년경에는 북부의 꽤 먼 지방에까지 수출되었다. 예컨대 위제스의 기름은 론 강과 육로를 통해 리옹과 파리까지 갔다. 에로의 기름은 아키텐으로 또는 랑그도크의 '양모 공장'으로 갔다. 아그드의 기름은 마차를 타고 툴루즈로 갔으며, 거기에서 배편으로 가론 강을 따라 보르도까지 갔다. 그러면 그곳의 선박들은 기름을 영국, 네덜란드 또는 파리의 시장에까지 실어 날랐다. 그리고 다게소에 따르면, 론 강과 노루즈 사이에는 아라몽, 아르젤랑, 세르비앙, 빌마뉴 같은 대단위 올리브 재배지가 조성되어 있었다. 여기에서 감미로운 올리브유가 생산되었던 것이다.[30]

1660년대는 올리브 재배자들에게 좋은 시절이었다. 여섯 산지(무상,

---

29) Gr. 14.

30) 툴루즈 시립도서관 필사본 603, f°s 108 v°, 161 r°, 202 r°, 210 v°과 여러 곳.

퀴자크, 나르본, 베지에, 그뤼상 그리고 자료가 1663년에 끝나기 때문에 불완전한 아그드)의 기름 십일조가 이를 증명한다.[31] 곡선들을 해독하는 것은 어렵고 까다롭다. 왜냐하면 2년마다의 올리브 생산 리듬을 어지럽게 쫓아간 도표는 톱니 모양으로 되어 있기 때문이다. 그러나 여러 산지에서 하나의 경향을 찾아내는 것은 어렵지 않다. 1630~35년부터 모든 올리브 생산 곡선은 상승세를 타기 시작하여 1660~70년경에는 작은 봉우리를 이룬다. '작은' 정점이라고 말할 수 있는 것은, 16세기의 장기적인 곡선상에서 이미 획득된 몇몇 최대치와 맞먹거나 약간 웃돌기 때문이다.

콜베르 시대의 처음 10년 동안에 이 같은 작은 정점은 의미가 없지 않다. 그것은 지방(地方) 소비——부엌, 비누, 직물——의 지속적인 수요와 대규모 교역 요구가 있었음을 증명한다. 이 아름다운 시기는 1670년에 절정에 이르는데, 이때는 수세기 동안 가장 수확이 좋았던 시기 가운데 하나였다.

그러다가 1670~72년의 절정 이후 무엇인가가 고장났다. 마치 마비 상태에 빠진 것도 같았고, 쇠약증(포도주, 밀에서 이미 나타난)에 걸린 것도 같았다. 기름 곡선들은 천장에 도달한 다음 서서히 내려갔다. 올리브 재배자들은 괴로움을 꾹 참아냈다. 이것은 시장을 봉쇄한 네덜란드 전쟁 때문에 생긴 일시적인 현상으로 여겼기 때문이다. 그러나 그렇지 않았다. 그것은 지나가지 않았다. 1680년 이후 기름 십일조의 하락은 대부분의 올리브 재배지에 강하게 나타났다. 그리고 이러한 하락세는 1700년대에 흉년이 들 때까지 계속되었다.

하나의 사건 때문에 이러한 쇠락은 돌이킬 수 없는 것이 되었다. 1690년대의 추위는 올리브나무들에 이미 엄청난 해를 입혔고 가격을 오르게 했다. 1709년 겨울은 랑그도크의 올리브 재배지를 완전히 파괴했다. 우연한 일치로 1709년 1월 말에 지독한 추위가 닥쳤는데, 불행하게도 나

---

31) Gr. 29.

무들은 지난 몇 달 동안 내린 비로 아직 물을 흠뻑 머금고 있었다. 그래서 얼음이 스며들면서 나무들은 모두 얼어죽었다. 이것은 2세기나 3세기마다 일어날 뿐인 여러 독립적인 원인이 드물게도 한꺼번에 닥친, 다원적 요인으로 결정된 재난의 한 전형이다. 어쨌든 기름 십일조는 1480년 이래 이 같은 재난을 겪은 적이 없었다. 1709년부터 이들 곡선은 하나같이 중단된다. 그리고 올리브 기름에 대한 십일조 징수는 거의 한 세대 동안 폐지되었다.[32] 어린 나무건 늙은 가지에 접붙인 나무건 새로운 올리브나무들은 1723년 이후에야, 더 일반적으로는 1730년 이후에야, 경우에 따라서는 1740년 이후에야 생산(몇 병이나마)을 시작한다. 그리고 이렇게 다시 시작된 기름 곡선들은 (드문 예외를 제외하면) 비참한 수준을 벗어나지 못한다.[33] 1740~80년경까지도 16세기나 17세기의 생산 수준에 미치지 못했던 것이다.

가장 심각한 사실은 20년 내지 30년 동안(1709~35) 지중해 연안 프랑스에서는 올리브 재배지가 아예 사라져버렸다는 것이다. 그런데 이 기간에 구조는 변하고, 밭은 다른 작물에 자리를 내주고, 시장은 점령당했다. 그때부터 프로방스의 범선들은 카딕스까지 가서 기름을 구해왔다. 모레아, 칸디아 같은 지중해 동부 연안 도시의 올리브 기름이 프로방스의 부엌을 차지했다. 마르세유의 비누 공장은 크레타, 튀니지, 그리스, 에게 해 군도에서 일차 원료를 공급받았다.[34]

이러한 수입은 비쌌다. 왜냐하면 1709년 겨울은 그후 두 세대 동안 가격 관계를 뒤집어놓고 올리브 기름 가격을 올려놓았기 때문이다. 베지에에서는 1660~65년경, 기름 1샤르주가 그해 포도주 1.5뮈 내지 2뮈에 해당했다. 그러다가 1710년 이후에는 3뮈 내지 4뮈로 뛰어올랐다.

---

32) 봉 의장의 기상관측 자료, ADH, D 138; AC Montpeyroux, BB 3, 5-10-1710; PV, 1709~10; 특히 우리 도표의 증거.

33) Gr. 29. 올리브 십일조 곡선의 재개에 대한 최초의 암시는 Aude, G 49, 1723년, 푸솔 수도원 부속 농장의 임대계약서: 840리브르와 올리브 기름 4되.

34) 『쥐라드 고문서 대장』, t. III, 602쪽; H.C.M., V, 5, 528쪽.

이렇게 높아진 가격은 다시 올리브나무 심기를 자극했을까? 그렇지 않았다. 1709년 이후 올리브 재배자들은 재난에 진저리가 나 있었다. 다시 심는다면, 그것은 지냐크처럼 포도나무였다. 랑그도크의 올리브 재배지는 과거의 영광을 결코 회복하지 못한다.

*

이렇게 포도주, 밀, 기름 수확은 하락 추세를 보였다. 추락은 1680년 이후에는 전반적인 일이었다. 1700~10년경에 이르면, 모든 식물 생산이 마치 지각(地角)처럼 통째로 붕괴되고 만다. 동물 생산, 즉 축산도 마찬가지였을까?

가축

두 가지 형태의 변화가 카르낭크(가축, 특히 양에 대한 십일조)를 통해 나타난다.[35] 하나는 농촌 타입이고 다른 하나는 도시 근교 타입이다.

농촌 타입을 보자. 무상(언덕과 비탈이 많은 마을)에서 축산은 많은 우여곡절을 겪은 후 1657~60년경에 일종의 전성기를 맞았다가 갑자기 궤멸한다. 현금으로 납부되던 가축 십일조 명목 곡선들은 1685년까지 내려갔는데, 그 정도는 죽은 가축의 가격 곡선보다 더 심했다. 이것은 축산의 엄청난 쇠락을 예고하는 징후다.

이 같은 위기는 어디에서 온 것일까? 경제적인 불안에 원인이 있을 것이다. 그리고 특히 1676년(천연두), 1682년(페스트) 등 수역에도 원인이 있을 것이다.[36] 가축이 참해를 당해 줄어들자 거름 생산도 줄어들었다. 이러한 퇴비 부족이 이번에는 1675년경 무상에서 있었던 식물 생산의 하락을 설명해준다.[37]

---

35) Gr. 26.

36) AC Le Vigan, BB 8(1676년), BB 9(1682년).

37) Gr. 26, Gr. 30.

이어 이 마을에서 축산이 회복되었다. 1700년경, 무상의 가축 십일조 곡선들이 다시 고개를 들었다. 그러나 실질가격으로 환산해보면 대단치 않은 오름세였다. 사실 18세기에도 양의 수는 루이 13세 시대의 수준을 되찾은 정도였으며, 남부 프랑스에서 축산의 황금기였던 루이 12세나 프랑수아 1세 시대의 기록에는 훨씬 못 미친 수준이었다.

크레상(가축 십일조)에서 양의 수는 특히 루이 13세 시대에 늘어나기 시작하여, 1650~60년대에 절정에 도달했다. 그런 다음 감소하는데, 매우 완만했고 무상에서보다는 덜 극적이었지만, 그러나 18세기까지는 극복되지 못했다. 십일조에 따르면 크레상에서도 관례적인 상관관계를 찾아볼 수 있다. 가축 감소, 거름 생산 감소, 수확 감소…… 이 마을의 축산업자와 농민들은 콜베르 시대에 빈곤해졌으며, 루부아 시대*에 몰락했다.[38]

완전히 다른 유형——포도주가 많이 생산되고 밀이 적게 생산된——의 마을인 가야크에서 가축은 1650년까지 늘어났다. 그후 그 수는 1700년 훨씬 이후까지 별 변화가 없었다. 정체된 축산, 축소된 포도밭과 경작지. 치세** 말의 가야크가 그러했다.[39]

전반적인 맬서스주의 속에서 축산이 이렇게 위기를 겪은 것은 어찌된 일인가? 여러 가지 이유를 생각해볼 수 있다. 고기값(1650년과 1720년 사이 밀 가격에 대체로 연동해 있던)[40]은 갖가지 부담(세금, 가축에게 필요한 소금 등등)을 이겨낼 정도로 수익성이 충분하지 않았다. 소와 양을 대규모로 소비하던 시장들(에스파냐)이 일시적으로 폐쇄되었다(예컨대 1673년).[41] 특히 오래전부터 농업적인 부의 상징이었던 가축

---

* Louvois(1639~91): 루이 14세의 신임을 받아 군사 제도를 개편했으며, 콜베르의 정책을 강하게 비판했다.

38) Gr. 26, Gr. 30; Baehrel, 1961 참조.

** 루이 14세.

39) Gr. 26, Gr. 30, Gr. 31.

40) Gr. 12, Gr. 16.

41) PV, 1673년 11월.

들이 빈곤의 변증법에 의해 희생되었다. 1660년 이후 부채는 루이 14세의 통치가 남긴 상처였다. 그런데 채권자들은 가축을 우선적으로 압류했다. 네발짐승은 담보로 잡기도 팔기도 쉬웠던 것이다. 그것을 금하는 조치들이 많이 취해졌지만 모두 헛일이었다는 사실이 그 점을 입증해준다.[42] 일반적으로 세기말의 채무 농민들에게서 자본 부족, 저축 부재는 우선적으로 사육 감소로 나타났다. 자본화한다는 것은 가축을 늘리는 것을 의미했던 것이다. 그 외에도 인구 감소, 생활수준의 위기는 마지막 몇십 년 동안(1690~1710) 축산업자들의 고기 판로를 축소시켰다.

*

두 번째 추세, 두 번째 유형의 변화는 매우 다르다. 우리가 방금 살펴본 고통받는 축산 옆에는, 역설적이게도, 루이 14세와 섭정 시대의 성공한 축산이 있다. 그것은 도시에서 꽃피웠다. 랑그도크에 있는 중간 크기의 도시들은 전반적인 수축 속에서도 인구 감소를 면하고 부르주아의 부와 소비를 유지하는 데 성공했다. 베지에, 나르본 그리고 아를의 가축은 이미 루이 13세 시대에 수적으로 증가했다. 그리고 그것은, 일시적인 어려움이 없지는 않았지만, 루이 14세 시대에도 상승을 계속했다. 성장률은 매우 인상적이었다.[43]

축산 관련 기록들——16세기 초의 기록들——은 이 마을들에서 18세기 전반에 깨졌다. 그리고 처음으로, 이 특권적인 중심지들에서 그간 한 세기 반 넘게 축산업의 발전을 봉쇄해온 맬서스의 빗장이 드디어 풀렸다.

그러므로 도시들은 예외적인 세포처럼 움직였다. 평야 지대에서 양의 사육이 정체 또는 후퇴할 때 주요 거점에 집중되어 있는 도시에서는 반

---

42) HGB 1055, 1682년 3월; HGB 1151, 1692년 1월.

43) Gr. 26. 또한 Baehrel, 1961의 『도표』에 있는 아를의 가축 십일조 도표 참조.

대로 가축이 늘어났다.

이처럼 특이한 변화를 보인 것은 당시 도시들의 특별한 구조 때문이었다. 도시들은 질 좋은 고기, 지방으로 만든 양초 등에 커다란 욕심을 보였다. 도시는 푸줏간, 양 사육지, 개자리밭 등으로 포위되었다. 거만한 축산업자들이 도시를 가득 채웠다. 그들의 가축은 도시 근교의 땅을 황폐하게 만들었다. 주인들과 목동들은 조서를 작성하던 '토지 관리인들'을 때려눕혔다. 도시 변두리는 살찐 돼지로 가득 찼고, 오물이 넘쳐났다. 도시의 정육점 주인들은 이제 조합을 결성해서 전매권을 소유했으며, 1640~90년부터는 인근 평야 지대의 가축들을 휩쓸어왔다. 도시의 축산이 성장한 것은 이처럼 유리한[44]——그러나 예외적이었으며, 시골에는 없던——구조 속에서였다.

이것은 특별한 성장이기 때문에 과대평가를 금한다. 사실 그것은 농업의 근본적인 변화와 일치하지 않는다. 축산의 성장이 두드러졌던 일종의 전위 마을이었던 나르본에서도 건초 생산 기반은 여전히 협소했다. 나르본의 건초 십일조는 1670년에서 1760년까지 40수레에 머물러 있었다. 베지에에서도 마찬가지였다. 건초 십일조 징수 임대료는 (명목 가격이 상승하였지만) 1660년에서 1730년까지 230리브르로 변함이 없었다. 불변 가격으로 환산된 목초지 임대료도 1655년과 1720년 사이에 상당히 위축되었다.[45]

따라서 몇몇 도시에서 축산이 국지적으로 성장한 것은 소수 현상에 불과했다. 그것은 1675~80년부터 현금 십일조상에 뚜렷이 나타난 농업 수입의 전반적인 하락을 보상하거나 감출 수 없었다.

실질 총수입: 최종적인 감소, 전반적인 무기력

루이 14세 시대와 루이 15세 시대에, 현금 십일조 곡선들은 총수입을

44) 이러한 구조에 대해서는 An. 11에 있는 텍스트와 참고 자료.

45) Gr. 26. 또한 Baehrel, 1961, 『도표』, 12쪽.

나타내주는 주요 자료이며, 다른 모든 자료를 총합하는 자료다. 그것은 농업 수입의 전반적인 변화 속에서 가격과 수확의 다양한 동향, 동물, 식물, 포도, 곡물 관련 자료들의 움직임을 요약하고 있는 자료다. 그것은 특히 가격에 토대를 둔 토지 생산성 경향들을 종합적으로 기술하고 있다. 왜냐하면 그 기술은 다음 사항들과 동시에 관련되어 있기 때문이다. 수확물 가운데 교환으로 넘겨진 부분 그리고 총생산 가운데 많은 부분을 이루는 농민, 날품팔이꾼, 지주 등의 몫으로 회수되어 토지 투자 자본 속에 들어가거나 가내소비된 부분.

그러므로 명목 총수입 도표를 살펴보자. 그리고 그것을 실질 총수입으로 바꾸어보자. 그것은 불변 가격으로 바꾸는 것, 예컨대 선도 가격인 밀의 가격으로 환산하는 것이다. 무엇을 확인할 수 있는가?[46]

우선 재상 콜베르 시대까지 실질생산은 꽤 활발히 상승했다. 17세기 전반에 농업 생산(밀 가격으로 계산된)은 아주 완만하게 상승했다. 그러다가 1655년 이후 꽤 급작스럽게 기록을 경신했다. 프롱드 난의 곤경은 잊혀진 듯했다. 마자랭 시대의 마지막 5년, 푸케 시대는 활발하게 성장했다. 늦어도 1660~65년경, 일종의 천장에 도달했다. 그것은 높은, 비교적 높은 위치에 있다. 17세기 초와 비교해서 십일조 생산은 50퍼센트 내지 80퍼센트 늘어났다(그러나 16세기 초와 비교하면 훨씬 못하다).

바꿔 말하면 지난 150년 이래 처음으로 총수입 곡선(명목)은 물가(명목)의 천장을 뚫은 것이다. 좋았던 10년 동안 나르본, 베지에, 몽펠리에, 님 주위에 흩어져 있는 500여 마을의 실질 총수입은 처음으로 프랑수아 1세나 앙리 2세 시대, 즉 100년 전에 달성된 기록을 꽤 많이(교구에 따라 30퍼센트 내지 40퍼센트)[47] 넘어섰다.

1세기 이상 지속된 맬서스주의가 깨진 것인가? 그렇다면 그것은 리케의 시도와 콜베르의 노력에 의미를 부여해줄 것이다……

46) Gr. 23.
47) Gr. 23, Gr. 25.

이 같은 팽창, 생산의 일시적 증가로 생존 특히 가내소비가 용이해졌다. 그러나 그것은 생산성의 향상, 경작의 다양화를 동반하지 못했다(포도밭은 오히려 줄어들었다). 1670년경까지 전통적인 생산물(밀, 기름 그리고 이따금 양)의 공급 증가는 이미 기가 꺾여 있는 농산물 가격을 무겁게 내리눌렀다. 원가가 그만큼 절감된 것도 아니었다. 그래서 이윤 경제, 토지 수익성은 1670년대에 사라졌다(앞으로 살펴보겠지만).

그러므로 팽창을 가능하게 했던 구조 자체는 여전히 맬서스적이었다. 그리고 수입을 유지하기 위해 생산물량의 증가로 가격 하락을 무한히 보상할 수도 없었다. 파산이 이들을 노리고 있었다. 정체, 궁극적으로는 퇴조가 승리를 거두고 만다.

다시 한 번 생산에 대해 얘기해보자. 1660~65년경에 도달한 높은 수준은 한동안, 10년 내지 15년 동안 유지되었다(국지적 예외가 없는 것은 아니지만, 이 기간에 기근이 없었던 이유는 거기에 있다). 그러나 벌써 성장 요인은 사라지고 있었다. 1665년 이후 생산은 한계에 부딪혔다. 이는 생산자들이 대규모 투자를 그쳤기 때문이기도 하고, 새로운 투자를 해도 이전보다 수익성이 못하거나 전혀 없었기 때문이기도 하다.

이어 1675년부터는 총생산이 돌이킬 수 없을 정도로 쇠퇴했다. 이 점에서, 현금 십일조의 주요 곡선들은 압도적인 다수로 앞에서 살펴본 현물 십일조의 단편적인 상황들을 확인해준다.

이러한 쇠퇴 현상은 나르본 평야 지대 마을들에서 특히 두드러졌다. 1680~90년의 뚜렷한 하락——이 하락은 1700~1705년의 짧은 회복으로 이어진다——이후 농촌 수도원 부속 농장의 십일조는 루이 14세의 가장 어두운 기간이었던 1710~15년에 이르러 콜베르 시대의 실질가격의 50퍼센트로 떨어졌다. 이것은 앙리 4세와 루이 13세 시대보다도 낮은 수준이었다. 여기에는 놀랄 만한 것이 하나도 없다. 나르본 교구는——나는 이에 대해 다시 언급할 것이다——18세기 초 가장 끔찍한 고향 이탈이 있던 지역 가운데 하나였다.

서부에서 동부로 가자. 베지에 교구에서도 총생산의 감소가 매우 뚜렷하다. 그리고 그것은 나르본의 퇴조와 시기적으로 일치한다.

몽펠리에의 시골 지역에서는 하락세가 여전히 뚜렷하기는 했지만 그 힘은 약해졌다. 반대로 이 지역의 맨 오른쪽에 있는 님의 성당 참사회 재정 수입에서 십일조는 17세기의 마지막 20년을 제외하고는 거의 줄어들지 않았다. 사실 님의 자료들은 틈이 많고 부정확하다. 왜냐하면 님의 자료들은 십일조나 몇몇 다른 형태의 수입(토지 임대료, 목초지 임대료, 채권 등등)을 합한 종합적인 회계 자료만을 제공하기 때문이다. 게다가 님 지역의 세벤(로제르의 세벤보다는 카미자르에 의해 덜 전염된)에서 프로테스탄티즘을 강제로 제거함으로써 십일조 수입이 늘어났다(동시에 그것은 인위적이긴 했지만 세례자의 곡선을 끌어올렸다). 마지막으로 이러한 '기생적인' 요인들을 제쳐놓고, 쇠퇴의 지리적 불균형을 고려해야 한다. 산업(나사 산업, 생사 산업)이 발달한 님과 몽펠리에 지역들은 바로 이러한 이유만으로도 추가 수입, 보완 경제 활동, 평형안정장치 등을 가지고 있던 셈이다. 반면 나르본과 베지에 같은 순수 농촌 지역에는 그러한 완화 요인들이 없었다. 따라서 이곳에서는 농업 위기가 아무런 제약 없이 퍼져나갔으며 맹위를 떨쳤던 것이다.

*

세기(世紀)의 단위로 바라보면, 1720년까지의 장기 17세기에는 하나의 경향이 있다. 그것은, 이따금 큰 폭의 변동이 없었던 것은 아니지만, 농업 생산이 무기력증을 보였다는 것이다. 세기말과 치세 말의 퇴조로 총생산은 (콜베르 시대의 짧은 상승 이후) 17세기나 16세기 초 또는 심지어 그 이전의 수준으로 되돌아갔다.[48] 보방은 우리를 쉴리에게 데려간 것이다. 그것은 황금시대로 복귀하는 것인가? 아니다. 그것은 오히려 지옥으로 추락하는 것이었다. 왜냐하면 100년 동안에 인구, 필수품,

48) Gr. 23.

각종 부담 등이 늘어났기 때문이다. 그리고 총생산의 감소, 이전의 쇠약한 수준으로 복귀하는 것은, 그동안 일어난 구조상의 변화 때문에 견딜 수 없는 압력을 내포하게 되었다. 이 압력을 줄일 수 있는 방법은 인구 감소 외에 다른 것이 없었다. 적당한 사혈(瀉血)로 균형을 되찾는 것뿐이었다.

*

세기 내의 더 짧은 기간에 총생산의 하락(1675~1720)은 하나의 연대표를 분명히 드러내준다. 이 연대표 덕분에 우리는, 적어도 한 지역에 있어서는, 옛날의 논쟁에 대해 판정을 내릴 수 있다.[49] 볼테르와 보방의 논쟁, 볼테르와 부아귀유베르의 논쟁. 『프랑스의 상보(詳報)』 『국왕의 1/10세』[50]는 1660년을 토지 수입 감소(5억)가 시작되고, 또한 시장, 술집, 푸줏간 등지에서의 대중의 소비가 줄어들기 시작한 주요 시점으로 보았다. 볼테르는 이러한 주장에 동의하지 않았다. 그는 "1660년 이후 모든 것이 쇠퇴기에 접어들었다"고 주장한 부아귀유베르를 바보라고 불렀다. "사실은 그와 정반대다. 프랑스가 가장 번성했던 시기는 마자랭의 죽음 이후부터 1689년 전쟁까지다." 『루이 14세의 세기』의 저자*는 덧붙여 말하기를, 비참해진 것은 1690년 이후의 전쟁과 무거운 타유세 때문이었다.

사실 명목 가격으로 보면, 우리 지역에서는 부아귀유베르가 옳다. 리브르 투르누아로 표시된 농업 소득은 1655~60년 이래——가격보다는 덜했지만——하락했다. 시세의 하락이 거의 불가피하게 소득 곡선에 영

---

49) Voltaire, éd. 1933, 30장, 324쪽; Boisguillebert, 1695; Vauban, éd. 1933.

50) 『국왕의 1/10세』(*La dîme royale*, 1700년경 기술된 제1부): "시골의 재산은 특히 인적 타유세가 징수되는 지역에서는 30~40년 전보다 수입이 3분의 1 줄어들었다." Vauban, éd. 1933, 27쪽.

* 볼테르.

향을 미친 것이다.

그러나 실질가격으로 보면, 볼테르가 부아귀유베르에게 이의를 제기하고 콜베르 시대의 프랑스에 활력이 있었다고 주장한 것이 틀리지 않다. 적어도 남부에서 생산량의 증가는 콜베르 시대 초기 5년 동안에 있었던 가격의 하락을 상당히 보상해주었다. 그리고 토지 수입의 실질적인 감소가 시작된 것은 사실상 1675년경이었는데, 부아귀유베르가 말한 시기보다는 15년 늦지만 볼테르가 생각한 해보다는 15년이나 빨랐다.

정확한 해는 여러 지방을 방문했던 베네치아의 대사가 1684년의 한 텍스트에서 지적한 해가 아닐까? "마지막 전쟁이 시작된 이후, 토지 가치가 3분의 1 이상 떨어졌다. 이것은 사람들이 가난해졌고 토지를 버렸기 때문인데, 이 현상은 신교도들을 추방할 목적으로 시행된 억압 정책 때문에 더욱 심해졌다."[51] 베네치아의 외교관이 지적한 변곡점은 1672년이다. 우리의 곡선들(5년 단위의)은 1675년이라고 말한다. 그리고 교역의 감소에 특히 취약했던 해안 지방들(브르타뉴, 기옌)에서는 1674~75년에 반란이 일어났다.

이 같은 일치성은 시사해주는 바가 많으며 하나의 연대표를 보장해준다. 그리고 부차적으로 건전한 상업을 질식시킴으로써 총생산을 후퇴시킨 네덜란드 전쟁이 도발적인 역할을 했음을 지적해준다.[52] 사실 네덜란드 전쟁은 프랑스의 수출을 감소시켜 기존의 현금 기근 현상을 더욱 부추겼다. "돈이 귀해졌다. 앞으로 더욱 심해질 것이다"라고 1673년에 루부아는 쿠르탱에게 썼다.[53]

그런데 이 같은 연대상의 조정은 특히 남부 지방에 적용된다. 북부의 몇몇 지방(피카르디, 노르망디, 앙주)에서는, 피에르 데이용의 도표나 로크와 보방의 증언에 따르면, 농업의 실질적인 쇠퇴가 훨씬 일찍, 그러

51) Lavisse, 1911, VII, I, 343쪽에 인용된 텍스트.

52) "몇 해 전부터 네덜란드와의 전쟁은 보르도를 통한 오-랑그도크의 밀과 포도주 교역을 중단시켰다"(PV, 1674년 11월, 툴루즈 세네샬의 보좌관).

53) Lavisse, 1911, VII, I, 319쪽에 인용된 텍스트.

니까 1650~60년부터, 심지어는 프롱드 난이나 30년 전쟁* 때부터 시작되었다.[54] 북부의 십일조 자료들을 연구해보면 정확한 연대가 드러날 것이다.

*

남부 프랑스에서 1675~80년부터 시작된 총생산의 대규모 감소를 주목해야 한다. 생산량의 이러한 감소는 판매량의 감소, 거래 물량의 감소를 동반했을 것이다. 세기말에 있었던 포도주, 기름, 생사 같은 상업성 작물의 전반적인 침체를 달리 어떻게 설명할 수 있겠는가?

거래 횟수, 화폐의 유통 속도도 줄어들었을 것이라는 생각은 아주 그럴듯한 추측이다. 이 문제와 관련된 자료는 지극히 불충분하고 불완전하지만, 그렇다고 해서 전혀 의미가 없는 것은 아니다. 공증인들의 『증서 등기부』가 바로 그 자료다. 나는 1691년에서 1789년 사이에 세벤 지방과 지중해 사이에 있던 주요 등기소의 등록 장부를 면밀히 조사할 수 있었다. 모두 80만 건이 넘는 공증 증서였다. 이 증서들 가운데에는 유언장, 결혼계약서도 있지만 대부분은 대여(貸與), 동산이나 부동산 매매와 관련된 것들이다.

등기 자료들을 토대로 작성한 1년 단위 또는 3년 단위의 곡선들은 조금 늦게 출범한다.[55] 그럼에도 곡선들은 일정한 경향을 보여준다. 1690년에서 1709년 사이에 거래 횟수의 하락과 1709년에서 17년까지의 최저점. 그후 로**의 시대에서 튀르고***의 시대까지 완만한 상승.

---

* 1618~48.

54) P. Deyon: 아미앵에서의 밀의 매매에 대한 미간행 그래프. Locke, éd. 1953, 229쪽; Vauban, éd. 1933, 27쪽, 인용된 텍스트는 북부 지방(인적 타유세 지역)의 특별한 불행을 강조한다.

55) Gr. 40; An. 37.

** John Law(1671~1729): 스코틀랜드의 재정가. 프랑스의 재무총감으로서 은행을 설립하고 지폐를 발행하는 등 재정 개혁을 했으나 실패했다.

1709~17년은 심연의 바닥이다. 농경 지방(베지에)에서 생산량과 판매량 그리고 거래 횟수가 동시에 최저 수준으로 떨어진 비극적인 시기였다.

이러한 현상들이 결합해서 가격에 영향을 미쳤는지는 분명하지도 확실하지도 않다. 피셔의 '등식'을 보자.[56]

P는 MV/T와 함수관계다.
(P: 가격, M: 화폐량, V: 화폐의 유통 속도, T: 거래량)

우리의 연구에 따르면, 루이 14세 치세 말기에 V와 T――피셔의 공식에서 피제수와 제수――는 동시에 하락했다. 두 요소는 등식의 구성 양식 때문에 필연적으로 상보적이다. 피제수의 하락은, 최종적인 몫에서, 제수의 하락으로 상쇄된다. 모터가 덜 빠르게 돌면 그만큼 연료 소비도 줄어드는 것이다. 그래서 이런 조건에서라면 가격(P)은 무엇보다도 화폐량(M)과 함수관계에 있다. 수량 이론은 예상 밖의 원군을 얻는다. 구체적으로 말해 1700년 이후까지의 가격, 적어도 금속가격의 하락 경향에 대한 대체적인 설명은 '화폐 기근'에 의해 가능하다.

총생산량과 거래량의 감소, 화폐의 유통 속도의 감소 현상은 피셔의 등식――동어반복적인?――에서 상쇄된다. 그러나 실제의 삶에서 이들 상이한 퍼텐셜을 가진 두 요소의 하락은 누적 효과를 낳는다. 그리고 그것은 공동의 재난으로 귀착된다. 추상적인 곡선들은, 우리가 그것들을 제대로 읽는다면, 생산성 저하, 사람들의 사기 저하, 토지의 불모화(不毛化) 등을 축약한 것이다.

***Turgot(1727~81): 프랑스의 중농주의 경제학자, 정치가.

56) 역사가들이 최근에 이 공식에 대해 논의한 것에 대해서는 Baehrel, 1961, 14쪽 이하, 41쪽; Faber, Baehrel, 1962.

*

죽은 땅

17세기 말에 생산이 줄어든 이유는 무엇보다도 생산성이 떨어졌기 때문이다.[57] 다게소 지사가 랑그도크를 철저히 조사한 바에 따르면 곡물의 절정기인 1660~70년경에 밀은 1 대 4 내지 5의 수확을 올렸으며, 좋은 토지에서는 그 이상(1 대 6, 7, 8)의 수확을 올렸다. 그런데 15년 후 농경이 붕괴를 겪을 때(1683~87), 카트린 드 트랭케르가 관리하던 쿠세르그(베지에)의 좋은 땅들조차 1 대 4의 수확도 올리지 못했다. 이것은 내전 당시의 비참한 수확과 그리 다르지 않은데 이 지방의 농경자들을 한 세기 전으로 돌려보낸 것이다(공증인 로콜의 일지에 따르면 1580~85년경에는 1 대 3의 수확에도 못 미쳤다).

어째서 이렇게 생산성이 떨어진 것일까? 땅이 척박했기 때문일까? 아마 그렇지는 않을 것이다. 그것은 유통자본, 신용, 가축, 따라서 거름 등 자본이 부족한 농민들의 가난 때문이었다. 토지 통합자들은 가끔 그러한 일을 겪었다. 예컨대 1706년에 말부즈 신부는 나르본 근처에서 토지를 구입해서 땅의 평가를 부탁했다. 평가자의 대답에 따르면, 밭은 헐벗었고 메말랐다. "왜냐하면 아주 오래전부터 거름을 주지 않았기 때문이다."[58]

거름만 부족한 것이 아니었다. 사실 돈이 없던 1680년대의 경작자들은 농경의 모든 사이클을 제대로 이행할 수 없었다. 많은 예가 있지만,

---

57) 통계 자료와 참고 자료는 An. 30; 다게소-트랭케르의 비교가 전적으로 만족스러운 것은 아니다. 왜냐하면 그것은 한편으로는 지방의 조사와 다른 한편으로는 외딴 영지의 생산성을 대상으로 했기 때문이다. 그러나 문제의 그 영지는 대단히 넓고 비옥했으며, 제한적이기는 하지만 대표성을 지닌다.

58) Aude, G 48, 1706년 3월 16일. 가축과 거름의 부족에 대해서는 시기적으로 뒤늦은 것이기는 하지만, PV, 1734년 12월 참조. "카르카손 교구의 다뉴 계곡에는 약 25개의 본당 사목구가 있는데, 땅을 경작할 사람과 거름을 생산할 가축이 부족하다."

모랭을 임차한 차지농 그랑장의 사례를 들어보자. 1681년, 그는 밀밭 김매기를 충분히 하지 못했다. 400리브르 내지 500리브르가 필요했지만 60리브르만을 썼을 뿐이다. 그 결과, 이듬해에는 밭이 온통 잡초로 가득 찼다. 또한 그랑장은 1681년 1월, 하인들에게 지불할 돈이 없어서 땅 갈기를 '빠뜨렸다.' 1682년 그는 곡식떨기를 '빠뜨렸다.'[59] 이 같은 행동은 그 세기 말의 차지농들 대부분에게서 찾아볼 수 있는 행동이었다. 이 차지농들은 가난해졌고, 파산했으며, 자기들의 주인에게 거칠게 화를 냈다. 무능한 차지농들은 자기들의 밭 앞에서 아무런 수단도 의식도 없이 속수무책이었다. 이런 상황에서 생산성, 수확, 십일조가 형편없이 줄었다고 해도 놀랄 것이 있을까?

*

오늘 땅을 제대로 관리하지 못하면, 내일 땅이 죽어버린다. 십일조가 곤두박질치고 태양 왕*의 노년기가 가까워질 무렵, 경작 포기에 대한 증언이 늘어났다.[60]

1660년만 해도 그런 일은 흔하지 않았다. 그와는 정반대였다. 에스파냐 전쟁 때문에 황폐해진 것으로 알려진 국경 부근의 몇몇 마을은 1667년에 놀랍게도 부흥했다. 그 마을들에 양민들이 다시 들어왔으며, 이들은 '갖가지 형태의 지대와 봉건부과조'를 내는 조건으로 그곳의 땅을 장기임차했다.

1670년 이후 최초의 경고음, 최초의 텍스트. 아그드의 정원사인 필리프 모리용은 1647년에 자기가 개간한 8헥타르의 땅을 1672년에 포기했

59) 몽펠리에 성당 참사회의 회의록, 5월 19일, 7월 7일, 2-10-1681, 1월 5일, 20-7-1682; 이 책, 제2권, 402~411쪽.

* 루이 14세(1638~1715).

60) 땅과 집의 포기라는 중요한 문제에 대한 텍스트와 참고 자료는 모두 An. 14에 있다.

다. 그는 그것을 '시대의 불행' 탓으로 돌렸다. 벌써 절망과 포기의 심리, 경제적 비관주의와 숙명론이 솟아오르고 있었던 것이다. 이 같은 심리는 20년 내지 30년 후 농민들에게 널리 퍼지는데, 그것은 18세기의 낙관주의와 대조를 이룬다. 마치 파스칼과 볼테르의 차이처럼.

1677~78년경, 십일조 곡선들이 대전환을 보일 무렵에 징후들이 더욱 분명해졌다. 타유세, 소금 가격 등의 과다한 부담 때문에 고향을 이탈하는 사태가 늘어났다고, 툴루즈의 대주교를 위시한 몇몇 사람들이 기록했다.

대규모 포기의 진짜 신호탄이 된 것은 1680년과 그 이후 몇 년 동안의 뜨거운 바람과 한발이었다. 들판의 곡식은 타들어갔지만 가격은 거의 오르지 않았다(지중해 동부와 마그레브 등지의 곡물이 수입되었기 때문에). 지나치게 적은 수확과 지나치게 낮은 가격 사이에 끼어 있던 차지농들을 파산시키는 데 더 필요한 것은 없었다. 게다가 그 차지농들은 자본 부족 때문에, 특히 포도재배의 저수확성 때문에 포도재배로 되돌아갈 수도 없었다. 토지 이탈 사태에 대한 증언은 이번에는 무수히 많다.

우리는 훌륭한 콩푸아들 덕분에 가르 지방의 부아시에르에 있는 레 클로라는 구릉 지대로 가볼 수 있다. 15세기의 토지 이탈이 끝나갈 무렵 이곳은 처녀지였다(아니면 다시 처녀지가 되었다). 이곳은 커다란 파종지, 낮은 축대, 산림 벌채로 1500, 1576년과 1610년 사이에 개간되었다. 루이 13세와 마자랭 시대에는 포도나무가 수없이 많았다. 그런데 1682년의 콩푸아에서 레 클로는 처음으로 황무지로 돌아가는 수난을 겪었다. 잡초들이 포도밭과 축대 사이를 파고들었다. 이렇게 시작된 포기의 과정은 오늘날 이 한계지가 완전히 포기될 때까지 계속되었다.

그렇지만 1680년대에 이 같은 끔찍한 재난의 진원지는 더 동쪽에 있는 베지에, 생-퐁스, 아그드, 특히 나르본 교구들이었다. 한발의 참해를 입고, 부채에 짓눌려 죽게 된 이 네 교구는 1680년에 납부해야 할 타유세의 3분의 2를 빚졌다. 1681년에는 절반이 넘는 25만 3천 리브르를 빚졌다. 부채, 연체이자가 누적되었다. 빚을 짊어진 납세자들은 도망을 치거나 땅을 버리는 쪽을 택했다(그러면 영주들은 영주의 봉건적 회수권을 적용해 이 땅을 차지하려 했다). 조정관들은 밭과 폐허가 된 집을 방문해 세율을 낮추어주었다.

1696년 알비 교구에 경보음이 울렸다. 엄청난 타유세가 교회 재정을 바닥낸 것이다. 가난과 사망 때문에 마을 인구가 줄어들었다. 운하의 등장으로 과거 중앙 고원의 사각지대를 오고가던 노새 몰이꾼들이 일거리를 잃었다. 밀 판매에 이용되던 길이 없어지자 교구는 숨이 막혔다. 교역, 주거, 인구, 경작용 가축에 영향을 미친 이 같은 퇴조는 마침내 알비 땅을 황무지로 만들어버렸다. 악순환이었다. 자본, 종자, 신용, 기업 정신이 없었기 때문에 그럭저럭 살아남은 농민들도 이 새로운 황무지를 개간할 용기를 내지 못했다. 죽어버린 재산에 대해서도 여전히 집요했던 타유세는 그나마 경작되던 땅마저 으스러뜨리고 말았다. 루이 14세 치세 말기, 알비 교구는 미경작지로 전락한 땅에 대한 연간 타유세와 연체료로 50만 리브르를 빚지고 있었다.

그 지방 전역에서 동일한 드라마가 연출되었다. 1701~1702년, 버려진 재산에 대한 과세액은 '매일같이 늘어났으며', 그 부담은 여전히 일을 하던 납세자들의 연대책임이었다. 살아 있는 땅이 버려진 땅을 위해 돈을 낸 것이다. 죽은 자가 산 자의 발목을 잡는 꼴이었다. 토지 이탈의 누적 과정은 이런 식으로 시작되었다. 왜냐하면 이같이 과도한 세금 부담은 토지를 빚더미에 올려놓았고, 그것은 다시 새로운 포기로 이어졌기 때문이다.

부차적으로 신병 모집(1703), 프로테스탄트 지주들의 이주, '광신도들'의 소요(1702~1705) 등도 이러한 포기 현상을 부추겼다. 그러나 잊지 말아야 할 것은, 위그노들도 불행을 겪기는 했지만, 이러한 토지 이탈 때문에 가장 큰 타격을 입은 것은 가톨릭 교구들(나르본)——경제적으로 가장 활발하지 못했던——이었다는 점이다.

1708~16년(생산 곡선과 거래 곡선이 가장 낮은 수준인)에는 일종의

임계점에 도달한 것으로 보인다. 현금 기근, 지나치게 무겁고 잘못 배정된 타유세 때문에 잠식당한 토지 수입, 의무 이행이 불가능해지자 수납관들이 독촉하면 언제라도 기꺼이 감옥으로 달려간 징수인들, 공동체 전체가 땅을 포기했는데, 이는 단순 위협이기도 했지만 진짜 포기(그러나 사실 영구적이지는 않았다)이기도 했다. 이 같은 현상은 1710년 몽소네와 마제르——가난한 코맹주 지방——에서 볼 수 있는 현상이었으며, 그후 1716년에는 동쪽에 있는 비크와 방데미앙에서도 마찬가지였다. 산간 지방에서는 황무지의 침입으로 붉은 점들이 새롭게 나타났다. 예컨대 비바레(1711), 카스트르 교구(1714)가 그러했다.

포기 현상이 잠복적이었거나 부드럽게 진행된 경우도 있었다. 그것 때문에 황무지가 맹렬하게 확산되지는 않았다. 그것은 부유한 경작이 가난한 투자로 재전환되는 은근한 형태를 취했다. 예컨대 1712년 베지에 주변에서 그랬는데, 이곳에서는 마을의 자그마한 관개 평야가 점차 파종지로 변해갔다.

루이 14세의 치세가 끝난 직후, 다시 말해서 노왕(老王)이 서거한 이후 경제적인 동시에 지적인 차원에서 진정한 해빙의 신호음이 울리는데, 토지 포기 현상의 규모에 대해 통계적인 정확성을 기할 수 있는 때도 바로 이때다. 1716년에 나르본, 라보르, 알비 등 세 군데의 교구가 특히 끔찍했다. 섭정기의 전문가들은 농민들의 포기와 조세 부채 때문에 이들 교구의 파산, '추락'이 임박했다고 진단했다. 이들을 곤경에서 구해내기 위해서 부유한 재정가인 보니에는 42만 리브르를 정상적인 이자율보다 훨씬 높은 12분의 1의 이자율로 빌려주었다. 그리고 이에 즈음하여 1716년, 랑그도크의 신분회는 버려진 재산에 대한 1년 타유세를 산정했는데, 나르본 교구는 15만 5천 리브르, 알비 교구는 8만 리브르, 라보르 교구는 4만 리브르였다. 이것은 각 교구에 있는 타유세 부과 대상 토지들의 토지대장상의 가치 중에서 상당한 부분을 차지하는 것이었다.

이 시기에 그 병이 얼마나 깊었던지 복원이나 재경작을 위한 조치들이 강구되었다. 그러나 그런 일이 언제나 쉬운 것은 아니었다. 로데브에서 가난한 귀족인 로지에르 테민은 과거 자기가 내버렸던 영지에서 방목한 사람들에게 매질을 가했다…….

어쨌든 1715~20년에는 지방 차원에서 경매를 시작했다. 이것은 훌륭한 양적 조사 자료들을 제공해준다. 섭정 초기, 이미 상당한 정도로 포도밭이 있었던 몽펠리에 교구에서 버려진 땅 가운데 밭은 73퍼센트였고, 포도밭은 불과 16퍼센트였으며 나머지는 황야와 올리브밭이었다. 포도주의 위기였지만 황무지로 돌아간 땅은 포도밭보다는 일반 밭이 많았던 것이다.

생-퐁스 교구도 마찬가지였다. 버려진 땅 가운데 포도밭은 8퍼센트밖에 되지 않았고, 90퍼센트가 밀밭이거나 양을 치는 목초지였다. 그리고 부수적으로 올리브나무가 함께 심어진 밭과 털가시나무 숲이 있었다……. 심한 타격을 입었던(1715년경, 카위자크, 카르모 그리고 특히 메마른 산봉우리에 자리 잡은 코르드 같은 마을은 황무지로 변하면서 문자 그대로 황폐해졌다) 알비 교구도 동일한 인상을 준다. 이 교구에서 경매에 부친 3,865개의 버려진 땅 가운데 493개만이 포도밭이었고 나머지는 일반 밭, 밤나무 숲, 작은 숲이었다.

이들 지역에서 이 같은 포기 현상은 자가 소비에 토대를 둔 전통적인 농촌 구조, 즉 밀 경제를 잠식해 들어갔다. 자료가 잘 갖추어진 몇몇 마을에서 미경작지에 대한 기록은, 이 점에서, 십일조 자료들의 분명한 증언을 뒷받침해준다.

물론 그 땅들은 대부분 부차적이고 형편없는 땅들이었다. 그런 마을에서 장 리카르, 장 파브르, 아르노 푀이야드 같은 이탈 농민들의 죽은 땅은 자갈밭 안에 있거나(황야, 기다란 봉우리, 구릉) 막 조성된 엉성한 개간지 안에 있었다. 그런데 일단 버려지자, 헐벗고 침식된 그 메마른 땅들은 불과 30년 만에 또는 그 이전에 떡갈나무, 금작화, 물푸레나무 등의 서식지로 변해버렸다. 그러나 아쉬워한 사람은 아무도 없었다. 그렇지만 1750년의 마을 사람들은 자기들의 조상이 가난 때문에, 세금을 납부하기 힘들어 땅을 포기했다는 사실을 여전히 기억하고 있었다.

황무지에 거의 가까운 폐허, 버려진 주거지가 있다. 여기에서도 포기는 선택적이었다. 대농가, 커다란 수도원 부속 농장, 외딴 농장 등과 같이 자본을 갖춘 대규모 영지들은 토지 포기에 잘 저항했다. 물론 이 같은 대규모 경작지에서도 드물기는 하지만 포기 사례가 없지 않았다. 모귀오 평야의 50헥타르 반타작 소작지, 생-퐁스 교구의 두세 군데 외딴 농장. 버려진 집들의 96퍼센트는 집단 거주지에 있었다. 농촌 마을(61퍼센트), 외딴 촌락(35퍼센트). 그리고 이들 빈 집은 날품팔이꾼으로 전락한 가난한 사람들의 집이었다. 솔리에의 피에르 부스케, 살브타의 앙투안 메그르와 그 밖의 사람들은 자기들의 초가집을 버렸다. 이곳은 금작화, 판판한 돌, 호밀 지푸라기 등으로 뒤덮였다.

도시와 시골은 대조를 보였다. 1715년경, 농촌의 본당 사목구에서는 길거리가 온통 폐허로 변하기도 했다. 반대로 주요 도시는 잘 버텼다(이것은 15세기의 장기적인 위기 때와 다른 또 하나의 현상이다). 1714년, 몽펠리에의 도시와 변두리에서도 나는 버려진 땅을 발견했다. 그러나 집이 버려진 경우는 하나도 없었다. 도시 근교 농촌 마을에서는 최소 서너 채의 집이 버려졌는데 말이다. 이것은 인구압이 도시에서는 여전히 강했던 반면 시골에서는 줄어들고 있었음을 시사해준다. 높이(位, 퍼텐셜)의 차이다. 여기에서 어쩌면 포기는 농촌 탈출을 동반한 것이 아닌지 추론할 수 있을 것이다.

마지막으로 사회적 계층화 현상이 나타났다. 일반적으로 토지 포기자들은 부자가 아니라 가난한 농민이나 날품팔이꾼이었다. 93퍼센트는 작위 없는 사람들이었다.

그러므로 토지 포기는 귀족의 부유하고 외딴 대영지가 아니라 가난한 땅, 집단 거주지, 농촌 사회를 강타했다.

1715년, 섭정 시대와 플뢰리 재상 시대의 완만한 해빙이 시작되었다. 토지 포기 사태는 진정되었고 상처도 아물었다. 미경작지들이 경작되기 시작했다. 버려진 재산들에 대한 마지막 언급은, 교구에 따라 다르지만,

1728년, 1732~33년, 늦어도 1739~41년에는 끝났다. 선도적인 개척자들이 다시 움직이기 시작했다. 1690년에서 1720년 사이에 여론을 뜨겁게 달구었던 '버려진 마을들'은 이제 잊혀졌다.

제2장 인구의 재감소

토지 포기는 총생산의 감소와 관련된 병이었다. 그러나 그것은 또한 한 가지 징후를 대변하는 것이었다. 예컨대 한 교구(알비)에 그렇게도 '버려진 땅'이 많았던 것은 그 지방 마을 주민들이 '가난과 죽음으로 인해,' '줄어들었기' 때문이었다.[1] 그러니까 죽음 역시 붉은 반점 지대를 만들어내고, 포기 지역을 확대한 것인가? 마을 이탈 이상으로 문제 삼아야 하는 것은 공동체의 인구 감소라는 인구적인 상황인가? 다시 한 번 인구에 대한 계량적인 역사가 중요해진다.

호적대장과 부활절 성체배령자들

우선 다량의 통계를 살펴보자(이것들은 다음에 언급할 호적대장의 좀 더 상세한 연속 자료들의 골격을 이룬다). 몽펠리에의 주교는 다른 동료 주교들과 마찬가지로, 10년——대략적인 간격——마다 교구의 본당들을 순시했다. 그는 사제들의 도덕성, 본당 신도들의 종교, 아이들 교육 등을 조사했다. 그리고 그는 항상 종교 사회학적인 중요한 질문, "이곳에는 성체배령자가 얼마나 됩니까?"라는 질문을 던졌다. 대답——150, 820, 982명 등——은 그 자체로는 별로 흥미로운 것이 없다. 그러나 1657년에서 1772년까지 매년 계속된 일련의 답변들은 백여 개의 본당 사목구에 대한 연속 자료를 구성한다. 그리고 그것은 이 같은 다량의 표본[2]을 통해

1) PV, 1696년 11월.

서 세기적인 추세(상승 또는 하강)를 가늠할 수 있도록 해준다.

방법이 문제다. 최종적인 평균을 계산하려면 프로테스탄트가 지나치게 다수이거나 소수인 마을을 제외시킬 필요가 있다. 세기말*의 거짓 개종은 통계를 왜곡시킬 위험이 있기 때문이다. 이렇게 떼어내고 나면 가톨릭 마을들이 남는다. 이 마을들의 수는 인구적인 차원에서 매우 중요하다. 사실 시골에서 (우리의 시대에, 우리의 지방에서) 종교적인 실천, 적어도 부활절 성체배령만큼은, 물의를 일으킨 예외를 제외하고는, 거의 빠짐없이 실시되었다. 마을의 감시인들은 비(非)성체배령자들을 추적하고 찾아내어 고발했다. 일반적으로 비성체배령자들은 무신론자가 아니었다. 그들은 그저 그런 사람, 어리석은 사람, 사회적 주변인이었다. 사실 사제에게 비성체배령자는 존재하지 않았다. 위그노, 유대인 그리고 새롭게 개종한 자들을 제쳐놓고 말한다면 철드는 나이(7세에서 10세)가 지난 사람들은, 비록 드문 경우이기는 하지만 부활절을 소홀히 했다고는 해도, 통계상으로는 모두 성체배령자였다. "성체배령자는 약 50명이다. 그리고 한 사람만을 제외하고 그들 모두는 부활절 의무를 준수했다"라고 1741년 귀자르그의 사제는 썼다.[3] 통계는 전체주의적이었지만, 그 결과 나타난 인구 상황은 완벽하다.

그럼에도 이 같은 부활절 성체배령자들의 총계가 하나의 추세를 가리킨다는 것을 의심할 것인가? 그렇다면 이제 결정적인 비교로서, 성체배령자들의 연속 자료와 가톨릭 교회의 대장을 비교해보자.

황야 지역에 위치한 비올-르-포르 본당 사목구. 17세기 말에 이 초라한 마을에는 천 명이 넘는 주민이 살고 있었다. 물론 농가에는 농민들이 살고 있었다. 그러나 노새 몰이꾼, 숯쟁이, 직조공, 양모 소모공 들도 있다. 그곳에 인구 감소가 심하게 일어났다. 1677년의 성체배령자 수는 982명으로 최고치였다. 1690~1710년경에 이르면 800~900명을 오갔

2) 통계 자료, 참고 자료, 그래프 등은 An. 18과 Gr. 5.

* 1685년의 낭트 칙령 폐지 이후.

3) ADH, G 1162, 귀자르그 본당 사목구 순시.

다. 그러다가 1756년 주교 순시 때에는 바닥 숫자인 540명으로 무너졌다.

상상의 수치일까? 결코 아니다. 호적대장 곡선은 비올의 사제들이 진단한 경향을 충분히 입증해준다. 17세기 말, 이 마을에서는 1년에 평균 8건 내지 10건의 결혼이 있었다. 그러나 1750~60년경에는 곡선이 바닥으로 떨어져 수치가 절반(4건 내지 5건)으로 내려갔다. 루이 16세 시대의 오름세는 다른 곳에서와 마찬가지로 이곳에서도 성체배령자의 수와 결혼 건수를 동시에 상승시켰다.

전혀 다른 예를 들어보자. 언덕 위의 마을인 랑사르그에는 아름다운 밀밭이 펼쳐져 있는데, 그 사이사이에는 포도밭이 있다. 파종지도 있고 어선들도 있다. 흥미로운 사실은, 이 마을이 18세기 초의 인구 위기를 성공적으로 헤쳐나간 몇 안 되는 마을 가운데 하나라는 사실이다. 성체배령자들에 대한 연속적인 통계상으로는 적어도 그러하다. 1680년대에 이 본당 사목구에는 600~700명의 성체배령자가 있었으나 1741년에는 900명이다. 계산 잘못인가? 아니다. 결혼 곡선이 이를 확인해준다. 그것은 같은 기간에 3분의 1 정도 증가했던 것이다.

그 밖의 단편적인 자료들에도 일치를 보여주는 것들이 있다. 연안에 있는 본당 사목구인 비크에는, 성체배령자가 1669년에는 360명, 1689년에는 250명, 1698년에는 140명, 1740년에는 65명이었다. 파국적인 감소다. 신화인가? 아니다. 1716년, 이 본당 사목구는 더 이상 어떻게 해볼 도리가 없자 완전한 '포기'를 고려했다. 그러므로 급격한 하락세를 보인 비크의 통계는 이 공동체가 뿌리 뽑혔음을 제대로 증언해주고 있는 것이다.[4)]

그러므로 인구사가(人口史家)로서, 주교들의 사목 순시와 관련된 통계 자료를 신뢰하자. 그것들은 진정한 인구 조사에 필요한 총괄적인 개관을 처음부터 가능하게 해준다. 이후 이렇게 다져진 토대 위에서, 호적

---

4) 이 마을들에 대해서는 An. 18과 Gr. 4를 비교하라. 비크에 대해서는 559쪽의 더욱 상세한 글을 보라.

대장에 대한 정밀 분석을 통한 다듬기가 끈기 있게 진행될 것이다.

*

하나의 상관표를 가정하자.[5] 여기에는 성체배령자의 수를 묻는 주교의 질문에 대한 사제들의 대답이 들어 있다. 세로로 씌어진 것은 몽펠리에 교구의 마을들(위그노 부락들을 제외하면 98개)이다. 가로로 씌어진 것은 사료상에 흔적이 남아 있는 주교들의 사목 순시 연도다. 1657, 1665, 1671, 1677, 1687, 1690, 1699, 1704, 1708, 1711, 1741, 1756, 1772년. 상관표에 기재되어 있는 인구 수치는 어느 한 해의 어떤 한 마을에 대한 것이다.

이상적인 것은, 우리에게 알려진 각각의 해에, 모든 마을의 사람 수를 합하는 것이다. 이렇게 연속적으로 총계를 내면, 한 세기가 넘는 시기에 그리고 98개 마을 전부에 해당하는 일련의 통계를 구할 수 있을 것이다.

그러나 이 간단한 방법은 가능하지 않다. 각각의 해에 마을이 모두 호출에 응한 것이 아니기 때문이다. 주교들은 어디에나 편재할 수가 없었다. 연로하거나 통풍으로 고생하는 주교는 연례 순시에서 일부 본당만 방문할 뿐이었다. 30, 50, 많아야 90개 정도. 나머지 마을들은 다음번 순시를 위해 아니면 후임자 몫으로 남겨놓았다. 한 해에 모든 마을을 다 도는 경우는 없었다.

그러므로 하나도 빠짐없이 보태는 일은 포기해야 하며, 대신 지수와 평균을 계산해서 추세를 끌어내는 정도로 만족해야 한다. 문제는 그러면 지수 100을 어디에 놓느냐다. 주교의 방문이 있던 해 가운데 아무 해나 하나를 선택할까? 그런데 그해에 주교는 몇몇 마을은 방문하지 않았는데…… 그러므로 어느 한 마을의 경우, '17세기'(여기에서는 1657~1711)의 어느 한 해에 지수 100을 배정하도록 하자. 사목 방문

5) An. 18.

시 성체배령자 수가 가장 많았던——이 기간에 실시된 이전이나 이후의 방문에 비해——해로 말이다. 어떤 곳에서는 1657년이고, 어떤 곳에서는 1677년인가 하면, 어떤 곳에서는 1704년이다. 주교 순시 연도별로 (1657, 1665…… 1772년까지) 전체 마을 지수의 교구 평균을 구하면, 그것은 우리에게 알려진 전체 본당 사목구들이 '17세기'의 교구 인구 최대치와 어느 정도나 차이가 있는지 알려줄 것이다. 지수 100에 가까운 (정확히 100은 아니다) 교구 최대치는, 가장 많은 수의 마을이 지수 100에 도달하고 그리하여 모든 지수의 교구 평균이 가장 높은 방문 연도와 일치할 것이다.

이러한 계산을 통해 우리는 1657년과 1772년 사이의 연속적인 교구 지수를 구할 수 있을 것이며 도표를 작성할 수 있을 것이다.[6] 우선 다음의 지수 일람표를 보자.[7]

	성체배령자 수의 교구 평균 지수	마을의 수 '주교가 순시한 옛 가톨릭 마을'
1657	지수. ***81***	37
1665	81	29
1671	89	22
1677	***90***	89
1687	87	25
1690	***86***	90
1699	***82***	85
1704	***86***	40
1708	83	15
1711	***80***	52
1741	***74***	76
1756	77	26
1772	***89***	48

6) Gr. 5.

7) 이 일람표에서 이탤릭체로 쓴 부분은 주교가 꽤 많은 본당(39개 이상)을 방문하여 특히 꼼꼼하게 실시한 사목 순시에서 나온 확실한 수치다. 이 평균은 총 98개 본당 사목구와 관계가 있다. 더 자세한 것은 An. 18 참조.

이 곡선의 주요 변곡점을 짚어보자. 첫 번째 상승의 끝에 있는 1677년의 정점. 그런 다음, 1704년 짧은 반등이 있기는 하지만 대체로 거의 지속적으로 하강한다. 이 같은 하강은 낙폭이 커지면서(1687, 1690, 1699, 1711) 1741년 분명히 바닥을 찍는다. 이어 곡선은 다시 올라가기 시작하여 1772년에는 1677년의 정점을 거의 회복한다.

여기서 중요한 것은 세기의 최저점을 기록한 1741년이다. 다행히도, 이해는 몽펠리에의 주교가 불같은 정열을 보였던 해다. 1704년 이래 전임자들의 기록을 깨면서 그는 76개의 옛 가톨릭 마을을 방문했다. 1677(89개 마을), 1690, 1699, 1711, 1772년 등과 마찬가지로 자료의 토대는 넓다.

결산해보면, 종교적 이유(낭트 칙령 폐지, 위그노 대탈출 등)로 인한 인구 이동을 겪지 않았던 이 마을들에서 성체배령자의 수는 1677년에서 1741년 사이에 18퍼센트가 감소했다. 가톨릭 농촌 마을에서 5명당 1명이 사라진 셈이다.

이 평균 수치들은 신뢰할 만하다. 사실 평균 수치들은 장기적인 추세에 관해서 잘 모아진 기본 수치들을 종합하고 있다. 76개 마을 가운데 14개 마을만 별도의 그룹을 형성한다. 그리고 1741년에 이들 14개 마을의 성체배령자 수는 루이 14세 시대(1657~1711)의 성체배령자 수와 같거나 더 많았다. 그리고 동일한 해인 1741년에 단지 10개 마을의 성체배령자 수가 다음 시대(1756~72)의 성체배령자 수와 같거나 더 많았다. 대부분의 본당 사목구——이전을 고려하느냐 이후를 고려하느냐에 따라, 60 또는 64——에서 1741년의 수치는 가장 낮은 수치였다. 그러므로 이 도표는 지방의 추세를 80퍼센트 정도 대표한다.

이처럼 본당 사목구 곡선들은 대체로 상호 일치한다. 그러나 이 같은 '교구 내적' 일치가 절대적 공시태(共時態)를 의미하는 것은 아니다. 물론 1741년의 인구 감소는 거의 어디에서나 아주 뚜렷하다. 인구 감소는 대체로 1677년, 특히 연안 지역에서 시작되었다. 1677년과 1687~90년 사이, 41개 본당 사목구에서 부활절 성체배령자 수가 줄어들었다. 13개 본당 사목구에서는 변함이 없었다. 그러나 두 시기에, 30개 본당 사목구에서는 루부아 시대에도 콜베르 시대의 인구 증가를 계속했다. 단지 1690년부터——어떤 경우에는 1700년 또는 1710년부터——이곳에서도 여타 40여 개 마을의 뒤를 이어 인구 감소가 시작되는데, 그 추세는 그 세기 중반에 최저점을 찍을 때까지 계속된다.

연대상의 약간의 차이는 나름대로 중요한 의미가 있다. 1675~80년부터 시작된 경제적 하락의 분명하고 단호하며 가파른 성격과 인구 감소의 주저하는 발걸음이 대조적이다. 인구 감소는 대체로 1680년부터 때로는 10년이나 20년 정도 늦게 시작되었다. 이러한 형태의 차이로써 우리는 유도 결과(인구)와 유도 요인(경제)을 구분할 수 있을 것이다. 그렇다고 해서 상호적인 인과관계, 반사적 충격 그리고 상호 연관성 등이 부정되는 것은 물론 아니다.

*

특징적인 변곡점들(1677년의 최대치, 1730~40년의 최소치)이 있는 교구 전체 곡선은 외부와도 일치하는가? 이 곡선은 가까운 카탈루냐나 프로방스 지방의 변화와 일치한다.

카탈루냐에서는,[8] 최후의 페스트(1650~54) 이후 15년 동안 인구 증가가 많았다. 이 시기(1655~70)에는 출생이 사망보다 많았다. 그런 다음, 정확하게 1677년부터 농경의 새로운 국면이 열렸다. 1680년대에는 한발이 잦았다(랑그도크에서처럼). 아프리카에서 뜨거운 열대 바람과 함께 메뚜기떼가 몰려와 우르헬과 세그리아의 밀을 먹어치웠다(메뚜기떼는 또한 그해에 카마르그의 곡물도 파괴했다). 전염병과 기근이 인구

---

8) Nadal, Giralt, 1960, 44, 45, 342, 343쪽; Gigot, 1960(인구 감소가 1690~1700년부터 시작된 프랑스령 루시용에 대해서).

를 강타했고, 그리하여 랑그도크의 세스농에서처럼 페네데스의 빌라프랑카에서도 인구가 감소했다. 이렇게 해서 생겨난 구멍은 계몽주의 시대의 인구 증가로 비로소 메워진다.[9] 프로방스에서도 1690~1725년경의 인구 곡선은 약간 내려갔다.[10]

카탈루냐, 랑그도크, 프로방스는 공동으로 반응했다. 리옹 만 연안의 모든 주민에게 적용되는 하나의 인구 연대표가 그려지는 것이다.

*

부활절 성체배령자 곡선들은 이전의 다른 연구에 일치성과 유효성만을 제공해주는 것이 아니다. 그것들은 또한, 경제의 차원에서 매우 중요한 몇 가지 점을 분명히 해준다. 왜냐하면 성체배령자들은 노동자였기 때문이다. 그들은 남성이건 여성이건 성인이었다. 그렇지 않으면 적은 임금을 받고 힘든 일을 할 수 있는 10세 이상의 생산적인 아이들이었다.[11] 그러므로 성체배령자 수의 감소는 선택적으로, 특히 경제 활동 인구, 잠재 노동자의 감소였다. 이러한 쇠퇴는 생산에 추가적 충격을 가했다.[12] 경제적 위기――기존의――는 그것이 야기시킨 인구 위기 때문에 그리고 점증하는 노동력 부족 때문에 더 심화되고, 연장되고, 고질적이 되었다. 결과가 원인에 다시 영향을 미친 것이다.

---

9) Vilar, 1962.

10) Baehrel, 1961. 이 책에서는 무엇보다도 활동 인구의 감소를 진단한다. 전체 인구는 호구 조사로 대략적으로 나타나는데, 이 기간(1698~1728)에 프로방스에서는 거의 변화가 없었다. 이는 다음 시대의 활발한 증가와 대조를 이룬다(Baratier, 1961).

11) 성체배령 연령에 대해서는 Toussaert, 1963, 160, 697쪽.

12) Baehrel, 1961.

*

하락 추세: 호적대장

호적대장에 근거한 지방의 곡선들은[13] 부활절 성체배령자들이 보여준 전반적인 경향을 확인해주기도 하고, 지역적으로 미묘한 차이를 드러내주기도 한다.

몽페루는 올리브 기름 생산자들의 마을이자 대황(大黃)을 운반하는 노새 몰이꾼들의 마을이었다. 이 노새몰이꾼들은 18세기에 로리앙이나 낭트에서 물건을 사다가 마르세유에 가서 팔았다. 몽페루에서 세례와 결혼 건수는 앙리 4세 이후 늘어나기 시작하여 1674~90년에는 최고치에 도달했다(1년에 50건 내지 60건의 세례와 10건 내지 15건의 결혼이 있었다). 1690년대에는 죽음이 많아지고, 인구 감소가 시작되었다. 세례와 결혼 건수는 1735~50년에 바닥으로 내려갔다가 마지막으로 루이 16세 시대에 다시 올라가기 시작했다. 결혼과 출생이 많아지고, 죽음이 줄어들었다.

세스농(몽타뉴 누아르 부근). 세례는 1655~85년에 최대치에 도달했다(그러나 이 시기 끝무렵부터 이미 죽음이 더 많아졌다). 결혼은 조금 더 후인 1680~1703년에 최대치에 도달했다(1년에 10건 내지 20건). 그런 다음 아주 뚜렷한 하락세를 보였다. 마담 맹트농*이 군림하던 시기에서 마담 퐁파두르**가 군림하던 시기까지 죽음의 곡선이 신생아의 곡선을 앞지르며 갉아먹었다. 루이 16세 시대에는 모든 것이 다시 출발하여, 이제는 출생자 곡선이 사망자 곡선을 압도하면서, 마치 가위처럼 둘 사이의 간격이 벌어졌다.

---

13) Gr. 4.

* Maintenon(1635~1719): 1683년, 루이 14세의 부인인 마리 테레즈가 죽은 후 루이 14세와 비밀 결혼을 올렸으며, 루이 14세에게 종교적인 영향을 많이 주었다.

** Pompadour(1721~64): 1745년 이후 국왕 루이 15세의 애첩.

앞에서 살펴보았던 비올-르-포르에서는 결혼 건수가 1700년에 감소하기 시작하여 1747년 최소치에 이를 때까지 계속되었다.

베지에 지방의 마을 바이양. 1635년과 60년 사이에 이미 아주 형편없던 세례 곡선은 1710년과 45년 사이에 최저로 떨어졌다. 동시에 콩푸아에서는 타유세 납세자 수가 줄었다(1637년 35명, 1750년경 25명, 1785년경에는 32명 아니면 33명). 그리고 맬서스적인 경제의 실행은 이 본당 사목구에서 인구 감소를 동반했다. 부지그——이 마을의 거친 황야*에 군데군데 조성되어 장기적인 휴한을 요하던 임시 경작지——의 일시적인 경작은 1611년, 그리고 다시 1778년과 1790년에 시행되었다. 그러나 그것은 인구 감소 물결이 드세던 1723년에는 완전히 버려졌다.[14)]

올롱자크에서는 하락세가 거의 감지되지 않는다. 1680~1750년의 결혼과 세례 건수는 이전 시기(1645~80)나 이후 시기(1750~90)보다 약간 줄었다. 그러나 전체적으로 인구 감소의 충격은 비교적 약했다.

저항의 극점들: 도시

이 같은 인구 감소에 대해 몇몇 부유한 마을, 활발한 산업 부문은 예방접종을 맞은 것 같았다. 소, 노새, 양, 포도주를 나르는 선박, 꿀 등이 충분했던 랑사르그가 한 예였다. 이 본당 사목구의 인구는 장기간의 타격을 받지 않은 채(앞서 보았듯이) 어려운 기간(1680~1740)을 넘겼다.[15)] 몽펠리에 교구에 속하는 마을의 20퍼센트 역시 랑사르그와 마찬가지로, 이 기간에 인구 감소를 잘 견뎌냈다. 그것은 인구 감소 추세가

---

* Puech Roudié, Roque audy, Travers del Causse.

14) AC Vaillan, CC, '부지그의 콩푸아.'

15) 이 책, 제2권, 339쪽. 랑사르그에는 이 지방의 다른 마을들에 비해 가축이 많았는데, 이에 대해서는 ADH, C, Vfct. 1734: "랑사르그 사람들은 농사용 가축이나 양이 충분했다: 다소 남을 정도였다."

다수적인 현상(농촌 본당 사목구의 80퍼센트)이었음을 말해준다. 그러나 그것은 전체적인 현상이 아니었다. 왜냐하면 마을의 백 퍼센트가 영향을 입은 것은 아니었기 때문이다. 소수이지만 거기에는 저항의 극점들과 보호받은 산업 부문들이 있었다.

예방접종된 지역으로는 도시 근교 지역이 있다. 인구 감소에 저항한 마을들은 대체로 주요 도시(몽펠리에) 인근 마을들이었다. 도시의 인구적 활기가 이들 마을의 삶을 지탱해주었던 것이다. 이 혜택받은 마을 사람들은 도시에 와서 일을 하거나 도시에 나무를 실어 날랐다. 그들의 여자들은 도시의 여자들을 위해 빨래를 하거나, 도시 아이들의 유모 노릇을 했다. 거기서 벌어들인 약간의 돈으로 이들은 다음 추수를 기다릴 수 있었고 위기에 맞설 수 있었다.[16)]

도시는 어땠을까. 도시들은 좋지 않은 시기를 잘 견뎌냈다. 항구 마을인 세트는 제로에서 출발한 마을로 1735년에는 3천 명의 주민을 헤아렸다.[17)] 몽펠리에는 1720년까지 인구가 계속 증가했으며 그후 1750년경까지 변함이 없었다. 직물, 양모, 군복 또는 소규모의 3차 산업을 하던 작은 도시들 — 로데브, 뤼넬, 베다리외 — 의 경우, 위기의 시기(1680~1740)에는 타유세 납세자의 수와 주민의 수가 변하지 않았거나 심지어는 약간 늘어났다.[18)] 도시의 이 같은 행복한 예외는 리옹 만 연안의 모든 도시에서 찾아볼 수 있는데, 때로는 규모가 컸다. 바르셀로나나 마르세유는[19)] 농촌의 인구 감소에도 끄떡없었으며, 1680년 이후의 인구 감소도 알지 못했다. 아마도 농촌 탈출이 그들의 인구 수를 유지해주었기 때문일 것이다.

---

16) ADH, C, Vfct. 1734: "주민 대부분(도시 근교 마을의)은 나무를 지고 나르면서 살았으며, 여자들은 몽펠리에 주민을 위해 빨래를 했다."

17) Dermigny, 1955, 10, 11쪽.

18) 이 책, 제2권, 379쪽.

19) Nadal, Giralt, 1960, 341~343쪽; H.C.M., IV, V; Baratier, 1961.

*

총생산과 농촌 인구

이러한 예외는 일단 유보해두고, 전반적인 추세로 다시 돌아가자. 두 가지 주요한 사실이 나타나는데, 하나가 다른 하나보다 먼저 일어났다. 1670년대 말부터의 총생산 감소와 1685, 1690, 1700년부터의 농촌 인구 감소. 먼저 일어난 것이 조절 기능을 한 것인가? 사실 인구는 축소된 경제의 제반 여건에 쉽게 적응하지 못한 것처럼 보인다.

*

경제와 농촌 인구의 변증법에서 농업 생산이 선행성(先行性), 유도적 역할을 했다고 가정하는 것은 새삼스러운 일이 아니다. 에르네스트 라브루스, 장 뫼브레, 피에르 구베르 등은 이미 이 문제를 상세히, 즉 높은 사망률과 결혼 · 수태(受胎)의 감소로 인구 부족을 야기시키는 단기적이고 극심한 식량 위기를 연구한 바 있다.[20]

이것은 단지——그 당시에는——곡물 기근의 경우에만 한정된 이론이다. 그렇지만 제한된 범위 내에서 이것을 확대하는 것이 불가능한 것 같지는 않다. 그러면 그것은 구체제 시대의 전반적인 인구를 정확히 짚어보는 데 도움을 줄 것이다.

그래프를 통해서 다음과 같은 점을 규명할 수 있을 것이다. 두 종류의 도표는 농촌 세계에서 총수입 곡선들(1650년에서 18세기까지의 몽펠리에, 베지에, 나르본)과 인구 곡선(1657~1772년의 몽펠리에 교구) 사이에 일치성이 존재했음을——인구의 무기력증 때문에 연대상의 차이가 있기는 하지만——보여준다.[21] 한 곡선의 굴곡은 시간적으로 뒤늦

20) Labrousse, 1943; Meuvret, 1946; 포괄적인 설명으로는 Goubert, 1952, 1960.

21) Gr. 23과 Gr. 5.

게 다른 곡선들에 부응한다. 상승세와 하락세, 최고치와 최저치가 서로 일치하는 것이다. 총수입의 하락은 일정 기간 후에 인구 하락을 유도한다.

고전적인 이론들에 비해, 우리가 시도하는 일반화는 원칙적인 면에서 다음과 같다.

우선 우리는 곡물(곡물은 어쨌든 결정적인 역할을 한다)에서 출발하여, 실질 농업 수입의 장기적인 '추세'를 보여줄 수 있도록 균형 잡히고 보완된, 농업 생산 전반으로 일반화시킬 것이다. 이제 '밀'의 수확과 공급의 극히 변덕스러운 곡선만이 선도 곡선은 아니다. 이 곡선을 포괄하는 곡선으로서, 모든 형태의 생산자와 모든 카테고리의 생산을 총합하는 실질 농업 수입의 주축 곡선도 선도 곡선이다.

둘째로, 우리는 상업화된 경제에서 농촌 경제 전반으로 일반화시킬 것이다. 여기에는 가족적이고, 부권적이며, 자가소비적인 단위들, 대영지들, 독립적이거나 부수적인 조각 땅들, 현물로 지급받는 하인들이 포함된다.

사실 자주 입증되었던 고전적인 개념은 밀 가격의 유일하고도 매우 중요한 중재에 대해 강조했는데, 이는 매우 정당하다. 이런 관점에서 보면, 1740년경까지 '인구는 곡물 시세의 딸이었다.' 직조공과 날품팔이꾼을 배고픔과 영양실조와 각종 질병으로 죽게 만든 것은 다름 아니라 지나치게 높은 곡물 가격이었다. 그리고 약혼자들이 제단*을 피하고, 부부들이 동침을 피하거나 이들에게 피임을 하도록 한 것도 바로 이것이었다. 임신부와 유모를 허약하게 만들고, 그리하여 태아와 신생아를 대신 죽게 만든 것도 빵 부족이었다.

우리의 개념(기근으로 인한 단기적이고 우연한 하락을 포함한 총생산의 장기적인 하락이 지배적인 사실이라고 보는)에서 가격이 중요성을 상실하는 것은 아니다. 그러나 가격만이 이유가 되는 것은 아니다. 왜냐

---

* 결혼.

하면 총생산의 장기적인 하락은 실제적이거나 가능한 무수히 많은 중재로, 심지어는 밀의 가격이 매우 낮은 시기에도 그 장기적인 하락 때문에 가난해진 모든 사람――덜 생산하거나 덜 벌기 때문에 자기가 생산한 식량을 덜 소비하고, 다른 사람이 생산한 식량을 덜 구입하거나 덜 교환하며, 생활수준이 하락한――의 인구학적 태도에 영향을 미칠 수 있기 때문이다. 장기적인 하락은 생리적으로(빈곤) 또는(그리고) 심리적으로 그들에게 영향을 미친다. 그것은 그들의 조혼(早婚) 경향을 감소시키고, 아이를 가지려는 의지나 능력을, 특히 여자 측은 끝까지 임신 상태를 유지할 능력을 꺾어버리며, 이주하지 않으려는 마음을 약화시킨다.

세 번째 유형의 일반화는, 인구 위기에 대한 고전적인 이론에 보편적인 범위를 부여하는 것이다. 우리는 단기――한두 해의 곡물 부족――에서 장기지속으로 일반화시킬 것이다, 장기간에 걸친 총생산의 농업 추세.

이론의 근간은 라브루스, 뫼브레, 구베르와 동일하다. 이 저자들이 보기에, 농업 공급의 감소는 죽음의 지배력에 의해서, 삶의 거부에 의해서 인구 하락을 야기시켰다. 그러나 이들에게는 이 같은 현상은 흉작에 뒤이은 비극적인 몇 년의 짧은 기간 안에 죄어 있었다.

그런데 현물 십일조이건 현금 십일조이건, 십일조는 몇 계절이나 몇 년뿐만 아니라 몇십 년 심지어는 반세기나 그 이상 동안 지속된 농업 생산 감소를 진단할 수 있도록 해준다. 이 같은 장기적인 퇴조는 인구를 갉아먹는다. 왜냐하면 그것은 더욱 빈번한 기근으로 점철되며 항구적으로 빈곤을 동반하기 때문이다.

요컨대 인구사가들은 밀 품귀, 빵값 상승, 단기적인 위기로 인과관계를 설명했다. 우리는 그들의 여전히 유효한 분석에다가 다음 사항들을 더할 것이다. 총생산의 전체, 중상주의적이고 자연적인, 전반적인 경제, 마지막으로 장기지속.

*

왜 그렇게도 많이 죽었나?

이 같은 관점에서 보면, 본질적인 문제는 구체적인 매개물(媒介物)들의 문제다. 경험적으로, 확인된 사실의 차원에서, 어떻게 농업에서 인구로, 총생산에서 농촌 인구로 넘어갈 것인가?

가장 간단한 매개물은 죽음이다. 몽페루, 세스농에서 인구 감소 국면들(17세기 말, 18세기 초)은 죽음으로 쑥밭이 되었으며 사망이 출생을 이긴 적자(赤字)의 해로 점철되어 있다.

무엇 때문에 죽었을까? 더 정확히 말해, 무엇 때문에 그렇게 많이 죽었을까? 최악의 경우에는 배고픔 때문에, 대개는 영양실조나 영양결핍 때문에 죽었다. 이러한 형태의 죽음은 밀이 부족하던 시기에, 그리고 가장 가난한 서민들(날품팔이꾼, 직조공)에게 빈번했던 것으로 보인다. 예컨대 1677~80년, 랑그도크와 카탈루냐에서 기근은 인구 감소의 시동을 거는 역할을 했다. 내가 확인한 바에 따르면, 이 지방의 어느 본당 사목구에서[22] 두 차례, 즉 1678년과 1680년에 많은 죽음이 있었다.

이곳에서는 정상적인 해에는 5명의 아이를 포함해서 19명의 사망자가 있었다. 그러나 기근의 해(1679년 6월~1680년 6월)에는 갓난아이나 5세 미만의 아이 15명을 포함해서 58명의 사망자가 발생했다. 어른들의 높은 사망률은 매우 인상적이다. 그리고 이렇게 영양실조로 죽은 어른들 가운데에는 중앙 산악 지대 출신의 목동이나 농장 일꾼이 많았다. 불운한 이곳의 주민인 이들은 실직과 구걸을 밥 먹듯 하다 그 지역 토착민들의 무관심 속에서 굶어 죽은 것이다. 마찬가지로 1692~94, 1696~1700, 1709~10, 1711~12년에도[23] 인간 수확*이 곡물 수확 부족에 뒤이어 일어났다. 1709~10년에 많은 사람이 죽었다. 랑그도크의 가난한 사람들 가운데 일부가 죽음을 모면한 것은 겨울이 지나 파종한 조, 무, 채소(잠두) 덕분이었다. 최악의 경우에 그들은 풀, 개밀빵 그리

---

22) An. 19(Lansargues).

23) Gr. 4.

* 죽음.

고 양의 내장을 먹었다.[24)]

루이 14세의 치세 후반기, 즉 1680년대부터 기아와 식량 부족이 역습했다고 보는 것은 타당한 것 같다. 왕국의 북부와 중부에서 1694년과 1709년의 기근은 비교적 곡물 공급이 양호했던 30년간이 지난 후에 닥친 것이었다. 남부의 기근 연대표도 약간의 차이가 없지는 않지만 거의 비슷한 경향을 보여준다. 이렇게 식량 공급의 어려움이 늘어난 것은 다른 무엇보다도 총생산의 장기적인 하락 때문이다. 농업 생산이 충분할 경우, 한두 해의 흉작은 별 영향을 미치지 않는다. 그러나 보통의 해라도, 이미 생산이 고질적으로 허약해진 상태에서 흉작이 닥치면 그것은 엄청난 피해를 준다.

*

기아가 모든 것을 설명하지는 못한다. 전혀 그렇지 않다. 사람들은 기근의 해에 창궐하는 전염병 때문에 더 죽었다. 영양 상태가 좋지 않은 사람들은 전염병의 좋은 매체였다. 왜냐하면 그들은 병원균에 약하기 때문이었다. 거의 언제나 식량 위기는 폭군과도 같은 예측 불허의 전염병을 동반함으로써 증폭되었다.

시랑의 신부인 미셸 랄랑드는 기아와 전염병이 손잡고 자기의 마을을 강타한 1693~94년을 묘사했다.[25)] 1694년 8월 3일, 자연은 7~8년 전

---

24) 쇼보 자료, '기근' 문서; 몽펠리에 종합병원 고문서, 1709~10년의 회계, 특히 1709년 10월 2일, 1710년 4월과 5월; d'Aigrefeuille, éd. 1885, II, 1709~10년; AC Gignac, BB 29, 1-9-1709: "주민들은 파종할 밀도, 한 달 이상 버틸 밀도 없다"; Blazin, 1896, 225쪽(아질라네 공동체의 회의록 인용, 1710년 11월 19일): "지독한 기근(1709~10). 하나님의 섭리로 비가 충분히 내렸고, 겨울(1709~10)이 따뜻해서 밭에 풀이 많이 자랐다. 사람들은 굶어 죽지 않으려면 그 풀로 연명하지 않을 수 없었다"; 또한 Puech, 1884, 304, 305쪽에 인용된 보렐리(님)의 일지 참조.

25) Lalande, éd. 1898, 23~26쪽(시랑: 생-퐁스 교구의 한 본당 사목구).

부터 전쟁, 불모의 농업, 전염병 때문에 불구가 되었다고 그는 기록했다. 1694년에 "기아는 사상 유례없는 피해를 입혔다." 주민들은 집에서 아버지가 죽고, 어머니가 죽고 또는 아이들이 죽어가는 모습을 지켜봐야만 했다. 그후 그들은 그 저주받은 중앙 산악 지대나 루에르그의 마을을 떠났다. 고향을 등진 뒤 사람들의 동냥으로 고된 삶을 살아가던 그들은 '해골이나 유령'처럼 보일 정도였다. 그들은 돌아다니면서 전염병을 퍼뜨렸다. 특히 '가벼운 불처럼' 모든 집을 방문한 자반병(紫斑病) 환자들은 "종종 그 집에 사는 사람 모두를 전염시켰다." 나르본 지방에서는 이 때문에 많은 사람이 죽었고, 새로운 묘지가 많이 들어섰다. '어머니와 태아'를 한꺼번에 죽인 유산(流産)이 많았던 것도 그 때문이었다.

기아와 질병은 이런 식으로 결합해서 가난한 마을을 선택적으로 강타했다. 가브리아크에는[26] 콜베르 시대에 스물아홉 가족이 있었는데, "그 가운데 여덟 가족은 매우 가난했다." 이 비율은 그 시대의 빈곤 비율에 비해서도 높았다. 1704~1708년, 이곳에는 불과 열네 가족에 80명 내지 100명의 성체배령자가 있었으나, 20년 전에는 150명 내지 160명이 있었다. 세기말의 엄청난 사망률은 위력을 떨쳤다. 죽음은 환자와 가난뱅이를 쓸어갔다. 상황은 비바레같이 가난한 산간 지방, '버려진 마을'에서도 같았다. 알비 지방에서는 1686, 1694년에 기근, 특히 '악성 열병' 때문에 작은 마을의 토지 노동자들과 주민들이 수없이 죽어나갔다.[27]

*

---

26) 가브리아크 또는 생-테티엔-뒤-루에(에로): 주교 사목 순시 기록대장에 의거(An. 18 참조).

27) "1686년과 1694년의 악성 열병 때문에 아노네 도시 주민들이 너무 많이 죽어서 1694년 5월에는 2,800명밖에 남지 않았다"(Mazon, 1890, 87쪽에 인용된 투르통의 일지); 알비 교구: "흉작과 토지 노동자들의 엄청난 죽음 때문에 이곳은 비참한 상태다"(PV, 1696년 10월).

기근이나 곡물 품귀의 해가 아니어도[28] 총생산의 하락으로 심해진 고질적인 가난은 질병과 사망의 좋은 서식지가 되었다.

전형적인 것은 여름의 높은 사망률이었다. 누구나 알고 있듯이, 지중해 연안 사람들은 세균이 득실거리는 수렁에 발을 디디고 살았기 때문이다. 썩은 물, 타는 듯한 공기, 모기, 불결함, 가난, 달리 말하면 말라리아와 중독.

여름의 높은 사망률은 종종 곡물 시세와 무관했으며, 식량 위기와도 별개였다. 그것은 기근이 닥치지 않더라도 뜨거운 여름이 덮치면 빈곤을 바탕으로 기승을 부렸다. 그것을 밝혀주는 곡선은 치명적인 여름에 종종 매우 낮았던 밀 가격 곡선이 아니라 조기 수확을 보여주는 포도수확일자 곡선이다. 이것은 악성 열병이 돌기 좋은 뜨거운 계절이었음을 알려준다. 1730년의 랑사르그에서 분명히 그랬으며,[29] 1705~1707년 세스농에서도 그랬던 것 같다.

이 3년 동안 어떤 위험 징후도 보이지 않았다. 곡물은 비싸지 않았다(베지에에서는 스티에당 7리브르였다). 세례 곡선과 결혼 곡선도 잘 유지되고 있었다(이 곡선들은 곡물 가격이 앙등한 1709~11년이 되어야 떨어진다). 그러나 사망자 곡선은 위험스러울 정도로 올라갔다. 바로 뜨거운 여름 국면에 접어든 것이다(포도수확일자). 1700년에서 20년 사이에는 1년 평균 40명의 사망자가 발생했지만 1705, 1706, 1707년에는 각각 60명, 70명, 80명이 죽었다. 몽페루와 올롱자크에서도 마찬가지였다. 1706년의 혹서는 밀 값이 별로 오르지 않았는데도 평년 사망자보다 10여 명의 사망자를 더 발생시켰다.[30]

그러므로 전염병은 기근에서 올 수도 있고 전혀 독립적으로 발생할

---

28) Chaunu, *Annales* E.S.C., 1962년 11월~12월, 1163쪽.

29) Gr. 4와 Gr. 1(포도수확일자); '높은 여름 사망률'의 전반적인 문제에 대해서는 Biraben, Henry, 1957.

30) Gr. 4.

수도 있다. 전염병은 또한——세 번째 가능성으로서 두 번째 가능성의 흥미로운 변형이다——기근에 앞서 옴으로써 전염성 토양을 준비한 다음, 기근이 닥치면 기근-전염 변증법의 효율성을 가공할 정도로 높여주었다. 몇몇 마을(랑사르그)이 그러했는데, 이곳에서는 치명적인 전염병이 두 해 동안(1707, 1708) 맹위를 떨친 다음 추위, 기근, 추운 겨울(1709~10)의 높은 사망률이 이어졌다.[31] 전체적으로 이 마을의 인구는 그래서 1707년에서 11년 사이에 크게 줄어들었다. 더 광범위한 차원에서 남부로 가면, 카탈루냐 전역이 1705년에서 10년 사이에 커다란 인명 손실을 겪었다. 유혈적이며 전염적인 전쟁, 혹서의 여름, 혹한의 겨울, 기근과 질병 등 다양한 원인들이 한데 어울려 비극을 만들어낸 것이다.[32]

*

영양 상태가 좋지 않은 사람들의 위경련, 여름에 퍼지는 중독증 환자들의 설사와 구토 같은 '소화기' 관련 질병에다가 또 다른 기관의 질병으로 폐질환을 더해야 할 것이다. 이것은 쇠약해진 삶의 결과인가? 병발(併發) 질병인 결핵은 언제나 빈자들을 죽음으로 내모는 주범이었다. 그리고 이 시대의 사람들은 지중해성 기후에 살면서도, 기관지와 폐가 약했다. 남부 지방의 인구에 전환점을 예고한 1676년 겨울, 몽펠리에의 교회에서는 기관지 환자들의 소음 때문에 견딜 수 없을 지경이었다.[33] 누구는 기침하고, 누구는 헛기침을 하는데, 런던에서만큼이나 시끄러웠다(런던에서는 신도들이 설교 중에도 후안무치하게 옆 사람에게 가래침을 뱉었다).[34]

---

31) Gr. 4.

32) Nadal, Giralt, 1960, 22, 23쪽. 그후 계속된 카탈루냐 지방의 '인명 손실'에 대해서는 Vilar, 1962, II.

33) Locke, éd. 1953, 114쪽.

이런 기관지—폐 질환은 이따금 늪지대의 복합적인 질병으로 기록되었다. 18세기에도 인구가 절반으로 줄어든 저주받은 도시 에그모르트에 1670년과 1730년 사이에 재앙을 몰고 왔던 악성 열병에 이어 1740년과 44년 사이에는 늑막염이 닥쳐왔다(론 강의 델타가 병에서 치유되려면 생활수준이 나아지고 해열제가 개발된 19세기를 기다려야 했다. '키니네와 냄비'가 카마르그를 구한 것이다).[35)]

전염병, 가난한 사람들의 영양실조, 노인들의 늑막염, 아이들의 여름 중독 등은 변덕스러운 죽음의 발레에서 한데 어울렸다. 1693년 6월에서 1694년 3월까지, 그 유명한 기근이 들었던 수확 연도의 몽타냐크를 보라. 밀 가격은 비교적 높았고, 죽음은 세 배로 늘어났다(65명에서 170명으로 급증했다). 세 배의 죽음은 정확한 순서로 진행되었다. 먼저 아이들이 6월부터 죽었다. 그것은 여름의 높은 사망률이었다. 기침하는 노인들이 어린아이들의 뒤를 이어 무덤으로 들어갔다. 그들은 겨울을 견뎌내지 못하고 12월에서 3월 사이에 많이 죽었다.[36)]

*

마지막으로 남은 것은 세기말의 미지의 병 천연두다. 인구가 요동쳤던 1670~80년, '붉은 죽음의 유령'이 중요한 역할을 했던 것으로 보인다. 텍스트는 많지 않지만 시사적이다. "엑스와 아를은 천연두에 전염되었다"고 세비녜는 썼다(1671년 크리스마스). 그녀는 또한 1672년 2월 17일 자기 딸에게 걱정 섞인 편지를 썼다. "너도 알겠지만 엑스에는 천연두가 기승을 부리고 있단다. 공공장소는 피해라. 아주 무서운 병이

---

34) Pepys, éd. 1948.

35) 한 해 동안(1675), 에그모르트에 주둔하고 있던 부대 병력 35명 가운데 18명이 열병으로 죽었다(Locke, éd. 1953, 62쪽); 18세기에도 에그모르트의 인구를 감소시킨 여러 가지 전염병에 대해서는 Bousquet, 1922.

36) An. 19.

다.” 1672년 4월 6일: “나는 프로방스의 병 때문에 겁이 나는구나. 다른 아이가 대신 죽음으로써 너의 아이가 천연두에 걸리지 않은 것이란다.” 그리고 1672년 4월 13일과 15일: “천연두: 랑베스크에 가서 전염된 공기를 마시지 마라.” “천연두 〔……〕 나는 네가 랑베스크에 가는 것이 두렵다.” “아름다운 너와 어린 폴린이 랑베스크에 가서 그 무서운 천연두에 노출되지 않았다니 장하구나.” 그녀는 또 “임신하지 마라, 천연두에 걸리지도 마라”라고 썼다. 천연두와 임신은 딸을 생각하는 어머니의 두 가지 걱정거리였다.[37]

인구가 하락세로 돌아선 1670~80년경, 남부 프랑스에는 천연두가 기승을 부리고 있었을까? 아마 그랬을 것이다. 에이라그(프로방스)의 호적대장은 이 점에 대해 아주 시사적이다. 에이라그에서는 사망자 곡선이 1670~75년 사이에 급상승했다. 밀 시장이 이때만큼 안정된 적도 느긋했던 적도 없었다. 기근의 기미는 전혀 없었다.[38] 그러므로 1671~72년의 많은 죽음은 순수 전염병으로 설명할 수 있다. 그것은 아마도 같은 기간에 그리냥 부인과 세비녜 부인 같은 사람들을 겁나게 했던 천연두였을 것이다.

20년 뒤인 1693년, 기근 때문에 이미 병약해진 신체기관을 마치 가벼운 불처럼 파고든 것은 자반병(紫斑病,[39] '천연두의 자반'?[40] 홍역? 티푸스?)이었다. 1709년, 기근과 천연두 사이의 상관관계를 보여주는 사건을 보자. 제므레 뒤발――몹시도 추웠던 겨울의 어린 거지――은 가난하고, 먹을 것도 없고, 불도 없이 지내다가 천연두에 감염되었다. 그는 1709년에 겨우 외양간에 거처를 마련할 수 있었는데, 이곳에서 양의 입김과 거름의 열기 때문에 목숨을 건질 수 있었다.[41]

---

37) Sévigné, 「편지」, 해당 날짜.

38) Baehrel, 1961, 『도표』.

39) 이 책, 제2권, 351쪽. 자반병의 성격에 대해서는 뫼브레와 비라방 박사가 연구했지만 완전히 밝혀지지는 않았다.

40) Littré 사전, 'pourpre' 항목에 따르면 생-시몽과 세비녜가 사용한 표현.

그러므로 붉은 반점이 수반되는 죽음은 총수입이 줄어든 시기(1680~1720)에 가난한 사람들을 공략하던 각종 전염병, 유독한 꽃다발 속에 자리 잡았던 것이다. 그리고 천연두는 페스트라는 거의 사라진 병이 남겨놓은 빈 공간을 차지했기 때문에 그만큼 더 악명이 높았다. 이는 다른 나라에서도 발견되는 계주 현상이다. 예컨대 런던에서 그러했는데, 페피스도 연대적인 연속성을 기록하고 있다. 페스트가 끝나자(1666), 1668년의 극심한 천연두.[42]

*

전반적으로는 어두운 편이지만 그래도 유일하게 '낙관적인' 사실은 페스트가 사라졌다는 것이다. 1653~55년의 페스트——페스트는 많은 도시에 시련을 남겼고 반타작 소작지를 텅 비게 만들었으며, 부랑민들은 여기에 있는 철물을 뽑아갔다——는 랑그도크에서도, 카탈루냐에서도 마지막 페스트였다. 1655년 7월의 사례가 마지막으로 확인된다. 이탈리아의 페스트(1656~57)는 프로방스 연안을 스치면서 아그드에서 몇 명의 희생자를 냈다. 그러나 그것은 연안 지방에 머물러 있었을 뿐 랑그도크의 내륙으로는 전혀 '침투'하지 못했다. 마찬가지로 1663년의 알제리 페스트도 툴롱에 잠깐 출현했을 뿐이다. 지중해 연안의 다른 지역은 조용했다. 그리고 잘 알다시피, 마그레브에서 온 페스트는 지브롤터 해협을 타고 해상 여행을 하면서 암스테르담과 런던(1665)을 감염시켰을 뿐, 프랑스, 이탈리아, 에스파냐 같은 라틴 대륙 국가는 건들지 않았다.[43]

그러므로 1665년 이후 프로방스와 랑그도크에서 페스트는 순전히 연안성, 항만성 전염병의 성격을 지녔다. 내륙의 농촌 사회는 더 이상 감

---

41) Easton, 1928, 120쪽.

42) Pepys, éd. 1948, 341쪽.

43) 이 마지막 발병에 대해서는 Gr. 10과 An. 17.

염되지 않았다. 대륙의 모든 풍토성은 사라졌다. 땅이 점진적으로 정화된 것일까?[44]

최후에 다시 나타난 페스트——매우 오랫동안의 소강상태 후에 나타난 1720년의 마르세유 페스트——도 이러한 '해양적' 유형에서 벗어나지 않았다. 도시적이고 항구적이었던 이 페스트는 제보당에 잠깐 출현했을 뿐이다. 랑그도크의 다른 지역에서는 겁만 냈을 뿐 아무 일도 없었다. 사람들은 한동안 비누 사용을 금하고, 마르세유에서 오는 편지를 소독했을 뿐이다.

간단히 말해, 1655년 이후 랑그도크 지방의 보통 사람들에게 페스트는 나쁜 기억, 할아버지의 옛날이야기에 지나지 않았다. 이제 14세기 이래 자리 잡아온 페스트 심리가 종식되었다. 이 심리에는 집단적인 죽음의 강박관념, 죄의식[45](페스트는 죄에 대한 벌이라는) 그리고 보카치오(피렌체, 1348)에서 새뮤얼 피프스(런던, 1665)에 이르기까지 나타나는 성적 향락의 고삐 풀린 보상 의지 등이 뒤섞여 있다. 이 같은 망탈리테는 페스트 시대가 끝나면서 사라지고 대신 좀더 평온한 감정——안전이 불안을 이기는——에 자리를 내주었다. 이러한 감정은 근대 정신의 복합적인 구성 요소 가운데 하나다.

그러나 페스트의 소멸이 반드시 행복한 결과만을 가져다준 것은 아니다. 이상한 사실은, 페스트의 소멸(사실상 1660년대부터) 이후인 1680년경에 랑그도크, 프로방스, 카탈루냐에서는 인구 하락이 시작되었다는 점이다. 페스트가 기승을 부릴 때 페스트는 인간 생명을 구했다는 역설적인 말을 해야 하는가? 이 재치 있는 이야기 속에는 진실의 일면이 들어 있다. 왜냐하면 페스트는 3세기가 넘도록 사람들 곁에 눌러앉아 있으면서 고통의 오랜 동반자가 되어버렸기 때문이다. 페스트의 참해는

44) 이것은 Girard, 1964에 언급된 최근의 연구서들이 제기한 문제다.

45) 죄의식, 속죄 의지 등은 1627~29년의 반란과 페스트 이후 『빌프랑슈 연보』(*Annales de Villefranche*)에 실린 여러 텍스트에 분명히 나타나 있다 (카브롤 편, 1860, vol. II, 해당 연도의 텍스트들).

끔찍했지만 제한적이었다. 사회는 이미 어느 정도 그것에 면역돼 있었다. 그러다가 페스트가 사라지면서, 덜 강렬하지만 더 지속적인 질병들에게 자리를 넘겨주었다. 이렇게 해서 정체를 드러낸 질병들은 배턴을 이어받은 후 무서운 힘을 발휘했다(20세기에도 그러하다. 티푸스나 결핵이 물러나자 암과 심장 질환이 가면을 벗어던지고 사망자 통계를 늘려가고 있는 것이다).

계주하는 질병들(첫 번째 계주자에 대해서는 이미 언급했다)인 천연두와 말라리아. 늪지 말라리아의 커다란 사이클──랑그도크 연안 마을, 서부 지중해 해안 지방,[46] 특히 로마 주변 농촌의 폐가들──은 페스트가 사라진 이후에 극성을 부렸다. 그것이 가장 심했던 시기는 17세기 말과 18세기 초였다. 그것은 나쁜 생활 환경에 뿌리를 내렸다. 그러나 그것이 기승을 부린 것은 아마도 부분적으로는 페스트가 사라졌기 때문일 것이다. 사실 늪지대에서 질병에 취약했던 사람들은 더 이상 전국적인 유행병의 피해를 입지 않았다. 대신 그들은 전보다 더 많이 말라리아에 걸리거나 이 병의 감염에 필수적인 숙주, '바이러스 저장소'가 됨으로써 최종적으로는, 주변 사람 모두를 감염시켰다.

*

전체적으로 장기적인 추세를 결정한 매개체는 죽음이었다. 17세기 이탈리아(G. 알레아티가 연구한 파도바)에서 사망률의 상승(수치화된), 평균 수명의 감소(1610년대에는 30세, 1620~30년경에는 26세, 1675년경에는 23세) 등이 인구 감소를 설명해준다.[47] 랑그도크에서도 마찬가지였다. 이베트 방 사뭉이 블라냐크 마을에 대해 연구한 바에 따르면 성인들의 평균 수명(유아 사망을 제외한)은 1700년경에 최소치(45세)로

46) 로마 평원에 대해서는 Zuber, 1964.
47) Felloni, 1960에 따르면 G. Aleati.

떨어졌다.[48] 이 평균 수명은 18세기 중반에 서서히 올라갔다(56세로). 한편 17세기 후반에 이 마을의 사망률은 대단히 높았다(38.21퍼센트). 출생률(38.59퍼센트)과 거의 비슷하기 때문에 위험했던 이 비율은 18세기 말에는 랑그도크의 전 지역에서 합리적이고 낮은 수준(26퍼센트에서 33퍼센트 사이)으로 떨어졌다. 반면 랑그도크 지방에서의 출생률은 1770~90년경 37퍼센트나 38퍼센트의 아주 높은 수준을 유지했다.[49]

랑그도크 지방에서 나르본과 툴루즈에 있는 본당 사목구들의 인구에 대한 J. 고드쇼와 S. 몽카생의 연구는 이 같은 최초의 결과들을 부연해 준다.[50] 이들에 따르면, 20세에서 60세에 이르는 젊은이와 노인 등 성인의 평균수명은 1700~30년경에 최소치로 떨어졌다. 반대로 평균수명은 1770년경 이후 생활수준이 높아지면서 서서히 올라갔다. 이제 인구 과잉이 자리 잡을 기세였다. 죽음, 죽음이라고 하는 사건이 바로 선도 요인이었던 것이다.

더 정밀한 진단을 해볼 수 있다. 18세기 초의 인구 감소가 높은 유아 사망률과 관계가 있다고 한다면, 루이 14세 시대의 인구 감소를 어린아이들에 대한 위생 불량 탓으로 돌릴 수 있을 것이다. 그러나 실제로 젖먹이들의 대량 사망은 프랑스 혁명 때까지 변함없이 계속되었다. 유아와 청소년들의 사망률은 거의 변하지 않았다. 사실 고드쇼가 증명하고 있듯이, 1730~40년경까지 인구 감소를 일으킨 것은 지나치게 높은 성인 사망률이었다.[51] 그러므로 사회경제적 요인이 의료문화적 요인을 압

48) Blaquière, 1960, 21쪽에 요약된 Yvette Ben Samoun, *Démographie de Blagnac dans la première moitié du XVIIIe siècle*.

49) Le Roy Ladurie, 근간.

50) Godechot, Moncassin, 1964.

51) 빌무스토수에서 '젊은 성인들'(20세에서 29세)의 사망률은 1700~30년 125퍼센트에서 1731~60년에는 52퍼센트로, 1761~92년에는 81퍼센트로 변했다. '늙은 성인들'(39세에서 60세)의 사망률은 1700년에서 60년 사이에 거의 변함이 없다가 1761년부터 낮아졌다. 페피외에서, 40대(40세에서 49세)의 사망률은 80퍼센트(1700~29)에서 50퍼센트(1730~49), 40퍼센트(1760~89)로 떨어졌다.

도했던 것이다. 직접적으로든 간접적으로든 성인들을 죽인 것은 위생에 대한 단순한 무지(이것은 특히 젖먹이들에게 치명적이었다)보다는 가난, 실업, 식량 부족 등이었다. 전반적인 경제의 하락(여기에는 여러 원인이 있다), 간단히 말해 총생산의 쇠락은 1680년 이후의 과도한 사망을 설명해주는 합당한 매개체다.

*

만혼? 산아 제한?

젊어서부터 죽음의 공격을 당한 이들 1700년의 성인들은 이미 삶을 조절할 줄 알았을까? 구체제의 폭발적인 인구에서 우리 시대의 조절된 인구로 이행을 시작한 것일까? 산아제한이 1680~1740년경의 인구 침체에 대해 부분적이나마 책임이 있는 것일까?

사실 개별적이고 고립적인 행위인 산아제한이 알려지지 않았던 것은 아니다. 우선 그것은 유아 살해나 매우 뒤늦은 유산 등과 같은 스파르타식의 거친 형태로 나타났다.[52] 16세기 초에 이 같은 행위는 아주 죄악시되었으며 교수형에 처해졌다(1520년, 신생아를 우물에 빠뜨려 죽인 한 베지에 여인의 경우). 반대로 그후에는 망탈리테가 꽤 관용적으로 변했다. 1600년경, 세벤 지방의 장로회의는 유아살해자에게 벌금을 물리고 말았다.

이러한 사실들은 어떤 심리 상태를 보여주긴 하지만 아직 통계적인 중요성은 없다. 왜냐하면 늙은 루이 14세 시대에 랑그도크 지방의 다산성(多産性)은 위기를 비웃고 있었기 때문이다. 그것은 어느 때보다도 높았으며, 심지어 인구가 다시 증가하기 시작하던 18세기 말보다도 약간 더 높았다. 고드쇼와 몽카생의 연구에 따르면 1700~35년 레비냐크의

---

52) 『베지에 시(市) 연대기』(*Chronique consulaire de Béziers*), éd. 1839; Dainville, 1932.

출생률은 40퍼센트, 1708년경 페피외의 출생률은 50퍼센트, 1701~1709년 라바의 출생률은 37퍼센트였다. 방 사뭉에 따르면 1621~99년 블라냐크의 출생률은 38퍼센트였다. 이것은 15세기 아시아, 아프리카, 심지어는 남아메리카의 출생률에 해당하는 것이다.[53] 그런데도 1700년경에 인구가 줄었거나 정체 상태였다면, 그것은 기본적으로는 출생 부족 때문이라기보다는 출생률은 높았지만 지나치게 일찍 많이 죽었기 때문이다.

*

인구는 죽음으로 조절되었다. 인구는 출생을 거의 조절하지 못했다. 그러면 만혼이라는 교묘한 방법으로 합법적인 수태(유일하게 문제가 되는 것)[54]를 부분적으로나마 조절할 수는 없었을까? 이 경우 인구 감소는 생리적인 빈곤만이 아니라 더 복잡하고 '문화적인' 방식으로, 약혼자들의 신중한 태도로도 설명할 수 있을 것이다. 위기에 직면하여 저축도 없고, 직업도 없고, 생계 수단도 없던 이 약혼자들은 늦게 결혼하는 것이다. 일반적으로 피임을 하지 않고 2년마다 아이를 낳던 결혼 생활에서,[55] 결혼이 2년 늦어지는 것은 아이 하나를 덜 갖는 셈이다.

사실 얼마든지 상상할 수 있는 일이다. 세스농의 경우,[56] 1700년까지 결혼 건수는 변함이 없었던 반면, 17세기 말에 출생은 줄어들었다. 그 같은 불균형은 젊은 부부의 높은 사망률로, 또는 조심스럽게 시도된 피임으로, 또는 마지막으로 (이것은 르네 배렐의 주장이다) 체계적으로 행해진 만혼 정책으로 설명할 수 있을 것이다.

---

53) Godechot, Moncassin, 1964; Blaquière, 1960에 인용된 Ben Samoun.

54) 구체제 시대의 랑그도크에서 비합법적인 출생률은 매우 낮았다. 평균 0.5퍼센트(고드쇼, 몽카생, 1964).

55) Goubert, 1960.

56) Gr. 4.

그러나 그러한 상황이 일반적인 것은 아니었다. 인구가 감소한 (1680~1740) 또 다른 마을인 몽페루의 경우,[57] B/M(B: 세례 건수, M: 결혼 건수)의 비율은 그 나쁜 기간 중에도 1 대 5로 거의 변함없었다. 따라서 이 경우의 인구 감소는 늦게 결혼하여 아이를 적게 낳았기 때문이 아니었다. 게다가 일반적인 현상은 랑그도크에서의 혼인율(만혼 풍조가 일반화된다면 이 비율은 떨어질 것이다)은 사실 18세기 후반보다 18세기 전반에 더 높았다는 사실이다.[58] 그러므로 혼인율이 높았음에도 인구 감소 현상이 지배적이었던 것이다. 물론 1700년에서 1730년 사이에 만혼은 많았다. 결혼 연령이 남자는 29세, 여자는 25세로 높아질 정도였다.[59] 그러나 이다음 시기보다 높았던 것은 아니었다. 그래서 변함없이 우리는 과도한 사망률을 인구 감소의 주범으로 꼽지 않을 수 없는 것이다.

*

인구 감소는 무엇보다도 죽음 때문이었다. 인구 감소는 또한 미미하기는 하지만 이주 때문이었는데, 이주의 동기는 복합적이었다. 그것은 경제적이고 심리적이었다. 특히 루이 14세 시대 말에 50만 명(외국 용병 포함), 즉 왕국 전체 인구의 3퍼센트에 달했던 군대로의 군사적인 이주는 무시해도 괜찮은가? 17세기의 랑그도크 사람들은, 귀족이든 부르주아든 어엿한 집안의 자식이건 가난뱅이이건, 싸움을 특히 좋아해서 군인이 되는 것을 최고의 영예로 여겼으며 오매불망 싸움만 생각했다. 겁 많은 라신의 기록에 따르면 위제스에서 그는 젊은 여자들에게 수작

57) Gr. 4.

58) 라바에서의 혼인율은 1700~1709년에는 9퍼센트, 1760~69년에는 8퍼센트, 1806년에는 6.5퍼센트였다. 그 밖의 다른 사례들과 이 '혼인' 문제에 대한 일반적인 결론은 Godechot, Moncassin, 1964.

59) 같은 책.

을 걸 엄두를 내지 못했다. 칼 맞을까 무서웠던 것이다. 따라서 전쟁은 아직 거친 젊은이들이 공격성을 배출할 수 있는 곳이었다. 또한 전쟁은 위기를 겪고 있던 실직자들과 부랑자들에게 출구를 제공해주었다. 그것은 인구 인플레이션에 종지부를 찍어주었던 것이다. 당시 사람들도 이 점을 잘 알고 있었다. 1676년, 의사 마놀이 존 로크에게 말했다. "전쟁은 이따금 프랑스 왕에게 필요합니다. 혼란을 통해 자기 백성의 거품을 걷어내기 위해서 말입니다. 얼마 전까지만 해도 몽펠리에에는 빈둥거리는 장정들이 어찌나 많았던지 밤거리가 안전하지 않았습니다. 망토를 걸치고 외출하면 집에 돌아올 때 그것을 등에 걸치고 돌아온다는 보장이 없었습니다."[60] 1680년, 베네치아 대사는 더 분명하게 말했다. "국가가 가난하면 가난할수록 왕은 징병을 더 많이 한다."[61]

'인구의 방출'? 징집되어간 젊은이들 가운데 상당수는 돌아오지 않은, 이 같은 공제(控除)의 문제를 언젠가는 짚어볼 필요가 있을 것이다. 왕의 군대를 위해 이같이 인구의 일부를 떼어내는 것은 가뜩이나 인구가 숨이 가빠 헐떡이고 있는 상황에서 일어났기 때문에 그만큼 더 심각한 것이었다.[62]

*

줄어들고 있는 자원에 인구를 맞추기 위해 역사가 가지고 있는 수단은 한두 가지가 아니었다. 그리고 경제 침체로 가난해진 대부분의 마을에 영향을 끼친 인구 감소는 복합적인 현상이었다. 그것은 죽음이 지배했으며 부수적으로는 만혼이, 심지어 매우 드문 경우이기는 하지만 피임이 유도했다. 마지막으로 그것은 기울어가던 마을에서 도시로 또는 군대로 이주해감으로써 두드러졌다.

60) Locke, éd. 1953, 100쪽.

61) Lavisse, 1911, VII, 2, 343쪽에서 재인용.

62) Scoville, 1960, 369, 370쪽.

지방의 인구 감소는 뒤늦은 편이었다. 일반적으로 알자스 지방과 부르고뉴 지방보다 늦었으며, 1630년의 페스트, 30년 전쟁이나 프롱드 난의 참화, 1661년의 기근 등으로 일찌감치 마을이 텅 비어버린 보베 지방과 루아르 강변 지방보다도 늦었다.[63)]

지방의 인구 감소는 대체로 그리 심하지 않았다(1677년부터 1714년 사이, 즉 두 세대 동안 평균 18퍼센트의 농촌 인구가 줄어들었다). 그렇지만 어떤 특별한 상황에서는, 참혹한 피해를 입은 어떤 마을이나 부락에서는 인명 손실이 훨씬 컸다. 아마도 극단적인 경우(집단적인 이주를 동반한 극심한 사망률)에는 아예 지도상에서 거주지나 마을이 사라진 경우도 있지 않았을까?

사라진 마을들

이 같은 전면적인 재난은 드물게 찾아온다. 랑그도크의 마을들, '공동체'들의 리스트를 세기 단위로, 예컨대 16세기(1540~80)와 18세기 중엽을 비교해보자. 교구별로 100여 마을을 비교해보자. 이 같은 시험이 불가능하지 않은 것은 마을들의 망(網)이 18세기까지, 심지어는 20세기까지도 잘 유지되었기 때문이다. 아그드, 알비, 코맹주, 라보르, 로데브, 바-몽토방, 생-파풀 등의 교구에서, 1560년도 교구 '과세 기초 자료'에 언급된 모든 공동체는 17세기와 루이 14세 시대의 가혹했던 국면을 견뎌냈다. 이들 공동체는 계몽주의 시대에도 지사의 명부에 그대로 살아남았다.[64)]

따라서 극단적으로 진행되어 마을이 뿌리 뽑히기까지 한 14세기, 15세기의 '버려진 마을들'과 경작지에 피해를 주기는 했지만 마을들의 근본적인 망은 건들지 않은, 좀더 온건한 제2차(1680~1740) '버려진 마을들'은 대조적이다.

63) Goubert, 1960; Livet, 1956; Roupnel, éd. 1955.

64) '사라진 마을들'의 모든 문제에 대해서는 An. 15.

그렇지만 이러한 낙관주의는 일차적인 분석에서만 유효하다. 수백 개의 경작지에 그물을 던지는 식의 이 같은 지나치게 광범위한 통계를 넘어서, 더 개별적이고 섬세한 분석을 해야 한다. 그러면 마치 현미경을 통해 볼 때처럼 마을 포기 현상, 적어도 그 초기의 모습이 나타날 것이다. 그것은 수적으로는 많지 않을지라도 의미심장하다.

우선 명백한 사실은, 상당수의 마을이 토지 포기와 인구 감소의 중첩적인 결과라 할 수 있는 완전 소멸을 가까스로 모면했다는 점이다. 예컨대 1676년, 알방 본당 사목구(알비 교구 소속)의 주민들은 세 부담을 견디다 못해 땅과 마을을 버리고 떠났으며, 땅은 경매에 부쳐졌다. 그러나 알방은 18세기에 피어났다. 1710~20년경, 위기가 한창일 때 아비뇨네, 몽소네, 마제르, 브루스, 방데미앙, 비크는 완전 포기를 고려했다. 최종적으로 이 공동체들은 1720~30년 이후에 되살아났다. 그러나 이 마을들은 한동안 일종의 혼수상태에서 벗어나지 못했다.

몽펠리에의 늪지 평원에 있는 비크의 경우는 분명하다. 그것은 열병과 국세(國稅)가 일으킨 비극이었다. 1520년, 이 마을에는 어부, 농민, 포도재배자, 목동 등 191명의 타유세 납세자가 있었다. 좋은 땅, 많은 인구였다. 비크는 1520년경에 작성되어 1789년까지 계속 사용되었던 교구 콩푸아에서 큰 몫의 세금을 할당받았다. 잘 알고 있다시피, 토지대장의 메커니즘은 몇 세기 동안 끈질기게 적용될 정도로 냉혹했다. 마을이 쇠약해져도 조세 부담액은 번영을 누리던 과거의 세율을 그대로 적용받는다. 그 결과, 마을은 더 이상 무게를 감당하지 못하고 무너지게 된다.

1700년경 비크가 정확하게 그런 경로를 밟았다. 이 마을은 1670년 이후 위기와 말라리아로 허약해진 상태에서 국세라는 결정타를 맞았다. 주민들은 죽거나 이주를 떠났다. 비크에는 1669년에 성체배령자가 360명(이교도 가정은 하나뿐이었다) 있었다. 그러던 것이 1677년에는 350명, 1689년에는 250명, 1698년에는 140명, 1740년에는 65명이었다 두 세대 만에 이 본당 사목구는 인명 손실을 거듭한 끝에 5분의 4가 줄어든 것이다.

어느 정도냐 하면, 1716년에 마지막으로 남은 주민들은 아직도 마을에 남아 있는 사람들의 생존을 위한 최종 해결책으로서 공동체의 자살을 고려할 정도였다. 1716년 12월, 그들은 완전한 권리 포기를 선언했다. 극단적인 결정이었지만 시행되지는 않았다. 1734년 비크에는 극소수이지만 사람들이 남아 있었다. 그러나 그들의 상태는 어떠했는가? 완전 문맹에다가 병들고 기진맥진한 상태였다. 그들의 포도밭은 포도밭이 아니었다. 그들에게는 양도 없었고 경작지는 버려졌다. 비옥한 평야이지만 밀이 없어서 굶주림은 극에 달했다. 1680~1730년의 대위기들은 심리적으로 아무런 의욕도 기력도 없는 거지들을 만들어냈던 것이다.

비크는 부활했다(1779년 100명의 성체배령자). 비크는 최악의 시기에 위기가 어느 정도였는지 그리고 조세 체계가 얼마나 터무니없었는지를 보여주는 좋은 예다.

또 다른 몰락의 경우를 보자. 한 증인은 1720년경 리외 교구의 생-빅토르에 대해 이렇게 기록했다. 이곳의 인구는 "1694년의 기근에 이어 덮친 질병들로 인해" 그후 3분의 1이 줄어들었다. 1705년에는 우박 피해를 입었다. 그래서 "모든 사람이 마을을 떠났다." 소년들은 하인이 되기 위해, 소녀들은 하녀가 되기 위해, 아버지들은 다른 곳으로 떠나버려 "그들의 작은 집에는 아무도 없다." 1712년 이후 20채의 가옥이 무너져 내렸다. 마을은 텅 비었다. 그곳에서는 타유세를 내지 않았다. 그러나 인두세(capitation)는 지나치게 무거워서, 한 달 먹을 양식이 없는 가난한 주민들은 "아이가 둘이 되면 즉시 하나를 하인으로 내보내서 제 밥벌이를 하게 했다."

이렇게 기술된 생-빅토르는 구체제 시대의 '버려진 마을'로서 특징적인 면모를 그대로 가지고 있다. 높은 사망률, 무거운 국세, 농장의 프롤레타리아나 도시의 하인이 되기 위한 젊은이들의 이주. 지도상에서 십여 개의 본당 사목구를 지워버린 이런 유의 포기 현상은 툴루즈 교구나 리외 교구에서 가능했다.

오드 지방의 뷔아델에서는 마을(이미 백년전쟁 이후 상당히 작아진) 포기 현상이 강력한 영주인 라그라스의 수도원장에게 유리하게 자본주의적 방식으로 진행되었다. 1666년 그는 뷔아델의 모든 차지농에게 그들이 가진 것을 포기하도록 강요했다. 그런 다음 그는 그들의 땅을 수도원 영지에 통합시킴으로써 마을을 하나의 농장으로 변형시켰다. (게다가 전통적으로 라그라스의 수도원장은 허약한 본당 사목구들을 먹어치우는 대식가였다. 그의 전임자는 아마도 16세기에 트레비아크를 귀속시켰던 것 같으며, 그의 후임자는 18세기 초에 뷔바스를 통합했다.)

라르자크의 석회질 고원에 자리 잡은 중세의 본당 사목구인 생-마르탱-드-카스트리에서도 마찬가지였다. 인구가 줄어든 이 마을은 1700년경, 지방 영주 소유의 단순한 양 사육 반타작 소작지가 되었다. 퀴사크(가르)의 황야에 있는 생-장-드-로크를 보자. 이 마을에는 1293년에 가옥이 열여덟 채 있었고, 1558년의 교구 콩푸아에는 아직도 가옥 스무 채가 있었다. 17세기에도 이 마을은 여전히 공동체 마을과 수도원 부속 농장으로 여겨졌다. 그러나 1734년, 생-장에는 네 개의 영지를 경작하는 차지농들 외에는 다른 사람이 없었다. 이들 영지의 주민들은 소브에서 살고 있었다. 이 마을이 완전히 사라지는 것은 1800년경이나 19세기의 일이다.

몽펠리에 교구의 경우, 1486년과 1520년의 토지대장에 나타난 83개 마을 가운데 네 개 마을이 다음 세기 이후에는 사라져 외딴 농장으로 변하거나 그냥 버려진다.[65] 그들 가운데 생트-콜롱브와 몽텔-프레-뤼넬은 전부나 부분이 루이 14세—섭정기(1680~1730)의 침체기에 사냥터로 바뀌었다.

중세(11세기)의 커다란 마을인 생트-콜롱브-드-니사르그는 1440년경에 이미 아주 쇠약해졌지만 1520년에도 아직 가옥 다섯 채가 있었다.

---

65) 몽펠리에 교구 조세위원회, 1486, 미분류 기록, 뤼넬 코뮌 고문서에 의거; 특히 몽펠리에 교구 콩푸아, 1520년, B 1031~1032.

48명의 타유세 납세자 대부분은 외지인이었다. 그리고 밀 경작지는 잘게 조각나 있었다. 1654년에 콩푸아가 제작될 정도로 마을은 아직도 건재했다. 그러나 1720년, 토지 포기와 토지 통합이 진행되었다. 농민들은 죽거나 사라졌다. 커다란 반타작 소작지가 마을 전체를 먹어치웠다. 그렇지만 그 땅은 세금을 내는 데 어려움을 겪었다. 세금은 여전히 옛 마을의 할당액 그대로 계산되었기 때문이다.

몽텔(15세기에 두 마을이 사라졌고[66] 1700년경 또 하나의 마을이 사라진[67] 뤼넬 지방에 여전히 남아 있던)에서는 연대표가 약간 늦어진다. 1520년경에도 몽텔에는 교회 하나, 가옥 10채, 타유세 납세자 36명, 곡물을 생산하는 조각난 농경지가 있었다. 다음 세기에 이 마을은 (장기적으로 보면 인구가 침체를 보이긴 했지만) 여전히 건재했다. 몽텔의 땅은 포도밭으로 뒤덮였고, 성체배령자가 1657년에는 45명, 1677년에는 50명 있었다.

그러다가 1677년과 89년 사이에 갑자기 재난이 닥쳤다. 이 마을은 주민의 5분의 4를 잃었다. 성체배령자가 1677년에는 50명이었는데 1689년에는 세 가족에 10명뿐이었다. 그리고 이 수는 1777년경까지 거의 변하지 않는다. 무슨 일이 일어났을까? 낭트 칙령의 폐지가 원인이었을까? 아니다. 몽텔에는 위그노가 파르주의 영주 한 명뿐이었으며, 그나마 거기에 살고 있지도 않았다.

그러면 기근? 전염병? 높은 사망률? 포도재배 위기? 인근 프로테스탄트 지방에서의 상업을 마비시킨 낭트 칙령 폐지 때문에 일어난 경제적 무력증? 아마 이런 원인들 모두 조금씩 책임이 있을 것이다. 그러나 확실한 것은, 치명적인 1680년대에 마을을 텅 비게 만들었던 것은 사망과 이주였다는 사실이다. 그럼에도 이 마을은 한 세기 동안 명맥을 유지하다가 1800년경 토지 통합자들에게 먹히면서 사라진다.

---

66) 생-피에르-도빌리옹, 생-드니-드-지네스테.
67) 생트-콜롱브-드-니사르그.

*

소실된 마을들을 유형별로 살펴보면 변화의 단계들이 구별되는 경우가 많다. 초기 단계는 인구나 경제의 약화로, 이것은 마을을 작은 부락으로 축소시켜버린다(제1단계). 그런 다음, 때로는 오랜 시간 후에 정말 치명적인 단계인 에스토카다*다. 작아졌던 마을은 이제 완전히 사라지거나, 토지 집중에 따라 하나의 외딴 농장으로 변한다(제2단계).[68]

루이 14세 시대의 위기가 가져다준 해로운 결과 가운데 어떤 것은 제1단계에, 어떤 것은 제2단계에 해당한다. 자본가나 영주의 식세포 활동으로 이 위기는 죽어가고 있는 마을의 맥을 끊거나(뷔아델, 생트-콜롱브), 아직 건강한 마을에 쇠약증을 퍼뜨려 그 마을을 부락 수준으로 떨어뜨릴 수 있었다. 이렇게 오그라든 마을은 불과 한 세기도 지나지 않아 완전히 사라진다(몽텔).

부락도 죽는다

부락도 마을과 마찬가지로 또는 오히려 마을보다 더 많이 죽었다. 1677년, 몽펠리에의 주교는 몽토 본당 사목구에 있는 두르니 부락을 방문했다. 그러나 주민은 없었다. 얼마나 텅 비어 있었던지 그 이후에는 일체의 지도(카시니, 참모본부 등등)에서 사라졌다. 12세기의 옛 성채도시였으며 르네상스기에도 참나무, 돼지, 도토리가 풍성한 덕분에 번창했던 페르브뤼 부락도 1666년부터 버려졌다. 나는 콜베르 시대에 페르브뤼을 다시 발견했는데, 나무는 벌채되고, 농작물은 사라지고, 사람들은 떠나버린 상태였다.

이들 허약한 부락 가운데 몇몇은 불연속적이며 간헐적인 삶을 살았다. 주교의 1677년도 기록에 따르면 퐁-데-피에르에는 주민이 한 사람

---

* 투우사가 소의 급소에 가하는 일격.

68) 이것은 Beresford, 1954에 자주 언급된 영국에서의 변화다.

도 없었다.[69] 그러나 1760년이나 1950년의 지도에는 다시 이 거주지가 살아 있는 것으로 표기되었다. 중세에는 유서 깊은 본당 사목구였다가 근대에는 부락으로 쪼그라든 뮈졸랑[70]도 1677년에는 부락 자체가 거의 버려졌던 것 같다. "세례반도 없고, 세례식이나 장례식을 거행한 적도 없다. 왜냐하면 아이를 낳은 적이 없는 한 여자밖에 없었기 때문이다." 그녀는 이 텍스트를 쓴 주교의 방문이 있은 다음 아이를 낳았을 것이다. 아니면 수많은 이주민이 들어왔을 것이다. 왜냐하면 뮈졸랑은 18세기와 19세기에 약간의 거주민들과 함께 살아남았기 때문이다.

부락의 삶과 죽음은 주교들의 사목 순시를 통해 알 수 있을 뿐만 아니라 정확한 연대가 기록된 콩푸아를 통해서도 알 수 있다. 산이 많은 본당 사목구인 종셀에는 18개의 부락이 있었다.[71] 그중 하나가 누(Nou) 농가(새로운 농가)다. 이곳은 불과 얼마 전에 개간된 외딴 작은 부락으로 사람도 별로 없는 작은 마을이었다. 1651년에는 5명의 소액 타유세 납세자가 있었지만 1651년과 75년 사이에 사라졌다. 그러나 종셀에는 아직 17개 부락이 남아 있었는데, 이들 부락은 모두 살아남는다.

빌마뉴-라르장티에르는 1586년과 1717년 사이에 읍내말고도 아기스, 프라달, 클레라크, 니세르그 등 네 개의 부락이 있었다. 후일, 카시니는 아기스를 제외한 나머지 모두를 지도상에 표기해놓았다. 실제로 아기스의 인구는 줄어들었다. 타유세 납세자가 1620년에는 13명, 1678년에는 10명, 1717년에는 7명, 1729년에는 제로였다. 이러한 소멸은 빈곤화에 기인한 것인가? 그럴지도 모른다. 1679년, 곧 사라져 없어질 이 부락에서 나는 10명의 타유세 납세 지주(이 가운데 두세 명은 구호를 받는 거지다)와 12명의 극빈자를 찾을 수 있었는데, 이 무산자들은 빌마뉴의 수도원장이 주는 보시로 살아갔다. 아마도 그 같은 극빈 때문에 그들은 마을을 버리고 떠났을 것이다.

69) 카스트리(에로) 본당 사목구.

70) 파브레그(에로) 본당 사목구.

71) 종셀과 그 밖에 인용된 다른 장소들은 오늘날의 에로 도에 속해 있다.

근대(近代) 랑그도크의 토지 통합자들은 영국의 동료들보다 덜 탐욕스러웠지만 그래도 위기가 오면 부락을 통째로 '삼켜버릴' 정도로 강력했다. 카페스탕에 있는 카나크 부락에는 1559년에 8명의 타유세 납세자와 여섯 채의 가옥이 있었다. 1705년, 빌르라즈라는 사람이 이름 그대로* 이 부락을 삼켜서 하나의 외딴 농장으로 만들어버렸다.

그러나 이 같은 경우가 일반적이지는 않았던 것 같다. 사라진 부락들은 대체로 경제적인 소진과 인구적인 소진이 확산됨으로써 자연사한 것이다. 부락들에겐 토지 통합자들의 치명타도 필요하지 않았다. 위기와 세금만으로도 충분했던 것이다.

자연적으로 아니면 외부의 자극으로 죽은 부락이 없지 않았지만, 대다수의 부락은 살아남았다. 작은 부락들이 산재해 있는 여러 본당 사목구에서 모든 부락은 위기와 여러 재난을 이겨내고 17세기와 18세기를 견뎌냈다. 예컨대 로루, 보스크, 플랑 같은 본당 사목구에서 그러했다.

*

요컨대 지중해 지역 농촌 거주지는 루이 14세 시대에 시작된 농업과 인구 침체로 시련을 겪었다. 아주 혹독한 시기, 예컨대 1680년경과 1710~15년경에는 부락과 마을의 죽은 잔해가 산재해 있었다. 그러나 대부분의 주거지는 14~15세기보다는 위기들을 잘 견뎠던 것으로 보인다. 물론 이 시기**에는 인구적인 시련이 더욱 혹독했다. 인구는 줄잡아도 절반이나 줄었던 것이다. 1677년에서 1741년 사이에는 18퍼센트밖에 줄지 않았는데 말이다.

거주지의 망(網)은 많은 연결 가지를 가진 거대한 분자와 같다. 여기에서 각각의 마을은 원자에 해당한다. 17세기 말과 18세기 초의 위기——

* Villerase라는 이름 자체가 도시(ville)를 없앤다(raser)는 뜻이다.

** 14~15세기.

이 위기는 이따금 토지 통합자들의 공세로 조장되었다——때문에 일부 원자가 떨어져나갔다. 다른 원자들은 그들 주변의 원자운(原子雲)에서 하나의 전자(부락)를 상실했다. 이러한 상실은 역사적으로는 의미심장하다. 그러나 그것은 겨우 '몇 퍼센트'에 지나지 않는 것으로 통계적으로는 대단치 않다. 아주 단단하게 짜여진 망의 씨실은 아무런 손상도 입지 않은 채 건재했다. 영국이나 독일에서보다 훨씬 저항력이 있었다.

그리고 그 망상 조직은 1703년 세벤의 로데브 지방에서 바빌의 명에 의해 자행된 카미자르들의 살육, 일명 '거주지의 생-바르텔르미 학살 사건'[72]이 없었더라면, 그냥 그렇게 유지되었을 것이다. 53개의 마을과 수백 개의 부락이 군인들의 손에 파괴되고 잿더미가 되었다. 이들의 눈과 폐는 재와 연기로 가득하여 눈을 뜨지도, 숨도 제대로 쉬지도 못할 지경이었다. 거주지에서 쫓겨나가는 주민들의 행렬은 비통했다. 53개 마을 가운데 10여 개 마을은 다시 나타나지 않고 영원히 지도상에서 사라졌다.[73]

---

72) 미슐레.

73) 이 마을들의 이름은 Pesez, Le Roy Ladurie, 1965(완전한 텍스트는 맨 끝에).

제3장 분할에서 재통합으로

이제 사라진 거주지들과 살아남은 마을들의 인구에서 토지대장상의 인구로 넘어갈 필요가 있다. 이것은 총수입의 여러 가지 분할과 관련된 문제들에 대한 첫 번째 접근이다.

토지대장상의 인구: 타유세 납세자 수의 감소

인구가 감소할 무렵(넓게 잡아서 1675~80년부터) 타유세 납세자, 다시 말해 지주의 수는 어떻게 변했을까? 이전 세기와 마찬가지로, 인구의 변화를 따라갔을까? 이번만은 인구 감소 시기, 그리고 비교를 위해 18세기의 그다음 시기, 숫자가 스스로 말하도록 하자.

콩푸아나 타유세 대장에 나타난 타유세 납세자 수

알리냥 뒤 방(토착민): 1656, 283타유세 납세자; 1680, 275타유세 납세자; 1791, 150타유세 납세자.

바상: 1636, 92; 1670, 95; 1700, 105; 1791, 93(토지세); 혁명력 6년, 110; 1818, 133.

르 보스크: 1670, 249; 1732, 202; 1742, 204; 1752, 207; 1767, 207; 1781, 202; 1787, 201.

캉디야르그(토착민): 1638, 토착민 98(그리고 외지인 22); 1755, 토착민 43(외지인 97).

카스트리: 1619, 151; 1723, 144; 1791, 141; 1823, 284.

퐁테(토착민): 1604, 286; 1693, 282; 1746, 223; 1753, 221; 1754, 220; 1770, 201; 1773, 182; 1784, 180.

프롱티냥: 1622, 695; 1730, 650.

가비앙: 1656, 178; 1722, 155.

종셀: 1675, 213; 1737, 189.

로루: 1660년에서 1760년까지 타유세 납세자 수의 점진적인 감소(Gr. 7).

마로상: 1655, 144; 1685, 177; 1693~94, 177; 1723과 1724, 163; 1728, 168; 1773~76, 191.

마르시아르그(전부): 1658, 800; 1668, 876; 1681, 848; 1689, 860; 1696, 911; 1706, 905; 1707, 911; 1709, 900; 1710, 867; 1711, 864; 1713, 871; 1715, 843; 1717, 860; 1718, 841; 1720, 856; 1721, 834; 1722, 870; 1723, 895; 1738, 900; 1741, 895.

모귀오: 1653, 714; 1770, 540.

몽페루: 1652, 490; 1790, 458.

무레즈: 1659, 51(이중 토착민은 35); 1670, 56 또는 52; 1700, 38(이중 토착민은 24); 1702, 39; 1707, 32; 1712~24, 연도에 따라 39 또는 37; 1728과 1729, 35; 1733, 32(이중 토착민은 18: 1659년보다 절반이 적다); 1734, 36; 1735, 29; 1737, 27; 1738, 31; 1741~47, 29에서 30; 1750~59, 30~31; 1762~74, 32~34; 1783, 38.

네지냥-레베크: 1658, 176; 1667, 191; 1675, 187; 1779, 183; 1787, 200; 1788, 197.

페롤: 1638, 186; 1674, 188; 1677, 193; 1695, 196; 1710, 194; 1735, 199; 콩푸아 1740, 195; 1760, 205; 1787, 158.

피냥: 1655, 435(이중 토착민은 328); 1750~62, 428타유세 납세자; 1791, 499토지세 납세자.

레 플랑(타유세 대장이 매우 많다. 상세한 것은 Gr. 7).

포르티라뉴: 1686, 224; 1702, 160?; 1708, 172; 1730, 123; 1742~44, 136; 1745, 136; 1747, 140; 1752, 155; 1756과 1757, 152; 1768,

192; 1769와 1770, 196; 1775, 204; 1776, 206; 1777, 207; 1778, 209; 1780, 215; 1782, 217; 1783, 220; 1789, 245.

루장(토착민): 1625, 229; 1637, 221; 1715, 217.

생-앙드레-드-상고니: 1665, 811; 1690, 893; 1724, 799(이중 토착민은 602, 몽페루인은 197); 1725, 798(이중 토착민은 605, 몽페루인은 193); 1726, 804(이중 609와 195); 1728, 738(이중 552와 186); 1732, 729(이중 563과 166); 1735, 730; 1743, 706(이중 559와 147); 1745, 703(이중 558과 145); 1746, 703(이중 565와 138); 1749, 697(이중 563과 134); 1750, 703(이중 569와 134); 1755, 708(이중 580과 128); 1759, 722(이중 596과 126); 1761, 725(이중 601과 124); 1765, 734(이중 614와 120); 1768, 722(이중 613과 109); 1772, 717(이중 610과 107); 1775, 726(이중 620과 106); 1779, 727(이중 624와 103); 1784, 734(이중 632와 102); 1790, 737(이중 640과 97); 1830(토지대장): 토지대장상의 토지세 납세자 923명.

생-주니에-드-바랑살(토착민): 1649, 52(1566년에는 62명); 1680, 69; 1780, 55.

생-조르주-도르크: 1688, 167(이중 토착민은 114); 1724, 166(이중 토착민은 103); 1746, 196; 1747, 192; 1748, 191; 1749, 180; 1750, 176; 1752, 172; 1753, 166; 1754, 164; 1755, 165; 1756, 173; 1757, 173; 1758, 175; 1759, 174; 1760, 176; 1761, 168; 1762, 173; 1763, 173; 1764, 169; 1765, 171; 1766, 171; 1767, 170; 1768, 169; 1769, 167; 1770, 165.

생-기로: 1665, 135(이중 토착민은 65); 1754, 147(이중 토착민은 48); 1756, 146; 1761, 143; 1773, 154; 1774, 152; 1776, 152; 1779, 159; 1781, 162; 1784, 169; 1790, 164.

생-장-드-포(토착민): 1610, 307; 1639, 352; 1648, 357; 1678, 322; 1717, 317; 1732, 321; 1744, 293.

생-사튀르냉(토착민+외지인): 1600, 116+128; 1692, 114+189; 1700, 124+177; 1705, 122+184; 1708, 114+189; 1710, 117+184; 1715, 106+175; 1720, 106+161; 1725, 100+147; 1730, 96+125; 1732, 95+127; 1734, 101+126('토착민'의 토지대장상 인구에 있어서 중요한 시기는 1700년과 34년 사이에 있다); 1748, 96+115; 1752, 96+116; 1754, 92+118; 1760, 101; 1762, 101+119; 1765, 99+120; 1770, 112+115; 1775, 121+112; 1783, 126+114; 1788, 129+116; 1789, 130+112.

세리냥: 1654, 350(토착민); 1670, 499(이중 토착민은 378); 1776, 415; 1790, 550.

수베스(토착민+외지인): 1604, 185+40; 1626, 236+41; 1629, 238+39; (1629년 이후 위기와 페스트); 1648, 187+21; 1655, 172+20; 1659, 144+22; 1664, 154+22; 1667, 132+31; 1676, 140+28; 1678, 141+32; 1687, 140+40; 1693, 140+36; 1695, 121+31; 1697, 129+33; 1742, 114+44; 1743, 120+47; 1745, 119+45; 1750, 119+49.

바이양:

a. 영주의 인정증서: 1638년에는 공납 납부자 32명; 1706년에는 22명; 1778~79년에는 26명.

b. 콩푸아와 타유세 대장: 1637, 34; 1749~50, 27; 1751, 26; 1752, 26; 1753, 26; 1754, 26; 1755, 25; 1756, 25; 1757, 25; 1758, 25; 1759, 24; 1760, 24; 1761, 25; 1762, 24; 1764, 23; 1765, 23; 1766, 23; 1767, 23; 1768, 23; 1769, 23; 1770, 23; 1771, 22; 1772, 22; 1773, 22; 1774, 22; 1775, 24; 1776, 25; 1778, 24; 1780, 27; 1781, 28; 1782, 28; 1783, 29; 1784, 29; 1786, 27; 1787, 33; 1788, 31; 1789, 31; 1790, 36.

발로스(토착민+외지인): 1636년과 86년 사이 타유세 납세자 수 증가: 1686, 106+45; 1774, 108+31; 1779, 118+31; 1786, 123+27;

1787, 122+29; 1788, 124+29.

빌마뉴-라르장티에르: 1678, 186(이중 토착민은 136); 1717, 229(이중 토착민은 154); 1729, 214(이중 토착민은 150).

빌뇌브-레-베지에: 1692~95, 946; 1722, 672; 1753~56, 515; 1778, 489; 1779, 498.

위의 32개 마을은 장기적인 '추세'상의 차이가 크다. 이 같은 차이는 지역적인 상황에 기인한다. 또한 그것은 마을마다 상이한 조세 문서의 보존 상태에 따라 임의로 나눈 자료의 연대적인 연속성이 불충분한 데 기인한다. 그러나 장기적으로 보면 다양한 자료들은 동일한 그룹에 속하는 것으로서, 납세 인구는 17세기 말부터 제동이 걸린 다음 감소했음을 증언해준다. 마을에 따라 다르지만(수베스처럼 1630~40년부터 무너진 일부 선도적인 마을은 별개로 하면[1]), 1670, 1680, 1690, 1700, 1710년부터 타유세 납세자 수――앙리 4세나 루이 13세부터는 일반적으로 매우 완만하게 늘어나는 정도였던――는 1680~90년경에는 더 이상 늘어나지 않고 줄어들기 시작한다. 최선의 경우에는 제자리걸음을 하지만, 최악의 경우에는 붕괴된다.

이 경우, 납세 인구는 일반적인 인구 상황을 10년에서 20년의 격차를 두고, 확인하고 반영하고 기록할 뿐이다. 검증이 가능한 캉디야르그, 프롱티냥, 몽페루, 모귀오의 자료를 참조해보라. 토지대장 자료가 시사해주는 감소는 호적대장과 성체배령자 수를 기본으로 한 인구대장들을 통해 확인할 수 있다.

그러나 토지대장과 타유세 대장이 확인 기능만 하는 것은 아니다. 그것들은 순수 인구학적인 조사 결과를 확대 심화시켜준다.

우선 토지대장과 타유세 대장은 인구학적 조사에 그것의 진정한 차원, 즉 여러 세기에 걸친 완전성을 부여해준다. 사실 콩푸아(시간적으

1) 이 책, 제2권, 158쪽; Gr. 7.

로 한참 거슬러 올라갈 수 있게 해주는)에 비추어보면, 1680년경에 시작된 인구 감소의 의미는 그 자체의 한계, 그 자체의 연대적 한계에 국한되지 않음을 알 수 있다.

이 같은 감소는 한 시대가 끝났음을, 다시 말해 루이 12세 시대에 시작되어 루이 14세 시대에 절정에 이르렀다가 수그러든 강력한 인구의 파고가 종식되었음을 의미한다. 하나의 도표[2)]는 콩푸아, 타유세 대장, 토지대장 등을 근거로 15세기에서 19세기까지 여러 마을에 나타난 토지대장상의 인구 감소를 요약해준다. 그것은 타유세 납세자 수의 장기적인 간만의 차이를 측정할 수 있게 해준다. 우선 15세기는 매우 낮다가 16세기, 거의 1570년경까지 갑자기 높아진다. 그후 다시 올라간다(덜 거세기는 하지만). 그러다가 루이 14세 치세 초기에는 거의 정지한다. 그런 다음 1680~1700년부터 1750년경까지 서서히 내려간다. 1770년부터는 또다시 강력하게 올라가, 그 상태로 힘을 잃지 않고 1870년경까지 지속된다.

두 번의 밀물 기간(르네상스에서 낭트 칙령의 폐지*까지 완만하게 올라간 기간, 튀르고에서 강베타까지의 19세기에 펼쳐진 기간) 사이에 있는 1680~1750년은 하나의 층계참――많은 경우 고랑――처럼 보인다. 이 기간은 인구와 경작지에서 언제나 휴지기와 같았다. 아마도 이 기간은 중세 말처럼 나락으로 떨어진 기간은 아닐 것이다. 그러나 곡선들에서 마이너스 파동이 감지되지 않는 것은 아니다. 마이너스 파동은 그 지속성으로 인해 한 세기 반 이상(대략 1500년에서 1680년까지) 다양한 운을 가지고 계속되었던 인구-토지 팽창의 거대한 사이클이 종식되었음을 표시해준다.

이 도식에 예외는 없을까? 있다. 위기의 기간(1680~1740) 중에도 성장한 마을이 이에 해당하는데, 토지대장에 근거한 정체론이나 쇠퇴론

2) Gr. 6.
* 1685.

을 받쳐주기 위해 앞 도표에 인용한 32개 마을에 비해 8개 마을이 있다.

위기에 대해 '예방접종' 되어 있기 때문에 성장한 마을들

콩푸아나 타유세 대장상의 타유세 납세자 수

아니안(주민): 1644, 410; 1724, 515; 1732, 560; 1744, 530.

베다리외: 1664, 378; 1685, 452; 1788~90, 775.

갈라르그-르-프티: 1672, 99; 1790, 170.

랑사르그: 1602, 363; 1653, 403; 1704, 578; 1787, 448.

로데브: 1655, 731; 1672, 857; 1696, 819; 1731, 986; 1765, 1267.

뤼넬(토착민): 1634, 732; 1692, 827; 1780, 968.

퓌샤봉: 1644~58, 160~170; 1684, 175; 1754, 195; 1760, 196; 1762, 199; 1763, 203.

생-폴-에-발말: 1762, 43; 1729, 54; 1791, 47; 1829, 98.

위의 '예외들' 가운데 일부는 자료의 성격이 지나치게 느슨한 데 이유가 있다(예컨대 지냐크). 반면 그 밖의 것들은 실제로 그러했다. 그것은 도시적 또는 산업적인 이유 때문에 발생한 예외다(로데브, 뤼넬).

그러나 당분간은 콩푸아나 타유세 대장이 알려주는 진정으로 농업적인 마을의 자료에 머무르지 않을 수 없다. 그 자료들은 전형적인 마을들을 바탕으로 만들어진, 탄도 모양을 보여주는 곡선 다발의 형태를 취한다.[3] 이들 곡선은 15세기의 심연에서 솟구쳐올라, 맬서스적인 최대치를 공략한 다음 천장에 머물다가 1680~1700년부터는 마치 자장의 영향을 받은 것처럼 하락세로 돌아섰다.

*

3) Gr. 6.

우익의 강화

따라서 시간적으로 확대해야 할 뿐만 아니라 사회학적인 정확성도 기해야 한다. 사실 콩푸아와 타유세 대장 덕분에 우리는 인구조사에서 재산의 분할로, 장기적인 인구 추세에서 토지 구조의 변화하는 실상으로 넘어갈 수 있다.

이 분야에서 새로운 사실은 17세기 말부터 재산의 도수분포도가 오른쪽으로 쏠린다는 사실이다. 1500년 이후, 때로는 1630년까지, 많은 경우 1680년까지 도수분포도들은 좌익 쪽으로, 다시 말해 미세토지 쪽으로 옮겨갔다. 농촌 인구의 어느 정도 활발한 증가와 더불어 토지 분할이 지속되었던 것이다.

그러나 지역에 따라 다소 차이는 있지만, 1680년 이후에는 대부분 2세기가량 된 오랜 경향이 반전된다. 우익이 강화되는 것이다. 이것은 도수분포도에 나타나는 거역할 수 없는 변화다. 소토지들이 난파당했고 그 조각 땅들은 중간 액수의 타유세 납세자들뿐만 아니라 고액이나 초고액 타유세 납세자들에게 먹혀버렸다. 지주 수의 감소는 일종의 자연도태처럼 소지주들을 희생시켜 대지주들을 이롭게 만들었다. 자연도태는 생존과 획득을 위한 투쟁에서 통계적으로 가장 약한 사람들, 가장 없는 사람들을 제거했다.

우선 극단적인 경우를 보자. 늪지 평원 마을인 캉디야르그는 썰물 기간(1680~1740)에 인구 감소가 특히 심했다. 위그노가 한 명도 없는 백퍼센트 가톨릭 마을인 이곳에서, 성체배령자 수는 비극적으로 떨어졌다. 1677년 150명에서 1689, 1698, 1704년 130명으로, 1711년에는 110명으로, 1740년에는 60명으로, 1756년에는 50명으로. 80년 동안 3분의 2의 감소! 성체배령자 수가 70명으로 확인된 1772년의 주교 순시 때에 가서야 비로소 회복되기 시작한다.

이 같은 인구 감소의 결과로 폐가(廢家)들이나 1755년의 콩푸아에 따르면, '폐가들의 도면들'이 나타났다.

그러면 원인은 무엇이었을까? 간단하다. 위기와 말라리아였다. 르 냉

지사가 1743년에 말했듯이 '가난과 나쁜 공기'였다. 다시 말해 전반적인 경제 상황과 지방의 지리적 특성이었다.

그 결과, 토지 구조는 인구 격감으로 크게 흔들렸다. 캉디야르그에서 거주 지주들의 수는 인구의 리듬에 따라 떨어졌다. 1638년에는 토착민 타유세 납세자가 98명이었는데, 1755년에는 43명으로 줄었다. 외지인들이 땅을 독차지했다. 그리고 그들 가운데 한 명인 라 크루아의 영주 르네는 조각 땅들을 먹어치우는 대식가였다. 1700년경, 그는 1638년에는 소액 타유세 납세자들에게 속했던 190필지의 땅을 자기의 재산으로 통합했다.[4]

상관성: 르네 드 라 크루아는 위기를 이용해서 자기의 영지를 넓혀갔고, 이렇게 농촌 소지주들의 땅을 수용함으로써 그 위기를 가중시킨 셈이다.

다른 예를 보자. 빌뇌브-레-베지에에서는[5] 16세기와 17세기에 토지 분할이 맹위를 떨쳤으나, 그 이후, 1690년과 치세 말기의 위기 이후에는 우익으로의 역류라는 전형적인 현상, 토지 재통합의 분명한 징후가 토지대장들의 도수분포도상에 나타난다. 1695년과 1722년 사이에 아무런 선입견 없이 도수분포도들을 비교하여 정해진 임계점은 콩푸아상의 3리브르(대략 중급 토지 15스테러, 즉 4헥타르)에 있다. 이 마을에서 아우구스부르크 동맹*과 섭정기 사이의 기간에 이 천장에 도달하지 못한 땅들——아주 작은 땅들——은 수적으로 줄어들었다. 이 작은 크기(3리브르 미만)의 토지를 소유한 사람들은 1695년에 920명이었으나 1722년에는 636명이었다. 소규모 토지 통합자들(3리브르 이상)은 분산되어 있는 조각 땅들을 한데 모아 더욱 커다란 토지 단위로 만들었다.

---

4) AC Candillargues, CC compoix, 해당 연도.

5) 여러 마을의 토지대장상의 변화에 대한 모든 설명은 마을의 알파벳 순서대로 An. 23에 있는 도표 참조.

* 1686~97. 루이 14세의 팽창 정책에 대응하여 잉글랜드, 에스파냐, 독일의 몇몇 공국, 네덜란드, 스웨덴 등이 결성한 동맹.

이러한 토지 통합 경향은 적어도 이 마을에서는 1756년의 타유세 대장이 작성될 때까지 계속되었다. 이리하여 반세기가 조금 넘는 기간에 소액 납세자들은 그야말로 대량학살을 당했다. 그들의 수적 감소는 거의 500명에 달했으며, 그 덕분에 중간 액수나 고액 타유세 납세자들이 이익을 보았고, 부수적으로 미경작지가 늘어났다. 빌뇌브에서 분할——아직은 대단치 않은 분할——은 1756년 이후에 가서야, 즉 포도의 세기(1750~1870)의 성장과 더불어 비로소 재개되었다.

이전 단계, 즉 재통합의 단계로 돌아가보자. 지나치게 취약한 땅들을 청산한다는 역사의 천한 일을 수행하는 인물들이 어디에서나 똑같지는 않았다. 캉디야르그에서는 맹수처럼 탐욕스러운 영주들과 귀족들이 그 일을 했고, 빌뇌브에서는 변변치 않은 동물들, 대단치 않은 평민들이 그 일을 했다. 그 차이가 중요한 것은 아니다. 우선 중요한 사실은 그것이 전반적인 과정이었다는 것, 작은 땅들의 죽음이 도처에서 확인된다는 것이다.

포르티라뉴에는 장기적인 토지대장 자료가 남아 있기 때문에 토지 변동의 연대표를 구체적으로 작성할 수 있다. 1606년에서 80년까지는 순수한 토지 분할의 물결이 중단 없이 높아졌다. 그리고 그것은 16세기의 물결을 연장한 것이었다. 모든 형태의 비교가 그것을 확인해준다. 동일 가계에 속하는 조세 자료들 내부의 비교(예컨대 1606년에서 19년까지 또는 1620년에서 80년까지), 1620년과 1680년처럼 시간적으로 멀리 떨어져 있는 두 가계의 비교. 두 번째 작업은 두 가계에 속하는 조세 자료들의 모체인 1577년의 콩푸아와 1619년의 콩푸아가 213리브르라는 거의 동일한 총토지평가액을 가지고 있기 때문에 그만큼 더 수월하다.

이 마을에서의 임계점은 콩푸아 평가액으로 2리브르 10수로, 전체 토지의 1.2퍼센트, 중급 토지 10여 헥타르에 있다. a타입(2리브르 10수 미만)의 작은 땅을 소유한 소지주들은 1606년에서 80년 사이에 활발하게——위험할 정도로——늘어났다. 그들의 수는 1606년에는 107명, 1618년에는 110명, 1620년에는 139명, 1632년에는 153명, 1680년에는 210명이었다. 그들 가운데에는 변변치 않은 농민들과 단순 막일꾼들뿐만 아니라 소(小)부르주아, 소(小)사제도 늘어났다. 예컨대 1632년에 장 로리아크 신부, 장 메스트르 신부(콩푸아상으로 1리브르 6수), 자크 앙블라르 신부(1리브르 7수) 그리고 1680년, 성당 참사회원 사비, 보좌신부 세스, 자문관 메르코랑, 그 밖에 의사 · 법조인 · 서기 들(콩푸아상으로 4수).

이 소지주들은 모두 상당한 크기의 토지 단위들(하나가 2리브르 10수 이상)을 분할했는데, 결과적으로 전체 토지에서 그것들이 차지하는 수는 1606년에서 80년까지 줄어들었다. 사실 꽤 많은 세금(2리브르 10수 이상)을 할당받은 타유세 납세자 수는 1606년에는 23명이었으나, 1680년에는 16명밖에 되지 않았다.

그런데 1680년 이후 이 경향은 반전된다. 진자가 서서히 오른쪽으로 되돌아간 것이다. 작은 조각 땅들의 수는 줄어들고 대신 큰 땅들이 늘어났다. 임계점은 변함이 없다. 그것은 여전히 전체 토지의 1.2퍼센트(다시 말하면 총토지평가액이 213리브르인 1680년의 타유세 대장에서 개인 토지평가액 2리브르 10수 그리고 총토지평가액이 168리브르인 1690년의 새로운 콩푸아——1708, 1730, 1741~44, 1751년의 타유세 대장은 여기에서 비롯된 것이다——에서는 2리브르)에 놓여 있다. 백분율 비교(1680년에서 1730년까지)는 1708년에서 30년까지 동일 가계에 속하는 타유세 대장들의 토지대장상의 가치를 비교함으로써 확인된다.

위에서 정의한 임계점 아래의 작은 땅을 소유한 소액 타유세 납세자들은 1680년에 도달한 최대치 210명에서 1708년에는 151명, 그리고 최종적으로 1730년에는 98명이라는 최저치로 떨어졌다. 가난한 농민들과 막일꾼들뿐만 아니라 영세 귀족들과 하급 성직자들이 희생자였다. 1680년에는 소액 토지세 납세자들 가운데 성직자들이 우글거렸으나 1730년에는 더 이상 찾아볼 수 없다.

이렇게 사라진 112개의 조각 땅 가운데 약 20여 개는 1732년에 황무지로 되돌아갔다. 80퍼센트 정도의 나머지 땅들은 경작지로서 더 넓은 땅에 통합되었다. 증거를 들어보자. 과거에는 어려움을 겪던 상층부(개인 타유세 납세자가 총토지평가액의 1.2퍼센트 이상을 차지하는)가 두꺼워졌으며 새롭게 강화되었다. 임계점에 도달했거나 넘어선 중간 액수나 고액 타유세 납세자 수는 1680년에는 16명이었고, 1708년에는 21명이었으며 토지 재통합이 절정에 달했던 1730년에는 25명이었다. 그것은 토지 백분율에서뿐만 아니라 실제 토지대장상의 가치에서의 집중을 의미한다. 동일한 토지대장상의 단위를 기본으로 하는, 즉 동일한 가계에 속하는 1708년의 타유세 대장과 1730년의 타유세 대장을 비교하면 이 같은 사실을 확인할 수 있다.

이 지역에서 1730년의 토지 통합자들은 영주가 아니라 부르주아였으며, 그것도 베지에, 아그드, 페즈나 등지에 거주하는 부유한 부르주아들이었다. 이들 대부분은 책임 목동과 보조 목동을 거느리고 양을 쳤으며, 아주 부자들은 소를 지키는 사람을 두고 있었다.

1730년 이후 움직임이 바뀌었다. 진자는 왼쪽으로 옮겨간다. 그러나 이때의 되풀이된 분할 공세는 오랫동안 온건한 상태로 진행되었다. 그것은 16세기의 열기와는 비교가 되지 않는다. 그것은 날품팔이꾼들을 위한 분할로서, 도수분포도의 오른쪽에 조용히 앉아 있는 커다란 토지는 건들지 못한 채 몇몇 중간 크기의 토지들만을 조각내는 정도였다. 이 마을에 광적인 분할이 개입하기 시작한 것은 19세기에 포도재배가 한창이던 시기, 다시 말해 프랑스 대혁명과 포도나무 뿌리 진드기가 번지던 시기 사이였다.

가비앙도 1660년 이후 토지 분할의 역류의, 새로운 시기를 특징짓는 재통합의 영향을 받았다. 1656년과 1722년의 콩푸아는 비교를 허용한다. 우선 토지대장상의 가치 백분율로 비교해보자. 도수분포도들을 비교하여 정해진 임계점은 전체 토지 가치의 1.1퍼센트를 나타내는 토지에 있다. 이는 1656년의 콩푸아에서는 4리브르 2수 6드니에, 1722년의 콩푸아에서는 5리브르에 해당한다. 루이 14세와 섭정기에 이 천장의 아래에서는(또는 이 임계점의 왼쪽에서는) 하락했다. 토지평가액이 소액인 토지(전체 토지의 1.1퍼센트 미만)는 157개에서 127개로 떨어졌다. 사라진 30개의 조각 땅은 황무지가 되거나, 대체로 고액 타유세 납세자들(전체 토지의 1.1퍼센트 이상)이 회수해버렸다. 이렇게 몸집이 불어난 커다란 토지는 21개에서 28개로 늘어났다. 여기서도 통합자들은 그저 그런 부르주아들이거나 그곳에 거주하는 부농들이었다. 예컨대 몽텔이나 장이 그런 사람이었다. 특히 장 지니에는 1720년경 자기 마을에 뽕나무, 누에, '수로를 이용한' 개자리속 재배 방법 등을 처음 도입한 계몽된 지주였다.[6]

가비앙에서 헥타르로 비교하는 것은 이러한 결론들을 다시 한 번 확인시켜준다. 도수분포도의 오른쪽에는 1656년 당시 마을의 전체 토지 가치 가운데 4퍼센트와 5퍼센트를 차지한 두 명의 최고액 타유세 납세자가 나타난다. 레몽과 공증인인 트리스탕 카스타니에가 바로 그들인데, 이들은 각각 164스테레와 103스테레를 소유했다. 그러나 1722년에 장, 지니에, 몽텔은 각각 192, 174, 139스테레를 소유했다. 따라서 '헥타르' 단위의 면적 연구도 토지가 큰 단위로 응축되었음을 확인해준다. 큰 토지들은 푸케의 시대보다 로의 시대에 크기도 더 컸고 수적으로도 더 많았다.

퐁테에서 분할——인구 과잉이라고까지 말할 수 있다——은 16세기와 17세기에 계속되었다. 그리고 이러한 경향의 반전은, 조세 자료에 따르면, 거주 지주들의 경우에 1693년과 1746년 사이에 비로소 나타난다('외지인들의 콩푸아'에는 역류 현상이 좀 일러서 1675년부터 시작된다). 거주 지주들에게 임계점은 콩푸아상의 3리브르(총토지평가액의 0.3퍼센트)에 있다. 한 세기 반 전부터 이때까지 늘어나던 미세토지들은 17세기 말과 18세기 전반에 가혹한 손실을 입었다. 1693년과 1746년 사이에 이 범주(토지평가액 3리브르 미만)에 속한 81개 토지 단위가 사라진 것이다. 중간 계급(영지당 콩푸아상의 평가액이 3리브르 이상)

---

6) AC Gabian, 1722년의 콩푸아, f°s 100, 123 r°.

에게는 그만큼 더 이득이었다. 이들은 같은 기간에 작은 땅 조각들을 가지고 22개의 영지를 더 마련하는 등 몸집을 불렸다.

이 같은 집중화 경향은 꽤 늦게까지, 낮은 지대의 부유한 포도재배지에서보다 더 오랫동안 지속되었다. 가난한 자갈 마을 퐁테에서 소액 타유세 납세자들의 몰락은 1773~75년경까지 계속되었다. 이 본당 사목구에서의 토지 분할은 바로 이 시점부터 재개되며, 이번에는 1875년경까지 한 세기가 넘도록 계속된다. 그런 다음 20세기에는 농촌 대탈출과 포도재배상의 여러 가지 위기에 뒤이어 집중이 재개된다.

바상에서의 토지 집중은 1502년부터 다양한 리듬 하에 계속된 근대의 토지 분할에 뒤이어 1696년경부터 시작되었다. 그리고 이 토지 재통합 국면은 18세기 내내(1696~1791) 계속되었다. 언제나처럼 소액 타유세 납세자들(장인, 목동, 날품팔이꾼, 서기, 사제) 가운데 일부가 무너지면서, 대신 부유한 부르주아, 상인, '엔지니어', 법조인, 대규모 농경자들의 토지가 불어났다.

발로스에서 1686년 이후의 조세 자료는 시간적으로 너무 벌어져 있다. 그렇지만 분할 국면——1636년에서 64년까지 분명히 확인되고, 1664년에서 86년까지도 그러한——에 뒤이어 1686년과 1774년(이 마지막 해는 terminus ad quem*이다) 사이의 집중 국면이 전개되었다. 18세기 말(1774년과 1786년의 타유세 대장 비교)에는 농민들의 세계가 활기를 되찾았다. 그런 다음 현대**의 포도재배로 인한 새로운 분할 국면이 시작되어 포도나무 뿌리 진드기가 피해를 입힐 때까지 한 세기가량 계속되었다.

네지냥-레베크. 동일한 가계에 속하는 타유세 대장을 보면, 1646년에서 1667~75년까지 토지 분할이 이루어졌음을 확인할 수 있다. 그 이

---

* terminus ad quem은 끝나는 한계라는 뜻으로 기착점, 최신 연도 등으로 번역된다. 참고로 terminus a quo는 시작하는 한계라는 뜻으로 출발점, 최고(最古) 연대로 번역된다.

** 프랑스 혁명 이후.

후 시기의 도수분포도에서 1667~75년(terminus a quo)의 타유세 대장과 1779년(terminus ad quem)의 타유세 대장 사이에 낀 시기는 전형적인 오른쪽으로의 움직임, 즉 토지 집중의 시기다. 임계점은 콩푸아상의 36리브르에 있다. 내가 확인한 바에 따르면, 1667년에는 토착민 가운데 이 수준에 미치지 못하는 소액 타유세 납세자가 156명이었으나, 1779년에는 126명에 불과했다. 없어진 작은 땅들은 상위 그룹(36리브르 이상)을 살찌게 만들었다. 1667년에는 고액 타유세 납세자가 2명이었으나 1779년에는 4명으로 늘어났다. 그중에서도 가장 세금을 많이 낸 세 사람은 베소드, 모랭, 드 그라브였다. 이 부유한 사람들은 십장 한 명, 목동 두 명, 하인 세 명을 거느리고 농사를 지었다.

생-앙드레-드-상고니는 훌륭한 자료를 확보하고 있다. 1636년경에 작성된 콩푸아를 모태로 해서 일련의 좋은 자료들이 만들어졌다. 이 자료들은 콩푸아를 계속 업데이트했을 뿐만 아니라 토지 재산의 변동에 따라, 토지대장상의 평가액의 기초는 건들지 않은 채(이것은 언제나 총 1,307리브르였다) 타유세 납세자들에게 할당된 액수가 얼마인지를 알려준다. 이렇게 가치 있는 자료들 가운데에는 1690년의 '증서'와 1726년의 '콩푸아 등본' 그리고 매년 작성된 타유세 대장이나 명부가 있다.

이 완벽한 자료들은 어디를 짚어도 마찬가지이지만 나는 특히 관찰이 용이한 두 자리를 택했다. 하나는 봉우리, 하나는 계곡이다.

봉우리, 그 지방의 납세 인구가 최대치에 이른 1690년에 납세자는 893명이었다. 계곡, 토지대장상의 인구가 바닥으로 떨어진 1749년부터 18세기 후반 회복이 있기 직전까지 타유세 납세자는 697명에 불과했으며, 토착민은 563명이었다.

1636년에 작성된 이래 변함없이 1,300리브르였던 생-앙드레의 콩푸아에 기록된 총토지평가액은 이 두 변곡점에서 어떻게 배분되었을까?

분할의 절정기인 1690년에는 이전(1665)의 통계와 비교해볼 때 토지 도수분포도의 왼쪽으로 옮겨가 있다.

그와 반대로, 집중기인 1749년에는 1690년과 비교해볼 때 토지 구조의 빈도수 다각형에서 오른쪽으로 옮겨가 있다.

언제나 그랬듯이 도수분포도들을 비교하여 얻은 임계점은 개별적으로 평가된 콩푸아상의 3리브르에 있다.

3리브르는 소액 타유세 납세자들이 몰락하는 최고점이다. 도수분포도에서 이 임계점의 왼쪽에는 1690년에 774명이 있었다. 그러던 것이 1749년에는 555명뿐이다. 그러므로 219명의 '미세지주'가 침체의 결과 사라졌거나 몰락한 것이다.

3리브르는 부유한 사람들의 토지욕으로는 최저점이다. 이 임계점의 오른쪽(3리브르 이상)에는 중간 액수 또는 고액 타유세 납세자가 1690년에 119명 있었다. 그러던 것이 2세대 후인 1749년에는 142명으로 늘어났다. 그러니까 사라진 219개의 조각 땅이 큰 영지 23개를 태어나게 한 것이다. 다시 말하면 9개의 작은 땅이 하나의 큰 땅을 만든 것이다. 18세기 중반 이 마을의 땅에는 토지 통합자들이 가득했다.

이 통합자들은 부락에 따라 꽤 다양했다. 외딴 부락인 캉부에서 1690년과 1749년 사이에 영지를 불린 사람은 유지들——그 지방의 영주와 상머슴 레오타르——이었다. 한편 농민들의 수는 줄었지만 그렇다고 그들의 작은 땅을 통합한 것도 아니었다. 이들은 몸집을 키우지 못한 채 다닥다닥 모여 있었던 것이다. 마지막으로 농사 일꾼들이 있다. 이들 대부분은 카네 가족처럼 반나절은 도기 제조공으로 일했는데, 몰락하여 결국 토지대장에서 사라지고 말았다.

생트-브리지트 부락에서 토지 통합자들은 서민 출신이었다. 농민과 짐꾼(그들은 사촌간이었고, 장인들과 사촌간이었다)인 그들은 1690년에서 1749년까지 날품팔이꾼들의 조각 땅을 흡수했다.

그러므로 여기서도 다른 마을에서와 마찬가지로 단조로운 사실이 확인된다. 토지 통합을 추진한 사람들은 사회적으로 다양하지만, 통합 그 자체는 한 시대의 공통 현상, 공통분모였던 것이다.

생-사튀르냉의 조세 자료들은 단절적이다. 그러나 토지대장상의 평가액은 아주 동질적이다. 1600년에 작성된 콩푸아는 1789년까지 여전히 유효했다. 두 세기가 흘렀는데도 말이다! 자료가 이렇게 장수한 것은 특히 자료가 우수하다는 사실을 반증하는 것이다. 그 마을에 있는 토지의 가치는 '7등급'으로 세밀하게 나뉘어 있다. 1스테레에 16수 하는 1등급(최상급)에서부터 상급, 중상, 중간, 중하, 하급 그리고 1스테레에 겨우 4드니에 하는 7등급(최하급)까지. 이 같은 등급에 근거한 토지평가액은 796리브르였다. 이어 1734년부터는 버려진 지가 오래된 땅들이 황무지로 분류되면서 784리브르로 수정된다.

1600년에 작성된 이 콩푸아의 먼 자손인 1705년의 타유세 대장과 이 콩푸아를 토지대장상의 가치로 비교하는 것은 어렵지 않다. 카미자르의 시대에 작성된 이 자료에는 17세기에 이루어진 분할의 흔적이 아직 남아 있다. 분리점, 다시 말해 임계점은 콩푸아상의 3리브르('중간'등급의 땅 5헥타르)에 있다. 도수분포도에서 이 경계선의 오른쪽에 있는 고액 타유세 납세자들의 수는 1600년(terminus a quo)과 1705년(terminus ad quem) 사이에 7명이 줄어들었다. 이 같은 감소는 분할 탓이다. 왜냐하면 숙명적인 임계점의 왼쪽에서는 같은 기간에 조각 땅이 수십 개나 늘어났기 때문이다.

그러나 1705년과 그다음 타유세 대장이 있는 1754년(두 시기 사이에 다른 조세 자료는 고문서보관소에 없다) 사이에는 예의 그 역전 현상이 나타났다. 이제 임계점은 5리브르('중간' 등급의 땅 7헥타르)에 있다. 이 임계점의 왼쪽에서는 작은 땅들(이전 단계에 급증했던)이 몰락했다. 그 가운데 112개가 사라진 것이다. 오른쪽에서는 큰 땅들의 복수(復讐). 15개의 새로운 토지가 생겨나면서, 이전 세기에 줄어들었던 '부유한 사람들'의 수를 다시 늘려주었다.

사회적으로 이 같은 토지의 이중 과정——왼쪽의 해체, 오른쪽의 통합——은 각각의 계급과 각각의 신분 내부에서 일어났다. 영세 농민들만 고통을 당한 것은 아니었다. 1705년의 영세 귀족들, 영세 부르주아들도 1754년에는 납세자 명부에서 사라지면서 임계점 이상의 영지를 소유한 더 부유한 귀족, 더 건실한 부르주아들에게 자리를 물려주었다.

집중을 통해 상승한 사람들 가운데 귀족 장 드 로지에르, 세바스티앵 드 라 로크, 공증인 페느루 등이 있는데, 특히 페느루는 가장 넓은 영지를 소유했다.

보스크의 경우를 보자. 소액 타유세 납세자들의 궤멸은 1670년의 콩푸아와 그것의 아들 격으로 1732년에 작성되어 현재 남아 있는 타유세 대장 사이에 일어났다. 토지평가액은 동일하다. 1670년에는 567리브르, 1732년에는 566리브르. 그러나 오른쪽으로 얼마나 많이 기울었나! 임계점은 1670년의 콩푸아 '표'에 따르면, 3리브르 15수, 다시 말해 '중간' 토지(밀 경작지, 포도밭, 밤나무밭, 황야)의 17헥타르에서 25헥타르에 있다. 내가 확인한 바에 따르면, 3리브르 15수에 세워진 경계선 왼쪽 ―거주민과 외지인을 모두 망라한 전체 도수분포도에서―에 1670년에는 소액 타유세 납세자가 212명 있었다. 1732년에는 그 수가 148명으로 줄어들었다. 토지 포기 현상인가? 그렇다. 그러나 또한 그 이상으로 통합이 있었다. 이 임계점의 오른쪽에 있는 부유한 타유세 납세자들의 수는 1670년에는 37명에서 1732년에는 54명으로 늘어났다.

농민들의 조그만 토지가 재산 규모나 숫자나 위세에서 몰락했음을 가장 잘 보여주는 곳은 보스크의 부락들이다. 라브자크 부락의 라브자크 집안을 보라. 지명 이름을 갖고 뿌리를 내린 집안이다. 1670년, 이 외딴 부락의 7개 조각 땅은 프랑수아 라브자크, 카트린 라브자크, 엘리, 피에르 1세와 피에르 2세, 장 1세와 장 2세 라브자크 등 일곱 명의 라브자크에게 속해 있었다. 그러나 1732년 라브자크 집안은 쇠퇴했다. 그들은 납세자 명부에 셋밖에 오르지 못하며, 그들의 작은 땅들은 녹아 없어졌다. 생-토방 부락의 브루에 집안, 살렐 부락의 카네 집안 같은 여타의 농민 가족들에서도 비슷한 축소 현상이 나타났다.

패배를 당한 이 희생자들 앞에 통합자들이 등장한다. 그러면 누가 라브자크 집안의 땅을 차지했을까? 그는 로(Law) 체제에 편승하여 이익을 본 자로서―그는 1720년에 "지폐로 땅을 샀다"라고 썼다―전에는 나사 제조인이었다가 얼마 전에 영주가 된 기욤 카스타니에였다. 그리고 보스크에서는 부르주아 통합자들이나 활기찬 농민 가계가 그의 뒤를 따랐다. 롤로 부락의 코스트 집안 사람들은 불운한 마을의 밭을 사들여 형제 소유지를 늘려갔다.[7]

마로상의 1685년 콩푸아와 1728년 콩푸아의 면적을 비교해보자. 1685년 이전을 지배했던 분할 경향에 이어, 이 시기 이후에는 반대로 집중화 경향이 나타난다. 임계점은 10스테레에 놓여 있다. 34개(각각 10스테레 미만)의 조각 땅이 사라졌다. 그 잔해는 미경작지로 버려지든지 더 넓은 땅(10스테레 이상)을 늘려주었다.

바이양에서는 토지 집중이 1637년에서 18세기까지 (약간의 토지 분할이 1774년에 재개된다) 두드러졌다. 1637년과 1774년의 토지대장상의 가치백분율 비교. 이러한 비교는 두 시기 사이에는 개간이 미미한 정도에 불과해서 전체 토지 면적이 거의 변하지 않았기 때문에 그만큼 더 유효하다.[8] 임계점은 개별적으로 콩푸아의 9퍼센트에 해당하는 토지평가액에 있다. 달리 말하면, 1637년에는 마을의 총토지평가액 53리브르 1수 가운데 4리브르 13수에 해당하며, 1774년에는 152리브르 가운데 14리브르에 해당한다. 임계점의 왼쪽에 있는 소지주들은 1637년에는 32명이었으나 1774년에는 18명에 불과하다. 약자들이 제거되는 적자생존 법칙을 확인한다. 임계점의 오른쪽에서 1637년에는 두 명의 대지주가 콩푸아의 15퍼센트, 면적상으로는 151스테레를 소유했다. 그러나 1774년에는 둘이 넷이 된다. 모두 평민이었던 이들(카상의 성당 참사회원들을 제외하면)은 콩푸아상의 가치의 59퍼센트를 소유했는데, 면적으로는 895스테레였다.

수베스에서는 '합리화'가 1697년과 1743년 사이에 토지대장상의 가치로 46수(중급 토지 11헥타르)에 미치지 못하는 서민들을 강타했다. 이들이 소유한 16개의 토지가 사라지고 대신 그 파편은 중간 액수의 타

---

7) Appolis, 1951, 27, 166쪽; An. 23.

8) 이 책, 제2권, 345쪽.

유세 납세자들을 살찌웠는데, 이들은 농민 또는 직조공 또는 대장장이, 목수, 건축공, 날품팔이꾼, 또는 먹을 것이 없어서 빵을 구걸하는 지주들이었다. 이 지주 거지들은 20세기의 에스파냐에서와 마찬가지로 18세기의 프랑스에서 전통적인 농경 체제의 역설들 가운데 하나였다. 예컨대 1693~96년의 타유세 납세자였던 장 아제마르, 기욤 타레, 조아생 마이옹셀 등은 먹을 것을 구걸했다.[9)]

코(Caux)에서 1615년의 콩푸아와 1756년의 콩푸아를 놓고 면적을 비교해보자. 다른 모든 곳과 마찬가지로 농민들의 소토지는 농업의 쇠퇴가 끝날 무렵 심한 타격을 입었다. 임계점은 30스테레다. 1615년, 그들의 수는 타유세를 내는 거주자들 가운데 228명이었는데, 이들은 각자 30스테레 미만의 땅을 가지고 있었다. 그러던 것이 1756년에는 177명으로 줄었다. 미세토지의 경우(15스테레 미만) 타격이 특히 심했다. 이들 미세토지는 170개에서 110개로 줄었다. 중간 토지는 잘 버텼다. 그러나 1756년의 도수분포도에서 오른쪽 끝에 있는 420스테레 이상의 커다란 토지는 4개인데, 1615년에는 단 하나밖에 없었다. 이 네 명의 '거물' 가운데에는 콩티 공(508스테레)과 루이 15세의 늙은 가정교사와 친척 사이인 플뢰리(448스테레) 등이 있다. 동시에 페즈나와 베지에 같은 소도시에서는 외지인 부르주아들이——가까운 본당 사목구의 외지인 농민들을 희생시키면서——성장했다.

1756년 이전, 코 마을에서는 도시적이고 귀족적인 대규모 토지 집중이 한창이었는데, 이렇게 집중된 대토지들이 100년 후 포도재배 자본주의의 근간이 된다. 소부르주아들, 대공들, 추기경-재상들 또는 그들의 친척들은 20세기의 '포도주 도매상들'에게 길을 터주었다.

프로테스탄트 마을인 모귀오에서, 영지당 100헥타르 이상의 토지 집중은 1653년과 1770년 사이에 성공적으로 진행되었다. 토지 집중이 거침없이 이루어진 것은 낭트 칙령의 폐지와 말라리아 때문에 쇠약해진

---

9) AC Soubès, 1693~96년의 타유세 대장; 인두세를 내는 빈민들 '명부', 1696.

소농들 덕분이었다. 그리고 도시 자본들은 기꺼이 이 마을로 흘러 들어와 기름진 땅에 뿌리를 내렸다.

1595년, 모귀오에는 100헥타르 이상의 영지가 하나뿐이었다. 국가적 영웅이자 탈세자였던 세젤리 부인이 바로 그 땅의 주인이었다.[10] 1653년에는 이 같은 크기의 땅이 3개였는데, 법조인과 평민 소유였다. 1770년에는 대영지(100헥타르 이상)가 8개로 늘어났는데, 공증인과 몽펠리에의 귀족이 소유자였다. 바시 뒤 캘라르 같은 귀족 집안 사람들은 마치 조각 땅들의 봉제사 같았다.

생-기로와 이웃 마을에서 1630~50년의 페스트와 위기들은——좀더 행복한 마을들에 비해 30년 앞서——가혹한 적자생존의 법칙을 적용시켜 작은 땅들은 구제(驅除)하고 큰 땅들은 불려주었다. 장기적인 침체는 17세기에서 18세기로 넘어갈 무렵, 황야의 이 마을에도 마찬가지로 해를 끼쳤다. 전체 토지의 15퍼센트(1754년에 269리브르 가운데 38리브르)가 황무지로 전락한 것이다. 외지인들이 땅을 독차지했다. 화덕에서 유리 굽는 일에 싫증난 로지에르 가족 같은 귀족-유리 제조업자들은 이 상황을 이용하여 자신들의 영지를 불렸으며, 군인이고 지주인 진짜 귀족의 삶으로 돌아가려 했다. 18세기 중엽에 이 마을은 프롱드 난 이전의 사회 구조와는 완전히 달라졌다. 전에는 가난하지만 그래도 독립을 주장하던 '미세 타유세 납세자들'로 가득했지만, 이제는 양과 프롤레타리아가 많은 순수한 양치기 마을이 되었다. 1753년에 이 마을에는 9명의 독립 가장, 14명의 하인, 하녀, 목동이 있었다.

항구 마을인 세리냥에도 분할의 강풍이 1603년에서 70년까지 불어닥쳤다. 그러나 반대로, 다음 세기(1670년과 1776년의 타유세 대장 사이)에는 토지 디플레이션이 소액 타유세 납세자들을 파멸시켰다. 임계점은 전체 토지의 토지대장상의 가치 가운데 0.4퍼센트에 해당하는 토지에

10) Devic, 1872~92, XI; 탈세에 대해서는 AC Mauguio, 16세기 말의 콩푸아, 프랑수아즈 드 세젤리의 '선언'.

있다. 왼쪽에서는 소토지들이 붕괴되었고, 오른쪽에서는 이보다 작지 않거나 큰 토지들이 통합으로 늘어났다. 이곳에서는 사제들과 군인들(또는 그들의 과부들)이 높은 자리를 차지했다. 예컨대 1776년, 토지 통합자들의 선두에는 다음과 같이 길고 화려한 직위를 가진 귀족 부인이 있었다. 국왕 군대의 국왕 대리인이시자 고귀하시고 강력하신 영주 루이 마리 뒤 풀프리의 미망인이면서 세리냥의 하급법원, 중급법원, 상급법원의 재판관이시고 영주이신 고귀하시고 강력하신 부인 카트린 프랑수아즈 드 카스타니에 드 콩풀랑. 그녀는 콩푸아상의 700리브르, 166 스테레의 땅을 소유했다. 또 다른 통합자로는 이따금 이름에서 허세가 보이는 드 브레트, 드 튀르니, 드 토미에르, 드 잠 같은 포병부대 장교, 기병장교 등이 있었다.

세리냥에서도 도시가 토지를 공략했다. 베지에 사람들의 몫은 1603년과 70년 사이에 줄어들었다. 그러나 그들의 몫은 집중화 국면인 1670년에서 1776년까지 수에 있어서나 면적에 있어서 늘어났다. 이 공격적인 베지에 사람들의 선두에는 사제이자 성당 참사회원이며 영주인 앙투안 드 바르텔르미와 참사회원들과 사촌간인 프라딘 도레양의 귀족이 있었다. 이들은 각자 콩푸아상의 100리브르를 소유했다.

토지 통합 때문에 희생당한 범주의 사람들은 소토지(토지평가액으로 볼 때 전체 토지의 0.4퍼센트 미만) 소유자들로서 날품팔이꾼, 선원, 술통 제조인, 목동, 벽돌공 등이었다.

그러나 이 미세지주들은 세기말에 활력을 되찾았다. 1776년경과 그 이후에도, 이 미세 타유세 납세자 집안 사람들은 주변의 황야와 황무지 개간에 나섰다. 이 선구자들 가운데에는 부르봉이라고 불렸던 장 라무루, 코콩 그레강이라고 불렸던 자크 파브르, 손위 코콩이라고 불렸던 장 파브르 그리고 그 밖에도 여러 명의 파브르와 여러 명의 라무루가 있었다. 이 같은 브라운 운동*은 통합이 끝나가고 있음을 예고하는 동시에

* 액체 중에 부유하는 고체 미립자가 행하는 복잡하고 불규칙한 운동.

19세기의 포도재배와 관련된 대규모 분할을 예비하는 것이었다.

마르시아르그에서 귀족들의 대토지는 공유지의 3분의 1 분배(triage)라는 전형적인 측선(側線)*에 의해서 늘어났다. 1683년에 충적토를 분배했는데, 이는 영주인 칼비송에게 이익을 주었다. 단번에 그는 양질의 충적토 171헥타르를 합의 하에 손에 넣어 목초지나 경작지로 전환시킬 수 있게 되었다. 1692년에 같은 마을의 영주인 데 포르도 그러한 방식으로 150헥타르를 차지했다. 처음에는 파종지나 목초지로 사용되었던 이 새로운 영지들은 19세기에 포도밭이 되었다.[11)]

콜롱비에(오르브 강의 저지대 평야)에서[12)] 1672년에 50헥타르 이상의 영지들은 전체 토지의 4분의 1을 차지했다. 그러던 것이 1735년에는 3분의 1 이상이었으며 1820년에는 별로 늘어나지 않았다. 그러므로 토지 집중은 루이 14세의 장년기와 루이 15세의 청년기에 실현되었고 완성되었다고 말할 수 있다.

생-조르주-도르크에서 집중화는 몽펠리에의 유지들에게 유리한 방향으로 진행되었다. 이들은 1593년에서 1635년까지는 별로 적극적이지 않았다. 그후 그들은 토지에 침투하는데, 그들의 공세는 1688년에 시작되었으며, 1724년의 콩푸아에서는 상당히 진전되었다.

19세기와 20세기에 도시 자본주의의 농촌 거점 가운데 하나였던 베상. 콩푸아 자료들은 인접 도시인 베지에가 수행한 도시의 정복이 언제 시작되었는지 그 연대를 가늠할 수 있게 해준다. 베지에는 1502년에 한 타유세 납세자를 베상에 보냈다. 그는 소액 납세자였다(25스테레). 1577년에는 둘(20스테레와 90스테레)이었으며, 1588년에도 여전히 둘

---

* 열차의 운전에 늘 쓰이는 선로 이외의 조차용 선로.

11) 이 같은 여러 거래는 이 커다란 마을의 회의록에서 준비되었거나 인준되었거나 언급되었다. AC Marsillargues, BB 8, 2월 28일, 3-12-1683; BB 9, 3-12-1701, 6-12-1701, 20-12-1701, 22-2-1702; BB 11, 4월 2, 22, 29일, 5월 13일, 7월 12일, 9-12-1725; BB 12, 6-7-1740; BB 19(1701~1707), 데포르 사건.

12) Dugrand, 1963, 345, 346쪽에 인용된 M. Pouget의 DES 논문.

이었다. 그러다가 1699년에는 14명을 보냈는데, 그들 가운데 둘은 각각 110스테레 이상을 소유했으며 6명은 귀족, 2명은 사제, 2명은 부르주아, 1명은 약제사였다. 이렇듯 베지에의 통합자들은 대체로 두 특권 신분에서 충원되었다.

그들 가운데에는 유능한 평민도 있었다. 1677년 방드르에서, 베지에의 부르주아인 피에르 고지는 자기의 영지를 점검했다. 그것은 정말 아를르캥*의 옷과 진배없었다. 그는 전에는 개별 농민 소유지였던 조각 땅 40여 개를 모아 하나의 영지를 만들었던 것이다.[13]

*

이렇게 세부 연구의 마지막에 이르러, 토지 집중의 문제와 그것의 근대 세계의 논리적 귀결인 도시의 토지 점유라는 문제가 제기되었다.

왜냐하면 변화(1700년경)는 이전의 농촌 침체 물결이 휩쓸어간 15세기와 똑같이 진행되지 않았기 때문이다. 1350년에서 1450년까지의 토지 집중은 순전히 인구 붕괴의 결과였다. 때때로 토지 집중은 결과로 보면 루이 14세 시대에서보다 더 두드러졌다. 그것은 커다란 영지의 구성으로 귀결되었다. 그러나 이들 영지의 대부분은 순전히 농촌 사람들의 수중에 남아 있었다. 귀족—차지인, 농촌 사제, 대농, '요먼' 또는 프레레슈.

17세기 말에 시작되어 18세기까지 진행된 토지 통합은 중세 말의 통합과 몇 가지 공통점을 가지고 있다. 왜냐하면 그것도 농촌 인구의 감소(루이 14세 시대에는 15세기에 비해 덜 뚜렷했지만)로 자극을 받았기 때문이다. 그러나 비교는 거기서 그친다. 몇 가지 원인은 공통적이었다

---

* 울긋불긋한 옷차림을 한 익살광대.

13) 이 40개 땅의 상세한 리스트와 '계보'는 ADH, G 178, f° 453, 27-3-1677; G 179, f° 179, r°, 20-3-1681; AC Bessan, CC, 해당 연도의 콩푸아와 타유세 명부.

해도 사회적 양상은 매우 달랐다. 중세의 에피소드는 토지로의 황급한 후퇴를 동반했다. 근대의 에피소드는 도시 귀족들——평야의 공략에 나선 귀족, 법조인, 부르주아지——의 행복한 상승과 불가분의 관계에 있다. 그리고 이들의 정복은 확고한 것이었다. 일부 뒷걸음이 없지는 않았지만, 그들의 정복은 20세기의 토지대장에 이르기까지 지울 수 없는 흔적을 남겼다.[14)]

---

14) Dugrand, 1963, 설명과 지도, 351쪽과 여러 곳.

제4장 토지는 더 이상 수익성이 없다

지금까지 나는 연속적으로 일어나거나 동시에 일어나는 식으로 연결되어 있는 몇 가지 중요한 현상들을 기술했다. 금속 가격의 하락에 뒤이은 명목 가격의 하락, 한참 뒤에 일어난 농업 총생산의 감소, 인구의 감소, 작은 땅뙈기들의 몰락, 이와 관련하여 토지 집중의 증가 등이 바로 그것이다.

왜, 어떻게 이러한 썰물 현상이 전면적으로 일어날 수 있었을까? 원인과 과정에 대한 연구는 섬세한 분석을 요구한다. 그러한 분석은 불평등한 소득 계층별 총생산의 수직적 분배 상태를 규명해줄 것이다. 그러자니 이익, 지대, 임금, 세금, 거기에 해당하는 사회 집단들에 대해 또다시 이야기해야 한다.

이전 시기보다 힘들고, 더 불편한 작업이다. 왜냐하면 몇몇 중요한 변수——사업 수익, 농업 임금——의 경우 우리의 자료는 비록 구체적이고 시사적이긴 하지만 빈틈이 많기 때문이다. 참으로 소중한 자료인 직접세 징수 임대차계약, 혼합 임금과 실물임금 등의 장기적인 연속 자료들은 사실상 1660년까지만 존재하기 때문이다. 문서는 더 많지만 이제 덜 연속적이다. 기술하기는 더욱 쉬워졌지만 계량화하기는 종종 불가능하다.

그렇지만 몇 가지 사실은 명확하다. 우선 주요 영역인 이익 분야에서 그러하다.

*

1665~72: 이익의 사망

1660년, 특히 1670년 이후 생산은 증가했지만(아직은 한동안) 활기를 잃었다. 왜냐하면 이익이 죽어버렸기 때문이다. 이것은 적어도 장기적인 회계 문서에서 이끌어낼 수 있는 결론이다.[1)]

베지에와 몽펠리에 참사회들의 예산을 보자. 수입 부분에서 주를 이루는 것은 현금 십일조다. 따라서 대부분은 막대한 농업 수입으로 이것이 수지 균형을 잡아준다. 지출 부분에는 사치 비용(교회의 사치와 사적인 사치), 임금, 세금(십일조, 염세, 평민 재산에 대한 타유세), 차용 이자 등이 있다. 마자랭과 루이 13세 시대에는 2년 중 1년 또는 3년 중 2년은 수입이 지출을 초과했다. 그래서 17세기 중에는 좋든 나쁘든 대체로 이익이 남았다. 그러나 이러한 정상적인 기간은 1663년(몽펠리에), 1671년(베지에)에 끝난다.

이 시기 이후 세기말까지 참사회원들의 예산은 콜베르의 예산과 마찬가지로 균형을 잃었다. 이제 재정이 궁지에 몰렸다. 매년 예외없이 규칙적으로 변함없이 적자를 보았다. 참사회원들의 회계상에 지속적인 수입 초과가 다시 찾아오는 것은 1720년부터(몽펠리에), 1740년부터(베지에)다. 그리고 이러한 수입 초과 현상은 번영하는 18세기 내내 계속될 것이다.

*

콜베르 시대와 콜베르 이후 시대에 이익이 사망한 이유를 밝히는 것이 항상 쉽지는 않다. 나는 다시 이 문제로 돌아올 것이다. 그러나 결과는 명백하다. 이익도 없고 저축도 없는 상태에서 지주들은 돈을 갉아먹

---

1) An. 31 ; Gr. 23과 Gr. 24.

다 보니 결국 빚에 내몰릴 수밖에 없으며, 수확이 안 좋은 경우에는 파산의 나락으로 떨어지고 말았다. 왜냐하면 저축이 없어서 그들은 어느 날 갑자기 지불 불능 상태에 떨어졌기 때문이다. 농업 경영의 역사——농촌의 이익이나 손실의 전형적인 당사자인 농장 임차인과 대농들——도 이 점에서 프롱드 난 이후와 낭트 칙령 폐지 사이의 파산의 연대기를 잘 드러내준다.

*

1680: 차지농들의 파산

농경업자들이 최초로 실패를 맛본 것은 가격이 곤두박질친 1655년경이다.[2] 수익은 감소했지만 지대는 일시적으로 유지됨으로써 벌써부터 간간이 농경 이익을 목조르기 시작했다. 프롱드 난 시대의 고가(高價)가 언제까지나 지속될 것으로 믿고 있던 경솔한 차지농들은 대규모 임대계약에 미친 듯이 달려들었다. 문맹인 프랑수아 랑드는 생-피에르 농장을 8년 동안 계약했는데, 매년 호밀 505스티에, 밀 505스티에, 귀리 125스티에를 내는 조건이었다. 이것은 16세기 이래의 기록적인 계약이었다. 그런데 가격 하락은 그의 기대를 무너뜨리면서 생계를 어렵게 만들었다. 1658년, 자기의 밀을 제대로 판매하지 못한 랑드는 임대계약을 내팽개친 채 줄행랑을 놓았다. 그의 짐수레꾼, 경작 하인——부쿠아레드, 비달, 카바예스——삼림 감시인 등은 임금을 받지도 못했다. 그후 역시 문맹인 프랑수아 뒤코가 1658년에 농장을 이어받았다. 그의 임대 조건은 밀 400스티에, 호밀 400스티에, 귀리 75스티에로 랑드의 임대 조건보다 훨씬 가벼웠다.

비알라 농가의 불운도 이와 거의 비슷했다. 이곳의 임차인인 이자크 루조(역시 문맹)는 대규모 임대계약을 맺었는데, 그것은 1640년대와

2) 이 구절('차지농들의 파산')에 대해서는 An. 36 참조.

프롱드 난 시기의 높은 가격에 연동해 있었다. 루조는 1655년의 하락을 계산하지 못했다. 1658년에 그는 4천 리브르의 빚만 진 채 계약을 끝냈다. 역시 문맹이었던 그의 후임자는 1658년과 1664년에 참사회원들에게서 지대 인하를 얻어내어 그럭저럭 이익을 맞추어나갔다.

모랭 농장도 마찬가지였다. 1640년대에 임차인은 임대인에게 수확의 절반에다가 임대계약에 따라 현금 2천 리브르나 3천 리브르를 지급했다. 1653년(밀 가격이 최대로 상승한 해) 임대계약은 투기 수준으로 올라갔다. 새로운 차지농인 피에르 라세르는 수확의 절반에다가 매년 6,420리브르를 더 지불하기로 약속했다. 1659년에도 마을 유지인 로랑 에스텔은 한 식료품 상인의 보증 하에 모랭 농장에 3천 리브르 외에 곡물 2,500스티에를 얹어주었다. 그러나 에스텔은 지나치게 크게 내다보고 계산을 했기 때문에 돈을 잃었다. 1660년에 그의 지대는 3분의 1이 줄어들었다. 너무 늦었다. 에스텔은 빈털터리가 되어 자기의 가축을 이동시키는 데 드는 비용도 지불할 능력이 없었다. 파종할 돈도 없었고(그의 채권자들이 그에게 종자를 빌려주고 수확을 차지했다), 하인들에게 지급할 돈도 없었으며, 가축을 키울 돈도 없었다. 1663~64년, 에스텔은 토지 경작을 그만두고 1만 5천 리브르의 부채를 짊어진 채 모든 것을 포기하고 말았다. 농장은 얼마나 형편없게 버려졌던지 소액의 임대료만을 약속한(1663년 당시 곡물 가격은 최저 수준이었다) 장 페이엘이라는 한 루에르그인에게 임대되었다.

베딜랑도 마찬가지여서 1655년의 대규모 임대계약은 슬프게 끝을 맺었다. 1662년, 성당 참사회원들은 자기들의 임차인인 문맹의 메를에게 차압하겠다는 위협을 했고, 그는 결국 300리브르와 760스티에의 곡물의 빚만 짊어진 채 끝났다. 이러한 재난이 있은 후 농장은 영구적으로 분봉되었다. 이렇게 해서 농장 주인들은 사실상 헐값에 그것을 넘긴 것이다.

그러므로 가격 하락과 마찬가지로, 차지농들의 어려움은 일-드-프랑스와 영국(이곳의 어려운 상황은 월리지와 새뮤얼 피프스에 의해

1668~69년경에 널리 알려졌다)에서보다 (랑그도크 지방에서) 훨씬 일찍 시작되었다. 그렇기는 하지만 과장해서는 안 된다. 신중했건, 운이 좋았건 랑그도크의 많은 차지농은 최초의 경기 후퇴(1653~63년)로 인한 곤경을 별다른 어려움 없이 이겨냈다. 그들은 (현금 십일조에 따르면) 생산을 늘리는 데 성공했으며, 그리하여 가격 하락을 생산량의 증가로 상쇄시키면서 수익을 유지하거나 심지어는 증대시킬 수 있었던 것으로 보인다. 다른 한편으로, 이들 경작자는 아직도 증가세에 있던 인구, 공급이 원만한 노동시장의 덕을 보았다. 상황이 그러하니 그들은 가격이 하락하는 만큼(경작 하인의 1년 임금은 1650년과 58년 사이에 농산품 가격과 거의 같은 리듬으로 하락했다) 비용을 줄일 수 있었다. 결국 가감해서——같은 수준이거나 늘어난 수익, 억제된 비용——이 능란한 농민들은 이익을 지킬 수 있었다. 그들에게 커다란 시련은 아직 닥치지 않았다.

그것은 1670~74년부터 슬그머니 나타났다. 이익의 증발(이미 성직자들의 회계상에 나타난) 현상은 차지농들에게도 영향을 미쳤는데, 이들 가운데 일부는 그 기간에 차압과 구금을 겪었다.

1679년, 특히 1680년은 농민들의 운명을 결정했다. 채무와 적자에 허덕이던 그들은 극심한 한발 때문에 급작스럽게 파산하고 말았다. 한발은 이미 빈곤해질대로 빈곤해진 시골을 덮쳤기 때문에 가혹했던 것이다.

첫 번째 사례로 아밀라크 농가를 보자. 임차계약이 만료된 벨펠은 1679년 이래 무일푼이어서 일 년치 지대를 빚지고 있었다. 그는 베지에의 법조인들에게서 빚을 얻으려 했지만 헛일이었다. 몇 년 동안 그는 빚을 짊어지고 비참한 생활을 하다가 1682년에 끝내 철창 신세를 지고 말았다.

1679년에 그의 뒤를 이어 토지를 임차한 자크 옹브레(문맹)는 계약할 당시 이미 가난했다(그는 보증금을 낼 수도 없을 정도였다). 1680년의 한발과 흉작은 그를 완전히 파산시켜버렸다. 그는 1,923리브르의 빚쟁이가 되었다. 이리하여 그는 자기 농지에 파종도 못하고(2년 연속), 하인들을 먹이거나 임금을 줄 수도 없게 되었다. 그 때문에 독촉, 기소, 그나마 별 볼일 없는 수확의 몰수 등이 이어졌다. 최종적으로 옹브레는 "문 밑에 열쇠를 놓았다"*(1683년 9월 29일). 그는 포도수확도 파종도 하지 않은 채 가축을 죄다 몰고 떠났다. 사람들은 그를 붙잡아서 빚 갚을 돈 한 푼 없는 그를 감옥에 가두었다(1684). 소작지는 황무지로 버려졌다. 더 이상 어쩔 도리가 없게 된 참사회원들은 옹브레의 조카에게 농가를 맡겼다. 그는 적어도 읽고 쓸 줄은 아는 사람이었다(그는 새로운 세대에 속한다). 젊은 옹브레의 기간은 짧았다. 1684년에 새로운 차지농, 새로운 가족이 나타났다. 앙드레 뱅슈(그는 서툴지만 서명할 줄 알았다)가 아밀라크를 떠맡았다. 그는 18세기 초까지 그곳에 머물렀다. 그는 거의 이익을 내지 못했다. 빚지고, 파종을 못해 수확도 못하고, 지대(그나마 경감해준)도 못 내는 형편이었다.

비알라. 거의 문맹 수준의 차지농인 피에르 아리바(그는 P.A.로 서명했다)는 1676년부터 임대계약을 했다. 그는 가난해서 돈을 빌리지 않으면 안 되었고, "그래서 그는 보증금도 내지 않았다." 1680년, 두 차례의 재난인 한발은 마침내 그를 파산시켰으며, 그는 죽고 말았다. 참사회원들은 그의 최후를 고통스럽게 기록했다. 아리바는 죽어가고 있다, 아리바는 죽었다. 완전 문맹이긴 하지만 용감한 미망인 마르그리트 그랑주가 방향타를 이어받았다. 그녀의 불행에 마음 아파하던 참사회는 그녀의 빚을 일부 탕감해주었다. 그녀는 "훌륭한 자영농(ménagère)으로서 그리고 가정의 아버지(père)로서"(sic) 소작지를 관리하겠다고 약속했다. 그리고 그녀는 멋진 서명을 가진 젊은 사위 타피에의 도움을 받았다. 그러나 마르그리트는 성공하지 못했다. 그녀는 지대도 내지 못하고, 남은 빚도 갚지 못했다. 1684년 그녀는 마침내 재산을 압류당했다. 그녀는 최선을 다해 자신을 변호하면서 수확 곡물을 지키려고 했다. 참사회원들은 농장에 보초를 세워 밤낮으로 과부를 감시하며, 지대에 해당

---

* 사라졌다는 의미.

하는 곡물을 차지하려 했다. 채권자 모두의 지지를 등에 업은 땅주인들과 차지농 사이의 분쟁이 몇 달 동안 계속되었다. 1685년 여름 마침내 전쟁이 일어났다. 사위인 타피에는 친척을 모두 동원했으며, 사촌인 나르본의 타피에와 함께 자기 농장의 문을 부숴버린 다음 성당 참사회가 압류한 곡물을 수레로 실어 가버렸다. 옹브레처럼 타피에도 결국은 잡혀 구금당했다. 그러나 그를 대신하여 임대차계약을 맺거나 손해보는 차지농 노릇을 할 사람은 다시 나타나지 않았다. 16세기의 아름다운 곡물 생산지 비알라는 이제 녹슨 기계에 지나지 않았다. 참사회원들은 그 땅을 회복시키기 위해 직접 경작하지 않으면 안 될 형편이었다.

모랭. 1600년경 이미 몇몇 불행한 사태를 겪었던 이 거대한 영지(소 25쌍, 4천 리브르의 종자, 1만 리브르의 가축)는 한발이 빈털터리의 차지농들을 덮친 1680년 다시 큰 곤경을 겪으면서 온통 가난에 빠졌다. 부채는 여전하고, 경작은 이뤄지지 않고, 툴루즈에서 소송은 계속되었다. 자산, 현금, 신용, 소, 쟁기가 부족하고, 종자 사기(詐欺)까지 발생했다. 버려진 땅은 비참한 상태였다. 이 모든 것은 차지농 피에르 그랑장이 재정적 실패로 1683년에 임대계약을 포기한 결과였다(그리고 그는 부채와 소송을 1689년까지 질질 끌다가, 그해에 형을 언도받았다).

그러자 1683년에 모랭 농장은 지대를 인하하여 차지농을 바꾸었다. 새로운 경작자인 레지스를 유혹하여 농장을 맡긴 것이다. 그러나 그도 실패했다! 1684년 수확 일꾼을 살 돈도 없고 밀단을 나를 수레 삯도 없던 레지스는 추수도 못하고 타작도 못했다. 1686년 봄, 그는 김매는 여자들에게 줄 임금도 마련하지 못했다. 그 결과 밭과 휴한지는 잡초로 무성해졌다. 절망한 참사회원들에 따르면, 레지스를 고용해서 농사는 못 짓고 재판만 했다. 1686년 여름, 참사회원들의 성직록을 지불할 돈이 없자 곡물에 대한 압류 사태가 벌어졌다. 레지스는 문자 그대로 채권자들에게 포위당한 채 자신의 수레조차 끌고 나갈 수 없는 지경이 되었다. 그에게서 곡물을 받을 것이 있는 그라브 후작 부인이 대로에서 그의 수레를 압류해버렸기 때문이다! 가을에 그는 하인들의 임금도 제대로 못

줄 형편이었다(1686년의 고임금은 차지농들이 파산한 원인 가운데 하나였는데, 이에 대해서는 다시 언급할 것이다).

참사회원들은 레지스를 쫓아내려고 해보았지만 헛수고였다. 아무 이익도 내지 못하는 그 자리를 차지하려고 나서는 사람이 없었기 때문이다. 1687년, 모랭의 곤경은 더욱 심해졌다. 언제나 그랬듯이 차지농에게 돈이 없어서 김매기를 제대로 못하니 수확이 형편없었다. 결국 절망적인 해결 방법만 남았다. 차지농이었던 레지스는 옛날식의 반타작 소작농의 지위로 떨어졌다. 이것은 경제적으로 어려운 시기에 벌어진 사회적 추락의 전형적인 사례였다.

그 결과 1년 동안은 상황이 나아졌다. 그러나 1688년과 1689년에도, 여전히 돈이 없는 구제 불능의 레지스는 밀이 열려 있는 풀을 양들에게 먹였다! 사료가 없었던 것이다. 피해, 사정(査定). 그를 쫓아낼 것인가? 결코 그럴 수 없었다. "왜냐하면 아무도 나서지 않기 때문이다." 1689년에 그의 임대계약이 갱신되었고 같은 이야기가 반복되었다. 레지스는 돈이 없다. 파종을 하지 않는다. 경작을 제대로 못한다. 하인들에게 임금을 지불하지 못한다. 더 이상 견딜 수 없게 된 참사회는 1690년 영지를 '직영'하기로 결정했다. 대차지농의 아들인 참사회원 비달롱이 관리자로 임명되었다.

생-피에르 농가. 차지농 토마 라가르드(문맹으로 그의 서명은)도 1680년을 보내는 데 어려움을 겪었다. 그해의 한발 때문에 수확을 망친 그는 지주에게 1천 리브르의 빚을 졌다. 그의 빈곤 정도로 볼 때 갚을 수 없는 돈이었다. 1686년, 그는 1천 리브르를 더 빚졌다. 이제 그가 그토록 욕하고 수레 파업으로 대항했던 참사회원들과 그의 관계는 극도로 악화되었다. 그렇지만 아프고 화를 잘 내고 돈도 없던 라가르드는 1692년 죽을 때까지 자기의 계약을 유지했다. 그가 죽은 후 참사회원들과 죽은 농민의 상속자들 사이에는 임대계약 정산을 놓고 12년간 소송이 진행되었다.

라가르드에 이어 생-피에르를 임차한 베지네에 이르러 지주와 차지농의 관계는 훨씬 나빠졌다. 과도한 임대계약과 지대를 떠안은 새로운 차지농은 (참사회원—지주들에게는) 지불 능력이 없는 가증스런 인간임이 곧바로 드러났다. 그의 가축들은 성당 참사회의 뽕나무를 뜯어 먹었으며, 그는 임대인에게 주어야 할 곡식을 타작마당 밖으로 빼돌렸다. 1696년부터 참사회원들은 '감독관'(날품팔이꾼 조세프 트레유)을 보내 수확물을 별도로 관리했다. 그리고 채권자들——참사회원 비유라스, 자문관 마르슬랭, 목동 아벨——은 베지네에게 몰려가 그의 곳간 열쇠까지 빼앗아갔다. 1696~97년, 누구나 다 그의 곡물을 차지하려 했으며 툴루즈 고등법원에 그를 제소했는데, 보고자인 피베르는 침통하게 그의 경우를 언급했다. 베지네는, 이전에 라가르드가 그랬듯이, 수레 파업을 통해 반격했다(그 당시의 모든 차지농과 마찬가지로, 그의 임대차계약은 주인들에게 중세의 부역을 연상시키는 일정한 횟수의 운송 일을 해주기로 되어 있었다).

문제의 근원은 언제나 똑같았다. 말하자면 베지네는 돈이 한 푼도 없었으며, 이익을 내지 못했고, 1697년에는 자기의 일꾼들에게 임금을 지불할 수도 없었을 뿐만 아니라 곡물로든 짚으로든 지대를 갚을 능력도 없었던 것이다.

1697년 10월, 베지네는 벼랑 끝에 다다른 듯했다. 그는 이제 파종할 종자도 없다고 말했다. 그의 곡물은 압류됐다. 그러나 이 질기고 사악한 차지농은 눈에는 눈으로 응했지, 가만히 앉아서 목 졸림을 당할 사람이 아니었다. 그는 압류를 도둑질로 갚았다. 그는 아직 다 자라지도 않은 밀을 잘라서 도시의 노새 몰이꾼과 마차꾼에게 팔아 치웠다. 추수 단도 몰래 처분했다(1698년 6월). 7월, 그의 태도는 이제 까놓고 농사일을 사보타주하는 쪽으로 바뀌었다. 그는 낟알떨기를 거부하고 휴한지 갈기를 게을리했으며, 참사회에 빚진 돈이 3천 리브르나 되는데도 야음을 틈타 밀단을 내다 팔아서 이익을 챙겼다. 마지막으로 그도 친척 농민들의 연대 의식을 동원했다. 1669년, 농업노동자였던 그의 사촌들과 공범들은 그를 위해 밀을 타작했으며 지대로 낼 곡물을 숨겨주었다.

1700년의 에필로그. 베지네는 여덟 명의 간수가 지키는 나르본 감옥에 갇혔다. 그는 거기에서 한 달 동안 옥살이를 한 다음 풀려나 농장으로 돌아갔다. 그러던 어느 날(1700년 10월 5일) 그는 문 아래에 열쇠를 놓은 후 자취를 감추었다. 가난하고 교활했던 그는 지난 두 세기 동안 생-피에르 영지에서 가장 이익을 못 올리고 가장 지대에 짓눌린 차지농이었다.[3)]

쥐츠 밭——별다른 잡음 없이 곡물로 임대료를 받았으며, 지난 150년 이래 실질가치가 점점 더 올라간 작은 땅——의 경우, 파산은 이보다 늦은 1691년과 96년 사이에 찾아왔다. 이 작은 땅뙈기의 소차지농인 이스나르는 악성 부채(1헥토리터의), 지대 지불 불능, 심지어 파종 종자 조달 불능 등으로 곤란을 겪었으며, 참사회원들은 1696년에 그의 재산을 '차압'했다. 그후 좌절한 지주들은 쥐츠 밭을 사실상 포기했다. 그들은 1699년에 그 밭을 영구 토지세 지급 조건으로 임대해버렸다.

세갈라 부자(父子)는 1676년부터 살의 차지농이었다. 아버지 피에르는 문맹이었다. 아들 기욤은 서명을 매우 잘했다. 두 세대 가운데 아들 세대는, 그 시기에 대체로 그랬듯이, 주교들이 모든 마을에 (영적인 목적으로) 강요한 초등 교육 덕분에 교육 수준이 높았다. 세갈라 가족은 문자는 터득했지만 곤경을 이길 만큼 부자가 되지는 못했다. 1679년과 1680년의 한발과 곡물 부족은 임대계약이 끝날 때까지(1683) 그들을 가차없이 파산시켰다. 5년 동안 부채, 곡물 부족으로 인한 지대 납부 거부, 차압과 압류 등에 시달린 후 세갈라 가족은 1685년에 구금되었다. 그가 파산한 지 15년이 지난 1695년에도, 아들 세갈라는 여전히 참사회원들에게 빚을 지고 있었다.

파스투렐 형제——피에르는 농민이고, 장은 베지에의 상인으로 피에르의 보증을 섰다——가 1683년에 세갈라 가족을 이어서 살을 임차했다. 지적 수준이 높았던 그들은 지주 겸 참사회가 지대로 앗아가기 때문

---

3) Gr. 38.

에 정상적인 방법으로는 챙길 수 없었던 것을 계략을 써서 회수했다. 그들은 모든 휴경지(법적으로 2년 윤작제였다)에다 남몰래 파종했다. 그들은 한 하인에게 재(再)소작을 주었으며 위성류를 자르고, 침식의 위험이 있음에도 강기슭의 땅을 갈았다. 밀짚은 거름을 만드는 대신 석회화덕의 땔감으로 썼다. 그리고 마지막으로 1689년에는 소송이 있었지만 후임자들에게 열쇠를 내주지 않았다.

살에서 1696~97년, 비가 많이 온 두 해의 농사철은 차지농 카바넬을 거의 파산 일보 직전까지 모는 데 충분했다.

몽타댕의 두 영지는 1677년까지만 해도 임대계약이 잘 마무리되었다. 그러나 이후 상황이 나빠졌다. 1680년, 완전 문맹인 프랑수아 블레야크는 동료 루비와 함께 소작을 맡았다. 그는 손해를 입어 지대를 잘 내지 않았으며 빚을 졌다. 손실을 메우기 위해 아니면 참사회원들에게 앙갚음을 하기 위해 올리브나무를 베어버렸다. 20년 뒤인 1669년에도, 그는 주인들과 부채 때문에 실랑이를 벌였다.

무랑. 1680~85년에 차지농 다비드 카네는 여러 가지 이유로 망했다. 한발, 가축의 대량 매입, 성화같은 빚 독촉, 그리고 종자 차입 등. 1684년 10월, 카네는 파종할 능력을 잃고 소작을 포기했다. 기력이 다한 것이다.

무랑의 지주인 아그드의 참사회원들은 카네의 후임으로 부유한 여자 차지농을 찾아냈다. 그녀는 기에 사는 여인으로 라쿠르의 미망인이었으며, 그녀의 아들은 자크 라쿠르였다. 그러나 당시는 힘든 시기였다. 그 부유한 여인도 별다른 이익을 올리지 못했으며, 오래가지 못했다. 1686년에 이미 그녀는 곡물 지대의 많은 부분(631스티에)을 빚졌다. 그녀는 제3자에게 주었던 많은 채권(445리브르)을 청산하고 703 리브르의 에퀴와 루이 은화를 지급함으로써 곤경에서 벗어났다. 그러나 이 과정에서 그녀는 자기의 전 재산을 잃었다. 소작에서 이익을 하나도 못 올린 판에 재난이 이어져(1691, 흉작), 무랑의 차지농은 저축 한 푼 없는 알거지가 되고 말았다. 이제 그녀는 파산할 수밖에 없었다. 아그드의 참사회원들은 그녀의 모든 동산을 압류했다. 노새, 황소, 암소, 마차, 쟁기, 솥, 농기구 들을 처분하여 그녀가 진 빚 4,877리브르를 갚게 만들었다. 그녀를 망하게 만든 원인 가운데 그녀가 분명히 언급한 것은 하인들의 임금 상승이었다.

제노바행 선박을 세내던 루이 13세 시대 아그드의 대차지농들과 익지도 않은 밀이나 밀단을 팔아 치우던 1680~90년의 불행한 경작자들 사이에는 얼마나 큰 차이가 있는가! 이들은 파종도 하지 못한 채 농기구를 헐값에 팔아넘겨야 할 형편이었다.

서쪽에 있는 나르보네 지방에도 재난이 닥쳤으며, 그 시기 또한 숙명적인 해인 1680년부터였다. 1680년 10월과 11월(그리고 다시 1686, 1690, 1691년), 두 세기 만에 처음으로 나르본 참사회원들의 회계장부에는 모든 마을(우베양, 살리에스)에 종자 구입 자금을 집단 대출해주었음이 언급되었다. 십일조 징수 임차인들과 차지농들은 산더미 같은 곡물을 빚졌으며, 1680년과 86년 사이에 감옥을 가득 채웠다. 어디에서나 동일한 라이트모티프였다. 파종을 못하니, 그것은 한 해의 손실을 다음 해로 옮겨놓는 것이고, 1680~90년대에 그것은 다른 어떤 요인보다도 생산 곡선을 곤두박질치게 만들었다. 나르본의 방앗간 차지농들조차 1687~88년에는 더 이상 임차료(밀로 내게 되어 있는)를 낼 수 없게 되었다. 차지농의 아들인 앙리 아바유는 빚 때문에 나르본의 영주이자 대주교의 대주교관구 유치장에 갇혀 있는 자기 아버지를 빼내기 위해 밭 하나를 교회에 양도해야 했다. 여기에서 그는 아버지의 빚뿐만 아니라 아버지를 체포하는 데 든 비용과 집달관 비용까지 지불했다. 이 모든 부채는 1690년 이후 채권자들이 일체의 체납 곡물 지대를 곡물시세표상의 오른 명목 가격에 따라 리브르 투르누아로 계산하게 했기 때문에 그만큼 더 무거웠다.

요컨대 농업경영자들은 1680~90년경에 매우 어려운 시기를 보냈다. 그들은 빚을 졌고 빈털터리가 되었다. 그들 가운데 가장 부유한 사람들, 예컨대 보기에르의 라제 같은 사람은 창녀들에게까지 현물로 지급하기에 이르렀다. 그들이 이들 그리제트*들에게 대가로 준 것은 기껏해야 자기들의 밀밭에서 이삭을 주울 권리뿐이었다.

파산이 우리의 경작자들을 노리고 있었으며 그들을 완전히 쓰러뜨렸다. 그러니 그들은 노심초사병이 났다. 경우에 따라서 낙담하기도 하고 분노하기도 했다.

전체적으로 1680년부터 바로 차지농 계급, 대농 집단이 (물론 항상 그런 것은 아니지만) 무너졌다. 셈을 해보자. 고문서를 통해 알려진 장기 임대계약 자료에 따르면, 13곳의 소작지 가운데 10곳이 1680년과 95년 사이에 극복할 수 없는 곤경을 겪었다. 경작은 일시적으로 수익성을 상실했다.

정확히 어떤 상황에서 경작의 수익성이 사라졌는가? 말하기 쉽지 않다. 그 시기 경작자들의 회계가 보존되어 있지 않기 때문이다. 그러나 몇 가지 관찰은 옳다. 어느 시기에 가서, 참사회원들에게나 차지농들에게나, 지출과 비용이 수입을 초과했을 것이다. 각종 부담은 좀처럼 떨어지지 않은 반면, 농산품 판매 가격은 폭락했다. 이로써 이익과 저축이 줄었다. 그래서 농민들은 어떤 기상 재해에도 취약해졌다. 1680년과 그 이후의 한발이 유발 역할(그 자체만으로는 결정적이지 않은)을 한 것은 이러한 배경 때문이었다.

임금의 저항

어떤 '저항적' 비용에 협의를 두어야 할까? 우선 부채가 있는데, 이것에 대해서는 다음에 다시 언급할 것이다. 다음으로는 중요한 비용인 임금이 있다. 이미 보았듯이,[4] 임금은 대규모 경작자의 경우 총수입의 커다란 부분을 먹어 치웠다. 불행하게도 우리는 이 기간의 실물임금에 대해서는 아무 자료도 확보하고 있지 못하다. 그러나 하인들의 현금 임금

---

* grisette: 회색 옷을 입은 천한 여자 아이.

4) 1658년 이후 가격과 일용 임금 사이의 불균형(후자에게 유리한 방향으로의)에 대해서는 Gr. 34, 특히 Gr. 36.

또는 혼합 임금 중 현금 부분은 종종 확인되며, 상당히 시사적인 지표를 제공해준다. 그것들이 가리키는 것은 어떤 것인가? 바로 이것이다. 1658년에서 80년 사이 날품팔이 노동자들의 임금은 대체로 잘 떨어지지 않았다. 이러한 현상은 생산성이 정체된 체제에서는 주인들의 이익폭을 필연적으로 축소시켰다. 왜냐하면 밀이나 포도주 가격은 임금보다 더 큰 폭으로 떨어졌기 때문이다. 이러한 관점에서, 우리가 작성한 그래프의 의미 있는 자료는 몇몇 증언으로 분명히 확인된다. 1675~77년, 존 로크는 몽펠리에의 들판에서 18수(여름 수확기에는 25수까지)——아주 높은 임금——를 버는 날품팔이 농업노동자들을 여러 번 만났다. 게다가 그들은 오후가 되면 낮잠을 자기 위해서건, 다른 사람의 집이나 자기 집에서 일을 하기 위해서건, 작업을 중단했다.[5] 18수 또는 25수의 임금을 벌기 위해 그들은 사실상 반나절만 일하면 되었으며, 이렇게 하고도 다른 지방의 노동자들이 하루 종일 일한 것만큼 아니면 그 이상을 벌었던 것이다.

일반적인 농장에 4~5명 있던 고급 농업 노동 인력인 경작 하인들과 마차꾼들이 1년에 받는 현금 임금은 1640~55년에서 1686년 사이에 엄청나게 올랐다(리브르 투르누아로 그리고 초기의 하락에도 불구하고). 상승폭은 30퍼센트에 달했는데, 같은 기간에 밀 가격은 떨어졌거나 그대로였다.

전체적으로 실질임금은 푸케 시대, 특히 콜베르 시대에 상승세에 있

5) Locke, éd. 1953, 59쪽. 몽펠리에 지방에서, 낮잠을 자기 위해서건, 자기 집이나 다른 고용인의 집에서 추가 노동을 하기 위해서건 반나절 동안 작업을 멈추는 것은, 18세기의 경우, Tudez, 1934, 185, 186쪽에 있는 아모뢰 필사본을 통해서도 확인할 수 있다. 이러한 반나절 노동 중지는 오후의 지나친 열기 때문만이 아니다(왜냐하면 노동자들은 대개 다른 곳에서 일하기 때문이다). 그것은 아마도 황소를 사용하던 옛날의 경작 방식과 관계 있는 오래된 농사 구조를 반영한다. 랑그도크 지방에서는 17세기에야 노새가 황소를 대체한다. 대체로 황소는 12시 이후에는 작업하지 않았다. 참고로 독일에서의 경작 토지 단위는 모르겐(morgen. 아침나절)이다.

었다. 그리고 이 같은 상승은 적어도 1675년까지는 고용 감소로도 상쇄되지 않았다. 반대로 고용은 (해소되지 않은 실업이 상당하긴 했지만) 1675년 무렵까지 최대치를 유지했다. 왜냐하면 농업 생산은 생산성 향상 없이 증가하거나 천장을 쳤기 때문이다.

명목 가격은 하락한 반면 명목 임금은 상승하거나 현상을 유지한 것이 이익을 무효화시킨 요인들 가운데 하나였다. 이익의 무효화는 곧바로 농업 파산을 일으켰다.

추론일 뿐인가? 아니다. 경험적 사실이다. 숙명적인 기간이었던 1680년대, 농업경영자들이 문 밑에 열쇠를 놓고 도망친 것은 추수꾼, 김매는 아낙, 마차꾼 같은 일꾼들에게 약정된 임금을 제대로 줄 수 없었음을 고백한 것이다.[6)]

그러므로 다른 어떤 비용보다 임금은 이익의 많은 부분을 먹어치웠으며, 대경작자를 추락시킨 주요인이었다. 그렇다고 해서 이제 노동자들이 제후처럼 살게 되었다는 말은 아니다. 다만 르네상스 이후 시작되었으며 경영 이익의 발전기(發電機)였던 빈곤화 과정이 콜베르 시대의 B 국면*을 지나면서 마침내 제동되었다는 말이다. 결국 농업 고용주들은 임금노동자들의 저항으로 발생한 비용을 부담했던 것이다.

*

지대의 하락

비용의 저항은 대부분 파국으로 끝난 경작의 이익을 감소시켰다. 그러나 이익의 감소도 가만있지 않았다. 매우 일찍부터 그것은 어느 정도 삭감이 가능하다고 확인된 비용에 작용하기 시작했다. 구체적으로 그것은 지대 감소를 일으켰다. 왜냐하면 가난해진 차지농들은 자기들의 지

6) 이 책, 제2권, 401쪽 이하; An. 36.
* 가격 하락 국면.

주들을 전처럼 살찌게 할 수 없었기 때문이다. 루이 13세와 마자랭 시대에 확립된 고액 지대 체제는 콜베르 시대 말기부터는 더 이상 유지될 수 없었다. 텍스트들과 도표들은 토지 임대가 후퇴했음을 확인시켜준다.

존 로크(기관지염을 치료하려고 몽펠리에에 머물렀던)는 이 같은 쇠퇴에 대해 기록했을 뿐만 아니라 원인도 진단해냈다. 그에게 정보를 제공해준 사람들이 분명하다고 인정한 원인은 바로 농민들의 가난과 화폐 기근 현상이었다. 그는 1676년 5월 1일 이렇게 썼다. "프랑스에서 지대는 최근 몇 년 사이에 절반 이상 떨어졌는데, 사람들의 가난과 화폐 부족 때문이다."[7)]

로크는 아마도 당시 머물고 있던 랑그도크에서 그 같은 생각을 접했을 것이다. 어쨌든 나는 15년 뒤 베지에 성당 참사회원들의 회의록에서 동일한 문장을 다시 보았다. 그것은 판에 박힌 표현이다. 1691년, 이들은 '몇 년 사이에 지대가 절반 이상 줄었기 때문'에, 요즘 수입으로는 빚을 갚을 수 없다고 선언했다.[8)] 알다시피, 부아귀유베르와 보방은 세기 말에 이 주장을 다소 완화된 형태로 일반화시켰다. "토지 재산은 30년 전에 비해 3분의 1이 줄었다."[9)]

나의 도표들은 로크, 베지에 참사회원들, 보방의 이야기를 충분히 입증해준다. 곡물 임대료 계약에 근거한 도표들은 더 나아가 지대가 명목상으로뿐만 아니라 실질적으로도 감소했음을 증명해준다.

랑그도크에 흩어져 있는 14개 영지는 많은 정보와 다양하고 변덕스러운 곡선들을 제공해준다.[10)] 그러나 콜베르 시대 이후 두 경우(생-피에르, 크레상)에만 곡물로 표시된 실질지대가 꾸준히 상승했다. 이것은 17세기 초의 영화를 예외적으로 끌고 나간 상승이다. 80퍼센트가 넘는 여타 지역의 경우(14개 영지 가운데 12개 영지), 지대 상승은 1650~60

7) Locke, éd. 1953, 89쪽.
8) ADH, G 93, 23-2-1691.
9) Boisguillebert, 1695; Vauban, éd. 1933; Weulersse, 1910, 6, 22, 23, 320쪽.
10) Gr. 38.

년, 늦어도 1675~80년 이후에는 중단되었다. 차지농들의 곡물 양도 곡선상에서는 잠시 평행선이 그어지다가 대개의 경우 하락한다. 지주의 곳간으로 향하는 곡물 자루 수가 줄어들었다. 감소의 폭은 어떤 경우에는 20퍼센트, 어떤 경우에는 50퍼센트나 되었다. 이 비율은 변하지만 변화의 의미는 부정할 수 없는 것이다. 1700년경, 토지 임대자들은——랑그도크, 프로방스, 부르고뉴 지방에서[11]——이렇다 할 재미를 보지 못했다.

*

이제, 적어도 임시로나마, 수긍할 수 있는 연표를 작성해볼 수 있을 것 같다. 가격 하락(1655년 이후)에 이어——생산이 일시적으로 활기찼지만——수익성의 위기가 왔다. 이 위기는 회계장부를 꼼꼼하게 기록하지 않던 경작자들에게도 이익과 저축의 소멸(1655~72년경)로 나타났다. 이 같은 소멸은 지대의 하락을 동반했으며, 1680년부터는 대규모 농가들까지도 농경 침체로 이어졌다. 손실이 파산으로 끝나는 불행의 연쇄. 생산자들의 좌절과 무력감, 그리고 그 결과 1675~80년부터 나타나는 경제활동 지수, 십일조 곡선, 생산 도표상의 지속적인 감소는 모두 바로 이 같은 고난의 과정으로 설명할 수 있다.

*

이제 비용에 대한 '전반적인' 문제가 한층 더 예리하게 제기된다. 그리고 그것은 이제까지 살펴본 대규모 차지농의 경우에만 그런 것이 아니다. 비용은 비탄력적이기 때문에 가격 하락 시기부터 이미(1660년대) 이익을 압박하고 죽이는 역할을 했다. 1675~80년 이후, 줄어든 생

---

11) Saint-Jacob, 1960; Baehrel, 1961, 132, 133쪽.

산에 대한 비용의 압력이 무거워질 때, 이러한 비용들은 비록 정체되어 있기는 했어도 어떤 경우에는 견디기 힘들어졌다. 왜냐하면 비용 자체는 전혀 변함이 없었더라도, 위축된 총생산에 대한 상대적 무게가 늘었다는 단순한 이유만으로도 그것의 중압도는 추가로 늘며 견딜 수 없게 되기 때문이다.

리브르가 이삭을 죽이다

나는 이 같은 비용들 가운데 이미 살펴본 바 있는 비용인 대차지농에게 주로 영향을 끼치는 비용, 즉 지대와 임금만을 특별히 살펴보려는 것이 아니다. 나는 보편적인 비용, 가족적이건 토지 규모가 작건 아니면 자본가적이건 모든 형태의 농업 생산에 영향을 주는 보편적인 비용에 대해, 특히 부채와 고리대금, 그리고 다른 한편으로는 조세 부담에 관심을 가진다.

우선 부채를 보자.[12)]

콜베르 시대에는, 유명한 표현*과는 반대로, 프랑이 이삭을 죽였다. 사실 채권자들의 자본 안정도가 1650~80년만큼이나 안심하게 하고 높았던 때가 없었다. 모든 농산물——제빵용 곡물, 기장, 잠두콩, 기름, 고기, 특히 포도주——의 명목 가격은 장기적인 침체를 겪었다. 모든 채권액의 원금은——1653년 이전의, 그리고 아직 상환되지 않은——이러한 디플레이션에 의해 자동적으로 재평가되었다. 루이 13세 시대에 체결된 부채는 마자랭 시대에는 가격 상승이라는 단순 게임으로 밀로 환산된 실질가치의 일부를 잃어버렸다. 그런데 콜베르 시대에는 하락의 반대 효과에 의해 부채는 생기를 얻어 리슐리외 시대에 그것이 가졌던 구매력을 완전히 되찾았다.

가격이 완전한 상승기에 있던 프롱드 난 시대에 다행히 돈을 빌려준

12) An. 38.

* L'épi sauvera le franc("이삭[즉 농업]이 프랑[화폐]을 살릴 것이다"). 이 구호는 1930년대의 불황기에 나온 것이다.

자본가는 그 이후의 디플레이션으로 이득을 보았다. 밀로 계산된 그의 자본은 1650년과 70년 사이에 많이 벌어들였다. 디망슈 씨는 불평할 이유가 없었다. 그리고 동 쥐앙 자신도 그렇다고 말했다.*

17세기에는 부채가 오래갔기 때문에 그것은 그만큼 더 사실이었다. 1705년에도 베지에의 참사회원들은 앙리 4세 시대(1607 또는 1610), 루이 13세 시대, 프롱드 난 시대(1642, 1643, 1649)에 계약한 1만 5천 리브르에 대한 이자 5퍼센트를 지불했다. 나는 참사회 자료 가운데에서 107년이나 된 기록적인 부채를 발견했다. 그것은 1598년에 계약된 것으로, 단순한 이자 상환만으로도 이미 4~5배의 원금 상환이 이루어졌지만 1705년에도 여전히 유효한 것으로 남아 있었다. 수익성이 좋고 오래된 채권이었다.

엄청난 인플레이션의 시대인 20세기에, 우리가 증조할아버지 때의 부채나 무분별한 행동 때문에 돈을 갚는다든지 집달관을 맞이하는 것을 상상이나 할 수 있겠는가? 그런데 이것은, 84년 동안이나 지속된 랄 부자의 부채에 대한 교훈적인 이야기가 입증하듯이, 17세기에는 실제 일어난 일이다. 1611년, 베지에의 지주인 앙투안 드 랄과 대소인인 앙리 드 랄은 이 도시의 성당 참사회에서 이자 지불 조건으로 에스파냐의 두블롱 금화와 4분의 1에퀴화로 3천 리브르를 빌렸다. 이 빚을 떠맡은 아들 앙리는 서둘러 갚을 생각을 하지 않았다. 1618, 1630, 1644, 1645, 1647년, 그는 계속 원금 상환을 이월시켰으며, 이자를 제대로 지불하지 않았다. 참사회의 채권자들이 참고 기다리도록 하기 위해 그는 1618년에 아들 하나를 참사회원으로 들여보냈다. 그리고 그는 자기 딸이 수녀서원을 할 때 채권자들을 초대했다. 그러나 상환은 하지 않았다. 화가 난 참사회원들이 그에게 최고장을 보내려 했으나 소용없었다. 그는 법조계와 한통속이었던 것이다. 법원 관리들과 집달관들은 자기 도시의

* 디망슈 씨와 동 쥐앙은 몰리에르의 작품 『동 쥐앙』(*Don Juan*)에 나오는 인물이다. 디망슈는 부르주아로서 동 쥐앙의 채권자였고, 동 쥐앙은 귀족으로서 채무자였다.

대소인인 랄을 거스르고 싶지 않았던 것이다.

1669년 앙리 드 랄은 빚을 갚지 않은 채 죽었다. 그가 잘못 생각한 것이다. 왜냐하면 콜베르 시대의 디플레이션으로 그의 부채는 갑자기 풍선처럼 불어났기 때문이다. 역시 대소인이었던 아들 자크는 여러 차례 압류를 당하고 나서 부채 3천 리브르 가운데 3백 리브르를 갚기로 결정했다.

1689년에 나머지 2,700리브르는 여전히 상환되지 않은 채 남아 있었다. 랄과 참사회원들은 툴루즈, 파리 등지에서 각기 다른 주장을 했다. 1695년, 4세대가 지나갔다. 이제 자크 드 랄의 딸인 마르그리트가 조상의 부채를 떠맡았다. 마르그리트도 2,700리브르 가운데 한 푼도 상환하지 않았다. 결국 그녀는 거기에서 벗어나려고 반타작 소작지 전체를 팔아야 했다. 증조할아버지의 부채가, 그러니까 한 세기 뒤에 가족의 토지 재산을 파괴하고 만 것이다. 죽은 사람이 산 사람을 움켜잡은 것이다.

숨가쁜 인플레이션의 시대(16세기 또는 20세기)였다면 이러한 부채의 드라마는 생각할 수 없을 것이다. 가격이 평행선을 긋던 17세기, 장기적인 디플레이션이 허약한 부채에 새로운 활기를 불어넣어준 17세기에는 이해할 만한 일이었다.

루이 14세 시대의 자본가들은 당시 채권이 좋은 상황이었음을 알고 있었다. 그들은 때로는 토지 통합자였을 뿐 아니라 채권 통합자이기도 했다. 이러저러한 사람들의 부채를 통합하여 하나의 채권으로 만든 다음, 그들은 그것을 자기의 상속자들에게 경건하게 물려주었다. 예컨대 1678년, 몽펠리에 세네쇼세의 국왕 자문관 장 드 파트리는 이 도시 참사회에 대한 6개의 서로 다른 채권을 지참금, 유산, 취득 재산 등의 방법을 동원하여 1만 9백 리브르의 단일 채권으로 전환시켰다. 1655년 이전에 원채권자가 빌려준 액수는 4천 리브르였으나 콜베르 시대의 디플레이션 때문에 그만한 액수로 재평가된 것이다.

지참금도 규모가 클 때는 이따금 채권의 군도(群島)를 이뤘다. 1678년——대여자에게는 훈풍이, 생산자에게는 삭풍이 불던 1678년——재정가의 딸인 마리 드 사르트르는 기사 필리베르 드 봉과 결혼했다. 그녀의 지참금은 16만 5천 리브르였는데, 그중 옷값, 가구 값, 장신구 값이 1만 2천 리브르, 루이 금화와 은화가 2만 2천 리브르, 그리고 나머지 엄청난 액수——13만 1천 리브르——는 여러 빚쟁이에게 놓은 채권이었다.

지참금이 흔히 채권으로 이루어진 반면 유산, 토지 자산 등은 말만 그렇지 사실은 커다란 빚더미인 경우가 있었다. 예컨대 17세기 말 에르퀼 드 트레구앵의 상속이 이루어졌을 때 상속자들은 낭패를 보았다. 트레구앵의 재산은 4만 1천 리브르(이자율 4퍼센트)의 빚을 짊어지고 있었기 때문이다. 그중 8천 리브르——전체의 5분의 1——는 1655년 이전의 빚이었다. 그러니까 여기서도 콜베르 시대의 디플레이션이 빚을 다시 살아나게 했음을 알 수 있다.[13)]

콜베르 시대의 디플레이션으로 가장 큰 피해를 본 사람은 아마 농촌 공동체일 것이다. 농촌 공동체는 1630년 페스트가 돌았을 때, 그리고 프롱드 난 기간에 양껏 돈을 빌렸다. 1653~55년에 닥친 가격 하락으로 그들은 1930년대 미국의 차지농들이 겪었던 끔찍한 상황과 거의 같은 상황으로 떨어졌다. 번영하던 후버 시대에 빚을 짊어진 미국의 차지농들은 그들이 산(외상으로) 비료, 자동차, 트랙터 등의 비용을 갚기 위해 밀과 목화를 위기 이전에 비해 절반이나 떨어진 가격으로 팔아야 했다.

1655년 이후 랑그도크의 마을들과 공동체들이 이러했다. 마을들은 전쟁, 페스트, 소송, 높은 사람에게 바치는 선물 등 어떤 때는 합당한 이유가 있어서 어떤 때는 쓸데없는 이유로 빚을 졌다. 바놀-쉬르-세즈는 8만 리브르, 보케르는 15만 리브르, 지냐크는 좀더 후에 10만 5천 리브르의 빚을 졌다. 그리고 작은 마을은 작은 마을대로 빚을 졌다.

그리고 마을들은 밀, 포도주, 기름, 가축——부의 주요 자원——이 명

13) 부채의 다양한 측면(베지에 참사회의 부채, 랄 부채, 파트리스와 사르트르 채권, 트레구앵 상속)에 대해서는 An. 38에 있는 참고 자료.

목 가치를 3분의 1 내지 절반 잃어버렸을 때 액면가로 갚아야 했다.

1655~60년부터는 어디서나 가격이 곤두박질쳤다. 공동체들은——그들은 이 때문에 빚이 자동적으로 무거워진다는 것을 알고 있었다——함정을 눈치 챘으며, 가격 하락이 더 심해질 것을 염려해서 그들을 파멸의 나락으로 몰아넣는 채무에서 벗어나기 위해 안간힘을 썼다. 수십 개의 본당 사목구는 마을 사람들과 납세자들을 짓누를 위험을 무릅쓰고 공유지를 팔거나 자기들의 부채의 블로(blot. 채무액 총액)를 과세하는* 데 서슴지 않았다. 포도주, 고기, 밀가루…… 등에 직접세를 부과하거나 반입세를 부과하는 식으로 말이다.

채무자들의 고통을 덜어줄 치유 방법이 몇 가지 있었다. 첫째는 이자율 인하다. 사실 1653~55년부터 통상적인 법정 이자율(이는 거의 한 세기 전부터 조금씩 하락해왔다)은 6.2퍼센트에서 4.2퍼센트로 떨어졌다.[14] 이러한 이자율은 16세기나 루이 13세 시대보다는 낮은 수준이었지만, 1720년 이후보다는 분명히 높은 수준이었다.

그렇지만 몇몇 이자는(불법적이었을 뿐만 아니라 드물었던 고리대금 이자는 말할 것도 없다) 4.2퍼센트라는 공식 이자율보다 훨씬 높았다. 1688년과 1704년, 세금 체납자에게 고지된 이자율은 10퍼센트와 12퍼센트였다.

이자는 줄어들 수 있다. 그러나 원금은 여전히 위험하게 재평가되었다. 가격을 활성화시키고 차지농의 빚 부담을 줄여주려면 평가절하가 필요했다.

그러나 프랑스에서 평가절하는 인기가 없었다. 피에르 라발이 큰 어려움 없이 폴 레노에게 승리를 거둔 1935년에 그랬듯이 1665년에도 그랬다. 이 같은 전통의 먼 선구자이자 부르주아지 채권자의 수호자인 콜베르를 보자. 그는 리브르 투르누아의 내재가치에 대해서는 은 1그램도

---

* 마을 사람들에게.

14) Gr. 39.

양보하지 않았다. 그래서 그가 마을 공동체들을 향해 부채(대체로 유지들과 계약한) 상환을 명했을 때, 그것은 가치가 불변인 화폐와 3분의 1이 떨어진 농산물 가격을 기초로 한 것이었다. 채권자들에게는 좋은 일이었다. 이 모순되는 물가 하락과 원금 상환이 이루어진 1660년대에, 그들이 채권 회수에 안달한 것은 이해할 만하다. 유지들을 대표하는 랑그도크 신분회는 1662년부터 마을들의 빚을 일제 상환할 것을 고려했다. 신분회에 따르면, 농민 공동체들은 채권자들에게 공유 재산이나 사유 토지를 양도하거나 아니면 밀가루 반입세에서 조달되는 돈으로 지불하든지 해서 채무에서 벗어날 것이었다.

사실 1664년 12월 22일의 왕명 이후인 1665~70년부터 대대적인 부채 상환 작업을 강력하게 추진했다. 많은 마을은 납세자들에게 부채를 '분담'하여 콩푸아에 기재된 리브르에 따라 얼마씩 부과했다. 예컨대 1665년에 6만 815리브르의 부채를 짊어진 생-탕드레-드-상고니와, 1670년 세리냥에서는 주요 고액 납세자들에게 일인당 700리브르씩 심지어는 900리브르까지 과세했다. 리외 교구 소속 마을들에서 부채(이 부채들은 페스트, 성채 건축, 군인들 거주 비용 등의 이유로 대개 1640년에서 54년 사이에 체결된 것이다) 청산은 1661년부터 엄격하게 추진되었다. 그리고 그 일은 섭정 시대*까지 이어졌다.

농업이 결정적으로 몰락한 1670년대에 유지들은 처음에는(1673) 마을의 이 같은 강제 집행을 환영했다. 그러나 몇 년 뒤 총생산의 하락이 두드러지게 나타나자, 디플레이션 시대에 그처럼 냉정하게 집행된 공제(控除)의 해로운 결과가 감지되기 시작했다. 1676년의 신분회에서 추기경 봉지는 "지방은 공동체의 부채 부담 때문에 기진맥진해졌다"고 외쳤다. 콜베르는 몰리에르의 의사들처럼 사혈(瀉血)로써 병을 치료했던 것이다. 지방은 부채에 짓눌려 숨이 막힐 지경이었다. 지방은 값비싼 상환 때문에 죽어버리지 않을까?

* 루이 15세의 미성년 기간인 1715~23년.

한 가지만은 분명했다. 농업 생산이 하락하던 1680년 이후에도 부채는 여전히 무거웠다. 심지어 그것은 이미 줄어든 총생산의 일부를 잘라내는 것이기 때문에 그만큼 더 무겁고 위험했다. "우리에게 빚을 갚지 못하게 하는 것은 십일조와 토지 수입의 감소다"라고 베지에의 참사회원들은 이미 인용한 1691년의 한 텍스트에서 말했다. 매우 힘든 시기를 지나는 농민들의 곤궁 때문에 개인의 빚이 늘어났다(예컨대 1704년, 베지에 참사회에 이자를 지불한 차지농들의 부채는 1668, 1669, 1675, 1684, 1685, 1687, 1690년에 생긴 것이었다). 그리고 마을이나 교구 등의 공공 부채도 전혀 청산되지 않았다(초기에 상환했는데도). 몇몇 교구에서는 마을들이 파산하여 세금을 낼 수 없었기 때문에 오히려 부채가 늘어났다. 1688년, 지사 바빌의 보고에 따르면, 나르본 교구는 연속적인 흉작과 수납관이 이자율을 12퍼센트까지 요구하며 늘어나게 한 타유세 체납액 때문에 거의 파산할 지경이었다.

마을의 빚은 여전히 해결되지 않은 상처로 남아 있었다. 불행하게도 완료되지는 않았지만, 공동체의 부채에 대한 지사의 대규모 조사는 1686~91년에 모든 마을이 채무 때문에 엄청난 액수를 공제당했음을 밝혀냈다. 1720년 4월, 랑그도크에 있는 마을들의 부채 규모는 1천만 리브르에 달했다. 농촌 공동체는 로(Law) 시대까지 채권자들의 젖소*였다.[15]

그러나 17세기 말부터는 몇몇 상쇄적인 요인이 소리 없이 움직이기 시작했다.

우선 콜베르가 죽었으며, 전쟁이 임박했다. 1689년 마침내 정부는 화폐를 조작하기로, 즉 리브르 투르누아를 평가절하하기로 결정했다.[16] 채무를 상환받지 못한 채권자들이 손해를 보았다. 그래도 그것은 그렇

* 모든 사람에게 이용당하는 사람.

15) 푸케에서 로에 이르기까지 랑그도크의 공동체들이 진 빚과 이 같은 부채가 제기하는 문제에 대해서는 An. 38 참조. 또한 이자율에 대해서는 Gr. 39.

16) N. de Wailly, 1857; Baulant, Meuvret, 1962, II, 157쪽.

게 이른 것이 아니었다. 동시에—아마도 그에 상응하여—어디든 마찬가지로 랑그도크에서도 명목 가격이 서서히 올라갔다. 그 결과, 곡물로 환산해볼 때 원금은 1690년에서 1720년 사이에 대략 20퍼센트의 가치를 상실했다. 채무자에게는 5분의 1이 경감된 것이다.[17)]

최선의 사건은 1716~20년에 채무자들의 해방자인 로가 등장한 것이다. 그의 '체제'는 풍부한 화폐와 이자율 감소 덕분에 채권을 위축시켰다. 한숨 돌린 시골 사람들이 술독에 빠져버린 북부에서만 그런 것이 아니었다. 프로방스와 랑그도크에서도 마찬가지였는데, 이곳의 농민들도 "때를 이용해야 한다"고 선언하면서, "이자율을 3퍼센트나 2퍼센트로 낮추시오. 그렇지 않으면 다른 곳에서 이 비율로 필요한 돈을 빌린 다음 당신들 빚을 갚을 것이오"라고 채권자들에게 최후 통첩을 했다. 1720년경의 마을과 신분회의 고문서들에는 이러한 종류의 최고장이 그득한데, 대체로 바라던 결과를 얻어냈다. 몇몇 공동체는 과거의 빚을 갚기 위해 일종의 커미션을 주고 무이자로 돈을 빌리기도 했다! 마르시아르그 부락이 1720년 7월 28일 이스나르라는 사람과 계약한 내용이 그런 것이었다.

마침내 콜베르 시대의 곰팡내 나는 채권이 고통 없이 사라졌다. 그것은 이자만 원금의 두 배를 치르면서도 원금은 고스란히 남은 채 40년 동안 질질 끌어온 빚이었다. 갑자기 풍부해진 로 지폐는 채무자들이나 그들의 아들들이 필요한 경우 아주 싼 이자로 돈을 빌려서라도 빚을 갚을 수 있게 해주었다. 1720년 나르본 참사회의 고문서들은 어떠어떠한 사람들이 5만 5천 리브르가 넘는 여러 가지 부채를 '1천 리브르짜리 지폐들'로 상환했음을 보여준다. 이 부채들은 모두 동일한 시대, 부채가 만연했던 시대, 즉 1658, 1666, 1669, 1674, 1676년에 생긴 것이었다.[18)]

---

17) Gr. 12.

18) '체제'의 여러 상이한 결과에 대해서는 PV, 1719년 12월; AC Marsillargues, BB 11, 24-12-1719, 28-7-1720; AC Montpeyroux, BB 5, 20-10-1720; Aude, G 49, 7월 17일, 7월 19일, 8월 3일, 8월 5일, 2-9-1720.

'체제'의 혁명은 오래 지속되었다. 랑그도크에서 체결된 계약서상에서 실제 이자는, 약간의 변동이 없지는 않았지만, 1720년에서 60년 사이에 3퍼센트로 떨어졌다. 극단적인 사람들은 이 이자율을 18드니에당 1드니에(5.5퍼센트)로 올리자고 주장하기도 했다. 그러나 그들의 요구는 받아들여지지 않았다. 돈은 40여 년 동안 값이 쌌다. 채무자들을 무겁게 내리누르던 임대인들의 황금시대가 끝난 것이다.[19]

이 같은 이자율의 하락과 동시에 명목 가격이 상승했다. 이것은 1690년경에 시작되어 꽤 규칙적으로 1770년까지 계속되었다. 명목 가격의 상승도 채무 부담을 뚜렷하게 덜어주었다. 밀 가격으로 환산해볼 때, 장기 부채는 루부아*와 튀르고** 사이에 가치가 절반으로 떨어졌다.[20] 채무자들에게, 특히 그들이 농업생산자일 경우에는 무한한 기쁨이었다. 이자는 떨어지고 원금은 평가절하되었으니 말이다. 이 두 가지 이유 때문에 18세기에 농민 공동체의 재정 상황은 서서히 호전되었는데, 이는 부채에 시달리던 콜베르의 시대와 낭트 칙령 폐지의 시대와는 대조적이다.

총채무액이 즉시 준 것은 아니었다. 예컨대 1730년의 총채무액과 1685년의 총채무액을 비교해보면 그렇다. 오히려 그것은 화폐의 유통이 늘어났기 때문에 순간적으로는 증가했을 수도 있다. 이 문제에 대해 대량적인 비교를 가능하게 하는 유일한 지방 자료는 랑그도크 신분회의 회계 자료인데, 사실 이것은 매우 특별한 자료다. 랑그도크 신분회는 1683년에는 600만 리브르를, 1729년에는 적어도 2,822만 5천 리브르를 빚졌다.[21] 4배 내지 5배 늘어난 금액이다.

그러나 이렇게 늘어난 채무는 채무자들을 덜 짓눌렀을 것이다. 왜냐하면 상환 조건이 루이 15세 시대에는 1670~80년대의 가혹한 채권에

---

19) Gr. 39.

* 1639~91.

** 1727~81.

20) Gr. 12.

21) PV, 1683년 10월, 1729년 10월.

비해 나아졌기 때문이다. 그리고 대체로 더 부유해진 18세기의 채무자들은 더 쉽게 빚을 갚았다.

결산. 한편에는 곡물의 명목 가격 곡선(원금은 밀 가격에 따라 연동한다)이 있고, 다른 한편에는 이자율 곡선이 있는데[22] 이 둘을 조합해보면 두 시기가 분명히 드러난다. 첫 번째 시기는 채무자들에게 아주 힘든 시기——물가는 정체되고, 이자율은 여전히 높은 시기——로, 1680~90년경까지 계속된다. 두 번째 시기는 채무자들에게 유리한 시기로, 그것의 정점은 1720~60년경이다. 여러 가지 다른 요인과 마찬가지로, 지나치게 비탄력적인 이자율이 일체의 팽창을 꺾어버리는 데 이바지한 첫 번째 시기의 말에 가서 농업 생산이 붕괴된 것이 하나의 우연일까? 아니다. 거꾸로——잘 알려진 변증법으로서 이는 1930~35년에도 다시 확인된다——생산 붕괴가 그 반사 충격파 때문에 채무 농민들의 상환 능력을 감소시켰으며, 그리하여 1680년대부터는 농업 경영 정신, 경제 생활, 농업상의 신용 거래를 마비시키는 데 이바지했다.

이런 관점에서 보면 로의 체제, 다시 말해 섭정 시대의 '뉴딜' 정책은 경제 조직체 내부에 반작용(피드백)을 가하려는 다소 의도적인 시도였다. 그것은 채무자의 짐을 덜어줌으로써 농업 생산의 주요 회로를 다시 활성화시키려 했던 것이다.

조세의 시의부적절한 공격

임대 수입 생활자들의 선취액과 마찬가지로 세금도 시의부적절하게 경제에 타격을 입혔다.

도표상의 비교를 통해 볼 때 루이 14세 시대 랑그도크에서의 조세 상황은 두 주요 국면으로 구분된다.

첫 번째 국면은 1675년경까지의 콜베르 시대다. 랑그도크에서의 타유세는 명목 가치상으로 안정되어 있었다. 간접세의 경우도 비슷한 안

---

22) Gr. 12, Gr. 39.

정세를 보였다. 같은 시기에 소금의 명목 가격, 포도주와 고기 소비세 징수 임대 가격 등은 사실상 동결되어 있었다.[23)]

이처럼 온건한 조세 정책——리슐리외 시대 프랑스인에게는 낯선——에 대해 역사학자들은 콜베르를 칭찬한다. 이들의 합창에 우리도 합류해야 할까? 그럴 수도 있을 것이다. 그러나 조건부다. 사실 세금은 이런 식으로 고정된 반면, 농산물 가격은 하락했다. 따라서 타유세, 포도주와 고기 소비세, 소금 가격 등은 비록 명목 가격상으로는 변하지 않았지만, 실제로는 재평가된 셈이다. 1660년대 국가의 재정 상태는 양호했다. 국가는 군인들을 위한 빵, 포도주, 고기 등을 싼값으로 구입할 수 있었으며, 베르사유 궁전을 세우거나 남부 운하를 건설할 수 있었다. 콜베르는 이러한 용이함을 알고 있었으며, 여러 차례에 걸쳐 그것에 흡족해했다.[24)]

그러므로 직접세(그리고 간접세)의 파급 효과는 여전히 컸다. 보존된 회계 자료가 없기 때문에 존 로크가 1675~77년에 카르카손과 몽펠리에 주변에서 확보한 증언을 참조해보자. 이 영국의 철학자가 인용한 대체로 상세한 수치, 특히 셀르뇌브에 있는 리샤르 농장의 수치에 따르면[25)] 직접세는 토지 총생산의 10퍼센트, 상업 총생산의 25퍼센트, 지대 즉 순수입의 40퍼센트를 갉아먹었다. 지엽적인 사례이긴 하지만, 이는 토지의 수익성을 위협하고, 경작 자본 투자 의지를 꺾으며, 이따금은 반조세적인 반란을 정당화하기에 충분한 것이었다(비바레, 1670).

그렇기는 해도 1675년까지는 아직 패한 것이 아니었고 절망할 단계는 아니었다. 물론 세금은 무거웠다. 그리고 1655년 이래 명목 가격은 명목 세금보다 더 많이 하락했다. 그러나 장기적인 추세를 결정적으로 알려주는 것은 가격과 조세가 아니라 실질세금과 실질수입의 비교다. 그런데 의심할 여지 없이, 1650년에서 75년까지는 수입이 세금보다 훨

---

23) Gr. 11, Gr. 41, Gr. 42.

24) Clamagéran, 1857~76, II, 653쪽에 인용된 콜베르의 텍스트.

25) 로크의 수치는 An. 37에 있다.

씬 역동적이었으며, 조세 부담보다 두드러지게 증가했다. 다른 여러 가지 부담과 마찬가지로 세금도 농업 이익을 위협했다. 그러나 그것은 생산에 의해 서서히 추월당했다. 아직은 낙관론이 가능했다. 노력하면, 총생산은 달리기에서 승리할 수 있었다.[26)]

경건하게 기원했지만 노력은 불가능했다. 이미 우리는 선두 주자가 매우 지쳤다는 사실을, 그래서 그는 금방 넘어질 것이고, 그렇게 패배할 것임을 알고 있다.

두 번째 국면은 1675~80년부터 시작된다.

우선 세금 쪽에서는 별 변화가 없다. 타유세는 10여 년 동안 안정세를 유지했다. 그러다가 1690년부터 1715년까지 그것의 '명목' 가치가 아주 빠르게 올라갔다. 이 같은 상승은 부분적으로는 전반적인 물가 상승에 기인한다. 가격이 불변적이라고 가정할 경우, 타유세의 '실질적인' 상승을 자극한 것은 대외 정책과 전쟁 수행에 필요한 것들이 늘어났기 때문이다. 사실 이 같은 실질적인 상승은 명목적인 비상(飛上)보다 덜 뚜렷하다. 그렇기는 하지만 타유세의 구매력을 밀로 환산할 경우 그것은 1690년에서 1715년 사이에 분명히 증가했다.[27)]

이처럼 무거운 세금에 또 하나의 세금이 더해졌으니, 랑그도크에서는 1695년에서 98년까지 처음 징수된 후, 그러고 나서 다시 1701년부터 징수된 인두세*가 바로 그것이다. 1702년에서 1708년까지 인두세는 거의 180만 리브르였는데, 그것은 랑그도크의 신분회가 징수한 세금 액수의 7분의 2였다. 그러나 그것을 부담한 것은 그때까지는 직접세가 사실상 면제되었던 동산 소득이었다.[28)]

---

26) Gr. 23과 Gr. 41을 비교하라.

27) Gr. 41.

* capitation: 특히 전쟁 비용을 마련하기 위해 1694~95년부터 시행되었으며, 특권 신분에게도 부과했다.

28) 랑그도크에서의 인두세 문제에 대해서는 Monin, 1884, 137쪽; PV, 1695년 10월, 1704년 12월, 1717년 12월.

확장 일로에 있던 역동적인 경제에서, 전쟁의 필요에 따라 시작된 이 같은 형태의 징세——타유세의 인상과 인두세——는 고통스럽기는 했지만 견딜 만했으며 어떤 경우에는 활력을 불어넣어 주기까지 했다. 주지하다시피, 지사(知事)의 구매는 조세로 징수한 것의 일부를 다시 경제에 주입하는 것이며, 이리하여 1694, 1695, 1701년에 랑그도크에서 종종 볼 수 있었듯이, 곡물과 가축 시장을 활성화시킬 수 있었다.[29)]

다만 세기말부터 루이 14세와 대신들이 부과한 무거운 세금은 시기적으로 정말로 적절하지 못했다. 왜냐하면 그것은 침체 상태에 있던 농업에 영향을 미쳤기 때문이다.

실질세금과 실질소득의 움직임을 또다시 비교해보자. 한쪽은 십일조로 측정되고 조정된 총생산량(판매되었건, 가내소비되었건), 다른 한쪽은 직접세로 공제된 총량. 이 두 변수는 모두 밀로 환산되었다.[30)]

콜베르 시대 초, 납세자들의 반(反)조세 '불만'이 있었지만, 이 비교는 적어도 랑그도크에서는 1675년경까지 수입이 직접세보다 더 빠른 속도로 늘어났음을 보여준다.

1675~80년 이후, 그리고 루이 14세의 치세 말까지는 반대 상황이 일어났다. 이제는 나쁜 방향으로 가위가 벌어졌다. 수입이 요동치며 줄어들었다. 그러나 납부해야 할 세금은 변하지 않다가 얼마 지나, 아우구스부르크 동맹부터 루이 14세의 치세 말까지, 꽤 많이 올랐다. 딱한 증가였다. 세무관청이 과거보다 특별히 심한 것은 아니었다. 그러나 납세자들의 생산량은 줄어들고 더 가난해졌다. 그들은 콜베르 시대에 삭발당했다.* 그들은 샤미야르** 시대에 껍질이 벗겨졌다고 느꼈다. 1686~88

---

29) PV, 1694년 11월, 1695년 10월: 랑그도크에서 군수품 납품업자가 밀을 대량 구매(5만 캥탈과 10만 캥탈). AC Marsillargues, BB 9, 24-4-1701, 국왕 파견관이 해군에 보급하기 위해 산간 지방에서 소와 양을 대량으로 구매하는 바람에 고기 가격이 올라갔다(파운드당 4드니에).

30) Gr. 23과 Gr. 41(인두세가 포함되지 않은 직접세).

* 무일푼이 되었다.

** Michel de chamillart(1652~1721): 루이 14세 시대의 재무감.

년부터 타유세 납세자들은 한계에 이른 듯했다. 세금 징수인도 파산했다. 그리하여 총괄 수납관은 더 이상 충분한 보증금을 확보할 수 없었다. 1688년, 신분회 대표인 몽벨에 따르면 랑그도크 마을들의 95퍼센트에는 징집된 징수인——가난한 농민이건 빈털털이 날품팔이꾼이건——이 있었는데, 이들은 동로마 제국*의 10인 대장처럼 감옥의 영구 단골 고객이었다.[31]

세금-소득의 '가위'가 최대로 벌어진 루이 14세 치세 말기에는, 이미 대규모로 확인된 사실이지만, 지불 능력이 없는 땅이 버려졌는데, 그것은 1715~20년경에 절정에 달했다.

세금이 농업 쇠퇴에 유일하게 책임이 있는 것도, 일차적으로 책임이 있는 것도 아니었다. 전혀 그렇지 않았다. 조세는 많은 원인 가운데 하나일 뿐이었다. 그러나 프롱드 난 이전처럼 단순화하는 망탈리테가 작동하기 시작하여 세금이 유죄라는 공감대가 형성되었다. 반조세적인 행동은 몇몇 민중 봉기에서 핵심적인 위치를 차지했다. 민중 봉기는 민중의 심리 상태를 극적으로 보여준다.

---

* Bas-Empire : 콘스탄티누스 대제 이후의 동로마 제국.

31) "2,600공동체 마을 가운데 자발적인 징수인이 있던 곳은 100군데도 안 됐다. 거의 모든 공동체에 있는 징수인은 비자발적인 징수인이었다"(PV, 1688년 10월). 세금 납부의 감면이나 연체에 대해서, 그리고 이 시대의 조세 파산에 대해서는 PV, 1683년 10월, 1685년 10월, 1686년 10월, 1687년 10월, 1688년 10월. 비자발적인 징수인들의 빈곤, '가난한 농민들'에 대해서는 ADH, B 1039, f° 1099 v°.

제5장 야만적인 반란들

국왕 만세, 징세관 꺼져라

1669년 11월. 랑그도크의 가장자리에 있는 비바레 출신의 한 노(老) 주교는 산간 지방 특유의 심한 빈곤 때문에 다른 곳보다 더 심각하고, 어쩌면 더 일찍부터 나타난 농업상의 불안 징후에 대해 말했다. 주교에 따르면 이제는 과거의 풍요는 사라지고 기근만 남았으며, 시골의 가난한 서민들은 굶주리고 있고, 웬만한 도시의 부자들도 살기가 버거운 정도가 되었다. 엄청난 조세 비용──기부금, 운하, 부채 원금 상환──때문에 납세 지주들은 곤경에 처했다. 왜냐하면 "타유세는 그들이 땅에서 거두는 것보다 더 많이 늘어났기 때문이다."[1)]

1670년 4월. 재난들이 덮치면서 비바레의 빈곤은 더욱 악화되었다. 혹한의 겨울은 무화과나무, 올리브나무를 동사시켰으며, 생-테티엔 지방의 석탄 가격을 뛰어오르게 만들었다. 그러자 대장장이들은 농업노동자들이 분노하는데도 곡괭이와 낫을 비싸게 팔기 시작했다.[2)] 불만이 없는 사람이 없을 정도였다. '무거운 기부금(세금), 특별 세금'은 이미 허

---

1) PV, 1669년 11월; HGB 1881, 22-5-1670, f° 412; 비바레 지방의 반란에 대해서, 나는 (R. de Vissac, 1895와 J. de Laboissière, 1811) 외에도 두 개의 필사본 자료를 참고했다. 이 자료는 친구인 드니 리셰가 알려준 것이다. B.N. 필사본, Fonds Languedoc-Bénédictins, vol. 95, f°s 152 이하. 「오브나에서 일어난 사건에 대한 충실한 보고서……」, 이 필사본은 비사크와 라부아시에르에게도 자료로 사용되었다; 같은 자료, coll. Clérambaut, vol. 791, f°s 397 이하.

2) 필사본 coll. Clérambaut, f° 429.

약해진 수익을 파먹었다. 여기에다가 공포심이 생겨났는데, 이는 17세기 남부 프랑스에서 흔한 일이었다. 사람들은 당국이 물적 타유세와는 별도로 인두세를 도입할 것이라고 믿었다. 이미 1627년에 빌프랑슈-드-루에르그(몽펠리에는 1645년, 카르카손은 1655년)에서는 태어날 아이마다, 샘에서 길어가는 물동이마다 국왕이 세금을 부과할 거라는 소문이 퍼졌다. 1670년 4월 30일, 오브나에서도 농기구 가격 상승을 이상한 방식으로 해석한 토지 노동자들에게서 동일한 불안감이 생겨났다.[3] 소문을 퍼뜨리고 다니는 행상인들에 따르면, 세무관청은 토지 노동자들의 하루 노동당 1수, 남자 아이 출생에는 10리브르, 여자 아이 출생에는 5리브르, 새 옷 한 벌에는 3리브르, 모자와 속옷에 대해서는 각각 5수, 신발 한 켤레에는 3수, 빵 1파운드에는 1드니에의 세금을 부과하려 한다는 것이었다. 물론 이것은 인두세를 풍자한 어처구니없는 과표며, 무분별한 말이었다(그러나 이것은 미래 조망적인 진실의 종자를 내포하고 있다. 사반세기 뒤, 물적 조세가 부족해지자, 랑그도크의 지사인 바빌의 권유에 따라 인적 조세인 인두세를 왕국에서 시행하기 때문이다).

오브나에 이 같은 공포심이 퍼져 있을 때, 바르텔르미 카스라는 베지에 출신 조세 징수 청부 사무소 서기가 아무것도 모른 채 나타났다. 그는 삯말에 대해서는 2에퀴, 술집 주인에 대해서는 8리브르의 세금 징수를 임차했다. 그런데 그는 순진하게도 자신의 징수 내용을 공고했다. 부녀자들의 분노와 몇몇 날품팔이꾼의 가세로 카스는 야유를 당하고, 구타를 당했다. 몇몇 군인의 도움으로 겨우 죽음을 면했을 정도였다. 흥분한 폭도는 시의회의 유지들에게 몰려갔다.

이렇게 시작된 소요는 몇 주일 동안 지속되었다. 도시 폭도의 선두에는 언제나 그랬듯이 장인들(한 증인에 따르면[4] 대체로 여유 있는 장인

---

3) 이 같은 불안감에 대해서는 이 책, 제2권, 269쪽: 비바레에서와 마찬가지로 루에르그에서도 이 공상적인 세금이 노린 세금원 명부의 맨 처음에 나오는 것은 언제나 출생에 대한 과세였다.

들)이 나섰다. 폭동이 진압된 1670년 7월 27일에 사형선고를 받은 수뇌부에는 제화업자 1명, 모자 제조업자 1명, 술집 주인 1명(무서운 세금의 잠재적인 희생자들) 그리고 냄비 제조업자 1명, 증류주 제조업자 1명, 소모직공 1명 그리고 인근 마을 농민들이 있었다.[5]

반도들의 맞은편에는 교황파이건 위그노이건, 오브나의 귀족들과 부유한 부르주아지가 있었다.[6] 질서의 친구였고, 자기네 집이 약탈당할까 두려워했으며, 국왕의 재정과 관직 속에서 편안하게 살고 있던 이 부자들은 폭력적인 반조세 반란에 가담할 수 없었다. 게다가 이들은 폭도들의 배후에는 악마가 있다고 생각했다. 이들은 반란을 '우리를 죄에 빠지지 않게 하려는' 하나님의 정의로운 매라는 집단 죄의식의 용어로 해석했다.[7]

어쨌든 반란은 예언이나 복음에서 나온 막연한 민주주의적 열망("처음 된 자가 나중 될 것이다")에 고무되었음이 확실하다. 봉기를 기록한 한 익명의 저자는 폭도들이 외친 몇몇 구절을 인용했다. "귀족들과 고상한 사람들은 그들(반란자들)에게는 그들의 아랫사람에 불과했다. 이제 이들은 그들의 논리대로라면 그들의 하인이 되어야 할 차례였다. 흙으로 만든 그릇이 철로 만든 그릇을 깰 거라는 예언의 시대가 도래했다고 그들은 말했다."[8]

이러한 예언적 성향은 근대 남부 프랑스의 반란 어디에서나(특히 1580년 로망, 1627년 루에르그[9]) 확인되는 것으로, 그것은 성경의 무의식적 차용, 사회 전복 의지, 비특권계층의 불만, 마지막으로 서민과

---

4) "오브나에 있는 대부분의 불쌍한 폭도들은 꽤 정직한 가게를 가지고 있었다" (필사본 Languedoc, f° 160).

5) Laboissière, 1811, 428쪽.

6) 같은 책, 404쪽.

7) 필사본 Languedoc의 서두.

8) 같은 자료, f° 160.

9) 이 책, 제2권, 278쪽; Cabrol, 1860: 1627년도 『빌프랑슈의 연대기』(*Chronique de Villefranche*).

귀족 사이의 적대감에 기대고 있었다. 이 같은 적대감은 존 로크가 1676년의 몽펠리에에서도 감지할 수 있는 것이었다.[10] 그렇기는 하지만 오브나의 봉기자들에게서 나타나는 흐릿한 '민주주의'를 과대평가할 필요는 없다. 그것은 특권층을 어떻게 굴복시킬 것인지 구체적인 방법을 내다보고 있던 1674년 브르타뉴의 봉기자들에게서보다 훨씬 막연했다.[11] 1670년의 비바레에서 귀족들에 대한 반감은 술자리 대화에 등장할 뿐 행동으로 이어지지 않았다. 구체적인 구호를 가진 일상적인 소요로 진행되는 경우에도, 비바레 지방의 반도들은 여전히 신중했으며, 왕당파였고, 17세기에 자주 그러했듯이, 순전히 반조세적인 수준에 머물렀다. 전형적인 예는 1670년 6월 15일의 경우다. 오브나의 반도들은 저녁 식사 후 "땅거미가 질 무렵 삼삼오오 모였다. 술을 잔뜩 마시고 폭동을 일으킬 생각으로 가득 찬 그들은 손뼉을 치고, 뛰고, 소리 지르면서 '샤리바리'*를 벌였다." 그러나 그들은 "귀족을 쳐라"라거나 1590년의 크로캉들이 외쳤던 "제3신분 만세" 같은 구호를 외치지는 않았다. 그들은 특권 계층에 대해 요구 사항을 내세우지 않았다. 그들은 1655년에 카르카손 사람들이 외친 반조세적이고 왕당파적인 구호를 새로운 형태로 각색하는 정도였다(타유세와 염세를 과세하지 않는 국왕 만세). 그들은 "국왕 만세, 징세관(élu) 꺼져라"라고 외쳤다.[12]

이렇게 시작한 오브나의 도시 폭동은 시골을 끌어들였다. 주아외즈와 13개 마을의 농민들은 마자리나드**를 부르면서 징세 청부인들을 상대

---

10) "The nobility and gentry have very little trust in the common people" (Locke, 1953, 102쪽).

11) Walter, 1963.

* Charivari: 폐쇄된 중세 농촌 사회에서 청년들이 자기들의 결혼 가능성을 지키기 위해 홀아비와 처녀의 결혼 같은 어울리지 않는 결혼을 비난하면서 시작된 집단 야료 행위. 영화 「마르틴 기아의 귀향」에서 결혼한 후 1년이 지나도 아이를 낳지 못하자 마을 사람들이 몰려와 소란을 피우는데 이것이 바로 샤리바리의 한 모습이다.

12) Languedoc 필사본, f° 161 v°.

** 마자랭에 대한 풍자문.

로 들고일어섰다. 그들에게는 지도자가 없었는데, 매우 자연스럽게도 그들은 가장 부유한 유지들 가운데에서 지도자를 구했다. 이것은 구체제 시대의 농촌 반란에서 자주 나타나는, 구조적이라고도 할 수 있는 반사작용이었다. 브르타뉴의 빨간 모자들*은 귀족들에게 강제로 농민들의 옷을 입힌 뒤 그들을 지도자로 삼았다. 라 포레의 영주인 앙투안 뒤 퓌드 라 모트도 아내와 아이들에 대한 보복이 두려워 1636년에 이런 식으로 마지못해 크로캉의 장군이 되었다. 비바레에서 장 앙투안 뒤 루르는 마을 반도들의 이상적인 지도자였다. 그가 그 역할을 거부한다면? 아무 소용이 없었다. 강제로 그 자리에 앉히면 그만이었다. 한 떼의 농민들과 일꾼들이 그의 집으로 쳐들어갔다. 그들의 지도자인 목동 라로즈가 앙투안 뒤 루르의 뺨을 갈기면서 그를 비겁자 취급했다. '우정 어린 폭력'을 견디다 못한 루르는 할 수 없이 이 모독자들을 지휘하기로 했다.[13)]

이 장면의 두 주인공, 루르와 라로즈는 사회적 상징의 가치가 있다. 목동 라로즈는 여기에서 사디즘의 성향이 있긴 하지만 민중의 순수한 폭력을 나타낸다. 1670년 6월 26일 오브나의 학살 당시, 그는 국왕 군대가 들어오게 방치했다고 고발된 도시 유지 라사뉴의 '내장'을 목걸이 대신 목에 걸고 으스댔다. 반대로 루르는 우선, 반도들에게는 군사적 능력을 지닌 존경받아 마땅한 인물로 비쳤다. 그러나 그의 실제 인간성은 논란의 여지가 많았다. 그의 후손이자 전기작가인 라울 드 비사크는 약간 허풍이 없지 않은 책에서 그를 용감한 전사, 진정한 귀족, 종탑과 석루조(石漏槽)가 즐비하던 중세의 방랑 기사로 만들어놓았다. 반대로 루르를 진압하고 능지처참한 랑그도크의 당국들──예컨대 지사 다게소──은 그가 귀족임을 부인했으며 그를 '루르라는 이름의 농민'이라고 불렀다. 지사가 그렇게 한 것은 루르를 그런 식으로 부름으로써 그를 깎

---

* 급진적인 반도들.

13) 같은 자료, f° 164 v°; 브르타뉴와 크로캉에 대해서는 Walter, 1963, Lavisse, 1911, VII-I, 352쪽. 라 모트 라 포레에 대해서는, Porchnev, éd. 1963, 76, 77쪽.

아내리려 했을 뿐만 아니라, 봉기가 있던 해에 비바레에서 국왕군을 지휘했던 루르 백작과 그를 반도들이 혼동하는 것을 피하려 했기 때문이었을 것이다.

장 앙투안 뒤 루르는 귀족으로서의 영예를 누릴 자격이 없지만, 그의 적들이 퍼부은 평민의 '무능함'도 부당한 것이었다. 사실 루르는 유지였으며, 시골 부르주아였고, 부유한 지주-경작자였다. 그는 장중하게 성으로 이름 붙여진 랑드의 농가 주위에 '1만 에퀴'의 재산을 소유하고 있었다. 그의 집안은 16세기 말부터 부유한 농민들과 부르주아들을 배출했다. 그의 아버지 기욤 뒤 루르는, 그 자신 말하고 있듯이, '관직을 통해서건 토지를 통해서건' 사회적 신분 상승을 이루어 귀족이 되고 싶어 안달하던 사람이었다. 1651년, 수차례의 노력 끝에 그는 라 랑드의 귀족 영지를 획득하는 데 성공했다. 루르 가족은 아직 귀족이 된 것은 아니지만 의심할 여지 없이 귀족의 길에 들어선 것이다.

장 앙투안 뒤 루르는, 처형당하기 전날 그의 부인에게 보낸 편지가 말해주듯이, 식자였으며 독실한 가톨릭 신자였다. 그는 젊은 시절 국왕 군대에서 장교로 근무했다(반도들이 전투 경험이 있던 그를 '장군'으로 삼았던 또 하나의 이유). 부유한 지주, 열성 기독교인, 전직 장교, 귀족 출신 아내(구 드 비사크 부인)의 남편인 루르는 루이 14세 시대 프랑스의 지도층 인사들에게 삶과 죽음의 이유였던 영웅적이고 종교적이며, 신학적이고 군사적인 가치 체계에 생소하지 않았다. 반면 오브나의 몇몇 하층민이 표현한 민주적인 예언은 그의 정상적인 관심사와는 거리가 멀었다. 루르가 반란에서 취한 것은, 불만을 가진 사람들을 어려움 없이 하나로 묶었으며 특권층에게서까지 공감을 불러일으킨 반조세적인 반사운동뿐이었다. 반란자들은 외쳤다. "서민들의 피를 빨아먹는 징세관들을 죽이자!" 루르는 그들과 한목소리로 외쳤다. 6월 20일자 편지에서 그는 "우리를 굶어 죽게 만드는 징세관들을 죽이자"고 제안했다.[14] 바

14) 루르에 대해서는 Vissac, 1895의 증거 서류와 카스트리의 편지(1670년 5월)

로 이러한 토대 위에서 그는 자기의 대원들을 싸움터로 이끌었다. 불쌍하고 가난한 사람들뿐만 아니라 농장의 농민들, 양잠업자들 그리고 기존 세력의 편을 들 경우 수확물을 불태워버릴 것이라는 위협 때문에 "반란에 끌려 들어간 선량한 많은 농민들."

우리는 반란의 종말을 안다. 오브나는 약탈당했고 얼마 후 폭도들은 진압되었다. 루르에게는, 1704년의 장 카발리에에게처럼, 1907년의 마르슬랭 알베르(폭동을 일으킨 포도재배자들의 지도자)에게처럼, 하나의 해결책이 있었다. 그것은 국왕에게(1907년에는 대통령에게) 굴복하는 것이었는데, 이는 충성스러운 왕당파의 망탈리테를 잘 보여준다.

적어도 클레망소*는 마르슬랭 알베르를 받아들였다. 그는 조롱하듯 알베르가 나르본으로 돌아갈 차비를 자기 주머니에서 꺼내 주었다. 그러나 루르는 베르사유에 갔지만 퇴짜맞았다. 그러자 그는 에스파냐로 도망가서 또 다른 왕——가톨릭 왕**——에게 간청하기로 마음먹었다. 그러나 그는 권총과 칼을 옆에 놓고 마지막 포도주 잔을 기울이다가 생-장-피에-드-포르에서 사로잡혔다. 그는 차형(車刑)에 처해졌다.

비바레의 반란은 농촌 위기에 대해 합리적이라기보다는 본능적인 민중 심리를 잘 보여준다. 이 반란은 물질적으로는 고통을 겪었지만 정신적으로는 아직 매우 잘 동화되어 있던 사회에 영향을 주었다. 그 사회는 신분 투쟁이나 계급 투쟁의 실제 행동이나 예감에 대해서는 아닐지라도 정교한 개념에 대해서는 알지 못했다. 따라서 모든 사람이 생각할 수 있는 유일한 적, 유일한 희생양은 국왕이 아니었다. 국왕은 사랑을 받았다("국왕께서 아신다면"). 유일한 적은 추상적이며 멀리 있는 권력, 특히 징세관이었다. 이들은 지방 사회에 통합되지 않은 외부인이었다. 이들의 요구는 (이 점이 중요하다) 아무런 반대급부를 동반하지 않은 것처럼 보였다.

를 보라(필사본 coll. Clérambaut, f°s 436, 437).

* Georges Clemenceau(1841~1929): 프랑스의 정치가.

** 에스파냐 왕을 가리킨다.

반도들은 지방의 악(惡)에 대해서는 무관심해서 그것을 공격하거나 치유책을 마련하려고 하지 않았다. 그들은 고리대나 지대, 십일조 같은 '실제적인' 암이 농민들의 몸통을 갉아먹는 것은 묵인했다. 그들의 폭력은 오로지 세금에 대한 것이었는데, 세금 가운데에는 어쩌다 실질적인 세금도 있었지만 잠재적이거나 완전히 허구적인 세금――어처구니없는 것이기는 했지만 동원력이 있는!――도 있었다. 모자에 대한 세금, 속옷에 대한 세금, 장차 태어날 어린아이에 대한 세금 등은 그 같은 세금의 징수에 대해 반란을 일으킨 사람들의 공상 속에서나 존재했던 낮도깨비 같은 것이었다.

*

세벤의 광신자들

1680년 이후 경제는 무너지고 낭트 칙령 폐지가 선포된 반면, 반란의 진영과 의미는 변했다.

이제 가톨릭 세력권 안의 지역은 대체로 평온해졌다. 브르타뉴는 1675년부터, 보르도는 1676년부터, 불로네는 1663년부터 조용해졌다. 그리고 이러한 온건함은, 가난했지만, 루이 14세 치세 말까지 계속되었다. 랑그도크에서도 주요 반란은 이 산에서 저 산으로 넘어갔다. 교황파의 비바레 지방에서 위그노파의 세벤 지방으로 옮겨간 것이다.

가톨릭 지역의 이 같은 평온은 어디에서 온 것일까? 정치적이고 종교적인 이유를 배제할 수 없을 것이다. 17세기 말 님의 프티부르주아이며 보통의 가톨릭 신자였던 공증인 보렐리를 보자. 1685~90년 무렵, 그는 매년 돈을 까먹어 구제 병원에서 생을 마감하지 않을까 걱정했다. 초라한 가발도 이제는 중고품으로 구입할 정도였다. 그는 프로테스탄티즘의 폐지가 부자들의 탈출과 자본의 유출을 일으켜 자기 도시와 자기 자신을 망하게 하는 데 한몫할 것임을 알았다.

그러나 그런 것은 중요하지 않았다! 그는 무엇보다도 신자였다. 그래서 그는 낭트 칙령 폐지라는 신이 준 뜻밖의 선물과 모든 위그노 공동체의 가톨릭으로의 역개종(그는 그것이 진정한 것이 아님을 알고 있었다)에 마음이 끌렸다. 이에 대해 보렐리는 일기와 일지에서 이렇게 썼다.[15] "사람들이 무슨 말을 하든, 그것은 신이 행하신 기적이며 위업이다." 그리고 이 가톨릭교도는 자기의 국왕이 거둔 종교적 성공에 경탄하면서, 신교도 동맹이 위협적이었던 1689년에는, 반란을 빼고는 모든 것을 생각한 불행하지만 모범적인 납세자가 되었다. "우리는 너무나 가난하다. 그러나 우리의 위대한 국왕은 많은 일을 하시기 때문에 돈을 내는 것이 옳다"라는 글을 쓰면서, 그는 자기 지방에 할당된 세금 600만 가운데 자기 몫을 냈다.

프랑스의 가톨릭은 신성동맹 이후 정치적으로 활동적이었으나, 1685년에는 낭트 칙령 폐지에 경탄하여 원래의 위치로 되돌아간 것 같았다.[16]

*

가톨릭이 이처럼 점차 얌전해진 데 반해, 위그노들은 봉기를 일으켰다. 신교도들은 로앙 전쟁 이후 움직이지 않았다. 그들은 1632, 1650년 그리고 비바레 지방의 반란 때에도 조용했다. 그러나 세기말에 그들은 호전적으로 변했다. 그들의 태도를 결정한 동기는 분명하다.

*

신교도 농민들도 모든 사람과 마찬가지로 경제적 침체, '세벤 지방에 치명적이었던' 교역 중단 그리고 높은 사망률로 시달렸다. 낭트 칙령이

---

15) Puech, 1884, 228, 263쪽과 여러 곳에 있는 보렐리의 일지.

16) 바빌은 그것을 느끼고 있었던 것 같다. 그는 다음과 같이 썼다. "평화와 국내의 평안을 회복할 수 있는 길은 모든 프랑스인이 한 지도자 아래에 뭉치듯이 하나의 신앙 아래 뭉치는 것이다"(Puaux, 1918, 6쪽에서 인용).

폐지된 1685년, 오트-세벤 지방 사람들은 밤과 밀이 떨어져 도토리와 풀을 먹었다.[17] 위그노들은 이러한 불행 외에도 특별한 탄압을 받았다. 이 탄압은 처음부터 권력적인 것만이 아니었다. 그것은 또한 성인(聖人)들의 세기에 고무되고 콜베르 시대까지 계속된 총생산의 증가와 그에 따른 십일조의 증액 덕분에 부유해진, 의기양양한 랑그도크 교회가 보여준 보복 의지의 구현이었다. 위그노 박해는 베르사유의 격려를 받았다. 그러나 그것은 현지에서는 지방 의회를 개혁교도들에 대한 전쟁 기계로 만들어버린 주교들의 강력한 로비로 주도되었다.[18]

1661년과 80년 사이에 랑그도크의 신분회는 압박과 교섭을 되풀이했다. 그들은 민사 교구의 조세 회의에서 'P.R.'* 시행정관들을 쫓아내려 했다(1662). 그들은 교구 내의 도시에서 또는 교회 영지 내에서 개혁교도들의 예배를 금지시키려 했다(1664). 그들은 프리바에 남은 마지막 개혁교도들을 추방하면서 위그노 괴물의 '머리를 으깨고, 심장을 도려낼 것'을 요구했다. 그들은 심지어 R.P.R**의 지방에서도 도시 행정관과 직업별 시민 대표들을 모두 가톨릭교도로 구성할 것을 명했다(1661~62). 그들은 위그노 영지의 재매입을 도와주었다. 그들은 R.P.R에 속하는 바이이와 사법관을 교황파 관리로 교체하려 했다. 그들은 국왕에게 개혁교도들의 마지막 사법적 보호기구인 '칙령부'를 툴루즈 고등법원의 전적으로 가톨릭적인 품안으로 흡수해줄 것을 국왕에게 청원했다(이것은 받아들여졌다). 그들은 위그노 징세 청부인, 수납관, 염세리, 우편배달부에게 개종할 것을 또는 징수 임대계약이나 관직을 포기할 것을 명했다. 그들은 세벤 지방의 새로운 개종자들에게 재정 지원을 했다. 그들은 이미 퓔로랑으로 옮겨간 프로테스탄트 아카데미의 폐쇄를 요구했다. 그들은 여러 교회당의 파괴를 원했으며 허가를 얻어냈다. 그들은 목사

---

17) 위제스의 주교가 신분회에서 한 발언, PV, 1687년 10월; Bost, 1912, 41쪽.
18) 이 모든 문제에 대해서는 An. 44를 보라.
* P.R.: prétendus-réformés의 약자로 자칭 개혁파라는 뜻.
** R.P.R.: Religion prétendue réformée의 약자로 자칭 개혁파 종교라는 뜻.

들을 괴롭혔다. 그들은 신교 당회의 자선 유증물들을 가톨릭교도를 포함한 모든 가난한 사람들에게 나누어 준다는 시의회의 결정에 환호했으며, 이를 퍼뜨리고 다녔다. 마지막으로 낭트 칙령이 폐지되면서부터, 이단들이 박멸되면서부터 그들은 감사의 표시로 450캥탈 나가는 국왕 기마상 건립을 가결했다.

이렇듯 위그노들은 전면적인 탄압 기도에 직면해 있었던 것이다. 이것은 중앙 권력과 지방의 사제, 지사와 신분회, 국왕 행정관과 지방 의회에 자리 잡은 삼신분의 위계 사회에 의해 이루어졌다. 그들은 위기와 세금으로 교황파처럼 빈곤해지고 마지못해 내는 십일조——반면에 가톨릭 농민들은 비록 이것이 무겁기는 했지만 이제는 그 부담을 감내하고 있었다——에 의해 고사당했을 뿐만 아니라, 나아가 칼뱅주의를 근절하려는 특별 계획의 표적이 되었다.

그런데 위그노파의 세벤 지역에서, 종교는 바로 문화였다. 1685년에 하나를 부수는 것은 다른 하나를 위협하는 것이었으며, 심리적이고 정서적인 균형과 사람들의 일상생활을 심각하게 뒤흔드는 것이었다.

근대의 명철한 관찰자들은 사실, 칼뱅주의가 세벤 지방 주민들의 일상생활에 얼마나 깊이 파고들었는지 잘 알고 있었다. 세벤 지방의 경우, 종교적 개종은 너무나 철저하여 민속을 완전히 뿌리 뽑을 정도였는데, 이는 프랑스에서도 특이한 현상이었다. 샤를 보스도 지적하듯이, 이 지역에서는 더 이상 대중가요를 들을 수 없었다. 그 자리를 채운 것은 할아버지 할머니가 요람의 아기를 재울 때 부른 시편(詩篇)이었다.[19]

오래전부터 마로와 테오도르 드 베즈의 성가집은 음악적이고 대중적인 제2의 문화를 만드는 데 지역적인 발판 구실을 해오고 있었다. 1659년부터(한 주교에 따르면) 개혁교도들이 많았던 도시에서는 장인들이, 시골에서는 농민들이 부른 마로의 번역 시편이 울려 퍼졌다. 반면 가톨릭교도들은 노래를 하지 않거나, 그렇지 않으면 음탕한 노래를 불렀다.[20]

---

19) Bost, 1912, I, 51쪽, 주 1).

17세기까지도 세벤의 시골 사람들은 어린아이 때부터 거의 전적으로 성경과 신교도들의 책을 통해서 북부 프랑스의 문화를 받아들였다. 아이들은 『기독교인들의 ABC』(일종의 예배와 성경 입문서), 칼뱅이나 베즈의 『교리문답』『젊은이들의 거울』『성찬식에서 어린이들에게 질문하는 법』, 크레스팽의 『순교자들의 역사』 등의 책을 달달 외웠다.[21] 기이하게도 이 지방에서는 오크 지방의 토착어가 아니라 프랑스어가 거의 제식 언어로, 극단적인 경우에는 신적 영감의 증거로 여겨졌다. 영감을 받은 세벤인들이 성령의 작용 아래 '언어로,' 즉 외국어로 말할 때면 프랑스어를 유창하게 해서 지방 사투리를 쓰는 사람들을 깜짝 놀라게 했다.

그 같은 상황에서 프로테스탄티즘의 설교, 찬송가, 성경 등 프로테스탄티즘을 완전히 뿌리 뽑으려는 시도였던 낭트 칙령 폐지는 진정한 문화 이탈을 강요하는 것이었다. 우리는, 특히 20세기에, 그 같은 기도가 때로는 유혈 사태를 부르는 외상성 쇼크로 결말이 났음을 알고 있다.[22] 17세기 프로테스탄트의 세벤 지방도 이런 통칙에서 예외가 아니었다. 그 충격이 어찌나 컸던지, 자기들의 목사와 정신적 지도자들을 상실하고 죄의식에 사로잡혀 있었으며(낭트 칙령 폐지를 받아들였고 일시적이나마 자기들의 신앙을 부정했다는 이유로), 특히 위기와 조세에 시달리던 사람들에게 불안, 신경증, 심지어는 히스테리 증상을 일으킬 정도였다. 그리고 이러한 증상은 유혈적인 광신으로 변할 것이었다. 정부 당국, 특히 바빌이 경악한 것은 바로 이러한 이유 때문이었다. 서투른 정신과의사요 독실한 가톨릭교도였지만 편협한 합리주의자였던 바빌은 이 냉혹한 변증법을 내다보지 못했다.[23] 그는 낭트 칙령 폐지－죄의식－광신을 이해하지 못한 채 용기병들을 풀어놓았던 것이다.

내가 이제부터 서술하려고 하는 것이 바로 이러한 연쇄(連鎖)다. 이

20) 앞의 책, I, 51쪽.
21) 같은 책.
22) Lanternari, 1962.
23) 광기 앞에서의 고전적인 합리주의에 대해서는 Foucault, 1961.

같은 기술은 농민들의 망탈리테가 어떻게 움직였는지를 이해하는 데, 그리고 전통적인 반조세 봉기와는 상당히 다른――그리고 동시에 어떤 점에서는 상당히 가까운――최후의 반란이 어떻게 전개되었는지를 이해하는 데 필수적이다.

*

위그노들의 반격은 1688~89년부터 시작되었고 카미자르에 이르러 절정에 도달했다. 처음부터 그것은 순수한 종교적인 테두리를 벗어났기 때문에 정치적이고 사회적인 분석을 동반했다. 예컨대 이미 1689년부터 세벤 지방의 봉기를 준비했던 미르몽의 계획은[24] 신교도들의 절망뿐만 아니라 두 종교에 속한 신민들의 '보편적인 불만', 즉 예의 그 반조세적인 반사작용을 이용하려 했다. 반란을 일으킨 미르몽 후작은 앙투안 뒤 루르의 추종자처럼 말했다. 그는 사방에 외치려고 했다. "인지 첨부 증서와 참을 수 없는 세금 폐지." 그리고 그는 세관과 세무관청을 헐어 버리려고 했다. 동시에 그는 같은 해에 나온 친위그노적인 팸플릿 「노예가 된 프랑스의 탄식」에 있는 자유주의적이며 동시에 반동적인 비난을 되풀이했다.[25] 루이 14세의 폭정으로 "귀족들의 영화는 퇴색했고, 고등법원의 권위는 무너졌으며, 삼신분회는 폐지되었다." 1692년, 장 뒤 부르디외라는 몽펠리에의 목사가 남부의 신교도 반도들과 숑베르를 위해 작성한 계획안에서 내다본 것 역시 "귀족, 고등법원, 서민들에게 옛날의 영광을 되찾아주고, 각 지방의 특권을 회복시켜주며 〔……〕 서민들을 가렴주구에서 해방시켜준다"는 것이었다.[26] 이것은 위그노들에게는 인기 높은(몇몇 반동적인 측면이 있었지만) 프로그램이었다. 왜냐하면 폭정에 대한 복수라는 오래된 깃발을 든 것이기 때문이었다. 1686년부

---

24) Bost, 1912, II, 495~498쪽에 실려 있는 텍스트.

25) 1689년.

26) Bost, 1912, II, 515쪽; 같은 책, II, 32쪽.

터 제보당의 신교도 노래에서 교황은 불량배였지만 루이 14세는 폭군이었다.[27)]

그러나 강력한 사상을 가지고 랑그도크의 반란을 이끈 사람은 미르몽도, 부르디외도 아닌 쥐리외였다. 그 역시 정치적인 주제들을 제기했다. 그는 『목사의 편지』에서 국왕에 대한 민중의 권리, 합법적인 반란권 등 일종의 사회계약을 인정했다.[28)] 그러나 쥐리외는, 폴 아자르의 생각에도 불구하고, 근대적인 사상가가 아니었다.[29)] 그는 매우 오래된 메시지를 지닌 예언자였다. 레닌처럼 전투적이고 장황한 망명자였던 그는 중세와 16세기의 대(大)지복천년주의자들——외드 드 레투알, 요아키노 다 피오레, 토마스 뮌처 그리고 오-랭*의 혁명가——의 뒤를 이은 지복천년주의자였다.[30)]

쥐리외의 묵시록

혁명의 양상은, 쥐리외에 따르면, 『다니엘서』의 오래된 꿈과 『요한묵시록』의 단계에 따라 구분된다. 우선 피의 목욕과 정의로운 사람들의 박해, 그러고 나서 시련이 지나가면 하나님에 의한 인간의 부활, 바빌론과 로마, 즉 자주색 옷을 입은 호색한**의 최종적인 붕괴가 나타난다. 그러면 세상은 더 아름답게 다시 피어날 것이다. 쥐리외에게 모든 것은, 우선 무엇보다도 낭트 칙령 폐지는 1685년 당시 프랑스가 여전히 첫 번째 단계에 머물러 있음을, 그러나 후속 단계는 기다리기만 하면 된다는 것을 말해주는 것이었다.

따라서 네덜란드 망명객 쥐리외는 묵시록적인 문제들을 13세기의 거

---

27) 앞의 책, I, 189쪽.
28) Jurieu, 1688(『목사의 편지』 16호, 17호, 18호); Roger-Lureau, 1904, 26, 39, 110쪽 이하와 여러 곳; Dedieu, 1920.
29) Hazard, 1935, 284쪽.
* 알자스 지방.
30) Cohn, 1962.
** 교황.

짓 요아키노파 소(小)예언자들이 남겨놓았던 바로 그 지점에서, 용감하게 다시 다루었던 것이다.[31] 그는 1260이라는 예언적인 숫자를 해석하려 했는데, 그것은 시기와 기간에 있어서 『요한묵시록』의 11장, 12장, 13장에 나오는 한 여자가 광야로 피신한 일, 두 증인의 예언과 죽음 그리고 짐승의 권세를 가리키는 것이었다. 그는 지복천년설 신봉자들을 곱씹은 다음 그들에게서 명확한 뿌리를 추출해냈다. 그는 아르마그의 대주교인 위셔의 예언들,[32] 그리고 『예언의 완성』의 저자이자 자기의 직접 조상인 뒤 물랭의 자료를 가지고 곰곰이 따져보았다. 이 같은 계산 끝에, 쥐리외는 정확하게 1689년을 '대희망'의 해로 정했다. 그리고 그는 1710년에서 20년 사이에 교황주의가 끝날 것으로 예언했다. 그다음에는 '평화와 신성(神聖)의 천년지복'이 마침내 땅 위에 도래할 것이다. 그러나 광신자이지만 부르주아였던 우리의 주인공은 이익을 보장하기 위해 신경을 썼다. 물론 그가 꿈꾸는 천년왕국은 성경에서 말하는 대로 재산공동체 사회이기는 했지만, 그렇더라도 그는 사유 재산을 존중할 것이었다(?).[33]

그냥 한 소리였을까? 그럴 수도 있다. 그러나 1686년에 출판된 이 같은 예언들, 그리고 동일한 유형의 몇몇 다른 예언(『요한묵시록 해제』 『갈라드의 방향(芳香)』 등)은 '농월력보다도 더 많이' 랑그도크의 위그노들에게 보급되었다. 경찰은 세벤의 가장 후미진 농가에서도 그 책들을 찾아내 압류했다. 민중은 이미 수용하려는 자세가 되어 있었다. 베지에의 직조공들은 노스트라다무스에 심취했다. 님 주변 마을에서 남녀 위그노들은 화덕과 방앗간 등지에 모여 쥐리외의 예언서와 『요한묵시록』 11장을 읽고 또 읽었다.[34] 1686년 5월 2일, 집회마다 따라다니던 세벤의 한 목수는 퐁-드-몽베르 근처에서 선언했다. "이것은 아직 3년

31) Cohn, 1962, 106, 107쪽.

32) Bost, 1912, I, 234쪽, 주 1).

33) Jurieu, 1686, vol. II, 293쪽과 22장, 23장; 1687b, 8, 9쪽.

34) 이 모든 것에 대해서는 Bost, 1912, I, 178, 220~223, 311쪽과 여러 곳.

은 갈 것이다"(1689년에 있을 해방에 대한 암시[35)]). 1686년 크리스마스에 님 입구에서 열린 은밀한 집회에 모여든 많은 소모 직공들 앞에서, 설교자 스렝은——어두운 쥐스토코르*를 입고 밤색 가발을 쓴 채——바빌론과 짐승을 벌하는 『요한묵시록』 14장에 대해 설교했다.[36)] 1689년, 또 다른 설교자인 로망은 체포된 다음 브로이가 그의 머리를 움켜쥐고 심문하자 그의 얼굴에 대고 외쳤다. "짐승과 한패 되는 자여!"[37)] 같은 해, 농업노동자의 아들이자 제네바로 피신해간 폴 본메르는 갈라르그에 사는 쉬종 수스텔에게 다음과 같이 썼다. "아가씨…… 당신을 사랑하는 마음에 씁니다. 〔……〕 당신은 바빌론에 살고 있음을 아세요."[38)] 『요한묵시록』의 어휘가 마치 법과 같은 힘을 지니고 있었던 것이다.

이들 바-랑그도크의 대중 설교자들, 바빌의 표현에 따르면, "가난한 소모 직공 설교자와 가난한 농민 설교자들"[39)]은 낭트 칙령 폐지 이후 도주한 목사들을 계승한 사람들이었는데, 이들을 높은 곳에서 지배한 사람들은 그들 집단 가운데 유일한 지식인이었던 교사 비방, 변호사 브루송이었다. 그런데 두 사람은 쥐리외의 사도였다. 그들이 1689년에 순교의 위험을 무릅쓰고 프랑스로 되돌아온 것은, 암스테르담의 신학자**가 예언한 그해가 바로 파트모스의 요한이 쓴 책***에 나오는 '대희망'의 해였기 때문이다.[40)] 그후 두 사람은 마치 산돼지처럼 쫓겨다녔지만, 순

---

35) Aisso duraro incaro tres ons(Bost, 1912, I, 179쪽에 따르면, ADH, C 163).

* 몸에 꼭 붙는 남자 옷.

36) Bost, 1912, I, 117, 190~192쪽.

37) 로망에 대해서는 같은 책, I, 339쪽.

38) 같은 책, I, 75쪽, 주 1).

39) 같은 책, I, 183쪽에 인용된 Basville, Bost, 1912, II, 506쪽의 리스트에는 비밀 설교 집회에 연루된 사람으로서 직업이 알려진 26명이 나와 있다. 소모 직공 10명, 자물쇠공 2명, 토지 노동자 2명, 반타작 소작농(차지농-농민) 2명, 제화공 1명, 군인 1명, 양모 송장(送狀) 담당자 1명, 상인 1명, 직조공 2명, 재단사 2명, 방직공 1명, 목수 1명.

** 쥐리외.

*** 『요한묵시록』.

교할 때까지 『요한묵시록』의 광신자로 남아 있었다.

프랑수아 비방은 로마 교회를 '악마의 소굴, 역겨운 새들의 본거지'라고 부르면서 증오하고 저주한 점으로 미루어 광신자로 불려 마땅하다.[41] 클로드 브루송은 부드러움과 재능을 갖춘 묵시록주의자였다. 또한 그는 놀라울 정도로 미신적이었다.[42] 합리주의와 과학에 대해 아주 적대적이었고, 데카르트의 적이었으며, 성경 내용에 따라 갈릴레이에 반대하여 태양이 지구를 돈다고 믿었다.[43] 브루송도 1686~87년부터 미래를 예언하기로 결심했다. 적그리스도——교황——의 비탄과 예수 그리스도의 임박한 재림에 대한 그의 예언들[44](순진하게도 로마 가톨릭 교회에 보낸)은 『요한묵시록』을 해석한 쥐리외의 예언들을 그대로 모방한 것이었다. 개혁교도들이 수없이 베껴 쓴, 부르송이 세벤인들에게 행한 아름다운 설교 『신비의 비둘기』도 마찬가지였다. "바위틈에 그리고 산골 동굴에 숨어 있는 나의 비둘기야, (……) 주님이 말씀하시기를 (……) 나의 비둘기야, 네 얼굴을 보여다오, 네 목소리를 들려다오. 네 목소리는 부드럽고 너의 얼굴은 아름답단다. 친구야 일어나서 내게로 오라. 겨울이 지나고 꽃이 피었구나. 이제 노래할 시절이다. 멧비둘기 소리가 들리잖니? 일어나라, 친구야, 아름다운 친구야. 일어나서 내게 오라."[45] 한 미간행 텍스트에 따르면, 브루송은 바위틈과 동굴에 숨

40) Bost, 1912, I, 5장, 특히 286쪽.

41) 『요한묵시록』, 18장: 이 텍스트는 비방이 친척인 테롱에게 보낸 저주의 편지에서 인용되었다(Bost, 1912, I, 439쪽). 비방과 쥐리외의 관계에 대해서는 Bost, 1912, I, 239, 262쪽.

42) Bost, 1912, I, 226쪽.

43) 같은 책, I, 243, 244쪽.

44) 브루송의 편지에 대해서는 Bost, 1912, I, 228, 229쪽. 1688~89년에 대한 브루송의 여타의 묵시론적 예언은 그의 『목사들에게 보내는 편지』에 있는데, 이들 역시 쥐리외에게서 영감을 받은 것들이다(Bost, 1912, I, 242~249쪽과 296쪽, 주 1) 참조).

45) Ducasse, 1962, 80, 81쪽에서 인용. Louvreleuil, 1704에는 다소 다른 버전이 나와 있다. 브루송의 미출간 텍스트는 ADH, C 181에 있다. "그러므로 슬픔과

어 있는 비둘기(이 주제는 『아가』에서 나온 것이다)와 악마를 피해 잠시 사막으로 도피한 예수그리스도의 아내 된 '여인'(『요한묵시록』에 나오는)을 동일시했다.

쥐리외는 자기의 예언이 실패하자 처음 예언들을 수정하여 새로운 예언들을 만들어낼 수밖에 없었는데, 그럼에도 그의 기만적 언동은 랑그도크의 열성 지지자들을 실망시키지 않았다.[46] 최악의 불행을 지복(至福)의 대기실로 만드는 묵시록적인 망탈리테는 이 정도로 사람들을 안심시키는 해석 체계였다. 브루송의 태도는 이 점을 잘 보여준다. 1694~98년, 그는 은밀한 여행을 하면서 경제적 · 인구적 위기를 명백히 감지했다. 그의 책은 그러한 통찰력을 보여준다. 지방에서 그는 젊은이들, 목동들 그리고 땅을 경작할 사람들이 없는 것을 보았다. 사람들은 절망과 비탄에 빠졌다. 상거래가 이루어지지 않아 거의 파멸지경에 몰리고, 거리는 2킬로미터 이상이나 행인을 쫓아다니는 가난뱅이로 득실거렸다.[47] 이렇게 옳게 관찰한 다음, 느브갓네살이나 발타자르 앞에서 다니엘이 했듯이, 자기의 해석 체계를 작동시켰다. 그는 자기 방식대로 합리화하여 이러한 가난을 신의 징벌의 예언적 징후라고 풀었다. 그에 따르면, 신은 그러한 불행을 통해 낭트 칙령을 폐지한 불경건한 프랑스를 벌주는 것이었다. 루이 14세를 치기 위해 "하늘은 온통 불바다다." 대왕의

비탄의 시기에 영혼을 구원하고 싶은 사람들은 집을 버리고 산으로 들어가 숲과 동굴 속에서 살아야 한다. 그들은 『요한묵시록』 12장에 나오는, 햇빛으로 에워싸인 여인을 본받아야 한다. 그 여인은 예수그리스도의 아내이며, 용의 박해를 피해 광야로 도피했다. 또한 그들은 『아가』(雅歌) 2장에 나오는 신비스러운 비둘기를 본받아야 한다. 그 비둘기도 예수그리스도의 교회이며, 바위틈과 산중 동굴 속에서 살고 있다. 그들은 많은 사람을 망치는 불행한 재산을 멀리해야 한다. 그들은 영혼을 지니고 있음에 만족해야 한다. 그들이 영혼을 잃어버린다면 무엇이 그들의 불행한 재산을 지켜줄 것인가. 바빌론의 죄악에 발을 들여놓지 않기 위해서는, 그리고 그 재앙에 짓눌리지 않기 위해서는 바빌론 밖으로 나와야 한다."

46) Bost, 1912, I, 354쪽; Dubois, 1861, 106쪽.

47) Bost, 1912, II, 63, 233쪽에 있는 브루송의 텍스트.

군대를 집어삼키기 위해 심연이 열릴 것이다. 그리고 마지막으로 이 시련이 끝나면 모든 것이 제자리를 찾을 것이다. 하나님은 로마 가톨릭교도들에게 빛을 보낼 것이다. 신은 '자기를 찬미할 새로운 백성'을 만들 것이다.

카미자르들의 반란(1702)은 전사들(대부분 마을의 농민들이거나 장인들)에게 깊이 내재되어 있는 이 같은 망탈리테를 보여준다. 1701년에 이미 전쟁의 주도자이자 셸라 수도원장 살해자인 아브라함 마젤은 '짐승'의 제국의 파멸을 예언했다. 그의 전쟁 동료 캉팡은 간질 형태의 발작 이후 하늘의 문이 열리는 것과, 흰옷을 입은 수십만의 복자들이 하나님의 옥좌 앞에서 성가를 부르는 것을 보았다.[48] 생-마르탱-드-보보의 성당 부속 농장 사제인 라 피즈의 수도원장[49]은 1702년 가을 카미자르 일당의 방문을 받았다. 이들은 그가 "『요한묵시록』에서 성 요한이 말한 바빌론이며 음녀인 교회에 남아 있다"고 비난하면서, 복부에 세 차례 총질을 가한 후 칼로 베 죽였다.[50]

1703년, 라 칼메트 근처에서 소규모 전투가 벌어진 다음, 한 장교는 얼굴이 칼로 난자당한 전사의 시체를 발견했다. 그는 목사였다. 그의 주머니에서 설교문을 발견했는데, 그것은 처음부터 끝까지 『요한묵시록』의 예언에 대한 장황한 해설이었다. 묵시록을 인용한 이 텍스트는 루이 14세 시대의 프랑스는 피를 많이 흘린 다음 1705년에 가서야 국왕의 칙령을 통해 무더기로 프로테스탄티즘에 가담할 것이며, 위그노에게 용서를 구할 것이라고 예고했다.[51]

그러나 전쟁은 여전히 지속되었으며, 예언도 마찬가지였다. 이제 예언 날짜를 늦출 뿐이었다. 1703년 이후 엘리 마리옹은 히스테리 발작

48) Misson, éd. 1847, 175쪽; 이 같은 환상은 『요한묵시록』 4장과 14장에서 영감을 받은 것이다.

49) 로제르.

50) Devic, 1872~92, XIII, 753쪽.

51) Devic, 1872~92, XIV, col. 168에서 1683년.

중에, 그리고 여섯 살과 여덟 살짜리 아이들은 바빌론의 몰락을 예언했는데, 어떤 사람은 1706년이라고 했고, 어떤 사람은 1707년이나 1708년이라고 했다.[52)]

발작적이고 예언적인 히스테리

묵시록이 전부는 아니었다. 물론 박해와 가난에서 싹튼 카미자르 반란이 쥐리외 같은 사람의 지복천년설에 고무되었음은 분명하다. 그러나 그것은 또 다른 요소의 개입이 없었더라면 불가능했을 것이다. 그 요소란, 20세기에 이르기까지도 억압당한 민중의 사회 종교적 운동 속에 빈번히 나타나던 것으로,[53)] 영감을 받은 사람들의 발작적이고 예언적인 히스테리가 바로 그것이다.[54)] 『세벤의 신성한 무대』를 열심히 읽은 미슐레는 이 점을 지적했다. 그리고 1920년대에 샤를 보스는 자기 시대의 지나치게 무미건조한 합리주의적 역사학에 반발했는데 이는 정당한 일이었다. 미간행 자료의 발굴자요, 미슐레의 직관을 연장해준 보스는 보르헤스의 말을 확인해준다. 지식은 때로는 환상적인 것의 가장 근대적인 형태다.

장차 카미자르들의 지도자가 될 영감받은 사람들의 운동은 열여섯 살짜리 양치기 소녀에게서 시작되었다. 소(도피네 지방) 출신의 이자벨 뱅상은 잠을 자면서도 말을 했는데, 위그노들에게 신앙을 버리지 말 것을 권고했다. 가톨릭 역사가인 브뤼에스에 따르면[55)] 이자보는 감옥에 갇혀서도 "새장에 갇히면 더 이상 노래 부르지 않는 새처럼 하지 않았다." 반대로 그녀는 전보다 더 영감(靈感)을 재잘거렸다.

---

52) Dubois, 1861, 74, 91, 106쪽과 여러 곳에서 인용된 텍스트.

53) Lanternari, 1962, 25, 26, 37, 57, 58쪽과 여러 곳.

54) 카미자르의 히스테리에 대한 구절은 상당 부분 조르주 드브뢰와 나눈 대화에서 나온 것이다. 인류학자이며 정신분석가인 드브뢰는 많은 정보와 해석을 나에게 제공해주었는데, 이것들이 없었더라면 나는 1702년의 반란의 기이하고 결정적인 측면을 이해할 수 없었을 것이다. 또한 Bost, 1912; Gagg, 1961.

55) Misson, éd. 1847, 39쪽에 인용된 Brueys; 또한 Jurieu, 1689.

어쨌든 어린 양치기 소녀의 구금은 너무 늦은 일이었다. 1688년 여름부터 이자보를 모방하는 사람들이 나타났다. 어린 예언자들, 잠꼬대 예언가들이 전염병처럼 마구 일어나 '매혹적인 천상의 악'을 퍼뜨렸다. 그들 가운데 젊은 농민 가브리엘 아스티에가 있었다. 그는 비바레 지방의 위그노 지역인 '야만적이고 가난한'[56] 론 강의 랑그도크 연안에 '광신'을 전파했다.

이자보는 정신착란 중에도 겉으로 보기에는 조용했다. 그러나 가브리엘 아스티에는 샤르코*식의 연속적인 단계의 발작 스타일을 비바레에 퍼뜨렸다. 혼절, 그런 다음 경련, 그런 다음 '철막대같이' 굳기, 그리고 마지막으로 참회의 이야기.[57] 각 지방에는 아스티에를 모방하는 사람, 광란적인 집회를 퍼뜨리는 사람들이 넘쳐났다. 위그노 농민들은 '경작을 포기하고', 젊은 예언자들의 발작 모습을 잘 보기 위해 무대를 세웠다. 이러한 집회에서 성적 노출 장면이 연출되었음을 배제할 수 없다.[58] 분개한 비바레의 한 위그노는 "예언자들은 집회 참석자들 앞에서 무례하게도 음란한 행동을 했다"고 브루송에게 썼다.

1688~89년, 이 지역의 발작자들은 오늘날의 종교사회학에서 말하는 일반적인 의미에서의 메시아, 즉 해방 영웅을 기다리며 살았다. 1689년 초, 비바레의 한 예언에 따르면, 그 메시아는 천사가 찾아가 머리카락으로 잡아서 십만 명의 군대와 함께 프랑스에 데려와야 할 오렌지 공**이었다(반대로, 가톨릭교도들은 이 공公을 너무 무서워해서 예수회 학교 학생들은 그의 죽음——허위의——소식이 들리자 악마로 변장하고 그의 시신 초상肖像을 끌고 다니며 깨부쉈다[59]).

---

56) Mours, 1949, 96쪽에 인용된 Broglie.

* Jean-Martin Charcot(1825~93): 히스테리와 최면에 대한 연구로 신경병리학 연구의 발전에 기여했다. 근위측성 측면 경화증을 샤르코 병이라고 부른다.

57) 이 모든 것에 대해서는 Mours, 1949, 291쪽 이하.

58) Bost, 1912, II, 520쪽에 인용된 텍스트.

** 1688년 명예혁명으로 잉글랜드의 왕이 된 오렌지공 윌리엄(오란예공 빌렘).

59) Bost, 1912, I, 387쪽, 주 2); 1925, 422쪽.

이 첫 번째 예언의 불길은 불행하게 끝났다. 억압받는 사람들의 예언자들이 그랬듯이(옷소매로 총알을 막던 토마스 뮌처처럼, 그리고 이와는 다른 맥락에서, 유럽인들의 총탄에서 자기의 추종자들을 보호해주던 콩고의 마술사 에피킬리피킬리처럼) 비바레 지방의 영감받은 사람들은 눈처럼 하얗고 손가락처럼 작은 천사들의 보호를 받기 때문에 안전하다고 믿었다. 그뿐만 아니라 이들은 폭력적이지 않았다. 이들은 "타르타르, 사탄아, 물러가라"라고 외치면서 군인들의 총 앞에서 옷을 벗어젖혔으며, 그 때문에 수천 명이 모인 세르 드 라 살 집회(1689년 2월 19일)에서는 300명이 죽었다.[60)]

이러한 대학살 이후에도 랑그도크에서의 예언은 수그러들지 않았다. 다만 그것은 소규모 비밀 예배에서만 이루어지면서, 10년 동안의 잠복기에 들어갔다.

두 번째 불길인 카미자르의 불길은 1700년 여름에 시작되었다. 그것은 예언적인 비바레 지방에서 잿속의 불씨처럼 있다가, 발(Vals) 부근에서 이자보 도피낭슈*와 피눈물 흘리는 마리 라 부아퇴즈**의 영감으로 타올랐다.[61)] 여기에서부터, 그리고 이것은 중요한 사실인데, 전염병은 처음으로 세벤 지방과 바-랑그도크 같은 남부로 퍼져갔다. 바냐스의 무식한 농민 다니엘 라우는 비밀 집회들에서 예언적인 광신을 위제스 교구에 전파했다(1701년 초). 발레라르그에서는 십일조 문제를 해결하기 위해 들어온 사제들에 대항하여 히스테릭한 장면들이 벌어졌다(1701년 5월 22일). 그러고 나서 여름에는 가르동 계곡이 전염되었다. 가을이 되자 이번에는 세벤 지방의 고지인 로제르가 운동의 중심지가 되었다. 역설적이게도, 바빌이 뚫은 왕국 도로——진압하기 위해, 그리고 포병부

60) Lanternari, 1962, 22쪽; Mours, 1949, 295쪽; Bost, 1925, 405쪽; Cohn, 1962, 259쪽.

* 도피네 지방 출신이라는 뜻.

** 절름발이라는 뜻.

61) Mours, 1949, 312쪽에 있는 텍스트.

대의 이동을 위해——는 발과 위제스 지방의 영감받은 사람들의 '문화적' 영향을 이 투박한 산간 지방에까지 한층 쉽게 전파시켰다.[62)]

카미자르 봉기의 핵심 역할을 하게 될 랑그도크의 발작자들은 마침내 자기들의 보루를 찾았다. 그리고 많은 증언은 그들의 행동을 설명해준다. 이 증언들은 출처가 독립적임에도 서로 일치한다. 카미자르의 친구들은 1707년부터 『세벤의 신성한 무대』에서 최초의 이야기를 시작했다.[63)] 지사의 경찰 보고서인 빌라르의 『회상』[64)]은 20세기에 가서야 비로소 고문서보관소에서 발굴되었는데, 비록 적의 진영에서 나온 것이지만, 그리고 이따금은 예언주의에 가장 적극적으로 반대한 사람들이 제공해준 것이지만, 『무대』의 텍스트와 일치하는 기술을 담고 있다.[65)] 이 적들은 항상 광신적인 발작자들을 다루었지 거짓 꾸밈자들은 결코 다루지 않았다.

마지막으로 1931년 출간된 마젤과 마리옹의 『회상』은 처음으로 자전적 증언을 제공해준다.[66)]

10개의 예언 장면 가운데 무작위로 하나를 인용해보자(다음 인용은 『세벤의 신성한 무대』에서 발췌한 것이다). "예언자들은 자기들의 곤두박질에는 신기하고 신적인 무엇이 있다고 말했다. 곤두박질은 마치 열병에 걸린 사람처럼 몸이 떨리고 맥박이 약해지는 것에서 시작했다. 그래서 그런지 그들은 팔다리를 벌리며, 쓰러지기 전에는 여러 차례 하품을 했다. 〔……〕 그들은 손뼉을 치더니 〔……〕 뒤로 벌렁 나자빠졌다. 그들은 눈을 감고 있었으며, 복부는 부풀어올랐다. 그들은 한동안 이런 상태에서 졸고 있었다. 이어 그들은 깜짝 놀라 잠에서 깨면서 입으로 나

62) Bost, 1921, 22쪽과 여러 곳, 그리고 1925; Pin, 1936.

63) Misson, éd. 1847.

64) Villars, 1884.

65) ADH, C 계열, Bost, 1912, 특히 1921과 1925에 출판된 텍스트들; 또한 Mours, 1949 참조.

66) Marion, Mazel, éd. 1931.

오는 모든 말을 지껄였다. 그들은 하늘이 열리는 것을, 천사를, 천국과 지옥을 보았다고 말했다."[67]

다른 텍스트들도 대체로 『세벤의 신성한 무대』의 생생한 묘사와 일치한다. 전체적으로 세 단계로 구분된다. 땅에 쓰러지기, 이따금 끔찍할 정도의 발작이나 몸의 뒤틀림, 마지막으로 악마, 짐승 그리고 거짓 예언자의 제국의 멸망에 대한, 어떤 때는 알아들을 수 없고, 어떤 때는 다소 일관성이 있는 영적 담화. 마리옹은 오랫동안 미간행된 한 텍스트에서 자신의 경우를 이야기했는데, 이러한 징후들의 기술 중에서 가장 상세하다. 그에 따르면, 발작에 앞서 열이 많이 나며, 발작 후에는 몸이 떨린다. 눈이 감기고, 몸이 요동을 친다. 커다란 한숨, 흐느낌, 이어 "몸이 사정없이 흔들린다." 이 모든 것은 한마디 말도 없이 15분 동안에 일어난다. 그러다가 최후의 단계, 예언의 순간이 오면 "영(靈)이 그의 입을 통해 말하기 시작한다." 그러는 동안 온몸이 요동치는데, 불안이 수반된 기이한 움직임이었다.[68]

거짓 꾸밈——그 자체는 병적일지 모른다——이라고 보는 것은 몇 가지 경우를 설명할 수는 있지만 영감받은 자들이 모든 것에 대해 취했던 우호적이거나 적대적인 태도를 완전히 설명하지는 못한다. 왜냐하면 그들은 온갖 징벌에도, 부모들의 설득에도, 권력 당국에 적대하여 '광신적으로 열광'했기 때문이다. 예컨대 에스프리 세기에 같은 사람은 고문 의자에 앉아서까지도 현실에서 벗어나는 비범한 힘을 지니고 있었다.[69]

---

67) Misson, éd. 1847, 34, 35쪽.

68) Dubois, 1861, 27쪽에 인용된 텍스트; Marion, *Mémoires*, éd. 1931, 111쪽 참조. 동일한 유형의 다른 장면들은 Bost, 1925, 417쪽에 인용된 ADH, C 181(경찰 보고서)에 상세하게 기술되어 있다; 같은 책, 410쪽; Misson, éd. 1847, 144~157, 168쪽과 여러 곳; ADH, C 183, Bost, 1921, I, 8쪽에 인용된 텍스트(1702년, 한 영감받은 자의 입김을 쏘인 후 얼마 전에 프로테스탄티즘으로 개종한 과거 가톨릭교도였던 몽타냐크의 농업노동자의 발작); Bost, 1925, 409쪽에 인용된 Villars, *Mémoires*; Bost, 1921, I, 21쪽에 인용된 Gaiffe d'Alès의 필사본.

아주 빈번히 나타난 히스테릭한 징후들은 다음과 같은 발작 과정을 밟았다. 구타와 찌르기에 대한 무감각, 기억상실, 언어 망상, 이상한 언어로 끊임없이 말하기(일상생활에서는 오크어만 쓰던 사람이 영감의 단계에서는 프랑스어로 성경을 암송하거나 성가를 부른다). 이따금 도저히 인간의 소리라고 할 수 없는 괴성도 들렸다. 에스프리 세기에는 퐁-드-몽베르에서 개처럼 짖었으며, 이자보 시페르는 발작 중에 닭이나 개처럼 소리 질렀다.[70] 마지막으로 여러 차례에 확인된 것으로, 히스테리구(球) 증세가 있었다. 예언자 루에르가스는 플레시에 주교(1701년 11월 5일에 그를 심문한)에게, 성령이 자기 몸 안으로 들어오면 배에 돌이 있는 것 같은 느낌이 든다고 대답했다.[71]

어떤 기술들은 20세기의 인류학자들이 수차례 발견한 유명한 북극 히스테리를 언급했다. 한 비밀 집회 참석자는 마치 간질에 걸린 것처럼 60센티미터 정도 쌓인 눈 위에 쓰러졌다. 그런 다음, 그는 눈을 감고 설교와 예언을 시작했다.[72]

이런 장면들 가운데 어떤 것은 감옥 안에서 한 명의 간수나 한 명의 재판관, 나아가 고문자들이 지켜보는 가운데 외따로 진행되었다.

그러나 대부분 이런 장면들은 완전히 공개적이고 극적인 성격을 띠었으며, 비밀 의식 참석자들의 리듬과 박자에 맞춰졌다. 이들은 서로 껴안고, 흐느끼고, 숨을 헐떡이고, 몸부림치고, 울부짖고, 신음하고, 가슴을 쳤는데, 그것은 전체적으로 보면 일종의 사바트*였다. 예언자는 예언자대로 발작을 했으며 입 한쪽에 거품을 문 채 종말이 다가온다고 선언했다.[73] 이런 장면을 지켜본 합리적인 빌라르는 놀라서 탄식했다. "내가

---

69) Bost, 1921, II, 19쪽.

70) 이 같은 징후에 대한 기술은 Dubois, 1861의 텍스트; Pin, 1936, 79쪽과 여러 곳; 바울로, 『고린토인들에게 보낸 첫 번째 편지』, 14.

71) Bost, 1921, I, 30쪽에 인용된 Fléchier.

72) Dubois, 1861에 인용된 텍스트. Gussow, 1960과 비교하라.

* sabbat: 마녀 집회.

73) Bost, 1921, I, 8쪽에 인용된 ADH, C 181.

미친 자들과 함께 있군!"

영감받은 자들 가운데에는 선천적인 정신박약아, 천치도 물론 있었다. 『세벤의 신성한 무대』는 세벤의 목동인 '불쌍한 바보' 피에르 베르나르의 발작에 대해 기술했다. 그는 "죽은 듯이 쓰러졌으며", 그런 다음 마치 어떤 힘센 사람이 뒤흔드는 것처럼 몸이 심하게 요동치고, 들어올려지고, 펄쩍펄쩍 뛰었다. 마침내 베르나르는 죄의식에 사로잡혀서, "그는 죄악 때문에 이렇게 고통을 당하고 있다고 말하기 위해" 입을 열었다. 그는 오크어 사용자인데도 마치 성경을 다 외운 사람처럼 프랑스어로 성경 구절을 암송했다.

피에르 베르나르 외에도, 1860년부터 세벤의 예언자들을 연구한 알프레드 뒤부아 목사는 네 명의 또 다른 정신박약아들이 영감받은 사람들이 되었으며, 그들 가운데 '한 명의 천치는 대(大)설교자가 되었음'을 확인해준다.[74]

그러나 지엽적인 사례일 뿐이다. 이름이 확인된 거의 100여 명의 영감받은 카미자르들 가운데 저능아 또는 유사 저능아가 있다는 사실이 의미가 없지는 않지만 결정적이지는 못하다. 그리고 사실 100여 명의 사람들 가운데에는 정신 상태가 정상이지만 단지 일시적으로 착란 증세에 빠진 사람들이 있었다. 장 카발리에가 그런 사람이었다.

소농 출신으로 반도의 지도자가 되었으며, 빌라르의 심문을 받은 장 카발리에는 사실 영감을 받고 발작을 일으킨 사람이었다. 나중에 그는 정상적인 심리적 · 사회적 그리고 성적 생활로 되돌아왔다. 그는 팽페트의 정부(情夫), 제르세* 관구 사령관이 되었으며 볼테르와 대화했다. 자신의 『회상』에서 그는 자신의 신경증에 대해서는 말하지 않았고, 자기의 예언자 시절에 대해서는 신중하게 언급을 회피한 반면, 자신을 양심의 자유라는 정당한 명분을 지닌 옛 전사(戰士)로만 소개함으로써(이는

74) Dubois, 1861, 30, 57, 71, 72쪽과 여러 곳.
* Jersey: 오늘날 프랑스 노르망디 서쪽에 있는 영국령 섬들.

옳지만, 부분적으로만 옳다) 자신이 겪었던 반란을 합리화했다.[75)]

그러나 많은 증인이 그에 대해 이야기했다. 그들에 따르면, 12세 때 그는 자기 형제들을 해방시키는 꿈을 꾸었는데, 영감받은 자로서의 삶은 그때 결정되었다. 클로드 아르나상, 엘리 마리옹, 팽페트의 어머니 그리고 『신성한 무대』는 제각각 카미자르 전쟁 중에 일어난 카발리에의 엑스터시에 대해 말했다. '심한 요동'이 침대를 흔들면서 그를 들어올리고 뒤흔든 다음, 영(靈)이 들어와 어떠어떠한 전투를 벌이고 배신자인 라 살을 죽이라는 등 그에게 행동과 전쟁 지침을 부과했다. 빌라르 자신도 카발리에가 루이 14세와 협상하도록 데려가기 위해 카발리에의 환상을 이용했다. 한 목소리가 카발리에에게 "너는 국왕에게 이야기하라"라고 말했던 것이다.[76)]

카발리에만 '하나님께 미친 사람'은 아니었다. 반대로 그는 1700년경의 젊은 위그노 세대를 대표하는 전형적인 사례였다.[77)] 그리고 그는 죄지은 배교자인 아버지들에 맞서 배신당한 자식들의 수호자가 되기를 주저하지 않았다. 실제로, 젊은 반도(叛徒, 한편으로 그는 자기 어머니에게 부드러운 애정을 드러냈다)는 자신은 "사람들을 이끌어 우리 아버지들이 불행하게도 비겁하게 포기한 법의 명분을 수호하도록 신의 은총에 의해 소임받았다"고 선언했다.[78)] 양모를 손질하고 돼지를 거세하다가 나중에 세벤의 투사로 변신한 롤랑은 '우리의 아버지들의 비겁함'을 놓고 긍휼의 신에게 마찬가지의 독설을 퍼부었다.[79)] 이 매우 젊은 사람들,

---

75) Cavalier, éd. 1918. 그의 『회상』에는 적그리스도에 대한 언급이 몇 구절 나오지 않지만(17, 42, 43쪽) 예언주의에 대해 언급한 곳은 한 군데도 없다.

76) 카발리에의 영감받은 자로서의 삶에 대해서는 특히 Bost, 1925, 409, 410쪽에 인용된 텍스트; Misson, éd. 1847, 149쪽; Marion, éd. 1931, 181쪽의 리스트. 또한 Alméras, 1960, 87쪽을 보라. 어린 카발리에의 꿈은 소위 말하는 해방과 구원의 환각의 전형적인 경우다.

77) Chabrol, 1961.

78) (1703년 7월 18일), Devic, 1872~92, XIV, col. 1766; Cohn, 1962, 76쪽, Besançon, 1964, 244쪽과 비교하라.

이따금은 소년들——이들의 아직은 연약하고 미숙한 성격은 히스테리 증세에 빠지기 쉬웠다——의 격렬한 오이디푸스적 갈등은 이러한 상황에서 하나의 신성한 정당성을 끌어냈다.

이 젊은 예언자들은 몇 명이나 되었을까? 가톨릭 연대기 작가인 브뤼에스는, 분명 과장했겠지만, 1688~89년 비바레와 도피네에는 수백 명, 심지어 수천 명의 영감받은 자들이 있었다고 말했다.[80] 그 자신이 발작을 일으켰던 엘리 마리옹은 『회상』에서 기억을 더듬어 두 개의 리스트를 제시했다. 우선 그는 1700~1704년대의 세벤이나 바-랑그도크의 영감받은 자 14명을 열거했다. 그들은 대부분 농촌 마을의 서민 출신으로서 농민이나 장인이었다. 그들은 양모 소모공(7명), 농업노동자(2명), 제빵공, 돼지 거세자, 직조공, 소[牛]감시인, 벽돌공이었다. 진짜 부르주아나 지식인은 없었으며 귀족도 없었다. 그리고 이들 14명 가운데 마젤, 롤랑, 카발리에 같은 카미자르의 주요 지도자가 있었다.[81]

또 마리옹은 80명의 명단(그에 따르면 불완전한)을 제공했다. 남자 63명(앞에서 언급한 14명의 영감받은 자들을 포함), 여자 17명으로 구성된 이들은 "전쟁 당시 선교 능력을 부여받았다." 주요 카미자르들 가운데(마리옹은 이들 가운데 단지 5명의 '숨결'받지 못한 사람의 이름을 들고 있다) 마리옹이 '영감받지 못한 자'라고 말한 사람들은 아무도 이들 성령의 은총을 받은 80명 가운데 들어 있지 않다. 그러므로 진짜 예언자들은 모두 대략 100여 명이었을 것이다. 바로 이 집단 속에서 군사 지도자들을 뽑았는데, 기본적으로 그들의 영감 때문이었다. 왜냐하면

---

79) (1702년 12월 15일), Devic, 같은 책, col. 1625; Marion, éd. 1931, 179쪽. 영감받은 자인 롤랑의 두 번째 직업(돼지 거세하는 사람)은, 이러한 종류의 사건에서 여러 차례 되풀이되는 환각을 생각해볼 때, 심리적으로 흥미롭다. 이 책, 제2권, 138쪽, 주 9), 464쪽 참조; 그리고 Shelley, *Œdipus Tyrannus*에 나오는 암퇘지 거세자 모세(Moses)와 비교하라.

80) Misson, éd. 1847, 133쪽에 인용된 Brueys.

81) Marion, éd. 1931, 181쪽. 마리옹은 영감받은 여자들에 대해 덧붙이기를, "기억이 다 나지 않지만, 우리가 거명할 수 있는 수보다 훨씬 더 많았다."

처음에 "이 지도자들은 전쟁에 대해 아무것도 몰랐기"[82] 때문이다. 그들에게 무슨 전투를 치를 것인지, 어디에 보초를 세울 것인지, 어떤 사제를 죽여야 하는지 등에 대해 아버지처럼 알려준 것은 성령이었다.

이 점에서 우리는 카미자르와 근대 앵글로색슨 프로테스탄티즘의 형제들——17세기의 묵시록적인 머글톤, 퀘이커와 쉐이커 같은 경련파——사이의 본질적인 차이를 지적해낼 수 있다.[83] 이들은 주로 비폭력적이고 평화주의적이었던 데 반해, 세벤의 '경련파'와 발작파들은 반대로 평화가 아니라 전쟁을 가져왔다.

이러한 전투적 성향이 즉시 감지된 것은 아니었다. 1688년부터 1701년까지, 이자보 뱅상에서 다니엘 라우에 이르기까지의 오랜 기간을 박해받던 위그노파 농민들의 개인적 또는 집단적 히스테리 발작은 엄청난 마조히스트적인 죄의식을 동반했다(이러한 사실은 나중의 관찰과 전혀 모순되지 않는다). 이러한 발작을 지배했던 것은 죄의식, 1685년의 집단적 배교에 대한 후회, 가슴을 에는 듯한 회한의 감정 등이었다. 1701년 위제스와 가르동 계곡을 돌아다니던 어린이 예언자들은 울부짖는 군중 속에서 "자비를! 자비를! 참회하시오!"라고 외쳤다.[84]

이어 1701~1702년부터는 새로운 경향이 나타났다. 1702년 1월 16일, 퐁-드-몽베르의 형장에서 프랑수아즈 브레스는 자신의 박해자인 수도원장 셸라에게 다음 차례는 그가 될 것이라고 선언했다.[85] 4개월 뒤, 그리고 오랜만에 처음으로, 1702년 5월 8일과 19일에 열린 오트-세벤 비밀 집회에서 왕 자신이 개인적으로 비난받았으며, 예언자-설교자인 망다구는 최초의 전쟁 구호를 외쳤다. "교회를 쳐부숴라! 가톨릭교도를 모두 죽여라!"[86]

---

82) Misson, éd. 1847, 122쪽; Bénédict, 1960, 229~231쪽과 비교하라.

83) Léonard, 1961, vol. II; Lanternari, 1962, 138, 139쪽과 주 46).

84) Bost, 1921, 1925; Pin, 1936, 여러 곳 그리고 특히 32쪽(삼림감시원 봉봉누의 죄의식).

85) Ducasse, 1962, 63쪽; Alméras, 1960.

역사가들은, 다른 폭력에 반격하는 위그노들의 실제적인 폭력의 사이클이 셸라의 학살, 바빌의 표현을 빌리면 '셸라 수도원장에 대한 혐오스러운 사건'에서부터 시작하는 것으로 보는데, 이것은 정당하다.[87] 그리고 오랫동안 사람들은 범죄와 징벌 사이에 일종의 등치 관계를 세우는 것으로 만족했다. 수도원장은 아마 고문을 가했을 것이며, 분명히 사형을 선고했다, 수도원장은 자기 차례가 되어 죽은 것이다. 이는 공정하지는 않더라도 적어도 합리적이고 논리적이다⋯⋯ 눈에는 눈, 이에는 이, 카미자르에 대한 최근의 한 역사가가 기이하게 기술했듯이, "그것은 지혜롭고 온건한 법인 탈리옹의 법이었다." 이 역사가는 이 같은 '생각'을 뒷받침하려고 오라두르*와 우라늄**을 언급했다.[88]

이러한 '상업적인' 등치 관계가 완전히 그른 것은 아니다. 그것은 어떤 사람들은 만족시킬 수 있다. 그러나 그것은 전쟁 초기 행위에 내포된 열정적이고 비합리적인, 인간적인 측면을 빈약하게 만든다. 사제 암살을 준비하고 집행하는 데 발작적이고 몽환적이기도 한 믿을 수 없는 상황과 정신착란의 폭발이 어떠했는지 이해하려면 살인 주모자인 마젤의 『회상』을 읽어보아야 한다.[89]

마젤은 1677년 생-장-뒤-가르 지방의 위그노 농민의 아들로 태어났다. 그의 어머니는 오트-세벤 태생이었다. 1701년 10월, 그는 영감받은 사람 카브리가 그의 마을 가까이에서 연 집회에서 최초로 영감을 받았다. 1702년 봄 아니면 초여름, 그는 꿈을 꾸었다. 살찐 검은 소들이 채소밭의 배추를 마구 뜯어먹는 것이었다. 꿈에서 그는 소들을 몰아냈다. 부르송이나 카발리에 같은 당시의 설교사나 카미자르가 그랬듯이, 마젤

---

86) Bost, 1921, II, 20쪽과 여러 곳에서 인용.

87) Bost, 1921, II, 20쪽에서 인용.

* Oradour: 1944년 7월 독일군은 프랑스의 마을인 오라두르-쉬르-글란에서 한 SS 대위의 죽음에 대한 보복으로 600명이 넘는 남자, 여자, 어린이를 학살했다.

** 원자폭탄.

88) Alméras, 1960, 100쪽.

89) 이하 모든 것(보충적인 참고 문헌 제외)은 Mazel, éd. 1931, 359쪽.

도 꿈을 결정적인 지시로 여겼기 때문에 꿈 해몽에 신경을 썼다. 그리고 며칠 뒤 하나의 영감이 그에게 꿈의 의미를 밝혀주었다. 울타리 쳐진 밭은 예수그리스도의 교회다. 마젤 자신은 하나님의 밭에 침입한 자들을 힘으로 몰아내라고 하나님이 선택한 사람이다. 그러면 이 침입자들, 살찐 검은 소들은 누구인가? 카미자르의 텍스트에서 검은색은 언제나 죄악과 동일시되었다. 꿈속의 소는 기이하게도 악마적인 의미를 가질 수 있었다.[90] 어쨌든 마젤에게는 의심할 여지가 없었다. 쫓아내야 하고 곧 죽여야 할 소, 어쨌든 독신자 또는 거세된 자라는 '소'의 본분으로 돌려보내야 할 소는, 그가 분명히 말했듯이, 가톨릭 사제였다. 이 꿈에서부터 총과 칼에 의한 사제 사냥이 개시되었다. 그 이후 진행이 그것을 잘 보여준다.

마젤은 몇 달 전 바르-데-세벤 근처 숲속으로 숨어 들어간 일단의 예언자들에 합류했다. 그들 가운데에는 이가 빠지고 깡마른 검은 피부의 소모 직공 에스프리 세기에가 있었다. 그는 영웅적이었으며 신경쇠약증에 걸린 인물이었다. 젊은 시절에 그는 소녀 강간죄로 처벌을 받았다.[91] 그는 감옥살이 시절 고문대 위에서도 '온갖 형태의 광신'을 보였다. 화형을 언도받자 그는 "나의 영혼은 녹음과 샘의 정원이다"라고 선언했다. 화형대 위에서 그는 형리가 절반 이상 잘라버린 손을 이빨로 물어뜯어 냈다.[92]

부제스 산의 집회에서 만난 바로 이 사람들 속에서 마젤은 결정적인

90) 프로테스탄트 변호사 캉볼리브가 1680년경에 기술했으며 Bost, 1921, I, 60쪽에 인용된 몽펠리에에서의 꿈. 죄악이 '검게 나타나는 것'에 대해서는 Dubois, 1861에 인용된 텍스트.

91) Louvreleuil, 1704, I, 35쪽.

92) Bost, 1921, II, 19쪽; Alméras, 1960과 Ducasse, 1962. 격렬한 보상 시도가 드러나는 에스프리 세기에의 성격 속에는 깊은 열등의식이 들어 있는 것 같다. 그의 페도필리,* 영웅적 행동, 그러면서도 자신의 형벌에 덧붙인 비정상적으로 마조히스트적인 행동 등이 이 점을 말해준다.

* 어린아이에게 성욕을 느끼는 성향.

발작을 체험했다. 셀라 사건은 여기에서 비롯되었다. 마젤의 기술에 따르면, 1702년 7월 22일, "영(靈)이 아주 무섭게 나를 덮쳤다. 그 영은 내 온몸을 뒤흔들었으며 그것을 바라보던 사람들의 마음에 두려움과 전율을 일으켰다. [……] 드디어 나의 입이 열리면서 상당히 긴 연설을 했다"(이 경우는 완전한 정신분열이다. 마젤의 입은 정상적인 입의 사용자와는 독립적으로, 20세기의 몇몇 영감받은 자들의 표현을 빌려 말하면, 마치 '하나님의 상자'처럼 작동했다).[93] 이 연설에 따르면, 성령은 셀라 수도원장이 지키던 "퐁-드-몽베르에 갇혀 있는 우리의 형제들을 구해내라고 명했다."

이에 농민들의 합류로 불어난 예언자들의 부대는 마젤의 환상을 따라 수도원장의 집을 공격하러 떠났다. 마젤과 세기에의 연속적인 영감을 통해 나타난 '성령'은 행군과 공격, 전투 개시뿐만 아니라 살해에 대한 최종적 결정까지, 시작부터 끝까지 세밀하게 명했다(1702년 7월 23일).

이 피비린내 나는 원정은 잘 알려지지는 않았지만 많은 것을 시사해주는 에피소드로 끝을 맺었다. 예언자들의 부대는, 마젤에 따르면, "내 입으로 전해진 또 다른 명령을 집행하기 위해" 1702년 7월 27일 생-탕드레-드-랑시즈에 도착했다. 마젤의 병사들은 사제 부아소나드를 죽였고, 교회 안에 보관된 흉측한 인형들(우상들, 성상들)을 파괴했으며, 생-탕드레에서 교사(教師)를 하고 있던 파랑이라는 다른 사제에게 상처를 입혔다.[94]

---

93) Kardiner, 1939에 인용된 R. Linton.

94) Mazel, éd. 1931; Bost, 1921, II, 15, 16쪽에 인용된 Rampon(『회상』), Mingaud(『세벤의 폭동』, 10쪽); Louvreleuil, 1704, 45쪽("그들은 그에게 오리게네스의 수치스러운 수술을 했는데, 그는 9일 만에 죽었다"). 우리가 보기에 마젤은 거세 환각의 실현에서 아쟁의 여인들보다 훨씬 더했다; 아쟁의 여인들은 시체에 대해 전적으로 상징적인 절단을 할 뿐이었다(이 책, 제2권, 282쪽); 반면 몽상가인 마젤은 살아 있는 사람에게 손을 댔다. 그렇지만 아쟁에서 뒤 페리에의 두 형제가 죽은 것(1635)과 생-탕드레-드-랑시즈에서 두 사제가 죽은 것(1702)은 분명한 유사성이 있다. 두 경우 모두, 살인자들은 그들이 남

어떤 '상처'였을까? 마젤은 그것에 대해서 말하지 않았다. 그 사건에 가담한 또 다른 영감받은 자 랑퐁 역시 조금 늦게 출간된 회고록에서 그리 명확하게 말하지 않았다. 그는 봉기자들이 두 사제의 내연의 처를 찾아낼 수 있었다면 그녀를 죽였을 것이라고 간단히 기록했을 뿐이다. 그러나 가톨릭 연대기 작가들은 그처럼 점잔을 빼거나 그 같은 의미 있는 언급을 회피할 이유가 없었다. 그들 가운데 이웃 마을의 사제인 맹고(파랑을 외과의사에게 보낸)와 루브를뢰유는 분명히 말했다. 사제 부아소나드는 죽음을 당하면서 귀와 코가 잘렸고, 교사—사제인 파랑은 거세를 당했으며 이 때문에 9일 뒤에 죽었다.

이러한 것이 전쟁을 촉발시킨 에피소드였다. 꿈, 발작적인 정신착란,[95] 살해, 거세. 이러한 연쇄는 마젤이 자기의 꿈대로 하기 위해서, 환희의 정원에서 사제들을 추방하기 위해서 무슨 짓이든 할 각오가 되어 있었음을 보여준다. 당시 그와 그의 동료들은 자기들의 강박관념이 이끄는 대로 몸을 맡기고 있었다. 그리고 그들은 전쟁 기간 내내 그 길을 고집했다. 그들은 발작적인 영감을 사용하여 전쟁을 이끌어갔는데, 성공적이지 않았던 것은 아니었다. 종종 이 같은 발작에는 신명재판(神明裁判)*이나 불에 달군 돌 위를 맨발로 걸어가기 같은 기적이 동반되었다.[96]

이 같은 충동들은 대부분 비합리적인 동기에 속하는 것이다. 비합리

자이건 여자이건 먼저 첫 번째 희생자의 시신에다가 여러 가지 의식을 가하면서 "협차 사격을 했다"; 그러고 나서 대담해진 그들은 두 번째 시신에다가 가장 수치스럽고 가장 말도 안 되는 절단을 가했다.

95) "히스테리는 꿈의 연장이다"(Henri Ey 박사, 1948, I, 121~129, 236~250쪽).

* ordalie: 물에 집어넣는다거나 뜨거운 것을 쥐게 하는 등의 방법으로 죄의 유무를 판별하던 재판법.

96) Marion, éd. 1931, 61쪽; 불의 시련을 아무런 손상 없이 지나갔다고 전해지는 카미자르 클라리의 신명재판에 대해서는 Dubois, 1861; Alméras, 1960, 105쪽; Chabrol, 1961, 주와 참고 문헌, 411, 412쪽; 성경에 나오는 큰 화덕 속의 세 명의 헤브라이인과 비교하라; Ibn Batoutah, 번역판, 1854, vol. I, 5쪽.

적인 동기는 예언적인 히스테리에 대한 설명이 필요할 것이다. 그리고 극단적인 경우, 가장 광적인 또는 신경증이 가장 심한 예언자들에 대해서는 무의식에 대한 분석이 요구될 것이다. 매우 어려운 분석이다. 카발리에와 마젤은 이미 죽은 사람이기 때문에 역사학자-정신분석학자의 가상의 병상에 와서 누울 수 없다. 단지 우리는 유사한 히스테리('개심 히스테리')에서 일반적으로 발견되는 분명한 특징을 기록할 수 있을 뿐이다. 이러한 특징들 가운데에는 소아증, 연극적 성격, 성적 억압 등이 있다.[97)]

마지막 특징을 좀 부연하면서 이야기를 마치도록 하자. 카미자르들도 그것을 알고 있었다. 그들에 따르면, 젊은 여자 예언자들의 경우, 영감은 처녀일 때에만 들어왔다. 그것은 결혼하면서, 다시 말해 성적 억압 국면이 종식되면서 사라졌다.[98)]

더 일반적으로는 18세기 초 프랑스에서 발생한 두 차례의 발작적 열병이 종교적인 삶에서 성(性) 윤리가 가장 까다롭고 가장 엄격했던 부분, 다시 말해 '가장 내면화되었던' 두 분파에서 일어났음을 주목할 필요가 있다. 하나는 남부 프랑스의 퓨리턴이었던 세벤의 위그노들, 다른 하나는 30년 후, 생-메다르의 발작자들*의 경우에서 보듯 파리의 얀센

97) 히스테리에 대해 이제는 고전적이 된 개념에 따르면, 성적으로 억압된 에너지—의식으로부터 단절된, 그리하여 그것의 발산이 불가능해진—는 근육 기관이나 감각기관 등의 다양한 히스테릭한 징후로 전환, 다시 말해 발산된다는 점만을 기억하자.

98) Pin, 1936, 154쪽.

* les convulsionnaires de Saint-Médard: 1727년, 얀센주의에 부합하는 경건한 삶을 살았던 부제 프랑수아 파리가 죽었다. 파리의 생-메다르 묘지에 있는 이 '성스러운' 사람의 무덤에서 기적이 일어난다는 소문이 퍼져나가자 많은 순례자가 모여들었다. 이들 가운데 어떤 사람은 발작 증세를 보이거나 미래를 예언했으며, 자기들의 마비 증세를 고치기도 했다. 몇몇 사제는 이것을 신이 얀센주의의 편에 있다는 표시로 받아들였다. 결국, 고등법원과 파리 대주교는 국왕 칙령을 통해 공동묘지를 폐쇄했다(1732년 1월). 얀센주의를 지지하던 고등법원 법관들은 추방당했다. 2월에는 다음과 같은 벽보가 공동묘지의 입구에 부착되었다. "국왕은 신이 이곳에서 기적을 행하는 것을 금한다"(De par

주의자들.

납세자들의 반감

카미자르 사건에 대해서는 결국 다양한 해석이 가능하다. 전통적인 해석——양심의 자유를 위한 정당한 투쟁——은 옳지만 그것이 전부는 아니다. 그 해석은 몇몇 본질적인 측면을 어둠 속에 버려두었다.

우리는 다른 연구자들의 뒤를 이어 카미자르 사건의 예언적 성격을 지적한 바 있다. 그러나 훨씬 더 세속적인, 종속적이기는 하지만 무시할 수 없는 다른 요소가 있다. 전통적인 반조세 투쟁, 납세자들의 반감이 바로 그것이다.

위그노파 마을들은 예언가에게 귀를 기울였다. 그러나 그들은 경제 침체로 이미 빈곤해진 시골을 무겁게 짓누르던 인두세라는 저주스러운 신종 세금을 잊지 않았다. 1702년 10월, 세벤 교구의 우두머리인 알레스 주교는 군부 대신(大臣)에게, "그들의 반란에는 종교만큼이나 인두세가 관련되어 있다"고 썼다.[99] 그리고 카발리에의 밀사들이 활동하던 비바레 지방의 위그노파 지역의 사례도 이에 못지않게 설득력이 있다. 이곳에서의 납세 거부 투쟁은 종교적 봉기나 예언적 계시론과 밀접하게 결합되어 있다. 1703년 6월 17일, 몽트르벨 원수는 "당회*의 선동으로 비바레 지방에서 커다란 사건이 벌어질 것"으로 예상했다. 그리고 그는 덧붙였다. "며칠 전부터 사람들의 마음이 크게 동요했음이 분명하다. 〔……〕 비바레 지방의 여러 곳에서는 인두세를 거부하기에 이르렀다."[100]

이 조세 거부 운동의 결과는 작지 않았다. 1703년 랑그도크 지방에서 1기분 인두세는 70퍼센트가 미납되었으며, 위그노 봉기의 마지막 시기

---

le Roi, défense à Dieu de faire miracle en ce lieu).

99) Devic, éd. 1872~92, vol. XIV, col. 1587.

* 개신교.

100) Devic, 1872, coll. 1758. 비바레 지방의 계시주의에 대해서는 이 책, 제2권, 450~452쪽.

인 1705년까지 연체가 어마어마하게 불어났다.[101)]

연표: 1702년 7월, 카미자르들은 셸라 수도원장을 살해했다. 10월, 그들은 새로운 세금을 거부했다. [……] 그리고 11월~12월, 더욱 대담해진 그들은 이제 나름대로의 논리에 따라 십일조를 공격했다. 이에 경악한 세벤의 한 사제가 기록한 바에 따르면, 1702년 마지막 몇 달 동안 "전대미문의 계획만을 이야기하는 소리만 들릴 뿐이었다. 도처에서 수많은 집회가 열렸으며, 장차 성직자들에게 십일조 내는 것을 금했다."[102)]

반조세적이고, 반십일조적이며, 예언적이었던 카미자르 운동은 두려움을 자아냈다. 왜냐하면 그것은 그렇게 모든 부분에 작용함으로써 '광신'에 감염된 위그노들뿐만 아니라 조세에 불만이 있던 가톨릭교도들까지도 망라하는 전반적인 반란으로 변질될 가능성이 있었기 때문이다. 바빌의 머리에서 떠나지 않은 것은 바로 이 같은 적대 세력들의 결합이었다. 1703년 3월 6일에 그는 다음과 같이 썼다.

"그들은 광신으로 민중의 정신을 돌려놓고 [……] 그런 방법을 써서 민중이 나쁜 의도를 가진 자들이 생각해낼 수 있는 온갖 것을 광적으로 실행하도록 하게 하는 수단을 찾아냈다. 광신은 어느 시대에나 국가에 커다란 위협이었으며 커다란 재앙을 초래하고서야 종식되었다. [……] 새로 개종한 자들의 성향이 나쁘다면, 옛 가톨릭교도들의 성향도 보증하기 어렵다. 왜냐하면 이들은 과중한 세금 부담을 지고 있기 때문에 이 운동에 편승하여 세금을 내지 않으려 할 수 있기 때문이다. 벌써 인두세 징수는 지지부진하며 불만의 목소리가 높다. 이 고장 사람들은 일단 동요하면 쉽사리 거기에 빠져든다. 이렇게 볼 때 나는 이 운동이 커져서 많은 사람을 어렵게 만들지 않을까 걱정이다."[103)]

바빌의 불안은 근거가 없지 않았다. 그가 편지를 쓰던 바로 그 순간,

---

101) Lavisse, 1911, VIII, I, 194쪽.

102) Alméras, 1960, 94쪽에 인용된 Louvreleuil.

103) Devic, 1872~92, t. XIV, 1702쪽에 인용된, 바빌이 군부 대신에게 보낸 비밀 서신.

부르리의 수도원장인 기스카르 후작은 루에르그에 있는 자신의 성에서 지사가 그토록 두려워했던 제휴를 실현시키려, 다시 말해 크로캉 봉기를 통해 카미자르 운동을 배가시키려 했던 것이다.[104] 1703년, 온건 가톨릭교도이자 천성적인 음모가였던 기스카르는 왕이 사람과 돈을 지나치게 착취한 나머지 빈곤이 "마지막 단계에 이르렀다"고 판단했다. 가난을 끝내기 위해 그는 "예언을 하고 찬송가를 부르는 수천 명의 여자들"이라고 그 자신 놀라움을 금치 못하면서 기록한 세벤의 봉기를 이용하여, 자기의 고장에서도 봉기를 일으키려 했다.

그래서 기스카르는 카미자르들에게 편지를 썼다. "친애하는 동지 여러분, 여러분이 무기를 들어야 할 큰 이유가 둘 있습니다. 하나는 양심의 자유이고, 다른 하나는 견딜 수 없을 정도로 무거운 세금의 타파입니다." 양심의 자유의 경우, 그는 위그노파들에게 그들의 명분은 얀센주의자들이나 페늘롱의 제자들 같은 다른 박해받는 집단들의 명분과 다르지 않음을 상기시켰다. 1703년 3월 8일 그는 결론지었다.

"우리 모두 자유를 외칩시다. 우리 모두 목청껏 전국 신분회를 요청합시다." 지칠 줄 모르는 그는 이어서 세벤 봉기를 진압하기 위해 강제로 동원된 가톨릭 민병대들에게 (이번에는 자신이 프로테스탄트가 되어) 편지를 썼다. "국왕은 엄청난 세금을 부담하는 불쌍한 농민들인 여러분을 토지 노동에서 빼내 내전으로 몰아넣었습니다.〔……〕 오, 너무 맹목적인 민병대원들이여,〔……〕 우리는 자유 속에서 우리의 하나님을 되찾고 세금을 폐지시키고자 합니다! 친애하는 동지들이여, 이 점을 믿어주십시오." 그리고 그는 그들에게 간단하지만 솔깃한 계획을 제안했다. "우리는 여러분이 그 엄청난 세금을 더 이상 납부하지 않기를 바랍니다. 특히 인두세라는 그 끔찍한 세금을 말입니다."

이어 세벤에서 전투를 벌이고 있던 병사들에게도 편지를 썼다. "친애

---

104) 이 사건에 대해서는 Guiscard, éd. 1849; de Gaujal, 1858, II(1700~1705); Alméras, 1960, 138쪽.

하는 동지들이여, 우리는 수많은 세금에 짓눌려 있습니다." 그리고 장교들, 프랑스 귀족들에게도 편지를 썼다. 기스카르는 종교적 관용과 조세 완화만을 촉구한 것이 아니었다. 미르몽이나 숑베르와 마찬가지로, 그는 이 텍스트에서 자신이 왕태자를 지지하고 있으며, 페늘롱—보비에—생 시몽 집단의 자유주의적 사상과 매우 가깝다는 점을 드러내고 있다. 사실 그는 왕국의 신분들과 단체들의, 고등법원의, 전국 신분회의 특권을 화려하게 회복시킬 것을 요구했다.

기스카르의 대리인인 생-로랑-대구즈(가르)의 신교도 보에통은 카미자르의 지도자 가운데 한 명인 키티나와 회합했다. 카티나와 그의 부하들은 기스카르의 부대를 지원하며, 기스카르 부대는 로데즈에 성대하게 입성하여, 이곳에서 인두세의 폐지를 공식 선언할 것이었다. "이미 혁명이 임박했음을 나는 나의 세계에 선포했다"고 후작은 썼다.

카미자르들은 교회를 파괴하거나 사제들을 학살함으로써 자기들 편에 있는 가톨릭 동맹군을 겁먹게 하지는 않을 것이라고 기스카르에게 약속했다. 그러나 상황은 많이 진행되어 있었다. 루에르그에 도착하자마자 카티나는 자기의 충동을 제어할 수 없었다. 그는 많은 교회를 파괴해버렸다. 그러자 가톨릭교도들은 두려움에 휩싸여 반란에 등을 돌렸다. 혼자가 된 기스카르는 도망치지 않을 수 없었다. 몇 년 후 또 다른 음모가 있은 뒤 그는 영국에서 처형되었다. 미라가 된 그의 시신은 장터에서 런던 시민들에게 전시되었다.[105]

이 같은 실패가 있었지만 반조세 경향은 카미자르 봉기에 지속적으로 나타났다. 1709년, 마젤은 또다시 비바레의 위그노들을 봉기시키려 했다. 그뿐만 아니라 그는 종교 구분 없이 모든 사람을 짓누르고 있는 새로운 세금들에 맞서 공동 보조를 취하자고 가톨릭교도들에게 제안했다.[106]

105) 이 사실은 스위프트가 전해주고 있다(이 정보는 아베롱 도의 기록관리사인 자크 부스케가 알려주었다).

106) Mours, 1949, 319쪽에 인용된 텍스트.

*

구체제의 마지막 농민 전쟁인 세벤 지방의 봉기와 함께 한 시대가 끝났다. 그리고 이 내전은 그에 앞서 일어났던 어떤 내전보다도 그 사회의 고유한 특징을 나름대로 잘 보여주었다. 그 사회는 위기로 빈곤해졌고 낭트 칙령 폐지에 충격을 받은 그러한 사회였다. 그러므로 카미자르 봉기에는 예언적인 신경증과 조세적인 소요(騷擾)가 봉기 자체의 논리와 함께 폭발적으로 혼합되어 있었다.

결론

거대한 농업 사이클

16세기 말 마법사들의 흑마술,* 18세기 초 예언가들의 백마술.** 신비적 내용물의 근본적인 차이가 있지만, 거기에는 어떤 심성적 구조의 유사성이 있다. 오늘날에는 사라진 초자연적인 심성, 불안, 경탄 같은 것은 근대에도 여전히 지속되었던 것이다. 이는 1500년과 1700년 사이에, 사회적 연속성과 거대한 농업 사이클의 단일성이 받쳐준 문화적 연속성이 존재했음을 보여주는 여러 가지 지표 가운데 하나인가?

시대 구분

나는 이 책에서 한 경제와 그것을 에워싸고 있는 사회의 장기적인 움직임을 다양한 층위에서 관찰하려고 노력했다. 대체로는 여전히 전통적인 상태에 머물러 있던 농촌 세계의 모든 것, 예컨대 토대와 상부구조, 물질적인 생활과 문화적인 생활, 사회학적 변화와 집단 심리. 좀더 정확하게 말하면 나는 성장과 쇠퇴가 이어지는 상이한 유형들을, 그것들의 여러 가지 양상 속에서 분석하려 했다. 이러한 유형들의 총합체는 그것들의 연대적 전개——출발, 도약, 성숙, 퇴조——속에서 하나의 단일성

* 악마의 힘을 빌려서 하는 마술.
** 마법을 쓰지 않고 하는 마술.

을 보여주며, 수세기 동안의 체계적이고 거대한 농촌의 변동을 그려준다. 이것은 8세대에 걸쳐 있다.

더 간단히 말하면 15세기 말에서 18세기 초까지 퍼져 있으며, 전체적으로 관찰된 거대한 농업 사이클, 이것이 바로 내 책의 중심 인물이다. 물론 나는 가격 곡선을 통해서 그것을 묘사하고 성격을 파악할 수 있었다. 그러나 더 상세한 것은 토지대장상의 인구와 전체 인구를 연구함으로써, 생산과 경제 활동 지수들을 통해서, 토지 · 재산 · 소득 등의 분포를 연속적으로 도표화함으로써 가능했다.

이 같은 근대의 변동, 주요 경향은, 피에르 자냉이 정당하게 비판한 바 있는 설명할 수 없는 설명력을 가진 추상적이고 물신화된 보편, '관념적인 것'이 아니다. 실제로 다양한 연속 자료와 지수 등 지극히 풍부한 구체적인 문서들은, 운 좋게도, '장기적인 움직임의 요소들과 인자들'을 생산적으로 분리해낼 수 있도록 해주었다. 그것은 장기적 움직임의 내적인 연동(連動), '의미, 양태, 연대'를 드러내주었다.[1]

거대한 변동의 전개에서 여러 국면이 개별화된다.

첫 번째 국면은 최저 수위(출발의 예비 조건들). 사람이 드물었다(왜냐하면 인구는 이전 변동──중세의 변동인 이 변동 역시 11세기에서 14세기까지의 수세기 동안 지속된 거대한 변동이었다──의 말기에 붕괴되었기 때문이다). 황무지, 심지어는 숲마저 또다시 많아졌으며, 유휴 예비지나 자원이 되었다. 이러한 땅들은 성장이 재개되면 활용할 수 있는 것이었다. 토지와 가족은 커다란 영지와 강력한 가계로 재통합되었다. 낮은 수준의 토지 임대료는 차츰 개간자, 경작자, 노동자를 자극하기 시작했다. 식량은 여유가 있었다. 사람들은 잘 먹는 만큼 더 건강했다. 게다가 이들은 한 세기가 넘도록 지속된 엄청난 죽음 이후 점차 그리고 부분적으로 페스트균에 면역되었다. 이 모든 것은 새로운 도약을 위한 '점화'를 준비하는 것이었다.

---

1) Jeannin, 1964, 320쪽과 여러 곳.

두 번째 국면은 도약. 이것은, 이미 볼 수 있었듯이, 내재적 요인의 단순 축적에 의해 기본적으로는 저절로 이루어졌다. 가연(可燃) 재료들이 오랫동안 쌓였으니, 작은 불씨 하나(좋은 수확의 연속, 화폐의 유통 회로에 귀금속의 추가 투입, 새로운 교역망이나 성장 거점 도시의 영향 또는 그저 간단히 평화와 안정의 시기)만으로도 그 같은 조건에서는 사방으로 불길을 번지게 하기에 충분했다.

도약, 즉 빠른 변화는 눈에 보이지 않는 숙성의 시기를 거친 후 1490~1500년 무렵, 지역에 따라서는 매우 급작스러운 방식으로 시작되었다. 인구가 빠른 속력으로 움직이기 시작한 것이다. 반면에 경제는 그다지 올라가지 않았다. 이런 이유로 1530년부터는 하나의 격렬한 모순이 폭발했다. 한편에서는 인구의 역동적 탄력성이, 다른 한편에서는 농업 생산의 완고한 경직성이 나타났다. 서부 유럽의 남부뿐만 아니라 북부에서도[2] 모두 조금씩 확인되는 이 같은 경직성은 기술적 부동성(不動性),[3] 자본의 부족, 창의적이고 혁신적인 정신의 결여 때문이 아니었을까? 아무튼 그것은 내핍과 제한 현상을 초래했다. 실질임금의 하락, 하인들과 일용 노동자들의 빈곤화로 인한 임금의 제한 그리고 영지의 가속적인 세분화로 인한 토지의 제한. 빈곤화는 일종의 임금 '철칙'(鐵則)에서 그리고 그와 동시에 헥타르당 생산성의 향상이 수반되지 않은 토지 분할에서 나왔다. 맬서스와 리카도가 손을 잡은 것이다.

조화롭지 못한 그 같은 불균등 성장은 농업 경영상의 이익 상승에도 불구하고, 대규모의 농업 자본주의를 분비할 수 없었다.

그래서 주민 일인당 평균 총생산을 증가시키는 진정한 성장은 그 같은 환경에서는 여전히 지평선 너머의 상상할 수 없는 목표로 남아 있었다.

당시의 일반 민중이나 유지들이 그런 현실 상황을 알지 못했던 것은

2) Jeannin, 1964, 335쪽.
3) Vilar, 1960.

아니나, 막연히 알았을 뿐이다. 그들의 무감각에 놀랄 필요가 있을까? 아니다. 그들의 무감각은 당시의 정신 상태를 감안하면 놀랄 일이 아니다. 왜냐하면 그 시대의 사람들은 총생산이 아닌 다른 것을 생각하고 있었기 때문이다. 그들 가운데 대표적인 사람들은 목숨을 걸 정도로 교회 문제에 사로잡혀 있었는데, 이는 전통 사회의 가장 전형적이고 뚜렷한 특징 가운데 하나다. 위그노파건 교황파건, 내전의 전사였던 그들은 처참할 정도로 천상의 구원만을 생각하고 있었다. 1560년 이후에 그들은 필사적으로 종교 전쟁에 몸을 던졌다.

아마 신교도들에게 이 같은 신성한 싸움은 교회의 땅, 십일조, 조세 그리고 심지어는 삼신분 위계 등을 부정하는 사회적인 계획을 내포하고 있었을 것이다. 그리고 그 같은 계획을 통해 어렴풋이, 부분적으로 사회적 발전의 결핍을 완화하려 했을 것이다.

그러나 결과는 보잘것이 없었다. 세기말의 사회적 동요는 반조세 투쟁 속으로, 게다가 세계를 변혁시키는 것이 아니라 뒤집어버리는 사바트의 광기 속으로 빠져들고 말았다.

세 번째 국면은 1600년 이후 성숙기. 맬서스적이고 리카도적인 사회적 제동은 진짜 장애물이 되어갔다. 인구학적 시각에서 보면, 생활수준의 저하에 기인한 이유들 때문에 사망률과 출생률이 위험할 정도로 근접했다. 아마도 랑그도크에서(프로방스, 발 드 루아르, 보베, 네덜란드, 잉글랜드 등에서와 마찬가지로) 인구는 1600년 이후에도 지속적으로 증가한 듯하다. 그리고 남부 프랑스도——북부에 있는 많은 대륙 지역이 그랬듯이——아직은 인구 감소를 모면했다. 그렇게 일찍 찾아들었고 장기적이 될 인구 감소는 반대로 1600년부터 카스틸랴 지방과 이탈리아의 일부 지역을 강타하고 있었다.[4]

어쨌든 랑그도크에서 인구 증가 속도의 감소는 1600년 이후에 뚜렷

---

4) 이렇게 유럽의 인구를 비교하는 문제에 대해서는 예컨대 Jeannin, 1964, 325쪽; 그리고 에스파냐에 대해 B. Bennassar가 현재 진행 중인 연구 참조.

하게 감지된다. 프랑수아 1세와 앙리 2세 기간의 인구 곡선은 높은 상승세에 있었다. 그러다가 1570년과 1650년 사이에 곡선은 점차 수평에 가까워졌다.

이전 국면에서 기록되었고 세 번째 국면에서도 지속된 억제와 내핍에다가 기생적인 새로운 현상들이 포개졌다. 현금 임대료(고리대), 토지 임대료(지대), 교회 임대료(십일조), 권리 임대료(세금) 등 제반 형태의 임대료가 이륙하기 시작했다. 임대 수입자들의 정신이 경영자들의 창의성을 눌렀다. 농학자들은 지주의 이익을 옹호하기 시작했다. 어떤 관점에서 보면, 사회는 사회적 부동성(不動性) 속에서 화석화되었다. 이 같은 사회적 부동성이 초래한 마비적인 결과들은 이미 오래전부터 자리잡은 기술적 부동성의 맬서스적 효과를 악화시켰다.[5)]

엄청나게 증가한 조세 징수는, 세 번째 국면에서는, 국력과 국가 위신을 높이려는 시도를 의미했는데, 리슐리외의 정책이 바로 그것이었다. 이전 단계인 팽창 단계가 끝날 무렵 힘이 강화된 국가는 대규모 전쟁을 벌였다. 그 비용은 사회가 감당하기에 너무 높은 수준이었다.

농업 세계의 '성숙'이라고 부를 수 있는, 그러나 뚜렷한 쇠퇴가 이어지는 세 번째 국면은 따라서 근대 경제 성장의 이론가들이 동일한 이름으로 기술한 국면과는 상당히 달랐다. 그 국면은 산업사회의 또는 적어도 가장 혜택받은 사회의 행복한 성숙이 아니었다. 반대로 어려움이 늘어가고 장애물이 축적되어가던 불안과 함정의 시기였다. 다시 말해 총생산은 장기적으로 제자리걸음을 했으며, 이 때문에 인구 증가는 둔화되었고, 자본은 지대로 유출되던 그런 시기였다.

이렇게 놓고 볼 때 우리는 17세기 초부터의 시기에 대해서 '17세기의 위기'나 '국면의 반전' 같은 매우 일반적인 표현을 사용할 수 있을까?

그 같은 표현은 현금 기근, 특히 토착 인구의 궤멸로 일찍부터 타격을 입은 에스파냐 식민지, 남아메리카의 국면에 잘 들어맞으며 카스틸랴와

---

5) Vilar, 1960.

이탈리아에도 유효하다. 마지막으로 이 표현들은 몇 년 뒤 30년 전쟁으로 벼락을 맞은 독일과 가까운 부르고뉴 지방에도 적용된다. 그러나 물론 이 자체로 이미 넓은 지역을 포괄하고 있긴 하지만, 이 같은 지리적 한계를 너머 단순하게 논리를 확대하는 것은 불가능하다. 심지어 '지중해 지역의 국면'이 1620년 무렵에 기울기의 변화가 있었음을 증언해준다고 말할 수도 없다. 일시적이고 격렬한 위기들은 있었다. 순간적이고 급격한 위기들이 있었음은 사실이다. 인구 증가 속도가 둔화되었음(16세기의 마지막 30~40년부터 확인되는)은 분명하다. 세기적인 전반적인 쇠퇴? 그렇지 않다, 아직은 아니다. 왜냐하면 프로방스, 랑그도크, 카탈루냐[6] 같은 리옹 만의 지중해 전역, 타라곤에서 툴롱에 이르는 결코 무시할 수 없는 넓은 지역은 총체적인 국면 반전에서 벗어나 있었기 때문이다. 이렇듯 국면 반전은 극히 남부적인, 반도적인 성격을 지니는 것이어서, 유럽적인 관점에서 보면 거의 주변적인 것이었다.

내해* 가장 북쪽 연안에서는 국면이 진정되고, 제동이 걸리고, 변화되고, '둔해지고'[7] 했으나, 아직 반전되지는 않았다. 피에르 자냉이 1964년에 지적한 '연대적 차이,' '지속적 대조'는 훨씬 남쪽에 있는 경계선을 따라 형성되었다. 이 경계선에 의해 1620년부터 장기적인 침체기로 들어간 에스파냐-식민지와 이탈리아-카스틸랴 국면이 유리된다. 그 경계선의 북쪽 면, 유럽 대륙과 신대륙의 많은 지방에서는, 카탈루냐와 프랑스의 지중해에서부터 북해와 퓨리턴들의 대서양에 이르는 광대한 지역에서는, 한동안 이탈리아인들, 카스틸랴인들, 에스파냐령 아메리카인들을 괴롭혔던 장기적인 쇠퇴라는 질병을 아직 알지 못했다.

어쨌든 랑그도크에서는 생산이 비록 마비 상태에 빠지기는 했지만 붕괴되지는 않았다. 정반대로 1620년 이후에 포도재배 같은 몇몇 분야는 오히려 그런대로 활황을 보였다. 인구 증가도 매우 더디기는 했지만 그

6) Baehrel, 1961; Vilar, 1962, 626쪽.

* 지중해.

7) Romano, 1964, 36쪽.

래도 지속되었다. 그리고 많은 부류의 임대인들은 부유해졌으며, 그리하여 위신, 경건, 세력을 높이기 위한 지출, 즉 성(城)과 교회 등에 대한 과시적 소비를 증가시켰다.

아마도 16세기의 '경쾌한 상승'은 끝난 것으로 보인다. 사회적 · 인구적 성숙과 경화(硬化)의 징후들이 늘어났다. 그리고 바로 이 점에서 카스틸랴나 이탈리아의 훨씬 더 심각한 경화증과 유사한 것을 찾을 수 있다. 그러나 단지 이 점에서뿐이다. 왜냐하면 국지적인 사례들을 별도로 하면, 총생산과 인구는 대체로 양호했기 때문이다.

세 번째 국면에서 랑그도크의 드라마는 쇠락이 아니라 단지 농업 생산의 경직성, 비탄력성이었다. 다시 말하면 쇠퇴가 아니라 뚜렷한 성장의 부재였다. 리슐리외와 마자랭 시대에 총생산이 크게 늘어났다고 상상——이는 편리한 허구요, 훨씬 호의적인 가정이다——해보자. 그렇다면 그것은 지속적인 인구 증가, 거듭된 토지 분할, 임대자들의 늘어난 징수 등을 어렵지 않게 (생활수준에 타격을 입히지 않은 채) 지탱해주었을 것이다. 또한 그것은 대신(大臣) 추기경들의 야심과 대규모 전쟁들을 나폴레옹 시대의 환희를 가지고 재정 지원해주었을 것이다.

그러나 상황은 전혀 그렇게 전개되지 않았다. 프랑수아 1세에서 프롱드 난에 이르는 매우 오랜 기간에 총농업 생산은 미미한 증가세를 보였을 뿐 실제로는 제자리걸음을 했다. 여기에서 많은 불행이 비롯되었다. 비록 국면이 '반전'되지는 않았다 하더라도, 비록 가혹한 역사의 비극적인 사건인 이 같은 완전한 '반전'은 사실상 훨씬 뒤에 가서, 즉 내가 '역류'라고 명명한 거대한 농업 사이클의 마지막 국면에 가서야 개입하지만 말이다.

콜베르 시대에 이 같은 생산의 경직성은 한동안 나타나지 않았던 것 같다. 총생산은 증가하여 10년이나 15년 동안 세기(世紀)적인 천장을 돌파했다. 불행하게도 포도생산——평시(平時)에 이 지방에서 가장 수익성이 높았던——은 이 짧은 성장기에 늘어나지 않았을 뿐만 아니라 심지어 떨어지기까지 했다. 이러한 대조는 의미가 있어 보인다. 왜냐하면 콜베르 시대의 사회는 총생산의 부분적이고 불안정한 상승을 받아들이고 지속시키기 위한 물질적이고 정신적인 준비가 되어 있지 않았기 때문이다. 생산 증가에서 자동적으로 생겨난 공급의 증가는 가격이 한창 무너지고 있을 때 일어났다. 그리고 생산 증가는 그 붕괴를 더 심화시키는 데 기여했다.

경작의 수익성은 1665~70년부터 줄어들기 시작했다. 그러다가 최종적으로 생산은 소토지 경작자와 커다란 농장의 농민들에게 동시에 타격을 준 1680년대의 재앙 속에서 붕괴되었다.

이제 우리는 네 번째 국면인 장기적인 역류 시기 속으로 들어섰다. 농업 총생산은 하락세로 돌아섰다. 그렇지만 그리 심하게 떨어지지는 않았다. 기본적으로 그것은 푸케와 콜베르 시대에 기록된 일시적 증가를 무력화시키는 정도에 그쳤다. 다시 말해 16세기와 17세기의 전반기에는 넘어설 수 없었던 비탄력적이고 침체된 수준, 그 원래 수준으로 되돌아간 정도였다.

루이 14세 치세 말기에 루이 13세, 앙리 2세 더 나아가 프랑수아 1세 시대로 돌아간 것은 농민 사회를 의기소침하게 만드는 결과를 초래했다. 오랫동안 그러니까 1650년까지 이 같은 낮은 생산 수준은 인구 증가와 토지 분할의 계속적인 진행──점점 느려지고 어려워지는──과 양립할 수 있었다. 심지어 그것은 점점 더 무거워진 지대나 각종 세금과도 양립할 수 있었다. 조금 노력하고 절약하면 사회는 그런대로 '수지 균형을 맞출 수' 있었다. 그리고 1650년 이후(1655년과 75년 사이) 생산의 일시적인 증가는 농촌 사회에 새로운 유예기간을 부여했다. 이 같은 인구 증가, 토지 분할, 각종 징수 등의 지속이 좀더 오랫동안 가능해졌다.

그러나 1675~80년부터 위축된 생산으로의 복귀로 말미암아 결국 하나의 사회적 조정, 일종의 불행한 합리화가 불가피해졌다. 어느 영역에서 그랬을까? 총생산의 침체에 직면해서 '권력'이 조세 부담을 줄인다는 것은 고위 정치권의 논리로 볼 때는 생각할 수 없는 일이었다. 정반대였다. 세금 징수는 모든 경제 논리에 반(反)해, 그러나 냉혹한 관료제의 성실한 봉사를 받은 태양왕의 거대한 구상과 일치하여 세기말에도 늘어났다.

그러므로 조정과 재정립은 다른 방향에서 일어났다. 공적인 징수 대신 우선 사적인 징수가 약간 경감되었다. 지대는 세기말에 실질가치상으로 뚜렷이 줄어들었다.

사회적 조정의 큰 희생자는 인구였다. 총생산의 감소, 세기적인 '현상유지'(statu quo)로 복귀하는 것에 대해 사회는 가장 거친 해결책으로 대응했다. 사회는 부양할 입, 고용할 팔의 수를 줄였던 것이다. 사회는 마취도 하지 않은 채 인구의 일부를 스스로 잘라냈으며, 450그램의 살을 넘겨주었다. 사실 1680년 이후에 미미하나마 일체의 인구 증가가 막혀버렸다. 바로 이것이 아주 중요한 사실이요 참으로 새로운 사건이다. 인구는 지난 두 세기 이래 처음으로 장기적인 감소의 길에 들어선 것이다. 인구 감소를 촉발시킨 것은 중부 지방이나 북부 지방보다 덜 심각했던 기근의 반복이라기보다는 실업과 빈곤, 고질적인 영양 부족, 질병의 온상이 된 낮은 생활수준, 빈곤 계급의 나쁜 위생 상태였으며, 매우 부수적으로는 인구 이주, 만혼(晩婚) 또는 심지어 일부 산아제한 등이었다.

당연한 귀결로 소토지 경작농들의 쇠락은 빈민층 인구의 퇴조를 동반했다. 르네상스 이래 맹위를 떨친 토지 분할이 마침내 멈추었다. 토지 통합자들에게 유리한 집중화 국면이 시작되었다.

지금의 상황은—17세기의 전반기에서처럼—전에는 매우 활발했던 국면이 단순한 진정기에 접어든 것이 아니었다. 1675~80년 이후의 상황은 인구와 토지대장에 가장 뚜렷이 나타나듯이 국면의 완전한 전도(顚倒)였다. 인구 증가와 토지 분할 국면은 1500년 이래 거의 두 세기가량 진행되었다. 그것은 16세기 대부분 극도로 활발했으며, 17세기부터는 성숙, 경화(硬化), 피로 증세를 분명히 보여주었다. 1680년에 그것은 마침내 사라지고, 정반대의 움직임에 자리를 내주었다. 바로 이것이 완벽한 특징을 띠고 있는 국면 반전인 것이다(적어도 프랑스 남부 지방의 경우에는 그러한데, 다른 지역에서는 연표가 다를 것이다). 이것은 역사가들이 17세기의 헐떡이는 유럽 도처에서 그 정확한 시점을 찾으려 애썼던 '결정적인 단절' 바로 그것이었다.

기술의 막다른 골목과 문화적 장애물

나는 이 책의 처음부터 끝까지, 특히 '역류'——성장의 정지, 구(舊) 사회의 위축——에 할애한 제5장에서 상세한 연대표를 작성함으로써 결정적인 요인, 사실상의 책임 소재를 밝히려 했다. 이 같은 관점에서 적어도 하나의 관계가 확실하게 나타났다. 사회의 기술적인 허약성, 생산성 향상에서의 부실, 생산을 지속적이고 결정적으로 증가시키지 못한 무능, 바로 이러한 것들이 천장을 만들어냈던 것이고, 이 천장에 인구와 농민 보유 소토지의 거의 두 세기에 걸친 성장이 마지막에 가서 부딪치고 만 것이다.

당시 상황은 피에르 빌라르가 1960년에 스톡홀름에서 언급했던 상황, 다시 말해 '성장과 쇠퇴의 과정'이 여전히 '인구 팽창과 자원의 한계 사이의 게임'의 지배를 받던, '기술 향상이 완만하던 전(前)산업사회'였다.[8] 1500년에서 1700년까지 거대한 농업 사이클의 처음부터 끝까지 이 게임을 주도한 것은 총생산이었지만 매우 수동적이었으며, 그나마도 경향적 무기력의 단순한 무게에 의해서였다. 바로 이 총생산이 점차 아래쪽으로 휘면서, 최종적으로는 인구 곡선을 하향으로 휘게 만들었다. 이렇게 탄도탄처럼 포물선을 그리는 인구 곡선의 궤적은 총생산이 사회에 제동을 건다는 사실을 완벽하게 보여준다.[9] 두 번째 국면에서 빈곤화 현상을 야기한 것도 총생산이었으며, 세 번째 국면에서 각종 세금 압력(생산이 역동적으로 이루어지면 반대로 힘차게 견뎌낼 수 있었을)을 무겁게 만든 것도 지지부진한 총생산이었다. 마지막으로 네 번째 국면에서는

8) Vilar, 1960, 51쪽.

9) Gr. 6.

총생산이 일시적으로 올라간 후 다시 떨어짐으로써, 다시 말해 무기력증을 되찾음으로써 인구, 토지, 경작 등의 최종적인 쇠퇴가 일어났다.

이러한 결말은 당연한 귀결이었다. 생산과 인구 사이에 나타난 맬서스의 가위는 무한정 벌어질 수 없었던 것이다.

상황이 이러한데 17세기의 불안과 최종적 위기를 '화폐 기근'으로 돌리는 고전적 설명을 거부해야 할까? 그럴 수 없다. 비록 한물갔다고는 해도, 화폐수량론은 그렇게 약식 처벌할 만한 것이 아니다. 그러나 화폐수량론은 한동안 누렸던 절대적으로 중요한 역할을 더 이상 수행할 수 없다. 그것은 더 폭넓고 더 유연한 단일 설명 체계 속으로 통합되어야 한다.

유럽의 경제, 인구, 사회가, 랑그도크의 그것들과 마찬가지로, 16세기 내내 경쾌하게 상승하다가 천장에 부딪힌 다음 17세기 중에 떨어진 것은 아메리카의 식민 개척자들이 양질의 귀금속 광맥을 다 걷어내고, 코르디에르의 광산 프롤레타리아들을 소진시켰기 때문만이 아니었다. 물론 화폐가 막다른 골목에 도달한 것은 사실이다. 그러나 그것만이 팽창에 제동을 건 것은 아니었다. 그것은 막다른 골목에 도달한 구조적인 총체의 일부였다. 예컨대 토지의 막다른 골목──쉽게 높은 수확을 올릴 수 있는 좋은 토지의 부족. 그리고 근본적으로는──앞의 것 뒤에 숨어 있는 것인데──중요한 장애물을 형성한 기술의 막다른 골목.

이 마지막 부분에서 놀라운 사례가 있다. 1차 자료에 따르면, 랑그도크에서 밀의 평균 수확은 16세기(최초의 데이터)에서 1730~40년에 이르기까지 매우 낮은 수준에서 제자리에 머물러 있었다(1 대 3 내지 1 대 4.5).[10] 그것은 콜베르 시대에만 일시적인 활기를 보여줄 뿐이었다. 그것이 진정으로 이륙하는 것은 1750년부터다. 루이 16세 시대, 프랑스 혁명과 제국 시대의 가장 잘 관리된 영지에서 1 대 5 내지 1 대 8에 도달했다.

---

10) An. 30에 있는 참고 자료와 통계 자료.

바꿔 말하면 사회가 위축되고, 경제가 경화되고 그래서 최종적으로 17세기 말에 원래 수준으로 떨어진 것은 그 경제가 보유량(stock)을 증가시키거나 갱신할 수 없었기 때문이다. 여기서 말하는 보유량 속에 귀금속이 포함되는 것은 물론이다. 또 당연히 한정될 수밖에 없는 양질의 토지 보유량도 이에 포함된다. 그리고 이것 대신 기술 진보의 '보유량'은 16세기와 17세기에 얼마나 보잘것없었나! 이미 세웠던 가정을 진전시켜보자. 곡물 수확이 1500년에서 1700년 사이에 어느 정도 늘어났다면(18세기에 그랬던 것처럼), 포도나무를 대량으로 지속적으로 심을 수 있었다면(1760년에서 1870년 사이에 거의 중단 없이 그랬던 것처럼), 또는 대규모 관개사업을 했다면(1720년부터 카탈루냐인들이 그랬던 것처럼), 랑그도크 사회는 토지 수입의 단순 상승만으로도 인구 증가, 급속도의 토지 분할, 온갖 종류의 무거워진 부담 등에 대처할 수 있었을 것이다. 토지 분할이 지나쳤고, 세금 부담이 견디기 힘들었던 것은, 그것들이 수백 년 동안 제자리걸음을 했던 생산과 생산성에 부딪혀 으스러졌기 때문이다.

*

사실 그 같은 기술적 부동성(不動性)은 온갖 종류의 문화적 장애물에 둘러싸여 있거나 지지되고 있었다. 1960년, 빌라르는 자원의 '자연적' 한계에 대해 말한 적이 있다. 그러나 이 경우 '자연'은 문화다. 그것은 습속, 생활방식, 망탈리테다. 또한 기술 지식, 가치 체계, 사용 수단, 추구하는 목적 등에 의해 이루어지는 총체다. 팽창을 구부러뜨리고, 제동을 걸고, 최종적으로는 꺾어버리는 이 같은 힘은 엄격한 의미의 경제적 힘만이 아니라 넓은 의미에서의 문화적 힘이며, 심지어 어떤 의미에서는 정신적 힘이다. 특히 정신적인 힘의 크기를 수량화하는 것은 불가능하다. 그러나 그것의 구속력이 존재함은 분명하다.

어느 정도 발전——이 점에 대해서는 다시 언급할 것이다——을 했지만 랑그도크 사회는, 그 사회의 지도적인 엘리트들에게는, 적어도 전체 프랑스 사회만큼이나 여전히 신학적이고 군사적이었다. 그리고 루이 14세 시대에도 프티부르주아의 자식은 귀족의 자식과 마찬가지로 가능하면 우선적으로 군대나 교회에 뜻을 두었다.

가장 재능 있는 사람들에게 영혼의 구원은 기술 개발보다 더 중요했다. 우리가 살고 있는 근본적으로 비종교적인 세계, 실용적이고 '마법 풀린'[11] 세계는 1700년 이전에는, 적어도 일반 대중에게는 아직 상상할 수 없는 것이었다.

예컨대 16세기 사회는 대단한 팽창 일로에 있었지만, 그 사회에서 르네상스 이래 축적된 인간 에너지라는 자본은 경제에 동원되지도, 최소한의 복지를 지키는 데 사용되지도 않았다. 그것은 종교적 싸움이라는 불길 속에서 맹렬하게 소진되고 말았다. 내전 중의 프로테스탄트들은 단지 이차적인 분석에서만 그리고 간접적으로만 몇 가지 사회적인 목표를 제시했으며, 그나마 토지의 재분배, 십일조의 조정 같은 온건한 것들이었다.

1600년 이후 가톨릭의 승리는 '봉건적인'(여기에서 '봉건적인'의 의미는 중세사가들이 말하는 엄밀한 의미의 제도적인 것이 아니라 19세기의 논객들이 이 용어에 부여한 넓은 의미다) 사회의 세력 회복과 불가분적인 관계에 있다.

프로테스탄트 농학자들이나 정치가들의 상대적인 실패는 이 같은 세력 회복을 말해준다. 올리비에 드 세르, 라프마스, 쉴리 등은 각자 나름대로 그리고 때로는 상호 모순적으로 경제적 팽창——농업이나 제조업의——에 관심을 가졌는데, 1600년 이후에는 별다른 주목을 받지 못했다. 국가는 리슐리외와 함께 전쟁을 선택했다. 루이 14세 시대에 국가는 콜베르의 노력에도 불구하고, 영광을 선택했다. 무훈이라는 귀족적 이상, 구원이라는 가톨릭적 이상이 지도자 그룹의 행동을 이끌어갔다.

---

11) Weber, éd. 1963, 70쪽과 여러 곳.

내가 성숙 국면이라고 부른 세 번째 국면에서, 지대의 황금시대는 무기력증에 빠진 생산에서 무거운 세금을 떼어갔다. 그리고 이 시대는 경우에 따라 과시를 지향하기도 하고 안전을 지향하기도 하는 삶의 양식이나 방식 등과 불가분의 관계에 있다. 부르주아지의 관직이나 토지에 대한 욕망, 성직자들의 수도원과 바로크 양식에 대한 투자, 귀족들 또는 귀족 신분을 열망하는 사람들의 방종한 삶이나 군사적인 삶. 이러한 생활 방식들은 어느 정도의 부를 의미하지만, 그러나 그것들이 팽창을 자극하지는 않았다.

네 번째 국면에서 국가 권력이 대다수 엘리트들의 동의 하에 시행한 정책은 어떤 대가를 치르고서라도(필요하다면) 한 사람과 그의 가계의 태양같이 찬란한 영광, 왕국의 호전적이고 영토적인 세력, 그리고 하나의 교회의 절대적 독점을 획득하려 했다. 그러한 정책은 어떤 한 가치체계(우리에게는 터무니없어 보이는)에서 비롯된 완전히 논리적인 것이지만, 위축된 경제의 재건과는 정면으로 배치되는 것이었다. 베르사유와 군대, 사치 예산과 군사 예산은 조세 압력을 가중시켰다. 그리고 그것은 가뜩이나 침체 상태에 있던 총생산을 잘라먹었다.

낭트 칙령 폐지——이러한 총체적인 정책의 또 다른 놀랄 만한 측면——는 랑그도크에서 이 정책을 주도했던 바빌이 종교적인 동시에 정치적인 일원론에 대해 격화된 관심을 가지고 있었음을 보여준다. 랑그도크의 지사에게 있어 신앙의 단일성은 그 자체로 선(善)이었을 뿐만 아니라 매우 기독교적인 왕*에 대한 복종 속에서 프랑스인들을 하나로 만들 수 있다는 커다란 장점을 가지고 있었다.[12)]

그러한 일원론은 주창자들의 허울 좋은 관점에서 보면 어리석은 것이 아니었지만 비용이 많이 드는 것이었다. 그리고 그것은 문화가 하부의 경제에 등을 돌리고 그것을 먹어 치운 훌륭한 사례를 제공한다. 스코빌

* 프랑스 국왕.

12) 이 책, 제2권, 439쪽, 주 16)에 인용된 텍스트.

이 증명했듯이, 낭트 칙령 폐지가 루이 14세 치세 말 프랑스 경제 침체의 일차적인 이유나 중요한 이유는 아닐 것이다.[13] 그러나 위그노들이 많이 있던 남부 지방에 낭트 칙령 폐지가 선포된 1685년은 좋지 않은 시기였다. 경제 쇠퇴가 시작된 1675~80년 직후였기 때문이다. 랑그도크에서, 적어도 프로테스탄트 지역에서, 낭트 칙령 폐지는 기존의 이러한 침체를 가중시켰다. 그것은 세벤 지방과 세벤 아래 지방의 견직물 산업을 일시적이긴 했지만 파국으로 몰아넣었으며, 님 지방의 자본을 해외로 도피케 했다.[14]

당시의 가톨릭교도들은 이러한 불행을 알고 있었다. "종교가 달라진 뒤로 가난이 얼마나 극심해졌는지 모른다"고 공증인 보렐리는 그 주제와 관련된 글의 마지막에 썼다. 그런데도 보렐리는 1685년의 법을 사전에 수용했으며, 사후에 그것을 정당화했다. 왜냐하면 그는 거기에서 '하나님의 은총, 하나님의 기적과 위업'의 최상의 결과를 보았기 때문이다. 그리고 어쨌든 보렐리는 '나쁜 의도를 가진 악마'요 괴물이요 광신도들인 프로테스탄트들은 그러한 슬픈 운명을 받는 것이 마땅하다고 생각했다. 그들의 파산이 연쇄작용을 일으켜 동시대의 가톨릭교도들에게 파급된다 해도 할 수 없는 일이었다. 그것은 어쩔 수 없이 치러야 하는 대가였던 것이다.

그러므로 어떤 관점에서 보면, 그 시대의 책임 있는 사람들은 명철하게 자기들의 역사를 만들어가고 있었으며, 자신들의 불행을 완성시키고 있었다. 쟁점의 문제: 그들 가운데 많은 사람은 종교의 단일성이 어떤 대가를 치르고서라도 이익이나 행복을 지키는 것보다 그 자체로 훨씬 더 가치 있는 것이라고 생각했다.

*

13) Scoville, 1960.
14) Puech, 1884, 233~237쪽에 있는 보렐리의 일지; Duthil, 1908.

마찬가지로 이런저런 억압에 대항해 일어섰던 반도들이 언제나——우리들의 기준에 따르면——완전히 합리적이었고 그리하여 자기들의 고통에 종지부를 찍을 수 있는 행동을 취했던 것은 아니다. 그들이 겪은 고통의 실제적인 이유들은 사회 조직에서 비롯된 훨씬 방대한 것이었지만, 그들은 아주 오랫동안 조세에 대해 저항하는 정도로 그쳤다.

17세기 프랑스에서 권리와 부담의 평등 문제, 인민 대표성 문제 등을 하나의 강령으로[15)]——자기들의 혁명*의 영향을 받은 잉글랜드 망명자들의 직접적인 자극 하에——비교적 분명히 제시한 반란은 단 한 번 있었을 뿐이다. 프롱드 난 기간에 보르도에서 발생한 느릅나무파의 봉기**가 바로 그것이다. 느릅나무파의 대담한 계획은 프롱드 난에 참여한 제후들의 관심을 끌기도 했지만 민중들에게는 지속적인 반향을 불러일으키지 못했다. 그리고 반란을 일으킨 프랑스인들의 의식 속에 앵글로색슨의 정치 사상을 접목시키려는 시도는 수용되지 않았다. 접지는 접붙이려는 나뭇가지 위에서 죽은 것이다. 시기적으로, 철학자들의 활동으로 마침내 영불 해협 건너편에서 정치 강령이 들어올 길이 열린 18세기는 아직 아니었던 것이다. 17세기의 프랑스와 잉글랜드의 문화권은 여전히 대조적이었다. 프롱드 난 이전이건 이후건 이 시기의 프랑스인 반란자에게 특권의 폐지와 선출된 국민의회에 대해 이야기하는 것은, 1850년이나 1900년에 아프리카인들에게 사회주의를 제안하는 것과 별로 다르지 않았다. 그러나 1640년이나 1670년의 프랑스인들에게 조세와 염세에 대해 말해보라. 그러면 그들은 분개할 것이다. 조세는 그들을

---

15) Cousin, 1877, 466쪽에 그 텍스트가 있다.

* 잉글랜드의 청교도 혁명.

** Ormée: 프롱드 난 기간에 보르도에서 일어났던 도시 운동(1651). 이들은 마자랭에 맞서 제후들의 편을 들었으며, 도시 과두정에서 지배권을 행사했다. 이 운동은 혁명적인 성격(사법 절차에 대한 대담한 개혁)을 띤 우호적인 강령을 제시했다. 이들은 "민중의 소리는 하나님의 목소리다"라고 외치며 민주주의적이고 평등주의적인 요구를 제시했다. 국왕군의 도착으로 봉기는 실패했으며 지도자들 가운데 한 명이 처형되었다.

곤경에 빠뜨린 많은 이유 가운데 하나에 불과하지만 말이다.

다른 영역인 종교적 억압의 영역으로 가보자. 세벤인들은 카미자르 봉기가 진행되는 동안, 우리의 아마도 상대적인 기준으로 볼 때, 그러한 반란의 합리성을 보여줄 수 있는 것과는 거리가 멀었다. 그들은 양심의 자유를 제시하거나 프로테스탄트로 개종할 것을 권유하는 정도로 그치지 않았다. 그들은 영감받은 사람들의 발작과 임박한 예수재림설에 기초한 히스테릭한 최면 상태에 휩싸였다. 당시의 프로테스탄트들은 그러한 행동을 높이 평가했으며, 가능하면 모방하려고 했다. 그러나 오늘날 우리의 문화 속에서나, 플레시에*나 바빌 같은 경건한 가톨릭 합리주의자들에게 그러한 행동은 일반적으로 상궤를 벗어난 것이며 신경증적인 것으로 여겨졌다.[16]

*

이런 관점에서 볼 때, 문화적 장애물들에 대한 연구는 아주 멀리――엄밀한 의미의 '문화' 너머――가장 밑바닥 수준인 무의식적인 심리의 수준까지 진행해야 할 것이다. 그토록 널리 퍼졌고 그토록 무시무시했던 실(aiguillette) 의식, 그리고 민중적인 반란과 '동요'가 일어났을 때 나타난 사실들과 몸짓 등은 뚜렷한 특징을 지닌 불안, 충동, 환상 등의 존재를 여러 차례 보여준다.[17] 그러한 것들은 오늘날 우리의 문화에서

* Fléchier: 17세기 프랑스의 설교자.

16) 영감받은 카미자르들을 치료하기 위해 몽펠리에 의과대학이 개입한 것에 대해서는 Ducasse, 1962, 59쪽을 보라.

17) 구체제의 반란, 그리고 여기에 끼어든 '하층 계급'은 알다시피 일련의 중요한 연구 성과를 낳았다. 어떤 연구들은, 그들의 문제 의식에서, 봉기를 직접적이며 심지어는 의식적인 이해관계를 넘어선 어떤 목표와 연결시킨다. 영주적이며 절대주의적인 신분 질서에 대항하는 '객관적인' 투쟁(Porchnev, éd. 1963); 공개적으로 또는 '은밀히' '폭동을 유도했던' 귀족들이나 부르주아들의 음모(Mousnier, 1954, 460쪽; 1958); 묵시록적인 목표(Cohn, 1962). 다

는 비슷한 것을 더 이상 찾아볼 수 없는, 소름 끼칠 정도로 사실적인 상징적인 '언어'로 표현되었다.

더 나아가 카미자르 농민들에 대한 상세한 연구 논문은 발작적인 행동들에서 히스테릭한 '회심'의 징후들을 밝혀주었다.[18] 전통적인 사회의 관습적이고 민속적인 신경증은 오늘날 선진국에서는 사라지는 경향이다.[19] 세벤 지방에서 위그노들의 윤리에 의해 어린 시절부터 주입된 대단히 엄격한 성적 억압의 눈에 보이지 않는 역할이 이러한 징후들을 통해서 나타났다. 다른 지역에서는, 예컨대 랑그도크와 파리에서는 루이 14세 시대와 루이 15세 초기에 점점 그 영향력이 강화된 얀센주의 윤리에 의해 주입되었다.[20]

얀센주의이건 위그노이건, 이 경우, 심층 심리는 사회 구조의 절대적 요구, 더 구체적으로는 옛날의 인구 구조의 기본 상황과 일치한다. 옛날의 인구 구조에서 대부분의 젊은이들에게는 결혼 전에 본능적인 삶의

른 연구자들은 '원초적 반도들'의 동기 가운데 보존 본능과 배고픔의 폭발, 다시 말해 자아의 가장 단순한 성향을 전면에 놓는다(Furet, 1964; Rudé, 1956). 이 풍부하고 다양한 분석들은 상호 배제적이지 않다. 봉기에 대한 우리의 연구는 많은 점에서 그러한 분석들을 확인해주거나 부연해준다. 그러나 우리의 연구는 이러한 합리적인 관점 속에 있는 가장 설명하기 힘든 현상들을 해석하기 위해 가장 일탈적이고 가장 비정상적인 현상들, 초개인적인 동기뿐만 아니라 자아의 하부에 숨어 있는 충동들을 불러들였다. 이 같은 충동들은 개인의 심리 영역 가운데에서 가장 오래되었고 가장 근원적인 영역에서만 나올 수 있다. 일반적으로 이렇게 무의식적인 심리를 고려함으로써만, 근원적인 심리적 하부구조를 끌어들임으로써만, 옛 스타일의 반란 속에서 해소되는 야생적이고 절망적이며 비합리적인 에너지를 설명할 수 있다. 이 같은 반란은 정당함을 증명해주는 목표에 맞춘 폭력적인 수단만이 아니었다. 그것은 또한 오랫동안 억압되어온 분노의 야만적인 표현이었다. 그것의 놀라운 공격성 속에서 그것은 '행동으로 전이'되었다.

18) 이 책, 제2권, 464쪽, 주 97)(이 현상을 정의하기 위해).

19) Linton, 1956; Devereux, 1956, 9, 10쪽과 여러 곳; Bénédict, éd. 1960, 229~233쪽.

20) Lavisse, 1911, VII-2, 6쪽 이하; Appolis, 1951, 1952; Richer, 1885, 866~888쪽.

엄격한 억제를 정당화하는 성적 억압의 긴 기간이 들어 있었다.[21]

우리의 연구가 종지부를 찍을 무렵, 물질적으로 빈궁했고 성적으로는 매우 심하게 억압당했던 전통 사회는, 그 민중 계급에게는 좌절과 드묾이라는 이중적인 사실로 특징지어지는데, 두 사실은 서로에게 상승작용을 일으켰으며 서로에게 조건이 되었다.

*

그러므로 거대한 농업 사이클의 물질적 측면들은 문화적 측면과 불가분의 관계에 있었다. 둘은 서로를 지탱해주고 서로를 강화시켜주었다. 경제는 제자리걸음을 했고, 사회는 얼어붙었고, 인구는 처음의 승리 이후에 다시 떨어졌다. 왜냐하면 사회, 인구, 경제는 진정한 성장을 가능하게 하는 발전적인 기술을 확보하지 못했기 때문이다. 그뿐만 아니라 기술적인 창의성과 사업 경영 정신 등을 자극하고 경제의 '이륙'을 가능하게 할 의식, 윤리, 도덕, 정치, 교육, 개혁적인 정신, 행복에 대한 좀더 자유로운 열망 등을 아직 지니지 못했거나 충분히 지니지——지도적인 그룹과 민중 속에 넓게 퍼지지——못했기 때문이다.

---

21) 오늘날 우리의 문화에서 좀더 길고 더 엄격했던 이 같은 성적 억압 기간이 존재했음은 여러 사실(Goubert, 1960의 연구가, 그리고 랑그도크의 경우에는 Godechot, Moncassin, 1964의 연구가 조명한)에서 밝혀졌다. 예컨대
   a. 보베지에서와 마찬가지로 랑그도크에서도 1730년 이전에는 "피임이 없었거나 대단히 적었다."
   b. 혼전 임신율과 일반적으로 사생아 출생률이 대단히 낮았다(18세기 전 기간에 랑그도크에서는 0.5퍼센트). 만일 혼전 성관계가 자주 행해졌다면 그것은 피임에 대한 무지 때문에 많은 사생아를 출생시켰을 것인데, 사실은 그렇지 않았다.
   c. 지속적인 만혼(晩婚)(1700년에서 89년까지 랑그도크에서, 여자들은 25세, 남자들은 29세): 위 두 조건에 따라 정의된 성적 억압의 기간은 자동적으로 연장되었다.

*

진정한 성장의 씨앗

그러나 그림을 너무 비관적으로 그릴 필요는 없다. 나는 수세기에 걸친 농촌의 변동, 더 간단히 말해서 거대한 농업 사이클에 대해 이야기했다. 이 용어는 편리하지만 오해의 소지를 남겨서는 안 될 것이다. 나의 사고에서 그것은 영겁회귀를 의미하지 않는다. 다시 말해 사회를 팽창기에서 다시 출발점으로, '제로 지점'으로 되돌려보내는 2세기나 3세기에 걸친 단순한 동요는 아니다.

그러한 개념은 터무니없으며, 기지의 사실과도 부합되지 않는다. 사실――진정한 성장이 전염병처럼 번지기 시작한 것은 결코 17세기 말이 아니지만――이 시기부터 랑그도크 사회의 내부에서는 산발적이고 미미하기는 하지만 진정한 성장의 요소들이 나타났다. 그러한 요소들은 마치 작렬하는 미립자들처럼 루이 14세 시대의 어두운 밤하늘에서 반짝였다. 그리고 그것들은 완만하지만 개별적이고 무한한 부유화(富裕化)를 토대로 하는 근대적 형태의 발전을 아직 실현시키지는 못했으나 예고는 했다.

우선 농업 부문에서 그러했다. 포도(포도주와 증류주를 위한)와 생사는 비록 최종적으로는 위기를 맞이하지만 그래도 1700~10년에는 16세기보다 더 넓은 지역에서 재배되었다. 바빌이 인용한 수치와 콩푸아는 그런 사실을 명확히 보여준다.[22] 이 부분에서의 진보는 비록 부분적으로는 후퇴가 없지 않았지만 돌이킬 수 없는 것이었다. 포도재배는 앙리 4세에서 마자랭에 이르는 기간에 두 걸음 전진한 반면, 루이 14세 시대에는 한 걸음 후퇴했다. 그러니 여전히 한 걸음 전진한 셈이다.[23]

이어 또 다른 결정적인 사실은 17세기 말에 이르러 농업 부분은 거의

22) Basville, éd. 1734.

23) Gr. 31.

일방적이었던 지배력을 상실했다는 점이다. 제조업 분야가 발전하기 시작했다. 어려움이 없던 것은 아니었다. 오랫동안 콜베르는 허공에 대고 떠들어댔다. 유능하지만 환심을 살 줄 몰랐던(쥘 페리와 마찬가지로 그에게도 "장미는 안에서 자라고 있었다") 그 대신(大臣)은 랑그도크 신분회의 마음을 좀처럼 사로잡지 못했다. 그러다가 이 근엄한 의회가 대신의 계획——리케 운하, 제조업——에 동의해주었을 때, 그것은 의회에게는 교환 화폐와 같은 것이었다. 의회가 궁정에 양보한 것은 국왕에게서 프로테스탄트들을 박해할 새로운 조치를 얻어내려는 희망에서였다. "나에게 위그노들을 넘기시오. 그러면 나는 운하를 넘길 것이오."

그러나 1670~72년부터 서서히 산업주의 정신의 최초의 씨앗이 현지 사람들에게 퍼지기 시작했다. 이후부터 지방 신분회는 수출용 나사(螺絲) '한 필당 1피스톨'을 기꺼이 지원했다. 랑그도크의 나사 산업 지원은 그렇게 시작되었다. 1685~1700년부터 랑그도크의 나사는 지중해 동부 연안 지방에서 '네덜란드' 제품들과 성공적으로 경쟁을 벌였다. 그리고 최초의 자료 확인이 가능한 1700년 이후 규정 항구인 마르세유를 통한 수출 실적은 늘어나기 시작했다. 1700~1708년에는 매년 나사 1만 300필이 수출되었으나, 1708~15년에는(라이덴의 나사 산업이 최저 수준으로 떨어진 바로 그 시기[24]) 2만 1,800필이 수출되었다. 그리고 이러한 발전은 약간의 동요가 없던 것은 아니지만 수십 년간 계속되었다.[25]

한편 톨파의 명반(明礬, 교황의 명반)에 대한 장 들뤼모의 최근 연구는 이러한 상승 추세를 잘 확인시켜준다. 마르세유를 통한 키비타-베키아*의 명반 수입은 남부 프랑스 특히 랑그도크의 나사 산업의 필요에 대체로 비례했다. 왜냐하면 명반은 나사에 색소를 염착시키는 '매염제'로 쓰였기 때문이다. 1660년에서 90년 사이에 명반 수입은 3천 캉타르로

24) Jeannin, 1964, 330쪽.

25) H.C.M., V, 545쪽; Léon, 1960, 197쪽(수출 현황표).

* 이탈리아의 항구.

고정되었으나, 1689년에서 1720년 사이에는 8천 캉타르로 올라갔다.[26)]

랑그도크의 나사 산업은 다행히 세벤 지방과 프로테스탄트 중심이 아니었는데, 이 점에서 불운을 겪은 생사 산업과는 달랐다. 랑그도크의 나사 산업은 오드 지방과 로데브 지방에서 그리고 가톨릭교도들에게서 발전했다. 그것은 낭트 칙령 폐지로 별로 고통을 겪지 않았으며, 농업 생산이 붕괴된 1680~1715년경에 비약적으로 발전했다. 농업과 나사의 두 곡선은 서로 교차된다. 농업의 쇠퇴는 극히 부분적이긴 하지만 직물 산업이 성장하여 보상을 받는데, 거기에서 부인할 수 없는 성장 요소들을 엿볼 수 있다.

이 책은 농촌의 역사를 다루고 있기 때문에 랑그도크의 산업을 상세히 다룰 수는 없다. 그러려면 별도의 책이 필요할 것이다. 한 가지 말하고 싶은 것은 이러한 대조적인 발전의 예——농업의 쇠퇴는 산업이나 교역 같은 '해양 부분'에서의 성장 조짐을 막지 못했다——는 17세기 말과 18세기 초의 유럽에서 오직 이 지역만의 고유한 사실은 아니었다는 점이다. 프로방스에서도,[27)] 카탈루냐에서도[28)] 또는 거기서 멀리 떨어진 북해나 발트 해 연안에서도 많은 사례를 찾을 수 있다. 사실 1680~1720년, 유럽 대륙의 북부 평야에서는 농촌 경제의 파멸이 아주 괄목할 정도로 진행되었다. 곡물, 아마포, 대마 등의 생산과 교역은 쇠퇴했다.[29)] 같은 시기, 랑그도크에서와 마찬가지로 밀, 포도주 그리고 식용유의 생산과 교역도 마찬가지였다. 그리고 이 같은 공급의 감소는 프랑스의 남부에서와 마찬가지로 유럽의 북부에서도 농산물의 가격 상승을 부추겼고, 투기적이며 불건전하고 주기적인 일련의 전반적인 물가

---

26) Delumeau, 1962, 272쪽(도표).

27) H.C.M., IV, V.

28) Vilar, 1962, 646쪽 이하(17세기 말 바르셀로나의 상업 국면의 호전); 그러나 카탈루냐의 농업 국면은 이 같은 회복의 긍정적인 영향을 받은 것 같지 않다(Nadal, Giralt, 1960); 또한 포르투갈의 경우에는 Jeannin, 1964, 330쪽, 주 1)에 인용된 M. Godinho; Chaunu, 1964, 1180쪽.

29) Jeannin, 1964, 328~339쪽, 표 5, 표 7.

상승으로 이끌었다. 루이 14세 시대 후반기에 곡물 가격을 급등시켰던 암시장의 상승이 바로 그것이었다.

그럼에도 이 같은 거대한 농업 부문의 붕괴는 북유럽 경제의 다른 부문들의 추락을 일으키지 않았다. 영국의 수출 산업은 어느 정도 이 같은 위축을 모면했으며, 농업에 대체로 치명적이었던 1710년대에 오히려 힘차게 재시동을 걸 정도였다.[30] 그러므로 영국의 사례는 넓게 보면 랑그도크의 나사의 사례와 비슷하다.

이렇듯 경제에는, 농촌의 비극에도 불구하고, 산업과 교역의 평형추 같은 일종의 안정장치들이 존재했다. 그러한 장치들은 추락에 제동을 걸거나, 제한적이긴 하지만, 성장하고 있던 부분이었다. 그러한 장치들은 반작용('피드백') 요소들을 구성하며, 중세 말 여러 지역에서 일어났던 전체적이고 연쇄적인 붕괴를 막는 데 일조했다. 그러한 장치들은 미래의 회복——이미 가까이 있는——의 기회를 마련해주었다.

*

문맹의 문제

문화적 장애물에도 불구하고, 세기말의 경제적 · 사회적 쇠퇴에도 불구하고, 지적 분야에서도 돌이킬 수 없는 일이 진행되고 있었다. 그리고 몇몇 발전은 아직 미미하긴 했지만 '돌아올 수 없는 지점'에 이미 도달해 있었다.

결정적 사실이었던 초등교육의 완만한 확산, 이제 이 점을 살펴보자.

17세기, 랑그도크 농민들의 초등교육은 공시적 관점과 통시적 관점에서 살펴볼 수 있다.

공시적 관점, 달리 말하면, 어느 한 시기의 대중 교육에 대한 총체적 도표, 개관. 고전기 프랑스에 대한 이 같은 시간적인 절단(切斷)을, 마지

30) 앞의 책, 표 1과 표 4.

올로는 1877~79년에 통계적으로 수행한 바 있다. 플뢰리와 발마리는 그의 자료를 손질했다. 그리고 그들이 공동 제작한 지도는 1686~90년경 랑그도크의 문자 교육을 가늠할 수 있게, 그리고 그것을 국가 차원의 문자 교육 속에서 살펴볼 수 있게 해주었다.[31] 그 같은 비교는 랑그도크에 별로 유리하지 않았다 우선, 유쾌한 인상을 주지 않는다. 사실 1686~90년 당시, 오늘날의 랑그도크 지방에 속하는 도(道)들은 서부, 남부, 중부 등 대략 오크 지방과 켈트 지방 전역 그리고 오일 지방의 남부 가장자리를 포함하는 가장 낙후된 지역 속에 들어 있다. 이 지역은 19세기까지도 문자화의 진정한 경계선이었던 아브랑슈에서 주네브로 이어지는 경계선의 남쪽에 자리 잡고 있다.

플뢰리의 지도에 따르면, '남녀 통틀어' 랑그도크 농민 가운데 평균 15퍼센트만이 이름을 서명할 줄 알았으며 혼인계약서에 서명할 줄 알았다. 그리고 이 비율은 타른, 오트-가론, 아리에주 같은 가장 낙후된 농촌으로 가면 10퍼센트 미만으로 떨어졌다. 그런데 국가적 평균은 21퍼센트 선이었으며, 북동부(아브랑슈-주네브 경계선 북부)에 있는 개명된 도에서는 낭트 칙령 폐지 이후 대체로 부부의 3분의 1 내지 5분의 2가 서명할 줄 알았다.

랑그도크의 후진성은 랑그도크를 무식쟁이 지역으로 분류하게 만들었다. 그중에도 특히 후진 지역은 1680년경 완전 문맹률이 대체로 90퍼센트를 넘었던 아르모리크*와 리무쟁 같은 고생대 석탄기 지역과 일치한다.

경계선이 고정된 것은 아니지만(대체로 노르망디에서 프랑슈-콩테로 이어진다), 이 경계선으로 프랑스를 두 지역으로 나누는 것은 단지 교육 수준의 차이와 관계 있는 것만이 아니었다. 차이는 단지 지적인 것만이 아니었다. 왜냐하면 그것은 물질 생활의 수준, 농업 체제와 기술,

---

31) Fleury, Valmary, 1957 ; Corvisier, 1964, I, 537쪽(지도들).

* 오늘날의 브르타뉴 지방.

경작 관계, 거주 공간의 조직, 이주, 도로망의 밀도, 물리적 인류학, 심지어는 야만적인 반란에 대한 집단 심리 등에도 영향을 미쳤기 때문이다.[32] 그것은 국가적인 장기지속적 차원에서, 지리적인 차이 속에서 대체로 북동부 지역에 유리하게 지속되었다. 모든 점에서 랑그도크는 이 '바리케이드'의 나쁜 쪽에 있었다.

이제 통시적인 관점에서 보자. 저발전의 여러 가지 지표에도 불구하고, '남부'의 대중들이 언제나 다반사인 문맹 속에 고착되어 있었던 것은 아니다. 17세기부터 이 영역에서 몇몇 발전의 조짐이 나타났다.

대중 교육에 대한 테스트에서 매우 후진적으로 나타났던 랑그도크 지방의 생-퐁스 산간 지역으로 가보자. 이곳에서는 루이 13세와 루이 14세 시대에, 전반적인 몽매주의 가운데에서 몇몇 희미한 불빛이 비치기 시작했다.

이 지방의 한 공증인 사무실에 가보자. 이 사무실은 비교적 큰 마을인 라 살브타에 있다. 나는 이곳에서——비록 공증인들의 고객 가운데에는 교육받은 부르주아들의 비율이 비교적 높았지만——1597~1603년에도 여전히 서명 가운데 38.1퍼센트가 완전 문맹을 의미하는 '표시'로 되어 있음을 확인했다.[33] 이는 지역적인 후진성과 밀접한 관계가 있는 높은 비율이다. 그런데 17세기가 지나는 동안 이 같은 딱한 상황은 매우 더디기는 하지만 그래도 개선되었다. 1667~71년, 동일한 공증인 사무실에서는 단지 30.8퍼센트만이 '표시'로 서명을 했던 것이다. 공증인의 고객 가운데 완전 문맹자는 3분의 1이 안 되었던 것인데 70년 전에는 5분의 2였다.

에로 계곡에 있는 커다란 농촌 본당 사목구인 아니안. 정치위원회(자치 도시위원회에 해당) 자료가 1571년에서 1715년까지 잘 기록되어 있다. 1년에 한두 차례 큰 일이 있을 때마다 모든 위원들(상인, 장인, 농

32) 구체제 시대 프랑스의 인류학과 관계된 이 문제에 대해서는 An. 42에 있는 참고 자료들.

33) An. 41.

민, 이따금 막일꾼까지도)은 장부에 서명을 했다. 농촌 세계에서 가장 가난한 사람들을 대표하는 이 사람들 중에서 교육받은 사람, 문맹자는 다양한 비율로 존재했다.

한 세기 반에 걸친 통시적인 연속 자료상에 이 비율은[34] 어떻게 나타나고 있는가? 1570~1625년경의 출발 지점에서는 농촌의 문맹률이 매우 높았다. 가난한 것은 아니었던 이 '행정관들'은 세 명 가운데 한 명, 심지어는 두 명 가운데 한 명은 완전 문맹이었다. 이들은 표시(십자가, 흙손, 망치)를 서명으로 사용했는데, 이것은 그들이 글을 쓸 줄 몰랐을 뿐만 아니라 이니셜조차 사용할 줄 몰랐음을 의미한다.

1620~30년경 정치위원회 일을 본 세대(이 세대는 1580~1600년경의 혹독한 전쟁과 신성동맹 시기에 아주 어렵게 자란 세대다)는 무지의 모든 기록을 깼다. 그리고 자신의 무모한 반란에서 종종 자치 도시들에 의지했던 몽모랑시는 이 무식자들을 끌어들이는 데 별 어려움을 겪지 않았다.

그와 반대로 1630년부터는 빠른 발전이 이루어졌다. 이것은 거의 지속적이었지만 그럼에도 두 단계로 구분할 수 있다. 1660~70년경, 위원회 위원 가운데 표시로 서명을 한 완전 문맹은 10퍼센트 내지 20퍼센트에 그쳤다. 다음 시기(1670~1710)에 이 비율은 계속 떨어져 실제로는 거의 제로 수준에 도달했다. 그렇다고 해서 마을 전체가, 특별히 여자들, 막일꾼들, 소농민들의 다수가 이제는 읽고 쓰고 계산할 줄 알았다는 것은 아니다. 전혀 그렇지 않았다(마지올로를 보라). 그러나 소수의 프티부르주아, 즉 위원회에 참여한 엘리트 장인들과 농민들 가운데에는 이제 초보적인 글쓰기와 계산을 할 수 있는 문자 해독자들의 비율이 매우 높아졌다.

1685~90년경의 마지올로의 지도들은 이러한 관점과 대립하지 않는다. 물론 '남녀를 함께 계산해보면', 북동 프랑스와 비교해서 엄청난 무

34) An. 41, Gr. 43.

지를 드러낸다. 그러나 남자만을 고려하면, 가르(부분적으로 프로테스탄트이며, 좀더 교육 수준이 높은)는 물론이고 에로조차도 서명을 할 줄 아는 남자 성인의 비율이 그렇게 낮지 않았음을 보여준다.[35]

이 같은 양호한 결과는 프로테스탄트 학교(가르)의 노력뿐만 아니라 가톨릭 지역(대부분의 에로 지역)에서는 성직자들의 끈질긴 활동에서 비롯된 것이다. 사실, 지식의 보급은 기초적인 기독교 교리의 학습과 밀접한 관계가 있다. 그리고 문자 교육과 교리 교육을 담당하는 교사의 임명은 교회 소관이었다.[36]

몽펠리에의 주교들은 사목 순시 중에 마을 학교 순방을 잊지 않았다. 그들은 학교 교사들 걱정을 많이 했다(수업을 제대로 하는가? 얼마나 버는가? 자기들의 의무와 반대로, 빈곤자들에게서 돈을 받지는 않는가? 미사 참례는 잘 하는가? 성가대에서 노래를 하는가?). 그들은 학생들이 가축을 돌보느라 학교에 오지 못하면 안타까워했다.[37] 주교는 세속적인 교육이념이 아니라 주교관과 사목 지팡이를 가지고 초등교육 장학사 역할을 한 셈이다.

세기말, 주교들의 이러한 노력은 결실을 맺었다. 몽펠리에 교구에서의 노력은 콜베르 주교가 주도했다. 그는 얀센주의자였으며, 포르-루아얄식의 초등학교에 열광했고, 그의 아저씨만큼이나 꼼꼼한 사람이었다. 그 덕분에 1704년, 모든 마을에는 1677년에만 해도 없던 교사들이 충원되었다. 정확히 1704년에 37개 마을(4,082가족)의 어린아이 1,887명(이중 1,247명이 남자)이 학교 교육을 받았다. 아이들이 있는 가족이건 없는 가족이건, 평균 두 가족당 한 아이가 학교 교육을 받은 셈이다. 바로 이러한 것이 매우 오래된 학교 교육 통계가 알려주는 바다. 그 비율은 오늘날의 기준과 비교해보면, 특히 낮은 수준의 교육을 보면 초라하다. 그러나 그럼에도 그것은 무시할 수 없는 것이었다.[38]

---

35) Fleury, Valmary, 1957.

36) AC Marsillargues, BB 8, 13-4-1681, 20-7-1681.

37) ADH, G 1160, 1708년, 부아스롱 마을의 사목 순시.

시골에는 여전히 엄청난 무지가 가로놓여 있었다. 그러나 루이 14세 때부터 가톨릭 교회는 위그노파들을 본받아 남부 프랑스의 문화적 후진성 탈피 작업에 나섰다. 여기에는 성직자들의 동기가 관련되어 있었다. 아니안, 심지어는 생-퐁스 지방의 사례들이 보여주듯이, 속도는 느렸지만 결과는 작지 않았다.

이 같은 성과는 1680년과 1720년 사이의 경제적인 침체기에 일어났고 지속되었기 때문에 그만큼 더 괄목할 만하다. 여기에서도 곡선은 교차한다. 총생산의 하강 곡선, 대중 교육의 상승 곡선.

여기에서 문화를 결정한 것은 경제가 아니었다. 왜냐하면 경제가 결정했다면 대중교육은 쇠퇴했을 것이기 때문이다. 반대로 생산이 완전 침체 상태에 빠져 있을 때 장차의, 예컨대 1720년부터 찾아올, 경제 발전, 물질적인 성장의 회복을 예고한 것은 문화였다.

문화는 예고했으며, 심지어 결정했다고까지 말할 수 있다. 다른 요인들과 함께 문화는 1700년부터, 다시 말해 계몽 세기의 초기부터 장차 찾아올 경제 회복의 기초를 다졌으며 제반 조건들을 준비했다. 미미하기는 했지만 초등교육의 확산 역시 벽촌 마을에서까지 경제 주체들의 행동거지를 개선시켰다. 이렇게 해서 16세기 말까지만 해도 아직 문맹 상태에 머물러 있던 대규모 차지농 계급이 17세기 말과 18세기 초에 이르면 대체로 문맹에서 벗어나게 된다. 임대계약서 하단에 기재된 표시나 서명을 비교해보면 그 점을 분명히 알 수 있다.

이제 차지농들은 어느 정도 읽고, 쓰고, 계산할 수 있게 되었다. 그래서 그들은 좀더 나은 조건에서 물건을 판매할 수 있게 되었다. 또는 잘 알고 있듯이, 이제 유능한 경작자는 단지 노련한 생산자일 뿐만 아니라 적절한 시기가 되면 물건을 판매하는 능숙한 판매자가 되어야 했다.

마찬가지로 위기 때문에 큰 해를 입은 귀족이나 성직자 대지주들이

38) 루이 14세 시대 랑그도크에서의 초등교육에 대한 문제들은 An. 41에 있는 통계 자료와 참고 자료.

1690년에서 1720년 사이에 직접 경작을 하거나[39] 자본을 경작에 투자하기로——파산을 각오하고——결정했을 때, 그들은 비슷한 상황 속에서 어쩔 수 없는 형세 때문에 자기 소유 영지의 경작자가 되었던 15세기의 선배들이나 조상들의 '반(反)위기'적인 행동을 무턱대고 반복하는 것으로 그치지 않았다.

왜냐하면 1700년의 지주들은 중세의 조상들과는 달리, 우둔하고 무식한 시골뜨기들만 상대하는 것이 아니었기 때문이다. 기초적인 교육의 제한된 그러나 실질적인 향상 덕분에, 그들은 이미 교육을 받아 경우에 따라서는 프랑스어를 쓸 줄 알거나 세로 더하기 셈을 할 줄 아는 농민들 가운데에서 관리인이나 십장, 경작 책임자들을 충원할 수 있었다. 이 능력 있는 집행자들은 능률적이고 생산적인 협조자였다. 예컨대 1695년에 베지에의 참사회원들에게 관리인으로 고용되었던 콩베스가 그런 사람이었다. 그는 자기 농장의 회계를 정확하게, 그것도 훌륭한 글씨로 기록해놓았다.[40]

행동의 변화

마지막으로 기초교육의 발전은 서민 사회에 이르기까지 심리 형태의 변화, 습속의 전반적인 순화와 긴밀한 관계가 있다. 19세기 말에 알베르 퓌에크 박사는 공증인 고문서뿐만 아니라 1620년에서 1720년 사이 님 초심법원의 형사재판 판결문을 전부 정밀 조사했다. 이 기간의 끝으로 가면서, 님의 의사는——노르망디 지방에 대해 비슷한 연구를 한 부틀레와 쇼뉘처럼——행동의 의미 있는 변화를 발견했다. 범죄 통계에 대한 퓌에크의 인류학적 결론을 보자. "사람들은 불변의 상태에 머물지 않았다. 사람들은 습속을 순화시켰다. 사람들은 화를 덜 내고, 폭력적 수단에 덜 의존하게 되었다." 근대 세계의 중요한 자질인 자제력이 크게

39) An. 36.
40) ADH, G 973, 1692년, 1693년; Chéron, Sarret, 1963, 240쪽 참조.

늘어난 것이다. 라신이 가르 지방의 위제스에 들를 때면 그렇게도 겁냈던 결투, 칼싸움 등은 이 지방에서조차 18세기 초에 이르면 매우 드물었다. 검술 교사들은 1650~60년부터 유행하기 시작한 음악가나 댄스 교사들에게 자리를 내주었다. 전에는 화기 훈련이었으며, 일종의 민속적인 활쏘기인 '파프게 놀이'*는 샤리바리와 방탕의 계기가 되더니 급기야는 폐지되었다. 폼**이나 구기 같은 격렬한 스포츠는 뜸해지고 대신 술집이나 도박장이 붐볐다. 결투나 난투는 내기, 방탕한 놀이, 사기(詐欺) 등에 자리를 양보했다. 일반적으로 공격성이 숨겨지기 시작했다. '강도질에서 도둑질'로 넘어갔다. 그리고 적어도 도시 주변과 다소 개화된 평야 지대에서는 사자가 여우로 변했다. 반면 산간 지방, 특히 루르의 반란자들이 날뛰던 비바레 지방에서는 죽음을 불사한 난투극이 여전히 벌어졌으며, 물리적인 공격이 거리낌 없이 자행되었다.[41]

종교적인 광신이 지배하던 지역, 또는 간단히 말해 종교적 심성이 지배하던 지역에서도 차이는 있지만 동일한 완화 현상을 보여주었다. 세벤에서는 이 같은 '광신'이 여전했다. 그것은 피를 부르는 흥분으로 고양될 수 있었다. 그러나 도시 주변에서는 17세기 말부터 종교적 침투가 현저히 낮아졌다. 존 로크와 바빌은 두 종교에 대해 각각 몽펠리에와 님이 그러했음을 지적했다.[42] 1704~11년, 몽펠리에 인접 마을인 셀뇌브, 쥐비냐크에서 콜베르 주교는 개탄했다. 도시에서 먼 곳, 후미진 농촌에서는 사람들이 꼬박꼬박 미사에 참여하고, 부활절 성체배령을 빠뜨리지

---

* papegay: 중세에는 도시의 부르주아 궁수들이 도시의 수비를 담당했다. 그후 이들의 활쏘기는 점차 군사적인 성격을 상실하고 하나의 오락이나 스포츠로 변했다. 매년 궁수들은 30미터 정도 높이의 장대 위에 나무나 종이로 만든 새(papegay)를 달아놓고 이것을 활로 쏘아 떨어뜨리는 시합을 했다.

** 일종의 테니스.

41) Puech, 1884, 131, 132, 387, 388쪽과 주 XV(권의 마지막); Boutelet, 1962. 랑그도크에서 무기 지참의 연속적인 금지에 대해서는 1666년 12월 8일자 베르뇌이유 공작의 명령을 인용하고 있는 AC Mourèze, CC 5; Bost, 1912, I, 307쪽(1688년의 금지)

42) Locke, éd. 1953, 28쪽; Basville, éd. 1734.

않았으며, 그 지방에 있는 성모마리아의 성소에서 일어난 기적을 믿었기 때문에 그는 만족했다. 그런데 도시 외곽의 이 두 마을은 위그노가 없는데도 이웃 도시에 감염되었는지 대부분의 사람들이 미사를 거르고, 교회 문밖에서 춤을 추었으며, 미사가 진행되는 동안 술집을 채웠던 것이다. 도시의 무관심이 서서히 가장 가까운 농촌 사람들부터 물들이기 시작했다(1772년, 이러한 감염의 결과, 멀리 떨어진 본당에서도 부활절 성체배령 미수행자들이 나타났다). 시골이 도시 때문에 안정을 잃은 것이다.[43]

그러므로 결산의 결과는 대조적이다. 대부분의 사람들, 특히 산간 지방 사람들은 대체로 문맹(예컨대 몇몇 발전에도 불구하고, 생-퐁스 지방), 원시적 폭력(비바레 지방) 또는 신경증적 증세를 보이는 종교적 광신(세벤)의 지배를 받았다. 반면 도시들은, 그리고 도시와 더불어 가까운 평야 지대는 서서히 문맹에서 탈피했으며, 부분적이긴 하지만 차츰 개인적 폭력을 거부했다. 그리고 그 때문에 종교를 버린 것은 아니지만, 그럼에도 종교는 이제 이전과는 달리 더 이상 핵심적인 자리를 차지하지 못했다. 이 다양한 특징들은 아직 뚜렷하게 드러난 것이 아니라 발아 상태의 것이지만, 그럼에도 감정적이라기보다는 지적인, 공격적이라기보다는 계략적인, 신비적이라기보다는 실증적인 새로운 심리 상태의 태동을 의미하는 것이 아닐까? 아무튼 그러한 변화들은 경제사와 무관하지 않다. 교육으로 수가 한층 불어난 지적이고 능란한 사람들, 실용적이고 냉철한 정신을 가진 사람들이 장차 성장을 주도할 것이다.

*

43) '탈기독교화'의 먼 조짐과 관련된 문제에 대한 참고 자료와 텍스트는 An. 45; 보벨(Vovelle)의 토론, 1964.

맬서스는 뒤늦게 왔다

성장이 그렇게 먼 훗날의 일은 아니었다. 1715년에서 20년까지의 5년 동안, 랑그도크에서는 (이웃한 카탈루냐에서와 마찬가지로) 피레네 산맥의 이쪽*에서 1675~80년 이래 지속된 총농업 생산의 장기적인 침체를 마침내 극복했다.[44] 썰물이 희미하게 사라진 것인데, 이로써 수세기에 걸친 파동이 종지부를 찍었다. 전대미문의 징후들이 분명하게 나타났다. 이 징후들은 정상적이고 평범한 성장이나 회복의 특성을 보여주는 정도만이 아니었다. 그것은 세기적인 차원에서의 성장이었다. 또한 우리의 시대와 완전히 무관하지 않은 시대, 새로운 성장의 시대였다. 변화의 힘들——포도재배, 제조업, 영농 능력, 그리고 새로운 정신 자세——은 이제 미미하지만 경제를 흔들 정도로 강력했다. 이러한 힘들로 인해, 그 불가피한 회복은 경제적 · 화폐적 · 인구적 차원의 만회만이 아닌 혁명적인 양상을 부여받았다. 그 양상은 16세기의 빈곤화 과정과는 전혀 다른 것이었다. 뒤틸, C. 블로크, 데르미니 등 과거와 최근의 연구 업적들[45]과 나의 도표들은 계몽시대에 이미 이전 세기의 경제적 정체와는 판이하게 다른 독창적인 성장이 이루어졌음을 알려준다. 이 커다란 변화에 대한 세부적인 연구는 이 책의 연대적 틀을 완전히 벗어날 것이기 때문에 몇 마디만 하기로 하자.

1720년부터 세기말 사이에 농촌 풍경은 활기를 띠었고, 몇몇 생산성은 상승세에 있었다. 포도나무는 지배력을 넓혀갔고, 헥타르당 수입은 증가했다. 옥수수, 개자리, 강낭콩은 휴경지에서 재배되었고, 프랑수아 1세 시대부터 답보 상태에 있던 밀의 생산성은 1750년부터 높아졌다. 단 하나 부족한 것이 있다면 관개였는데, 카탈루냐 사람들이 그것을 많이 이용하던 무렵 랑그도크에서는 거의 이용하지 않았다.

반면 세트의 도로, 운하, 항구는 발전했다. 17세기에는 이 문제들에

---

* 랑그도크 지방.

44) Gr. 23.

45) Duthil, 1911 ; C. Bloch, 1896 ; Dermigny, 1955.

대해 별로 관심이 없던 랑그도크 신분회가 이제부터는 관대한 자금을 대주어 지역 개발을 꾀했다.

직물, 나사, 견직물, 목화, 양말, 석탄, 금속 등 제조업도 로(Law)에서 네케르 시대에 이르는 기간에 발전했다. 피에르 레옹이 발표한 나사 산업 관련 곡선에 따르면 그것은 콜베르주의의 보잘것없는 기록들을 깨고도 남는 거의 지속적인 상승이었다. 주민이 5만 명이었던 님은 세기말에 이르면 프랑스에서 가장 큰 산업 도시 가운데 하나가 된다. 그리고 괴롭힘을 당하긴 마찬가지였지만, 그러나 이제는 중앙 권력으로부터 박해를 덜 받는 프로테스탄트들 특히 세벤 사람들은 앙투안 쿠르의 이성적인 설교 덕분에 광신에서 치유되었다. 이제 그들은 자기들이 과거에 가지고 있었으며 큰 도움이 되는 금욕적인 소명에 따라 사업에 뛰어들 수 있었다.

경제활동 지수, 현물 십일조, 현금 십일조 등은 이제부터 게임의 주도권을 쥔 것은 총생산임을 확인해준다. 농업 생산은 1715~20년대에 가장 먼저 잠에서 깨어났다. 물가보다 먼저, 인구보다 먼저 총생산이 시동을 건 것이다. 그리고 한 세대 동안(1715~45), 총생산과 실질소득(물가보다 훨씬 빠르게 상승한 명목 소득)의 증가로 인해 혜택(대단치는 않지만)을 본 것은, 줄어들고 있거나 정체 상태에 있던 농촌 인구였다. 주민 일인당 총생산이 증가한 것이다.[46)]

1740~50년부터는 인구가 깨어났다.[47)] 인구는 경제의 활력 덕분에, 사회의 풍요 덕분에, 서민들의 미약하긴 하지만 무시할 수 없는 생활수준 향상 덕분에 가사(假死) 상태에서 벗어났다. 다시 말해 사망률의 연속적인 하락에 의해서 그렇게 된 것인데,[48)] 그 같은 하락은 호적대장과 지사의 통계 등에 나타나 있다.

---

46) Gr. 5와 Gr. 23을 비교하라.

47) Gr. 5.

48) 본질적으로는 J. 고드쇼가 증명했듯이, 성인들의 사망률: Godechot, Moncassin, 1964.

인구도 시동을 걸었다. 그러자 한편에서는 인구, 다른 한편에서는 식량과 총생산 사이의 속도 경쟁이 벌어졌다.

이 책에서 그 달리기의 우여곡절을 다 기술할 수는 없다. 단지 도표에 따르면 결과가 분명하다는 점만을 말하도록 하자. 16세기에 농업 생산은 시합에서 완전히 패배했다. 반대로 1750년 이후에는 농업 총생산의 증가가 농촌 인구의 증가와 대등해지든지 이따금 넘어서기도 했다.[49] 평균 생활수준은 여전히 낮은 상태였다. 그러나 맬서스적 유형의 전반적인 빈곤화의 위협은 퇴치되었다.

모든 것이 일치한다. 왜냐하면 임금은, 카탈루냐에서 그랬듯이, 18세기가 지나면서 곡물과 빵의 가격을 따라가든지 아주 서서히 상회하기 때문이다.[50] 여기에서도 발전의 모습은 첫 번째 가격 혁명의 시기의 그것과는 완연히 다르다.

노동자들은 여전히 가난했다. 아마 그들은 자기들의 빈곤을 더 잘 의식했을 것이다. 그러나 빈곤화의 과정은 없어졌다. 그리고 그것 자체가 이미 중요한 사실이었다.

임금의 빈곤화와 마찬가지로 토지의 빈곤화도 제동이 걸렸다. 물론 1750년이나 1770년부터 마을에 따라 조금 일찍 또는 조금 늦게 토지분할이 다시 몰아쳤다. 왜냐하면 일단 증가세로 돌아선 농촌 인구가 요구사항을 제시했기 때문이다. 16세기에서와 마찬가지로, 인구 증가로 불어난 농민들은 토지 재산을 한층 더 많은 상속자들 사이에서 나누고 증발시켜버렸기 때문이다. 토지 분할은 루이 15세 말기에 다시 나타났다. 이 시기에 이르면 1680년에서 1750년까지(대략적인 시기) 계속된 장기적인 토지 집중 국면이 종식되었다. 이 분할 현상은 루이 16세 시기에도 계속되었다. 그것은 약화되지 않은 채 프랑스 혁명을 거쳤으며, 포도나

49) Gr. 5와 Gr. 23을 비교하라.

50) Rascol, 1961의 도표 참조. 이같이 양호한 형태의 임금 추세 덕분에 랑그도크의 발전과 카탈루냐의 발전이 비슷한 양상을 띤다. Vilar, 1962, II, 546~554, 579쪽.

무 뿌리 진드기가 번질 때까지 온갖 체제 하에서 계속되었다. 1770년에서 1870년까지 콩푸아, 타유세 대장, 토지대장, 토지세 대장은 그러한 사실을 입증해준다.

이러한 토지 분할은 16세기의 유사한 분할과 성격이 같아 보인다. 그렇지만 의미는 다르다. 왜냐하면 헥타르당 소득이 증가하고, 포도나무가 루이 15세에서 나폴레옹 3세에 이르는 동안 모든 피나주를 뒤덮은 상황에서, 토지 분할의 의미는 덜 심각해졌기 때문이다. 단위 면적당 이익의 증가는 소유 면적의 감소를 보상했다. 비록 자녀들이 면적으로는 작은 포도밭을 소유했다 하더라도 밀농사를 짓던 그들의 아버지나 조상들보다 반드시 더 가난해진 것은 결코 아니었다.

전체적 인상: 1715~20년 이후, 그러니까 루이 14세 이후의 사회는 더 이상 총생산의 완고한 비탄력성에 제동이 걸린 것도, 봉쇄된 것도, 구부러진 것도 아니었다. 반대로 한 세기가 넘는 기간에(1873년까지) 주로 포도재배에 영향을 미치면서 사회, 인구, 생활수준을 선도한 것은 바로 총생산이었다.

맬서스의 저주는 상황은 완전히 다르지만 오늘날까지도 제3세계의 인구를 지배하듯이, 16세기와 17세기의 랑그도크를 지배했다. 근대에(그리고 아마도 그 이전 시대인 중세에도), 그것은 정복적인 초기 단계 이후 거대한 농업 사이클에 숙명적인 파동의 성격을 띠게 했다. 그러나 이러한 저주들은 18세기에 서서히 사라졌다. 1798년에 맬서스라는 이름을 가진 사람이 그 저주를 공식화하기 이전에 말이다. 맬서스는 전통사회에 대한 명철한 이론가였다. 그러나 그는 과거에 대한 예언자였다. 그는 너무 늦게, 너무 새로운 세계에 태어났던 것이다.

옮긴이의 말

이 책은 에마뉘엘 르 루아 라뒤리(Emmanuel Le Roy Ladurie)가 1960년에 발표한 박사학위 논문을 책으로 펴낸 『랑그도크의 농민들』(*Les Paysans de Languedoc*)을 옮긴 것이다. 번역 대본으로는 1966년에 파리의 무통(Mouton) 출판사에서 나온 제2판을 사용했다. 비록 제2판이긴 하지만, 원래의 학위논문을 전혀 수정하지 않은 상태(주에 새로운 자료를 약간 첨가했을 뿐이다)이기 때문에, 유명한 프랑스의 국가박사학위 논문을 원본 그대로 음미해볼 수 있는 기회가 될 것으로 생각한다.

학위논문은 본논문과 '보충논문' 두 권으로 되어 있는데, 여기에서는 본논문만을 옮겼다. '보충논문'(*Thèse complémentaire*: *T. C.*)은 말 그대로 본논문의 설명을 뒷받침해주는 부록(annexe), 원자료(source), 그래프(graphiques) 등으로 구성되어 있으며 총 288쪽에 달하는 방대한 분량이다. 이 '보충논문'은 이 논문이 계량사의 모델로 평가받고 있는 이유를 눈으로 확인할 수 있도록 해준다. 그러나 이 번역판에서는 '보충논문'까지 번역할 수 없었다. 기술적인 어려움이 없는 것은 아니었지만, 작업 과정이라고 할 수 있는 그래프와 통계자료까지 모두 번역할 필요성을 느끼지 못했기 때문이다. 게다가 르 루아 라뒤리는 본문에서 부록, 원자료, 그래프 등을 상세히 설명해놓고 있기 때문에 본문을 주의 깊게 읽는다면 계량사의 분위기를 충분히 맛볼 수 있다. 본문 설명만으로 만족하지 못하는 전문학자들은 원본을 참고하면 될 것으로 생각한다.

옮긴이들은 번역의 통일성을 기하는 것이 중요하다고 판단하여, 불어불문학을 전공한 조한경이 책 전부를 초벌 번역한 후 역사학을 전공한 김응종이 교정을 보고 옮긴이주를 붙이는 식으로 작업을 진행했다. 그러나 책 내용이 워낙 전문적이고 상세한데다가 프랑스어 이외의 언어를 많이 사용했기 때문에 여러 사람의 도움을 받지 않을 수 없었다. 그중에서도 충남대학교 불어불문과에 재직 중인 프랑수아즈 구리우-손 교수와 그녀의 남편인 손종규 선생은 옮긴이들보다 더 많은 관심과 열정을 가지고 번역을 도와주었다. 이분들의 도움이 없었더라면 옮긴이들은 정확한 번역이라는 의무를 다하지 못했을 것이다. 이 자리를 빌려 이분들께 진심으로 감사드린다.

그렇지만 오역 내지 미숙한 표현들이 있다면 그것은 전적으로 옮긴이들의 책임이다. 옮긴이들은 이후에도 계속 노력하여 미진한 부분을 보완해나갈 것을 약속한다. 아무쪼록 이 책이 일상적인 차원에서 전개된 근대 초 프랑스 남부의 사회경제적인 삶과 문화적인 삶을 이해하는 데 도움이 되기를 기대한다.

2009년 11월
김응종 · 조한경

참고문헌

A

ABEL, W., *Die Wüstungen des ausgehenden Mittelalters*, Stuttgart, 1955.

ADHER, J., "Le Diocèse de Rieux au XVIIIe siècle," *Annales du Midi*, 21, 1909.

AGRIEL, H., "Le Causse de Sauveterre," *B.S.L.G.*, 1919.

L'Agronome ou dictionnaire portatif du cultivateur, Paris, 1764.

AHLMANN, H. W., "The present climatic fluctuation," *The geographical Journal*, 1949.

AIGREFEUILLE, Ch. d', *Histoire de Montpellier* (Montpellier, édition de 1885).

AIMES, A., "Guy de Chauliac," *Monspeliensis Hippocrates*, hiver 1962.

ALBIGNY, P. d', "Les calamités dans le Vivarais," *Revue du Vivarais*, 1912.

ALBIOUSSE, C. d', *Histoire de la ville d'Uzès*, Uzès, 1903.

Album des vins de France, Montpellier, 1937.

ALMÉRAS, Ch., *La révolte des Camisards*, Paris, 1960.

ALPHANDÉRY, P. et DUPRONT A., *La Chrétienté et l'idée de Croisade*, Paris, 1954.

[AMBLARD] "Les notes des Amblard, notaires à Saint-Pons, 1590~65," dans *Rev. d'hist. du dioc. de Montp.*, tome III, 1911~12.

ANATOLE, C., "Conti, Molière et quelques autres," *Communication au congrès occitan de Montpellier*, 1962.

ANGLADE, J., *Les troubadours*, Paris, 1908.

ANGOT, A., "Étude sur les vendanges en France," *Annales du Bureau central météorologique de France*, 1883.

ANGOT, A., "Études sur le climat de la France," *Annales du Bureau central météorologique de France*, 1897-I.

APPOLIS, E., *Manuel des études héraultaises*, Valence, 1943.

______, "Les compoix diocésains en Languedoc," *Cahiers d'Hist. et d'Arch.*, 1946.

______, *Le diocèse civil de Lodève*, Albi, 1951.

______, *Le jansénisme dans le diocèse de Lodève au XVIIIe siècle*, Albi, 1952.

______, *Entre jansénistes et zelanti, le "Tiers parti" catholique au XVIIIe siècle*, Paris, 1960.

ARAKAWA, H. O., "Five centuries of freezing dates of lake Suwa," *Archiv für Met.*, 1955.

ARAKAWA, H., "Climatic change, freezing dates," *Journal of Met.*, 1955, p. 94 et suiv.

______, "Dates of the earliest snow covering for Tokio, 1632," *Quart. Journ. Roy. Met. Soc.*, 1956.

ARIÈS, Ph., *Histoire des populations françaises et de leurs attitudes devant la vie depuis le XVIIIe siècle*, Paris, 1948.

ARMENGAUD, A., *Les populations de l'Est-Aquitain au début de l'époque contemporaine*, Paris, 1961.

ARNAUD, E., *Histoire des protestants du Velay*, Paris, 1888.

ARNOULD, M. A., *Les dénombrements de foyers dans le comté de Hainaut (XIVe~XVIe siècle)*, Bruxelles.

ATGER, E., *Le paludisme dans la région languedocienne autrefois et aujourd'hui, Montpellier*(Thèse méd.), 1931.

AUBENAS, R., "Le contrat d'affrairamentum dans le droit provençal du Moyen Âge," *Rev. d'hist. du Droit*, 1933.

AUDIGIER, P., *Histoire d'Auvergne*, Clermont-Ferrand, 1894.

AUGUSTI (Fra Michel), *Llibre dels secrets de agricultura*, Barcelone, 1617.

AUZIAS, *L'Aquitaine carolingienne*, Toulouse, 1937.

AVENEL, G. d', *Histoire économique de la propriété*, des salaires, des denrées et de tous les prix, Paris, 1894.

AYMARD, A., et AUBOYER J., *L'Orient et la Grèce antique*, Paris, 1953.

AZZI, G., Le climat du blé, Rome, 1927.

B

BAEHREL, R., *Une croissance : la Basse-Provence rurale*, Paris, 1961.

BALANDIER, G., *Afrique ambiguë*, Paris, 1957.

BALDUNG, H., *Hexenbilder*, Stuttgart, éd. 1961.

BALSO, "Le Biterrois," *B.S.L.G*, 1954.

BARATIER, E., *La démographie provençale du XIIIe siècle au XVIe siècle*, Paris, 1961.

BARBUT, G., *Historique de la culture des céréales dans l'Aude*, Carcassonne, 1900.

BARDON, A., *Histoire d'Alès*, 1341~1461, Nîmes, 1896.

______, *L'exploitation du bassin houiller d'Alès sous l'Ancien Régime*, Nîmes, 1898.

BARET (Commandant), "Vente des biens du Clergé au diocèse de Béziers," *Cahiers d'Histoire*, 1934.

BARRIÈRE-FLAVY, C., *La chronique criminelle du Languedoc au XVIIe siècle*, Paris, 1926.

BARRY, J. P., "Cartographie parcellaire de Boissières (Gard)," dans *Atlas de la cartographie parcellaire*, Laboratoire d'écologie du Muséum national d'histoire naturelle, 1952 (exemplaire ronéotypé).

______, "La végétation des garrigues de Nîmes," *L'année biologique*, 1960.

BARRY, J. P. et LE ROY LADURIE E., "Histoire agricole et phytogéographie," *Annales*, 1962.

BARTHES, R., *Mythologies*, Paris, 1957.

BASVILLE, *Mémoires pour servir à l'histoire de Languedoc*, Amsterdam, 1734.

BAULANT, M. et MEUVRET J., *Prix des céréales extraits de la mercuriale de Paris*, Paris, 1960, 1962.

BAUTIER, R. H., "Feux et population à Carpentras," *Annales*, 1959.

BEAUQUIS, A., *Histoire de la soie*, Grenoble, 1910.

BELLAUD-DESSALLES, M., *La Grange-des-Prés et les gouverneurs de Languedoc*, Montpellier, 1917.

BELOCH, J., "Die Bevölkerung Europas zur Zeit der Renaissance," *Z. f. sozial Wissenschaft*, 1900.

BÉNÉDICT, R., *Patterns of culture*, New York, édition 1960.

BÉNÉVENT, E., "Le régime des pluies en Basse-Provence d'après deux périodes successives de trente ans," dans *France méridionale et pays ibériques. Mélanges offerts à Daniel Faucher*, Toulouse, 1948.

[BENJAMIN DE TUDÈLE] *Voyages de Benjamin de Tudèle*, Paris, éd. 1830.

BENNASSAR, B., "En Vieille Castille: ventes de rentes perpétuelles," *Annales*, 1960.

______, "L'alimentation d'une ville espagnole au XVIe siècle," *Annales*, 1961.

BENOIT, F., *La Provence et le Comtat Venaissin*, Paris, 1949.

BÉRAL, P., *Histoire de l'hôpital de la Charité de Montpellier*(1646~82), Montpellier, 1899.

BERCÉ, Y. M., *Recherches sur les soulèvements populaires du Sud-Ouest pendant la guerre de Trente ans*(à paraître).

BERESFORD, M., *The lost villages of England*, New York, Londres, 1954.

BERLIE, P., "La région de Rians," *B.S.L.G.*, 1922.

BERNARD, A., "*Le dry farming* et l'Afrique du Nord," *Annales de géographie*, 1911.

BERNARDY, A., *Euzet, mon pays*, Uzès, 1958.

______, *Remontons la Gardonenque*, Uzès, 1961.

BERTIER DE SAUVIGNY, G. de, *La Restauration*, Paris, 1955.

BESANÇON, A., "Histoire et psychanalyse," *Annales*, 1964.

BÉZARD, Y., *La vie rurale dans le sud de la Région Parisienne de 1450 à 1560*, Paris, 1929.

BIGOT (abbé), *Histoire de Fontès*, Montpellier, 1878.

BILLANGE, M., "La garrigue de Nîmes," *B.S.L.G.*, 1942.

BILLAUT, M., BIROT, P., CAVALIER, D., PÉDELABORDE, P., "Problèmes climatiques sur la bordure nord du monde méditerranéen,"

Annales de géographie, 1956.

BIRABEN, J. N. et HENRY, C., "La mortalité des jeunes enfants dans les pays méditerranéens," *Population*, 1957.

BIROT, P., *La vie rurale pyrénéenne*, Paris, 1937.

BIROT, P. et DRESCH, *La Méditerranée et le Moyen-Orient*, Paris, 1953.

BLANCHARD, M., "Sel et diplomatie," *Annales*, 1960.

BLANCHARD, R., "La limite nord de l'olivier dans les Alpes françaises," *La Géographie*, 1910.

BLANCHARD, R., *Les Alpes occidentales*, Tours, 1938~56.

BLAQUIÈRE, H., "Aspects de l'histoire politique, sociale et économique de Toulouse aux XVIe et XVIIe siècles," *Annales de l'Institut d'études occitanes*, 1960.

BLAZIN, M., "Le Minervois et la commune d'Olonzac," *B.S.L.G.*, 1896.

BLOCH, C., "La viticulture languedocienne avant 1789," *B.S.L.G.*, 19, 1896.

BLOCH, J., *Les Tziganes*, Paris, 1953.

BLOCH, M., *Les caractères originaux de l'histoire rurale française*, 2 vol., Paris, 1931~56.

BOBINSKA, C., MADUROWICZ, H., PODRAZA, A., "L'économie régionale polonaise au XVIIIe siècle," *Annales*, 1963.

BODIN, J., *De la démonomanie des sorciers*, Paris, éditions 1580 et 1587.

BOGUET, H., *Discours des sorciers*, Lyon, 1608.

BOIS, D., *Les plantes alimentaires à travers les âges*, Paris, 1927~37.

BOIS, P., *Paysans de l'Ouest*, Le Mans, 1960.

BOISGUILLEBERT, P. de PESANT de, *Détail de la France*, s. l., 1695.

BOISLISLE, A. M. de, *Correspondance des contrôleurs généraux des finances avec les Intendants des provinces*, Paris, 1864~97.

BOISSELLY, Cl., Calcul ou tariffe sur le débordement des monnaies tant d'or que d'argent advenu au pays de Provence, ans 1590~1591~1592~1593, Aix, 1600.

BOISSONNADE, P., "Colbert, son système, et les entreprises industrielles d'État en Languedoc, 1661~83," *Annales du Midi*, 1902.

______, "Production et commerce des céréales, des vins et eaux-de-vie en

Languedoc, dans la seconde moitié du XVIIe siècle," *Annales du Midi*, 1905.

BOISSONNADE, P., "La restauration et le développement de l'industrie en Languedoc au temps de Colbert," *Annales du Midi*, 1906.

______, "L'industrie languedocienne pendant les soixante premières années du XVIIe siècle," *Annales du Midi*, 1909.

______, *Le socialisme d'État, 1453~1661*, Paris, 1927.

______, "L'essai de restauration des ports en Languedoc au XVIIe siècle," *Annales du Midi*, 1934.

Bon jardinier (Le) *nouvelle encyclopédie horticole*, Paris, 1947.

BONDOIS, P., "La misère sous Louis XIV, la disette de 1662," *R.H.E.S.*, 1924.

BONNIER, G., *Flore complète illustrée en couleurs de France, Suisse et Belgique*, Neuchâtel, Paris, Bruxelles, 1911~34.

BORIES, P., "Contribution à l'étude de la climatologie en France au cours des siècles passés," *Mét.*, 1953, pp. 151~155.

BOST, Ch., *Les prédicants protestants des Cévennes et du Bas-Languedoc*, Paris, 1912.

______, "Les prophètes du Languedoc," *Revue historique*, vol. 136 et 137, 1921.

______, "Les prophètes des Cévennes," *Revue d'histoire et de philosophie religieuse*, 1925.

BOUGES, le R. P., *Histoire ecclésiastique et civile de la ville et diocèse de Carcassonne*, Paris, 1741.

BOURDIEU, Cl., *Sociologie de l'Algérie*, Paris, 1961.

BOUSQUET, J., *En Rouergue à travers le temps*, Rodez, 1961.

BOUSQUET, L., "Les genres de vie dans le Delta des Bouches-du-Rhône," *B.S.L.G.*, 1922.

BOUTELET, B., "La criminalité dans le baillage de Pont-de-l'Arche," *Annales de Normandie*, 1962.

BOUTRUCHE, R., "La dévastation des campagnes pendant la guerre de Cent ans et la reconstruction agricole de la France," *Publication de*

la faculté des lettres de Strasbourg, fasc. 106, 1946.
BOUTRUCHE, R., *La crise d'une société; seigneurs et paysans du Bordelais pendant la guerre de Cent ans*, Paris, édition 1957.
BOZON, P., "La population de la Cévenne vivaroise," *R. G. alp.*, 1958.
______, *La vie rurale en Vivarais*, Valence, 1961.
BRANAS, J., *Éléments de viticulture générale*, Montpellier, 1946.
BRAUDEL, F., *La Méditerranée et le monde méditerranéen à l'époque de Philippe II*, Paris, 1949.
BRAUDEL, F., HÉMARDINQUER, J. J., PHILIPPE, R., "Vie matérielle et comportements biologiques," *Annales*, 1961, pp. 545~574.
BRAUDEL, F. et ROMANO, R., *Navires et marchandises à l'entrée du port de Livourne, 1547~1611*, Paris, 1951.
BRÉMOND, Henri, *Histoire littéraire du sentiment religieux en France*, Paris, 1916~36.
BROOKS, C. E. P., *Climate through the ages*, Londres, 1950.
BRÜCKNER, E., "Klimaschwankungen seit 1700," *Geographische Abhandlungen*, 1890.
BRUN, A., *Recherches historiques sur l'introduction du français dans les provinces du Midi*, Paris, 1923.
BRUN-DURAND, J., *Dictionnaire biographique de la Drôme*, Grenoble, 1901.
BRUTAILS, J. A., *Étude sur la condition des populations rurales en Roussillon au Moyen Âge*, Paris, 1891.
BURCKHARDT, J., *La civilisation en Italie au temps de la Renaissance*, Paris, 1885, 2 vol.
[BUREL] *Mémoires de Jean Burel, bourgeois du Puy*, Le Puy, éd. 1875.

C

CABANE, M., "L'olivier dans le Gard," *B.S.L.G.*, 1942.
[CABROL] "Le livre de notes de Bernard Cabrol, vicaire de Riols à Saint-Pons," publié par J. Sahuc, *Revue d'histoire du diocèse de Montpellier*, t. II, 1910~11.

CABROL, E., *Annales de Villefranche de Rouergue*, Villefranche, 1860.

CALMETTE, J. et VIDAL, P., *Histoire du Roussillon*, Paris, 1923.

CAMBON, P., *La vente des biens nationaux dans les districts de Béziers et Saint-Pons*, Montpellier, 1951.

The Cambridge Economic History of Europe from the Roman Empire, Cambridge, 1942~63.

CAMPS, G., "Aux origines de la Berbérie," *Lybica*, 1960.

CAMPS-FABRER, *Henriette, L'olivier dans l'Afrique romaine*, Alger, 1953.

CANDOLLE, A. de, *Origine des plantes cultivées*, Paris, 1883.

CANTALOUBE, C., *La Réforme vue d'un village cévenol*, Paris, 1951.

______, "Les origines de la Réforme dans les Cévennes," *B.S.H.P.F.*, janvier-mars, 1959.

CANTILLON, R., *Essai sur la nature du commerce en général*, Paris, édition 1952.

CARLES, M., "Le folklore de Saint-Guilhem-le-Désert," *Folklore*, t. VI, 8e année, 1945.

CARON, Cl., *L'antéchrist démasqué*, Tournon, 1581.

CARPENTIER, E., *Orviéto et la peste noire*, Paris, 1962.

CARPENTIER, E. et GLÉNISSON, J., "La démographie française au XIVe siècle," *Annales*, 1962.

CARRIÈRE, V., *Introduction aux études d'histoire ecclésiastique locale*, Paris, 1936.

______, *Cartulaire de l'abbaye de Conques*, publié par G. Desjardins, Paris, 1879.

CASSAN, C., *Les archives municipales d'Aniane*, Montpellier, 1895.

______, *Saint-Guilhem-le-Désert*, Montpellier, 1902.

______, "L'administration communale aux XIVe et XVe siècles dans quelques communautés dépendant de l'abbaye d'Aniane," *Mém. soc. arch.* Montpellier, 1907.

CASTELLAN, G., "Fourrages et bovins dans l'économie rurale de la Restauration: l'exemple du Rhône," *R.H.E.S.*, 1960.

CASTER, G., *Le commerce du pastel à Toulouse*, Toulouse, 1962.

CASTRO, J. de, *Géographie de la Faim*, Paris, 1949.

CAUVET, E., *L'établissement des Espagnols en Septimanie(VIIIe~IXe siècles)*, Montpellier, 1898.

CAVALIER, J., *Mémoires sur la guerre des Cévennes*, Paris, édition 1918.

CAZALET, H., *Valleraugue*, Uzès, 1950.

CAZALIS DE FONDOUCE, P., "Faune historique du Bas-Languedoc," *B.S.L.G.*, 1898.

CHABAUD, F., "L'horizon rural à travers les compoix," *Communication au 33e congrès (1959, Bagnols-sur-Cèze) de la Fédération historique du Languedoc-Roussillon.*

CHABROL, J.P., *Les fous de Dieu*, Paris, 1961.

CHAMSON, A., *Le crime des justes*, Paris, édition 1948.

[CHAPELLE] *Voyage de Chapelle et Bachaumont*, Paris, édition 1861.

CHAPTAL, L., "Les caractères du climat de Montpellier," *B.S.L.G.*, 1928.

CHARRIN, L. de, *Les testaments dans la région de Montpellier*, Montpellier, 1961.

CHAUNU, P. et H., *Séville et l'Atlantique*, Paris, 1955~57.

CHAUNU, P., "Sur le front de l'histoire des prix du XVIe siècle," *Annales*, 1961.

______, "Au XVIIe siècle, rythmes et coupures: à propos de la mercuriale de Paris," *Annales*, 1964.

CHAUVET, M., "Le folklore languedocien," dans *Album des vins de France*, 1937.

______, *Occitanie*, Montpellier, 1955.

CHÉRON, A. et SARRET, G. de, *Coussergues et les Sarret*, Bruxelles, 1963.

CHEVALIER, M., *La vie humaine dans les Pyrénées ariégeoises*, Paris, 1956.

CHEVALIER, A. et EMBERGER, L., "Les régions botaniques terrestres," dans *Encyclopédie française*, vol. V, Paris, 1937.

CHEVALIER, D., "Troubles agraires libanais en 1958," *Annales*, 1959.

CHOBAUT, H., "Les origines de la sériciculture française," *Mémoires de l'Académie du Vaucluse*, 1940.

CHOMEL, V., "La pratique religieuse en Narbonnais (XVe~XVIe siècles),"

Bibliothèque École des Chartes, 1957.

"Chronique inédite de Mauguio," *Mém. soc. arch.*, Montpellier, VII, 1881.

"La chronique consulaire de Béziers," *Bull. soc. arch. Béziers*, vol. 3, 1839.

CLAMAGÉRAN, J., *Histoire de l'impôt en France*, Paris, 1857~76.

CLAPHAM, J., *A concise economic History of Britain*, Cambridge, 1951.

CLARK, K., *L'art du paysage*, Paris, 1961.

CLÉBERT, J. P., *Les Tziganes*, Paris, 1961.

CLÉMENT, P., *Le Salavès, étude monographique du canton de Sauve* (*Gard*), Anduze, 1952.

COHN, N., *Les fanatiques de l'Apocalypse*, Paris, édition 1962.

COLE, C. W., *Colbert and a Century of french Mercantilism*, New York, 1939.

COMBES, J., "La constitution de rente à Montpellier au XVe siècle," *Annales de l'Université de Montpellier*, t. II, n° 3-4, 1944.

______, "Le port de Sérignan au XIVe siècle," *Annales du Midi*, 1950.

______, "Un marchand de Chypre, bourgeois de Montpellier," dans *Études médiévales offertes à A. Fliche*, Montpellier, 1952.

______, "Montpellier et les foires de Pézenas et Montagnac au XIVe siècle," *Féd. hist. du Languedoc méditerranéen*, Congrès de Carcassonne, 1952.

COMBES, J., "Les foires en Languedoc au Moyen Âge," *Annales*, 1958.

COQUELLE, P., "La sédition de Montpellier en 1645," *Annales du Midi*, 1908.

CORVISIER, A., *L'armée française de la fin du XVIIe siècle au ministère de Choiseul*, Paris, 1964.

COSTE, L., "Les transformations de Montpellier depuis la fin du XVIIe siècle," *B.S.L.G.*, 1891.

COUDY, J., *Les guerres de religion*, Paris, 1962.

COURTOIS, C., *Les Vandales et l'Afrique*, Paris, 1955.

COUSIN, V., *Madame de Longueville pendant la Fronde*, Paris, 1887.

COUTANCE, A., *L'olivier*, Paris, 1877.

CRAEYBECKX, I., *Un grand commerce d'importation: les vins de France aux anciens Pays-Bas*, Paris, 1958.

CREUZÉ de LESSER, H., *Statistique du département de l'Hérault*, Montpellier, 1824.

D

DAINVILLE, F. de, "Obstacles humains au progrès de l'agriculture montpelliéraine en 1789," *Bull. de la Société française d'économie rurale*, II, 1950.

DAINVILLE, F. de, "L'enquête d'Orry," *Population*, 7, 1952.

______, "La moisson et les travaux de l'aire en Bas-Languedoc," *Arts et traditions populaires*, 1955.

______, "Cartes anciennes du Languedoc," *B.S.L.G.*, 1960.

DAINVILLE, O. de, "Le consistoire de Ganges à la fin du XVIe siècle," *Rev. d'hist. de l'Égl. de France*, 18, 1932.

______, "Remarques sur les compoix du Languedoc méditer-ranéen," *Folklore*, 2, 1939.

DALÉCHAMPS, J., *Histoire générale des plantes*, Lyon, 1615.

DAUMAS, M., "Le Lunellois," *B.S.L.G.*, 1952.

DAVITY, P., "Languedoc," dans *Description des quatre parties du monde*, vol. II, Paris, 1643.

DEBIEN, G., *En Haut-Poitou. Défricheurs au travail*, Paris, 1952.

DEDIEU, J., *Le rôle politique des protestants français(1685~1715)*, Paris, 1920.

DEFFONTAINES, P., *Les hommes et leurs travaux dans les pays de la Moyenne Garonne*, Lille, 1932.

DEGARNE, M., "La révolte du Rouergue en 1643," *XVIIe siècle*, 1962.

DEGRULLY, L., *L'olivier*, Montpellier-Paris, 1906.

DELEFORTRIE, N. et MORICE, J., *Les revenus départementaux en 1864 et 1954*, Paris, 1959.

DELEUZE, S., *Saint-Georges-d'Orques*, Montpellier, 1881.

______, *Le climat de Saint-Georges-d'Orques*, Montpellier, 1876.

DELISLE, L., *Études sur la condition de la classe agricole en Normandie au*

Moyen Âge, Évreux, 1851.

DELUMEAU, J., *Vie économique et sociale de Rome au XVIe siècle*, Paris, 1959.

______, *L'alun de Rome* (XVe~XIXe *siècles*), Paris, 1962.

DÉMIANS D'ARCHIMBAUD, G., "L'archéologie du village médiéval: exemple anglais et expérience provençale," *Annales*, 1962.

DEMOUGEOT, E., "Le chameau et l'Afrique du Nord romaine," *Annales*, 1960.

DEPPING, G., *Correspondance administrative sous le règne de Louis XIV*, Paris, 1850~55.

DERMIGNY, L., *Sète de 1666 à 1880*, Montpellier, 1955.

______, "De Montpellier à La Rochelle: route du commerce, route de la médecine au XVIIIe siècle," *Annales du Midi*, 1955.

______, "Armement languedocien et trafic du Levant et de Barbarie," *Provence historique*, 1955~56.

DERRUAU, M., "L'intérêt géographique des minutes notariales et des compoix," *Revue de géographie alpine*, 1946.

DES HOURS-FAREL, "Le Domaine de Méric," *Bull. de la soc. d'agriculture de l'Hérault*, 1865.

DESPOIS, J., *La Tunisie orientale*, Paris, 1940.

______, "La culture en terrasses en Afrique du Nord," *Annales*, 1956.

DEVEREUX, G., "Normal and Abnormal, the key problem of psychiatric anthropology" dans *Some Uses of Anthropology: theoretical and applied, publication of the Anthropological society of Washington*, Washington, 1956.

DEVÈZE, M., *La vie de la forêt française au XVIe siècle*, Paris, 1961.

DEVIC, Cl. et VASSETTE, J., *Histoire générale de Languedoc*, Toulouse, éditions 1872~92.

DEYON, P., "Évolution du régime seigneurial en Picardie," *R.H.M.C.*, 1961.

______, "Variations de la production textile aux XVIe et XVIIIe siècles," *Annales*, 1963.

Dictionnaire des postes de l'Empire, Noyon, 1859.

Dictionnaires topographiques de l'Hérault, du Gard et de l'Aude, Paris (1865, 1868, 1912).

Dictionnaire Vilmorin des plantes potagères, Paris, 1946.

DINTZER, L., *Nicolas Rémy*, Lyon, 1936.

DION, R., *Essai sur la formation du paysage rural français*, Tours, 1934.

______, *Le Val de Loire*, Tours, 1933.

______, *Histoire de la vigne et du vin en France*, Paris, 1959.

______, "Tartessos," *Rev. hist.*, 224, 1960.

DOGNON, P., *Les institutions politiques et administratives du Pays de Languedoc du XIV*[e] *siècle aux guerres de religion*, Paris, 1895.

DOUCET, R., "Le grand parti de Lyon au XVIe siècle," *Revue historique*, 1933.

______, "Les de Lairan, marchands drapiers à Toulouse," *Annales du Midi*, 1943.

______, "Le commerce et l'industrie de la soie d'après des inventaires lyonnais du XIVe siècle," *Mélanges économiques René Gonnard*, Paris, 1946.

DOUMENGE, F., "L'habitat en roseau de la côte du Roussillon," *B.S.L.G.*, 1956.

DROUOT, H., *Mayenne et la Bourgogne(1587~96)*, Paris, 1937.

DUBLED, H., "Mortalités du XIVe siècles en Alsace," *R.H.E.S.*, 1959.

DUBOIS, A., *Les prophètes cévenols*, Strasbourg, 1861.

DUBY, G., *La société aux XI*[e] *et XII*[e] *siècles dans la région mâconnaise*, Paris, 1953.

______, "Techniques et rendements dans les Alpes du Sud en 1338," *Annales du Midi*, 1958.

DUBY, G. et MANDROU, R., *Histoire de la civilisation française*, Paris, 2 vol., 1958.

DUBY, G., *L'économie rurale et la vie des campagnes dans l'Occident médiéval*, Paris, 1962.

DUCASSE, A., *La guerre des Camisards*, Paris, 1962.

DUCHAUSSOY, H., "Les bans de vendanges de la Région parisienne," *La*

Météorologie, 1934.

DUGRAND, R., *Villes et campagnes en Bas-Languedoc*, Paris, 1963.

DULIEU, L., *Essai historique sur l'hôpital Saint-Éloi de Montpellier*, Montpellier, 1953.

DUMAS, A., *La condition des gens mariés dans la famille périgourdine (XVe~XVIe siècles)*, Paris, 1908.

DUMONT, R., *Voyages en France d'un agronome*, Paris, 1951.

______, "L'agriculture comparée," dans *Larousse agricole*, Paris, 1952.

______, *L'Afrique Noire est mal partie*, Paris, 1962.

DUPONT, A., *Les cités de la Narbonnaise première*, Nîmes, 1942.

______, "La Roque-Aynier," dans *Études médiévales offertes à A. Fliche*, Montpellier, 1952.

______, "Problèmes et méthodes d'une histoire de la psychologie collective," *Annales*, 1961.

DURAND et FLAHAULT, Ch., "Les limites de la région méditerranéenne en France," *Bull. soc. bot. France*, 33, 1886.

DURLIAT, M., *Histoire du Roussillon*, Paris, 1962.

______, *L'art dans de royaume de Majorque*, Toulouse, 1962.

DUTHIL, C., "L'industrie de la soie à Nîmes jusqu'en 1789," *R.H.M.C.*, 10, 1908.

DUTHIL, L., *L'état économique du Languedoc(1750~89)*, Paris, 1911.

DUVEAU, G., *La vie ouvrière en France sous le Second Empire*, Paris, 1946.

E

EASTON, C., *Les hivers dans l'Europe occidentale*, Leyde, 1928.

ÉLIADE, M., *Le chamanisme*, Paris, 1950.

ÉMERIT, M., *Les Saint-Simoniens en Algérie*, Paris, 1941.

EMERY, R. W., "Flemish merchants in Perpignan," dans *Essays in honour of A. P. E. Evans*, New York, 1955.

ENGELS, F., *La guerre des paysans en Allemagne*, Paris, édition 1929.

ENJALBERT, H., "Le commerce de Bordeaux au XVIIe siècle," *Annales du Midi*, 1950.

ENJALBERT, H., "Comment naissent les grands crus," *Annales*, 1953.

______, "Économie rurale du Rouergue à la veille de la Révolution," *Annales du Midi*, 1955.

ERNLE, Lord, *Histoire rurale de l'Angleterre*, Paris, édition 1952.

ESMONIN, E., *La taille en Normandie au temps de Colbert*, Paris, 1913.

ESTIENNE, C. et LIÉBAUT, J., *L'agriculture et la maison rustique.* (J'ai utilisé principalement l'édition augmentée, publiée à Rouen en 1645.)

"Évolution de l'élevage ovin," *Chambres d'agriculture* (1er~15 juin 1957).

EXPILLY (Abbé), *Dictionnaire historique, géographique et politique des Gaules et de la France*, Paris, 1762.

EXTHORSSON, J., "Temperature variations in Iceland," *Geografiska Annaler*, 1949.

EY, H., *Études psychiatriques*, Paris, 1948.

EY, H., BERNARD, P., BRISSET, Ch., *Manuel de psychiatrie*, Paris, 1963.

F

FABER, J. A., "Het probleem van de dalende graanaanvoer uit de Oostzeelanden in de tweede helft van de zeventiende eeuw," *A.A.G. Bijdragen*, 9, 1963.

FABER, J. A. et BAEHREL, R., "Prix nominaux, prix métalliques et formule d'Irwin Fischer," *Annales*, 1962.

FAGNIEZ, G., *L'économie de la France sous Henri IV*, Paris, 1897.

FALGAIROLLES, P., *Histoire de Vouvert*, Nîmes, 1918.

FAUCHER, D., "Campagnes françaises et campagnes méridionales," *Annales du Midi*, 1930 (p. 400).

______, *Géographie agraire*, Paris, 1949.

FUCHER, O., *Plaines et bassins du Rhône moyen*, Paris, 1927.

FAURE, E., *La disgrâce de Turgot*, Paris, 1961.

[FAURIN] *Journal de Faurin sur les guerres de Castres*, Montpellier, édition 1878.

FAVRE (Abbé), *Jean l'an près* (1750), dans Favre: *Milhous Moncels*, Nîmes,

1928.

FAY, H. M., *Lépreux et cagots du Sud-Ouest*, Paris, 1910.

FEBVRE, L., *Philippe II et la Franche-Comté*, Paris, 1912.

______, "Patate et pomme de terre," *Annales*, 1940, p. 135.

______, *Le problème de l'incroyance au* XVIe *siècle*, Paris, 1942.

______, *Au cœur religieux du* XVIe *siècle*, Paris, 1957.

FEL, A., *Les hautes terres du Massif central*, Paris, 1962.

FELLER, F. X. de, *Biographie universelle*, Paris, édition 1833.

FELLONI, G., "Une monographie d'histoire démographique," *Annales*, 1960.

FÉRAL, P., *Approches: essais d'histoire économique et sociale de la Gascogne*, Auch, 1957.

FERRES, A. et LOPEZ SALINAS, A., "Voyage à Las Hurdes," *Temps modernes*, 1961.

FÉVRIER, P. A., "Aspects de la vie agricole en Basse-Provence à la fin du Moyen Âge," *Bull. philol. et histor. du com. des Trav, hist. et scientif.*, 1959.

FLEURY, M. et VALMARY, P., "Les progrès de l'instruction élémentaire de Louis XIV à Napoléon III," *Population*, 1957.

FLOHN, H., "Klimaschwankungen im Mittelalter," *Ber. der deutsche Landeskunde*(Stuttgart), 7, 1949~50.

FONTENAY, M., "Paysans et marchands ruraux de la vallée de l'Essonne dans la seconde moitié du XVIIe siècle," *Paris et Ile-de-France*, 1958.

FORT (aîné), *Table de comparaison entre anciens et nouveaux poids et mesures du département de l'Hérault*, Montpellier, an XIII.

FOUCAULT, M., *Histoire de la folie*, Paris, 1961.

FOURQUIN, G., *Les campagnes de la Région parisienne à la fin du Moyen Âge*, Paris, 1964.

FRANCOLINI, F., *Olivicoltura*, Turin, 1923.

FRÈCHE, G., "Les prix des céréales à Toulouse(1650~1715)," *Recherches d'histoire économique*, dirigées par G. Besnier, Paris, 1964.

FREUD, S., *Nouvelles conférences sur la psychanalyse*, Paris, édition 1936.

______, "Deuil et mélancolie," *Revue française de psychanalyse*, 1936.

______, *Études sur l'hystérie*, Paris, édition 1956(en collaboration avec BREUER).

______, *Psychologie collective et analyse du Moi*, Paris, édition 1962.

FURET, F., "Pour une définition des classes inférieures à l'époque moderne," *Annales*, 1963.

FURET, MAZAURIC, BERGERON, "Les sans-culottes et la Révolution française," *Annales*, 1963.

FURON, R., *Manuel de préhistoire générale*, Paris, 1951.

FUSTER, J., *Des changements dans le climat de la France*, Paris, 1845.

G

GACHES, *Mémoires*, publiés par Ch. Pradel, Paris, Albi, 1894.

GACHON, P., *Les États de Languedoc et l'édit de Béziers*, Paris, 1887.

______, *Histoire du Languedoc*, Paris, 1921.

GAGG, R., *Kirche im Feuer...*, Zurich, 1961.

GALBRAITH, J., *L'ère de l'opulence*, Paris, édition 1962.

GALLIX, M., *La vente des Biens nationaux des districts de Montpellier et Lodève*, Montpellier, 1951.

GALTIER, G., "La côte sableuse du Golfe du Lion," *B.S.L.G.*, 1958.

______, *Le vignoble du Languedoc méditerranéen et du Roussillon*, Montpellier, 1960.

[GAMON] *Mémoires d'Achille Gamon* dans *Collection complète des Mémoires relatifs à l'histoire de France*, t. XXXIV, Paris, 1823.

GANIAGE, J., *Les origines du protectorat français en Tunisie*, Paris, 1959.

GARDETTE, P., *Atlas linguistique et ethnographique du Lyonnais*, Lyon, 1950.

GARNIER, M., "Contribution de la phénologie à l'étude des variations climatiques," *La Météorologie*, 1955.

GAROLA, C., *Les céréales*, Paris, 1914.

GASPARIN, Comte de, *Cours d'agriculture*, Paris, 1848.

GAUFRIDI, J. F. de, *Histoire de Provence*, Aix, 1694.

GAUJAL, de, *Études historiques sur le Rouergue*, 1858.

GAUSSEN, H., *Géographie des plantes*, Paris, 1933.

GAUTHIER, E. et HENRY, L., *La population de Crulai, paroisse normande*, Paris, 1958.

GAXOTTE, P., *La France de Louis XIV*, Paris, 194?.

GEISENDORF, P. F., *Livre des habitants de Genève*, t. I, Genève, 1957.

GENTIL DA SILVA, J., "Villages castillans au XVIe siècle," *Annales*, 1963.

GEORGE, P., *La région du Bas-Rhône*, Paris, 1935.

GÉRAUD-PARRACHA, G., *Le commerce des vins et des eaux-de-vie en Languedoc sous l'Ancien Régime*, Montpellier, 1957.

GERMAIN, A., "La Fronde à Montpellier," *Mémoires de l'Académie des Sciences de Montpellier, Section des lettres*, t. III, p. 579 et suiv., 1859~63.

GERMAIN, J., *Sauve, antique cité*, Montpellier, 1952.

GESLIN, H., "A propos du climat du blé," *C. R. Acad. Agric.*, p. 146, 1937.

______, "Climat du blé," *Cr. Ac. Sc.*, 1935, p. 416, et 1936, pp. 1095~97.

______, *Étude des lois de croissance d'une plante, contribution à l'étude du climat du blé*, Paris, 1944.

______, "L'échaudage physiologique du blé," *Bulletin des engrais*, pp. 12~14, juin 1955.

GIBAULT, Dr, *Histoire des légumes*, Paris, 1913.

GIBRAT, R., *Les inégalités économiques*, Paris, 1931.

GIDON, F., "Un haricot dans la corbeille de noces de Catherine de Médicis?," *Presse médicale*, 18 janvier 1936.

GIGON, S. C., *La révolte de la gabelle en Guyenne*, Bordeaux, Paris, 1906.

GIGOT, J., "État des registres d'état civil de la ville de Canet," *Cerca* (Bulletin des archives des Pyrénées-Orientales), n° 7, printemps 1960.

GIRALT RAVENTOS, E., "En torno al precio del trigo en Barcelona durante el siglo XVI," *Hispania*, 18, 1958.

GIRARD, A., "La guerre monétaire," *Annales*, 1940.

GIRARD, G., "Peste tellurique et peste de fouissenment," *La Presse médicale*, 30 mai 1964.

GIRARD, J., *L'art de la Provence*, Paris, s. d.

GLASSPOOLE, J., "Mean temperature over the British Isles, 1881~1940," *Quart. Journ. of the Roy. Met. Soc.*, 1952.

GODARD, M. et NIGOND, J., "Le climat de la vigne dans la région de Montpellier en 1957," *Vigne et vins*, n° 66, s. d.

GODECHOT, J. et MONCASSIN, S., "Démographie et subsistances en Languedoc du XVIIIe au début du XIXe siècle," *Bull. d'hist. écon. et soc. de la Révolution française*, 1964.

GODWIN, H., *The History of the British Flora*, Cambridge, 1956.

GÖLNITZ, A., *Ulysses belgico-gallicus*, Leyde, 1631 (cf. Malavialle, 1908).

GORLIER, P., *Le Vigan à travers les âges*, Montpellier, s. d. (vers 1950).

GOUBERT, P., "Problèmes démographiques en Beauvaisis," *Annales*, 1952.

______, "Une richesse historique: les registres paroissiaux," *Annales*, 1954.

______, *Beauvais et le Beauvaisis au XVIIe siècle*, Paris, 1960.

GOUBERT, P. et DENIS, M., *1789: les Français ont la parole*, Paris, 1964.

[GOUBERVILLE] *Le Journal du Sire de Gouberville*, publié par M. de Beaurepaire, Caen, 1892.

GOUHIER, P., "Port-en-Bessin, 1596~1792," *Cahiers des Annales de Normandie*, 1962.

GOURON, A., *Les métiers en Languedoc au Moyen Âge*, Genève, 1958.

GOURON, M., *Les étapes de l'histoire de Nîmes*, Nîmes, 1939.

GOUROU, P., *La terre et l'homme en Extrême-Orient*, Paris, 1940.

GROS, Ch., "Le plateau du Sommail," *B.S.L.G.*, 1922.

GROS, G., "La Salvetat," *B.S.L.G.*, 1901.

GRUNER, *Histoire naturelle des glacières de Suisse*, Paris, édition 1770.

GUÉRIN, I., *La vie rurale en Sologne aux XIVe~XVe siècles*, Paris, 1960.

GUIBAL, G., "Riquet," *Annales du Midi*, 1866.

GUIBAL-LACONQUIÉ, *Traité du calcul décimal, relativement aux nouveaux poids et mesures*, Béziers, an VII.

GUILLEMAIN, B., *La Cour pontificale d'Avignon(1309~76)*, Paris, 1962.

GUIRAUD L., *Jacques Cœur*, Montpellier, 1900.

______, *Études sur la Réforme à Montpellier*, 2 vol. des *Mém. soc. arch. Montp.*, 2e série, VI et VII, 1918~19.

[GUISCARD] *Mémoires du marquis de Guiscard*(publiés à Delft en 1705) et réédités dans les *Archives curieuses de l'histoire de France*, par F. Danjou, t. XI, Paris, 1840.

GUSSOW, Z., "Pibloktoq, an ethno-psychiatric study," *The psychoanalytic Study of Society*, vol. I (= VI), New York, 1960.

GUYOT, J., *Viticulture et vinification en France*, vignobles de France, Paris, 1860~68.

GUYOT, L., *Origine des plantes cultivées*, Paris, 1946.

GUYOT, L., et GIBASSIER, P., *Histoire des fleurs*, Paris, 1961.

GUYOT, L., et GUERILLOT-VINET, A., *Les épices*, Paris, 1963.

H

HAMILTON, E. J., American Treasure and the Price Revolution in Spain, 1501~1650, Cambridge, 1936.

HAUDRICOURT, A. et JEAN-BRUNHES-DELAMARE, M., *L'homme et la charrue à travers les âges*, Paris, 1955.

HAUSER, H., "La Réforme et les classes populaires en France," *R.H.M.C.*, 1899.

______, "Étude critique sur la Rebeine de Lyon," *Revue historique*, 1896.

______, *Études sur la Réforme française*, Paris, 1909.

HAUSER, H. et RENAUDET, A., *Les débuts de l'âge moderne*, Paris, 1946.

HAYES, H. K. et IMMER, F. R., *Methods of Plant Breeding*, New York, 1942.

HAZARD, P., *La crise de la conscience européenne*, Paris, 1935.

H.C.M.: Voir Histoire du commerce de Marseille.

HEERS, J., *Gênes au XV*[e] *siècle*, Paris, 1961.

HEIM, V., *Handbuch der Gletscherkunde*, Stuttgart, 1885.

HEMARDINQUER, J. J., "Essai de carte des graisses de cuisine en France," *Annales*, 1961, p. 747.

HEMINGWAY, E., *Pour qui sonne le glas*, Paris, éditon 1949.

HENRY, L., *Anciennes familles genevoises: étude démographique*, Paris, 1956.

HESSELBERG, T. et BIRKELAND, J., "Säkulare Schwankungen des Klimas von Norwegen. Die Lufttemperatur," *Geofysiske Publikasjones*, vol. XIV, n° 4, 1940.

HEYD, W., *Histoire du commerce du Levant au Moyen Âge*, Amsterdam, édition 1959.

HIGOUNET, C., "Les bastides du Sud-Ouest," *Inf. hist.*, 1946(n° 2).

______, "Mouvements de population dans le Midi de la France," *Annales*, 1953.

______, "Une carte agricole de l'Albigeois vers 1260," *Annales du Midi*, 1958.

HILAIRE, J., "Une vente de biens ecclésiastiques au diocèse de Béziers en 1563," *Fédération historique du Languedoc*, Congrès de Carcassonne, 1952.

______, *Le régime des biens entre époux dans la région de Montpellier*, Paris, 1957.

______, "Les aspects communautaires du droit," *Recueil de mémoires et trav. publ. par la Soc. a hist. des pays de droit écrit*, IV, 2, 1958~60.

______, *Histoire du commerce de Marseille*, publiée sous la direction de Gaston Rambert, Paris, 1949~59.

HOBSBAWM, E., "The General Crisis in the 17th. Century," *Past and Present*, 1954.

HOMO, L., *Aurélien*, Paris, 1904.

HONORÉ, C., "Sécheresses...en Basse-Provence," *Var historique et géographique*, 1938.

HOSZOWSKI, S., "L'Europe centrale devent la Révolution des prix(XVIe~XVIIe siècles)," *Annales*, 1961.

HOUSSAY, F., "Voyage en Perse," *Revue des Deux Mondes*, 15 janvier 1887.

HUGUES, J. P., *Histoire de l'Église réformée d'Anduze*, Montpellier, Paris,

1864.

HUIZINGA, J., *Le déclin du Moyen Âge*, Paris, édition 1932.

HUNTINGTON, E., *The pulse of Asia*, New York, 1907.

I

IBN-AL-AWAN, *Le livre de l'agriculture*, Paris, trad., édition 1866, 2 tomes en 3 vol.

IMBART DE LA TOUR, P., *Les origines de la Réforme*, Paris, 1905~14.

Inventaire sommaire des registres de la Jurade de Bordeaux, Bordeaux, 1895.

J

JABERG, K. et JUD, J., *Sprach und Sachatlas Italiens*, Zofingen, 1937.

JACQUART, J., "La Fronde des princes dans la région parisienne et ses conséquences matérielles," *R.H.M.C.*, 1960.

______, "Propriété et exploitation rurale au sud de Paris, au XVIe siècle," *B.S.H.M.*, 6 novembre 1960.

JANNORAY, J., *Ensérune*, Paris, 1955.

JEANNIN, P., *Les marchands au XVIe siècle*, Paris, 1957.

______, "Les comptes du Sund comme source pour la construction d'indices généraux de l'activité économique en Europe," *Revue historique*, 1964.

JEANROY, A., *Histoire de la poésie occitane*, Toulouse, 1945.

JONES, E., *La vie et l'œuvre de Sigmund Freud*, Paris, trad., 1958~61.

______, *Sigmund Freud, Life and Work*, vol. III(non traduit en français), Londres, 1957.

JORDAN, J. J. B., *Histoire de la ville d'Agde,* Montpellier, 1824.

JOURDAN, E., "La côte calcaire du Languedoc entre Nîmes et le Vidourle," *B.L.S.G.*, 1939~41, et tirage à part, 1942.

JUILLARD, E., *La vie rurale dans la plaine de Bass-Alsace*, Strasbourg, Paris, 1953.

JUILLARD, E., MEYNIER, A., PLANHOL, X. de, *Structures agraires et paysages ruraux*, Nancy, 1957.

JUILLARD, M., "La vie populaire à la fin du Moyen Âge en Auvergne (XVe siècle)," *Auvergne*, 28, 1951.

JURIEU, P., *L'accomplissement des prophéties*, Rotterdam, 1686.

______, *Suite de l'accomplissement des prophéties*, Rotterdam, 1687.

______, *Apologie pour l'accomplissement des prophéties*, Rotterdam, 1687.

______, *Lettres pastorales*, Rotterdam, 1688.

______, *The reflexions of the reverend and learned Monsieur Jurieu*, Londres, 1689.

K

KARDINER, A., *The Individual and his Society*, New York, 1939.

KASSNER, C., "Das Zufrieren des Lake Champlain(1816~1935)," *Meteorologische Zeitschrift*, 1935.

KINZL, H., "Die grössten nacheiszeitlichen Gletschervorstösse in den Schweizer Alpen und in der Montblanc-Gruppe," *Zeitschrift für Gletscherkunde*, 1932.

KÜHNHOLTZ-LORDAT, G., *La terre incendiée*, Nîmes, 1938.

______, "Influence des feux pastoraux dans la région méditerranéenne," *Rev. d'agric. trop. et de bot. appl.*, 1956.

L

LABBÉ, Ph., *Sacrosancta consilia*, Paris, 1671~72.

LA BOÉTIE, E. de, *Mémoires*, Paris, édition de 1922.

LABOISSIÈRE, J. de, *Les commentaires du soldat du Vivarais*, Privas, 1811.

LABRELY, R., "Notice sur la seigneurie de Bourg," *Revue du Vivarais*, 1912.

LABROUSSE, C. E., *Esquisse du mouvement des prix et des revenus en France au XVIIIe siècle*, Paris, 1933.

______, *La crise de l'économie française à la fin de l'Ancien Régime et au début de la Révolution*, Paris, 1943.

LAFERRIÈRE, J., *Le contrat de Poissy, 1561*, Paris, 1905.

LA GORCE, A. de, *Camisards et Dragons du Roi*, Paris, 1964.

[LALANDE] *Notes de Michel Lalande, curé de Siran, 1680~1710*(publiées par J. Sahuc), Narbonne, 1898.

LANCRE, P. de, *Traité de l'inconstance des mauvais anges*, Paris, 1612.

______, *De l'incrédulité du sortilège*, Paris, 1622.

LANDRY, A., "La dépopulation dans l'Antiquité," *Revue historique*, 1936.

Languedoc méditerranéen et Roussillon d'hier et d'aujourd'hui, par J. CLAPARÈDE, J. COMBES, O. DE DAINVILLE, P. JOURDA, A. DUPONT, etc., Nice, 1947.

LANTERNARI, V., *Les mouvements religieux des peuples opprimés*, Paris, 1962.

LAPEYRE, H., *Géographie de l'Espagne morisque*, Paris, 1959.

LA PIJARDIÈRE, M. de, *Les chroniques du Languedoc*, 1er vol., Montpellier, 1875.

LAPOUGE, G. de, "Géographie anthropologique de l'Hérault," *B.S.L.G.*, 1894.

______, "Matériaux pour l'anthropologie de l'Aveyron," *B.S.L.G.*, 1898.

LARENAUDIE, M. J., "Les famines en Languedoc aux XIVe et XVe siècles," *Annales du Midi*, 1952.

LATOUCHE, R., *La vie en Bas-Quercy(XIVe~XVIIIe siècles)*, Toulouse, 1923.

LATREILLE, A., DELARUELLE, E., PALANQUE, J. R., *Histoire du catholicisme en France*, Paris, 1957~62.

LAUR, F., *Le Plateau du Larzac*, Montpellier, 1929.

LAURENT, R., *Les vignerons de la "Côte-d'Or" au XIXe siècle*, Dijon, 1957~58.

______, "Sur l'histoire de Lodève," communication inédite au Congrès de 1963(Lodève) de la *Féd. hist. du Languedoc méditerranéen.*

LAVISSE, E., *Histoire de France*, Paris, 1911.

LAWRENCE, E. N., "British summers of the past," *Weather*, pp. 223~227, 1956.

LE BRUN, P., *Histoire critique des pratiques superstitieuses*, Paris, éd. 1750.

LECLERC, H., *Les légumes de France*, Paris, 1928.

LECLERC, H., *Les fruits de France*, Paris, 1933.

LEENHARDT, A., *Belles résidences des environs de Montpellier*, Montpellier, 1931 et 1932.

______, *Vieux hôtels montpelliérains*, Bellegarde, 1935.

LEFEBVRE, G., *Les paysans du Nord pendant la Révolution française*, Paris, 1924.

LEFEBVRE, Th., *Le mode de vie dans les Pyrénées atlantiques orientales*, Paris, 1933.

LEGENDRE, M., *Las Hurdes*, Bordeaux, 1927.

LE GOFF, J., *La civilisation de l'occident médiéval*, Paris, 1964.

LE LOYER, P., *Discours des spectres*, Paris, 1608.

LEMPEREUR, L., *État du diocèse de Rodez en 1771*(réponses des curés à l'enquête Champion de Cicé), Rodez, 1906.

LENTHÉRIC, C., *Les villes mortes du golfe du Lion*, Paris, 1876.

LÉON, P., Communication à la *Première conférence d'histoire économique*, (Stockholm, 1960), Paris, 1960.

LÉONARD, E. G., *Histoire générale du protestantisme*(3 vol.) Paris, 1961~64.

LEROI-GOURHAN, A., *Évolution et techinques, vol. II, Milieu et techniques*, Paris, 1945.

LE ROY LADURIE, E., "Fluctuations météorologiques et bans de vendanges au XVIIIe siècle," *Féd. hist. du Languedoc médit. et du Roussillon* (30e et 31e Congrès, Sète, Beaucaire, 1956~57), p. 189, Montpellier, s. d.

______, "Sur Montpellier et sa campagne aux XVIe et XVIIIe siècles," *Annales*, 1957.

______, "Histoire et climat," *Annales*, 1959.

LE ROY LADURIE, E., "Démographie et funestes secrets: le Languedoc," *Ann. hist. Rév. f.*, 1966.

______, "Climat et récoltes aux XVIIe et XVIIe siècles," *Annales*, 1960.

______, "Aspects historiques de la nouvelle climatologie," *Rev. hist.*, 1961.

______, *Histoire du Languedoc*, Paris, 1962.

LE ROY LADURIE, E., "La conférence d'Aspen," *Annales*, 1963.

______, "Voies nouvelles pour l'histoire rurale," *Études rurales*, 1964.

______, "Les diagrammes d'Aspen," *Annales*, 1965.

______, "La démographie languedocienne (fin du XVIIIe, début du XIXe siècle)" exposé inédit fait à la société d'études robespierristes; à paraître dans les Ann. *d'hist. de la Révol. française.*

LE ROY LADURIE, E., cf. PESEZ, et BARRY.

L'ESTOILE, P. de, *Mémoires*, Paris, édition de 1875.

LESTRADE, J., *Les Huguenots en Comminges*, Pairs, Arch. 1900.

______, "Les Huguenots dans les paroisses rurales du diocèse de Toulouse," *Revue historique de Toulouse*, 1938.

LEVADOUX, L., *La vigne et sa culture*, Paris, 1961.

LEVASSEUR, E., *La population française*, Paris, 1889~91.

LEVEEL, P., *Histoire de la Touraine*, Paris, 1956.

LÉVI-STRAUSS, C., *Tristes tropiques*, Paris, éd. 1955.

______, *Anthropologie structurale*, Paris, 1958.

______, "La geste d'Asdiwal," *Les Temps modernes*, mars 1961.

LIGER, L., *La nouvelle Maison rustique*, Paris, éd. 1743.

LILJEQUIST, G. H., "Fluctuations of the summer mean temperature in Sweden," *Geografiska Annaler*, 1949.

LINDZEY, A., "Temperature analysis of phenological record," *Ecology*, 1956.

LINTON, R., *Culture and Mental Disorders*, Springfield, 1956.

LIVET, G., *L'Intendance d'Alsace sous Louis XIV*, Strasbourg, 1956.

______, *Les guerres de religion*, Paris, 1962.

______, *La guerre de Trente Ans*, Paris, 1963.

LIVET, R., *Habitat rural et structures agraires en Basse-Provence*, Gap, 1962.

[LOCKE] *Loke's Travels in France, 1675~79*(edited by John Lough), Cambridge, 1953.

LOIRETTE, G., "Catholiques et protestants en Languedoc à la veille des guerres civiles (1560)," *Rev. d'hist. de l'Église de France*, 1937.

LOT, F., "L'état des paroisses et des feux en 1328," *Bibl. de l'École des Chartes*, 90, 1929.

LOUIS, M., *Préhistoire du Languedoc méditerranéen et du Roussillon*, Paris, 1948.

LOUIS, M., TAFFANEL, O. et J., *Le premier âge du fer languedocien*, Bordighera, 1955~58.

LOUTCHITSKY, J., "Assemblée des Réformés de Nîmes, 2 et 3 novembre 1562," *Bull. soc. hist. prot. français*, 22, 1873.

LOUVRELEUIL, Le P., *Le fanatisme renouvelé*, Avignon, 1704~1706, et réédition en Avignon, 1868.

L'OUVRELEUL, Le P.*, *Mémoires historiques sur le pays de Gévaudan*, Mende, éditon 1825.

LUBBE, G. de, *Chronique bourdeloise*, Bordeaux, 1619.

LUKACS, G., *Histoire et conscience de classe*, Paris, édition 1960.

LUNEL, A., "L'archéologie et les Bohémiens," *L'Arc*, 1959.

LUTHARD, M., "Catholiques et protestants à Béziers, 1567~68," *Rev. d'hist. du dioc. de Montp.*, t. 3, 1911~12.

______, "Journal des actes de Jean Plantavit de la Pause, évêque de Lodève, 1626~30," *Annales du Midi*, 25, 1913.

M

MAGEN, A., "Une émeute à Agen en 1635," *Recueil des travaux de la Société d'agriculture d'Agen*, t. VII, 1854~55.

MALAVIALLE, L., "Une excursion dans la Montagne Noire," *B.S.L.G.*, 1900.

______, "Le Bas-Languedoc en 1626"(nouvelle publication, avec commentaires, d'un extrait de Gölnitz, 1631), *B.S.L.G.*, 1903 et 1909.

MALOWIST, M., "Le commerce de la Baltique et le problème des luttes sociales en Pologne aux XVe et XVIe siècles," dans *La Pologne au Xe Congrès international des sciences historiques à Rome*, Varsovie,

---

*Il s'agit du même auteur que pour le titre précédent, en dépit de l'orthographe du nom différente.

1955.

MALTHUS, T. R., *Essai sur le principe de population*, Paris, éd. 1963.

MALZAC, L., *Lasalle, les Lasllois et leurs origines*, Montpellier, 1910.

MANDROU, R., "Français hors de France aux XVIe et XVIIe siècles," *Annales*, 1959.

______, *ntroduction à la France moderne*, Paris, 1961.

______, Contribution à "Vie matérielle et comportements biologiques," *Annales*, 1961.

MANLEY, G., "The Range of Variation of the British Climate," *Geographical Journal*, 1951.

______, "The mean Temperature of Central England, 1698~1952," *Quart. Journ. Roy. Mét. Soc.*, 1953.

MANTRAN, R., *Istanboul dans la seconde moitié du XVIIe siècle*, Paris, 1962.

MARION, E., *Cri d'alarme*, s. l., 1708.

MARION, E. et MAZEL, A., "Mémoires inédits," dans *Publications of the Huguenot Society of London*, vol. 33, 1931.

MARRES, P., "La production des olives dans l'Hérault," *B.S.L.G.*, 1933.

______, *Les grands Causses*, Tours, 1935.

______, *La vigne et le vin en France*, Paris, 1950.

______, "L'immigration en Bas-Languedoc sous l'Ancien Régime," communication inédite au *Congrès d'études occitanes de Montpellier*, 1962.

MARTIN, A., *Notice historique sur Mende*, Marvejols, 1894.

MARTIN, E., *Histoire de Lodève*, Montpellier, 1900.

MARTINO, E. de, *Italie du Sud et magie*, Paris, 1963.

MARTY, J., "Frontignan," *B.S.L.G.*, 1957~58.

MARX, K., "Économie politique et philisophie," dans *Œuvres philosophiques*, t. VI, Paris, édition 1937.

MARX, K., *Das Kapital*, Berlin, éd. 1955.

[MASCARO] *Mémoires* de Jacme Mascaro, publiés dans *Bull. soc. arch. Béziers*, l, 1836.

MASSIP, M., "Variations du climat de Toulouse," *Mémoires de l'Académie de Toulouse*, 1894~95.

MASSON, P., *Histoire des établissements et du commerce français dans l'Afrique barbaresque(1560~1973)*, Paris, 1903.

______, *Les Bouches-du-Rhône. Encyclopédie départementale*, Paris, 1913~37(en pariticulier le vol. VII: Agriculture).

MATHIEU, Cl., *Le commerce des draps et des toiles en Avignon à la fin du XIVe siècle et au XVe siècle*, Dipl. d'ét. sup., inédit, Montpellier, 1960.

MATHIOLE, *Commentaires sur Dioscoride*(trad. Desmoulins), Lyon, édition 1579.

MAURETTE, F. *Afrique équatoriale, orientale et australe*, Paris, 1938.

MAURIZIO, A., *Histoire de l'alimentation végétale*, Paris, 1932.

MAURO, F., *Le Portugal et l'Atlantique*, Paris, 1960.

MAZEL, A., voir MARION, E.

MAZIER, "L'habitat en Costière," *B.S.L.G.*, 1956.

MAZON, *Vivarais et Velay*, Annonay, 1890.

MAZOYER, L., "Le prophétisme cévenol," *Revue historique*, 197, 1947.

MEISS, M., *Painting in Florence and Siena after the Black Death*, Princeton Univ. Press, 1951.

MÉNARD, L., *Histoire civile, ecclésiatique et littéraire de la ville de Nismes, avec les preuves*, Paris, 1744~58.

MERLE, L., *La métairie et l'évolution agraire de la Gâtine poitevine, de la fin du Moyen Âge à la Révolution*, Paris, 1958.

MEUVRET, J., "Les mouvements des prix de 1661 à 1715 et leurs répercussions," *Journal de la société de statistiques de Paris*, 1944.

______, "Les crises de subsistances et la démographie de la France d'Ancien Régime," *Population*, 1946.

______, "Circulation monétaire et utilisation économique de la monnaie dans la France du XVIe et du XVIIe siècle," dans *Études d'Histoire moderne et contemporaine*, I, 1947.

______, "Agronomie et jardinage au XVIe et au XVIIe siècle," dans *Mélanges Lucien Febvre*, Paris, 1953, vol. II.

MEUVRET, J., "Conjoncture et crise au XVIIe siècle: l'exemple des prix milanais," *Annales*, 1953.

______, "L'agriculture en Europe aux XVIIe et XVIIIe siècles" dans le *Xe Congrès international des sciences historiques, Relazioni*, Rome, 1955, vol. IV.

______, "La conjoncture internationale de 1660 à 1715," *B.S.H.M.*, 1964 (n° 1).

MEYNIER, A., *Ségalas, Lévezou, châtaigneraie*, Aurillac, 1931.

MEYNIER, A., PERPILLOU, A., etc., "La carte des communes de France," *Annales*, 1958.

MEZERAY, F. de, *Histoire de France depuis Pharamond*, Paris, 1646~51.

MICHEL, F., *Histoire des races maudites de la France et de l'Espagne*, Paris, 1847.

MICHELET, J., *Histoire de France*, Paris, édition 1893~98.

MILHAU, G., *Navacelle*, Montpellier, 1955.

MILLARDET, G., *Petit atlas linguistique des Landes*, Toulouse, 1910.

MILLER, Ph., *Dictionnaire des jardiniers*, Paris, 1785, 10 vol.

MILLEROT, T., *Histoire de la ville de Lunel*, Montpellier, 1882.

MIQUEL, J., "Essai sur l'arrondissement de Saint-Pons," *B.S.L.G.*, 1895.

MIREAUX, E., *Une province française au temps du grand Roi: la Brie*, Paris, 1958.

MISSON, A., *Le Théâtre sacré des Cévennes*, Paris, éd. 1847.

MITCHELL, J. M., "Recent Recular Changes of Global Temperature," *Annals of the New York Academy of sciences*, 95, 1961.

MOHEAU, (pseudonyme pour MONTYON): *Recherches et considérations sur la population de la France*, Paris, 1778.

MOLITOR, U., "Tractatus utilis de phytonicis mulieribus," dans *Mallei Maleficarum*, Lyon, édition 1669.

MOLLAT, M., *Le commerce de la Haute-Normandie au XVe siècle et au début du XVIe*, Paris, 1950.

MOLS, R., *Introduction à la démographie historique des villes d'Europe* (*XIVe~XVIIIe siècles*), Gembloux, 1954~56.

MONIN, H., *Essai sur l'histoire administrative du Languedoc pendant l'Intendance de Basville*, Paris, 1884.
______, "La province du Languedoc en 1789," *B.S.L.G.*, 1886.
MONTARLOT, G., "Facteurs météorologique de la végétation de la vigne," s. d., tiré à part des *Ann. E.N.A. Montpellier*, vol. 22, 3 p. 236.
______, "Description des sols de l'Hérault," *Annales de l'Inst. nat. de la rech. agron.*, 1952.
MONTAUGÉ, T. de, *L'agriculture et les classes rurales dans le pays toulousain, depuis le milieu du XVIIIe siècle*, Paris, 1869.
MONTCHRESTIEN, A. de, *Traité de l'économie politique*, Paris, éd. 1889.
MONTEL, A. et LAMBERT, P., *Chants populaires du Languedoc*, Paris, 1880.
MONTET, P., *La vie quotidienne en Égypte au temps de Ramsès II*, Paris, 1946.
MOSCOVICI, S., *Reconversion industrielle et changements sociaux. Un exemple: la chapellerie dans l'Aude*, Paris, 1961.
MOUGIN, M., "Études glaciologiques en Savoie," *Ministère de l'Agriculture, Direction des Eaux et forêts, Annales*, 1912.
MOURS, S., *Le Protestantisme en Vivarais et en Velay des origines à nos jours*, Valence, 1949.
______, *Les églises réformées en France*, Strasbourg, 1958.
______, *Le protestantisme français. I. Le XVIe siècle*, Paris, 1959.
MOUSNIER, R., *La vénalité des offices sous Henri IV et Louis XIII*, Rouen, 1945.
______, "Quelques raisons de la Fronde," *Bulletin de la société d'études du XVIIe siècle*, 1949, p. 33 et suiv.
______, "L'évolution des finances publiques en France et en Angleterre pendant les guerres de la Ligue d'Augsbourg et de la Succession d'Espagne," *Revue historique*, 1951.
______, "Études sur la population de la France au XVIIe siècle," *XVIIe siècle*, 1952.
______, *Les XVIe et XVIIe siècles*, Paris, 1954.

MOUSNIER, R., "L'âge classique," dans *Histoire de France*, publiée sous la direction de M. Reinhard, vol. 1, Paris, 1954.

______, "Recherches sur les soulèvements populaires en France avant la Fronde," *R.H.M.C.*, 1958.

______, *Paris au XVIIe siècle*, Paris,, C.D.U., s. d. (vers 1963).

______, *L'assassinat d'Henri IV*, Paris, 1964.

MUSSET, R., *L'élevage du cheval en France*, Paris, 1917.

N

NADAL, J. et GIRALT-RAVENTOS, E., *La population catalane de 1353 à 1717*, Paris, 1960.

NAUTON, P., *Atlas linguistique et ethnographique du Massif central*, Paris, 1959.

NEF, J. U., *The rise of the British Coal Industry*, 2 vol. Londres, 1932.

NELLI, R., *Le Languedoc et le comté de Foix*, Paris, 1958.

NICOD, J., "L'oléiculture provençale," *Rev. de géog. alpine*, pp. 247~295, 1956.

NICOLLE, Ch., *Destin des maladies infectieuses*, Paris, 1939.

NIEL, F., *Montségur*, Paris, 1954.

NIEL, P.-G.-J., *Portraits de personnages français les plus illustres au XVIe siècle*, Paris, 1848~56.

NOUAILLAC, M., "Henri IV et les Croquants du Limousin," *Bulletin historique et philologique*, 1912.

Le Nouveau de la Quintinye (cf. *Traité des jardins*).

NYNAUD, L. de, *De la lycanthropie*, Paris, 1615.

O

ORANGE, A. et AMALBERT, M., *Le mérinos d'Arles*, Antibes, 1924.

P

PAGÉZY, J., *Mémoires sur le port d'Aigues-Mortes*, Paris, 1879~86.

PALOU, J., *La sorcellerie*, Paris, 1957.

PAPON (Abbé), *Histoire générale de Provence*, Paris, 1786.

PECH, F., *La Bastide-Rouairoux*, Montpellier, 1951.

PÉDELABORDE, P., *Le climat du Bassin parisien*, Paris, 1957.

PÉGAT, F., "Les consuls de Montpellier, 1640~57," *Mémoires de l'Académie des sciences de Montpellier, Section des lettres*, vol. V, p. 569 et suiv., 1870~73.

PELC, J., *Ceny w Gdansku w* XVI *i* XVII *Wieku*(Les prix à Gdansk aux XVIe et XVIIe siècles), Lwow, 1937.

PELISSIER, L. G., "Carpentras au temps de Louis XIV," *Annales du Midi*, 1909.

PELLAS (Le Père), *Dictionnaire provençal, avec les terms des arts mécaniques*, Avignon, 1723.

PÉPIN, I., "De l'enseignement primaire dans le département de l'Hérault, 1822~90," *B.S.L.G.*, 18, 1895.

PEPYS, S., *Journal*, Paris, édition 1948.

PERROT, M., "Archives policières et militants ouvriers: le Gard," *R.H.E.S.*, 1959.

PERROY, E., "A l'origine d'une économie contractée: les crises du XIVe siècle," *Annales*, 1949.

______, *Le Moyen Âge*, Paris, 1955.

PESEZ, J. et LE ROY LADURIE, E., "Les villages disparus en France," *Annales*, 1965 et Paris, 1965(texte complet).

Le Petit Thalamus de Montpellier, Montpellier, édition de 1840.

PEYRAT, N., *Histoire des pasteurs du désert*(1685~1789), Paris, 1842.

______, *Histoire des Albigeois; les Albigeois et l'Inquisition*, 3 vol., Paris, 1870~72.

PHILIPPE, R., "Sur l'histoire de l'alimentation," *Annales*, 1961.

______, "L'étude du ravitaillement de Paris au temps de Lavoisier," *Annales*, 1961.

PICHEIRE, J., *Histoire d'Agde*, Montpellier, 1960.

[PIEMOND] *Mémoires d'Eustache Piemond(1572~1608)*, publiés par J. Brun-Durand, Valence, 1885.

PIÉTREMENT, C. A., *Les chevaux préhistoriques et historiques*, Paris, 1883.

PIN, M., *Nicolas Jouany*, Montpellier, 1930.

______, *Jean Cavalier*, Alès, 1936.

PINTARD, R., *Le libertinage érudit*, Paris, 1943.

PLAISSE, A., *La baronnie de Neubourg*, Paris, 1961.

PLANHOL, X. de, *De la plaine pamphylienne aux lacs pisidiens*, Paris, 1958.

______, "Du Piémont téhéranais à la Caspienne," *B.A.G.F.*, mai-juin, 1959.

______, "Sur l'agriculture turque," *Rev. de géog. de Lyon*, 1960.

PLATTER, T. et F., *Zur Sittengeschichte des XVI. Jahrhunderts*, Leipzig, 1878.

[PLATTER] *Félix et Thomas Platter à Montpellier, 1552~59, 1595~99, notes de voyage de deux étudiants bâlois*, Montpellier, 1892.

POITEVIN, J., *Essai sur le climat de Montpellier*, Montpellier, 1803.

POLGE, H., "A propos de la charrue gersoise," *Bull. soc. arch. Gers*, 60e année, 3e-4e trimestres 1959.

POLIAKOV (Léon), *Histoire de l'antisémitisme;* t. II: *De Mahomet aux Marranes*, Paris, 1961.

POLLITZER, R., *La peste*, Organisation mondiale de la santé, Genève, 1954.

PONCER, M. A., *Mémoires historiques sur Annonay et le Haut-Vivarais*, Annonay, 1835, 2 tomes en un volume.

PONCET, J., "A propos des cultures en terrasses," *Annales*, 1957.

PORCHNEV, B., *Les soulèvements populaires en France de 1623 à 1648*, Paris, 1963.

PORTAL, Ch., *Documents sur le commerce des draps à Lavaur au XVI*ᵉ s., Albi, 1915.

PORTEAU, A. et VILMORIN, *Le bon jardinier*, almanach, Paris, 1843.

POSTAN, M., "The fifteenth Century," *The Economic History Review*, 1938~39.

POUTHAS, Ch., *La population française pendant la première moitié du XIX*ᵉ *siècle*, Paris, 1956.

PRAT, G., "Albi et la peste noire," *Annales du Midi*, 1952.

PRENTOUT, H., *Les États provinciaux de Normandie*, Caen, 1925.

PUAUX, F., "Le dépeuplement et l'incendie des Hautes-Cévennes," *Bull. de la société de l'hist. du Protestantisme français*, 63~64, 1914~15.

______, "Origines, causes et conséquences de la guerre des Camisards," *Revue historique*, vol. 129, 1918.

PUECH, A., "Les origines de l'industrie de la soie à Nîmes," *Mémoires de l'Académie du Gard*, 1885.

______, *Nîmes à la fin du* XVIe *siècle*, Nîmes, 1884.

______, *La léproserie de Nîmes*, Nîmes, 1888.

______, *La Renaissance et la Réforme à Nîmes*, Nîmes, 1893.

______, *Livres de raison : les Nîmois au XVIIe siècle*, Nîmes, 1888.

Q

François Quesnay et la physiocratie, Paris, 1958.

QUIQUERAN DE BEAUJEU, *La Provence louée*, Lyon, 1614.

R

RABELAIS, F., *Œuvres complètes*, Paris(éditon Pléiade), 1951.

RACINE, J., *Lettres d'Uzès*, Paris, édition 1930.

RASCOL, P., *Les paysans de l'Albigeois à la fin de l'Ancien Régime*, Aurillac, 1961.

RATINEAU, J., *Les céréales*, Paris, 1945.

RAVEAU, P., *L'agriculture et les classes paysannes dans le Haut-Poitou au XVIe siècle*, Paris, 1926.

______, *Essai sur la situation économique en Poitou au XVIe siècle*, Paris, 1931.

REGNÉ, J., "Gibiers de potence," *Revue du Vivarais*, 1912.

______, "La sorcellerie en Vivarais," *Revue du Vivarais*, 1913.

REINHARD, M. R. et ARMENGAUD, A., *Histoire générale de la population mondiale*, Paris, 1961.

RÉMI, N., *Daemonolatriae libri tres*, Lyon, 1595.

RENAUD, P., "Effet des froids du début de l'hiver 1940~41 sur l'olivier," *Le*

progrès agricole et viticole, n° 14, p. 235, 1941.
RENAUD, P., "L'olivier de confiserie dans l'Hérault," *Annales E.N.A.*, Montpellier, 1952.
RENOUARD, Y., *Histoire de Florence*, Paris, 1964.
REVOIL, J., "La situation de l'oléiculture en France avant et après le gel de 1956," *Inf. oléicoles internationales*, octobre-décembre 1958, nouvelle série n° 4, Madrid.
REYNIER, E., *Histoire de Privas*, Aubenas, 1943.
RIBBE, Ch. de, *La société provençale à la fin du Moyen Âge*, Paris, 1898.
RIBERO, *Communication inédite au Congrès d'études occitanes de Montpellier*, 1962.
RICARDO, D., *Principes de l'économie politique*, dans *Œuvres complètes*, Paris, édition 1847.
RICHELET, P., *Dictionnaire français contenant les mots et les choses*, Paris, 1680.
[RICHEPREY] *Journal des voyages en Haute-Guyenne de J.F.H. de Richeprey*, Rodez, édition 1952.
RICHER, P., *Études cliniques sur la grande hystérie*, Paris, 1885.
RICHET, D., "Le cours officiel des monnaies étrangères circulant en France au XVIe siècle," *Revue historique*, vol. 225, 1961.
RIVALS, G., "La Réforme en Bas-Languedoc," *Cahiers d'histoire et d'archéologie*, 13, 1938.
ROBERT, S., "Sommières," *B.S.L.G.*, 1956.
ROCHE, E., "Observations météorologiques effectuées à la faculté des sciences de Montpellier," *Bulletin météorologique de l'Hérault*, 1873~74.
______, "Le climat actuel de Montpellier comparé aux observations du siècle dernier," *Bulletin météorologique de l'Hérault*, 1881.
ROGER-LUREAU, *Les doctrines politiques de Jurieu*, Bordeaux, 1904.
ROMAN (Abbé), *Goudargues, son abbaye, son prieuré*, Nîmes, 1886.
ROMAN, J., "La guerre des paysans en Dauphiné," *Bulletin de la société d'archéologie et de statistique de la Drôme*, 1877.

ROMANO, R., "Les prix au Moyen Âge dans le Proche-Orient et l'Occident chrétien," *Annales*, 1963.

______, "Encore la crise de 1619~22," *Annales*, 1964.

ROMIER, L., *Le royaume de Catherine de Médicis*, Paris, 1922.

ROSENGARTEN, Y., *Le concept sumérien de consommation dans la vie économique et religieuse*, Paris, 1958.

ROSTAING, L., "La navigation du Rhône au XVIIIe siècle," *Revue du Vivarais*, 1912.

ROSTOW, W., *Communication à la Première conférence internationale d'histoire économique* (Stockholm, 1960), Paris, 1960.

______, *Les étapes de la croissance économique*, Paris, édition 1962.

ROUGERIE, J., *Procès des Communards*, Paris, 1964.

ROUGETET, E., "Les froids de février 1956 dans le Var," *La Météorologie*, 1957.

ROULLEAU, M., "Variations climatiques récentes," *La Météorologie*, 1958.

ROUPNEL, G., *Histoire de la compagne française*, Paris, 1932.

______, *La ville et la campagne au* XVIIe *siècle, étude sur les population du pays dijonnais*, Paris, 1955.

ROUQUETTE, J. B., *Histoire de Ganges*, Montpellier, 1904.

ROZIER (Abbé), *Cours complet d'agriculture*, Paris, édition 1785, et rééditions complétées, 1805 et 1809.

RUDÉ, G.-E., "La taxation populaire de mai 1775 (la guerre des farines)," *Annales historiques de la Révolution française*, 1956.

S

SAHUC, J., "Solliolis, médecin astrologue à Saint-Pons," *Rev. de l'hist. du dioc. de Montp.*, t. II, 1910~11.

SAINT-JACOB, P. de, *Les paysans de la Bourgogne du Nord au dernier siècle de l''Ancien Régime*, Paris, 1960.

SAMSON, J., "Températures de la biosphère et dates de floraison des végétaux," *La Météorologie*, 1954.

______, "En marge météorologique de l'histoire," *La Météorologie*, 1956.

SANTI, L. de et VIDAL, A., *Deux livres de raison*(1517~60), *avec des notes sur les conditions agricoles de l'Albigeois au XVIe siècle*, Paris, Toulouse, 1896.

SARTRE, J. P., *Critique de la raison dialectique*, Paris, 1960.

Satire Menippée, Paris, édition, 1878.

SAUGRAIN, *Nouveau dénombrement du royaume*, Paris, 1720.

SAUMADE, G., *Fabrègues*, Montpellier, 1908.

SAUREL, F., *Antoine Subjet, évêque de Montpellier*, 1898.

SAVARY DES BRUSLONS, J., *Dictionnaire universel du commerce*, Copenhague, 1765.

SAYOUS, A. et COMBES, J., "Les commerçants et les capitalistes de Montpellier aux XIIIe et XIVe siècles," *Revue historique*, 1940.

SCHNAPPER, B., *Les rentes au XVIe siècle*, Paris, 1958.

SCHNERB, R., *Le XIXe siècle. L'apogée de l'expansion européenne*, Paris, 1955.

SCHOVE, D. J., Communication dans "Post-glacial Climatic Change," *Quarterly Journal of the Royal Met. Soc.*, 1949.

______, *Climatic Fluctuations in Europe in the Late Historial Period*, M. sc. Thesis, Université de Londres, 1953(inédit).

______, "Summer Temperatures and Tree-rings in North Scandinavia, AD., 1461~1950," *Geografiska Annaler*, 1954.

SCHRAM, S., *Protestantism and Politics in France*, Alençon, 1954.

SCLAFERT, T., *Cultures en Haute-Provence*, Paris, 1959.

SCOVILLE, W. C., *The Persecution of Huguenots, and French Economic Development*, Berkeley, 1960.

SEGONDY, J., *Cessenon-sur-Orb*, Montpellier, 1949.

SEGUI, E., *Faugères-en-Biterrois*, Nîmes, 1933.

[SÉGUIER] *Diaire ou journal du voyage du chancelier Séguier en Normandie*, Rouen, 1842.

SEGUY, J., *Atlas linguistique et ethnographique de la Gascogne*, Paris, 1956.

SEIGNOLLE, Cl., *Le folklore du Languedoc*, Paris, 1960.

[SERIAYNE] "Statistique du canal du Midi," *B.S.L.G.*, 1878.

SERRES, O. de, *Le théâtre d'agriculture et ménage des champs*, Paris(j'ai utilisé, notamment, l'édition de 1605).

SÉVIGNÉ, *Lettres de Madame de Sévigné*, Paris, édition 1953.

SEYSSEL, Cl. de, *Les louanges du roi Louis XII*, Paris, 1508.

SIEGFRIED, A., "Le groupe protestant cévenol," dans l'ouvrage collectif *Protestantisme français*, Paris, 1945.

SIEGFRIED, A., *Géographie électorale de l'Ardèche sous la IIIe République*, Paris, 1949.

SIMIAND, F., *Le salaire, l'évolution sociale et la monnaie*, Paris, 1932.

SINGER, C. et HOLMYARD, E., *A history of Technology*, Oxford, 1956.

SION, J., *Les paysans de la Normandie orientale*, Paris, 1909.

SLICHER VAN BATH, B. H., *The Agrarian History of Western Europe*, Londres, 1963.

SLICHER VAN BATH, B. H., "Yield ratios, 1810~20," *A.A.G., Bijdrajen*, 10, 1963.

SOBOUL, A., "La communauté rurale," *Revue de synthèse*, 1957.

______, *Les sans-culottes parisiens en l'an II*, Paris, 1958.

______, *Les campagnes montpelliéraines à la fin de l'Ancien Régime: propriétés et cultures d'après les compoix*, Paris, 1958.

SOKOLOV, A., "Diminution de la durée du gel des rivières et réchauffement du climat" (en russe), *Priroda*, pp. 96~98, 1955.

SOREAU, E., *L'agriculture du XVIIe à la fin du XVIIIe siècle*, Paris, 1952.

SORRE, M., "Répartition de la population en Bas-Languedoc," *B.S.L.G.*, 1906.

______, "La transhumance dans la région montpelliéraine," *B.S.L.G.*, 1912.

______, *Étude critique des sources de l'histoire de la viticulture... en Bas-Languedoc au XVIIIe siècle*, Montpellier, 1913.

______, *Les soupirs de la France esclave qui aspire après la liberté*, s. l., 1689.

SOUTOU, A., "La draille d'Aubrac," *Cahiers ligures*, 1959.

SPONT, A., *Semblançay et la bourgeoisie financière au début du XVIe siècle*, Paris, 1895.

SPOONER, F., *Economie mondiale et frappes monétaires en France*(1493～1680), Paris, 1956.

______, "Régimes alimentaires d'autrefois," *Annales*, 1961.

STOIANOVITCH, T. et HAUPT, G., "Le maïs arrive dans les Balkans," *Annales*, 1962.

______, "La structure et les rendements du vignoble du Bas-Languedoc," *Études et conjoncture*, 1955.

SYREN, G., "Skögsgranstallem som indikator för klimat fluktuationerna i norra Fennoskandien," *Communicatione Instituti forestalis Fenniae*. 54-2, Helsingfors, 1961.

T

TAILLEPIED, F., *Traité de l'apparition des esprits*, Bruxelles, 1609.

TAPIÉ, V.-L., *La France de Louis XIII et de Richelieu*, Paris, 1952.

TARDE, J., *Les chroniques de la ville et du diocèse de Sarlat*, publiées par G. de Gérard, Paris, 1887.

TAWNEY, R., *La religion et l'essor du capitalisme*, Paris, édition 1951.

TEISSIER, O., *Archives municipales de Toulon*, Toulon, 1863.

TEMPLE, Sir W., *Observations upon the United Provinces of the Netherlands*, Cambridge, édition de 1932.

THIRIET, F., *La Romanie vénitienne au Moyen Age*, Paris, 1959.

THOMAS, A., "Élevage et commerce des porcs au XVe siècle," *Annales du Midi*, 1908.

THOMAS, L. J., "La population du Bas-Languedoc(XIIIe～XIVe siécle)," *Annales du Midi*, 1908.

______, "L'émigration temporaire en Bas-Languedoc et Roussillon," *B.S.L.G.*, 1910.

______, "Fortifications de Marsillargues," *Mém. soc. arch. Montp.*, 2e série, X, p. 54, 1932～34.

______, *Montpellier, ville marchande*, Montpellier, 1936.

TILLION, G., "Dans l'Aurès. Le drame des civilisations archaïques,"

Annales, 1957.

TOUJAS, R., "L'apprentissage à Montauban," *Bull. philol. et hist. du Com. des Trav. hist. et scientif.*, 1955~56.

______, "Le commerce en 1646, entre Bordeaux et Toulouse," *Annales du Midi*, 1960.

TOURNEFORT, J. PITTON DE, *Éléments de botanique*, Paris, 1694.

TOUSSAERT, J., *Le sentiment religieux en Flandre à la fin du Moyen Âge*, Paris, 1963.

Traité des jardins ou Le nouveau de La Quintinye, Paris, 1775.

TREGARO, L., "Les Maures et l'Estérel," *B.S.L.G.*, 1931.

______, *Le Trésor de la cuisine du Bassin méditerranéen*, par 70 médicins de France, Paris, s. d. (vers 1950).

TROCMÉ et DELAFOSSE, *Le commerce rochelais de la fin du* XVe *siècle au début du* XVIIIe *siècle*, Paris, 1953.

TUCOO-CHALA, P., *Gaston Phébus et la vicomté de Béarn*, Bordeaux, 1959.

TUDEZ, M., *Le développement de la vigne dans la région de Montpellier*, Montpellier, 1934.

TULIPPE, O., *L'habitat rural en Seine-et-Oise*, Liège, 1934.

U

UTTERSTROM, G., "Climatic Fluctuations and Population Problems in Early Modern History," *The Scandinavian Economic History Review*, 1955.

V

VALLET, R., "La participation volontaire dans l'hystérie," *L'évolution psychiatrique*, 1963.

VALLOIS, H. V., *Anthropologie de la population française*, Toulouse, 1943.

VANDERLINDEN, E., *Chronique des événements météorologiques en Belgique jusqu'en 1834*, Bruxelles, 1924.

VAN DER WEE, H., *The Growth of the Antwerp Market and the European*

Economy, La Haye, 1963.

VAN GENNEP, A., *Manuel de folklore français*, Paris, 1947.

VARAGNAC, A., *L'homme avant l'écriture*, Paris, 1959.

VAUBAN, *Projet d'une dîme royale*, Paris, édition 1933.

VAVILOV, N. J., "Sur l'origine de l'agriculture mondiale," *Rev. de botanique appliquée et d'agriculture tropicale*, 1932.

VAVILOV, N. I., "The origin, variation, immunity, and breeding of cultivated plants," *Chronica botanica*, 13, nos 1-6, 1949~50.

VÉNARD, M., *Bourgeois et paysans au XVIIe siècle*, Paris, 1958.

VERCIER, J., *Culture potagère*, Paris, 1946.

VERLINDEN, C., "Mouvement des prix et des salaires en Belgique au XVIe siècle," *Annales*, 1955.

VERON DE FORBONNAIS, F., *Recherches et considérations sur les finances de France*, Bâle, 1758.

VICENS VIVES, J., REGLA, J. et NADAL, J., "L'Espagne aux XVIe et XVIIe siècles. L'époque des souverains autrichiens," *Revue historique*, vol. 220, 1958.

VICENS VIVES, J., *Manual de historia economica de Espana*, Barcelone, 1959.

VILAR, P., "Histoire des prix, histoire générale," *Annales*, 1949.

______, "Géographie et histoire statistique, quelques points d'histoire de la viticulture méditerranéenne," dans *Éventail de l'histoire vivante*, Paris, 1953.

______, Communication à la *Première conférence internationale d'histoire économique*(Stockholm, 1960), Paris, 1960.

______, *La Catalogne dans l'Espagne moderne*, Paris, 1962.

VILBACK, R. de, *Voyage dans les départements de Languedoc*, Paris, 1825.

VILLARS, L. de, *Mémoires*, Paris, édition 1884~1904.

VILLEMAGNE, A., "Aliénation du temporel du clergé en 1562," *Revue d'histoire du diocèse de Montpellier*, 4 et 5, 1912~14.

______, *Mélanges historiques*, Montpellier, 1913.

VILLENEUVE, Comte de, *Statistique des Bouches-du-Rhône*, Marseille,

1821.

VINCENT, Dr., "La léproserie de Poitiers," *R.H.E.S.*, 1931.

VISSAC, R. de, *Antoine du Roure et la révolte de 1670*, Paris, 1895.

VITALIS, A., "Fleury, les origines, la jeunesse," *Annales du Midi*, 1906.

VOLTAIRE, *Le siècle de Louis XIV*, Paris, édition de 1962.

VOVELLE, M., "Déchristianisation spontanée et déchristianisation provoquée dans le Sud-Est sous la Révolution française," *B.S.H.M.*, 1964.

W

WAGNER, A., *Klimaänderungen und Klimaschwankungen*, Braunschweig, 1940.

WAILLY, N. de, "Mémoire sur les variations de la livre tournois," *Mémoire de l'Académie des Inscriptions et Belles-Lettres*, t. 21, 2e partie, 1857.

WALAWENDER, A., *Kronika Klesk elementarnych w polsce i w Krajwach Sasiednich w latach*, 1450～1586, Lwow, 1932.

WALTER, G., *Histoire des paysans de France*, Paris, 1963.

WEBER, M., *The protestant ethic and the spirit of capitalism*, New York, édition 1951.

WEBER, M., *Le savant et le politique*, Paris, édition 1963.

WEILL, G., *Les théories sur le pouvoir royal en France pendant les guerres de religion*, Paris, 1891.

WEULERSSE, G., *Le mouvement physiocratique en France*, Paris, 1910.

WEULERSSE, J., *Paysans de Syrie et du Proche-Orient*, Paris, 1946.

WILLETT, H. C., "Climatic change," *Centenary Proceedings of the Royal Meteorological Society*, Londres, 1950.

WOLFF, Ph., *Commerce et marchands de Toulouse*, Paris, 1954.

______, *Les estimes toulousaines aux XIVe et XVe siècles*, Toulouse, 1956.

______, "Trois études de démographie en France méridionale," dans *Studi in onore di Armando Sapori*, Milan, 1957.

______, *Histoire de Toulouse*, Toulouse, 1958.

Y

YOUNG, A., *Voyages en France*, Paris, édition 1931.

Z

ZOLA, É., *Madeleine Férat*, Paris, édition de 1913.

ZOLLA, D., "Les variations du revenu et du prix des terres en France au XVIIe et au XVIIIe siècle," *Annales de l'École libre des sciences politiques*, 1893.

ZUBER, C., [Madame CLAPPISCH] : "Les villages disparus en Italie," dans le recueil collectif de l'E.P.H.E. sur *Les villages disparus*, Paris, 1965.

ZUMTHOR, P., *Histoire littéraire de la France médiévale*, Paris, 1954.

찾아보기

인명

ㅁ

ㅂ

ㅅ

ㅇ

ㅈ

지명

ㅁ

ㅂ

ㅅ

ㅇ

지은이 에마뉘엘 르 루아 라뒤리

에마뉘엘 르 루아 라뒤리(Emmanuel Le Roy Ladurie, 1929~)는 프랑스 북서부 노르망디 지방에서 태어났다. 레지스탕스의 일원이었던 아버지의 영향으로 열다섯 살이라는 어린 나이에 레지스탕스 활동을 하기도 한다. 중국이 공산화되던 해인 1949년에 공산당에 가입하고, 그해 9월 고등사범학교에 입학한다. 1953년 교원자격시험(아그레가시옹)에 합격해 1955년부터 몽펠리에의 한 중등학교(리세)에서 교편을 잡는다. 그해 11월 소련의 헝가리 침공 소식을 듣고 공산당원증을 반납한다. 그 후 통합사회당(P.S.U.)에 가입하여 활동하나, 1963년에 브로델의 추천으로 고등연구원 제6국의 조교수로 옮겨가면서 탈퇴한다.

1955년, 르 루아 라뒤리는 지리학자인 레몽 뒤그랑의 권유를 받아들여 랑그도크 지방에 많이 남아 있는 콩푸아라는 토지대장을 가지고 학위논문을 쓰기로 결심한다. 토지의 집중과 분할 과정을 추적함으로써 자본주의의 기원을 밝힐 수 있으리라는 기대 때문이었다. 5년간 연구 후에 모습을 드러낸 『랑그도크의 농민들』은 경제사라는 좁은 테두리에 갇히지 않고, 지리 · 경제 · 사회 · 정치 · 문화 · 심리를 두루 포함하는 전체사의 성과를 보여주었다. 그는 1960년에 박사학위 논문을 발표하고, 1963년 고등연구원 조교수로 임명되어 파리로 올라온다. 1968년에는 새롭게 개편된 『아날』의 공동 편집인이 되며, 1970년에는 소르본 대학 교수, 그 이듬해에는 파리 7대학 교수가 된다. 1973년에는 브로델의 뒤를 이어 콜레주 드 프랑스의 근대문명사 담당 교수가 된다. 취임 강의 제목인 '움직이지 않는 역사'는 역사학의 본질과 관련해 많은 논쟁을 불러일으킨다. 저서로는 『랑그도크의 농민들』을 비롯하여 『랑그도크의 역사』 『역사가의 영역』 『천 년 이후 기후의 역사』 『몽타이유』 『로망의 사육제』 『자스맹의 마녀』 『랑그도크 지방에서의 돈, 사랑, 죽음』 『플라터의 세기』 『생-시몽 또는 궁정 체제』 등이 있다.

옮긴이 김응종 · 조한경

김응종(金應鍾)은 서울대학교 서양사학과를 졸업하고
프랑스 프랑쉬 콩테 대학교에서 「뤼시앵 페브르와 역사」로 박사학위를 받았다.
지금은 충남대 사학과 교수로 있다. 저서로는 『아날학파』 『아날학파의 역사세계』
『서양의 역사에는 초야권이 없다』 『페르낭 브로델』 『서양사 개념어 사전』
『오늘의 역사학』(공저) 등이 있다. 역서로는 퓌레와 리셰의 『프랑스 혁명사』,
뤼시앵 페브르의 『16세기의 무신앙 문제』, 퓌스텔 드 쿨랑주의 『고대도시』 등이 있다.
그밖에 「존 로크와 피에르 벨의 관용론—관용을 넘어 양심의 자유로」
「근대 무신론의 철학적 기원—베네딕투스 데 스피노자와 피에르 벨을 중심으로」 등
다수의 논문이 있다.

조한경(趙漢卿)은 서울대학교 불어불문학과를 졸업하고 같은 대학 대학원에서
「디드로 소설연구: 서술기법과 현실인식」으로 문학 박사학위를 받았다.
연암재단의 지원으로 프랑스 리옹 3대학에서, 한국학술진흥재단의 지원으로
캐나다 토론토 대학에서 교환교수로 연구했다. 지금은 전북대 프랑스어학과
교수로 있다. 저서로는 『변혁의 시대와 문학』 『서양문예사조』 『한국어한자-불어사전』
『라모의 조카』 『프랑스 현대문학의 이해』 등이 있다. 역서로는 한국어를 불어로
번역한 책으로 『열두 띠 이야기』 『쥐돌이는 화가』 등이 있다. 불어를 한국어로
번역한 책은 바타유의 『저주의 몫』 『종교이론』 『에로티즘의 역사』 『에로티즘』,
스퐁빌의 『미덕에 관한 철학적 에세이』, 들뢰즈와 가타리의 『소수집단의 문학을 위하여』,
뿔레의 『비평과 의식』, 뒤플레시스의 『초현실주의』 등이 있다. 그밖에
「절대인간 사드—부정의 극단, 극단의 부정」 「미술비평가 디드로와 비평적 태도」
「바타이유와 에로티즘」 「리베르탱 소설연구: 에로티즘 또는 허무주의 철학」 등
다수의 논문이 있다.

한국학술진흥재단 학술명저번역총서
서양편 ● 63 ●

'한국학술진흥재단 학술명저번역총서'는
우리 시대 기초학문의 부흥을 위해
한국연구재단과 한길사가 공동으로 펼치는
서양고전 번역간행사업입니다.

랑그도크의 농민들 2

지은이 · 에마뉘엘 르 루아 라뒤리
옮긴이 · 김응종 조한경
펴낸이 · 김언호
펴낸곳 · (주) 도서출판 한길사
등록 · 1976년 12월 24일 제74호
주소 · 413-756 경기도 파주시 교하읍 문발리 520-11
www.hangilsa.co.kr
E-mail: hangilsa@hangilsa.co.kr
전화 · 031-955-2000~3
팩스 · 031-955-2005

상무이사 · 박관순
영업이사 · 곽명호
편집 · 배경진 서상미 신민희 황은주 백은숙
전산 · 한향림 김현정 노승우
마케팅 및 제작 · 이경호 이연실
관리 · 이중환 문주상 장비연 김선회

출력 · 지에스테크 | 인쇄 · 현문인쇄 | 제본 · 일광문화사

제1판 제1쇄 2009년 12월 20일

값 30,000원
ISBN 978-89-356-6108-4 94920
ISBN 978-89-356-5291-4 (세트)